BIBLIOTHÈQUE NATIONALE DE FRANCE
PARIS

DÉPARTEMENT DES IMPRIMÉS

PHOTO. BIBLIOTHEQUE NATIONALE DE FRANCE PARIS
REPRODUCTION INTERDITE SANS AUTORISATION

LES OEUVRES PROTEGEES PAR LA LEGISLATION SUR LA PROPRIETE LITTERAIRE ET ARTISTIQUE (LOI DU 11 MARS 1957) NE PEUVENT ETRE REPRODUITES SANS AUTORISATION DE L'ORGANISME DETENTEUR DU DOCUMENT ORIGINAL, DE L'AUTEUR OU DE SES AYANTS DROIT.

DANS L'INTERET DE LA RECHERCHE LA BIBLIOTHEQUE NATIONALE DE FRANCE TIENT UN FICHIER DES TRAVAUX RELATIFS AUX DOCUMENTS QU'ELLE CONSERVE.

ELLE PRIE LES UTILISATEURS DE LA PRESENTE MICROFORME DE LUI SIGNALER LES ETUDES QU'ILS ENTREPRENDRAIENT ET PUBLIERAIENT A L' AIDE DE CE DOCUMENT.

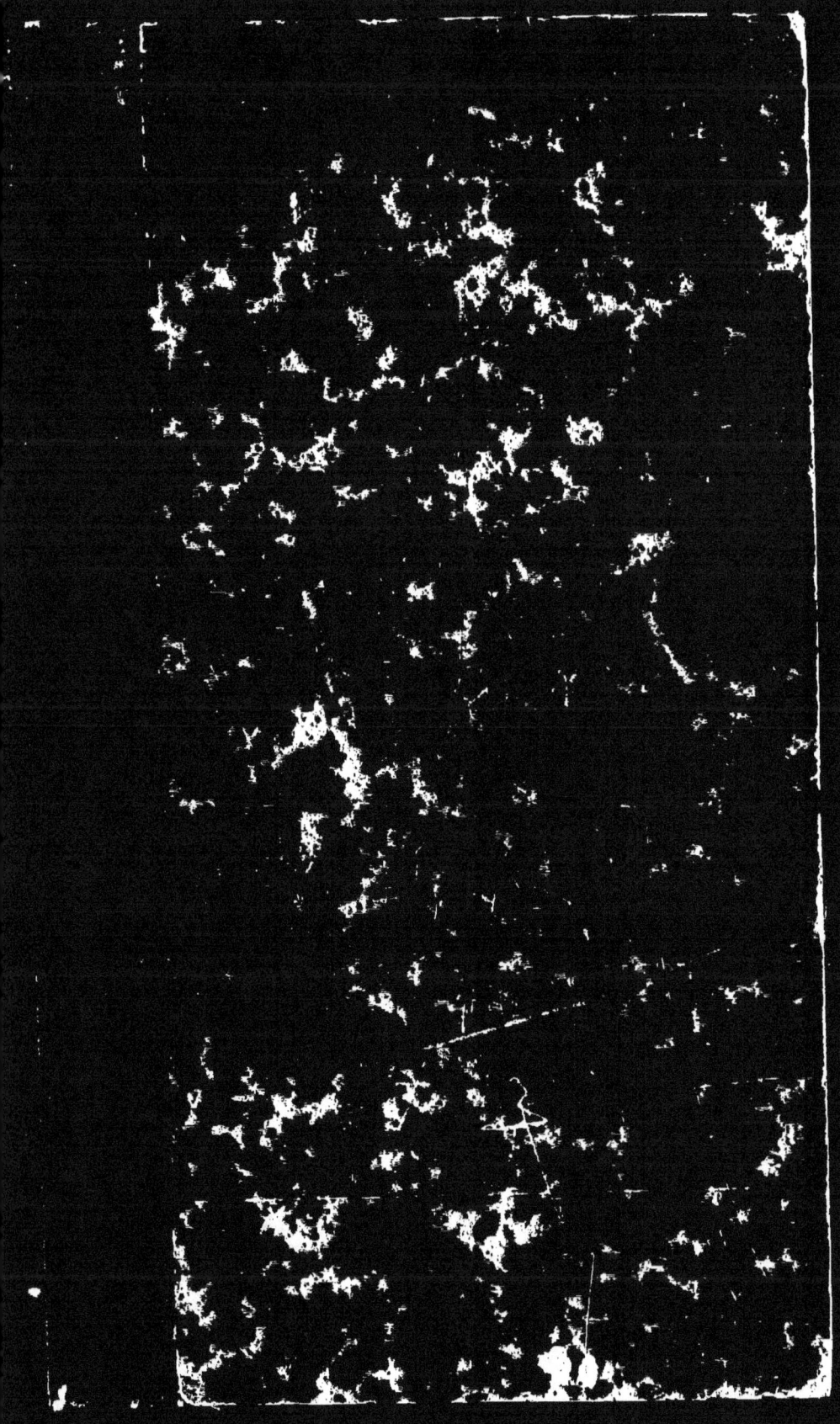

BIBLIOGRAPHIE LIÉGEOISE

FR. GOBBAERTS, IMPRIMEUR DU ROI
Rue de Louvain, n° 40

BIBLIOGRAPHIE

LIÉGEOISE

CONTENANT

1° LES LIVRES IMPRIMÉS A LIÉGE DEPUIS LE XVIe SIÈCLE JUSQU'A NOS JOURS
2° LES OUVRAGES PUBLIÉS EN BELGIQUE ET A L'ÉTRANGER, CONCERNANT L'HISTOIRE DE L'ANCIENNE
PRINCIPAUTÉ DE LIÉGE ET DE LA PROVINCE ACTUELLE DU MÊME NOM.

PAR

X. DE THEUX

SECONDE PARTIE

BRUXELLES
CHEZ FR.-J. OLIVIER, LIBRAIRE
11, RUE DES PAROISSIENS

1867

XIXᵉ SIÈCLE.

1800

Tableau statistique du département de l'Ourte, par le citoyen Desmousseaux, préfet, publié par ordre du ministre de l'intérieur. — *J. Desoer. An IX.*

In-8, de 56 pp. Ce travail est l'œuvre d'Alexandre Pitou, professeur à l'école centrale de Liége. Une première édition parut la même année à *Paris, de l'imprimerie des sourds-muets.* In-8, de 54 pp.

— République française. Proclamation. — *J. Desoer.*

In-8, de 7 pp., daté du 9 germinal an VIII. Le préfet annonce l'élévation de Bonaparte au pouvoir. — T.

— Département de l'Ourthe. Discours du 14 juillet (an VIII). — *J. Desoer.*

In-8, de 8 pp. Ce discours du secrétaire général de la préfecture, Gaillard, roule sur les victoires des Français. — T.

— Préfecture du département de l'Ourte. Procès-verbal de l'installation des tribunaux. — *J. Desoer. An IX.*

In-8. — U.

— Mémoire ou pétition au ministre de l'intérieur contre la réunion des communes de Clermont et Hermalle, département de l'Ourthe. Par le citoyen A. Charlier. — *H. Delloye. An IX.*

In-8. — U.

— Jugement rendu par le tribunal de la justice de paix du quartier de la porte St-Martin, en faveur du Cⁿ Gilles Joseph Jaymaert, juge au tribunal criminel du département de l'Ourthe, demandeur; contre le Cⁿ Jean Michel Moxhon, ancien procureur, défendeur. — *A. Haleng. An IX.* In-4.

— Tableau des membres actifs de la R∴☐∴ de St-Jean, constituée à l'O∴ de Spa, sous le titre distinctif de l'Indivisible, à l'époque du 17ᵉ jour du 10ᵉ mois de l'an de la V∴ L∴ 5800. — *J. F. Desoer.*

In-4, de 4 ff. — T.

— Consolation des affligés, des imparfaits et des pusillanimes, extraite des œuvres du vénérable Louis de Blois, abbé de Liessies. Par le P. Antoine Girard de la Compagnie de Jésus. — *H. Dessain.*

In-18, de 190 pp. et 3 ff.

— Réflexions sur l'instruction de M. l'évêque de Boulogne (Asseline), touchant la déclaration exigée des ministres du culte catholique. Par F. Xav. de F(eller). — *Desoer.*

In-8, de 89 pp. Cette brochure est en faveur de la déclaration. — S.

— Instruction familière d'un curé à ses paroissiens pour les prémunir contre le schisme. Par L. A. M. Lys, curé de Soiron, au diocèse de Liége. — *J. Desoer.*

In-8, de 65 pp. — S.

— Apologeie des priess kont fait l'sermain conte les injeures et calomneies des non-jureux. — *J. Desoer. An IX.*

In-24, de 23 pp. Petit poëme en vers wallons, devenu rare. L'auteur est F. P. Thomas, dit Marian de Saint-Antoine, carme déchaux. — T.

— Abrégé d'histoire naturelle ou tableau des trois règnes de la nature, rédigé méthodiquement, par F. L. Duperron, citoyen de Liége. — *J. A. Latour. An IX.*

In-12, de iv-188 pp. — U.

— Essai sur l'envie. — *Bollen. An IX.*

In-12, de 22 pp. L'auteur, M. Jardrinet, à cette époque juge de paix à Namur, devint ensuite, sous le nom de Ducoudray, grand vicaire du diocèse.

— Variétés littéraires du citoyen T..., né à Liége. *Paris (Liége). An IX.*

In-12, de 96-108 pp. L'auteur est le baron de Trappé. Voy. 1801. — T.

— Notice sur les nouveaux poids et mesures et le système métrique avec des tables de comparaison. Par le citoyen Dechamps, inspecteur. — *Desoer. An IX.*

In-8, de 48 pp.

— Calendrier de la république suivi du dictionnaire des mots nouveaux en usage depuis la révolution. — *J. A. Latour. An IX.*

In-32. — C.

1801

Mémorial administratif.. 1801-1867.

Cette collection se compose des parties suivantes :

1° Département de l'Ourthe. 1er vendémiaire an X (23 septembre 1801) au 6 janvier 1814. 25 volumes in 8, imprimés chez *J. F. Desoer*, puis chez *J. A. Latour*.

2° Département de l'Ourthe ou recueil des circulaires adressées par le commissaire du gouvernement, 25 mars ou 14 septembre 1814. *Liége, Teichman.* In-8.

3° Département de Meuse et Ourthe, 21 septembre 1814 au 8 octobre 1815. *Liége, Teichman.* 2 vol. In-8.

4° Province de Liége :
a. Gouvernement hollandais, 8 octobre 1815 au 18 septembre 1830. *Liége, Latour.* 18 vol. In-8.
b. Gouvernement belge. Depuis le 4 octobre 1830 jusqu'aujourd'hui. Les années 1830 à 1844 inclus, forment 14 volumes in-8, imprimés chez *J. A. Latour*, puis chez *H. Dessain*. Les années 1845 à 1866 inclus, forment les volumes 15 à 36, imprimés chez *A. Denoel*, puis chez *J. Ledoux*. Chacun des volumes 15 à 36 est accompagné d'un volume d'annexes. A partir de 1836, le Mémorial contient l'exposé de la situation administrative de la province, les procès-verbaux des séances du conseil provincial et les budgets provinciaux.

Il faut ajouter à cette collection :

Table générale par ordre alphabétique des lois, décrets, arrêtés, etc., insérés au Mémorial administratif de la province de Liége, depuis sa création jusqu'au 1er septembre 1834. .. Par C. J. E. de Xhenemont. *Liége,* 1834. In-8.

— Département de l'Ourthe. Conseil municipal de la commune de Liége ... 26 ventôse an IX. *S. l.*

In-8. Projet de canal aboutissant à Liége. — T.

— Contribution foncière. Instruction du ministre des finances sur la refonte générale des matrices des rôles. Avec une circulaire du préfet du département de l'Ourthe aux maires .. Liége, 2 germinal an IX. — *Desoer.* In-4. — U.

— Département de l'Ourthe. Circulaire du préfet, concernant l'exploitation des mines et minières et l'établissement des usines et fourneaux consommant le combustible en grand, suivi du décret de l'Assemblée nationale des 27 mars, 15 juin et 12 juillet 1791, converti en loi le 28 du même mois, de l'arrêté du directoire exécutif du 5 nivôse an VI et de l'instruction du ministre de l'intérieur du 18 messidor an IX. — *J. F. Desoer. An X.* In-8. — U.

— Règlement pour la perception de l'octroi municipal. — *Teichman. An X.*

In-4. Réimprimé le 17 brumaire an XII, chez *A. Daleny,* in-4. — U.

— Instruction sur les nouvelles mesures, publiée par ordre du ministre de l'intérieur, en exécution de l'arrêté des consuls du 13 brumaire an IX, avec des tables de comparaison entre les mesures anciennes du pays de Liége et celles qui les remplacent dans le nouveau système métrique, avec leur explication et leur usage. Par Thomassin, chef du bureau des finances à la préfecture du département de l'Ourthe. — *J. A. Latour. An X.*

In-4, de 49-88 pp., avec un tableau du nouveau système métrique. — U.

— Mémoires et pièces justificatives pour les ex-prieures du béguinage Saint-

Christophe contre le préfet de l'Ourthe Desmousseaux. — *H. Delloye. An X.*

In-8, de VIII-82 pp. — U.

— Mémoire succinct pour les citoyens Dieudonné, Libert et autres, ci-devant membres de l'ex-métier des tanneurs de Liége, contre le citoyen Théodore Joseph Hogge, ci-devant caissier du même ex-métier. *S. l. An X.*

In-4, de 42 pp. — T.

— S. Cyprien consolant les fidèles persécutés de l'église de France, convainquant de schisme l'église constitutionnelle, traçant, à ceux qui sont tombés, des règles de pénitence. Par M. l'abbé de la Hogue, docteur et professeur de Sorbonne. *A Liége, et se trouve chez les libraires associés.*

In-8, de VI-293 pp. — U.

— Déclaration des assermentés du diocèse de Liége. — *J. F. Desoer.*

In-4, de 4 pp. Il a paru au sujet de cette déclaration : Lettre de M. P. Dumont, secrétaire de la nonciature de Cologne, à M. J***. In-8, de 4 pp., daté du 30 mars. — Lettre relative à la déclaration des prêtres assermentés de Liége. In-8, de 4 pp. — S.

— Le serment de haine et le schisme considérés dans une lettre de M. le nonce de Cologne, du 2 janvier 1801, à quelques prêtres assermentés. *En Europe.*

In-8, de 38 pp., imprimé à Liége.

— Réponse de Monseigneur le nonce de Cologne à quelques jureurs de Liége. *S. l.*

In-4, de 7 pp.

— Mandement de Son Éminence le cardinal évêque de Verceil, émané le 19 janvier 1801. — *J. Desoer.*

In-8, de 7 pp. — S.

— Sur la non-décision du pape, relativement à la promesse de fidélité. — *J. F. Desoer.*

In-8, de 8 pp. — S,

— Dialogue entre un curé assermenté et son paroissien schismatique, pour servir de suite à l'instruction familière contre le schisme. Par Léonard Adolphe Marie Lys, curé de Soiron, au diocèse de Liége. — *J. F. Desoer.*

In 8, de 265 pp. et un f. errata. — S.

— Examen du IVe article de la déclaration du clergé de France, assemblé en 1682. —

In-8, de 140 pp. L'auteur est L. Hulot.

— Les délices de Chaufontaine, ou description de la promenade de Liége à cet endroit célèbre. Par D. Malherbe, cit. de Liége. — *C. Bourguignon.*

P. in-12, de 5 ff., 86 pp. Cet opuscule, dédié aux dames de tous les pays, est devenu rare. — U. T.

— Hymne pour l'inauguration de la place Grétry, dans la ville de Liége, sa patrie, le 5 juin 1801. Paroles de M. P. J. Henkart, musique de M. B. E. Dumont, de Liége. — *J. A. Latour.*

In 8, de 8 pp.

— Supplément aux Variétés littéraires du citoyen T., né à Liége. *Paris.* (Liége.) *An X.*

In 8, de 3 ff., 82 pp. Voy. 1800.

— Le cri de l'honneur ou un jeune volontaire à ses concitoyens. — *Desoer.*

In-8. Cette brochure est de J. F. Deprez. — C.

— Catalogue d'une très-belle et nombreuse collection de livres de la bibliothèque de feu M. David, chanoine de St-Jean. — In-8.

— L'imitation de Jésus-Christ ... *Voy.* 1728.

1802

Département de l'Ourthe. Extrait des registres des délibérations des consuls de la république. — *J. F. Desoer.*

In-8. Suivi d'une proclamation du préfet Desmousseaux, relatif au vote sur le consulat à vie de Napoléon Bonaparte, datée du 25 floréal an X. — U.

— Arrêté relatif aux conscrits ... — *F. Desoer.*

In-8, daté du 18 thermidor an X. — U.

— Appel à la constitution, aux lois et à l'autorité établie pour les faire respecter, par le citoyen Jean Jaymaert, cultivateur de Jeneffe, prisonnier à Liége, contre les usurpations du pouvoir et les arrestations arbitraires exercées par le substitut du commissaire accusateur public, pour le premier arrondissement du département de l'Ourthe, séant à Liége. —

In-8, de 8 pp. Cette brochure fut rédigée par J. G. Brixhe, ou nom de M. Jaymaert. — U.

— Mémoire à consulter pour le citoyen Mathieu Arnold Lombard fils, percepteur communal des contributions à Herstal, contre le citoyen J. Desoer, receveur départemental à Liége. *S. l.*

In-8, de 31 pp., daté du 11 nivôse an X.

— Mémoire pour les héritiers des MM. Pierre Hubert et Thomas Joseph Biolley intimés, contre M. Pierre Henri Dethier, appelant. *S. d.*

In-4, signé L. F. Moreau. — U.

— Mémoire pour les héritiers de Laurent Louis Joseph François de Rossius, doyen de Saint-Paul, défendeurs intimés, contre le sieur et demoiselles de Trousset et autres, demandeurs appelans. — *Dessain. S. d.* In-4. — U.

— Concordat et recueil des bulles et brefs de N. S. P. le pape Pie VII sur les affaires actuelles de l'Eglise de France, décret pour la nouvelle circonscription des archevêchés et évêchés, publication du jubilé et indult pour la réduction des fêtes, publiés par S. E. Mgr le cardinal Caprara, légat à latere. — *Lemarié.*

In-12, de 203 pp., texte latin-français, plus 176 pp. et un tableau pour les pièces relatives au concordat. Avec les portraits de Pie VII et de Bonaparte, gravés par L. Jehotte. — U.

— Recueil des pièces authentiques relatives au concordat. *J. A. Latour.*

In-8, contenant six pièces paginées séparément.

— Allocution de Notre Saint Père le pape Pie VII prononcée dans le consistoire secret du 24 mai 1802, suivie de deux autres pièces, avec le latin à côté. D'après la copie imprimée à Rome. — *H. Dessain.*

In-8, de 25 pp. Il en parut la même année une édition, chez Lemarié, in-12, de 43 pp.

— Lettre pastorale de M. l'évêque de Liège. — *C. Bourguignon.*

In-4. Sur le rétablissement du culte public et sa nouvelle organisation. Le même imprimeur en donna une édition flamande, in-4. — U.

— Nouveau règlement ou mode d'association adopté par les membres composant la Société littéraire établie à Liége, le 5 avril 1779, et réimprimé avec les changemens convenus dans leur assemblée générale du 30 nivôse an X. — *J. F. Desoer.*

In-12, de 28 pp.

— Hommage à la Société d'émulation, à l'occasion de sa renaissance sous l'olivier de la paix et de la fête qu'elle a promis de donner, le 10 messidor an X, aux beaux-arts, en parant son salon des productions de nos artistes, ou Galerie de portraits d'auteurs et d'artistes liégeois, et de quelques autres petites pièces qui leur sont relatives. Par l'auteur des *Délices de Chaufontaine*. — *Bourguignon.*

In-8, de 55 pp. La dédicace est signée Dieudonné Malherbe. — T.

— Catalogue de plusieurs auteurs du ci-devant pays de Liége et de quelques auteurs étrangers qui y ont résidé depuis 1760, pour servir au tableau de la littérature pendant l'époque citée. —

In-8, de 11 pp. Par le baron Herman Jos. de Trappé. Il faut y joindre : Lettre ou petit catalogue littéraire, in-8, de 8 pp., publiée auparavant par le même auteur et sur le même sujet. Ces deux brochures n'ont que le mérite de la rareté. — T.

— Notice sur la vie et les ouvrages de Monsieur l'abbé de Feller, ex-jésuite. — *Lemarié.*

In-8, de 24 pp. Une seconde édition parut chez le même en 1810, in-8, de 16 pp., avec portrait gravé par Jehotte. Cette notice est du P. de Saive, S. J., elle a été imprimée dans quelques éditions du *Dictionnaire historique*. Une notice différente se trouve en tête du premier volume du supplément de l'édition de Paris, 1818, elle est sagement rédigée et garde un juste milieu entre l'excès de l'éloge et celui de la critique. Elle a été aussi réimprimée plusieurs fois dans le *Dictionnaire*. — T.

— Catalogue d'une collection de livres de médecine, chirurgie, chimie, anatomie, pharmacie, etc., de feu M. Debru, 14 janvier 1802. — *J. G. M. Lexhay.*

P. In-8, de 20 pp.

— Catalogue des livres, instrumens de

physique, tableaux, etc., de la bibliothèque de feu F. J. de Cler, dont la vente se fera ... le 4 ventôse an X (20 février 1802) et jours suivants. — *J. A. Latour.*

In-8, de viii-253 pp. (6,000 numéros). Le baron de Cler était un savant et véritable amateur de livres. Son catalogue contient beaucoup d'ouvrages rares, mais il est mal rédigé et sans aucun ordre, ce qui est d'autant plus étonnant, que M. de Cler avait rédigé lui-même l'inventaire de sa bibliothèque par ordre systématique et avec des notes fort intéressantes. Je possède encore ce manuscrit. La plus grande partie des livres de de Cler a passé en Angleterre; sir Richard Heber en avait rassemblé beaucoup. — T.

— Catalogue d'une collection de livres de droit ... provenant de feu M. Delpaire, en son vivant, jurisconsulte et avocat .. 15 avril 1802. — *J. G. M. Loxhay.*

P. in-8, de 48 pp.

— Catalogue d'une collection de livres d'histoire, morale, théologie, etc., 21 avril 1802. — *J. G. M. Loxhay.*

P. in-8, de 52 pp., provenant de Henri Nicolas Massin, curé de Saint-Michel.

— Catalogue d'une collection de ... romans, histoires, mémoires, littérature, philosophie, voyages, dictionnaires ... 5 mai 1802. — *J. G. M. Loxhay.*

P. in-8, de 16 pp. Bibliothèque de M. de Walbreck.

— Catalogue d'une collection de livres de droit canon et civil, théologie, piété, sermons, histoire, mathématiques, littérature, etc. 14 juillet 1802. — *J. G. M. Loxhay.*

P. in-8, de 16 pp. et 2 fl. Bibliothèque de Barquin de Vireux, avocat.

— Catalogue d'une collection de livres d'histoire, voyages, mémoires, dictionnaires, chimie, médecine ... qui seront mis en vente le 19 frimaire an XI (10 novembre 1802). — *J. A. Latour.*

P. in-12, de 30 pp. Ces livres proviennent de M. Demazeaux.

— Catalogue d'une collection de livres d'histoire, de droit, politique et d'étude, appartenant à Mme Dewar, née de Beaujean, dont la vente se fera le 7 nivôse an XI (28 décembre 1802). — *Veuve Loxhay.*

P. in-8, de 16 pp.

1803

Recueil de lois, arrêtés du gouvernement, jugemens, décisions et instructions concernant les droits d'enregistrement des actes de succession, des jugemens et exploits, ceux de timbre et d'hypothèques, les amendes, domaines, émigrés, biens sequestrés, les rentes féodales, foncières et constituées et leur achat, les contributions directes, l'état civil, la police rurale, les droits de barrières, les manufactures, fabriques et ateliers, les mines, l'instruction publique, les retenues sur les rentes à cause de la contribution foncière, etc. etc. Avec des observations et réflexions sur tous ces objets, par N. H. Deniset. — *F. J. Desoer.*

In-12, de 461 pp. Le même auteur a aussi publié : Quelques réflexions relatives aux retenues que les débiteurs peuvent faire à cause de la contribution foncière sur les rentes qu'ils doivent. Liége, s. d., in-12. — U.

— Table alphabétique et analytique des matières contenues dans le code civil des Français, précédée de plusieurs lois et arrêtés du gouvernement contenant des dispostions qui y sont relatives, rédigée sur l'édition originale et officielle. *J. A. Latour, An XII.*

In-8, de 151 pp. Une nouvelle édition parut en 1807, chez le même imprimeur, in-8, de 155 pp.

— Remarques sur les articles organiques renfermés dans la loi du 18 germinal an X de la république. *S. l.* In-8. — U.

— Département de l'Ourthe. Élections de l'an XI. Liste des membres composant le collége électoral du département de l'Ourte .. *S. l.*

In-8, de 8 pp., daté du 30 fructidor an XI.

— Département de l'Ourthe. Recrutement de l'armée. *S. l.*

In-8, de 4 pp. Circulaire du préfet, du 20 vendémiaire an XII. — U.

— Mémoire de griefs pour le citoyen Albert de Grady, appellant, contre le citoyen Calff-Noidans et la dame son épouse, intimés. S. d.

In-4, signé L. Verôbois ainé.

— Observations finales en cause de M. Albert de Grady, appelant, contre M. et Mme Calff-Noidans, sa sœur et son beau-frère respectifs. S. d. In-4. — U.

— Plaidoyer devant le tribunal criminel du département de l'Ourthe sur l'arrestation arbitraire exécutée contre le citoyen Jean Jaymaert, cultivateur de la commune de Jeneffe, défendu par le citoyen Brixhe, avoué près le tribunal d'appel séant à Liége. —

In-8, de 33 pp.

— Mémoire en appel pour François Joseph Charles Marie Argenteau, domicilié à Ochain, arrondissement de Huy, démandeur, appelant contre Philippe Jean Michel Schonhove, Euphrasie Marie Hélène Schonhove, domiciliés à Wordt, arrondissement de Hasselt, défendeurs, intimés. S. l. n. d. In-4. — U.

— Organisation générale des paroisses succursales et chapelles auxiliaires du département de l'Ourthe. — *C. Bourguignon*. In-4. — U.

— Remarques sur le système Gallican. Par H. J. Schin. — In-8.

— Histoire de Spa où on examine, entre autres choses, si Pline a voulu désigner une des fontaines de ce lieu célèbre dans ce passage *Tungri, civitas Galliae, fontem habet insignem*, etc., ou bien si ce naturaliste a voulu parler de la fontaine de Tongres; avec des notes qui servent de développement au texte et donnent des renseignemens sur toutes les sources minérales du pays de Liége; suivie d'une lettre sur deux prophètes, Michel Nostradamus et Mathieu Laensbergh. Liége. An XI. (1803.)

2 vol. in-12. Le premier de xvi-430 pp. et 2 ff. table; le second de 412-27 et xlvii pp. L'auteur de cet ouvrage est le baron de Villenfagne. On y trouve une notice sur Breuché de la Croix, curé de Flémalle, près de Liége, poète et littérateur. Pour la première édition, voy. aux annexes 1796. — U.

— Le trésor de la nature révélé par les eaux minérales du Tonnelet à Spa. Par J. J. Briart, ancien pharmacien. — *J. A. Latour*.

In-8, de vi-41 pp. — D.

— Anecdotes intéressantes et utiles à connoître par les étrangers qui se rendent aux eaux minérales de Spa. S. l. n. d.

In-4, de 8 pp. — D.

— Notice littéraire sur quelques écrivains de Liége, par Herman, dans laquelle il rend compte de l'épître à M. l'évêque de Liége, de celle du citoyen Bassenge au citoyen Lebrun, et d'autres ouvrages qui ont paru à Liége. — *Lemarié*.

In-8, de 40 pp. Par le baron Herman Joseph de Trappé. — T.

— Œuvres diverses de T... contenant des pièces de poésie et d'autres en prose sur des questions renouvelées dans les temps modernes. Seconde édition, revue et corrigée et augmentée. *A Paris*.

In-8, de 298 pp. Cet ouvrage de M. de Trappé est imprimé à Liége, chez Lemarié. — A. T.

— Le berneur berné, suivi du juge de soi-même comme il y en a peu. Opuscule burlesque pour servir de réponse à une satire contre les *Délices de Chaufontaine* et l'*Hommage à la Société d'émulation*. Par l'auteur de ces deux brochures. S. l.

In-8, de 28 pp. La préface est signée Dieudonné Malherbe. Cet écrivain trop inférieur pour qu'on eût pris la peine de le remarquer, suppose dans cette brochure qu'un citoyen qu'il décore du nom de cochon-Merdiloque, ait eu l'audace de critiquer ses ouvrages. Après s'être ainsi attaqué lui-même, il se défend contre les injures de son adversaire supposé. La rareté de cet opuscule en fait le seul mérite. — U.

— Les infiniment petits de la littérature ou huitains, sixains, quatrains et distiques, avec un grand nombre de notes historiques et critiques sur les hommes de lettres les plus marquans de la France, précédés et suivis d'autres bluettes, en prose et en vers. Par l'infiniment petit auteur des *Délices de Chaufontaine*. — *C. C. Chefneux*.

In-8, de 136 pp. Par Dieudonné Malherbe. — U.

— Le génie français ou amour et reconnaissance, impromptu épisodique en un acte, mêlé de vaudevilles, orné de tout son spectacle et terminé par un hymne à grand orchestre, ballet et feu d'artifice, par les C^ns Fournera-St-Franc et Moling, artistes du théâtre de Liége. L'hymne est de la composition du C^n Vauelin, maître d'orchestre; les ballets sont du C^n Seigne, professeur de danse. Représenté pour la première fois sur le théâtre de Liége. — *J. A. Latour.*

In-8, de 32 p.

— Catalogue d'une collection de livres d'histoire, mémoires, dictionnaires, théologie, poésie, sermons, piété, appartenant à M. le curé de St-Remi, dont la vente se fera le 14 nivôse an XI (4 janvier 1803) ... — V^e. *Loxhay.*

P. in-8, de 24 pp.

— Catalogue des livres des plus rares, des plus précieux, des plus singuliers et bien conservés, dont la plupart se trouvent insérés dans les bibliographies les plus renommées, consistant en médecine, chirurgie, botanique, pharmacie, chimie, histoire naturelle, philosophie, géographie, géométrie, mécanique, équitation, mathématique, astronomie, architecture civile et militaire, navigation, droit civil, canon et politique, théologie, .. belles-lettres, dictionnaires et histoire littéraire, estampes, tableaux ..... provenant de feu E. D. Mariotte, en son vivant docteur en médecine, et de J. W. Mariotte, aussi docteur en médecine.... 20 nivôse an XI (10 janvier 1803), et on continuera 10 jours sans interruption ... dans la maison mortuaire située rue Hors-Château, n° 241 .... — *Veuve Loxhay.*

P. in-8, de 208 pp.

— Catalogue d'une collection de livres d'histoire, droit, mémoires, politique, philosophie, littérature, voyages ... 19 ventôse an XI (10 mars 1803) .. — *Veuve Loxhay.*

P. in-8, de 24 pp. Il faut y ajouter un second catalogue du 1er germinal an XI (22 mars 1803). Ve *Loxhay.* P. in-8, de 16 pp. Ces livres proviennent du chanoine de Grady.

— Catalogue d'une collection de livres de droit, histoire, mémoires, poésies, dictionnaire, philosophie, littérature politique, voyages et autres .... 9 germinal an XI (50 mars 1803). — *Veuve Loxhay.*

P. in-8, de 16 pp. Bibliothèque de M. de Groulars de Tongres.

— Catalogue de livres de droit, de pratique et autres, en différents genres, de la bibliothèque de feu Pierre Terwangne, jurisconsulte-avocat et membre du tribunal civil du département de l'Ourthe, dont la vente se fera le 8 messidor an XI (27 juin 1803), par le notaire Gilkinet. — *H. Dessain.*

In-8, de 31 pp.

— Catalogue d'une collection de livres d'histoire, mémoires, dictionnaires, théologie, poésie, sermons, piété, droit, littérature et autres .... 7 et 9 pluviôse an XI (27-29 janvier 1803). — *Veuve Loxhay.*

P. in-8, de 31 pp. Ces livres proviennent en partie de l'official de Jacquet.

— Catalogue d'une collection de livres de droit, canon civil, politique, etc., mardi 15 décembre 1803 ... — Ve *Loxhay.*

P. in-8, de 20 pp. Ces livres provenaient de l'official de Jacquet. Une autre vente eut lieu le mardi 10 janvier 1804. Le catalogue parut chez la Ve Loxhay, p. in-8, de 16 pp.

— Catalogue d'une collection de livres délaissée par l'abbé J. N. Paquot. — Ve *Loxhay. An XII.* In-8. — O.

— Manuel du sous-officier sur le service des places; suivis d'un essai sur la gélatine des os, extrait du mémoire du C^en Cadet-Devaux. Par un des adjudans-majors de la 94e demi-brigade. — *J. F. Desoer.*

In-8, de 94 pp. La seconde brochure parut aussi séparément, in-8, de 36 pp.

— Principes du calcul décimal et démonstration des erreurs de ceux avancés par l'instruction sur les nouvelles mesures, avec différentes tables de conversion et la manière de connoître combien d'ambes, ternes, quaternes et quintes il y a dans certains nombres. Par C. A. Pfeifer, ex-notaire. — *C. C. Chefneux.*

In-12, de 56 pp. et un f. d'errata.

— Essai d'un cabinet portatif de minéralogie du département de l'Ourthe, par J. L. Wolff, peintre naturaliste, à Spa, d'après le projet de L. F. Dethier, ancien député de l'Ourthe. Essai adaptable aux autres départemens et à divers pays de l'Europe. — *J. A. Latour.*

In-8, de 16 pp.

— Stances présentées à M⁰ et Mme Desoer, à l'occasion de leur changement de domicile, par les compagnons de l'imprimerie. *S. l. n. d.*

Placard in-fol. — U.

— Almanach de poche pour cette année … contenant les éclipses, les planètes, les fêtes mobiles, etc. — *L.J.Demany.*

In-32. Années 1804-1812. — C.

1804

Quelques souvenirs sur le pays de Liége, suivi d'un précis statistique du département de l'Ourthe, avec les noms des fonctionnaires publics civils et ecclésiastiques. — *J. Desoer.*

In-8, de iv-180 pp. L'auteur est M. Gaillard, secrétaire général de la préfecture. Les ff. lim. manquent dans la plupart des exemplaires. — U.

— Département de l'Ourthe. Serment à prêter. —

In-4, de 4 pp. Circulaire du 11 prairial an XII, sur le serment à la constitution.

— Département de l'Ourthe. Prestation de serment. Liége, 17 messidor an XII.

In-8, de 2 pp. — U.

— Réflexions sur les testaments conjonctifs faits avant que la loi du 15 floréal an XI fût obligatoire. — *An XIII.*

In-4, signé Warzée. — U.

— Mandement de l'Évêque de Liége, à l'occasion du jubilé. — *C. Bourguignon.*

In-8. — U.

— L'année apostolique ou méditations pour tous les jours de l'année ; tirées des actes, des épîtres des apôtres et de l'Apocalypse de S. Jean, avec une préface historique sur chaque apôtre. Par M. l'abbé Duquesne, éditeur de l'Évangile médité. 4ᵉ édition, la seule correcte. — *Lemarié.*

12 vol. in-12. On trouve cet avis de l'imprimeur à la fin du dernier vol. : «Il est important d'avertir que l'édition de cet ouvrage, ainsi que celle de l'Évangile médité, imprimé chez le même éditeur à Liége, ont été faites sur des exemplaires corrigés de la main de l'auteur et dont il a fait présent à un de ses amis, feu M. l'abbé de Feller, qui a bien voulu nous les donner, et que ce sont par conséquent les seules éditions exactes et correctes.» L'ouvrage reparut en 1822, sous le titre de *Nouvelle édition conforme à celle qui a été revue par M. l'abbé de Feller, et publiée en 1804 et années suivantes à Liége. A Paris, et se trouve à Liége, chez Fr. Lemarié.* 12 vol. in-12. — S.

— Origine et antiquité de la dévotion à la Très-Sainte Vierge Marie, sous le titre de consolatrice des affligés, et de la confrérie érigée en son honneur en l'église paroissiale de St-Remi, de la ville de Liége, transférée aujourd'hui dans l'église de St-Jacques. *S. l.*

In-18, de 28 pp., avec une gravure.

— Catalogue d'une collection de livres anciens et nouveaux, d'histoire, philosophie, littérature, mémoires, sermons, piété, droit, médecine, voyages, romans, etc. … 27 pluviôse an XII (17 février 1804) … — *Veuve Loxhay.*

P. in-8, de 46 pp. Livres provenant du chanoine Germeau.

— Catalogue d'une collection de livres d'histoire, romans, littérature, dictionnaire, voyages, poésies, sermons, piété.. dont la vente se fera mardi 8 ventôse an XII (28 février 1804) … — *Veuve Loxhay.*

P. in-8, de 16 pp. Livres provenant de N. Labeye, curé.

— Catalogue d'une collection de livres, théologie, droit canon et civil, histoire sacrée et profane, histoire naturelle, dictionnaires, voyages, philosophie, belles-lettres, médecine et autres livres rares et recherchés … 25 ventôse an XII (14 mars 1804). — *Veuve Loxhay.*

P. in-8, de 88 pp. Bibliothèque de l'ex-abbaye du Val-Saint-Lambert.

— Catalogue d'une collection de livres d'histoire, voyages, mémoires de théologie, romans, contes, poésies, etc., dont la vente se fera les 8 et 10 floréal an XII (samedi 28 et lundi 30 avril 1804) et jours suivants. *S. l.*

In-8, de 66 pp. Ces livres provenaient de la librairie Bollen.

— Catalogue d'une collection de livres de droit, histoire, mémoire, poésies, dictionnaires, géographie, aventures, voyages, belles-lettres et autres... 19 floréal an XII (9 mai 1804)... — *Veuve Loxhay.*

P. in-8, de 16 pp. Livres provenant de l'avocat d'Aubremont.

— Catalogue d'une très-belle collection de livres de droit, dictionnaires, d'histoire, mémoires, voyages, piété, etc., dont la vente se fera lundi 6 messidor an XII (25 juin 1804) et jours suivants, chez M. Dejardin, notaire. S. l.

In-8, de 39 pp. La première partie provient de l'échevin Dethier de Grimonster; la seconde de l'abbé Lafontaine, recteur des Ursulines.

— Catalogue d'une collection de livres de droit canon, civil, dictionnaires, histoire, piété et autres... 8 messidor an XII (27 juin 1804). S. l.

P. in-8, de 24 pp. Bibliothèque de l'avocat Stoppers.

— La loge de l'Indivisible à l'Orient de Spa, 5804. Ère vulgaire de l'empire, an XII. S. l.

In-8, de 23 pp. — D.

— Almanach de la loterie nationale pour la ville de Liége, contenant les jours des clôtures, divers avis essentiels sur la loterie, etc. — In-12. — C.

1805

Officia propria sanctorum ecclesiae et dioecesis Leodiensis. — *L. Devillers.*

In-12. — T.

— De l'immortalité de l'homme, ou essai sur l'excellence de sa nature. Par Dominique Baudouin, prêtre de l'Oratoire. —

In-12. Cet ouvrage avait déjà paru à Dijon, en 1784, in-12, sous le titre de Essai sur l'immortalité de l'âme. L'auteur était liégeois.

— Statuts et règlements de la R∴ L∴ de S. Jean, sous le titre distinctif de la Parfaite Intelligence à l'Or∴ de Liége, constituée l'an de la V∴ L∴ 5775, remise en activité le 22e jour du 9e mois 5805. — *Desoer.*

In-8, de 33 pp. Une nouvelle édition de ces statuts, légèrement modifiée, parut en 1810, chez le même, in-8, de 59 pp.

— La vie du soldat français ou trois dialogues composés par un conscrit du département de l'Ardèche et dédiés à son général. — *J. F. Desoer.*

In-8. Cet ouvrage, de M. Lemontey, imprimé à Paris, en 1805, fut réimprimé à 400 exemplaires, par ordre du préfet de l'Ourthe. — U.

— Chant d'allégresse sur les victoires de Bonaparte, empereur des Français et roi d'Italie, musique de M. Adrien aîné, paroles de Mr. J. Velez, chanté dans un banquet qui a eu lieu à la Société littéraire de Liége, le 7 nivôse an XIV. — *Chez Mlle J. Andrez, M^de de musique.*

In-4, de 2 ff., avec musique gravée.

— Aux Français, vainqueurs à Austerlitz. Stances guerrières, chantées dans un banquet qui a eu lieu à la Société littéraire de Liége, le 7 nivôse an XIV (28 décembre 1805), paroles de Mr. J. J. Velez, associé, musique de Mr. Adrien l'aîné. — *Chez Mlle J. Andrez.*

In-4 de 2 ff., avec la musique gravée.

— Programme du grand concert donné à M. le comte et à Mme de Mercy-Argenteau, à l'occasion de leur retour de Paris le 9 mai 1805. S. l.

In-4. — C.

— Lettre au rédacteur de l'article sur l'*Histoire de Spa*, inséré dans le Mercure de France, du 16 germinal an XIII (6 avril 1805). *A Liége, chez les marchands de nouveautés, et à Paris, chez Ch. Villé.*

In-12, de 20 pp. Signé Villenfagne d'Ingihoul. — T.

— La clef du ciel, par l'abbé Jehin. *Spa (Liége).*

In-8, de 32 pp., en vers. L'auteur désavoue tout ce qu'il avait fait ou écrit contre l'Église.

— Catalogue des livres de la bibliothèque de feu G. F. Laruelle, chanoine et chantre de St-Barthélemi et professeur en philosophie au séminaire de Liége.— *Veuve Loxhay.*

In-8, de 260 pp. La vente eut lieu le 18 février 1805. Ce catalogue comprenait une collection riche et nombreuse de manuscrits. — U.

— Manuel des jeunes artistes, ou traité élémentaire et pratique du dessin et de la peinture, contenant des observations sur les différentes manières de dessiner, les règles de la composition, du clair-obscur et du coloris; l'apprêt et le mélange des couleurs, la connoissance des vernis, secrets et procédés pour les paysages à l'encre de Chine, à l'aquarelle, à la gouache et pour la figure ou peinture à l'huile en général. Par Lambert Libert, peintre et dessinateur, avec quatre gravures raisonnées. — *J. A. Latour.*

In-12, de iv-176 pp., avec 4 gravures de L. Jéhotte. — T.

— Mémoire préliminaire pour les descendans et représentans des cousins germains paternels de Jean Paul Lejeune, sire de Jemeppe et propriétaire au ci-devant pays de Stavelot et Logne, décédé en l'an 1789, intimés, demandeurs originaires et en reprise d'instances contre les cousins germains maternels dudit Lejeune, défendeurs en reprise d'instance en leur qualité de neveux et nièces de défunt Paul Joseph Grognart, son oncle maternel, et son prétendu héritier universel, appellant et défendeur originaire. — *Dessain. S. d.*

In-4, signé L. F. Dethier, juriste. — U.

— Mémoire pour M. Paul Joseph Lonhienne et autres, appelans, contre Mrs Lejeune et autres, intimés. *S. l. n. d.*

In-4, signé J. F. Géradon. — U.

— Précis pour M. Paul Joseph Lonhienne-Grognart et consors, appelans contre MM. Lejeune et consors, intimés. *S. l. n. d.*

In-4, signé G. Gilot, C. Warzée père, L. G. Lonhienne, F. Géradon, Roly, Verdbois ainé. — U.

— Question à décider par la cour d'appel, en cause MM. Lonhienne et consorts, appelans, et MM. Lejeune et consors, intimés. — *S. Dauvrain.*

In-4, signé L. G. Lonhienne, J. C. — U.

— Mémoire pour M. Lejeune et autres, intimés et appelans, contre M. Paul Joseph Lonhienne et autres, appelans et intimés. — *H. Dessain.*

In-4, signé L. Harzé, H. F. Spineux, A. J. Raikem, J. M. Vincent, G. E. Briahe. — U.

— Mémoire en cause M. Jean Baptiste de Rémy, chanoine et curé de la cathédrale de Liège, appelant, contre M. de Sélys-Fanson, M° Dumonceau et autres, intimés de la cour. *S. d.*

In-4, signé Warzée. — U.

— En cause M. Charles Albert Joseph de Grady et la dame Marie Elisabeth de Jacquet, son épouse, appelants; contre la dame Jeanne Victoire Susanne de Grady, en qualité de mère et tutrice de Victoire Joséphine de Grady et le sieur Haillot, en qualité de tuteur ad hoc de ladite Victoire Joséphine de Grady, intimés. — *J. Desoer.*

In-4, de 39 pp. Procès de légitimité.

— Mémoire sur la question principale, en cause M. Balthazar Henri Haillot, avoué près le tribunal civil de première instance séant à Liège, en qualité de tuteur ad hoc de Victoire Joséphine de Grady, défendeur en première instance, intimé sur appel; contre M. Charles Albert de Grady et la dame Marie Elisabeth de Jacquet, son épouse, ayeuls de ladite Victoire Joséphine de Grady, rentiers de la ville de Liège, demandeurs en première instance, appelants, et la dame Jeanne Victoire Susanne de Grady, veuve de M. Albert Joseph de Grady, rentière de la ville de Liège, défenderesse en première instance, intimée sur appel. — *S. Dauvrain.*

In-4, de 31 pp. Il faut y ajouter les deux pièces suivantes : *S. l. n. d.*, in-4, publiées en faveur du même : Moyen de droit, en cause M. B. H. Haillot.. — Mémoire en fins de non-recevoir sur faits et articles, en cause de M. B. H. Haillot... — U.

— Réplique en cause M. Charles Joseph de Grady et la dame Marie Elisabeth de Jacquet, son épouse, appelants, contre la dame Jeanne Victoire Susanne de Grady, en qualité de mère et tutrice de Victoire Joséphine de Grady, et le sieur Haillot, en qualité de tuteur ad hoc de ladite Victoire Joséphine de Grady, intimés. — *J. Desoer.*

In-4, de 32 pp., signé C. F. Warzée.

— Le maire président et membres de la commission des secours de Huy... *Voy.* l'article *Delloye.* 1795.

— Catéchisme philosophique. *Voy.* 1775.

— Géographie universelle. *Voy.* 1784.

1806

Tableau historique et chronologique des suffragants ou co-évêques de Liége, pour servir à l'histoire ecclésiastique de ce pays; où l'on a joint des notices sur l'origine des maisons religieuses et des établissements de leur dépendance dans la ville et sa banlieue. Par M. S. P. Ernst, curé de la succursale d'Afden, canton de Rolduc. — *Lemarié.*

In-8, de LIV-355 pp. La dédicace au comte de Mercy-Argenteau est suivie d'une notice historique sur le château et les anciens seigneurs d'Argenteau. Cette notice ne se trouve pas dans tous les exemplaires. Elle a aussi été tirée à part.

Quelques feuillets de l'ouvrage d'Ernst ayant déplu à la censure impériale, il fut forcé de les changer. M. Villert possède l'exemplaire qui fut envoyé au censeur, les feuillets supprimés s'y trouvent mutilés à coups de ciseaux.

Pour écouler les exemplaires invendus, F. Lemarié leur mit le nouveau titre de : Supplément à l'histoire du pays de Liége, contenant l'histoire des co-évêques ou suffragants de Liége et de l'établissement des maisons religieuses qui existaient en cette ville et sa banlieue. Par M. Ernst, curé d'Afden. — U. S. T.

— Cour de cassation. Mémoire pour M. Haillot, avoué près le tribunal civil de Liége, au nom et comme tuteur ad hoc de Victoire Joséphine de Grady, contre le sieur Charles Albert Joseph de Grady et la dame son épouse. — In-4. — U.

— Jugement rendu par le tribunal de première instance séant à Liége, entre la dame Sophie Boos-Waldeck, veuve de Jean Louis de Renesse... et la dame Marie Anne de Renesse, veuve de Liedekercke-Surlet.... demandeurs comparants, d'une part, et le sieur Félix de Lannoy, en qualité de tuteur des sieurs... d'Ysendoorn de Blois... défendeurs comparants, d'autre part. —

In-4, daté du 5 nivôse an XIV. — U.

— Mémoire pour la dame Sophie Boos-Waldeck, douairière de Jean Louis de Renesse.. appelants, contre MM. Frédéric Charles Théodore et René Alber Louis d'Ysendoorn de Blois, intimés. *S. d.*

In-4, signé L. Harzé. — U.

— Mémoire de griefs et raisons d'appel pour Mme la douairière de Méan, née de Wurben, de Liége, demanderesse appelante, contre Mme de Hoen de Libeck, d'Andenne, défenderesse intimée. *S. l.* In-4. — U.

— Mémoire pour M. Philippe Bernard Nicolas Laurent Hyacinthe de Montrichard, demandeur en première instance, intimé, anticipant sur appel, contre M. Eugène de Rougrave, défendeur en première instance, appellant. —

In-4, signé J. F. Géradon, L. Verdbois aîné. — U.

— Résolutions d'arguments en cause de M. Philippe Bernard Nicolas Hyacinthe de Montrichard, demandeur en première instance, intimé, anticipant sur appel; contre M. Eugène de Rougrave, défendeur en première instance, appellant. — *S. Dauvrain.*

In-4, signé J. F. Géradon. — U.

— Mémoire final sur la qualité de testament olographe pour M. de Montrichard, intimé, contre M. de Rougrave, appellant, avec l'arrêt qui s'en est suivi. — *S. Dauvrain.*

In-4, de 14 pp.

— Règlement pour l'hôpital de Bavière. Commission administrative des hospices civils de la ville de Liége. — *S. l.*

P. In-4, de 12 pp., daté du 10 septembre.

— Pièce d'architecture prononcée à la R∴ L∴ de la Parfaite Intelligence, à l'O∴ de Liége, le 25e jour du 2e mois de l'an de la V∴ L∴ 5806, par le T∴ C∴ F∴ Desmousseaux. — *Desoer.*

In-8, de 15 pp.

— Tableau des FF∴ qui composent les R∴ L∴ de Saint-Jean, sous le titre de la Parfaite Intelligence, à l'O∴ de Liége, à l'époque du 9e jour du 11e mois de l'an V∴ L∴ 5806. *S. l.*

In-8, de 7 pp.

— Honneurs funèbres rendus dans la R∴ L∴ de la Parfaite Intelligence, à l'O∴ de Liége, le 2e jour du 12e mois de l'an V∴ L∴ 5806, à la mémoire du T∴ V∴ F∴ de Goer d'Haltine, l'un des fondateurs de la L∴ en 5770 et depuis son V∴ pendant la révolution de plusieurs années maçon∴. *S. l.*

In-8, de 22 pp. — M.

— Mandement de M. l'évêque de Liége. — *Bourguignon.*

In-4, sur la bataille d'Austerlitz. — U.

— Règlement général des oblations ou droits d'étole à percevoir en argent de France, dans l'étendue du diocèse de Liége. — V° *C. Bourguignon.*

P. in-8, de 30 pp., daté du 20 novembre 1806. Publié aussi, in-4, de 12 pp.

— Catalogue d'une très-belle collection de livres de droit civil, canon, politique, germanique, histoire, morale, piété, belles-lettres, philosophie, géographie, généalogie, dictionnaires, etc., provenant de feu M. G. A. J. de Saren, en son vivant échevin de Liége, dont la vente se fera ... le 17 juin 1806. — *F. Thibeaud.*

In-8, de 30 pp.

— Catalogue des livres rares et précieux du cabinet de M. de Saint-Martin. — In 8.

— Concordance des calendriers ... Voy. 1796.

1807

Dissertation sur l'épiscopat de Saint-Pierre, à Antioche, précédée d'une notice sur l'ouvrage d'un nouveau critique allemand qui prétend réformer l'histoire de l'Église et les écrits des SS. Pères. Par M. l'abbé Jarry, ancien archidiacre et chanoine tréfoncier de l'église primicière de Liége. *S. d.*

In-8, de 186 pp.

— Traduction de quelques pièces du livre intitulé *Diva Leodiensis consolatrix afflictorum in Sancti Remigii templo celebris sive imaginis ejus in eodem tato Leodiensi venerato*, par le T. H. M. Jean Henri Manigart, licencié en la sainte théologie, prothonotaire apostolique et curé de St-Remi. —

In-8, de 04 pp., avec une gravure.

— Recueil de quelques barbarismes que l'on fait assez souvent dans les départements réunis, petit ouvrage dans lequel on indique plusieurs wallonismes, avec la désignation à côté du mot français. — *J. Desoer.*

In-8, de 18 pp. Par M. Poswick. — U.

— Département de l'Ourthe. Ville de Liége. Procès-verbal de la fête anniversaire du couronnement de S. M. l'empereur Napoléon et de la bataille d'Austerlitz. — *Desoer.*

In-8. Des brochures concernant la même cérémonie parurent chez Desoer, en 1809 et 1810. In-8. — U.

— A Spa, après l'incendie. — *Tutchman. S. d.*

In-8, de 12 pp. L'incendie éclata le 21 août 1807. L'auteur est N. Bassenge.

— OEuvres choisies de M. Le Franc de Pompignan, de l'Académie française. Seconde édition. *A Paris, chez Ch. Villet, et se trouve à Liége, chez F. Lemarié.*

2 vol. p. in-12, avec front. gravé par L. Jehotte.

— Arrêt de la cour de cassation. Entre le Sr de Bémy, chanoine de la cathédrale de Liége, demandeur en cassation d'un arrêt rendu par la cour d'appel de cette ville, le 20 ventôse an XIII, d'une part ; et les Sr et dame Sélys de Fanson, défendeurs, d'autre part. *S. l.*

In-4, daté du 17 février. — U.

— Mémoire pour les héritiers du sieur Hauzeur de Jemappe, les sieurs Defooz d'Amay, Wesmael de Liége, et autres sociétaires, appelans, contre le sieur Lamine, intimé. — *S. Dauvrain.*

In-4, de 21 pp.

— Mémoire pour M. Florent de Lannoy de Clervaux, propriétaire, demeurant à Paris, demandeur intimé ; contre M. Félix de Lannoy de Clervaux, prepriétaire, demeurant à Bolland, département de l'Ourthe, défendeur appelant. —

In-4, signé J. C. Warzée, J. F. Bottin. Un autre mémoire en faveur du même, parut à Paris (1807). In-4. — U.

— Mémoire pour M. Félix Balthazar de Lannoy de Clervaux, appelant; contre M. Florent Stanislas Amour de Lannoy de Clervaux, intimé. S. l. In-4. — U.

1808

Réplique pour Monsieur Florent de Lannoy de Clervaux, propriétaire, demeurant à Paris, demandeur intimé; contre M. Félix de Lannoy de Clervaux, propriétaire, demeurant à Bolland, département de l'Ourthe, défendeur appelant. S. l. n. d.

In-4, signé C. J. Warzée. — U.

— Extrait des principaux passages de la correspondance de M. Florent de Lannoy avec sa famille et son receveur Fourneau, pendant son séjour au delà du Rhin. S. l. n. d. In-4. — U.

— Défense en droit pour M. Félix Balthazar de Lannoy de Clervaux, défendeur sur requête civile; contre M. Florent Stanislas Amour de Lannoy de Clervaux, demandeur. S. l. In-4. — U.

— Mémoire pour Mr. Florent Stanislas Amour de Lannoy-Clervaux, propriétaire, demeurant à Paris, demandeur en requête civile; contre Mr Félix Pierre Balthazar de Lannoy-Clervaux, propriétaire, demeurant à Bolland, défendeur. S. l. n. d. In-4. — U.

— Réplique en cause sur requête civile pour Mr. Félix Balthazar de Lannoy de Clervaux, défendeur; contre Mr. Florent Stanislas Amour de Lannoy de Clervaux, demandeur. S. l.

In-4, de 34 pp. — U.

— Arrêt de la cour d'appel de Liége, entre Félix Pierre Balthazar de Lannoy de Clervaux, d'une part, la dame Constance Reine Polixène de Vignacourt, douairière d'Adrien Jean Baptiste de Lannoy de Clervaux, de deuxième part, et Florent Stanislas Amour de Lannoy de Clervaux, de troisième part. —

In-4, daté du 2 février. — U.

— Monsieur Louis Claude Joseph de Rahier, demeurant à Florzé, département de l'Ourthe, intimé, contre M. Maximilien de Hoen, domicilié au Neuchâteau, et consors, appelans. —

In-4, signé L. Harzé, L. Verdbois. — U.

— Consultation pour Monsieur de Rahier, intimé; contre Messieurs de Hoen et de Hohenzollern, appelans. — *Veuve J. F. Bassompierre.*

In-4, de 18 pp., signé L. Verdbois aîné.

— Mémoire à consulter et consultation pour Monsieur François Joseph Charles Marie de Mercy-Argenteau, chambellan de S. M. l'empereur des Français et roi d'Italie, défendeur intimé; contre M. de Maldeghem et cointéressés, demandeurs appellans. — *S. Dauvrain.* In-4. — U.

— Mémoire pour MM. Lambert Planchar, ancien jurisconsulte, avocat, Pierre Planchar, ci-devant trésorier, rentiers, domiciliés à Liége ... tous anciens sociétaires de la houillère nommée Bons Buveurs et Chiens, demandeurs intimés; contre MM. Louis Raick, ci-devant échevin, rentier de la commune de Liége, Kenor, ci-devant échevin, domicilié à Liége, Louis Trousset, ci-devant échevin, rentier, domicilié à Amas..., défendeurs appelans. — In-4. — U.

— Mémoire en cause du bureau de bienfaisance de Liége, en sa qualité de propriétaire, pour un quart de l'arène franche dite Richonfontaine, demandeur; contre Messieurs Braconnier et Wery, maîtres de l'exploitation dite Delle Seiche ou de la Sauche, défendeurs. — *Dessain.*

In-4, signé Verdbois aîné. — U.

— Mémoire en cause les sociétaires de la houillère du Gosson, intimés; contre les arniers de Falloise et Borret, appellans. In-4. — V.

— Mémoire pour M. Étienne Walthère Béanin, président de la cour de justice criminelle, Max Henri Plateus, avocat, et la famille de ce dernier, aréniers de l'arène Blavier, dite Torrette, intimés; contre M. Jean François Dejaer, jurisconsulte et avocat, Melchior Jamar et Mathieu Ledent, maîtres de l'exploitation dite Gosson, appelans. — In-4. — U.

— Mémoire pour MM. J. F. Dejaer, jurisconsulte et avocat, Melchior Jamar et Mathieu Ledent, maîtres de l'exploitation dite Gosson, appelans; contre MM. E. W. Beunin, président de la cour de justice criminelle, Maximilien Henri Plateus, avocat, et la famille de ce dernier, arénier de l'arène Blavier, dite Torrette, intimés. S. d.

In-4, signé Wérzée père. — U.

— En cause Mr. Jean Georges de Moffaerts et la dame de Rosen, son épouse, et M. de Rosen, intimés; contre M. Beunin, président de la cour de justice criminelle de Liége, en qualité de curateur à M. Denis Ghysels dément, la dame Éléonore Rossius, veuve de M. Adrien Ghysels, etc., appellants. S. d.

In-4, signé Verdbois aîné. — U.

— Cour d'appel séant à Liége.

Voici les discours prononcés à l'audience de rentrée de la cour, que j'ai rencontrés:

En 1808, 1809, 1810, ils sont prononcés par M. Danthine aîné, procureur général; de 1819 à 1830, par le procureur général M. Leclercq; en 1831, par M. Cruts, et en 1832, par M. Doreye, tous deux avocats généraux; à partir de 1833 jusqu'aujourd'hui, ils sont l'œuvre du procureur général M. Raikem. En 1830 seulement il n'y eut pas de discours. Avant 1845, M. Raikem s'est contenté d'éclaircir quelques points généraux de droit, mais ensuite il s'est attaché à l'histoire du droit liégeois. Voici le sommaire de ces derniers discours:

1845. Vie de Charles de Méan.
1846. Notice sur G. M. de Louvrex.
1847. Droit criminel de l'ancien pays de Liége.
1848. Institutions judiciaires de ce pays.
1849. Sur l'histoire des coutumes liégeoises et les jurisconsultes liégeois.
1850. Histoire des institutions du pays de Liége.
1851. Les Pawilharts.
1852. La juridiction ecclésiastique en matière civile.
1853. La coutume de Stavelot.
1854. La coutume de Looz.
1855. Des droits respectifs des époux dans le ressort de la cour de Liége.
1856. Origine des dispositions coutumières qui ont régie la transmission des biens dans les familles.
1857. La loi Charlemagne. Jurisprudence criminelle au moyen âge, à Liége.
1858. Institutions judiciaires de l'ancien pays de Liége. La famille.
1859. Le droit de tester.
1860. De l'appel.
1861. Enseignement du droit dans le pays de Liége.
1862. La liberté individuelle et l'inviolabilité du domicile, au pays de Liége.
1863. L'anneau du palais et le tribunal de paix.
1864. Le tribunal des XXII.
1865. De la contrainte par corps.
1866. La transmission des biens, d'après les anciennes coutumes liégeoises.

— Recueil des arrêts notables de la cour d'appel de Liége.

La collection de ce recueil, dont la publication fut souvent interrompue, forme 15 vol. in-8, publiés de 1808 à 1839, d'abord chez J. A. Latour, puis, chez H. Dessain. Les principaux rédacteurs furent G. E. Brixhe, J. Raikem, Faveaux, Pulzeys, Zoude, de Lezaack, Chapelle, Ansiaux, Briard, Doreye. Ils joignirent tour à tour à leur recueil les principaux arrêts des cours de l'empire français, de la Haye, de Bruxelles et de la cour de cassation belge.

On ajoute à cette collection:

1° Table alphabétique et raisonnée des arrêts de la cour de Liége, rapportés dans les sept premiers volumes du recueil, par MM. Zoude, de Lezaack et Brixhe. Liége, H. Dessain, 1826, in-8, de 160 pp.;

2° Table alphabétique et raisonnée des arrêts, rapportés dans les treize premiers volumes du recueil, par G. E. Brixhe et Jacobs. Liége, Jeunehomme, 1837, in-8, de 265 pp. Quelques exemplaires de cette table portent le titre de *Jurisprudence de la cour de Liége ou questions de droit résolues par les arrêts de cette cour*. — U.

— Règlement pour la police des cours et tribunaux. S. l.

In-8, de 22 pp., daté du 30 mars. — U.

— Essais critiques sur différents points de l'histoire civile et littéraire de la ci-devant principauté de Liége; entre autres sur les anciens comtes de Looz, sur les comtes de Horne, sur ceux de Moha, sur le duché de Bouillon, etc., etc., avec plusieurs chartes inédites et quelques-uns de leurs sceaux gravés en taille douce. Par M. de Villenfagne d'Ingihoul, ancien bourgmestre de Liége. — *J. A. Latour.*

2 vol. in-12, de 352 et xiv-364 pp., avec trois planches de sceaux. Une lettre curieuse de l'auteur nous apprend que cet ouvrage utile n'avait eu que trois souscripteurs. Cependant il contient d'excellentes notices sur les anciens comtes de Looz dont l'histoire était presque inconnue à cette époque. — U. S. C. T.

— Annales du pays de Liége, depuis les derniers Éburons jusqu'au règne du prince évêque Georges Louis de Bergh, contenant les événements les plus remarquables, tant de l'histoire de Liége que de celle de France, avec la nomenclature historique des bourgmestres de cette cité, depuis l'an 1242 jusqu'en 1789, par J. B. Hénoul, ancien avocat. Première partie jusques inclus le sac de la cité en 1468, par Charles le Hardi. — V.e *J. F. Bassompierre.*

In-8, de xvi-247 pp. Le tome II qui devait comprendre les années 1468 à 1724 n'a pas été publié. Ce sont, dit M. Henaux, de sèches annales parfois inexactes, toujours déchargées de ce qu'elles contiennent d'intéressant se rencontre ailleurs plus convenablement exposé. L'auteur est prétentieux, complaisant, oiseux. Il n'exhume aucun fait nouveau et arrive rarement à faire jaillir quelques lumières. — U.

— Dissertation historique et juridique sur l'abolition du régime féodal en France, avec démonstration pratique que cette abolition n'est point applicable aux redevances connues dans le département de la Roër, sous le nom de fermages et canons résultants de concessions et locations viagères, dits Leibgewinnspachte. Par André Stundeck, ancien jurisconsulte domicilié à Gueldres. Suivie d'un avis de l'université royale prussienne de Duisbourg, sur la même matière, et de celui du conseil d'État du 4 juillet 1807, approuvé par Sa Majesté, le 22 suivant. — *J. A. Latour.*

In-8, de 166 pp. — T.

— Mémoires de la Société pastorale de la sénatorerie de Liége, sur les mérinos. — *L. P. E. Duvivier.*

In 4, de 52 pp., signé Schiervel.

— Honneurs funèbres rendu par la R.˙. L.˙. de la Parfaite Intelligence à la mémoire du T.˙. R.˙. F.˙. Saint-Martin. — *Desoer.*

In-8. L'auteur est P. G. Destriveaux. — C.

— Discours prononcé par M. N. Defrance à la Société d'émulation de Liége, le 27 septembre 1808. — *J. A. Latour.*

In-8.

— Société d'agrément établie à Liége, le 11 décembre 1808. S. l.

In-8, de 12 ff. Cette brochure fut réimprimée Liége, C. A. Bassompierre, 1826, in-12, de 16 ff.

— Actes de la Société libre des sciences physiques et médicales de Liége. Première partie. — *Desoer.*

In-8, de 483 pp. Ce recueil n'a pas été continué. Il contient des articles de N. Ansiaux et D. Sauveur. — U.

— Les vicaires généraux du diocèse de Liége, siége vacant.˙. Circonscription des paroisses et des succursales, dressée en exécution du décret impérial du 30 septembre 1807. — *C. Bourguignon.*

In-8, de 22 pp. — U.

— Graduale Romanum. — In-8.

— De l'influence des passions sur la production des maladies. Par C. T. A. Charpentier. — *J. Desoer.* In-8. — U.

— Catalogue des livres d'histoire naturelle, générale et particulière d'agriculture et de botanique qui se trouvent chez J. Desoer. —

In-8, de 32 pp.

— L'histoire du vieux et du nouveau Testament. Voy. 1738.

— Réclamation au Troubadour .. Voy. l'article *Delloye,* 1795.

1809

Histoire du marquisat de Franchimont et particulièrement de la ville de Verviers et de ses fabriques. — V.e *J. F. Bassompierre.*

2 parties in-8, la première de vii-175 pp.; la seconde de 180 pp. La dédicace au préfet du département de l'Ourthe, M. Micoud d'Umons, est signée par l'auteur R. J. Detrooz. Cet ouvrage, sans ordre et mal écrit, contient cependant des particularités et documents intéressants pour l'histoire du pays. — U. T.

— Université impériale. Lycée de Liége. Programme général des exercices publics qui auront lieu les lundi 7 août 1809 et jours suivans, dans la grande salle du Lycée, sous la présidence de M. le préfet du département de l'Ourthe. — *J. Desoer.*

In-4, de 10 pp.

— Règlement de la Société libre d'émulation et d'encouragement pour l'agriculture, sciences et arts, établie à Liége, chef-lieu du département de l'Ourthe, adopté dans l'assemblée générale du 5 février 1809. — *Desoer.*

In-8, de 14 pp. Ce règlement fut réimprimé avec quelques modifications et dans le même format, chez J. Desoer, 1812 ; J. A. Latour, 1822 ; J. Carmanne, 1853.

— Institution d'une Société de dames charitables, sous le nom de Société de charité maternelle de la ville de Liége. — *J. A. Latour.*

In-8, de 26 pp. Cette Société fut réorganisée en 1829. Elle a publié : Règlement provisoire. *Liége, Latour (1829),* in-8. — Extrait du règlement. *Liége, Jeunehomme,* in-8, de 4 pp. — Société maternelle. Personnel. *S. l. n. d.,* in-8, de 15 pp. — U.

— Règlemens de la R∴ L∴ Écossaise de St-Jean, sous le titre distinctif de la Parfaite Égalité, à l'O∴ de Liége. — *Léonard.*

In-8, de 128 pp.

— Verbal de la fête de l'ordre et l'inauguration du temple de la R∴ L∴ de la Parfaite Égalité à l'O∴ de Liége, le 15e jour du premier mois de la V∴ L∴ 5809. — *J. Léonard.*

In-8, de 32 pp. — T.

— Verbal de la fête donnée au très-ill∴ et très-subl∴ F∴ Kellerman, grand administrateur général de l'ordre maç∴ sénateur, maréchal d'empire, duc de Valmy, par la R∴ L∴ de la Parfaite Égalité à l'Or∴ de Liége, le 26e jour du 8e mois de l'an de la V∴ L∴ 5809 (26 octobre 1809). — *J. Léonard.*

In-8, de 20-8-5 pp. — T.

— Instruction pour le premier grade de la franc-maçonnerie. *De l'imprimerie de la loge de la Parfaite Égalité. S. d.* P. in-12, de 47 pp. — T.

— Notes historiques pour servir à l'éloge funèbre du général Jardon .. rédigée et prononcée par M. C. Siter, greffier de la justice de paix du canton de Verviers, dans l'église primaire, le 16 août 1809 — *L. J. M. Loxhay.*

In-8, de 6 pp. — H.

— Promenade à la Boverie. — *J. A. Latour.*

In-12, de 24 pp., avec une gravure de L. Jehotte. L'auteur de ce poême est Frédéric Rouveroy.

— Pot-pourri de fleur de zinc, par le *Troubadour liégeois* H. Delloye, pour le jour de St-Jacques, fête de M. Dony, de Liége, auteur de la découverte du zinc à l'état métallique. —

In-8, de 8 pp. — C.

— Compte rendu par la commission établie pour les incendiés de Spa. — *J. A. Latour.*

In-4, de 79-28 pp. — D.

— Recueil des bulletins de l'armée d'Allemagne.

Recueil périodique, in-8, publié chez J. F. Desoer, en 1809, et formant un volume de 195 pp.

— Instruction sur le cadastre parcellaire, précédée des tarifs sur les réductions et les prix comparatifs des mesures nouvelles en anciennes ... Rédigée par J. B. Renard, inspecteur des contributions, et publiée avec l'approbation de M. le préfet. — *J. Léonard. S. d.*

In-8, de 16 pp. — T.

— De l'influence des passions sur la production des maladies ou recueil des mémoires qui ont été distingués par la Société libre des sciences physiques et médicales de Liége, au concours établi sur cette question. — *Desoer.*

Grand in-8.

— Extractum è rituali Romano complectens administrationem quinque principalium sacramentorum ... Sequitur tractatus brevis de sacrificio missae .. *C. Bourguignon.*

In-12, de iv-82 pp. et un f. de table.

— Mémoire en cause M. de Geyr, appellant, contre Mme d'Aremberg, née de la Mark, intimée, et M. De Thier de Grimonster, assigné en intervention. —

In-4. — U.

— Mémoire pour Madame Louise Marguerite de la Marck, douairière d'Aremberg, intimée, contre M. Maximilien Joseph de Geyr, appellant .. —

In-4. — U.

— Mémoire pour MM. et les Dames Marchant d'Ansembourg, intimés et adhérens à l'appel, contre M. Micoud d'Umons, préfet du département de l'Ourthe, et, en cette qualité, représentant le gouvernement françois, appellant. *S. l.*

In-8, signé G. J. Gilot et H. L. Roly. — U.

— Cour d'appel de Liége. Mémoire pour Messieurs et Dames de Méan, défendeurs, contre le sieur Lejeune, demandeur, *S. d.*

In-4, signé J. J. Piret. — U.

— Mémoire pour M. le comte de Zaluski, de Rivière, de Heers et Houffalise, juge à la cour d'appel du grand-duché de Varsovie, intimé, contre M. Charles François de Stockhem, domicilié à Heers, appellant. — Ve *Bassompierre.*

In-4, de 32 pp. Touchant la seigneurie de Heers. — T.

— Dernières observations pour le comte de Zalusky contre M. de Stockhem. — Ve *Bassompierre.*

In-4, de 11 pp. — T.

— Mémoire pour Monsieur Charles de Stockhem, propriétaire et maire à Heers, département de la Meuse-Inférieure, défendeur appellant, contre Monsieur Jean Canti de Salusky, domicilié à Varsovie, en Pologne, demandeur intimé. — *S. Dauvrain.*

In-4, de 25 pp. — T.

— Cour d'appel de Liége. M. Clément Wenceslas de Hoensbroeck, lieutenant de la louveterie, demeurant à Lahaye, près Gueldres, département de la Roer, appelant, contre le Sr Charles Strauch,

négociant d'Aix-la-Chapelle, et consors, intimés. — Ve *J. F. Bassompierre.*

In-4, signé L. Harzé, avocat. — U.

— Catéchisme historique ... *Voy.* 1688.

1810

Mélanges pour servir à l'histoire civile, politique et littéraire du ci-devant pays de Liége. Par M. de Villenfagne d'Ingihoul, ancien bourgmestre de Liége. — *Duvivier.*

In 8, de xvi-477 pp. et 3 pp. errata. Les articles historiques, biographiques et littéraires contenus dans ces mélanges sont des matériaux utiles et importants pour l'histoire du pays de Liége. — U.

— Décret du 30 décembre 1809, concernant les fabriques. — *J. A. Latour.*

In-8, de 27 pp.

— Loi sur les mines, décrétée par le Corps législatif dans la séance du 21 avril 1810. Édition conforme à l'édition originale du Bulletin des lois, précédée de l'exposé des motifs, par M. le comte Regnaud de St-Jean-d'Angely, ministre et conseiller d'état, orateur du gouvernement, et du rapport par M. le comte Stanislas Girardin, président de la commission d'administration intérieure du Corps législatif. — *J. Desoer.*

In-8, de 80 pp.

— Ministère de l'intérieur. Instruction pour l'exécution de la loi du 21 avril 1810 sur les mines, minières et carrières, publiée par ordre de S. E. le ministre de l'intérieur, le 5 août 1810. — *J. A. Latour.*

In-8, de 43 pp. et un f. de table.

— Recherches sur la calamine, le zinc et leurs divers emplois. Par Henri Delloye. — *S. Dauvrain.*

In-8, de 96-16 pp. — S.

— Theate Ligeoi ki contin li Voège di Chôfontaine, li Ligeoi égagi, li Fiess di Houte-si-plou, et les Hypocontes ; operas burless mettou è musik, par feu M. Hamal, maiss dè chantes di St-Lambert.

48

Avou inn chanson so l'eéléb Grétry
kouan i v'na r'vèy s'patreie en 1784.
Novelle édition. A Lîge, à mon Lemarié.

In-32, de 54-23-47-73 pp. Cette édition ne
diffère de celle de 1783, que par le titre et la
réimpression du Voège di Chôfontaine. Voy.
1783, 1827, 1830, 1847, 1854.

— Procès-verbal de la séance publique
de la Société d'émulation établie à Liége,
chef-lieu du département de l'Ourthe.
— 1810-1858.

Cette collection comprend 14 volumes in-8,
imprimés chez Desoer, Latour, Lemarié, Oudart, Desoer, Carmanne. Ils furent publiés en
1810, 1811, 1812, 1813, 1817, 1819, 1821, 1823,
1825, 1828, 1842, 1851, 1854, 1858. En 1860,
cette collection fut remplacée par une nouvelle série, intitulée Mémoires de la Société
d'émulation.

— Critique du procès-verbal de la
séance publique tenue, le 10 mars 1810,
par la Société d'émulation de Liége. —

Critique anonyme que M. U. Capitaine indique dans sa Notice sur la Société.

— Catalogue des objets d'arts exposés
à la Société d'émulation, le 29 avril 1810.
S. l.

In-12, de 7 pp.

— Manuale cantorum sive antiphonale Romanum recognitum juxta novis-
simum antiphonale Romanum. Editio
nova praecedentibus longe emendatior et
locupletior, continens omnia quae per totum annum in ecclesia Dei in vesperis et
completorio cantantur. Accedunt totum
officium defunctorum, integrum officium
trium dierum hebdomadae sanctae, officia
festorum mobilium necnon hymnus Te
Deum. — L. Devillers.

In-16, de 4 ff., 416-152 pp. Réimprimé à
Liége, in-12, en 1830, chez F. Lemarié ; et
en 1849.

— Almanach ecclésiastique de tout le
diocèse de Liége, pour l'année ... — C.
Bourguignon.

In-18. Années 1811-1813. — C.

— Le droit romain dans ses rapports
avec le droit français, et les principes
des deux législations. Par M. O. Leclercq, juge à la cour d'appel séant à
Liége. — Duvivier. 1810-1812.

8 vol. in-8. — U.

— Recueil de quelques faits et circonstances relatifs aux soi-disans secrets
de la famille Pitteurs, livrés et dévoilés
à l'opinion publique. S. l.

In-4, de 72-48 pp. et 28 pp. non chiffrées,
signé E. N. de Waha. — T.

— Précis de la cause pour M. Nicolas
François d'Ancion de Ville, intimé,
contre MM. François et Hubert de
Grandchamps, Madame Joséphine de
Grandchamps, joint M. Regnier, procureur général impérial de la cour de justice criminelle de Liége, appelans. S. d.

In-4, signé Moreau. — U.

— Mémoire en cause M. Jean Guillaume de Borchgrave, défendeur intimé,
contre M. Jacques Vanstrate, demandeur appellant. S. l.

In-4, signé Worzée père. — U.

— Arrêt rendu, le 19 mai 1810, par
la cour d'appel séant à Liége .. entre le
Sr Jean Guillaume de Borchgrave, rentier, domicilié à Bovelingen .., et le
Sr Jacques Vanstrate, rentier, domicilié
à Tongres. — In-4. — U.

— Jugement rendu par le tribunal de
première instance séant à Liége, entre la
dame Marie Agnès Dozin, veuve Mathias Lassence, sans profession, demeurant à Liége, demanderesse, et le Sr Michel Mathias Clerex et la dame Elisabeth
de Grady, son épouse, demeurant à
Waroux, et autres, défendeurs. —

In-4, daté du 6 juin. — U.

— Mémoire pour MM. Albert Antoine
de Grady de Bellaire, domicilié à Wandre, Anne Charles François de Montmorency, domicilié à Paris, et René Potesta, domicilié à Couthuin, arniers de
l'areine de Gersonfontaine, appellans,
contre MM. Simon et Matthieu Massillon
frères, domiciliés à St-Gilles, et Jean
Louis Houtain, domicilié à Liége, maîtres de la houillère dite Champai, située
à St-Gilles, intimés. S. l. n. d.

In-4, signé H. L. Roly. — U.

— Mémoire pour la dame Charlotte
Agnès de Goeswin, veuve de M. de Bos-
sart, intimée, contre le Sr Jacques Joseph

Piette, domicilié à Fraipont, appelant. — *S. d.* In-4. — U.

— Mémoire pour la dame veuve Adolphy et consors, appelans, contre M. Michel baron de Sélys, intimé. *S. l. n. d.*

In-4, signé L. G. Lonhienne et L. Verdbois. — U.

— Mémoire pour M. Charles Alexandre Régis, comte de Gavre, demeurant à Versailles, défendeur en première instance et appelant en seconde du jugement rendu par le tribunal civil de première instance, séant à Namur, le 25 juin 1809, contre M. Henri Claude de Namur d'Elzée, propriétaire, demeurant à Dhuy.. demandeur en première instance et intimé en seconde. — *Teichmann.*

In-4, signé Gendebien. Il faut y ajouter un *Mémoire à consulter...*, imprimé la même année, chez Teichmann, en faveur du comte de Gavre. — U.

— Mémoire pour M. Charles Alexandre Régis, comte de Gavre, demeurant à Versailles, demandeur d'intervention en première instance et intimé en seconde, contre M. François Joseph Charles comte d'Argenteau-Mercy, domicilié à Liège.. défendeur en première instance et appelant en seconde, du jugement rendu par le tribunal civil de première instance, séant à Namur, le 25 juin 1809. — *T. Teichmann.*

In 4, signé Gendebien. — U.

— Mémoire pour M. de Namur d'Elzée, contre M. d'Argenteau. — *S. Dauvrain.*

In-4, signé Delaittre, Lefèvre, Géradon, Verdbois. Il faut y ajouter quatre mémoires In 4, publiés à Namur, chez Gérard, en 1810, en faveur de M. de Namur d'Elzée, contre MM. de Gavre et d'Argenteau. — U.

— Cour impériale de Liège. M. le comte de Mercy-Argenteau, chambellan de S. M. l'empereur des Français, défendeur appelant, contre M. Henri Claude de Namur d'Elzée, demandeur intimé, et contre M. le comte Charles Régis de Gavre, chambellan de Sa Majesté, demandeur et appelant. — *S. Dauvrain.*

In-4, signé G. J. Gilet et H. L. Roly, J. C. — U.

— Précis pour la réplique de M. de Gavre, contre M. d'Argenteau-Mercy. — *T. Teichmann.*

In-4, signé Gendebien, Warzée père, Wasseige et Raikem. — U.

— Statuts de la R∴ L∴ de St-Jean. *Voy.* 1805.

— Imitation de Jésus-Christ. *Voy.* 1794.

1811

Procès-verbal de la célébration des fêtes des 9 et 10 juin 1811, à l'occasion de la naissance et du baptême de Sa Majesté le roi de Rome. Liège, 11 juin 1811. *S. d.*

In-8, signé F. J. Dewandre.

— Procès-verbal d'installation de cour impériale de Liége, 20 mai 1811. — *J. F. Desoer.* In-4. — U.

— Hymnes pour l'inauguration de la place Grétry dans la ville de Liége, sa patrie, le 5 juin 1811, paroles de M. P. J. Henkart, musique de M. B. E. Dumont. — *Latour.*

In-8, de 8 pp. — T.

— Discours prononcé par M. le baron de Micoud, préfet de l'Ourthe, à la Société d'émulation de Liège, le 19 mai 1811. — *J. A. Latour.*

In-4, de 7 pp.

— Catalogue des objets d'art et manufacturés exposés à la Société d'émulation de Liège, le 9 juin 1811. *S. l.*

In-12, de 8 pp. — T.

— Flore des environs de Spa, ou distribution selon le système de Linnaeus des plantes qui croissent spontanément dans le département de l'Ourte et dans les départements circonvoisins... Par A. L. S. Lejeune, médecin, membre de la Société libre des sciences physiques et médicales de Liège. — *Duvivier.* 1811-1813.

2 vol. in-8, le premier de VIII-254 pp. et un f. additions; le second de 350 pp. Il faut y ajouter : Revue de la Flore des environs de Spa, contenant l'énumération de toutes les plantes y décrites, avec les observations, les descriptions, les additions et les corrections néces-

saires pour la mettre le plus possible à la hauteur de la science. Par A. L. S. Lejeune, docteur en médecine... V° Duvivier. In-8, de viii-266 pp. et 2 ff. errata.

Voy. sur Lejeune et ses ouvrages le Nécrologe liégeois, 1856. — U.

— Voyage de Liége à Spa par Chaudfontaine. —

In-8. Opuscule en vers, par F. Rouveroy.

— Catéchisme à l'usage des églises de l'empire français. — In-18. — S.

— Tableau de l'archiconfrérie du Très-Saint Sacrement établie en l'église de St-Martin, à Liége, et décorée du beau titre de prééminence qui la distingue par décret apostolique de l'an 1575. — *H. Dessain.*

16-12, de 20 pp., avec une gravure. Cette brochure est suivie du Tableau des confrères et consœurs de l'archiconfrérie du Très-Saint Sacrement, établie en l'église de Saint-Martin, à Liége, par ordre alphabétique. *Liége, Duvivier,* s. d. In-12, de 20 pp. — T.

— Observations sur l'*Histoire des évêques,* de Tabaraud. Par H. J. Sclain. — In-8.

— Du droit de la principauté du souverain pontife touchant les évêques. Par H. J. Sclain. — In-8.

— Département de l'Ourte. Tableau des distances en myriamètres et kilomètres de chaque commune du département de l'Ourte aux chefs-lieux du canton, de l'arrondissement et du département, dressé en exécution de l'art. 95 du décret impérial du 18 juin 1811. — *A. Haleng.*

In-4, de 21 pp.

— Tarifs de réduction, conversion et comparaison, ou comptes faits de la valeur des monnaies de France, de Liége et de Brabant, en francs, florins de Liége (6 livres pour 5 fl., idem pour 4 fl. 17 s. et demi), et en argent courant de Brabant, calculés exactement d'après les valeurs fixées par les décrets de Sa Majesté Impériale et Royale, les 18 août et 12 septembre 1810... — *J. A. Latour.*

In-4 oblong, encadré, de 70 pp.

— Mémoire en cause M. Bailly, en qualité de maire de la ville de Liége intimé et demandeur, contre le sieur A. P. L. J. M. Dellecreyer, la D^{lle} M. J. J. A. Dellecreyer et la Dame M. J. Demany, veuve d'Arnold Joseph Detrixhe, demeurant à Liége, tous héritiers bénéficiaires de Gilles Joseph Cologne, appelants et défendeurs. —

In-4, signé J. F. Lesoinne. — U.

— Mémoire pour M. A. P. L. Dellecreyer, Mlle Dellecreyer, M^{de} Demany veuve de M. A. J. Detrixhe, tous héritiers bénéficiaires de feu M. de Cologne, ci-devant grand-greffier de la ville de Liége... appelants, contre M. le maire de Liége... demandeur, intimé. *S. l.* In-4. — U.

— Parvus catechismus... Voy. 1031.

1812

Relation des événements mémorables arrivés dans l'exploitation de houille de Beaujonc, près de Liége, le 28 février 1812, suivie du précis de ce qui s'est passé, le 14 janvier précédent, dans celle de Horlot, où soixante-cinq mineurs ont péri par l'effet du gaz inflammable, d'une notice sur les mines de houille du département de l'Ourte et du plan des exploitations Beaujonc et Mamonster, avec les portraits d'Hubert Goffin, maître mineur, auquel Sa Majesté a accordé la décoration de la Légion d'honneur, et de Mathieu Goffin, son fils, âgé de douze ans. Publiée aux profits des veuves et des enfants de ceux qui ont péri dans les houillères Beaujonc, Horlot et quelques autres du département de l'Ourte. — *J. A. Latour.*

In-8, de 60 pp., avec deux portraits gravés par Jehotte, et le plan des ouvrages souterrains des bures de Beaujon et Mamonster. Cette relation est due à M. Micoud d'Umons, préfet du département. Elle fut publiée en allemand, la même année, chez Desoer, in-8, de 46 pp. et un f., avec les deux portraits et le plan, sous le titre de Bericht über die merkwürdigen Begebenheiten, etc. — U.

— Complainte des houleurs de l'fosse di Bai-jonc. — *Dessain.*

In-8, de 7 pp. Par B. E. Dumont, notaire. Complainte composée à l'occasion du trait héroïque de Hubert Goffin.

— Honneurs funèbres rendus dans la R∴ L∴ de la Parfaite Intelligence à l'Or∴ de Liége, le 25e jour du 8e mois de l'an de la V∴ L∴ 5812, à la mémoire du T∴ V∴ F∴ Debois, du T∴ R∴ F∴ de Chestret, du T∴ C∴ F∴ Lenoir. — *Desoer*.

In-8, de 34 pp.

— Précis du procès de Marie Werotte, empoisonneuse, etc. — In-8.

— Dissertation touchant l'antiquité de Spa et de ses fontaines, par l'auteur de l'Histoire du marquisat de Franchimont et de la ville de Verviers. — *C. A. Bassompierre*.

In-8, de 31 pp. L'auteur est Remacle Detrooz. — T.

— Poésies d'Augustin Benoit Reynier, de Liége, secrétaire perpétuel de la Société d'émulation de cette ville. — *J. A. Latour*.

In-8, de 115 pp. Il y a des exemplaires en papier vélin. — U.

— Simples observations aux rédacteurs du Journal du département de l'Ourte sur le système actuel d'imposition. — *J. A. Latour*.

In-8, de 6 pp.

— Catalogue des livres de feu M. Henry, juge à la cour d'appel séant à Liége, dont la vente se fera .. le 1er avril 1812. — *Duvivier*.

In-8, de 2 ff., 148 pp. — T.

— Introduction à l'arithmétique. Par Eugène Leneux, contrôleur des hospices civils de Liége — *Duvivier*.

In-8, de 63 pp.

— Mémoire pour Madame la veuve du bourgmestre de Donceel et les enfans de feue Madame Marie Catherine de Donceel, veuve de M. N. A. Delpaire, conseiller intime de feu S. A. le prince évêque de Liége, servant en cause dite maintenue des acquêts, intentée, le 9 avril 1767, par F. A. Lamotte, représenté par M. L. F. G. Harzé, jurisconsulte et avocat, son héritier testamentaire, aux enfants de feue Cécile Lesohne, veuve de M. M. J. de Donceel, représentée par les premiers nommés. — In-4. — U.

— Mémoire pour M. de Noidans-Calf et la dame Marie Hélène de Grady, son épouse, domiciliés à Liége, contre plusieurs créanciers du Sr Laurent Lassence. — *Duvivier*.

In-4, signé Warzée père, avocat. — U.

— Mémoire pour les actionnaires de la société d'alunière dite de Waheyron, à Amay, appelans, contre les sieurs Laminne et consors, intimés. — *C. A. Bassompierre*.

In-4, signé L. Harzé et H. L. Roly, avocats. — U.

— L'histoire du vieux et du nouveau Testament ... *Voy*. 1758.

— Règlement de la Société d'émulation ... *Voy*. 1809.

1813

Houillères. Brevet d'invention pour dix années, accordé par S. M. l'Empereur et Roi, le 10 avril 1813, au Sr Hubert Sarton, père, mécanicien, à Liége, pour une machine à l'effet d'extraire le charbon de terre et tous autres minerais et de remonter les ouvriers sans employer de chaîne ni de corde. — *Bassompierre. S. d.* In-8.

— Catalogue des livres de la bibliothèque de la ville de Liége, rédigé par J. P. J. Terwangne, bibliothécaire. — *J. F. Desoer*.

In-8, de 348 pp. Catalogue mal rédigé et imprimé d'une manière incorrecte. Il indique 8866 articles auxquels il fallait joindre 200 manuscrits non inventoriés. *Voy*. 1732, 1767 et 1844.

— Catalogue de livres à vendre le 10 juin 1813, à la maison mortuaire de la dame Ve Closon. — *Bassompierre*.

In-8. — U.

— Réponse à la note insérée dans la Feuille d'annonces du 18 mars 1813, de la part de Me Dejardin, notaire. — *S. Dauvrain*.

In-4, de 8 pp.

— Réponse au rapport sur le zinc

fait à l'Institut le premier mars 1813, par M. Guyton-Morveau. — *J. F. Desoer.*

In-4, de 68 pp. Par Dony. — U.

— Mémoire pour M. Michel Mathias Clerex de Waroux, rentier, domicilié à Waroux, contre M. le comte de Mérode-Westerloo, sénateur, et la dame son épouse, domiciliés à Bruxelles, appelans. — In-4. — U.

— Abrégé des principes de la plantation des arbres fruitiers, champêtres et d'alignements, avec quelques notions élémentaires sur leur culture, leur multiplication, et une gravure. Par M. Rouveroy, adjoint au maire de Liége. — *J. A. Latour.*

In-12, de xii et 83 pp., avec une planche, gravée par Godin. Réimprimé, Liége, 1830, in-12.

1814

Grétry en famille ou anecdotes littéraires et musicales relatives à ce célèbre compositeur, précédées de son oraison funèbre, par M. Bouilly, rédigées et publiées par A. Grétry, neveu .... *Paris, chez Chaumerot.*

In-12, de xxii-214 pp., avec portrait. Ce livre est imprimé à Liége, chez J. A. Latour. Un certain nombre d'exemplaires porte *Liége, J. A. Latour*, 1828. — U.

— Catalogue des livres appartenant à M. Denoyelle. — In-8.

— Projet d'association pour augmenter le nombre des adorateurs de J.-C. dans l'Eucharistie pendant les prières de 40 heures. — *Duvivier.*

In-16, de 16 pp.

— Tableau de répartement du principal de la contribution foncière de 1814 (dans le départ. de l'Ourte). S. l. In-8. — U.

— Petit vocabulaire français-allemand et russe, contenant les mots et petites phrases les plus usités pour aider à s'entendre avec les Russes et les Allemands. — *J. E. Dauvrain. S. d.*

In-8, de 16 pp.

— Laurus victoriae et oliva pacis, Alexandro primo, Francisco secundo, Guillielmo tertio, augustissimis invictissimis, generosissimis Russiae, Austriae, Borussiae imperatoribus, regibus, heroibus, decem odis cantatae, oblatae, dedicatae à Joanne Wilkenio Remo, in Belgio Austriaco olim professore regio. — *P. J. Collardin.*

In-4, de 18 ff. — T.

— Constitution pour les Provinces-Unies des Pays-Bas, imprimée à La Haye, en avril 1814. Traduit du hollandais. — *J. A. Latour.* In-8. — U.

— A Son Excellence le gouverneur général du Bas-Rhin et du Rhin-Moyen. Réclamation pour Ernest Philippe Auguste, Maximilien Henri Joseph et Alexandre Constantin, barons de Woot de Tinlot, frères à titre d'héritiers de leur mère, la dame douairière Marie Anne Léontine, baronne de Woot de Tinlot, née comtesse de Nassau, etc., contre le Sr. Jean Jacques François Joseph Gaiflier de Nanimes, etc. — *C. A. Bassompierre.*

In-4, de 56-xxiii pp.

— Mémoire adressé à LL. AA. SS. les duc et prince de Nassau par le chev. Max. d'Omalius sur les attentats commis par diverses autorités et particuliers du duché de Nassau, depuis 1805 jusque l'an 1814, dans ses forges de Nieveren, situées sur la Lahn, à une lieue de Coblentz, audit duché de Nassau. —

In-4, daté du 15 août, imprimé chez Latour. — U.

— Collége municipal de Liége.

Ce collége, qui avait porté le nom d'*École centrale*, sous la république, et de *Lycée impérial* sous l'empire, s'intitula, en 1814, *Collége municipal*, et, plus tard. *Athénée royal*.

L'administration de cet établissement a publié, outre divers prospectus, les programmes des cours et des exercices publics annuels, et les rapports présentés au conseil communal par la commission de surveillance du collége. On peut y ajouter : Règlement général pour le collége municipal de Liége, adopté par le conseil communal, le 27 mars 1841. *Liége, Rigu*, in-8, de 24 pp.

1815

Proclamation. Nous, Jean Gisbert Verstock de Soelen .. aux habitants du pays d'Outre-Meuse, faisant partie du commissariat général de Liége .. 9 octobre 1815. — *Teichman*.

In-8, de 2 pp. Nomination des administrateurs définitifs du pays. — U.

— Gouvernement général du Bas-Rhin et Rhin-Moyen. Département de l'Ourte, ville de Liége. Milice bourgeoise. Règlement supplémentaire du 27 avril 1815. — *H. Dessain*.

In-8, de 11 pp. — U.

— Projet de loi fondamentale pour le royaume des Pays-Bas. Édition conforme pour le texte à la traduction officielle. — *Latour*. In-8. — U.

— Lettre d'un notable catholique à un de ses amis sur les motifs qui l'ont guidé dans l'adoption de la constitution du royaume, avec des notes. — *Dauvrain*.

In-8, de 31 pp. — S.

— Code de la Cour de cassation, ou recueil contenant l'arrêté de S. M. le roi des Pays-Bas, en date du 19 juillet 1815, qui a investi la cour supérieure de justice séant à Liége, du pouvoir de connaître des pourvois en cassation contre ses arrêts rendus en degré d'appel et contre les jugements portés par les tribunaux de son ressort, des notes sur cet arrêté, les principales lois antérieures concernant la matière et le règlement du 28 juin 1758, sur la forme de procéder aux ci-devant conseils du roi de France. Par MM. Raikem fils, avocat, et Brixhe, avoué à la cour supérieure. — *H. Dessain*.

In-8, de 165 pp. et 3 pp. table. M. J. J. Raikem est aujourd'hui procureur général à la cour d'appel de Liége, M. Brixhe est mort avocat général à la même cour.

— Remarques historiques sur les pays qui forment le royaume des Pays-Bas, par le baron de Foullon, de Villers-Saint-Gertrude. — *Teichmann*. In-8. — U.

— Le Propagateur, journal politique, commercial et littéraire.

Journal hebdomadaire, p. in-fol., à 2 col., imprimé chez C. A. Bassompierre, du 22 novembre 1815 au 14 février 1816. Rédigé par des émigrés français, il attaquait avec virulence la dynastie des Bourbons.

— Mercure du royaume des Pays-Bas.

Journal quotidien, in-fol., à 2 col., imprimé chez C. A. Bassompierre, puis chez P. J. Collardin, du 1er septembre 1815 ou 31 mars 1816. Cette feuille libérale était dirigée par MM. de Coullenecr et S. Levenbach.

— Mélanges de littérature et de politique pour servir à l'histoire, ou pot pourri, par M. D'Auvin, Belge.

Collection devenue très-rare aujourd'hui. Elle se compose de 16 volumes in-8, publiés de 1815 à 1836, imprimés successivement à Liége chez J. F. Desoer, à Bruxelles chez De Prins, à Namur chez J. H. J. Misson.

En voici le détail :

I. Décembre 1815, de VIII-120 pp.
II. Mai 1816, de VI-128 pp.
III. Octobre 1816, de XII-116 pp., avec la table.
IV. Août 1818. Nouveaux mélanges, de 2 ff., 128 pp., un f. errata.
V. Mélanges. Janvier 1822, de VIII-168 pp., un f. table.
VI. Janvier 1823, de 197 pp., avec la table.
VII. Janvier 1824, de 168 pp., avec la table.
VIII. Janvier 1825, de 134 pp., avec la table.
IX. Avril 1826, de 188 pp., un f. table.
X. Mélanges, continués par Jacques, Belge, avril 1828, de 132 pp.
XI. 1829, de 150 pp., un f. table.
XII. 1830, de 186 pp.
XIII. Sans titre, 5 livraisons, publiés en 1831 et 1832, de 98 pp.
XIV. Mélanges, 1834, de 164 pp., avec la table.
XV. Avril 1835, de 136 pp., avec la table.
XVI. Juin 1836, de 162 pp. et un f. table.

— Requête très-humble à S. M. le roi des Pays-Bas, prince d'Orange-Nassau .. en son conseil d'État, séant à Bruxelles, faisant suite au mémoire du 15 août 1814, par le chevalier Maximilien d'Omalius, natif de Liége. — *Latour*.

In-4, daté du 30 juillet. — U.

— Première lettre à M. L. Millé, pléban de Ste-Gudule et archiprêtre du district de Bruxelles, au sujet de sa correspondance avec M. le vicaire apostolique du diocèse de Malines. —

In-8, de 31 pp., signé J. Wamesius et datée de décembre 1815.

— Leichtes franzoesisch-deutsches und deutsch-franzoesisches Taschen-Woerterbuch, zum gebrauche der Reisenden. Dictionnaire facile ou de poche, françois-allemand et allemand-françois, à l'usage des voyageurs. *A Francfort, et se trouve à Liége, chez Fr. Lemarié.*

2 parties, in-16 carré ; la partie française-allemande à 472 pp., à 2 col. Ce dictionnaire est de Schwann et il a été revu par D. F. Alexandre Lemarié.

— Précis historique sur le testament de Marie Antoinette, reine de France, trouvé au château de Rambluzin, en 1815, chez l'ex-conventionnel Courtois, pour prouver authentiquement de quelle manière cette pièce intéressante tomba entre les mains de la maison de Bourbon. Par A. Courtois. — *C. A. Bussompierre.*

In-8, de 12 pp.

1816

Itinéraire curieux des environs de Spa ou douze notices indiquant les principaux endroits à visiter, les objets qui y sont remarquables, les routes à suivre, les distances, etc., avec douze cartes bien gravées par M. J. L. Wolff, peintre et naturaliste, à Spa. — *M. Lezaay.*

In-12. Les douze notices ont respectivement 24, 6, 14, 4, 7, 8, 6, 12, 12, 8, 10, 6 pp., et sont précédées de 2 ff. de titre général et de dédicace au prince d'Orange. Chaque numéro, accompagné d'une carte gravée par Godin, se distribuait séparément, plusieurs d'entre elles ont eu différents tirages. On attribue ces brochures à M. De Thier, de Theux. — U.

— Analyse des eaux minérales de Spa, avec des observations sur leurs propriétés médicinales, précédée de quelques notices topographiques, etc., etc. Par Edwin Godden Jones, docteur en médecine des facultés de Montpellier et d'Edimbourg ... — *J. F. Desoer.*

In-8, de 6 ff., 126 pp., un f. table., avec une vue de Spa, gravée par J. C. Stadler, et un tableau à la page 76.

— Mémoire sur le projet d'impôt à la vente du charbon de terre, adressé aux membres du conseil d'état et des états généraux du royaume des Pays-Bas, par divers propriétaires de mines et manufactures de la province de Liége. — *A. Haleng.*

In-4, de 16 pp., rédigé par L. De Laminne. — U.

— Le Mercure surveillant.

Journal quotidien, p. in-fol., à 2 col , qui parut à Liége, chez P. J. Collardin à partir du 1er avril 1810, et émigra à Bruxelles le 11 octobre suivant. Il était rédigé par Cauchois-Lemaire, Destrivaux, J. J. Ransonnet, J. B. Teste, etc., et défendait les idées libérales. — Bibliothèque de M. Parmentier.

— Nouveautés et livres d'assortiment qui se trouvent à la librairie Collardin. — In-8.

— Clinique chirurgicale, ou recueil de mémoires et observations de chirurgie pratique. Par N. Ansiaux, docteur en chirurgie. — *J. F. Desoer.*

In-8, de XIII-240 pp. Réimprimé chez le même, en 1829, in-8, de XV-343 pp. — U.

— Metaphysica ad usum seminarii Leodiensis nunc primum edita. — *Duvivier.*

In-12, de 300 pp. Réimprimé chez le même en 1822, in-12, de 256 pp. — S.

— Collectio decretorum authenticorum sacrae rituum congregationis. —

5 vol. en 4 tomes gr. in-12.

— Souvenirs salutaires ou tableaux des stations de Jésus-Christ dans ses souffrances. Ouvrage posthume de l'abbé de Feller. —

In-18. « Il est douteux, dit le P. de Backer, « que ce petit livre soit de Feller qui n'a pas « travaillé dans ce genre et qui mettait plus « du sien dans les ouvrages qu'il publiait. »

— Précis pour la dame Anne Joséphe Lys, veuve Denis Renard, demanderesse intimée, contre la dame veuve Dejaer et autres actionnaires de la houillère du Gosson, défendeurs appelans. — *Teickmann. S. d.*

In-4, de 14 pp. de mémoire et 10 pp. de pièces justificatives.

— Lamuel ou le livre du Seigneur, traduction d'un manuscrit hébreu, exhumé de la bibliothèque ci-devant impériale, histoire authentique de l'empereur Apollyon et du roi Béhémot, par le Très-Saint-Esprit, avec trois jolies gravures faites d'après les derniers tableaux du célèbre peintre A. Girodet. — *P. J. Collardin.*

In-18, de 50-282 pp. Cet ouvrage, du colonel Bory de Saint-Vincent, est une satire sanglante du règne de Louis XVIII, au moyen d'une mosaïque assez ingénieuse et furieusement méchante, de quantité de textes des

Écritures accommodées aux besoins de la chose. Trois mauvaises gravures, indiquent aux lecteurs peu perspicaces, que ce livre roule en réalité sur les événements contemporains, on y voit Napoléon et Sa Majesté Très-Chrétienne. *Voy.* 1817. — U.

— Récit de deux mois d'emprisonnement de M. le comte Joseph Sierakowski, officier de la Légion d'honneur, etc., arrêté à Paris, le 15 janvier 1816, pour une lecture séditieuse, genre nouveau de prévention. Seconde édition. — *P. J. Collardin.*

In-8, de 66 pp. — U.

1817

Recherches sur l'histoire de la ci-devant principauté de Liége, contenant l'origine, la formation, les accroissemens successifs de ce grand état de l'ancien empire germanique, le tableau de sa constitution, le récit des guerres civiles des Liégeois contre leurs princes, etc., etc., et des notices sur plusieurs artistes et sur quelques auteurs de la même nation. Par l'auteur de l'histoire de Spa. — *P. J. Collardin.*

2 vol. In-8, le premier de xxxii-504 pp.; le second de 624 pp. La dédicace est signée baron de Villenfagne d'Ingihoul. Il faut y ajouter un prospectus In-8. La Société d'émulation, de Liége, décerna une médaille d'or à l'auteur.

M. le baron de Crassier, mort en 1851, avait surchargé son exemplaire des *Recherches* de notes curieuses, mais où il juge M. de Villenfagne avec une extrême sévérité. Cet exemplaire a été vendu le 6 novembre 1851, avec la bibliothèque de M. de Crassier. — U. C. T.

Je possède aussi un Prospectus d'un ouvrage intitulé *Essais historiques sur la ville de Liége et la ci-devant principauté de ce nom.* S. d. In-12, de 8 pp. Bien que le prospectus ne mentionne pas de nom d'auteur, je suppose qu'il faut l'attribuer à Villenfagne. Ce travail, conçu d'après le plan des *Essais sur Paris,* par Saint-Foix, devait paraître à Liége, chez Duvivier, mais il n'a pas vu le jour.

— Réglemens de la R∴ L∴ de St-Jean, sous le titre distinctif de l'Étoile de Chaufontaine, à l'O∴ de Liége. *S. l.*

In-8, de 104 pp. Rédigé par J. H. Putzeys, avoué. — S.

— Tableau général des FF∴ qui ont été reçus agrégés ou affiliés à la R∴ de St-Jean, sous le titre distinctif de l'Étoile de Chaufontaine, à l'O∴ de Liége. — *J. F. Desoer.*

In-4, de 12 ff. non chiffrés.

— Règlement pour le corps équestre de la province de Liége. — *J. F. Desoer.*

In-4, de 8 pp. Cette brochure a été imprimée en 1817, ainsi que l'opuscule suivant : Réflexions sur l'ordre équestre. S. l. n. d., in-8, de 16 pp. C'est une critique anonyme des articles de la loi fondamentale des Pays-Bas, concernant la noblesse. — T.

— Règlement organique de la régence de la ville de Liége, du 12 mai 1817, avec la liste générale des citoyens qui réunissent les qualités requises pour être électeurs. *S. l.* In-8. — U.

— Constitution météorologico-médicale observée à Liége, pendant l'année 1816, par J. N. Comhaire, docteur en médecine de l'école de Paris, professeur de clinique interne et d'anatomie. — *J. F. Desoer.*

In-8, de 52 pp. — U.

— Catalogue des objets d'art et manufacturés exposés à la Société d'émulation de Liége, le 22 juin 1817. —

In-12, de 8 pp.

— Discours d'exposition prononcé par Mme de Beauvoir, lors de la distribution des prix dans son institution, le 20 août 1817. — *Desoer.*

In-8, de 30 pp.

— Correspondance du chevalier Max d'Omalius, maître des forges de Nievern, avec Son Exc. le ministre des affaires étrangères, baron de Nagel, et dénonciation de ce ministre à leurs nobles puissances les états généraux, fondée sur l'art. 177 de la loi fondamentale. —

In-8, de 45 pp., daté de février 1817. — U.

— Ethica ad usum seminarii Leodiensis nunc primum edita. — *Duvivier.*

In-12, de 230 pp. Réimprimé chez la Vᵉ Duvivier, 1823, in-12, de 200 pp. — S.

— Introduction à l'apologie du christianisme, par Jacques Honin *S. l. n. d.*

2 parties en un vol. In-8, de 143 pp. L'auteur de cet ouvrage singulier était natif de l'Hemalle, et habitait Liége. — U.

— Processionale Romanum pro ecclesiis urbanis et ruralibus. —

In-8. Réimprimé *Leodii,* 1820, in-8.

49

— Règlement sur l'organisation de l'enseignement supérieur dans les provinces méridionales du royaume des Pays-Bas. Édition collationnée avec soin sur le texte de la traduction française officielle, et augmentée d'une table analytique des matières rédigée par ordre alphabétique. — *P. J. Collardin.*

In-18, de 142 pp. — U.

— Grammaire française ou méthode nouvelle propre à faciliter l'étude du français aux étrangers, aux jeunes gens des deux sexes et, en général, aux personnes qui pourraient avoir négligé cette partie si intéressante de l'éducation, composée d'après les meilleurs auteurs et grammairiens français, suivie de la manière d'enseigner et d'étudier avec fruit les langues vivantes et de la marche qu'on doit suivre pour faire des progrès rapides dans l'art de parler et d'écrire correctement le français. Par L. M. Carrée. — *S. Dauvrain.*

In-8, de 322 pp. et un f. d'errata. — U.

— Éléments de la grammaire françoise, par M. Lhomond, nouvelle édition à laquelle on a joint un abrégé d'arithmétique. *A Paris, et se trouve à Liége, chez Fr. Lemarié.*

In-12, de 108 pp. Réimprimé à Liége, in-12, chez *J. Desoer*, 1822. — *P. J. Collardin*, 1823. — Augmenté d'un petit traité de la composition.. *J. de Sartorius*, 1829. L'éditeur est M. L. Alvin. — *J. Desoer*, 1832.

— Jeu de famille et nouvelle méthode pour apprendre à lire aux enfants, divisée en trois parties ... Par M. A. P. Bénard, institutrice. — *H. Dessain.*

3 parties in-8, de 48-46 et 64 pp. On joint à ce vol., 40 cartons contenant 180 fig. enluminées, avec lesquels on peut jouer comme avec le jeu de loto.

— Royaume des Pays-Bas. Loi sur le droit de succession, du 27 décembre 1817. — *J. Desoer.*

In-8, de 15 pp., avec un tableau.

— Commentaire sur l'Esprit des lois de Montesquieu, suivi d'observations inédites de Condorcet sur le vingt-neuvième livre du même ouvrage. — *J. F. Desoer.*

In 8, de xvi-476 pp. M. Destutt de Tracy, n'ayant pas osé publier cet ouvrage en France, le fit imprimer à Liége, sous le voile de l'anonyme.

— Manuel du contrôleur et de l'expert relatif aux opérations du cadastre. — *H. Dessain.*

In-8, de 103 pp.

— Éponine et Sabinus. Par J. B. Leclerc, correspondant de l'Institut de France. — *P. J. Collardin.*

In-8, de 11-400 pp., avec une grav.

— Recherches historiques sur l'académie d'Anvers, les peintres, sculpteurs, graveurs et architectes qu'elle a produits, avec quelques réflexions sur le coloris de l'école flamande. Par J. E. C. baron van Ertborn .. Deuxième édition. — *Dauvrain.*

In-12, de 77 pp.

— Lamuël ou le livre du Seigneur, traduction d'un manuscrit hébreu, exhumé de la bibliothèque tour à tour nationale, impériale et royale, histoire authentique de l'empereur Apollyon et du roi Behémot, par le Très-Saint-Esprit. Avec 3 jolies gravures faites d'après les derniers tableaux du célèbre peintre R. Girodet. Seconde édition soigneusement revue et corrigée, augmentée d'un errata et d'une postface et enrichie du fac-simile d'une lettre de Monsieur le vicomte de Châteaubriand. — *P. J. Collardin.*

In-12, de LXVI (les pp. XLIX à LVI sont doubles) et 285 pp., avec trois grav. et un fac-simile. Voy., pour la première édition, 1816.

— C'est lui, mais pas de lui, ou réflexions sur le manuscrit dit de Sainte-Hélène. Par M. Favre Desabbesses. — *Collardin.*

In-8, de 44 pp. — U.

— Nouveau tarif des monnoies réduites en argent de France ou francs, en nouveaux florins des Pays-Bas et en florins de Liége, d'après le nouveau système monétaire établi par la loi du 28 septembre 1816, avec les réductions réciproques des différentes monnoies. — *H. Dessain.*

In 12, de 15 pp. Une nouvelle édition parut : Augmentée de la réduction du franc en florin de Liége, du florin de Liége en francs, et de l'argent courant de Brabant en florins des Pays-Bas, avec les réductions réciproques des différentes monnaies.... *H. Dessain*, 1820. In-12, de 24 pp.

— Nouveau tarif de réduction des argents de Liége, des Pays-Bas, de Brabant et de France calculés exactement d'après la loi du 28 septembre 1816, et comptes faits de la valeur des principales monnaies de France en florins des Pays-Bas, en francs et en argent de Liége, calculés d'après les décrets des 18 août et 12 septembre 1810 .. — *J. A. Latour*.

In-18, de 72 pp.

— T. J. Romsée, opera. Voy. 1779.

— L'Imitation de Jésus-Christ .. Voy. 1728.

— Les aventures de Télémaque ... Voy. 1817.

1818

Nomenclature topographique des villes, bourgs, villages, hameaux et maisons isolées dans les arrondissemens de Huy, Liége, Verviers et marchés de la province de Liége. Par M. Thomassin, chef de division des bureaux de l'administration provinciale de Liége. — *J. A. Latour*.

In-18, de 86 pp. — T.

— Pétition présentée à la seconde chambre des états généraux, par le baron de Sélys-Longchamps. —

In 8, de 18 pp.

— Règlement pour la perception des taxes municipales de la ville de Liége, approuvé par arrêté royal du 28 août 1818. S. l. n. d. In-4. — U.

— Réflexions sur la milice et sur les moyens de faire cesser la désertion, par A. Parfondry. — In-8.

— La spectatrice liégeoise ou examen impartial du spectacle de Liége, pendant l'année 1817. - *Teichmann*.

In-8, de 25 pp. — T.

— Honneurs funèbres rendus dans la R.·. L.·. de la Parfaite Intelligence, à l'Or.·. de Liége, le 28ᵉ jour du 12ᵉ mois de l'an de la V.·. L.·. 5818, à la mémoire du T.·. V.·. F.·. St-Martin, ancien vénérable de la R.·. ☐. — *J. F. Desoer*.

In-8, de 84 pp., avec deux fig. des sceaux des francs-maçons. Cette brochure fut rédigée par l'avocat P. J. Destriveaux.

— Essai sur le Code pénal, par P. J. Destriveaux, professeur de droit à l'Université de Liége. — *P. J. Collardin*.

In-8, de xiii-202 pp. Le Nécrologe liégeois, de 1853, donne une notice sur Destriveaux et ses ouvrages. — U.

— Répertoire général, par ordre alphabétique, des lois et arrêtés insérés au Journal officiel et dans la Gazette générale du royaume des Pays-Bas, contenant ou le texte ou l'analyse de leurs dispositions, avec leurs dates, le numéro du volume, celui du journal et la page. Par L. P. Poswick, greffier en chef de la cour supérieure de justice séant à Liége. — *Duvivier*.

In-8, de viii-480 pp. — U.

— Prima lineamenta logices in usum auditorum suorum, edita ab Ignatio Denzinger, phil. doct. atque phil. et litter. in Univ. Leodiensi professore. — *P. J. Collardin*.

In-8, de xvi-240 pp. et 2 tableaux. — U.

— Praelectionibus in facultate philosophica et litterarum humaniorum per hunc annum habendis exhortatione ad ejus alumnos praelusit J. D. Fuss. Accessit versio latina carminis elegiaci sermone germanico compositi ab Aug. Guil. Schlegel. — *Collardin*.

In-8, de 30 pp.

— Règlemens généraux des athénées, collèges et pensionnats établis dans les provinces méridionales du royaume des Pays-Bas, suivis de l'instruction pour les bureaux d'administration de ces établissemens. Edition collationnée avec soin sur le texte de la traduction française officielle. — *P. J. Collardin*.

In-18. — U.

— J. H. Janssens, in seminario episcopali Leodii Scripturae S. ac Theologiae dogmaticae professoris publici et ord., Hermeneutica sacra seu introductio in omnes et singulos libros sacros veteris et novi foederis. In usum praelectionum publicarum seminarii episcopalis Leodiensis. — *P. J. Collardin.*

2 vol. gr. in-8, de xvi-515 et 586 pp. Ce traité a souvent été réimprimé en France. Une traduction française a été publiée à Paris, en 1828, 2 vol. in-8. Un grand nombre de théologiens approuvèrent hautement cet ouvrage. Les articles laudatifs de l'*Ami de la religion* furent même réimprimés à Liége, chez Collardin, en 1819 et 1820, in-8, de 8 et 16 pp. D'un autre côté, M. Waltrain, curé de Kermpt, en fit la critique, sous le pseudonyme d'Amand de Sainte-Croix, dans l'ouvrage suivant : Amandi a Sancta Cruce dioec. Leod. presbyteri animadversiones criticae in R. D. J. H. Janssens Hermeneuticam sacram. *Mosaici, Titeux*, 1820, in-8, de viii-70 pp. La *Minerva*, journal de Deventer, défendit Janssens dans un article qui fut tiré à part : Antwoord op de bedenkingen van Amandus a Sancta Cruce tegen de Hermeneutica, &., van den hoogleeraar J. H. Janssens, *Maestricht, J. J. Titeux*, 1822, in-8, de 23 pp. Voy. sur cet ouvrage et les discussions auquel il a donné lieu, le *Nécrologe liégeois*, 1853, pp. 30 et suiv. et 1854, p. 63.

— Catalogue d'une très-belle collection de livres choisis, provenant de M. Xhauffaire. — In-8.

— Abrégé de l'histoire de Spa, ou mémoire historique et critique sur les eaux minérales et thermales de la province de Liége et spécialement sur celles de Tongres, Spa et Chaudfontaine, considérées sous le rapport de leur ancienneté et de leur célébrité. Par J. B. L. — *P. J. Collardin.*

In-18, de 220 pp. L'auteur est Jean-Baptiste Leclerc, membre correspondant de l'Institut de France. — U. C. T.

— Projet de vente par forme de loterie, autorisée par décret de S. M. le roi des Pays-Bas, du 25 mai 1818, de l'hôtel dit d'Orange .. à Spa. *S. l.*

2 ff. in-fol. — D.

— Les animaux parlans, poëme épique en vingt-six chants, par J. B. Casti, traduit en français et en prose, par M. P. P. — *Latour.*

3 vol. in-12. La traduction est de M. Pagand.

— Sartange, anecdote du temps des Croisades. — *Teichmann.*

In-8, de 30 pp. Par le baron H. J. de Trappé.

— Bastido et Jaussioni, ou les criminels de Tortosa, tragi-comédie en prose et en trois actes, par MM. L. S. D. et L. C. — *Teichmann.*

In-8, de 82 pp. Les auteurs de ce drame, emprunté à l'affaire Fualdès, sont MM. Lesueur-Destourets et Lecerf.

— Géographie universelle. — Voy. 1784.

— Exposition de la doctrine de l'Église.. Voy. 1697.

— Le guide des curieux qui visitent les eaux de Spa. Voy. aux annexes, 1814.

1819

Annales academiae Leodiensis. 1817-1827. — *P. J. Collardin.* 1819-1829.

10 vol. in-4. On trouve dans le tome IV, le plan des bâtiments et jardins de l'université, gravé par J. N. Chevron. On doit aussi y trouver la notice suivante : Sur l'Université de Liége et sur les frères de la vie commune et les pères Jésuites qui tinrent des écoles dans cette ville, lesquelles furent très-fréquentées. Par le B(aron) de V(illenfagne) d'I(ngihoul). 8 pages. — U.

— Institutionum seu elementorum juris Romani privati libri quatuor in usum praelectionum academicarum vulgati, cum introductione in universam jurisprudentiam ac studium juris Romani et notis litterariis. Auctore Leopoldo Augusto Warnkoenig. — *P. J. Collardin.*

In-8, de 24-352 pp. Réimprimé avec augmentations. *Leodii, J. Desoer*, 1825, in-8, de 36-376 pp. et un f. — Editio quarta, *Bonnae, A. Marcus*, 1860, in-8. — U.

— De facultate repraesentandi et cognoscendi brevis commentatio anthropologico-psychologica, quâ praelectionibus logicis praeludit Ignatius Denzinger, phil. dr., facultate philos. in universitate Leod. prof. publ. et ord. — *P. J. Collardin.*

In-8, de viii-120 pp.

— Productions diverses par De Trappé, mises en ordre par L. T.. — *P. J. Collardin.*

3 vol. in-12, de xii-252, 198 et 236 pp.

— Réclamations de quelques propriétaires de la province de Liége contre le rapport de la commission chargée par Sa Majesté de lui soumettre le projet d'une répartition plus égale de la contribution foncière entre les provinces. — *J. Desoer.*

In-8, de 40 pp. — U.

— Les états députés de la province de Liége à Sa Majesté le roi des Pays-Bas. *S. l.*

In-8, daté du 20 février. Réclamation au sujet de la contribution foncière. — U.

— Par une lettre du 26 février dernier ... *S. l. n. d.*

In-8, daté de Bruxelles, 7 juin. Rapport au roi par la commission chargée de projeter une répartition plus égale des contributions, contre les réclamations des provinces de Liége et de Limbourg. — U.

— La sainte confrérie d'amour de Notre-Dame Auxiliatrice, érigée à Munich, sous la protection de Son Altesse Sérénissime Maximilien, électeur de Bavière, et l'autorité de notre Saint-Père le pape Innocent XI, le 8 septembre 1684, par une bulle en date du 18 août de la même année ; avec plusieurs belles prières conformes à l'esprit de cette association. — *Dauvrain.*

In-12, de 39 pp. et un f. On trouve à la page 19 une gravure de L. Jehotte. — M.

— Catalogue d'une très-belle collection de livres provenant de la bibliothèque de feu M. d'Or, jurisconsulte et avocat, dont la vente se fera ... 4 et 6 mai. — *M. F. Loxhay.*

In-8, de 28 pp. — T.

— Catalogue des livres et des tableaux du cabinet de feu M. de St-Martin, conseiller en la cour supérieure de justice de Liége, dont la vente sera faite ... le 12 mars 1819. *S. l.*

P. in-8, de 16 pp. — T.

— Cour de justice supérieure de Liége. Consultations et pièces à l'appui pour Monsieur le comte François de Borchgrave. *S. l. n. d.*

In-4, de 39 pp. — T.

— Défense de Guillaume Georges François comte de Borchgrave contre l'écrit intitulé Réponse de MM. Louis et Ferdinand de Borchgrave et de M. Charles de Geloes comme époux de Mlle Antoinette de Borchgrave. — In-4.

— Mémoire pour Madame Marie Magdeleine Sophie Desandrouin, douairière de Monsieur Charles vicomte de Frasneau, comtesse de Fenal, y demeurant, défenderesse, intimée ; contre Monsieur Charles Alexandre de Monge, propriétaire, demeurant à Pétigny, demandeur, appelant. — *H. Dessain.*

In-4, de 65 pp.

— Dictionnaire raisonné des successions et des droits de succession et de mutation, tant d'après le code civil, les anciennes lois et la jurisprudence des cours, que d'après les lois des 22 frimaire an VII et 27 décembre 1817 ; précédé du texte de cette dernière loi et d'observations sur chacun des articles de cette loi et suivi d'une table alphabétique. Par N. H. Deniset. — *J. A. Latour.*

In-8, de VIII-448 pp. — U.

— Traité des priviléges et hypothèques suivant les principes du code civil, par M. Tarrible. On y a joint en notes les arrêts des cours qui ont jugé dans le sens ou contre l'opinion de l'auteur, et les dispositions législatives du royaume des Pays-Bas sur cette matière. — *C. A. Bassompierre.*

2 vol. in-8 : le premier de VIII-355 pp. ; le second de XVI-427 pp. — U.

— Œuvres choisies de Joseph Michel Antoine de Servan, ancien avocat général au parlement de Grenoble. — *P. J. Collardin.*

2 vol. in-8, de 307 et 327 pp. La notice sur Servan, qui précède ces œuvres, est de F. Van Hulst, elle a été tirée à part. — U.

1820

Courrier de la Meuse, journal politique, littéraire et commercial.

Journal quotidien, imprimé chez la V° Duvivier, puis chez D. Stas, du 1er juillet 1820 au 31 décembre 1840, d'abord dans le format p. in-fol., à 2 col., puis in-fol., à 3 col. Il fut rédigé, en premier lieu, par M. H. J. Jacquemotte, puis, de 1821 à 1835, par M. Kersten, et enfin par l'abbé Louis. Ce journal défendait les principes catholiques et unionistes.

Il faut joindre à cette collection :

1° Quelques mots à M. le rédacteur du *Courrier de la Meuse*. *Liége*, 1829, in-8, de 32 pp.;

2° Lettres adressées à MM. les rédacteurs du *Courrier de la Meuse*, sur divers articles publiés dans ce journal contre la commission pour l'instruction primaire et moyenne dans la province de Liége. *Liége, Desoer*, in-8, de 80 pp. Par F. Rouveroy.

— Très-humble requête à S. M. le roi des Pays-Bas, présentée par des habitants notables ou intéressés de la commune d'Amay, avec conclusion, rapport, consultation et pièces à l'appui, tendante à obtenir réparation spéciale et immédiate de certains griefs précisés et articulés à charge du maire et de l'administration locale de la commune.

In-4, daté du 20 mai. — U.

— Observations sur la dette constituée de la ville de Liége. — *S. l.*

In-8, de 38 pp., signé De Sélys Longchamps et daté du 22 janvier. — U.

— Prologue sur l'inauguration de la nouvelle salle de spectacle de Liége, suivi de l'apothéose de Grétry, terminée par des danses et des chants, par M***, de Liége. *Chez tous les libraires*.

In-8, de 32 pp. L'auteur est Jean Georges Nodave. — U.

— L'Apothéose de Grétry, intermède par Latour. — In-8.

— Instruction publique. Notice sur l'université et sur l'école d'enseignement mutuel extraite de l'almanach de la province de Liége pour 1820. Par C. C. *Latour*.

In-18, de 12 pp. Tiré à part à 25 exemplaires. Par C. de Chénedollé. — T.

— La quadrature du cercle pratique, complète et constante, c'est-à-dire la vraie proportion entre le diamètre et la périphérie comme 6 à 19, inventée, expliquée et démontrée à l'évidence de cinq manières praticables. Par J. Wilkenius-Remus. Traduit du latin par l'auteur. —

In-4. — U.

— J. D. Fuss ad Carolum Benedictum Hase epistola in qua Joannis Laurentii Lydi de magistratibus reipublicae Romanae opusculi textus et versio emendantur, loci difficiliores illustrantur. — *Collardin*.

In-8, de 48 pp. — U.

— Essai d'une dissertation sur les lois naturelles et sur les droits qui en dérivent. — *C. A. Bassompierre*.

In-8, de 75 pp. Cet opuscule est de G. J. L. Pirotte, avocat, mort à Liége, en 1847. Un certain nombre d'exemplaires, portent pour titre : *Essai sur les lois naturelles et sur les droits qui en dérivent*. — U.

— Antiquitates Romanae compendio lectionum suarum in usum enarratae a J. D. Fuss, in universitate Leodiensi professore. — *Collardin*.

In-8, de xxII-282 pp. Réimprimé chez le même, avec des augmentations, en 1826, in-8, de xxII-565 pp., et en 1836, in-8, de xvII-521 pp. Cet ouvrage a été traduit en anglais, *Oxford*, 1840, in-8°. Le *Nécrologe liégeois* de 1860 a donné une notice détaillée sur l'auteur. — U.

— Institut royal des sourds-muets et des aveugles établi rue Agimont, à Liége. Lettre prospectus de souscription.

In-4, de 4 pp. Cet institut, fondé en 1820, a publié des rapports contenant l'état de la Société, les ressources de l'établissement, le programme des exercices publics, et la distribution annuelle des prix. Il faut y ajouter Règlement de l'institut. *Liége*, 1848, in-8, de 15 pp. — Notice historique, règlement, programmes et documents statistiques. Publication offerte aux bienfaiteurs de l'établissement et accompagnée de deux études sur le sourd-muet et l'aveugle, par M. le professeur Durup de Baleine. *Liége, Dessain*, 1859, in-8. — Chronique de l'établissement. Règlements et documents statistiques. *Liége*, 1861, in-8.

— Enseignement mutuel. Troisième liste de souscription, suivie du procès-verbal de l'assemblée générale des fondateurs, du 30 janvier 1820, et du règlement du cours normal d'enseignement mutuel. — *J. F. Desoer*. In-8.

— Epitome de l'histoire des sciences et des arts. Par H. J. B. Delvaux de Fouron, professeur de langues et de mathématiques autorisé. — *Loxhay*.

In-8, de 55 pp.

— Traité de la prononciation française, précédé d'un traité des signes orthographiques. Par L. Remacle. — *P. J. Collardin.*

In-8, de vIII-233 pp.

— Éléments de la grammaire latine, par M. Lhomond, professeur de l'ancienne université de Paris. Nouvelle édition augmentée d'un supplément de 25 pages de la propriété de l'éditeur, par un ancien précepteur. — *Fr. Lemarié.*

In-12, de vIII-288 pp., et 24 pp. de supplément. Réimprimé chez le même, 1822, in-12.

— Itinéraire ou voyages de M. l'abbé de Feller, en diverses parties de l'Europe, en Hongrie, en Transylvanie, en Esclavonie, en Bohême, en Pologne, en Italie, en Suisse, en Allemagne, en France, en Hollande, aux Pays-Bas, au pays de Liége, etc. Ouvrage posthume dans lequel se trouvent beaucoup d'observations et de réflexions intéressantes. — *Fr. Lemarié.*

2 vol. in-8 : le premier de 6 ff. lim. et 507 pp.; le second de 6 ff. et 578 pp. En 1823, F. Lemarié mit un nouveau titre à cet ouvrage : Seconde édition où l'on a joint l'extrait d'un journal de Paris, intitulé *l'Ami de la Religion et du Roi*, n° 693, sur cet ouvrage... Lemarié soigna le texte de cet itinéraire et rédigea l'avertissement qui figure en tête du premier volume. — U. T.

— Jésus-Marie. Association à la confrérie du Saint-Scapulaire, transférée, canoniquement, dans l'église primaire de St-Barthélemi, à Liége, l'an 1820. — *M. Loxhay.*

P. In-8, de 16 pp.

— Catéchisme philosophique... *Voy.* 1773.

— Nouveau tarif des monnaies. *Voy.* 1817.

1821

Précis des faits relatifs à la destitution et à la poursuite devant les tribunaux de Messieurs Hennequin un des bourgmestres, A. Lekens, Mockel cadet, J. B. Hardy, P. J. Cools, J. Bemelmans, B. Crutz, Stringnart aîné, F. baron d'Emminghaus-Frederking et Destouvelles, conseillers de la régence de la ville de Maestricht. *S. l. n. d.* In-4. — U.

— Au Roi. Réclamation respectueuse pour M. Jaymaert. — In-8. — U.

— Règlement d'administration pour le plat pays de la province de Liége, arrêté par décision royale du 24 août 1821. *S. l.* In-8. — U.

— Réclamation de la chambre de commerce de Liége à S. M. le roi des Pays-Bas. — *J. F. Desoer.*

In-8. Contre les impôts sur la mouture et l'abatage des bestiaux. — U.

— Mémoire adressé au Roi, sur les exceptions réclamées par l'article 11 de la loi concernant le nouveau système d'imposition, par quelques faïenciers des provinces méridionales du royaume.

In-4. Par P. J. Boch.

— Association en l'honneur du bon pasteur, pour demander à Dieu le salut des pécheurs, approuvée par le souverain pontife, et enrichie d'indulgences. Par J. Marguet, curé de Bouillon. — *H. Dessain.*

In-18, de 154 pp. La quatrième édition parut chez le même en 1832, in-18, de 84 pp.

— Catalogue des livres rares et précieux de la bibliothèque de feu M. Louis François Godefroid Harzé, jurisconsulte et avocat à la cour supérieure de Liége, ancien juge à la cour de cassation. — *J. M. Loxhay.*

In-8, de 1.... — U.

— Catalogue des estampes de feu M. L. F. G. Harzé... — *Loxhay.*

In 8, de 10 pp. — T.

— Tractatus de casibus in dioecesi Leodiensi et quibusdam in aliis Belgii dioecesibus reservatis. Auctore Maximiliano Amand S. T. L. quondam ecclesiae cathedralis Namurcensis canonico graduato, nunc dioecesis Leodiensis presbytero. — *C. Bourguignon.*

In-8, de 138 pp. — U. S.

— Logica, pars prima philosophiae ad usum seminarii Leodiensis secunda editio. — *Vidua Duvivier.*

In-12, de 292 pp. — S.

— Méthode pour apprendre à lire aux enfants d'une manière simple, naturelle et agréable. — *J. A. Latour.*

3 parties in-18, de 28-22-36 pp.

— Petit vocabulaire, pour faciliter les exercices sur la machine typographique, à l'usage des instituteurs qui suivent la méthode pour apprendre à lire aux enfants d'une manière simple, naturelle et agréable. — *J. A. Latour.*

In-12, de 24 pp.

— Signalement de quelques erreurs dans les tables de C. F. Martin. — *Dauvrain.*

In-4, de 3 pp., signé L. J. P.

— Réponse à la note que M. L. J. P. vient de publier sur l'ouvrage intitulé : Tables de Martin. — *Dauvrain.*

In-4, de 3 pp., daté du 9 mars, signé Becq de Fouquières.

— Réplique à la réponse de M. Becq de Fouquières, relativement aux Tables de Martin, 2e édition. — *Dauvrain.*

In-4, de 7 pp., signé L. J. P., et daté du 12 mars.

— Dernier mot de M. Becq de Fouquières à M. L. J. P. — *Dauvrain.*

In-4, de 2 pp., daté du 16 mars.

— Petri Kersten epitome novi Testamenti. Accessit lexicon omnium vocabulorum formarumque difficiliorum quae in hoc opere occurrunt, in usum tironum linguae graecae. — *P. Kersten.*

In-18. Cet abrégé fut réimprimé en 1824, 1830, 1832, 1839, etc. En 1853, il en était à sa douzième édition. Plusieurs éditions ont paru avec un titre en grec Ἐπιτομὴ τῆς καινῆς διαθήκης. Voy. aussi 1839.

— Manuel des négocians ou nouveau traité d'opérations de change entre les principales villes de commerce. — *C. A. Bassompierre.*

In-8, de viii-373 pp. L'auteur est J. G. Mélotte. La seconde édition parut chez le même imprimeur, en 1824, in-8.

— Code du notariat expliqué par la jurisprudence, les avis du conseil d'État, décisions ministérielles, etc., recueillis par L. Marchin fils, avocat. — *Collardin.*

In-8.

— De Homericorum poematum origine. Auctore J. F. X. Würth.

In-4. Outre une foule d'ouvrages publiés par M. Würth et que nous citerons à leur date, il faut encore citer les opuscules suivants, publiés à Liège, sans date :
La méthode la plus courte et la plus facile de faire une étude approfondie des langues anciennes. Par J. F. X. Würth. In-18. — Liste alphabétique de tous les verbes irréguliers et disparisonnans simples. Par J. F. X. Würth et J. Dezeer fils. In-8, de 4 pp. — Questions et exercices sur les mathématiques élémentaires d'après Lacroix, Legendre et Lamotte. Par J. F. X. Würth. In-12, de 36 pp. — Tablettes historiques des travaux des élèves de l'établissement d'enseignement universel, dirigé par J. F. X. Würth. In-8.

— Précis de l'histoire du droit romain, par E. Gibbon, formant le 44e chapitre de l'ouvrage de cet auteur, intitulé *Histoire de la décadence et de la chute de l'empire romain*. Traduction adoptée par M. Guizot. Revu, rectifié et augmenté de notes, accompagné d'une introduction et d'un tableau synoptique de l'histoire du droit romain, par L. A. Warnkoenig. — *P. J. Collardin.*

In-8. — U.

— Systema chirurgiae hodiernae Henrici Callisen. Editio quinta, innumeris correcta mendis, notisque aucta à N. Ansiaux. - *Collardin.*

In-8. Le tome 1 seul a été publié. — U.

— F. Torti philosoph. et medic. doct. Mutinens. in patr. lycaeo prof. prim, Ser. Reynaldi I, Mutinae, Regii, Mirandulae, etc., ducis, medici .. Therapeutice specialis ad febres periodicas perniciosas : nova editio auctior accuratior cui subnectuntur ejusdem auctoris responsiones iatro-apologeticae ad clar. B. Ramazzini ; additis auctoris vita à L. A. Muratorio conscripta et notis editorum, edentibus et curantibus CC. J. Tombeur et O. Brixhe M. D. — *C. A. Bassompierre.*

2 vol in-8, de 4 ff. xxxviii-534 et 760 pp. Avec une planche.

— Recherches sur la structure et les mouvements du cœur. Par J. F. Vaust. — *Collardin.* In-8.

— Question de médecine légale. Précis des mémoires du docteur Pfeffer, écrits pour la défense de deux individus accusés d'avoir commis un homicide volontaire, par étranglement et suspension; suivi d'un plan de cours de médecine légale. Par P. J. Destriveaux, professeur à la faculté de droit, et N. Ansiaux, professeur à la faculté de médecine de l'Université de Liége. — *A. Haleng.*

In-8, de 67 pp.

— Alvari prosodia ... Voy. 1715.
— Graduale Romanum. Voy. 1789.

1822

Feuille universelle d'annonces, affiches, avis, etc., de la ville et province de Liége.

Journal quotidien, gr. in-4, à 2 col., qui fut imprimé chez la veuve Duvivier, du 1er mars 1822 au 1er janvier 1823. Le titre de ce journal fut successivement modifié en ceux de *Journal universel d'affiches*, puis l'*Abréviateur, journal d'annonces*. — Bibliothèque de M me Parmentier.

— Les Brasseurs de la ville de Liége à la deuxième chambre des États généraux. — *Collardin.* In-4. — U.

— Requête à la noble et très-honorable députation des États de la province de Liége, présentée par Charles Constant, fabricant de savon, demeurant à Liége, contre un arrêté des seigneurs bourgmestres de la même ville, en date du 8 novembre 1822, qui interdit au pétitionnaire le droit de transférer sa fabrique dans un autre endroit de la ville, suivie dudit arrêté et autres pièces justificatives. — *H. Rongier.*

In-8, de 82 pp., daté du 19 novembre.

— A mes concitoyens. *S. l.*

In-8, signé A. Haleng, et daté du 15 janvier. Relatif à sa révocation comme inspecteur de l'octroi. — U.

— Hommage de Hubert Sarton, ci-devant horloger-mécanicien honoraire de plusieurs souverains, etc., à ses concitoyens amis des arts et des sciences, ou description abrégée de quelques-unes de ses inventions et de ses perfectionnemens dans les différentes parties d'horlogerie et de mécanisme supérieurs, exécutés par lui depuis l'an 1772. — *J. A. Latour.* In-8. — U.

— Fables, par Fréd. Rouveroy. — *J. A. Latour.*

In-8, de 404 pp., avec une gravure. Une autre édition fut publiée par Latour, la même année, en 2 vol. in-12, de v-192 et 216 pp. L'ouvrage fut réimprimé sous le titre de *Fables anciennes et nouvelles, par Rouveroy, seule édit. complète.* 2 vol. in-12, imprimés à Liége, en 1830, le premier chez Riga, de 247 pp. ; le second chez Oudart, de 276 pp. et un f. errata. Les fables sont suivies d'un opuscule intitulé *Promenade à la Boverie*, orné d'un fac-simile, d'une lettre de Grétry à l'auteur, et d'une vue de la Boverie... Plusieurs de ces fables ont paru dans la *Revue belge*. Voy. aussi 1825. — U.

— Réponse de M. Fuss à un article du Journal de Bruxelles du 5 octobre 1822, adressée à M. R..., auteur du même article. — *Collardin.*

In-8, de 16 pp. L'auteur se défend d'avoir voulu, dans ses poésies publiées à Cologne, en 1822, attaquer M. W..., alors professeur à l'Université de Liége.

— Défense des droits des fabriques des églises aux biens, rentes et fondations chargés de messes, obits anniversaires et autres services religieux. Par M. Géradon, avocat à la cour supérieure de justice de Liége. — *D. Stas et P. Kersten.*

In-8, de 64 pp. Il faut y ajouter un supplément publié chez les mêmes, in-8. — M.

— Livre pour les amis de Dieu dans l'adoration perpétuelle du Saint-Sacrement de l'autel, contenant l'instruction, les prières et les offices qui y sont relatifs, traduits du latin, avec les indulgences accordées par le St-Siége, suivies du bref de Sa S té le Pape Clément XIII, en 1765, pour confirmer cette salutaire institution, telle qu'elle avait été établie pour la première fois dans l'église de Saint-Martin, à Liége, en 1575, et que beaucoup d'autres villes et pays ont adoptée. Nouvelle édition plus correcte. — *F. Lemarié.*

In-18, de x-202 pp., avec une gravure.

— Exercices de piété ... Voy. 1767.
— Géographie universelle. Voy. 1784.
— Quelques mots aux rédacteurs de la Gazette .. Voy. Gazette de Liége, 1794.

— L'année apostolique ... *Voy.* 1804.

— Règlement de la Société d'émulation. *Voy.* 1809.

— Metaphysica .. *Voy.* 1816.

— Éléments de la grammaire française .. *Voy.* 1817.

— Éléments de la grammaire latine. *Voy.* 1820.

1823

Le Conservateur belge, recueil ecclésiastique et littéraire contenant en entier les journaux français : *L'Ami de la religion et du Roi, la France chrétienne* et *les Tablettes du clergé.*

Revue hebdomadaire, in-8, qui parut à Liége, chez la veuve Duvivier, le 17 mai 1823, sous la direction de M. Duvivier, curé de Saint-Jean. A partir du 21e volume, cette publication fut transférée à Louvain, et dirigée par M. de Ram.
Il faut joindre à cette collection le *Supplément politique au Conservateur belge*, ou *Résumé politique*, qui parut de mai 1823, à mars 1828, en livraisons, in-8, de 8 ou 16 pp., et dont la collection forme 149 numéros. — S.

— Province de Liége. Règlement pour la perception des taxes municipales de la ville de Liége .. — *A. Haleng.*

In-4, de 55 pp.

— Règlement additionel pour la cour supérieure de justice séant à Liége. — *A. Haleng.*

In-8, de 8 pp, daté du 18 mai 1823.

— Dictionnaire wallon et français, dans lequel on trouve la correction de nos idiotismes, par la traduction en français des phrases wallonnes. Pour rendre cet ouvrage essentiellement utile, l'auteur a traité de la synonymie de la langue française. Par L. Remacle. — *C. A. Bassompierre.*

In-8, de 6 ff., 428 pp., plus 48 pp. pour un abrégé de la grammaire wallonne. Une deuxième édition, corrigée et augmentée de plus de dix mille mots, parut chez *P. J. Collardin*, 1839-43. 2 vol. in-8, de 35-657 et 656 pp. Cette édition a été rachetée par *F. Renard*, qui y a remis un nouveau titre avec la date de 1852. — U.

— Justenville. Souvenir poétique suivi de quelques autres poésies, par P. J. Leloup, professeur des langues anciennes au gymnase royal d'Aix-la-Chapelle. *A Aix-la-Chapelle, chez l'auteur, à Liége, chez P. J. Collardin..*

P. in-8, de 50 pp., imprimé à Aix-la-Chapelle, chez H. Leuchtenrath. — T.

— Loisirs de trois amis ou opuscules de A. B. Reynier, N. Bassenge et P. J. Henkart. — *A. Haleng.*

2 vol. in-12, le premier de x-148 pp. et 3 pp. table ; le second de xv-xii-139 pp. et 3 pp. table. L'ouvrage fut publié en 1823, par MM. P. Destriveaux, H. Fabry et N. Ansiaux, qui sont les auteurs respectifs des notices sur Bassenge, Reynier et Henkart. — U. C. T.

— J. D. Fuss ad J. B. Lycocriticum epistola, in qua loci Metamorphoseon et Fastorum Ovidii necnon alii nonnulli sive defendentur et illustrantur, sive emendantur, Chr. Conr. Sprengel emendationes exempli causa refutantur. Adhaerent Anonymi è repertorio Beckiano mendacia. — *Collardin.*

In-8, de 60 pp.

— Agrostologie belgique ou herbier des graminées, des cyperacées et des joncées qui croissent spontanément dans la Belgique, ou qui y sont cultivées ; recueillies et publiées par centuries, par P. Michel, revues par A. L. S. Lejeune. — *J. Desoer*, 1825-1826.

3 centuries in-fol. Les centuries 4 et 5 ont aussi été publiées, mais seulement à quelques exemplaires destinés aux amis de l'auteur.

— Manuel des comptables du royaume des Pays-Bas ou tables pour réduire les florins des Pays-Bas en francs, au moyen desquels, sans être obligé de faire des additions, on peut trouver les réductions en francs et centimes de toutes les sommes qui n'excèdent pas 578 florins des Pays-Bas (800 francs) et les sommes plus élevées au moyen d'une simple addition, suivies de tables pour réduire les francs en florins des Pays-Bas, le tout calculé d'après les bases posées par la loi du 8 septembre 1816. — *J. A. Latour.*

In-8, de vii-199 pp. Cet ouvrage est de M. Dumont.

— Ignatii Denzinger, philosophiae doct. et in Universitate Leodiensi prof.

p. ord., compendium logices quo duce ejusdem doctrinae praecepta exponet, praemissa de studio academico in genere et de studio philosophiae in specie institutione. Accedet brevis conspectus doctrinarum omnium earumdem è philosophia originem et cum eadem communionem docens. — *J. G. Collardin.*

In-8, de xi-170 pp. Cet ouvrage fut réimprimé dans les *Institutiones logicae* du même auteur, en 1824.

— Essai d'un cours de mathématiques à l'usage des élèves du collége royal de Liége, par H. Forir, professeur de mathématiques audit collége. Arithmétique. — *P. J. Collardin.*

In-8, de iv-152 pp., avec un tableau. Les quatre éditions suivantes, parurent in-8, chez le même, en 1826, 1829 ... et 1834. La sixième édition, tirée en 1837 à 3,000 exemplaires, reparut en 1840 et 1644 (7e et 8e éditions) sous le nom de P. J. Collardin, en 1851 sous le nom de F. Renard (9e édition), et enfin sous le titre de Dixième édition. — U.

— An abridgment of the holy history translated from the french of professor Lhomond, by James Manusbach. — *D. Stas et P. Kersten.*

In-12, de 98 pp.

— Grammaire hollandaise. Par Henri Delvaux, de Fouron-le-Comte. Avec approbation du jury d'instruction moyenne et primaire de la province de Liége. — *Loxhay.*

P. in-8, de 164 pp. et 2 ff.

— Cours préparatoire à l'étude de la littérature hollandaise, contenant : 1° un tableau historique de la littérature hollandaise ; 2° des biographies des auteurs les plus distingués, avec des extraits des plus beaux passages de leurs ouvrages ; 3° la traduction française de plusieurs des extraits recueillis dans le cours. Par J. F. X. Würth ... — *P. J. Collardin.*

In-8, de 42-400 pp. — U.

— Grammaire hollandaise contenant dans un ordre nouveau et facile toutes les règles de cette langue avec des thèmes et des versions. Par J. Koenders, professeur de langues, à Liége. — *Ve Duvivier. S. d.*

In-8, de 4 ff., 128 pp.

— Recueil de dialogues et des mots les plus nécessaires français et hollandais, à l'usage des deux langues. Par J. Koenders, professeur de langues, à Liége. — *Ve Duvivier. S. d.*

In-8, de 64 pp., à 2 col.

— R. P. Antonii van Torre dialogi ... *Voy.* 1675.

— L'Imitation de Jésus-Christ. *Voy.* 1728.

— Éléments de la grammaire française ... *Voy.* 1817.

— Ethica ... *Voy.* 1817.

— Itinéraire, ou voyages de M. l'abbé de Feller. *Voy.* 1820.

1824

Mathieu Laensbergh, gazette de Liége.

Journal libéral quotidien, in-fol., à 2 col., puis à 3 col., imprimé chez H. Lignac, du 1er avril 1824 au 31 décembre 1828, époque où son titre fut changé en celui de *Le Politique municipal.* (*Voy.* 1828.) Il était rédigé par MM. Devaux, J. Lebeau, F. et Ch. Rogier, F. Van Hulst, J. B. Nothomb et H. Lignac. On joint à ce journal :

1° Mathieu Lansberg, journaliste, à Mme Mathieu Lansberg, astrologue, épître. *Liége,* 1825, in-8. Par C. Rogier et F. Hennequin ;

2° Précis pour Henri Lignac, éditeur du journal *Mathieu Lansbergh*, demandeur en restitution contre la régie du timbre, demanderesse. *Liége, H. Dessain,* 1828, in-4, de 20 pp. ;

3° Mémoire à consulter et consultation pour C. Rogier, avocat, et H. Lignac, éditeur du journal *Mathieu Lansbergh*, contre le ministère public, appelant. *Liége, Lebeau-Ouwerx,* 1827, in-4, de 8 pp. — U.

— Règlement d'administration pour la régence de la ville de Liége, installée le 2 mars 1824. — *J. Desoer.*

In-8, de 63 pp. — U.

— Quelques observations sur les souhaits que le Courrier de la Meuse fait au commencement de l'année 1824 relativement à la langue nationale. — *Collardin.*

In-8. — H.

— Ville de Liége. Élections communales de 1825. Liste générale des citoyens qui réunissent les qualités requises pour être électeurs, conformément au règlement organique de la régence municipale, en date du 22 janvier 1824. — *C. A. Bassompierre.*

In-8, de 29 pp. Cette liste se publiait à chaque élection.

— Mémoire adressé, le 24 mai 1824, à Sa Majesté, par des propriétaires et cultivateurs de la province de Liége, sur l'état de l'agriculture dans ladite province considérée dans ses rapports avec la liberté du commerce des grains. — *Latour.* In-4. — U.

— Mémoire pour le commerce de Liége, en réponse au discours de M. le procureur général près la cour supérieure de justice de cette ville. — *D. Stas et P. Kersten.*

In-4, de 28 pp. Par Ch. Bellefroid, avocat.

— Règlement de la Société Grétry établie à Liége, le 15 juin 1824. — *H. Rongier.*

In-8, de 30 pp.

— La prise de Chièvremont, ou les mœurs du Xᵉ siècle; anecdote historique liégeoise, par J. P. B. Latour. — *Imprimerie philosophique.*

In-8, de 160 pp. L'auteur, S. P. D. Bontour dit Latour, Français d'origine, dirigeait l'imprimerie philosophique. — T.

— Idylles précédées d'un essai sur les auteurs bucoliques français, par M. N. Comhaire, membre de plusieurs académies. — *J. A. Latour.*

In-8, de 222 pp. Une partie de ces idylles avait paru en 1807, *Paris, Didot,* in-18, de 75 pp., sous le titre de *Loisirs champêtres, idylles, par N. N. Comhaire aîné,* cette édition est devenue rare, l'auteur en ayant fait détruire les exemplaires.

Il faut ajouter aux ouvrages de cet auteur, les deux opuscules suivants, publiés sans date : Mon retour à Flémalle, idylle... Liége, veuve J. Desoer. In-32, de 10 pp. — Promenade printanière à Quinquempois... *Bruxelles, Hublou.* In-32, de 14 pp. — T.

— Ignatii Denzinger, philosophiæ doctore et in universitate Leodiensi prof. p. ord., Institutiones logicæ ad quas respiciens de logica lectiones habebit, præmissa de studio academico in genere et de studio philosophiæ in specie præclusione : accedit brevis conspectus doctrinarum omnium earumdem è philosophia originem et cum eadem communionem docens. — *P. J. Collardin.*

3 parties en 2 vol. In-8, le premier de vi-396 pp.; le second de 760 pp. et un f., avec 2 pl. — U.

— Fred. Schiller carmen de Campana, sive das Lied von der Glocke, latine redditum iterumque et emendatius editum a J. D. Fuss. Adhæret ejusdem de Schilleri poesi ode. — *Collardin.*

In-8, de 22 pp.

— Goethei elegiæ XXIII et Schilleri Campana, latine, servata archetypi forma, redditæ a J. D. Fuss. Adhærent epigrammata nonnulla, necnon odæ tres, et Goethei elegiis, deque Lydo ademto ad amicum epistola. — *Collardin.*

In-8, de 62 pp.

— Dissertatio J. D. Fuss versuum homœoteleutorum sive consonantiæ in poesi neolatina usum commendans. Adhærent Schilleri *Festum victoriæ* et *Cassandra* versibus homœoteleutis nec non Goethei elegia XII latine reddita. — *Collardin.*

In-8, de 30 pp. La seconde édition parut en 1828.

— Analyse du traité de la possession, d'après les principes du droit romain, par M. de Savigny, publiée pour la première fois dans la Thémis, et revue et corrigée sur la 4ᵉ édition de l'ouvrage, par M. L. A. Warnkœnig. — *C. A. Bassompierre.* In-8. — U.

— Kleine gedichten voor kinderen, van Hieronymus Van Alphen. Petits poëmes pour les enfants, par Van Alphen. Nouvelle édition accompagnée d'une traduction française, par J. F. X. Würth. — *P. J. Collardin.*

In-8, de viii-36 pp., à 2 col. — U.

— Petit cours d'exercices hollandais pour les enfants de huit à quatorze ans, à l'usage des écoles primaires et des basses classes des athénées et colléges, accompagné : 1º d'un précis de la grammaire hollandaise; 2º d'une liste de tous les verbes disparaissants et irréguliers simples avec quelques-uns de leurs dérivés et de leurs composés ; 5º d'une explication ou des syllabes initiales et finales et de quelques particules qui entrent dans la composition des mots. Par J. F. X. Würth. — *P. J. Collardin*.

In-8, de iv-82 pp. — U.

— Les principes de la langue hollandaise mis en pratique, ou précis de la grammaire hollandaise, accompagné d'exercices au moyen desquels un maître habile peut apprendre en trois mois à des élèves diligents à comprendre les auteurs bataves et à écrire correctement la langue hollandaise, et d'un dialogue en patois de Liége avec la traduction hollandaise en regard. Par J. F. X. Würth. — *P. J. Collardin*.

In-8, de viii-74 pp. — U.

— Emm. Alvari, e societate Jesu, grammatica sive institutionum linguae latinae liber secundus. — *Ve C. Bourguignon*.

In-12. Ce livre avait déjà été imprimé à Liége plusieurs fois S. d., p. In-8, chez G. Barnabé. — Ve G. Barnabé, et venit apud S. Bourguignon. — Ve S. Bourguignon. Voy. 1713, 1787, 1776.

— Discours chrétien recueilli de différens sermons sur les devoirs des sujets à l'égard du Souverain, prononcés les jours anniversaires de la naissance de Sa Majesté le Roi des Pays-Bas, distribué en cinq parties où l'on traite du respect, de l'obéissance, de la fidélité et des subsides dus aux puissances séculières, etc. Par Léonard Adolphe Marie Lys, bachelier formé en théologie, ancien curé de la paroisse de Soiron, dans le diocèse de Liége. — *C. A. Bassompierre*.

In-8, de xiii-227 pp. — U.

— Dieu dans la nature. Cinq discours développant le véritable but de l'étude de l'histoire naturelle, prononcés par H. M. Gaede, professeur d'histoire naturelle à l'Université de Liége. — *P. J. Collardin*.

In-8, de 32 pp. — U.

— Épître du diable à Voltaire, écrite et envoyée à son adresse, quelques années avant sa mort. *Paris, et se vend à Liége, chez la Ve Duvivier*.

In-8, de 15 pp. Par Giraud, médecin. — S.

— Tarif d'après lequel les anciennes monnaies provinciales et du pays ayant cours dans les provinces méridionales, seront réduites en monnaies des Pays-Bas. (Arrêté de S. M., du 8 décembre 1824). — *H. Dessain*.

In-8, de 18 pp.

— Résumé des moyens plaidés à l'audience (de la cour de Liége) pour les dames Sépulchrines anglaises appelantes, contre M. l'administrateur provisoire établi par Son Exc. le ministre de l'instruction publique, intimé. —

In-4, signé Lesoinne et J. B. Teste, avocats, daté du 8 juillet. — U.

— Cour de cassation de Liége. Nullité de mariage. Consultation délibérée par les avocats aux barreaux de Liége et de Bruxelles Verdbois, Devieschoudere, de Sauvage, Beyens aîné, Leclercq et Tarte cadet, pour M. de Marotte, comte d'Ostin et Mlle Rosalie de Marotte, sa sœur, demandeurs, contre le Sr Hénault, négociant à Fallais, tant en nom propre que comme se disant père et tuteur de Henri Alexandre Hénault, défendeur. — *H. Rongier*. In-4. — U.

— Un mot du comte d'Ostin à Messieurs les présidents et conseillers, composant la cour de cassation, à Liége. — *J. A. Latour*.

In-4, de 7 pp., daté du 15 mai.

— Motifs d'appel, en cause M. H. J. Selain, curé primaire de la paroisse et du canton de Seraing-sur-Meuse, et MM. les conseillers de la fabrique de l'église dudit Seraing.

In-4, signé H. J. Selain. — U.

— Mémoire pour S. A. S. Mgr le duc de Bourbon, prince de Condé, etc., M. le prince L. de la Trémouille, etc., et Mme la princesse de Poix, née Beauveau, demandeurs en délaissement du duché de Bouillon, et intimés sur l'appel du jugement du tribunal de St-Hubert, qui le leur a adjugé, contre M. le prince Ch. de Bourbon, duc de Montbazon, etc., défendeur et appellant. — *P. J. Collardin.*

In-4. Par l'avocat J. F. Lesoinne.

— Pétition du général Crewe à la chambre des communes, où exposé des faits et procédures qui ont accompagné et suivi sa détention de cinq mois et demi en France, en 1817, à la requête d'un ex-valet de pied du duc de Bourbon, naturalisé en Angleterre, en 1806. — *P. J. Collardin.*

In-8, de 94 pp. Cette brochure a été rédigée par Félix Van Hulst, avocat.

— Revue de la Flore des environs de Spa... *Voy.* 1811.

— Manuel des négocians. *Voy.* 1821.

1825

Conspectus topographiae physico-medicae provinciae Leodiensis quem publico examini submittit, die 20 men. junii 1825, auctor Richard Courtois. — *D. Stas et P. Kersten.*

In-4, de 38 pp.

— Je me suis trompé et j'ai confondu, ou nouvelles observations présentées au roi et servant en partie de réponse à M. le baron Roëll, sur la liberté illimitée du commerce des grains dans les Pays-Bas. Par l'auteur d'une lettre à M. le baron ***, membre de la première chambre des États généraux, sur le même sujet. — *Albert Haleng.*

In-8.

— Discours sur la médecine légale, prononcé à l'Université de Liége, en 1824, par N. Ansiaux. — *A. Haleng.*

In-8. — U.

— Discours prononcé par M. Destriveaux à l'ouverture du cours de droit public, donné à l'Université de Liége, pendant l'année académique 1825-26. — *F. Lemarié.*

In-8, de 46 pp. — U.

— Discours prononcé à la distribution des prix du collège royal de Liége, le 23 août 1825, par M. de Chénedollé, licencié ès-lettres, faisant par intérim les fonctions de régent de rhétorique.. — *J. Desoer.*

In-8, de 7 pp.

— Honneurs funèbres rendus à la mémoire de M. le professeur Wageman, recteur magnifique. — *P. J. Collardin.*

In-8, de 35 pp. M. Destriveaux est l'éditeur de cette brochure.

— De hermotimo clazomenio commentatio, auctore Ignatio Denzinger. — *C. A. Bassompierre.* In-8. — U.

— La liberté chrétienne, sermon sur l'épître aux Galates, ch. V, v. 13, par M. A. Van der Bank, pasteur de l'église protestante de Liége, prêché le 27 février 1825, jour de la consécration de l'église civile protestante de Liége. — *Desoer.*

In-8.

— Dissertation sur le dessaisissement du failli. — *Desoer.*

In-8, de 72 pp. Par C. Bellefroid, avocat.

— Dissertation sur cette question : Le dessaisissement prononcé contre le débiteur failli, par l'article 442 du Code de commerce, opère-t-il du jour auquel l'ouverture de la faillite est fixée ou seulement du jour où la faillite est déclarée par jugement. Par M° J. B. Teste, avocat à la cour supérieure de justice de Liége. — *P. J. Collardin.*

In-8, de 93 pp., daté de septembre 1825.

— Quelques observations sur la dissertation publiée par M. J. B. Teste, par MM. J. H. Demoubeau et J. Picard. — *Latour.*

In-8, de 14 pp.

— Essai sur la logique, par M. C. B. Houry. — *H. Rongier.*

In-8, de 110 pp., pour la première partie, seule parue. — U.

— Lettres sur le collège philosophique, dédiées à MM. les vicaires des Ardennes. Par C. B. Houry. —

In-8.

— Commentarii juris Romani privati ad exemplum optimorum compendiorum a celeberrimis Germaniae jurisconsultis compositorum, adornati in usum academicarum praelectionum et studii privati. Auctore L. A. Warnkoenig, juris utriusque doctore, in Universitate Belgica quae Leodii est professore publico et ordinario et bibliothecae praefecto. — *J. Desoer.* 1825-1829.

3 vol. in-8, le premier de xv-585 pp.; les suivants de 504 et 688 pp. — U.

— Recueil des lois, décrets, arrêtés, décisions d'arrêts et jugemens rendus entre la régie des domaines et de l'enregistrement, des fabriques et des citoyens, sur les biens et rentes des fabriques, des fondations, bénéfices simples et sur les droits d'enregistrement et de succession, avec des observations, par N. H. Deniset. *S. l.*

In-8, de viii-112 pp. — U.

— Fables choisies. Par Fréd. Rouveroy, membre et secrétaire perpétuel de la commission pour l'instruction moyenne et inférieure dans la province de Liége. Recueil publié avec l'approbation de M. l'Inspecteur en chef dans le royaume des Pays-Bas comme livre de lecture à l'usage des écoles des provinces méridionales, contenant 62 fables. Seconde édition. — *J. A. Latour.*

In-18, de 76 pp., avec une gravure et 4 fig. Une cinquième édition fut publiée à Liége, en 1832; et une septième et dernière, en 1840, in-18, de 108 pp., avec grav.

— Emploi du tems ou moyen facile de doubler la vie en devenant meilleur et plus heureux. Ouvrage adopté par la commission provinciale de l'instruction moyenne et inférieure pour l'éducation morale des enfans de dix à quinze ans, avec figures lithographiées et tableaux. Par Fréd. Rouveroy. —

2 vol. in-18, fig. Réimprimé chez J. A. Latour, en un vol. in-18, en 1829, 1834 et 1840.

— Mémoire en cassation pour S. A. Mgr Charles Alain Gabriel prince de Rohan, contre S. A. R. Mgr. le duc de Bourbon, prince de Condé, et autres. — *Bassompierre. S. d.*

In-4, signé E. de Sauvage. — U.

— Mémoire pour S. A. R. Mgr le duc de Bourbon, etc., défendeur en cassation, contre S. A. le prince Charles de Rohan, pair de France, demandeur en cassation. — *Collardin.*

In-4. Par l'avocat J. F. Lesoinne.

— Extrait du rituel de Liége, pour administrer les derniers sacremens, augmenté d'un petit traité de la messe et de ses principales cérémonies, des préparations au saint sacrifice et des actions de grâce. — *Vᵉ C. Bourguignon.*

In-18, de iv-174 pp. Voy. 1765.

— Notice sur un beau manuscrit de la vie de saint Hubert, qui a appartenu à Philippe le Bon, duc de Bourgogne, par de Villenfagne d'Ingihoul.

In-8, de 8 pp. Tiré à part du *Courrier de la Meuse*, du 21 septembre 1828.

— Instructions sur le parcage des moutons, ou moyen d'engraisser les campagnes en faisant coucher les moutons dans les champs. Par J. M. Calès, docteur en médecine. — *Lignac.*

In-8, de 84 pp.

— Abrégé de l'Histoire sainte, en latin, en français et en hollandais, à l'usage des élèves de l'enseignement universel, accompagné d'une lettre contenant l'exposition de la méthode de Jacotot, appliquée à l'étude d'une langue étrangère. Par J. F. X. Würth .. et J. Degeer fils .. — *Chez l'auteur (imprimerie F. de Boubers).*

In-12, de 24-240 pp.

— Grammaire mutuelle analytique, conforme à l'orthographe actuelle de l'Académie française, à l'usage des naturels et des étrangers qui, sachant seulement lire le français, désirent l'enseigner par principes : ouvrage approprié aux écoles nombreuses. Par J. P. B. Latour, professeur de belles-lettres, membre honoraire de la Société littéraire de Bruxelles. — *Imprimerie philosophique.*

In-8, de 32-211 pp., avec 16 tableaux.

— Principe de l'orthographe. Par Bragard. — In-8.

— Application des principes de lecture d'après lesquels est rédigé l'opuscule intitulé *la Méthode pour apprendre à lire d'une manière simple, naturelle et agréable*. — *J. A. Latour.*

In-12, de 24 pp. Voy. 1821.

— Essai d'un cours de mathématiques à l'usage des élèves du collége communal de Liége. Par H. Forir, professeur de

— 400 —

mathématiques audit collège. Algèbre. — *P. J. Collardin.*

In-8, de iv-288 pp., avec un tableau. La quatrième et la cinquième éditions parurent chez le même, en 1846 et 1847, in-8.

— **Exercices pour mettre les principes de la langue hollandaise en harmonie avec les méthodes de Jacotot, de Pestalozzi et de Lancaster.** Par *J. F. X. Würth ... et J. Degeer fils.* — *P. J. Collardin.*

In-12, de iv-144 pp.

— **Explications .. sur le catéchisme**. Voy. 1782.

— **Institutionum juris Romani privati libri IV** .. Voy. 1819.

1826

La Feuille villageoise, ou journal hebdomadaire des sciences, des arts et de l'industrie.

Recueil éphémère destiné aux instituteurs, rédigé par MM. Houry et G. P. Dandelin, et qui parut du 10 novembre 1826 au mois d'avril 1827 (nᵒˢ 1 à 21), par livraisons in-8, de 16 pp., d'abord chez H. Dessain, puis chez F. de Soubers. Il faut y ajouter un prospectus de 4 pp.

— **Bibliothèque du jurisconsulte et du publiciste.**

Recueil imprimé chez F. Lemarié, de mai à décembre 1826, formant un volume in-8, de 570 pp. Il était rédigé par les professeurs de droit des Universités de Liége et de Louvain, entre autres, MM. P. J. Destriveaux, J. G. Ernst, A. N. J. Ernst, L. A. Warnkoenig. — H.

— **Notice sur le droit de terrage et sur le cens d'arrine au ci-devant pays de Liége.** Par *G. E. Brixhe*, licencié en droit et avoué. — *Dessain.*

In-8, de 77 pp. Cette brochure a été refondue, en 1835, dans l'*Essai d'un répertoire raisonné de législation.*

— **Cour supérieure de Justice, séant à Liége, 5ᵐᵉ chambre. Précis pour M. Fr. Lemarié, impr.-lib. demeurant à Liége, appelant, contre la dame Vᵉ Bourguignon, impr.-lib. en la même ville, intimée.**

In-4, de 18 pp., daté du 26 décembre. La Vᵉ Bourguignon avait attaqué Lemarié, au sujet de la contrefaçon du *Manuale cantorum*, qu'elle avait publié en 1823. Lemarié condamné, interjeta appel).

— **Mémoire sur la révélation faite au profit des pauvres de Liége, du quart dans un grand bois nommé Lavéquée, situé à deux lieues de Liége, et usurpé sur le domaine par trois communes.** *S. l.*

In-4, de 12 pp., signé Destezet, et daté d'octobre 1826.

— **Discours prononcés à la Haye, à la deuxième chambre des États généraux, à l'occasion du budget annuel pour l'année 1826, accompagnés des articles de la loi fondamentale qui ont rapport au culte et à l'instruction publique, des arrêtés royaux des 14 juin et 11 juillet 1825, de la lettre du S. P. à Mgr l'archevêque de Malines, ainsi que de celle de ce dernier au gouverneur d'Anvers, et terminés par un article sur l'existence légale des petits séminaires.** — *Vᵉ Duvivier et fils.*

In-8, de 78 pp.

— **Grand tarif de réduction des argents des Pays-Bas, France, Liége, courant et change de Brabant, de Francfort, de Leipzig, d'Augsbourg, des aunes de Brabant, de France, des Pays-Bas, des livres des pays-Bas en livres-poids de Liége, etc.** Par *J. B. J. Chansay fils*, arithméticien à Verviers. Nouvelle édition augmentée. — *Dessain.* In-8.

— **Almanach du commerce de Liége, Verviers, Huy, Spa et leurs environs, contenant les adresses des manufacturiers, banquiers, négocians, agens de change, agens d'affaires, marchands de tous les états, des membres des premières autorités et administrations ...** Par *F. Pery*, éditeur. — *C. A. Bassompierre.*

In-12. Années 1826 et 1827. Cet almanach est accompagné de fig. de monnaies et d'une notice historique sur Liége. — C.

— **L'exaltation, comédie en un acte et en prose, pour les théâtres de société.** — *J. P. B. Latour.*

In-16, de 11 ff. L'auteur de cette bluette, tirée seulement à 25 exemplaires, est le docteur Charles Phillipps, alors étudiant en médecine à l'Université de Liége.

— **Épître à M. Van der Noot, ancien ministre de la république batave, retiré dans une solitude philosophique auprès** d'Arnheim, par un Français, ami de la vérité. -- *Desoer.*

In-8, de 8 pp. Cette épître en vers, adressée au baron Westreenen de Tiellandt, est de Marc Antoine Jullien. -- C.

— La France au Parlement, poëme .. Nouvelle édition avec des notes de l'éditeur. -- *A. Haleng.*

In-12, de 28 pp. Poëme contre les jésuites, écrit vers 1764. L'auteur est inconnu; l'éditeur est Charles Borromée Houry de Bettigny. -- U.

— Notices nécrologiques sur Messieurs G. J. E. Ramoux, associé résident, et H. N. baron de Villenfagno d'Ingihoul, membre honoraire de la Société libre d'émulation de Liége. Par M. de Chénedollé, secrétaire général de la Société. -- *J. Desoer.*

In-8, de 20 pp. Extrait du Journal de Liége, 29 janvier et 1, 2, 3 février 1826. -- U.

— Manuel du chrétien ou court exercice pour sanctifier les actions du chrétien durant la journée. Par P. J. Henry, bachelier formé en théologie, curé de Surice. Nouvelle édition, exactement corrigée et considérablement augmentée. -- *F. Lemarié.*

In-18, de 244 pp.

— Articles relatifs à l'instruction publique et à la suppression des petits séminaires, insérés dans le *Courrier de la Meuse.* -- *P. Kersten et D. Stas.*

In-8, de 55 pp. -- S.

— Prima elementa logices secundum institutiones logicas exposita, auctore Ignatio Denzinger, philosophiae theor. et pract. in Universitate Leodiensi professore. -- *C. A. Bassompierre.*

In-8, de 51 pp.

— Les poésies d'Horace, traduites littéralement en français et en hollandais, accompagnées d'un commentaire grammatical littéraire et historique. Par Victor de Pontridder, âgé de 14 ans, élève de l'enseignement universel, étudiant en philosophie à l'université de Liége. -- *F. de Boubers.*

In-8, de 64 pp., à 2 col. Il n'a paru que 3 livraisons de cet ouvrage.

— Traduction interlinéaire de l'art poétique d'Horace. Par MM. Neujean, Dejaer, Colson, Truillet, Denis et autres. -- *Collardin.*

In-12, de 47 pp.

— Traduction interlinéaire de la mort de Pline le Naturaliste. Par H. Colson, élève de l'enseignement universel. -- *Collardin.*

In-8, de 22 pp. Ces deux brochures, dues à des élèves de M. Wurth ont été publiées par lui. H. Colson est aussi l'auteur d'une grammaire française élémentaire, publiée à Liége, vers 1830, in-8.

— Traduction littérale de Cornelius Népos, avec une bonne traduction et des notes pour faciliter l'intelligence du texte par Maugard, arrangée pour les élèves de l'enseignement universel par J. F. X. Würth, avocat ... et J. Degeer fils. -- *F. de Boubers.*

In-12, de xvi-137 pp.

— Rapport sur la méthode de M. Jacotot présenté au département de l'intérieur, le 8 septembre 1826. -- *Vᵉ J. F. Desoer.*

In-8, de 16 pp., signé J. Kinker.

— M. Valmore ou le maire de village, ouvrage instructif et amusant, dont la lecture peut être utile à toute personne qui s'intéresse à la bonne éducation des enfans dans les campagnes et à l'amélioration du sort des ouvriers et des cultivateurs. Par Fréd. Rouveroy. -- *J. A. Latour. S. d.*

In-18, de 220 pp., avec une grav. et une pl.

— C. Cornelius Tacitus. Leven van Julius Agricola uit het latyn vertaald en met aanmerkingen vermeerderd. Door J. Koenders philosoph. theoret. mag., litt. hum. doctor, rector van het kollegie te Tongeren. -- *Wᵉ J. Desoer.*

In-12, de xvi-80 pp.

— Essai de grammaire générale, basée sur les procédés idéologiques et analytiques de Lemare, par N. Dally, directeur du pensionnat et de l'institution de Visé. -- *H. Dessain.*

In-8, de 3 ff., 40 pp. -- S.

— Antiquitates Romanae ..*Voy.* 1820.

— Arithmétique .. Par H. Forir. -- *Voy.* 1825.

51

1829

Conventio belgica inter Leonem XII et Wilhelmum I versibus latinis collaudata. *S. d.*

In-12, de 36 pp., signé par L. Lys, curé de Soiron. — T.

— Concordat entre le Souverain Pontife Léon XII et Guillaume Ier, roi des Pays-Bas.

In-8, de 36 pp. — T.

— Dissertation sur les concordats, par le comte Lanjuinais, suivi du texte officiel de toutes les pièces formant les concordats de 1801 et de 1827 et d'un examen critique de la dernière convention.

In-8, L'éditeur est Ch. de Chénedollé.

— Lettre au Pape Jules III, par trois évêques réunis à Bologne, en octobre 1555.

In-8, de 27 pp. H. Fabry est l'éditeur de cette lettre à laquelle il joignit quelques observations critiques.

— Nouveau recueil de cantiques à l'usage des écoles et des paroisses. — *Duvivier.*

In-32. L'auteur est l'abbé Du Vivier, depuis curé de Saint-Jean. La seconde édition parut chez la Ve *Duvivier*, s. d. In-18, de 102 pp. Ce recueil a eu huit éditions. En 1839 il a été cliché chez De Mat, à Bruxelles, avec ce titre : Nouveau recueil de cantiques à l'usage des écoles et des paroisses. Nouvelle édition, entièrement refondue et augmentée des cantiques à l'usage de la mission, renfermant un choix des plus beaux cantiques, rédigés et corrigés avec soin et de cantiques nouvellement composés sur les airs les plus nouveaux, par M. l'abbé Ch. Duvivier. S. d. In-32, de 128 pp. et une pl. Des exemplaires portent *Liège*, Grandmont, ou *Liège*, Lardinois.

— Instructions, prières et litanies concernant l'archiconfrérie du très-saint Sacrement et l'adoration perpétuelle, érigée dans l'église primaire de St-Martin, à Liége, et décorée du beau titre de prééminence qui la distingue, par décret apostolique de l'an 1575. — *H. Dessain.*

In-12, de 44 pp.

— Lamberto VanDenbroUCk, eLeCto pastorI In TheUX. *S. l.*

In-8, de 8 pp. Poème anonyme.

— Traité des arènes construites au pays de Liége, pour l'écoulement et l'épuisement des eaux dans les ouvrages souterrains des exploitations de mines de houille. Par M. de Crassier, membre des états de la province de Liége. — *C. A. Bassompierre.*

In-8, de v-95 pp. et un f. errata. Tiré à 250 exemplaires.

— Mémoire pour la régence de la ville de Liége, intimée, contre la commission permanente du syndicat d'amortissement, appelante. — *D. Stas.*

In-4, signé C. Bellefroid, daté du 27 avril. — U.

— Théate ligeoi ki contin Li Voège dé Chofontaine, li Ligeoi engagi, li fiess di Houte-si-plou et les Hypocontes, opéras burlesks, mettou è musik par feu Mr Hamal, maiss dé chantes, di St Lambert ... *A Liège, à mon Lemarié.*

In-32, de 100 pp. et un f. table. Les exemplaires de cette édition, qui restaient chez le libraire en 1845 furent rajeunis par le titre suivant : Théâtre wallon des Ligeois, par De Cartier, Fabry, Vivario et l'Itréfoncier Hârlez. ... *Liège*, F. Oudart, 1845.

— Dissertatio inauguralis medica de proprietatibus medicinalibus necnon de usu therapeutico aquarum Spadanarum quam ... publico examini submittit ... Lambertus Josephus Lezaack, Spadanus. — *A. Haleng.*

In-4, de 29 pp. — D.

— Le Globe, recueil philosophique, politique et littéraire.

Journal p. in-fol., de 4, puis 8 pp., à 2 col., imprimé chez H. Dessain, d'abord trois fois, puis deux fois par semaine. Rédigée par M. de Chénedollé, cette contrefaçon du Journal français de ce nom, parut du 3 juillet 1827 au 31 décembre 1828. — H.

— Journal grammatical et didactique de la langue française.

Recueil mensuel, contrefaçon de celui qui se publiait à Paris sous le même titre. Il parut de janvier 1827 à décembre 1829, par livraisons in-12, de 48 pp. La collection forme 3 vol., imprimées chez Lebeau et H. Dessain.

— La Récompense, Journal du jeune âge.

Journal hebdomadaire in-4, à 2 col., rédigé par MM. J. Lebeau, Charles et Firmin Rogier; de décembre 1827 au 30 juin 1830. — C.

— L'observateur médical, journal de médecine, chirurgie et pharmacie.

Journal mensuel, qui parut du 1ᵉʳ octobre 1827, au 1ᵉʳ mars 1829, et dont la collection forme six volumes in-8. Il était rédigé par MM. N. Ansiaux, C. Fronckinet, J. G. Royer, D. Sauveur, H. Sauveur, D. Simon, F. Vottem. On trouve dans le tome 1ᵉʳ: Catalogue des principaux phénomènes météorologiques, observés à Liége, depuis le commencement du xıᵉ siècle jusqu'à la fin du xvııᵉ, par D. Sauveur fils. — Tome II. Résumé des observations météorologiques, faites à Liége, de 1736 à 1783, et de 1806 à 1826, par MM. l'Allise, Thomassin et Comhaire. Voy. aussi les tableaux météorologiques, insérés dans les tomes II, III, IV. — U.

— L'art de guérir les hernies par l'usage des bandages herniaires perfectionnés, ou instructions à ceux qui veulent s'appliquer à l'art de la construction des bandages herniaires, et le véritable guide des personnes qui en font usage, avec six planches lithographiées. Dédié à Monsieur N. G. Ansiaux, docteur en médecine et en chirurgie ... par W. N. de Moll, bandagiste herniaire, à Liége. — *J. A. Latour.*

In-12, de 118 pp., avec six lithogr. — U.

— Manuel des bandages et appareils. Par Ansiaux-Delaveux, docteur en médecine et en chirurgie, professeur particulier de chirurgie, chirurgien-adjoint des hospices civils de Liége ... — Vᵉ *J. Desoer.*

P. in-12, de 5 ff. et 267 pp. La seconde édition parut à Liége, en 1839, in-8.

— La Vignole des ouvriers, par Charles Normand, architecte. — *Avanzo et Mergante (impr. H. Dessain).*

4 parties in-4, de texte, accompagnées respectivement de 34, 36, 40, 31 planches et avec front. gravé. Une nouvelle édition de cet ouvrage parut en 1836, chez le même éditeur.

— Le propriétaire architecte, contenant des modèles de maisons de ville et de campagne, de fermes, orangeries, portes, puits, fontaines, etc., ainsi qu'un traité d'architecture et de constructions, renfermant le résumé des nouvelles découvertes relatives aux constructions .... dessiné et rédigé par Urbain Vitry, architecte, professeur de géométrie et de mécanique industrielle à l'école de Toulouse. — *Avanzo et Cⁱᵉ (impr. Lebeau-Ouwerx).* 1827—1842.

3 parties in-4, la première de 74 et 82 planches; la seconde de xvı-256 pp., avec les planches 83 à 100; la troisième de 42 pp. avec 32 pl.

— Leçons sur la mécanique et les machines données à l'école gratuite des arts et métiers de la ville de Liége, par M. G. Dandelin, professeur d'exploitation à l'école des mines de l'université de Liége, ancien élève de l'École polytechnique, etc., etc. Tome Iᵉʳ. — *H. Dessain.*

In-8, de xııı-xıv-x-456 pp., avec 10 planches. Le second vol. n'a jamais paru. — U.

— Société d'encouragement pour l'instruction élémentaire dans la province de Liége.

Cette Société, fondée en 1827, a contribué efficacement à répandre l'instruction par la publication d'une nombreuse collection de traités sur les principales branches de l'enseignement primaire. Il faut ajouter à ces publications quelques brochures contenant la liste des membres de la Société et les rapports de la commission.

— Enseignement universel. Lettres à M. Marc Antoine Jullien de Paris, sur l'application de cette méthode. Première lettre : lecture, écriture, instruction primaire ; parallèle de cet enseignement avec celui de Pestalozzi .... Par J. P. Coquilhat, maître de pension, à Verviers. — Vᵉ *J. Desoer.*

In-8, de 80 pp. — U.

— Géographie du royaume des Pays-Bas, à l'usage des écoles primaires, publiée par la réunion des instituteurs de la ville de Liége, avec une carte emblématique. — *J. Lenoir.*

In-12, de vı-73 pp., avec une carte muette coloriée.

— Imitations sur le 1ᵉʳ paragraphe de Télémaque. — *Collardin.*

In-8, publié par M. Wurth.

— Méthode pour étudier la langue latine, d'après le plan de la méthode grecque de Burnouf, à l'usage des athénées et des colléges. Par W. Nihon, élève en philosophie et lettres à l'université de Liége. —

In-8, de vi-168 pp., avec 2 tableaux synoptiques.

— Librairie de la V° J. Desoer, à Liége. Catalogue général. — V° Desoer.

In-8, de 251 pp.

— Traité de la force des boissons distillées. Première partie. — *F. Péry.*

In-8, de 82 pp. La seconde partie n'a pas paru.

— Précis pour l'honorable John Crewe, pair héréditaire du royaume-uni de la Grande-Bretagne, domicilié à Sclessin, commune d'Ougrée intimé; contre le Sr Guillaume Joseph de Simoni, domicilié à Liége, appelant. — *Lebeaux-Ouwerx.*

In-4, signé Van Hulst et Nossent, avocats. — U.

— Le martyre de Louis XVI, roi de France, poëme élégiaque, par M. Barpain de Cattinabe. — *H. Ronyier.*

In-8, de 104 pp. et un f. errata.

— OEuvres complètes de sir Walter Scott, traduction nouvelle de M. Defauconpret. — *F. Lemarié.* 1827-1829.

Cette édition comprend 70 vol., 9 vol. complémentaires et la vie de Napoléon, en 15 vol., soit en tout 94 vol. in-12. Il y avait des exemplaires en papier vélin. La vie de Napoléon, avec un portrait gravé par L. Jehotte, se vendait séparément. Une notice sur W. Scott, avec son portrait, devait accompagner la collection, mais elle n'a pas paru.

Cette collection, publiée d'après l'édition de *Paris, Gosselin,* renferme de nombreuses notes, et notamment celles de Quentin Durward, qui sont de MM. de Chênedollé et Félix Capitaine. Les notes de la vie de Napoléon ont été rédigées par A. Lemarié, ainsi que le prospectus de l'ouvrage.

— Mémoire à consulter et consultation pour Ch. Rogier. Voy. Mathieu Laensberg 1824.

1828

Biographie du royaume des Pays-Bas, ancienne et moderne, histoire abrégée par ordre alphabétique de la vie publique et privée des Belges et des Hollandais qui se sont fait remarquer par leurs écrits, leurs actions, leurs talens, leurs vertus ou leurs crimes, extraite d'un grand nombre d'auteurs anciens et modernes et augmentée de beaucoup d'articles qui ne se trouvent rapportés dans aucune biographie. Par Delvenne père, instituteur à Glons, province de Liége. —

2 vol. in-8, le premier, imprimé chez la V° J. Desoer, en 1828, de 8 ff. lim. et 570 pp.; le second, imprimé chez J. Desoer, en 1829, de 2 ff., 612 pp.

— De rebus Belgicis libri quindecim ab ortu gentis ad hoc tempora, in usum gymnasiorum et academiarum. — *P. Kersten.*

In-12, de 376 pp. L'imprimeur du livre en est aussi l'auteur. Une seconde édition, augmentée, parut chez le même, en 1830, in-12.

— Considérations sur le cadastre du royaume des Pays-Bas, par Ph. Gravez, inspecteur du cadastre de 1re classe de la province de Liége. — *H. Dessain.*

In-8, de 22 pp.

— Orphée et Grétry. Idylle patriotique, par M. D. de Liége. — *Desoer.*

In-8, de 7 pp.

— Réponse des concessionnaires de la mine de Bonne-Fin, à la Société charbonnière de la Grande-Bacnure. — In-4. — U.

— Consultation pour les marguilliers de la fabrique de l'église cathédrale de Liége, défendeurs en cassation, contre la commission permanente du syndicat, demanderesse. — *H. Dessain.*

In-4, signé Raikem fils, daté du 2 janvier. — U.

— Règlement pour l'insigne confrérie du bienheureux St. Roch, établie en l'église succursale de St-Denis, à Liége. — *P. Rosa.*

In-12, de 20 pp. — M.

— Recueil d'anciennes ordonnances, statuts et coutumes belgiques, touchant l'administration de la justice. — *Dauvrain.* 1828-1829.

J. F. Dauvrain, avoué et imprimeur, à Liége, est l'auteur de ce recueil, composé avec peu de soin et dénué de toute critique. Il fut publié en douze livraisons in-8, formant 996 pages, en y comprenant les titres, table générale, etc., et qu'on rencontre ordinairement brochées en deux volumes. — U.

— Recueil des lois et arrêtés sur les gardes communales, avec table alphabétique et analyse des matières. — *Lebeau-Ouwerx.*

In-12, de 444 pp.

— Gardes communales. Arrêté du 25 mai 1829, contenant des dispositions pour la formation des conseils des gardes communales. — *Lebeau-Ouwerx.*

In-12, de 12 pp.

— Étrennes universitaires pour l'année 1829. — *A. Morel.*

In-12, de 121 pp. L'année 1830 est intitulée *Annuaire de l'Université de Liège, pour l'année 1830.* Liége, P. J. Collardin, in-12, de 112 pp. Ce dernier volume a été rédigé par MM. R. Courtois et J. Fuss. Il n'a paru que ces deux annuaires de l'Université de Liége. Le volume de 1830 donne l'indication de toutes les thèses imprimées, présentées par les étudiants de l'Université, depuis sa fondation jusqu'en 1829. — U.

— Topographie médicale du canton de Huy. Par H. Lebeau. — *Lebeau-Ouwerx.* In-8. — U.

— Mémoire sur l'auscultation appliquée à la grossesse, par G. J. Haus, traduit de l'allemand, par R. Courtois. — *P. J. ardin.* In-8. — U.

— Manu. i des jeunes époux ou exposé complet : 1° des précautions à prendre pour conserver la santé pendant la grossesse, les couches, l'allaitement, etc. ; 2° des règles hygiéniques à suivre pour sevrer et élever les jeunes enfants. Extrait des ouvrages de MM. Désormeaux et Rostan, par Ernest Grégoire. — *H. Rongier et P. J. Collardin.*

In-18, de 103 pp.

— Compendium floræ Belgicæ, conjunctis studiis ediderunt A. L. S. Lejeune, med. doct., plur. soc. litterar. sodalis, et R. Courtois, med. doct. horti botanici, academiæ Leodiensis directioni adjunctus. — *P. J. Collardin,* 1828-1836.

3 vol. in-12, le premier de xx-264 pp.; le second de vii-320 pp.; le troisième de vi-423 pp. Ce dernier porte *Post obitum R. Courtois, edituab. A. L. S. Lejeune, Verviae, apud A. Remacle,* 1836. — U.

— Deux nouveaux discours développant le but de l'étude de l'histoire naturelle, suivis de quelques mots sur l'éducation de la jeunesse. Par H. M. Gaede. — *P. J. Collardin.* In-8. — U.

— Index plantarum horti botanici Leodiensis. — *P. J. Collardin.*

In-8, de iv-69 pp. Par H. M. Gaede. — U.

— Essai de physique élémentaire ou premières notices de physique mises à la portée des élèves de 1re division supérieure dans les écoles primaires. Par Fréd. Rouveroy. Nouvelle édition. — *J. A. Latour.*

* In-18, de 234 pp. La sixième édition parut chez le même, en 1888, in-18.

— Leçons sur la minéralurgie et la chimie, données à l'école gratuite des arts et métiers. Par C. Davreux, pharmacien, membre de la société des sciences naturelles de Liége, etc., etc. — *H. Dessain.*

2 vol. in-8, le premier de xvi-640 pp. et un f.; le second de 164 pp. Ce second vol. n'a pas été achevé. — U.

— Dissertatio J. D. Fuss, versuum homœoteleutorum sive consonantiae in poesi neolatina usum commendans, iterum auctiorque et emendatior edita. Adhaerent carmina latina et alia et Schilleri nonnulla latine reddita, variarumque aetatum consonantia carmina selecta necnon disceptatio usum vocis nempe aliaque Ciceroniana illustrans. — *P. J. Collardin.*

In-8. *Voy.* 1824. — U.

— Introduction au cours préparatoire à l'étude de la littérature grecque. Par J. F. X. Wurth... — *P. Kersten.*

In-12, de 79 pp.

— Manuel des instituteurs primaires, par Jean Louis Ewald, auteur allemand, traduit d'après la seconde édition hollandaise. — *J. A. Latour.*

In-8, de 94 pp. Cette traduction est de M. Coquilhat.

— Le hollandais rendu facile, précédé d'un précis de grammaire. — *Ve J. Desoer.*

In-8, de iv 233 pp.

— Le petit bossu où les voyages de mon oncle, ouvrage dirigé contre les croyances superstitieuses, les préjugés et les erreurs populaires. Par Fréd. Rouveroy. Troisième édition. — *J. A. Latour.*

In-18. La sixième édition parut chez le même, en 1839, in-18.

— Règlement de l'école royale de musique à Liége. — *P. J. Collardin.*

In-8, de 29 pp.

— Catalogue de P. J. Collardin, libraire-imprimeur de l'Université à Liége. Division des livres de jurisprudence. — *P. J. Collardin.*

In-8, de 30 pp.

— Histoire de la révolution française, par M. A. Thiers. Seconde édition, revue par l'auteur. — *Lebeau-Ouwerx*, 1828-1829.

10 vol. in-12. Le huitième contient une carte du théâtre de la guerre, en 1796.

— Précis pour Henri Lignac... *Voy.* le Mathieu Laensbergh, 1824.

— Emploi du temps... *Voy.* 1825.

1829

Recueil politique et administratif pour la province de Liége. — *Lebeau-Ouwerx.*

In-12, de 2 ff., 218 pp., publié par M. C. Lebeau, depuis ministre d'État, et E. de Sauvage, maintenant président à la cour de cassation. Une seconde édition parut la même année, in-12, de xvi-289 pp. — U.

— Projet de loi du Code de procédure criminelle présenté aux États généraux, suivi du mémoire explicatif dudit projet. — *J. de Sartorius-Delaveux.*

In-12, de 92 pp.

— Manuel électoral des campagnes ou exposé analytique de notre système électoral dans ses rapports avec l'ordre des campagnes ; accompagné d'observations et suivi d'un tableau indiquant le cens électoral à payer pour être ayant droit et électeur, dans les dix-huit provinces, leur division en districts, le nombre de députés envoyés par chacune d'elles aux états provinciaux, et aux états généraux, l'ordre chronologique des opérations électorales. — *C. Lebeau-Ouwerx.*

In-18, de xii-90 pp., un f. table, avec un tableau. L'auteur est N. Charles Rogier. — U.

— Nouvelle rédaction des règlements de l'ordre équestre de la province de Liége, avec les modifications, changements, suppressions et additions dont les règlements de 1817 et 1824 sont évidemment susceptibles, pour être soumise à l'assemblée de l'ordre dans la session ordinaire de 1829. — *Lebeau-Ouwerx.*

In-8, de 23 pp.

— Situation actuelle des partis dans le royaume des Pays-Bas. Par Ch. T(este). — *Collardin.* In-8.

— Notice historique sur les évêques, leur origine, leurs prérogatives, etc.; suivie du tableau complet en latin et en français des cérémonies usitées à leur sacre et à leur dégradation et d'une liste chronologique des évêques et des suffragans du siége de Liége, depuis les temps les plus reculés jusqu'à nos jours. — *J. Desoer.*

In-8, de vii-90 pp. Par Ch. de Chênedollé.

— Prières et cérémonies pour la consécration d'un évêque selon le pontifical romain, d'après l'édition de Paris, 1828. — *P. Kersten.*

P. in-8, de 58 pp., à 2 col.

— Remise solennelle du cœur de Grétry à la ville de Liége. Notice historique du procès que cette ville a soutenu pour en obtenir la restitution, relation des fêtes qui ont eu lieu les 7, 8 et 9 septembre 1828 pour en célébrer le retour, suivie des procès-verbaux, pièces justificatives, etc. — *P. J. Collardin.*

In-8, de 80 pp. — U.

— Discours prononcé à la R∴ ☐ de l'Or∴ de Liége, par le T∴ R∴ F∴ Teste, V∴ a∴ *S. l.*

In-8, de 19 pp.

— Tarif des taxes municipales de la commune de Spa, arrêté par le conseil municipal dans ses séances des 3 février 1825, 28 février 1826, 7 février 1827 et 31 décembre 1829... *S. l.*

Un feuillet gr. in-4. — D.

— Vues pittoresques de la nouvelle route de Liége à Aix-la-Chapelle et Spa, par Chaudfontaine, dessinées d'après nature et lithographiées par N. Ponsart, avec une notice historique — *P. J. Collardin.*

In-4, titre, 9 pages de texte et 24 lithographies. — U.

— Les omnibus liégeois ou recueil des locutions vicieuses les plus répandues dans les provinces wallonnes. Deuxième édition. — *P. J. Collardin.*

In-16, de viii-144 pp. Par Nicolas Bennequin. Réimprimé à Namur, chez Wesmael, 1864, in 32. — U.

— Examen de quelques questions relatives à l'enseignement supérieur dans le royaume des Pays-Bas. Par C. de Brouckère, membre de la seconde chambre des États généraux. — *C. Lebeau-Outrerx.*

In-8, de 2 ff. et 204 pp.

— Un duel, petit essai dramatico-moral, par Léon Hachis. — *Collardin.*

In-8. Par Evrard.

— Opinions de quelques journaux sur les diverses productions littéraires de M. le baron de Trappé. — *Desoer.*

In-8. — U.

— Essai sur la beauté morale de la poésie d'Homère, suivi de remarques sur les opinions de M. Benjamin Constant, concernant l'Iliade et l'Odyssée, développées dans son ouvrage sur la religion, etc. Par P. Van Limburg-Brouwer, membre correspondant de l'Institut royal des Pays-Bas, professeur de l'Université de Liége. Traduit du hollandais. — *J. de Sartorius-Delaveux.*

In-8, de viii-189 pp. — U.

— Aquisgrani regionis amoenitas in caque mons Francorum, Caroli magni arcis ruinae. — *Collardin.*

In-8. Par J. D. Fuss.

— Réflexions sur l'usage du latin moderne en poésie et sur le mérite des poëtes latins modernes, suivies de poésies latines en partie traduites du français. Par J. D. Fuss. — *P. J. Collardin.*

In-8, de iv-151 pp. — U.

— Histoire universelle divisée en vingt-quatre livres. Ouvrage posthume de Jean de Muller, traduit de l'allemand par J. G. Hess. — *J. de Sartorius.*

4 vol. In-12, de iv-388, 387, 380, 380, 335 pp.

— Le syllabaire chrétien ou nouveaux éléments de lectures composés d'après les meilleurs auteurs. Par M. l'abbé Ch. Duvivier. — *Duvivier.*

2 vol. In-16. Réimprimé Liège, V° Duvivier (1832), 2 vol. in 16. Depuis cette époque, il a été souvent réimprimé, et il a été cliché en 1840, chez de Nat, à Bruxelles.
Il faut ajouter à cet ouvrage *Tableaux du Syllabaire chrétien*, Liège, V° Duvivier, 1832. 12 ff. format atlantique. Une seconde édition identique parut en 1855, chez Grandmont.

— Mythologie ancienne et moderne à l'usage des pensionnats, indiquant les rapports les plus frappants de la mythologie avec l'histoire et la révélation. Par l'auteur du Syllabaire chrétien. — *Duvivier.*

In-18, réimprimé dans le même format, chez Grandmont, 1836, 1846, 1849 et 1853, et chez J. G. Lardinois, 1840. L'auteur est l'abbé Duvivier.

— Uitspanningen voor de nederlansche jongelingen door C. H. Clemens. — *C. A. Bassompierre.*

In-18, de iv-262 pp., avec une gravure.

— Cours de morale à l'usage des élèves de Mme de Beauvoir, institutrice à Liége. — *Desoer.*

In-12, de viii-90 pp.

— Jugendbilder und Jugendtraeume von Ernst. Munch. — *J. von Sartorius.*

Grand in-8, de ix-519 pp.

— Cours de langue latine en 102 leçons, au moyen duquel tout maître peut enseigner cette langue et un jeune homme qui a de la volonté l'apprendre, même sans maître, dans l'espace d'une année. Par J. F. X. Wurth, avocat, etc. — *H. Dessain.*

In-12, de xvi-328 et 137 pp.

— Les omnibus de l'arithmétique et de l'algèbre. Par J. F. X. Würth. — *H. Dessain.*

In-8, de 34 pp.

— Leçons d'histoire universelle d'un maître de pension à ses élèves, ou développement suffisamment étendu des principaux événements de l'histoire universelle, à l'usage des écoles moyennes. Par J. F. X. Würth, avocat, docteur en philosophie et lettres, etc. — *H. Dessain.*

In-12, de 456 pp.

— Recueil de cantiques notés en plain-chant avec les cantiques de la mission. Méthode pour apprendre et enseigner le plain-chant. Choix de motets mis en plain-chant par M. l'abbé Ch. Duvivier. — V° *Duvivier.*

In-12, de 129 pp. Réimprimé chez la même, en 1833, in-12, sous le titre de *Nouveau recueil de cantiques spirituels, à l'usage des écoles et des paroisses.* Cet opuscule fut cliché sous ce dernier titre, chez de Mat, à Bruxelles, en 1845 et 1853. Des exemplaires de ces dernières éditions portent la rubrique Liége, Grandmont et Liége, J. G. Lardinois.

— Manuale cantorum sive antiphonale Romanum. — In-8.

— Mémoire sur l'utilisation des terrains incultes de l'Ardenne. Par V. Bronn, docteur en philosophie, professeur d'économie rurale et forestière à l'Université de Liége … — *J. Desoer.*

In-8, de 88 pp. — U.

— Over de noodzaakelykheid om by het openbaar onderwys het onderrigt in de landhuishoudkunde te voegen ende middelen om hier toe te geraken. Door V. Bronn. — *J. Sartorius.* In-8. — U.

— Journal de Stavelot et des environs.

Feuille hebdomadaire, p. in fol., à 2 col., imprimé à Liége, chez J. de Sartorius, du 1er au 8 janvier 1829 (2 numéros).

— Courrier Universel, journal politique, littéraire et commercial.

Journal quotidien, p. in folio, imprimé chez J. de Sartorius, qui parut du 15 mai 1829 jusqu'au commencement de l'année 1830. Il défendait le gouvernement hollandais, et était rédigé par E. Münch, J. B. et Ch. Teste, J. de Sartorius, etc.

— Le Politique municipal, provincial et national.

Journal quotidien, in-fol., à 3 col., imprimé chez Lebeau, puis chez H. Lignée, du 1er janvier 1829, au 1er avril 1841. Il était rédigé, en faveur des principes libéraux, par MM. P. Devaux, J. Lebeau, H. Lignée, Ch. et F. Rogier, F. Van Hulst, Ch. Marcellis, Th. Weustenraad, V. E. Godet, Ch. Noulan, M. L. Polain, A. Visschers, etc. — U.

— Aletheia, Zeitschrift zur Geschichte Staats- und Kirchenrecht, herausgegeben von Dr E. Münch. — *J. de Sartorius.* 1829-1850

In-8, de trois livraisons. Ce recueil fut continué à La Haye, chez Hartman, en 4 vol. in-8, pour l'année 1830, et un vol. in 8, pour l'année 1831. — B.

— Histoire de la révolution d'Espagne et de Portugal, ainsi que de la guerre qui en résulta. Par M. de Schepeler, colonel et ci-devant chargé d'affaires de Prusse à Madrid. Traduit sous les yeux de l'auteur. — *J. Desoer,* 1829-1851.

3 vol. in-8, le premier de 64-489 pp.; le second de vi-681 pp.; le troisième de ii-531 pp.

— De M. le vicomte de Chateaubriand, pair de France, libéral et ami des Grecs et des Jansénistes : Essai de morale et de logique, suivi de quelques fragmens sous la forme de notes sur plusieurs des questions qui occupent aujourd'hui les partis politiques, les écoles religieuses et les associations des uns et des autres en France, en Angleterre et en Allemagne. Par M. A. A. de Liagno, Espagnol, ancien bibliothécaire de S. M. le roi de Prusse et de S. A. R. Monseigneur le prince Henri de Prusse. — *J. de Sartorius.*

In-12, de ix-79 pp.

— Clinique chirurgicale … *Voy.* 1816.

— Processionale … *Voy.* 1817.

— Lettres adressées à MM. les rédacteurs du Courrier de la Meuse … *Voy.* 1820.

— Quelques mots à M. le rédacteur du Courrier de la Meuse. *Voy.* Courrier de la Meuse 1820.

— Arithmétique par H. Forir. — *Voy.* 1825.

1830

Manuel électoral de l'habitant des villes. Recueil destiné à l'ayant droit, à l'électeur, au conseiller de régence et au député provincial de l'ordre des villes, accompagné d'observations et d'un tableau indiquant le cens électoral à payer par l'ayant droit et l'éligible, dans chacune des villes du royaume. Par l'auteur du Manuel électoral des campagnes. — *P. J. Collardin.*

In-12, de 72 pp. L'avis est signé Ch. R(ogier).

— Règlement sur le service des moyens publics de transport par terre, précédé de l'arrêté du 24 novembre 1829, portant règlement sur le service des moyens publics de transport par terre. — *J. Desoer.*

In-12, de 50 pp.

— Projet de loi du Code de procédure criminelle présenté aux états généraux, suivi du mémoire explicatif dudit projet. — In-12.

— Esquisse des principaux événemens arrivés à Bruxelles pendant les journées mémorables du 25, 26, 27 et 28 septembre, y compris les pièces authentiques, ordre du jour, proclamation, etc. du gouvernement provisoire. — *Morel.*

In-12, de 85 pp. — U.

— Règlement pour le service de la garde urbaine liégeoise. — *A. Morel.*

In-12, de 10 pp. — U.

— Adresse au Congrès national de la Belgique, par le commerce de Liége.. *S. l.*

In-8, de 8 pp., daté du 6 décembre. Sur la stagnation des affaires. — U.

— Projet de constitution. *S. l.*

In-8, de 13 pp. Par C. P. M. Moulan, avocat.

— Deux mots sur la situation de la Belgique, à l'association patriotique liégeoise par un de ses membres. — *Jeunehomme.*

In-8, de 30 pp. L'auteur est C. Moulan.

— La Ruche ou Mathieu Laensbergh à Paris, recueil de poëmes et chants nationaux composés depuis la révolution de France et de la Belgique, par Casimir Delavigne, Béranger, Barthélemy, Mery, V. Hugo, Dupaty, Scribe et plusieurs littérateurs belges. — *Chez les principaux libraires.*

2 livraisons in-8, de 24 pp. chacune.

— Guillaume le Têtu, roi des Pays-Bas, pièce en trois journées, mêlée de chants, marches, etc., etc. 1ʳᵉ journée,

le 25 septembre : Entrée des Hollandais à Bruxelles, vaudeville. — Seconde journée, le 26 : Le Roi à La Haye, vaudeville. — Troisième journée, le 27 : Triomphe belge, vaudeville. — *Chez les principaux libraires.*

In-8, de 24 pp. Cette pièce, attribuée à Gaucet, a été répudiée par lui, dans le *Politique*, du 10 novembre 1830. L'auteur est M. Aug. Jouhaud.

— De l'industrie en Belgique, ce qu'elle était sous le gouvernement des Nassau et ce qu'elle peut devenir. Par J. B. Kaufmann. — *Collardin.* In-8. — U.

— Recueil d'actes et traités politiques intéressant les provinces qui ont fait partie du royaume des Pays-Bas. — *Desoer.*

In-8, de vi-667 pp., plus la table. Ce recueil, rédigé par M. Destriveaux, s'arrête au 6 juillet 1827.

— Guide du voyageur dans la ville et les environs de Liége. — *Collardin.*

In-12. L'auteur est M. Charles Teste, fils de J. B. Teste, ministre des travaux publics, en France, condamné par la chambre des Pairs. Il n'a paru que 72 pp. de ce petit volume, resté inachevé par suite des événements de 1830. — C.

— Réponse à la lettre pastorale de Monseigneur Corneille Richard Antoine van Bommel, par la miséricorde divine et par la grâce du St-Siège apostolique, évêque de Liége, etc., par un laïc. — *P. J. Collardin.*

In 8, de 27 pp., attribué à Laurent Renard.

— Discours prononcé à la R∴ □∴ de l'Or∴ de Liége, par le T∴ R∴ F∴ Teste, ex-vén∴ et orat∴ de cette L∴ S. l.

In-8, de 16 pp. Discours prononcé le 23 novembre 1830.

— Des eaux minérales de Spa, de l'analyse et des vertus médicinales de ses eaux ferrugineuses et sulfureuses, guide ou description historique et pittoresque de Spa et ses environs. Par M. Dardonville, médecin de la faculté de Paris... *A Spa, chez l'auteur. A Liége, chez Jeunehomme frères. S. d.*

In 12, de xii 182 pp. et 2 fl. table, avec quatre lithog.

— Théate ligeoi ki contin li Vouge di

Chôfontaine, li Ligeoî egagi, li Fiesse di Houte-si-plou è les Hypocontes ; operas burless mettou e musik par feu Monsieu Hamal, maiss des chantes di St-Lambert, avou inn chanson so l'célèb Grétry kouan i v'na r'vcy s'patreie en 1784. Novelle édition. — *A Lîge, à mon H. Rongié, S. d.*

In-32, de 54-21-39 64 pp. et une page de noms des acteurs. Voy. 1783, 1810, 1827, 1847, 1854.

— Chansons de L. Remacle. — *Jeunehomme frères.*

In-18, de 82 pp.

— Société d'horticulture de Liége … Exposition …

In-8. Cette société a publié de nombreux catalogues relatifs aux expositions organisées par elle, depuis 1830.

— Plantae cryptogamicae quas in Arduenna collegit M. A. Libert. — *J. Desoer, 1850-1856.*

Quatre fascicules in-4, de cet herbier, ont seuls paru. — B.

— Manuel de la métallurgie du fer, par C. J. B. Karsten, conseiller supérieur et intime des mines de Prusse … Traduit de l'allemand, par F. J. Culmann, capitaine d'artillerie … Seconde édition, entièrement refondue et considérablement augmentée sur la seconde édition de l'original. — *L. Mahoux (Luxembourg, imprimerie de Lamort).*

3 vol. in-8, le premier de 50-503 pp., avec une planche; le second de 23-495 pp., avec neuf planches; le troisième de 20-487 pp., avec neuf planches.

— Analyse historique du droit d'accroissement entre légataires, d'après le droit romain, les lois de Justinien et les principales législations modernes de l'Europe. Par A. C. Holtius. — *J. Desoer.* In-8. — U.

— Essai sur l'histoire externe du droit dans la Gaule et dans la Belgique sous la période franque et la période féodale. Par Emmanuel Victor Godet, de Liége. — *J. Desoer.*

In-8, de viii-80 pp. et un feuillet. Dissertation présentée par l'auteur à l'examen public pour obtenir le grade de docteur en droit romain et moderne, à l'Université de Liége.

Historiae juris Romani lineamenta, quibus in academica institutione uteretur, adumbravit Ad. Cath. Holtius, juris professor in academia Lovaniensi. — *J. Desoer.*

In-8, de iv-276 pp. — U.

— Quelques recherches médico-physiologiques sur les propriétés du sulfate de quinine. Par J. N. Comhaire, professeur à la faculté de médecine de l'Université de Liége. — *J. Desoer.*

In-8, de 4 ff., 132 pp. — U.

— J. D. Fuss carminorum latinorum pars nova cum nonnullis hic denuo editis. — *Collardin.*

In-8, de xi-66 pp., réimprimé chez le même, en 1833, in-8, de 3 ff., 88 pp. L'auteur avait déjà publié :

J. D. Fuss carmina latina, additis e germanico versis, in quibus *Roma* et *Ars graecorum* A. W. Schlegel et *Ambulatio* Fred Schiller elegiae denuo emendatiores vulgatae. In curteris Schilleri *Campana*, Goethei *Musis et Dora*. Praecedit de linguae latinae cum universo ad scribendum dissertatio. *Colardin, Dumont*, 1822. In-8, de civ-176 pp. et 2 ff. errata manquent à la plupart des exemplaires. Voy. 1837 et 1845. — U.

Fuss publia aussi, vers 1830, une brochure in-8, intitulée : Un mot touchant l'usage du latin dans les leçons académiques.

— Essai d'un cours de mathématiques à l'usage des élèves du collège communal de Liége. Par H. Forir, professeur de mathématiques audit collège. Géométrie. — *P. J. Collardin.*

In-8, réimprimé chez le même, en 1843, in-8, de 5 ff., 430 pp., un f. table, avec 14 planches.

— La musique mise à la portée de tout le monde, exposé succinct de tout ce qui est nécessaire pour juger de cet art et pour en parler sans l'avoir étudié. Par M. Fétis, directeur de la Revue musicale. — *P. J. Collardin.*

In-12, de 5 ff., 336 pp., avec deux planches de musique.

— Précis sur l'indulgence en forme de jubilé. — *C. A. Bassompierre.*

In-18, de 24 pp. Par L. A. M. Lys.

— Fête du Sacré-Cœur dans l'église primaire de Saint-Nicolas, à Liége. — *H. Rongier.*

In-18, de 60 pp., avec approb. du 15 juin 1830.

— Instruction pour la confirmation, à l'usage du diocèse de Liége. — *P. Kersten.*

In-18, de 4 fr. 50 pp. Ces instructions, qui sont l'œuvre de Mgr Van Bommel, évêque de Liége, furent réimprimées à Liége, dans le même format, en 1830, 1836, 1840, 1850. Une édition flamande parut en 1836, in-18.

— Exposition élémentaire de la religion, à l'usage du collège royal de Liége. Par l'abbé G. Moens. — *Latour.* In-18.

— Choix de petites instructions à l'usage de MM. les curés et vicaires des villes et des campagnes. — *P. Kersten.*

5 vol. in-12. L'auteur est P. Kersten. — S.

— Comptes faits en argent des Pays-Bas ou tarif général de tous les comptes de commerce et autres où l'on trouve le produit de quelque nombre ou quantité de marchandises que ce soit, depuis un demi-cent jusqu'à vingt florins. Par L. J. Servais, instituteur. — *Dessain.*

P. in-8, de 304 pp.

— Petit manuel du maniement des armes, extrait des manœuvres de l'infanterie, mis à la portée des gardes urbaines; contenant la position du soldat, les différentes charges, etc. Par un ancien instructeur. — *Morel.*

In-12, de 17 pp.

— Œuvres complètes de Mme de Staël, publiées par son fils, précédées d'une notice sur le caractère et les écrits de Mme de Staël, par Mme Necker de Saussure. — *Bruxelles, Hauman. (Liége, imp. de C. Lebeau.)*

17 vol. in-8.

— Choix de poésies de S. M. le roi Louis de Bavière, imitées en vers, par Mme Caroline de Montigny. — *J. de Sartorius.*

In-8, de 64 pp. et 8 pp.

— Mélanges politiques, scientifiques et littéraires de *l'Avenir.*

Recueil in-8, édité par M. Peurette, dont les premières livraisons parurent à Liége, chez H. Rongier, en novembre 1830, et qui fut ensuite imprimé à Louvain, chez Vanlinthout et Vandenzande.

— Le citoyen, journal politique scientifique et littéraire.

Journal patriote, quotidien, p. in-folio, publié chez Jeunehomme, du 3 au 20 novembre 1830. Il était rédigé par W. Frère, N. D. Simonis, C. J. Boset.

— Annuaire de la littérature et des beaux-arts, dédié aux littérateurs et aux artistes du royaume des Pays-Bas. *Bruxelles, H. Tarlier. (Liége, De Sartorius.)*

In-18, de 216 pp. Publié sous la direction de M. L. Alvin. — C.

— Manuale cantorum. *Voy.* 1810.

— De rebus Belgicis. *Voy.* 1828.

1831

Constitution de la Belgique, adoptée par le Congrès national dans la séance du 7 février 1831. — *J. Desoer.*

In-18, de 24 pp.

— Code de la garde civique ou recueil de toutes les lois sur la matière rapprochées et conférées entre elles. —

In-18, de 56 pp. Réimprimé, *Liége, L. Mahoux,* 1832, in-18.

— Loi électorale décrétée par le congrès national, le 3 mars 1831. — *L. Mahoux.*

In-18, de 28 pp.

— Physiologie de l'opinion en Belgique. Par M. de la Nole. — *P. J. Collardin.*

In-8, de 44 pp. Par M. Evrard.

— Ode à Léopold Ier, sur son avènement au trône de Belgique, par M. M***. — *A. Lemarié.*

In-4, de 8 pp. Par Jean George Modave. Ode royaliste, qui forme un singulier contraste avec la pièce suivante, publiée par le même auteur, environ trente ans auparavant : Strophes sur la mort du dernier tyran de la France, par le citoyen Modave, employé des domaines. *Liége, Desoer, s. d.,* in-4, de 8 pp.

— Projet d'organisation militaire de la Belgique, présenté au Congrès national par J. P. Coquilhat. — *Jeunehomme. S. d.* In-8. — U.

— La Belgique en septembre 1831. Coup d'œil sur son avenir politique et commercial. — *Collardin.*

In-8, de 127 pp. Cette brochure est de M. Dcrouhon.

— De la souveraineté indivise des évêques de Liége, et des États généraux sur Maestricht. Par M. L. Polain, docteur en lettres. — *P. J. Collardin.*

In-8, de 41 pp.

— Rapport de M. Vercken aîné, sur les évènements des 28 et 29 mars 1831. — In-4.

— Observations sur le rapport, publié par M. Vercken, aîné, commandant général de la garde urbaine. —

Un f. in folio, daté du 12 avril. Par M. Charles Behr, fabricant.

— Chants civiques d'un volontaire en campagne. — *J. Desoer.*

In-8, de 15 pp.

— Correspondance du général Daine avec M. Lehardy de Beaulieu. S. l.

2 ff. In-fol. — U.

— Au Roi. Sur les opérations de l'armée de la Meuse, depuis la reprise des hostilités jusqu'à sa dislocation. Par le G^{al} de division Daine. — *Jeunehomme.* In-4. — U.

— Réponse du colonel L'Olivier aux faits qui lui sont personnels dans le rapport du général Daine. — *Jeunehomme.* In-4. — U.

— Au Roi. Mémoire pour 1° Nicolas Delvaux, 2° André Jos. Corbusier, 3° Pierre Jos. Ilaly, 4° Lamb. Jos. Devillers, 5° Pierre Ant. Jos. Bigot, 6° Jean Guill. Vandermeer et 7° Laurent Fraigneux. Par Van Hulst. —

In 8, de 16 pp. Ils étaient accusés d'avoir saccagé les propriétés des orangistes. — U.

— Pétition présentée à S. M. le Roi des Belges, et à la représentation nationale, par les conseils des fabriques des églises de Liége. S. l.

In 4. Il faut y ajouter : Faits et considérations à l'appui de la pétition.. S. l. In-4. — U.

— Considérations ouvertes sur la question de l'abolition de la peine de mort et de la marque, soumise au congrès national, à Bruxelles. Par Conrad Joseph Adolphe Raikem fils, homme de loi, demeurant à Griveguée. S. l.

In-18, de 18 pp., daté du 26 juin.

— Officia propria sanctorum ecclesiae et dioecesis Leodiensis. — *P. Kersten.*

In-12, de 3 ff., 108 pp., à 2 col. — S.

— Petit code de politesse à l'usage des séminaires. — *Kersten.*

In-18. Cet opuscule, de Mgr Van Bommel, évêque de Liége, n'a pas été mis dans le commerce, et est devenu rare.

— Abrégé de l'histoire sainte avec des preuves de la religion par demandes et par réponses, suivi d'un abrégé de mythologie comparée, par un ecclésiastique. — Ve *Duvivier.*

In 12, de 121 pp. L'auteur de l'abrégé de mythologie est l'abbé Duvivier, depuis curé de Saint Jean.

— L'art de l'écriture réduit à un principe, ou nouvelles démonstrations de la méthode de Carstairs, improprement dite méthode américaine ou de Bernardet. Par H. Leclerc, professeur de calligraphie. — *J. Desoer.*

In-4 oblong, de 36 pp., avec 8 planches. — B.

— La correspondance commerciale divisée en deux parties .. Par G. F. Rees-Lestienne. — *A. Morel.*

In 8, de xii-224 pp.

— Du conseil d'État, relativement à l'exécution de la loi du 21 avril 1810 sur le régime des mines, etc. Par G. E. Brixhe, licencié en droit et avoué. — *Dessain.*

In 8, de 28 pp.

— Avis du comité provincial d'agriculture, d'industrie et de commerce de Liége, sur la fabrication des clous et les mesures à prendre pour la soutenir. — *Collardin.*

In-4, de 10 pp et 2 ff. L'auteur est Laurent Renard.

— Histoire et description de la rhinoplastique. Par E. Piette, de Fraipont, province de Liége. Dissertation inaugurale .. pour obtenir le grade de docteur en médecine à l'Université de Gand, le 8 janvier 1831. — *Bassompierre.*

In-4, de 44 pp. — B.

— Réforme de la nomenclature chimique. Par Boset. — In-8.

— Manuel de zoologie ou exposé succinct et méthodique de l'histoire naturelle des animaux, comprenant une vue générale sur la physiologie animale ; un aperçu des principales classifications zoologiques proposées par les auteurs; une description détaillée des classes, des ordres, des familles et des genres. Par Auguste Neyen, candidat en sciences mathématiques et physiques. *F. Lemmens (impr. A. Morel).*

In-12, de 8 ff., 665 pp., avec quatre tableaux.

— Catalogue de livres, provenant de la librairie de J. de Sartorius-Delvaux, livres français, allemands, anglais, italiens, espagnols, classiques grecs et latins, cartes géographiques et dessins, dont la vente aura lieu le 24 janvier ... — *M. F. Loxhay.*

In-8, de 84 pp.

— Le franc Liégeois.

Revue libérale hebdomadaire, imprimée chez Jeunehomme, et qui parut, du 3 janvier au 1er avril 1831, par numéros in-8, de 16 pp. — U. C.

— L'Industrie, journal commercial, politique et littéraire.

Journal quotidien, in-fol., à 3 col., publié chez P. J. Collardin, du 1er janvier 1831 au 31 décembre 1841. Organe du gouvernement hollandais, il était rédigé par L. E. Renard, J. B. et Ch. Teste, L. Delvaux, J. Ramoux, C. de Tornaco, l'abbé G. Moens, etc. — U.

— L'Ami des enfants, journal du jeune âge.

Feuille hebdomadaire, in-4, à 2 col., rédigée par H. Guillery, et qui parut chez J. Desoer, du 15 octobre 1831 au 8 décembre 1832. — C.

— L'Écho, journal industriel, politique et littéraire.

Journal quotidien, orangiste, p. in-fol., à 2 col., qui parut le 17 mars 1831, et dont il n'a été publié que quatre numéros. — Bibliothèque Parmentier.

1832

La Vérité, journal de tous.

Le premier et unique numéro de cette feuille, in-8, de 8 pp., parut chez Jeunehomme, le 20 septembre 1832. Il ridiculise le parti qui voulait constituer le pays de Liége en état indépendant.

— Lettre à un électeur.

In-8, de 23 pp., daté du 15 octobre. Par L. A. J. Duvivier.

— Un mot à ses concitoyens, par un électeur unioniste. —

In-8, de 16 pp., daté de novembre 1832. L'auteur M. L. Duvivier a aussi publié :

— Un mot au gouvernement, par l'auteur d'Un mot à ses concitoyens. — In-8.

— L'union et la constitution. Réponse à un anonyme, par M. F. Tielemans. — *Jeunehomme.*

In-8, de 58 pp. — U.

— Mémoire pour M. Joseph baron de Baré de Comogne, propriétaire, domicilié à Namur, appelant. — *P. J. Collardin.*

In-4, de 115 pp.

— Mémoire d'appel pour M. Fivé, curé de Ste-Marguerite, à Liége, contre le ministère public. —

In-4, daté du 10 juin, signé Forgeur, de Lezaack, Combes, Charles Teste.

— Aperçus sur les moyens à proposer pour mettre fin au scandale causé par la résistance de l'ex-desservant Fivé à Mgr l'évêque de Liége et en empêcher le retour. — *P. Kersten.* In-4. — U.

— Mémoire pour M. Antoine Rolly, gentilhomme anglais, domicilié à Liége, appelant, contre M. Jacques Bernard Joseph Bellefroid, commissionnaire en fonds et effets, aussi domicilié à Liége, intimé. *S. l.*

In-8, de 82 pp.

— Règlement de la Société de droit, adopté le 14 avril 1852, par les jeunes avocats à la cour de Liége. — *P. J. Collardin.*

In-8, de 16 pp.

— Trois jours ou une coquette, comédie en trois actes et en prose, par M. Walthère Frère, étudiant en droit. Représentée pour la première fois, sur le théâtre royal de Liége, en 1852, sous la direction de M. de St-Victor. — *P. Rosa.*

In-8, de 44 pp. L'auteur est aujourd'hui ministre des finances de Belgique. — M.

— Obéron, opéra-féerie en trois actes, musique de Charles Marie de Weber, traduit de l'allemand pour la scène française, par J. Ramoux, de Liége, représenté pour la première fois sur le théâtre royal de Liége. — *Jeunehomme.*

In-12, de VIII-70 pp. Voy. sur Ramoux et ses œuvres le *Nécrologe liégeois* de 1854.

— M. Coro et Boule-dogue, ou le bossu physicien et le chien savant, folie-vaudeville en un acte et deux tableaux, par M. Dougnol, premier comique, représenté pour la première fois sur le théâtre royal de Liége, le 20 février 1832, sous la direction de M. de Saint-Victor. — *P. Rosa.*

In-8, de 82 pp.

— Méthode de lecture sans épellation.

Cet ouvrage de M. T. Jaquemin, chef d'institution, comprend 4 parties, in-82, qui ont eu chacune de nombreuses éditions.

Première partie, première édition en 1832, et onzième édition en 1853. — Deuxième partie, septième édition en 1853 — Troisième partie, sixième édition en 1853. — Quatrième partie, troisième édition en 1853.

M. U. Capitaine a donné la biographie de l'auteur dans le *Nécrologe liégeois* de 1851.

— Recueil de problèmes faciles d'algèbre à l'usage des écoles primaires et des leçons particulières. — *P. J. Collardin.*

In-12, de III-47 pp. Par M. Stapper.

— Essai de mythologie à l'usage des écoles ou premier guide qui donnera aux élèves l'intelligence des tableaux et statues et facilitera leur initiation à l'étude de l'histoire ancienne et du dessin, etc. Suivi d'un vocabulaire technologique pour servir à l'intelligence des questions géographiques et de quelques noms de sciences et d'arts peu connus des élèves. Dédié à M. le chevalier F. Rouveroy par H. Deville-Thiry, instituteur primaire. — *H. Dessain.*

In-12, de IV-266 pp., avec trois planches.

— Manuel de l'histoire ancienne considérée sous le rapport des constitutions du commerce et des colonies des divers États de l'antiquité, par M. Heeren, traduction entièrement refondue. —

In-12, de XVIII-639 pp.

— Nouveau tarif des réductions des monnaies de France, de Liége, du Brabant, de Luxembourg, des Pays-Bas et d'Allemagne, calculées d'après la loi du 5 juin 1832, l'arrêté royal du 8 décembre 1824 et les décrets des 18 août, 12 septembre 1810 et 11 novembre 1811, et comptes faits de la valeur des principales monnaies de France, des escalins de Brabant, des escalins et plaquettes de Liége et des pièces de 5 et 10 florins des Pays-Bas; en francs florins de Liége et florins des Pays-Bas; précédés 1° d'un tableau comparatif du système décimal des poids et mesures, 2° des réductions des bonniers en hectares, des muids en hectolitres, des livres en kilogrammes et vice-versa, 3° d'un tarif des monnaies de Brabant, de Liége et de Luxembourg, 4° d'un tarif des monnaies de France et d'Allemagne, 5° de la loi du 5 juin 1832, relative au nouveau système monétaire du royaume de Belgique … — *J. A. Latour. S. d.*

In-18, de 108 pp.

— Lettre encyclique du pape Grégoire XVI, texte latin et traduction française, suivie d'un grand nombre de passages extraits de l'Avenir auxquels l'encyclique paraît faire plus particulièrement allusion et d'un dialogue entre un rédacteur du journal l'*Union Belge* et un belge catholique. Extrait de la 10e livraison de *L'Invariable*, nouveau mémorial catholique, publié avec approbation ecclésiastique. — *Se trouve chez J. Desoer.*

In-8, de 76 pp., imprimé à Fribourg.

— Sanctissimi domini nostri Gregorii papae XVI epistola encyclica ad omnes patriarchas, primates, archiepiscopos et episcopos. Juxta exemplar rev. camerae apostolicae. Accedit versio gallica. — *P. Kersten.*

In-8, de 30 pp. — S.

— La légitimité, l'ordre et le progrès ou la lettre encyclique de Grégoire XVI. Par l'abbé G. Moens. — *Jeunehomme.*

In-12, de 115 pp.

— Revue du saint-simonisme ou

réfutation de la doctrine de Saint-Simon. Par l'abbé G. Moeus. — *Jeunehomme.*

2 vol. in-16, comprenant ensemble 504 pp.

— De imitatione Christi libri quatuor. — *Ex officina catholica prope seminarium.*

In-32, de 482 pp. Des exemplaires portent l'indication *Leodii*, *H. Dessain*, d'autres reparurent avec la rubrique *Bruxelles, de Mat*, 1840.

— Mémoire sur les communications des vaisseaux lymphatiques avec les veines et sur les vaisseaux absorbans du placenta et du cordon ombilical. Par V. Fohmann, professeur à l'Université de Liége. — *J. Desoer.*

In 4, de III-32 pp., avec une planche. — U.

— Quelques observations sur la teinture de colchique et principalement sur son emploi dans les affections arthritiques et rhumatismales. Par Ph. Ch. Schmerling. — *Collardin.*

In-8, de 64 pp. — U.

— Mémoire sur le choléra, par L. B. M. —

In-12, de 11 pp. Par L. B. Malaise, docteur en médecine. — C.

— Avis au public sur la manière de traiter le choléra asiatique, d'après les expériences et observations faites sur 12 à 1500 malades dans un hôpital de la Prusse orientale, par Jean P. G. Durand, ancien médecin d'état-major dans l'armée prussienne. — *Ravenel-de Lubrassinne. Septembre,* 1852.

In-8, de 40 pp.

— Les trois codes militaires pour l'armée belge. — *L. Mahoux (imp. Jeunehomme).*

In-18, de 110-75-71 pp.

— Code de la milice nationale, de la garde civique et de l'armée de réserve. Recueil textuel des lois organiques et analyse des solutions et décisions royales et ministérielles rendues pour leur exécution. — *G. Mahoux.*

In-8, de 71 pp., à 2 col., imprimé à Bruxelles.

— Manuel pratique du sapeur pour les travaux de siége à l'usage des corps des sapeurs-mineurs, d'après l'ouvrage de M. le capitaine du génie Villeneuve, aide-de-camp de M. le lieutenant-général Rogniat. — *H. Rongier.*

In-12, de VIII-99 pp. Réimprimé chez le même, en 1833, in-12, de VIII-168 pp. L'auteur est M. N. R. Lacoste.

— Le Belge, almanach chantant pour 1833. — *Jeunehomme.* In-24. — C.

— Éléments de la grammaire française … *Voy.* 1817.

1833

— Histoire abrégée des Liégeois et de la civilisation dans le pays des Éburons et des Tongrois, suivie d'un petit guide de l'étranger à Liége et d'un tableau sommaire des éléments de moralité, de puissance intellectuelle et de bien-être que possède la cité de Liége à l'époque actuelle. Par J. F. X. Wurth. — *P. J. Collardin.*

In-18, de VI-338 pp. La seconde édition parut en 1851, chez J. G. Carmanne, in-12, de 360 pp.

— Fragment d'une histoire du pays de Liége. Histoire d'un évêque de Liége et des premiers bourgmestres élus par le peuple de cette ville, par M***, avocat. — *Jeunehomme.*

In-8, de 43 pp. L'auteur de cette brochure, sur Henri de Gueldre, est l'avocat Moulan.

— Mémoire sur la population des villes de la province de Liége, par R. Courtois.

In-8, de 23 pp., dont sept tableaux. Ce mémoire parut en 1833, dans le Recueil de Documents statistiques de Belgique, publié à l'établissement géographique de Bruxelles, par M. Ph. Vandermaelen, in-8. Je ne sais s'il a été tiré à part.

— L'union ou la constitution, réponse à M. F. Tielemans, par Louis Duvivier, auteur d'*Un mot à ses Concitoyens* et d'*Un mot au Gouvernement.* — *Ve Duvivier.*

In-8, de 56 pp., daté de janvier 1833. — U.

— Essai sur la nécessité du rétablissement du royaume des Pays-Bas, sous le rapport du système politique, connu sous le nom de système de la barrière. — *Collardin.*

In-8, de 45 pp.

— La morale des factieux ou abrégé de la doctrine des révolutionnaires. — *Jeunehomme.*

In-12, de 54 pp. Les auteurs sont l'abbé G. Moens et P. Stevens, avocat. — U.

— Petit catéchisme politique à l'usage des honnêtes gens. — *P. J. Collardin.*

In-12, de 24 pp. Pamphlet orangiste.

— Coup d'œil sur les partis politiques en Belgique. — *Jeunehomme frères.*

In-8, de 68 pp. — U.

— Ville de Liége. Tarif des taxes municipales de la ville de Liége, arrêté par le conseil de régence dans ses séances des 14 et 25 juin, 10 septembre, 24 novembre et 17 décembre 1852 et approuvé par le roi, le 30 décembre 1852. — *G. A. Bassompierre.*

In-4, de 2 ff.

— De la suppression, dans l'intérêt de l'exportation des produits belges, des péages provinciaux et de la contribution-patente imposés aux bateliers du bassin de la Meuse. Par J. J. Picard, ancien juge au tribunal de commerce. — *P. J. Collardin.*

In-8, de 17 pp.

— Règlement ou mode d'association adopté par les membres composant la Société littéraire, établie à Liége, le 6 avril 1779, place de la Comédie, n° 785. — *P. Rosa.*

In-8, de 23 pp. Réimprimé en 1836.

— Lettre respectueuse d'un catholique sincère à Monseigneur Van Bommel, à l'occasion d'un sermon sur les avantages de l'obéissance et sur l'abus de pouvoir, prononcé le 20 janvier 1853, suivi du canevas d'un cours vraiment populaire d'histoire universelle pour rendre l'étude de l'histoire réellement fructueuse à la jeunesse et la faire concourir avec une étude approfondie de la religion à préparer le triomphe de la cause de la vérité et du bonheur social. — *Chez l'auteur.*

In-12, de 60 pp. L'auteur est M. J. F. X. Wurth.

— Traité de l'administration temporelle des paroisses, suivi d'une table chronologique qui renferme le texte des principales lois et d'un grand nombre de décrets et d'avis du conseil d'État, avec l'analyse ou l'indication d'autres documens moins importans, etc. Par M. l'abbé Affre. Nouvelle édition. — *Librairie catholique.*

In-8, de 32-405 pp. — U.

— Conseils d'un père sur le mariage. Par T. J. Angenot. Verviers (*Liége, Dessain*).

In-32, de 183 pp.

— Exposition élémentaire de la religion, par demandes et réponses. Par l'abbé G. Moens, 5° édition. — *Jeunehomme.*

In-12, de 179 pp. et 2 ff.

— La raison triomphante ou triomphe complet du catholicisme au tribunal de la raison et de la justice, ou de la philosophie sur toutes les religions ou sectes opposées. Par J. H. Morsomme, prêtre, directeur du pensionnat de St-Roch, 2° édition, corrigée. — *Jeunehomme.*

In-12, de 105-80 pp.

— Regulae observandae in seminario Leodiensi. — *Kersten.*

In-12, de 53 pp., daté du 27 avril. Mgr Théodore de Montpellier, évêque de Liége a ajouté à ce règlement 4 pp., datées d'octobre 1853.

— Méthode pour servir la messe basse à l'usage des paroissiens. —

In-32. Réimprimé dans le même format en 1840 et 1855. L'auteur est M. Jaminet, curé de Stembert.

— Sanctae apostolicae sedis responsa circa lucrum ex mutuo ab anno 1822 ad febr. 1853, jussu Aloysii Fransoni, archiepiscopi Taurinensis, supperrimé collecta et in actis curiae suae inserta ad usum venerabilis cleri et praesertim confessoriorum. — *P. Kersten.*

In-8, de 56 pp. — S.

— Histoire sainte publiée à l'usage des paroisses et des écoles, par Mgr l'évêque de Liége. — *Kersten.*

In-18. L'auteur n'a fait que revoir et compléter ce livre, écrit en 1810, par deux ecclésiastiques français. En 1847, il ajouta un questionnaire aux exemplaires qui restaient encore chez le libraire.

— Réflexions sur l'instruction, suivies de l'exposition d'un mode d'enseignement méthodique et applicable à toutes les sciences avec des notes, lettres et pièces relatives à la matière. Par J. B. Van den Broeck, médecin principal au service de S. M. le Roi des Belges. — *P. J. Collardin.*

In-8, de v-345 pp. — U.

— Le bon droit revendiqué ou déclamation sur les causes de la décadence et de la chute prochaine des écoles élémentaires, fondées par l'autorité civile en Belgique et spécialement de l'école du gouvernement, établie à Namur, en 1825. Par F. A. J. Amiable, candidat en philosophie. — *P. J. Collardin.*

In-8, de 26 pp. — U.

— Essai d'un répertoire raisonné de législation et de jurisprudence, en matière de mines, minières, tourbières, carrières, etc., suivi d'un vocabulaire des termes d'un usage général en France et en Belgique, dans l'exploitation des mines. Par G. E. Brixhe, licencié en droit, ex-avoué et présentement substitut du procureur général à la cour d'appel de Liége. — *H. Dessain.*

2 vol. gr. in-8, à 2 col.; le premier de viii-505 pp.; le second de iv-524-10 pp. dédié au roi Léopold. Voy. sur Brixhe et ses ouvrages le *Nécrologe liégeois* de 1859. — U.

— Tableau de Saint-Gilles, au printemps et en hiver, par un Liégeois. S. l.

In-32, de 8 pp. Saint-Gilles est un faubourg de Liége. — U.

— Télémaque à Ithaque, ses nouvelles aventures, suite du *Télémaque* de Fénelon. Par Alexandre Lemarié. — *F. Lemarié.*

2 vol. in-12, de 404 et 412 pp. L'auteur publia en même temps une édition à Paris, in-8, de 430 pp. M. Ad. Stappers a donné dans l'*Annuaire de la Société d'émulation* de 1857, une notice sur Lemarié et ses ouvrages.

— Magasin d'horticulture contenant la description, la synonymie et la culture des plantes les plus remarquables, les plus rares et les plus nouvellement introduites en Belgique, et toutes les nouvelles de quelque intérêt qui ont rapport à l'horticulture. Supplément aux ouvrages de Dumont-Courset, Noisette, Vilmorin, Poiteau, etc. Par R. Courtois. — *Collardin.*

Ce recueil mensuel, rédigé par R. Courtois, parut de juillet 1833 à janvier 1834, et forme un volume in-8. — U.

— Mémoire sur les vaisseaux lymphatiques de la peau, des membranes muqueuses, séreuses du tissu nerveux et musculaire, accompagné de dix planches. Par V. Fohmann, professeur à l'université de Liége. — *Desoer.*

In-4, de 28 pp., avec dix planches, gravées par L. Jehotte. — U.

— Recherches sur les ossements fossiles, découverts dans les cavernes de la province de Liége. Par le docteur P. C. Schmerling, membre de plusieurs sociétés savantes. Ouvrage accompagné de planches lithographiées. — *P. J. Collardin.*

2 vol. in-4 et avec un atlas in-fol. de 74 planches dont dix doubles. — U.

— Cours de chimie, par Guillery. Deuxième édition. — 1833-1834.

2 vol. in-8.

— Le Rappel.

Journal quotidien, p. in-fol. à 3 col., qui défendait le parti orangiste et fut publié par l'abbé G. Morus, du 13 décembre 1833 au 2 juillet 1834.

— J. D. Fuss carminorum pars nova .. *Voy.* 1850.

— Nouveau recueil de cantiques .. *Voy.* Recueil, 1829.

1834

Journal historique et littéraire.

M. P. Kersten fonda ce recueil mensuel le 1ᵉʳ mai 1834 et le dirigea jusqu'à sa mort.

La collection, imprimée chez P. Kersten puis chez Verhoven-Debeur, forme aujourd'hui, mai 1867, 83 vol. in-8. Il faut y ajouter un volume de table des 20 premiers volumes, Liége, 1856, in-8.

L'honorabilité et l'indépendance de M. P. Kersten avait assuré un grand succès à cette publication. Elle est maintenant dirigée par M. Émile Lion, avocat, et s'imprime à Bruxelles. — U.

— St-Lambert, patron des Liégeois, légende historique dédiée à Monseigneur

Van Bommel, évêque de Liége, par J. F. X. Würth. — *Chez l'auteur (imp. Jeunehomme).*

In-18, de 836 pp. La légende occupe 66 pp., le reste est un résumé de l'histoire du pays de Liége.

— Mémoire adressé à la régence de Liége, par les habitans de la Boverie, sur le cours du bras de l'Ourthe dit Fourchofosse, à Messieurs les bourgmestre, échevins et conseillers de régence de la ville de Liége. — *Jeunehomme.*

In-8, de 28 pp.

— A la gloire du G∴ A∴ de l'Un∴ au nom et sous les auspices du G∴ Or∴ de la Belgique. Tableau des FF∴ qui composent la R∴ L∴ de St-Jean, sous le titre distinctif de la Parf∴ Intelligence et de l'Étoile réunies, à l'O∴ de Liége, à l'époque du 10e mois de l'an de la V∴ L∴ 5834. *S. l.*

In-8, de 16 pp.

— Zede-leer der oproerige of kort begryp van de leering der revolutiemaekers, uyt het fransch overgezet. — *J. J. N. Ledoux.*

In-12, de 46 pp., daté de juillet. Opuscule orangiste.

— Considérations sur le cadastre du royaume des Pays-Bas, par Philippe Gravez. — *Dessain.*

In-8, de 22 pp.

— Étude sur les maîtres liégeois dans les musées de l'Allemagne, par J. H(elbig). — *Desoer.*

In-8. — U.

— Maestricht. Élégie par Th. Weustenraad. — *Morel.*

In-8, de 13 pp. et un f.

— La Cloche de Schiller, traduite en français (et suivie d'observations, par J. D. Fuss). — *Collardin.*

In-8, de 8 pp.

— Catalogue des livres composant la bibliothèque de M. Soleure, ex-secrétaire de la régence de la ville de Liége … — *H. Dessain.*

In-8, de 66 pp. Cette vente eut lieu du 14 au 18 janvier 1835.

— Paroles d'un croyant, par l'abbé de Lamennais, accompagnées de notes dans lesquelles on relève avec tout le respect dû au talent et au zèle religieux de l'illustre auteur, plusieurs erreurs dangereuses masquées sous le style le plus séduisant, et suivies de la vision d'un croyant sur Liége et la Belgique, par J. F. X. Würth. — *Chez les principaux libraires. (Imp. Jeunehomme.)*

In-18, de 140 pp.

— Abrégé de l'Exposition élémentaire de la religion, par l'abbé G. Mœns. — *Imprimerie de derrière le chœur de St-Paul.*

In-8, de 88 pp.

— Entretiens d'un père avec sa fille, lorsqu'elle se préparait à faire sa première communion. — *P. Kersten.*

In-12. L'auteur est P. Kersten. — S.

— L'imitation de Jésus-Christ, traduction nouvelle, par M. l'abbé F. de Lamennais. — *Librairie catholique.*

In-32, de 524 pp.

— Confrérie du Sacré-Cœur de Jésus dans l'église primaire de Saint-Nicolas, à Liége. — *H. Rongier.*

In-18, de 24 pp.

— Confrérie de l'Immaculée-Conception de la bienheureuse Vierge Marie, érigée canoniquement dans l'église primaire de St-Nicolas, à Liége, par N. S. P. le Pape Clément XI, l'an 1681. — *H. Rongier-Duvivier.*

In-18, de 88 pp.

— La vie de saint Alexis. — *H. Rongier.*

In-12, de 15 pp.

— Leçons élémentaires sur les institutes du droit romain, d'après les meilleurs auteurs anciens et modernes dans lesquelles on a cherché à exposer avec lucidité et de manière à ce qu'ils se gravent facilement dans la mémoire les principes fondamentaux du droit romain, suivies d'une histoire abrégée du droit romain. Par J. F. X. Würth. — *Chez l'auteur (imprimerie Jeunehomme.)*

In-18, de 227 pp.

— Grammaire française théorique et

pratique, ou méthode graduée pour enseigner l'orthographe par les principes et surtout par l'usage. Par M. l'abbé Ch. Duvivier. —

Cet ouvrage comprend deux parties : orthographe d'usage, orthographe de principes. La première parut à *Liége, V° Duvivier* (1834), in-18. Les deux parties réunies furent ensuite publiées, en 1837, *Liége, Dessain*, in-18. Depuis 1839, l'ouvrage a été successivement cliché par les imprimeurs Riga et Grandmont, avec les rubriques *Liége, chez Spée Zélis, Grandmont-Donders et les principaux libraires; Liége, chez Lardinois; Tournai, chez Casterman*. In-18, s. d.

— Méthode pour apprendre à lire en peu de temps aux enfants ou manière de se servir du syllabaire chrétien, par l'abbé C. Duvivier. — V° *Duvivier*.

In-12, de 24 pp. Réimprimé. *Liége, Grandmont, s. d.*, in-12, de 48 pp.

— Manuel des sciences commerciales, mis à la portée de tous les commerçans, des comptables, des employés de bureau et particulièrement utile aux personnes qui se livrent à l'enseignement. Par J. Delchef. — *M. H. Lecomte*.

2 parties en 1 vol. in-8. L'auteur était professeur au collège de Limbourg.

— Grand tarif de réductions des argents des Pays-Bas, France, Liége, courant de Brabant, de Francfort, de Leipzig, d'Auguste ou d'Augsbourg ; des aunes de Brabant, de France, des Pays-Bas ; des kilogrammes en livres-poids de Liége et des livres de Liége en kilogrammes. Par J. B. J. Chansay, professeur d'arithmétique et de tenue des livres en partie double, à Verviers. Troisième édition augmentée. — *H. Rongier-Duvivier*.

In-8, de 200 pp.

— Le Vignole des architectes et des élèves en architecture, ou nouvelle traduction des règles des cinq ordres d'architecture de Jacques Barrozio de Vignole, augmentée de remarques servant à développer plusieurs parties de détails trop succints dans le texte original ; suivie d'une méthode abrégée du tracé des ombres dans l'architecture. Par Charles Normand, architecte, ancien pensionnaire à l'académie de France, à Rome. — *D. Avanzo et C°*.

2 parties en 1 vol. in-4, la première partie de 40 pp., avec frontispice gravé et 30 planches ; plus 20 pp. et 54 planches pour la méthode du tracé des ombres ; la seconde partie de 30 planches avec texte explicatif. La méthode du tracé des ombres a été tirée à part, s. d.

— Arithmétique, par H. Forir. *Voy.* 1825.

— Catéchisme ou instructions chrétiennes. *Voy.* 1672.

— Emploi du temps. *Voy.* 1825.

1835

Revue Belge publiée par l'Association nationale pour l'encouragement et le développement de la littérature en Belgique. 1856-1843.

Cette revue mensuelle dont la collection forme 25 volumes in-8, avec grav., fut imprimée chez Jeunehomme, puis chez F. Oudart.

Les principaux collaborateurs étaient MM. Altmeyer, Arnould, Baron, A. Borgnet, J. Bovy, Ch. de Chênedollé, A. Clesse, F. H. Colson, J. P. de Decker, L. J. Dehaut, J. Del Marmol, H. F. Delmotte, J. Demarteau, C. Faider, V. Godet, Guioth, les trois frères Etienne, Ferdinand et Victor Henaux, T. Juste, A. Leroy, Ph. Lesbroussart, D. Marlin, J. G. Modave, C. Morren, C. Muller, Alphonse et Mathieu Polain, F. de Reiffenberg, J. de Saint-Genois, de Stassart, F. Van Hulst, A. Visschers, E. Wacken, T. Weustenraad, etc., etc. *Voy.* aux annexes la liste des principaux articles. — U.

— L'Espoir, journal de la province de Liége. — *Imprimerie de l'Espoir, puis N. Redouté*.

Journal libéral quotidien, p. in-fol, puis in-fol., à 3 col., publié du 1er décembre 1835 au 31 mars 1841. Il était rédigé par MM. P. D. Hennebert, F. et A. Dayet, E. Henaux, M. Lagarde, C. Perrin. — U.

— L'Indicateur national de la Belgique. — *Voque et C°*.

In-plano, orné de vues du pays, d'un plan de Bruxelles, etc.

— Dictionnaire géographique et statistique de la province de Liége. Par Henri Delvaux de Fouron. — *Jeunehomme*.

In-8, de xv-304 pp. et 3 ff. La seconde édition de cet ouvrage parut chez *Jeunehomme et F. Oudart*, 1841-1842, 2 vol. in-12, de 480 et

415 pp. L'auteur y ajouta, en 1852, un *Supplément*, in-12, de 35-23 pp.

Voy. sur Delvaux le *Nécrologe liégeois* de 1858.

— Collection de chroniques liégeoises inédites. La mutinerie des Rivageois, par Guillaume de Meeff, publiée par M. L. Polain, conservateur des archives de la province de Liége. — *Jeunehomme frères.*

In-8, de xii-107 pp. — U.

— Nomenclature alphabétique des villes, bourgs, villages, hameaux et maisons isolées de la province de Liége, avec l'indication dont dépend chaque localité, tant sous le rapport judiciaire et hypothécaire, que sous celui administratif, suivie de notices sommaires sur les rivières, les ruisseaux et les routes dans la province. Par L. J. Despa, chef de division au gouvernement provincial. — *J. A. Latour.*

In-8, de 42 pp.

— Ville de Liége. Contrat de l'éclairage au gaz de la ville de Liége et ses faubourgs, passé entre la régence et la Compagnie liégeoise, pour l'éclairage au gaz à Verviers, le seize juillet mille huit cent trente cinq. *S. l.*

In-4, de 8 pp.

— Statuts de la banque liégeoise et de la caisse d'épargnes. — *H. Dessain.*

In-8, de 16 pp., réimprimé chez *H. Dessain*, 1836, in-8.

— Statuts de la Société du Pont de la Boverie, à Liége. — *Jeunehomme.*

In-4, de 11 pp. Cette société a été autorisée par arrêté du 27 décembre 1834.

— Jurisprudence de la cour d'appel de Liége en matière civile, criminelle, commerciale, de procédure, d'enregistrement, de domaine, etc., rédigée par un avocat à la cour d'appel. — *J. Desoer.* 1835-1836.

2 vol. in-8, de 314 et 246 pp.

— Cour d'appel de Liége. Précis pour Monsieur Nicolas Gotale, président du séminaire épiscopal de Liége, appelant, contre Madame la comtesse de Lasalle, rentière, domiciliée à Paris, intimée. *S. l.*

In-4, de 23 pp. Touchant la succession de M. Boucqueau de Villeraie, doyen de la cathédrale de Liége. — U.

— Ch. Morren. Catalogue des graines récoltées au jardin botanique de Liége.

20 brochures, in-4 et in-8, ont été publiées successivement sous le même titre, par M. Morren.

— Canzonière. Loisirs d'un ancien militaire, par C. Fallot. — *P. J. Collardin.*

In-12, de 280 pp.

— Recherches sur les causes, l'histoire et le traitement de l'ophthalmie militaire, par H. Vandermeer, docteur en médecine, médecin adjoint, attaché à l'hôpital militaire de Liége ... suivies de considérations anatomico-physiologiques sur l'œil. Par M. Fohman, professeur à l'Université de Liége. — *H. Dessain.*

In-8, de vi-94 pp. — U.

— Royaume de Belgique. Loi sur l'enseignement supérieur. — *J. Desoer.*

In-12, de 12 pp., daté du 27 septembre.

— Conférences littéraires lues à l'institution Saint-Servais, à Liége, et publiées par M. l'abbé Louis. Tableau général de l'histoire littéraire de la France. Examen des œuvres de MM. de Chateaubriand, C. Delavigne, de Lamartine, V. Hugo. — *Librairie catholique.*

In-8, de xiii-341 pp. Ce livre a été analysé dans la Revue belge, tome II. Le *Nécrologe liégeois* de 1860 contient une notice sur l'auteur et ses ouvrages. — S.

— Lettre à Monsieur l'abbé Louis sur l'urgence qu'il y a à se poser la question : Que faut-il enseigner à notre jeunesse ? et solution de cette question, suivie d'une chrestomathie biblique en hébreu, en grec, en latin, en français, en allemand et en anglais ; d'un épitome pour s'apprendre à lire couramment les poëtes italiens et anglais, et d'un commentaire étymologique et grammatical montrant comment toutes les langues proviennent d'une même souche, et indiquant la meilleure méthode pour apprendre en peu de temps une langue étrangère quelconque. Par J. F. X. Wurth. — *Chez l'auteur (impr. Jeunehomme).*

In-18, de 108 pp.

— Chrestomathie biblique en hébreu et en latin. Programme d'une histoire populaire des Belges. Saint-Servais, légende du ivᵉ siècle. Histoire d'un prêtre dévoué (l'abbé Meynders.)— *Jeunehomme frères.*

In-18, de 126 pp. Par J. F. X. Wurth.

— Lettres sur l'éducation, par M. Laurentie, ancien inspecteur général des études, augmentées d'une introduction et d'observations, par M. l'abbé Louis. — *Librairie catholique.*

In-18, de x-267 pp. — U.

— Théâtre des écoles primaires. Par l'auteur du Syllabaire chrétien. — *Grandmont.*

In-18, de 200 pp. L'auteur est M. Duvivier. Réimprimé chez le même, s. d. (1846), in-18.

— Nouvelle notice sur les missions étrangères. - *Kersten.*

In-12, de 41 pp. Cette brochure est de l'abbé Louis.

— Explication des premières vérités de la religion, à l'usage des écoles chrétiennes et très-utiles aux grandes personnes, dédiées à Mgr l'évêque de Namur, par quelques curés de son diocèse. Nouvelle édition. - *L. Grandmont.*

In-12, de 216 pp. Réimprimé chez le même en 1837 et 1843, in-12.

— Instructions de Mgr l'évêque de Liége sur l'administration des fabriques d'églises. — *P. Kersten.*

In-8, de 30 pp., avec onze modèles pour les cahiers des fabriques, formant 16 pp.

— Confrérie du Sacré-Cœur de Jésus, érigée canoniquement dans l'église paroissiale de Saint-Nicolas, à Liége, et unie à l'archiconfrérie du Sacré-Cœur, établie à Rome dans l'église de Sainte-Marie du Pin, appelée vulgairement la chapelle, en vertu d'un diplôme donné le 19 juillet 1814. — *Vᵉ de Bassompierre-Prion.*

In-18, de 36 pp., fig.

— Paradis de délices spirituelles ou jardin mystique, recueil de pieux exercices formant un ensemble de pensées, de prières et d'instructions pratiques, mises à la portée de tous les fidèles. Par l'abbé G. J. B. Meynders, ancien professeur d'humanités au séminaire épiscopal de Liége. — *P. Kersten.*

In-18, de 508 pp.

1856

La Pandore liégeoise, journal historique, anecdotique et littéraire, rédigé par une société d'hommes de lettres et destiné aux classes instruites des deux sexes.

Recueil éphémère insignifiant qui parut en 1836, hebdomadairement, chez H. Rongier, par numéros in-8, de 8 pp.

— Grandes Affiches de Liége. Annonces diverses de Bruxelles, Londres et Paris. Mélanges d'arts, découvertes, inventions et tribunaux.

Feuille hebdomadaire, imprimée chez Ravenel de Labrassinne, in-4, de 8 pp., à 2 col., à partir du 24 novembre 1836, et dont il n'a paru que quelques numéros.

— Biographie liégeoise ou précis historique et chronologique de toutes les personnes qui se sont rendues célèbres par leurs talents, leurs vertus ou leurs actions, dans l'ancien diocèse et pays de Liége, les duchés de Limbourg et de Bouillon, le pays de Stavelot et la ville de Maestricht, depuis les temps les plus reculés jusqu'à nos jours. Bibliographie liégeoise. Par le Cᵉ de Becdelièvre. — *Jeunehomme frères.* 1836-1837.

2 vol. in-8, de vi-503 et 864 pp. La biographie contemporaine commence à la page 789 du second volume. Elle a été tirée à part, in-8, de 50 pp., avec la date de 1830. — U.

— Des comtes de Durbuy et de la Roche aux xiᵉ et xiiᵉ siècles, par M. S. P. Ernst, curé d'Afden. Publié par M. Édouard Lavalleye, agrégé à l'université de Liége. — *N. Redouté.*

In-8, de 24 pp.

— Nomenclature par ordre alphabétique des villes et communes de la province de Liége, avec indication des communes du royaume régies par les coutumes de Looz et de Louvain, des lieux où sont déposés tous les anciens protocoles des notaires, suivie des notes indicatives des centimes additionnels qui ont été perçus depuis la création du royaume des Pays-Bas jusqu'au 1ᵉʳ juillet 1836. Par un ancien employé de l'enregistrement et des domaines. — *J. Desoer.*

In-4, de 2 ff., 57 pp., un f. — M.

— Statuts et règlements de la R∴ ☐∴ de Saint-Jean, sous le titre distinctif de la Parfaite Intelligence et l'Etoile réunies à L'O∴ de Liége. — *Jeunehomme.*

In-8, de 108 pp., rédigé par J. R. Putzeys, avoué.

— Considérations sur la révolution belge de 1830, par l'abbé G. Moens. — *Jeunehomme.*

2 vol. In-12. Ce livre, écrit dans le sens orangiste, a été réfuté par M. Weustenraad, dans la Revue belge, tome IV. — U.

— Loi communale du royaume de Belgique, édition de l'administration de la province de Liége, conforme au Bulletin officiel, n° XVII de l'année 1836. — *J. A. Latour.*

In-8, de 42 pp.

— Loi provinciale du royaume de Belgique. Province de Liége. Bulletin officiel, n° XXIV de l'année 1836. — *J. A. Latour.*

In-8, de 32 pp.

— Royaume de Belgique. Loi provinciale promulguée le 30 avril 1836. Table alphabétique et analytique et indication des pouvoirs que la loi a donnés aux différentes autorités. Par L. J. Despa, chef de division au gouvernement provincial. — *J. A. Latour.*

In-8, de 27 pp.

— Loi provinciale de la Belgique promulguée le 30 avril 1836, avec des notes explicatives. Par M. A. Mélotte, avocat. — *J. Desoer.*

In-8, de 72 pp. — U.

— Loi communale de la Belgique promulguée le 30 mars 1836, avec des notes explicatives. — *J. Desoer.*

In-8. Par M. A. Mélotte. — U.

— Code de la garde civique ou recueil complet des lois, arrêtés et instructions relatifs à cette institution nationale, augmenté des lois sur la milice applicables à la garde civique, et des principaux arrêts de la cour de cassation sur la matière. Par G. J. E. de Xhenemont, chef de bureau au commissariat de l'arrondissement de Liége. — *N. Redouté.*

In-12, de 208 et 7 pp. — U.

— Ville de Liége. Compte de l'administration de l'exercice de 1836. *S. l.*

In-4, de 9 ff.

— Eclaircissements sur l'organisation de l'Académie des beaux-arts. — *Collardin.*

In-8, de 6 pp. Par L. E. Renard.

— Laruelle, drame historique en cinq actes, par Th. Weustenraad. — *Jeunehomme.*

In-18, de VIII-172 pp. Ce drame a été représenté pour la première fois, le 16 mars 1836, sur le théâtre de Liége. — U.

— Catalogue des livres de la belle et riche bibliothèque de milord Crewe, pair d'Angleterre, etc., etc., dont la vente aura lieu, lundi 9 mai 1836 et jours suivants .., par les notaires Gilkinet et Biar .., à Liége. Au nombre des ouvrages rares et curieux qui se trouvent dans cette bibliothèque on compte quantité de manuscrits et d'incunables, des éditions elzéviriennes, etc. *Jeunehomme.*

In-8, de 131 pp.

— Mémoire adressé à la chambre de commerce par les fabricants d'armes de Liége. — *P. J. Collardin.*

In-8, de 46 pp. Mémoire rédigé par M. Charpentier dit de Damery. Cette brochure a été rééditée à Liége, chez Hennebert, 1836, in-8, sous le titre de *Mémoire contre un projet de Société anonyme pour la fabrication d'armes de Liége.*

— Réponse de MM. DD. Ancion et fils et Hanquet aîné et Comp.ᵉ au mémoire publié par les autres fabricants d'armes de Liége. — *J. Desoer.*

In-4, de 17 pp. Mémoire rédigé par M. F. Behr.

— Mémoire ou réplique adressée à la chambre de commerce par les fabricants d'armes de Liége. — *P. J. Collardin.*

In-4, de 74 pp. Rédigé par M. Charpentier, de Damery.

— Simple correspondance ou lettres d'un campagnard à un citadin, sur les sociétés anonymes. Lettre 1ʳᵉ sur l'association projetée pour la fabrique d'armes. — *Rosa.*

In 8, de 24 pp. L'auteur est M. Charpentier,

de Damery. Il faut y joindre : Deuxième lettre : Société anonyme. Actions au porteur et projet de commandite. *P. Rosa* (janvier 1837). In-8, de 48 pp. Par le même.

— Cour de Liége, 1re chambre. Résumé de plaidoieries pour la comtesse d'Egger, appelante; contre Nicolas de Bonhomme et Jean Bernard de Modave, intimés. — *P. J. Collardin.*

In-4, de 37 pp., daté du 22 février 1836, signé Wyns, avocat.

— Réponse de M. Louis Eugène Georges de Meynier, comte de Lasalle et d'Anne Cléophile Hirzel de St.-Gratien, son épouse, au Précis de M. Nicolas Gotale, président du séminaire épiscopal de Liége. —

In-4, daté du 27 janvier, signé Ch. Bellefroid et Forgeur.

— Quelques observations de M. Gotale, sur la réponse de Madame de la Salle. *S. l.*

In-4, de 23 pp., daté du 6 février.

— Mémoire de Louis de Laminne, contre J. J. Dubois. — In-4.

— Mémoire pour M. N. Max. Lesoinne, demandeur appelant, contre la Société anonyme des charbonnages de Sclessin, demanderesse intimée, et MM. John Cockerill, Pirard, Davignon et consors intervenants, aussi intimés. —

In-4, signé N. F. Lesoinne et de Longrée. — U.

— Mémoire pour Jean François Defraisne, ancien inspecteur du Waterstaat, appelant, contre la famille de Sartorius et de Chestret, intimées. *S. d.*

In-4, signé Zoude. — U.

— Mémoire pour M. de Chestret et la famille de Sartorius, intimés, contre Jean François Defraisne, de Herstal, appelant. *S. d.*

In-4, signé De Lezaack. — U.

— Mémoire pour M. de Chestret et la famille de Sartorius, intimés, en réponse à la duplique de Jean François Defraisne, de Herstal, appelant, *S. d.*

In-4, signé De Lezaack, Dereux, Delrée. — U.

— Examen de quelques points de la loi sur les mines adoptée par la Chambre, amendée par le Sénat, et renvoyée à une nouvelle discussion. — *Ravenel de Lubrassine.*

In-4, de 16 pp. Par L. de Laminne.

— Vices de la loi des mines. — *Ravenel de Lubrassine.*

In-4, de 27 pp. Par le même.

— Essai sur la prestation des fautes en droit romain et en droit civil belgique. Par F. G. Gislain, avocat à la Cour d'appel de Liége. — *Jeunehomme.*

In-8, de VIII-154 pp.

— Logique ou charte des lois formelles de l'esprit, dans l'acte de la pensée, traduction et imitation française du latin. Par F. A. J. Aminble, bachelier en philosophie et lettres. — *Jeunehomme.*

In-8, de 40 pp.

— Josephi Zamac Mellinii lexicon quo veterum theologorum locutiones explicantur theologiae tironibus accommodatum. Editio belgica prima juxta editionem Bononiensem alteram emendatam et auctam. — *P. Kersten.*

In-12, de 96 pp. — S.

— Nouveau choix de fables et de poésies, tirées de la Fontaine et d'autres auteurs, classé graduellement suivant le nombre de vers, et précédé d'un essai sur les beautés de la fable et sur l'art de la déclamation, avec un commentaire propre à donner l'intelligence des passages difficiles et des expressions vieillies. Dédié à Sa Majesté la Reine des Belges, par M. l'abbé Ch. Duvivier. — *Dessain. S. d.*

In-18., avec fig. dans le texte. Réimprimé à Liége, dans le même format, chez *Jeunehomme* (1840), et chez *Grandmont* (1846 et 1850).

— La géographie des écoles primaires en trente leçons, par M. l'abbé Ch. Duvivier. — *Ve Duvivier.*

In-18, fig. sur bois dans le texte. Réimprimé chez *Grandmont* (1838), In-18, fig. Ce petit traité, abrégé de la géographie, de l'abbé Gauthier, a eu à Liége depuis 1838 six ou sept éditions. Il a été cliché en 1851 avec la rubrique *A Liége, chez Grandmont et Spée-Zelis, et à Tournai, chez Casterman,* In-18, de 54 pp., fig.

— Explication des premières vérités de la religion. Par M. l'abbé Ch. Duvivier. — *Grandmont* (1836).

In-18, réimprimé chez le même, s. d. (1842), in-18.

— Leçons d'analyse grammaticale, par MM. Noël et Chapsal. Nouvelle édition, réduite aux seuls exercices d'analyse pour l'usage des élèves et augmentée des leçons préliminaires. Par l'abbé Ch. Duvivier. — V*e Duvivier*.

In-18, réimprimé chez *Grondmont*, s. d. (1846), in-18.

— L'art épistolaire enseigné par la pratique ou correspondance de deux enfants, indiquant les règles de l'art épistolaire, suivie d'un choix de lettres extraites des meilleurs auteurs. Dédié à S. M. la Reine des Belges, par M. l'abbé Ch. Duvivier. — V*e Duvivier*.

In-18, de 180 pp., réimprimé, in-8, chez *J. G. Lardinois*, 1839, *Grandmont*, s. d. (1840 et 1846?).

— Manuel élémentaire de littérature française à l'usage des institutions et des pensionnats. — *Grandmont*.

P. In-8, de VIII-220 pp. Cet ouvrage est de l'abbé Louis. Réimprimé chez le même, p. in-8, en 1837, et s. d. (vers 1842).

— Grammaire latine, sur un plan entièrement nouveau. Par M. l'abbé J. J. Péters, candidat en philosophie et lettres. — *Jeunehomme frères*.

In-8, de VI-140 pp.

— Grammaire française, sur un plan nouveau et d'après les principes contenus dans la dernière édition du Dictionnaire de l'Académie, publié en 1835, par M. l'abbé J. J. Péters. — *Jeunehomme*.

In-8, de V-122 pp. et un f. table. Réimprimé chez *J. G. Lardinois* (1855), in-12, de XII-258 pp., sous le titre de *Cours théorique et pratique de langue française...Seconde édition*.

— Quelques mots sur l'histoire de l'horticulture, suivis du rapport sur la première période décennale de la Société d'horticulture de Liége. Par M. Morren. — *Jeunehomme*. In-8. — U.

— Sur la culture des landes. Résumé des communications verbales de M. Dechesne, inspecteur des eaux et forêts dans les séances des 6, 7 et 8 août, du Congrès scientifique de Belgique. *S. l.*

In-8, de 7 pp.

— Essai monographique, sur les campagnols des environs de Liége, présenté au premier congrès scientifique belge, réuni à Liége, le 1er août 1836. Par Edm. de Sélys-Longchamps, membre de plusieurs sociétés scientifiques. — *J. Desoer*.

In-8, de 15 pp., avec quatre planches coloriées. — U.

— La bonne année, Almanach nouveau. — *J. G. Lardinois*.

In-18. Années 1837, 1838, 1842, 1843. On y trouve une notice historique sur les églises de Liége, etc. — C. H.

— Instructions pour la confirmation. *Voy*. 1830.

— Antiquitates Romanae... *Voy*. 1820.

1837

Bulletin municipal ou recueil des arrêtés et règlements de l'administration communale de Liége, mis en ordre et annotés par J. N. J. Forir et F. Micha, chefs de bureau, et J. Henrotte, archiviste. — *H. Dessain*.

3 vol. in-8, de 560, 414 et 607 pp., comprenant les années 1795-1845, et imprimés en 1837, 1840 et 1846. — U.

— Ville de Liége. Rapport sur l'administration et la situation des affaires de la ville, fait au conseil en séance publique du 24 janvier 1837. — *P. J. Collardin*.

In-4, de 60 pp. Les années 1838 à 1845 ont aussi paru in-4, chez Riga, puis chez Collardin. Les années 1846 et suivantes sont insérées dans le *Bulletin administratif*. — U.

— Code universitaire ou recueil des lois, arrêtés et règlements concernant l'instruction supérieure en Belgique. — *P. J. Collardin*.

In-18, de 212 pp.

— Esquisses historiques de l'ancien pays de Liége. Par M. L. Polain, conservateur des archives de la province de Liége. *Bruxelles*, *Hauman*. (*Liége, impr. de H. Dessain.*)

In-12, de VI-268 pp. Ces notices avaient

déjà paru dans la *Revue belge*. Deux autres éditions furent publiées à Bruxelles, in-8, l'une en 1842, sous le titre de *Esquisses ou récits historiques...* 4 ff., iv-375 pp., chez Houman et C⁰, l'autre en 1860, sous le titre de *Récits historiques...* viii-464 pp., chez F. Gobbaerts. Cette dernière est revue et augmentée.

M. Quérard a donné une notice sur l'auteur dans la *France littéraire*, tome XI. — U.

— Description historique et topographique de Liége ou guide du voyageur dans cette ville. Par F. J. Henaux. — *Redouté*.

In-18, de 172 pp. et 8 pp. table. Cette édition reparut avec un nouveau titre, la date de 1842 et vii pp. de préface. — U. T.

— Histoire du Limbourg, suivie de celle des comtés de Daelhem et de Fauquemont, des annales de l'abbaye de Rolduc. Par M. S. P. Ernst, curé d'Afden, ancien chanoine de Rolduc, l'un des auteurs de *l'Art de vérifier les dates*. Publiée avec notes et appendices et précédée de la vie de l'auteur, par M. Édouard Lavalleye, agrégé à l'Université de Liége. — *P. J. Collardin*. 1837-1852.

7 vol. in-8, avec quatre planches. Le dernier volume n'a pas de titre. — U. C. T.

— Mémoire sur les comtes de Louvain jusqu'à Godefroid le Barbu, par M. S. P. Ernst, curé d'Afden. Ouvrage posthume, publié par M. Édouard Lavalleye agrégé à l'Université de Liége. — *N. Redouté*.

In-8, de vii-40 pp. — U.

— De la réforme électorale, ou réponses au Courrier de la Meuse, publiées dans le Journal de Liége, par G(eorges) C(lermont), de V(erviers). — *Desoer*.

In-8, de 48 pp.

— Quelques mots sur la découverte de la houille dans l'ancien pays de Liége, par E. L. A. A. L. D. L. — *Redouté*.

In-8. Par Édouard Lavalleye, agrégé à l'Université de Liége. — U.

— Mémoire présenté au conseil de la province de Liége pour faire servir l'ancienne route d'Oupeye entre la communication projetée entre la ville de Liége et la levée de Battice. — *Jeunehomme*. In-8. — U.

— Mémoire pour MM. les actionnaires et concessionnaires de la route de l'Emblève. Par F. C. de Damery, avoué. —

In-4, de 44 pp.

— Requête présentée à la régence de Liége, au nom de la navigation de la Meuse, sur la direction du nouveau quai de halage. — *Desoer*.

In-8, de 8 pp. L'auteur est M. Charpentier de Damery.

— Statuts de la Société en commandite du Passage-Lemonnier, à Liége. — *J. Desoer*.

In-8, de 18 pp.

— Résumé des faits et moyens en cause Léopold, Adrien, Ferdinande, comtes et comtesse de Lannoy de Clervaux, enfants et héritiers du comte Félix de Lannoy, appelants, contre 1° Napoléon, Clémentine et Constance, comte et comtesses de Lannoy, héritiers bénéficiaires et créanciers du comte Florent de Lannoy, leur père; 2° les autres créanciers du comte Florent de Lannoy, intimés. S. d. In-4. — U.

— Hommage offert à Monseigneur C. R. A. Van Bommel, évêque, par un prêtre de son diocèse, à l'occasion des calomnies dont il a été l'objet au mois d'août 1857. — *P. Kersten*.

In-4, de 4 pp., texte encadré.

— Caeremoniale episcoporum. Benedicti Papae XIV jussu editum et auctum. — In-12.

— Traité des eaux minérales de Spa. Par L. Lezaack, docteur en médecine. — *H. Rongier*.

In-8, de 258 pp., avec frontispice et un titre gravé, une carte de Spa et un tableau de l'analyse des eaux. La seconde édition parut à Spa, chez *Bruck-Maréchal*, 1858, in-8, de 125 pp., avec une carte de Spa et une vue de la place Royale. — U. T.

— Essais poétiques. —

P. in-8, de 24 pp., tiré à 60 exemplaires. Par A. Leroy, V. Henaux, L. Joassart et U. de Simoni. Le plus âgé des auteurs n'avait pas seize ans.

— J. D. Fuss poemata latina adjectis et graecis germanisque nonnullis hoc volumine primum conjuncta. Insunt

Schilleri, Goethei, Guil. Schlegel, Klopstockii, de Lamartinii aliorumque poetarum carmina vertendo aut imitando latine expressa. Accedit, praeter notas in carmina, de linguae latinae cùm omnino ad scribendum tùm ad poesim usu, deque poesi et poetis neolatinis, dissertatio. — *H. Dessain.*

Gr. in-8, de 2 ff., 48-214 pp. Voy. 1830 et 1845. — U.

— Le retour des Nassau, poëme. — *Jeunehomme.*

In-18, de 64 pp. Par l'abbé Labye.

— Réponse à M. Th. Weustenraad, par l'abbé G. Moens. — *Jeunehomme.* Mai 1857.

In-12, de 72 pp. Réplique de M. Moens à M. Weustenraad qui avait critiqué, dans la *Revue belge*, les *Considérations sur la révolution belge* publiées par M. Moens.

— Notice sur Thomassin, chef de division au gouvernement provincial de Liége, par M. E. L. A. A. L. D. L. — *Redouté.*

In-8. Par E. Lavalleye, agrégé à l'Université de Liége.

— Bibliotheca Bekkeriana ou catalogue des livres composant la bibliothèque de feu M. le professeur G. J. Dekker, dont la vente aura lieu le 7 novembre 1857 et jours suivants.. — *H. Dessain.*

In-8, de 13' pp. — U.

— Catalogue de la librairie de J. Desoer, à Liége.

In-8, de 148 pp., avec une table des noms d'auteurs.

— Catalogue des livres de la bibliothèque de M. Vermylen. — In-8.

— Catalogue des lépidoptères ou papillons de la Belgique, précédé du tableau des libellulines de ce pays. Par Edm. de Sélys-Longchamps. — *J. Desoer.* In-8. — U.

— Essai sur la culture de la betterave et sur la fabrication du sucre qui en provient. Par J. Lefebvre. - *Collardin.* In-8. — U.

— Influence des chemins de fer sur la civilisation, par C. E. d'Hanens. — *Desoer.*

In-8, de VIII-27 pp.

— Commentaire sur la loi de l'enregistrement du 22 frimaire an VII, où l'on a tâché de joindre la pratique à la théorie ; suivi d'une table alphabétique des matières et d'une table chronologique des lois additionnelles à la loi de frimaire, et des avis du Conseil d'état qui s'y rapportent. Par L. J. Wodon, inspecteur de l'enregistrement et des domaines dans la province de Liége. — *N. Redouté.*

In-8, de 5 ff., 354 pp. La seconde édition augmentée parut chez le même, en 1845. In-8. — U.

— Dictionnaire des définitions de logique accompagné d'un plan sommaire d'un cours de logique en quatre tableaux. — *J. Desoer.*

In-8. Par E. Tandel. — U.

— Programme d'un cours d'histoire ancienne. D'après Heeren, Bossuet, Montesquieu et Jean de Muller. — *P. J. Collardin.*

In-18, de 111 pp. Par J. F. X. Wurth.

— Traité de géométrie analytique. Par J. N. Noël. — *H. Dessain.*

In-8. La seconde édition parut chez le même, en 1849, in-8. — U.

— Traité de géométrie descriptive, avec une collection d'épures composée de 60 planches. Par C. F. A. Leroy, professeur à l'école polytechnique. — *D. Avanzo et C⁰, éditeurs. (Imprimerie de H. Dessain.)*

2 vol. in-4, le premier de xx-390 pp., le second de 4 ff. et 60 planches.

— Programme du cours de géométrie descriptive donné par J. B. Brasseur, professeur extraordinaire à l'Université de Liége. — *H. Dessain.*

In-4, de 74 pp. Réimprimé en 1850 et en 1859, in-4.

— Cours de mathématiques pures, par M. H. Guillery, principal du collège de Liége, membre de la Société d'émulation de Liége, etc. Arithmétique et algèbre. Première partie. — *H. Dessain.*

In-8, de 116 pp. Une nouvelle édition

parut chez le même en 1838, in-8, de 250 pp., avec 8 pl. Ce volume, qui comprend l'arithmétique, l'algèbre et la géométrie, reparut avec la date de 1840, chez H. Dessain.

— Arithmétique théorique et pratique à l'usage des écoles et des pensionnats, dédiée à S. M. la reine des Belges, par M. l'abbé Ch. Duvivier. -- *Grandmont.*

2 vol. in-18. La première partie fut réédité, s. d., chez *Lardinois* (Riga), en 1839, et chez *Grandmont* (Denoel, 1844); la seconde partie chez *Dessain* (1840) et chez *Grandmont* (Denoel, 1845).

— Le livre de lecture des écoles primaires, ou série de lectures graduées pour les élèves de ces écoles. — *L. Grandmont.*

In-18. Réimprimé deux fois chez le même, s. d., in-18. L'auteur est l'abbé Louis.

— Nouveau tarif de réduction des monnaies belges ou de France, de Liége, de Brabant, des Pays-Bas, d'Allemagne et d'Angleterre, d'après la loi du 5 juin 1832, l'arrêté royal du 8 décembre 1824, la loi du 28 septembre 1816, les décrets des 18 août, 12 septembre 1810 et 30 novembre 1811 et comptes faits en francs, de la valeur des anciennes monnaies de France, du revenu que donnent par jour et par mois les loyers, rentes et appointements annuels, du gage par jour et par mois des domestiques rétribués en écus de Liége, des journées d'ouvriers établies en argent de Liége réduites en francs. On y a ajouté : 1° la loi monétaire de Belgique du 5 juin 1852; 2° le tableau de la valeur des monnaies étrangères réduites en francs ; 3° les réductions et les rapports des poids et mesures anciens, nouveaux et étrangers ; 4° la nouvelle loi sur le timbre avec les différents tarifs ; 5° les effractions depuis 1685 jusqu'en 1858; 6° les foires de plusieurs provinces; 7° la concordance des calendriers républicain et grégorien, depuis l'an II jusqu'à l'an XIV ... — *J. A. Latour. S. d.*

In-12, de 172 pp. et 6 pp. de table. Texte encadré.

— Annales littéraires et philosophiques.

Revue mensuelle, in-8, imprimée de janvier à décembre 1837, chez *J. G. Lardinois.*

Elle était dirigée par l'abbé C. J. Louis, C. Ubaghs, etc.

— Jurisprudence de la cour de Liége, recueil des arrêts ... *Voy.* 1808.

— Table alphabétique des arrêts. *Voy.* 1808.

— Arithmétique, par H. Forir ...*Voy.* 1825.

— Grammaire française .. par l'abbé Duvivier .. *Voy.* 1834.

— Explication des premières vérités *Voy.* ... 1855.

— Manuel élémentaire de littérature ... *Voy.* 1856.

1858

Promenades historiques dans le pays de Liége, par le docteur B. Y. — *Collardin*, 1858-1859.

2 vol. in-8, le premier de vi-264 pp., 2 ff. de table, avec deux planches, le second de 815 pp., avec une planche. Divers fragments de ces promenades de M. Bovy ont d'abord paru dans la *Revue belge.*

Il faut ajouter à ces deux volumes : Supplément aux promenades historiques dans le pays de Liége, par le docteur Bovy. *Liége, Jeunehomme,* 1841. In-8, de xviii-166-61-48-24 pp., avec le portrait de l'auteur. Ce volume est composé de quatre articles du docteur Bovy qui parurent dans les tomes XIV à XIX de la *Revue belge*, et furent tirés à part à 100 exemplaires. En tête se trouve : Hommage de la *Revue belge* à la mémoire du docteur Bovy, article nécrologique dû à la plume de MM. Polain, Demarteau et Wasseige. — U. C. T.

— Saggio storico e politico sulla rivoluzione belgia del Sr. Nothomb ... Terza edizione accresciuta di note e susseguita da un' appendice. Traduzione dal francese del d^re Bald^re Tirelli da Modena. — *Uberto Dessain.*

In-12, de xvi-324 pp.

— Mémoire historique sur le lit, le cours et les branches de la rivière de Meuse, dans l'intérieur de la ville de Liége, et sur la dérivation fabuleuse attribuée au prince Notger. Par M. de Crassier, ancien membre des états députés de la province de Liége. — *H. Dessain.*

In-8, de 34 pp.

— Ville de Liége. Liste des électeurs généraux, révision de 1858. *S. l.*

In-8, de 28 pp.

— Exposé des faits relatifs à la révocation du sieur Toussaint Joseph de Hansez, ancien secrétaire de la commune de Theux. — *Jeunehomme.*

In-8, de 20 pp., signé T. de Hansez.

— Mémoire de M. de Chestret sur sa révocation des fonctions de commissaire de l'arrondissement de Waremme. — *J. Desoer.*

In-8, de 30 pp. — U.

— Notice nécrologique sur le docteur T. D. Sauveur, professeur émérite de la faculté de médecine à l'Université de Liége, membre de plusieurs académies et sociétés savantes, suivie d'une note sur la congrégation de l'Oratoire. Hommage à sa mémoire, par L. E. R(enar)d. — *P. J. Collardin.*

In-8. La première édition de cette notice avait paru dans la *Revue belge*, et avait été tirée à part, Liége, F. Oudart, s. d., in-8, de 16 pp.

— Sire ... *S. l.*

In-folio, de 13 pp. Pétition du conseil académique de l'Université de Liége, datée du 6 avril.

— Paskeie fait al hap, cun dimaie heûr divann de dîné, li jou de jubilé d'Mosieu Timermans doïn d'Soumagne, li 17 septimbre 1858, par M. Stiennon, très-révérend curé di J'meppe. Air : *Dansons la carmagnole.* —

In-4, de 4 pp.

— La population et le clergé, à propos d'un refus de sépulture à un habitant de Visé, qui avait été administré. — *Collardin.*

In-8, de 20 pp. Par Laurent Renard.

— Mission à Tilff. Lettre à M.*** — *J. Desoer.*

In-8, de 80 pp. Par M. Evrard.

— Situation des catholiques en Belgique. Franc-maçonnerie. Mission de Tilff. Événements de Liége et de Verviers. Article extrait du Journal historique et littéraire. — *P. Kersten.*

In-18, de 33 pp.

— Le libéralisme, par MM. Grandfils et ***. *S. l.*

In-8, de 13 pp. Brochure publiée à propos de la mission de Tilff.

— Visite des églises de la ville de Liége et de sa banlieue, par Mgr l'évêque de Liége. Première partie. — *P. Kersten.*

In-18, de 220 pp. Ce volume ne contient que des sermons de l'évêque de Liége et n'a pas été continué.

— Protestation motivée de Mgr l'évêque de Liége contre la décision prise, le 5 octobre 1858, par la députation permanente du conseil provincial de Liége, concernant les élèves en théologie en matière de milice. — *Kersten.*

In-8, de 12 pp. La députation répondit à cette protestation, le 11 décembre.

— Réponse de Mgr l'évêque de Liége, à la lettre de la députation permanente du conseil provincial de Liége, en date du 11 décembre 1858. — *P. Kersten.*

In-4, de 20 pp. — U.

— Sermon sur la primauté du souverain pontife, prononcé à la cathédrale de Liége, par Monseigneur l'évêque, en carême 1858, suivi de quelques notes. — *L. Grandmont.*

In-8, de 87 pp.

— Lettre d'Eustache Lefranc à Monseigneur Corneille Richard Antoine Van Bommel, pour la plus grande utilité du St-Siége, pour la mortification et le châtiment du clergé wallon, évêque de Liége, etc. — *De l'imprimerie des Missions (P. J. Collardin).*

In-8, de 107 pp. La seconde édition parut chez Collardin, la même année, in-8, de 107-11 pp. Cette lettre, dont l'auteur est Laurent Renard, est dirigée contre le mandement de carême de l'évêque pour 1858. Elle a été traduite en flamand, Anvers, Rutincks, 1858, in-18, de 151-16 pp. On a encore publié à ce sujet : Complainte à LL. GG. Nosseigneurs les archevêques et évêques de la Belgique, au sujet de la lettre d'Eustache Lefranc, adressée à Mgr Van Bommel, évêque de Liége. Par Xavier Capellary. Gand, 1858, in-8.

Le *Nécrologe liégeois* de 1852 a donné la biographie de L. Renard.

— Lettre d'un prêtre catholique à

Mgr Van Bommel, évêque de Liége. — *P. J. Collardin.*

In-8, de 16 pp. Contre le mandement de l'évêque.

— Petit responz' dè maçon à mand'min d'evêque. *S. l. n. d.*

Un f. gr. in-8. Par J. Lamaye.

— Considérations sur le mandement de carême, pour l'an de grâce 1858, publié par Monseigneur Van Bommel, évêque de Liége, précédées d'observations respectueuses sur la circulaire des évêques de la Belgique, contre les francs-maçons. — *Collardin.*

In-8, de 16 pp., signé Ch. Lesage.

— Courte réponse à un pamphlet hérétique. — *L. Grandmont.*

In-12, de 12 pp. Réponse de l'évêque de Liége à la brochure précédente.

— Le fils et la mère, poésies élégiaques, par Édouard Grisard. — *Riga.*

In-12, de 12 pp.

— Un drapeau dans la lune, drame en trois actes en prose. Par J. J. Fourdrin. —

In-18. L'auteur a publié la même année à Bruxelles *La Mort de Tartuffe*, drame en cinq actes, in-32.

— Les deux apprentis, vaudeville en un acte, par MM. L. Mélotte et N. Ausiaux, de Liége, représenté pour la première fois sur le théâtre de Verviers, le 25 mars 1858. — *N. Redouté.*

In-8, de 32 pp.

— Catalogue de la bibliothèque de J. N. Combaire. — In-8.

— Librairie de P. J. Collardin .... Livres de médecine, chirurgie, ... Août 1858. —

In-8, de 70 pp. et un f. table.

— Bibliographie paléographico-diplomatico-bibliologique générale, ou répertoire systématique, indiquant 1° tous les ouvrages relatifs à la paléographie, à la diplomatique, à l'histoire de l'imprimerie et de la librairie, à la bibliographie, aux bio-bibliographies et à l'histoire des bibliothèques ; 2° la notice des recueils périodiques, littéraires et critiques des différents pays, suivi d'un répertoire alphabétique général. Par P. Namur, docteur en philosophie et lettres et second bibliothécaire à l'Université de Liége. — *P. J. Collardin.*

2 vol in-8, à 2 col. : le premier de xxvii-227 pp.; le second de vi-300 pp. — U.

— Bibliographie académique belge ou répertoire systématique et analytique des mémoires, extraits de mémoires, dissertations, observations, essais et mémoires des prix publiés jusqu'à ce jour par l'ancienne et la nouvelle académie de Bruxelles, précédée d'un précis historique de l'académie, et suivie d'un répertoire alphabétique général des noms d'auteurs. Par P. Namur, docteur en philosophie et lettres. — *P. J. Collardin.*

Gr. in-8, de xxv-80 pp.

— Plan sommaire d'un cours de logique. *S. l. n. d.*

Gr. in-4, oblong, comprenant 4 tableaux, imprimé chez J. Desoer. L'auteur est N. E. Tandel, professeur à l'Université de Liége.

— Essais sur l'hétérogénie dominante, dans lesquels on examine l'influence qu'exerce la lumière sur la manifestation et les développements des êtres organisés dont l'origine a été attribuée à cette prétendue génération dire... ontanée ou équivoque. Par M. C... ren. — *H. Dessain.*

In-8, de 120 pp...

— Essai sur une nouv... nomenclature des couleurs ap... à toutes les langues, donnant... cune des innombrables teintes ou ... es de couleurs que les coloris... guent à la vue, un nom dont l... indiquent exactement la quantité proportionnelle de chacune des coul... les dont le mélange produit la te... mmée. Par Ch. N. Simonon. — *Rig.*

In-8, de 27 pp. et 2 ff contenant quatre tableaux.

— Amputations dans la contiguïté des membres. Par le Dr Ch. Phillips. Avec seize planches représentant les orientations des membres. — *Riga.*

In-8 et atlas in-4. — U.

— 430 —

— Exercices d'algèbre, par H. Forir, professeur de mathématiques au collége municipal de Liége. — *P. J. Collardin*.

In-12, de 128 pp.

— Exercices d'arithmétique, par H. Forir, professeur de mathématiques au collége municipal de Liége. — *P. J. Collardin*.

In-12, de ix-109 pp.

— Mnémonisme chronologique de l'histoire ancienne, par M. P. J. Léonard, professeur de langues, d'histoire, de géographie, de mnémotechnie et de sténographie. — *Riga, S. d.*

In-18, de 120 pp.

— Histoire de la révolution française, depuis 1789 jusqu'en 1814, par M. F. A. Mignet, de l'Académie française, directeur des archives aux affaires étrangères. Onzième édition, augmentée de l'histoire de la restauration jusqu'à l'avénement de Louis-Philippe Ier, par M. Émile de Bonnechose .. *Bruxelles et Liége, Riga*.

In-8, de 537 pp.

— Affaires de Cologne, Athanase, par J. Goerres, professeur d'histoire à l'Université de Munich, traduit de l'allemand d'après la 2e et la 3e édition. — *J. G. Lardinois*.

In 8, de iv-180 pp. et un f. errata. — U.

— Manuel de quelques circonstances utiles sur l'architecture religieuse, les constructions et réparations d'églises, extrait textuellement du manuel publié par Mgr l'évêque de Belley, pour faire suite au rituel de son diocèse. *Grandmont*.

In-12, de ii-164 pp., avec une planche. Manuel réimprimé par l'abbé Louis, à l'usage des prêtres du diocèse de Liége.

— Le mois de novembre consacré au souvenir des âmes du purgatoire par des considérations sur les peines qu'elles y souffrent, les motifs et les moyens de les soulager, et sur l'utilité de la pensée du purgatoire. Par l'auteur des mois de septembre et de décembre. —

In-18, réimprimé à Liége, chez L. Grandmont, s. d. In-18, de 306 pp. La dédicace à M. Bellefroid, ancien chanoine de Saint-Pie... à Liége, est signée M. J. V.

— Le Vignole des ouvriers ... V... 1827.

— Essai de physique ... *Voy.* 18...

— Règlement de la Société littérair... *Voy.* 1855.

— Cours de mathématiques pures ... *Voy.* 1857.

*****

Mélanges historiques et littérair... Par M. L. Polain, conservateu... archives de la province de Liége. *Jeunehomme frères*.

In-18, de 350 pp., un f. table. Il a été tiré quelques exemplaires sur papier de c... leur. La notice sur Jean d'Outremeuse a aussi tirée à part à 50 exemplaires no... rotés, *Liége*, 1839, In-18. Les notices bio... phiques sur Dom Maur d'Antine, G. de M... Arnold de Wachtendonck, Amelgard, Ailli... Fouillon et L. Darchis avaient déjà paru d... diverses revues belges. — U.

— Petite dissertation sur la liste chanoines de la cathédrale de Saint-La... bert, à Liége, en 1151, par M. E. L... A. L. U. D. L. Tiré à 40 exemplaires. *N. Redouté*.

In-8, de 22 pp. Cette brochure de M. ... valleye, agrégé à l'Université de Liége, pas été mise dans le commerce. — U. ?.

— Rapport présenté par la comm... sion de surveillance du collége à MM... bourgmestre et échevins de la ville ... Liége, communiqué au conseil comm... nal, dans sa séance du 22 juin 1859 *Riga*.

In-8. Ce rapport est de MM. Lesbrous... et Fleussu. — U.

— Recueil des arrêtés, réglemen... décisions, programmes, détermin... l'organisation, le régime et le systè... d'enseignement de l'école préparato... de l'école spéciale des mines et de l'éc... des arts et manufactures annexées l'Université de Liége. — *P. J. Collard*...

In-8, de 100 pp., avec cinq tableaux e... plan général de l'Université.

- Province de Liége. Mines. Ca...

de prévoyance en faveur des ouvriers. — J. A. Latour.

In-8, de 18 pp., daté du 24 juin 1839. Cette société a publié annuellement son rapport en brochure in-8.

— Règlement pour le service sanitaire des hospices civils de Liége. — Alph. Fussin.

In-4, de 11 pp., daté du 15 mars.

— Société pour l'encouragement des beaux-arts. Règlement. — H. Dessain.

In-8, de 9 pp. Cette société a publié depuis 1830 les catalogues des expositions organisées par ses soins.

— Statuts et règlements de la Société du Casino de Liége. — H. Dessain.

In-8, de 18 pp.

— Fédération maçon∴ belge. Examen d'un projet de réforme maçonnique proposé par le R∴ [□]∴ de la Parfaite-Union à L'Or∴ de Mons, délibéré et arrêté par le G∴ Or∴ de Belgique. Brochure in-8 publiée à Mons, le 12e mois de l'an 5858. — P. J. Collardin.

In-8, de 20 pp. Par Laurent Renard.

— Discours prononcé à la fête solsticiale, le 18e jour du 10e mois 5858, à la R∴ L∴ de la Parfaite Intelligence et de l'Etoile réunies, par le F∴ R∴, R∴, ⚒∴, orat∴ Vallée de Liége, 5859.

In-8, de 16 pp. Par L. E. Renard.

— Quelques fleurs sur une tombe. — Jeunehomme.

In-8, de 21 pp., avec une lith. Dédié à la mémoire d'Émile Watrin. Par V. Henaux, A. Leroy, H. de Simoni, etc., etc.

— Printanières par A. V. H. D. — Redouté.

In-18, de 57 pp. Les auteurs de ce mélange de prose et poésies sont : MM. Alph. Leroy, V. Henaux, Nic. Tonfor, Henri de Simoni, Auguste Ledouble.

— Jules Vanard. — A. Leroux et Ce.

2 vol. in-18 de 237 et 243 pp. Ce roman n'a pas été achevé. L'auteur est N. Evrard.

— L'étudiant ou la rente viagère, comédie-vaudeville en un acte, par MM. N. Ansiaux et L. Mélotte, de Liége. — S. Rosa.

In-18, de 50 pp.

— Li pantalon trawé. — Riga.

In-12, de 2 ff. Cette chanson populaire, dont l'auteur est le curé Duvivier, fut réimprimée chez Ghitain (1846), in-8, de 4 ff., et la cinquième édition parut chez A. Denoel (1849), in-8, de 4 ff.

— Les Esséniens, tragédie en cinq actes. Par J. J. Fourdrin. —

In-16.

— Nouvelles dramatiques par Joseph Gaucet. — Jeunehomme.

In-12, de ix-240 pp., avec six lithog. La seconde édition avec une préface de P. Lebroussart parut chez Collardin en 1842, in-12, de ix-237 pp. Le Nécrologe liégeois de 1852 a donné une notice sur l'auteur et ses ouvrages.

— Rapport à l'appui du projet pour l'établissement des machines et mécanismes destinés au service des plans inclinés de Liége, par Henri Maus. — In-fol. — U.

— Mécanique industrielle exposant les différentes méthodes pour déterminer et mesurer les forces motrices, ainsi que le travail mécanique des forces. Par J. V. Poncelet, colonel du génie. — Leroux.

3 vol. in-8, planches. La seconde édition, corrigée et augmentée, parut chez le même en 1844, 3 vol. in-8 avec 26 pl. sous le titre de : Traité de mécanique industrielle exposant, etc.

— Le guide en architecture, ouvrage élémentaire mis à la portée de tout le monde, utile à tous ceux qui s'occupent de bâtisses tant ouvriers que propriétaires pour servir de Vignole, avec les changements adoptés par les architectes modernes, orné de 40 planches au trait. Par Leroy. — Leroux.

In-18.

— Problèmes de géométrie pratique pour les arpenteurs, avec différentes solutions, ouvrage traduit de l'italien. Deuxième édition. — Leroux.

In-18.

— Description des machines à vapeur et détail des principaux changements qu'elles ont éprouvés depuis l'époque de leur invention et des améliorations qui les ont fait parvenir à leur état actuel de perfection, par M. Nicholson. Traduit de l'anglais par T. Duverne, ancien officier de la marine royale. Quatrième édition revue, corrigée et augmentée. — *A. Leroux*.

In-8, de 94 pp., avec trois planches.

— Industrie des chemins de fer ou dessins et descriptions des principales machines locomotives, des tenders, waggons de transport et de terrassements, voitures, diligences, rails, supports, plateformes mobiles, aiguilles, machines, accessoires, en usage sur les routes de fer de France, d'Angleterre, d'Allemagne, de Belgique, etc., publié sous les auspices du ministre des travaux publics. — *A. Leroux*.

In-fol., de six livraisons de texte et six livraisons de planches.

— Essai d'un traité élémentaire d'artillerie. Par G. Timmerhans. — *H. Dessain*, 1859-1841.

2 vol. in-8, de VII-285 pp. et un f., avec 4 planches, le second de VIII-464 pp., avec 5 planches. Le premier traite de la poudre à canon et le second des principes de construction des bouches à feu. Voy. 1846.

— Mémorial de l'artillerie ou recueil de mémoires, expériences, observations et procédés relatifs au service de l'artillerie .... publié à Paris, en 1842. *Bruxelles, A. Decq; Liége, D. Avanzo et Ce*.

6 vol. in-8, avec planches, imprimés de 1839 à 1850, les quatre premiers à Bruxelles et les derniers à Liége, chez Redouté.

— Description de la fabrication des bouches à feu en fonte de fer et des projectiles à la fonderie de Liége, par le général Huguenin, ex-directeur de la fonderie de Liége. Traduit du hollandais par le capitaine d'artillerie Neuens. — *A. Leroux*.

In-8, de 290 pp.

— Manuel de droit naturel ou de philosophie du droit. Par F. G. J. Thimus. — *Dessain*. In-8. — U.

— Sur l'importance des études classiques. Traduit de l'allemand de Frédéric Thiersch. — *Kersten*.

In-8. Par N. J. Schwartz, professeur à l'Université de Liége. — U.

— Arithmétique à l'usage des écoles primaires. Par J. N. Noël, professeur ordinaire à l'Université de Liége. 6e édition. — *Riga*.

In-12. Réimprimé chez H. Dessain en 1842 et 1848, in-12. Les éditions antérieures avaient paru à Luxembourg, chez Lamort, de 1822 à 1836. — U.

— Tenue des livres enseignée en vingt et une leçons et sans maître, avec des modèles lithographiés .. Par M. Jaclot, professeur de comptabilité commerciale. Neuvième édition, revue et corrigée par l'auteur, augmentée : 1° d'un traité de la lettre de change, du billet à ordre et du mandat ; 2° du nouveau mode simplifié pour dresser les comptes d'intérêts ; 3° du dictionnaire des termes de commerce les plus usités, par M. Reess-Lesbienne. *Liége et Bruxelles, Riga*.

In-18, de 334 pp., avec un tableau modèle pour les registres de commerce.

— Précis de l'histoire sainte, nouvelle traduction de l'épitome de Lhomond, suivie d'un dictionnaire étymologique universel. Par J. F. X. Wurth. — *P. J. Collardin*.

In-18, de 86 pp.

— Η καινη Διαθηκη sive Novum D. N. J. C. testamentum graecum, cum variantibus lectionibus quae demonstrant vulgatam latinam ex ipsis graecis N. T. codicibus hodienum extantibus authenticam. Accedit index epistolarum et evangeliorum et spicilegium apologeticum, cura et opera P. Hermanni Goldhagen, societatis Jesu. Editio catholica nova diligenter emendata, cui lexicon adjecit Petrus Kersten. — *P. Kersten*.

In-8, de XXIV-495 pp. Voy. 1821. — S.

— Leçons de lecture chrétienne, ouvrage dédié à S. M. la reine des Belges, par M. l'abbé Ch. Duvivier. — *Dessain. S. d.*

In-18. Réimprimé à Liége, s. d., in-18, chez Lardinois (1842), et Grandmont (1850).

— Cantique de la messe, à l'usage des églises catholiques, traduction libre de l'allemand, par J. G. Modave. — *Jeunehomme frères*.

In-8, de 9 pp. — U.

— Traité de plain chant à l'usage des séminaires. — *P. Kersten.*

In-12, de 62 pp. Par T. Devroye, chanoine de la cathédrale.

— Histoire de Cromwell, d'après les mémoires du temps et les recueils parlementaires. Par M. Villemain. Cinquième édition. *Bruxelles et Liége, Riga.*

In-8, de 468 pp.

— Histoire de la conquête de l'Angleterre par les Normands, de ses causes et de ses suites, jusqu'à nos jours, en Angleterre, en Écosse, en Irlande et sur le continent. Par Augustin Thierry. Huitième édition, entièrement revue, corrigée et augmentée. *Bruxelles et Liége, Riga.*

3 vol. in-8, de 404, 403, 374 pp. Le dernier est orné de quatre cartes.

— Lettres sur l'histoire de France, pour servir d'introduction à l'étude de cette histoire. Dix ans d'études historiques. Par Augustin Thierry. Huitième édition, entièrement revue, corrigée et augmentée. *Bruxelles et Liége, Riga.*

In-8, de 588 pp.

— Fables, par Rouveroy .. *Voy.* 1822.

— Dictionnaire wallon-français ... *Voy.* 1825.

— Manuel des bandages. *Voy.* 1827.

— Le petit bossu. *Voy.* 1828.

— L'art épistolaire. *Voy.* 1836.

— Arithmétique .. par l'abbé Duvivier. *Voy.* 1857.

1840

Gazette de Liége, feuille politique, commerciale et littéraire.

Feuille catholique, in-folio, rédigée par J. Demarteau et qui se publie depuis le 1er avril 1840. Elle ne paraissait d'abord que quatre fois par semaine, mais à dater du 1er janvier 1841 elle devint quotidienne. Les exemplaires, destinés aux abonnés du Limbourg, ont porté pendant quelque temps le titre de *Courrier du Limbourg.* — U. C.

— Le 27 janvier 1840. Élection d'un membre de la Chambre des représentants en remplacement de M. Max. Lesoinne. — *Desoer.*

In-8, de 8 pp. Brochure publiée en faveur de la candidature de M. Delfosse.

— A Messieurs les membres du conseil de la province de Liége. S. l.

In-8, signé M. Franck, daté du 12 juillet, sur une nouvelle classification des routes projetées dans la province. — T.

— La commission nommée par les propriétaires des charbonnages de la province de Liége, à Sa Majesté le Roi des Belges. —

In-4, de 15 pp., daté du 14 juillet.

— Exposition bisannuelle de 1840. Promenade d'un profane au salon d'exposition, par Ch. Perin. — *N. Redouté.*

In-12, de 10 pp.

— Eugène de Pradel dans cette ville. — *Redouté.*

In-8, de 6 pp. Réclame signée Adrien Heurpé, régisseur des séances publiques d'improvisation de de Pradel.

— Utile à tous. La parole improvisée, cours en sept leçons d'improvisation française en prose. — *Redouté.*

In-8, de 8 pp. Par E. de Pradel.

— Adieux à Liége, couplets chantés dans la cinquième soirée publique d'improvisation, donnée à Liége, le 25 mars 1840, par M. E. de Pradel. — *Redouté.*

Un feuillet in-8. M. de Pradel ouvrit, en 1840, à la Société d'émulation, un cours d'improvisation française. Après son départ, ses principaux auditeurs fondèrent une Société Pradelienne. Deux brochures furent publiées à cette occasion. *Voy.* 1842.

— Lettre à la commission théâtrale de Liége pour l'an quarante, dédiée aux souscripteurs de la même année. — *P. J. Collardin.*

In-8, de 17 pp., daté du 20 mars, signé Alexandre Germain.

— De la Belgique en cas de guerre, par J. G. *Bruxelles, librairie polytechnique. (Liége, impr. A. Jeunehomme.)*

In-8, de 47 pp. L'auteur est J. G. Grandgagnage.

— La frontière du Rhin. Lettre d'un Prussien rhénan à M. Mauguin, membre de la chambre des députés de France. — *P. J. Collardin.*

In-8, de 48 pp. L'auteur est le baron de Rehfues, administrateur de l'Université de Bonn. — U.

— Cours d'appel de Liége, première chambre. Mémoire pour les héritiers Prion, intimés, contre les enfans Desoer, appelans. *S. l.* In-4. — U.

— Défense des enfans Desoer, appelans, contre les héritiers Prion et la dame Collette, intimés. *S. l.*

In-4, de 104-84 pp.

— L'erreur de droit peut servir de base à un mariage putatif. *S. l.*

In-4, relatif au même procès. — U.

— Catalogue d'une belle et riche collection de livres de géographie, voyages, histoire, belles-lettres, littérature française, latine, grecque, etc., sciences et arts, théologie, jurisprudence, botanique, histoire naturelle, chimie, etc., composant la bibliothèque de feu M. Max. Lesoinne, ancien président de la chambre de commerce de Liége, membre de la Chambre des représentants.... 16 novembre 1840. — *Riga.*

In-8, de 87 pp. Cette bibliothèque renfermait un manuscrit précieux de Jean d'Outremeuse qui se trouve maintenant à la Bibliothèque de Bruxelles.

— Exposé des vrais principes sur l'instruction publique primaire et secondaire, considérée dans ses rapports avec la religion. Par Mgr l'évêque de Liége. — *P. Kersten.*

3 parties in-8, formant un volume de IV-578 pp. Cet ouvrage a été traduit en allemand.

— De l'instruction publique en Belgique (dans ses rapports avec les institutions et les mœurs du pays) ou réponse d'un catholique constitutionnel à l'ouvrage publié par Mgr l'évêque de Liége, sous le titre d'*Exposé des vrais principes de l'instruction*, etc. Par Eustache Lefranc. Première partie. — *P. J. Collardin.*

In-8, de 281 pp., 3 pp. table et 70 pp. de pièces justificatives. La seconde partie n'a jamais paru. L'auteur est Laurent Renard.

— Essai sur l'enseignement de l'université de Louvain. Par l'abbé ***, prêtre catholique. — *P. J. Collardin.*

In-8, de 38 pp.

— Les jésuites condamnés par le Saint-Siège. — *Collardin.*

In-8, de 38 pp.

— L'Imitation de Jésus-Christ, avec les réflexions et pratiques du cardinal Enrico Henriquès, et précédée de la vie de Thomas à Kempis. Dédiée à S. G. Mgr Van Bommel, évêque de Liége, par M. l'abbé Ch. Duvivier. — *J. G. Lardinois.* — 1840.

In-18, de XXIV-360 pp., avec front. et cinq lithog.

— Petit catéchisme historique, dogmatique et moral, ou recueil contenant dans un ordre historique tout le petit catéchisme du diocèse de Namur, une partie du grand et l'abrégé de l'Histoire Sainte par Fleury, mis en ordre par B. G., supérieur du petit séminaire de Floreffe. — *P. Kersten.*

In-32, de 12 ff., 128 pp.

— Histoire des quatre fils Aymon, très-nobles et très-vaillants chevaliers. Nouvelle édition complète. — *Jeunehomme.*

P. In-12, de VIII-296 pp. Réimprimé chez le même en 1842, p. In-12, avec une introduction historique, par M. L. Polain. Voy. aussi 1787. — U. M.

— L'industrie, comédie en cinq actes et en vers. Par Fourdrin, aîné. — *Jeunehomme.*

In-18, de 107 pp.

— Un début. Nouvelles, par Alexandre Pirotte. — *E. Leduc.* (Impr. Jeunehomme.)

In-12, de 107 pp. Voy. sur l'auteur et ses ouvrages le *Nécrologe liégeois* de 1858.

— Épisode napoléonien. Souvenirs de 1814 et 1815. Par Ed. Grisard. — *F. Oudart.*

In-8, de 39 pp. Poème.

— Éloge de Rubens, à l'occasion de l'inauguration de sa statue, sur la place de Sainte-Walburge, à Anvers. Par J. G. Modave. — *Jeunehomme.*

In-12, de 12 pp. — U.

— Aux Anversois. Par Charles Marcellis. — *Riga.*

In-8, de 11 pp. Poëme sur Rubens.

— Histoire des Pays-Bas, depuis les temps anciens jusqu'à la création du royaume des Pays-Bas, en 1815. Par l'abbé J. H. Janssens, ancien professeur d'exégèse, de théologie, d'histoire ecclésiastique, de philosophie, etc. *Bruxelles et Liége, Riga.*

3 vol. in-8, de 535, 502, 264 pp. Cette histoire est entièrement écrite au point de vue orangiste et n'est qu'une médiocre compilation. L'auteur la dédia au roi des Pays-Bas Guillaume Ier, mais cette dédicace, en 5 pp., in-8, est restée inédite, sauf dans l'exemplaire sur grand papier que l'auteur s'était réservé.

— Manuel de l'histoire de la Belgique à l'usage des écoles. Deuxième édition.—

In-12. La quatrième édition parut chez H. Dessain, 1842, in-12.

— Université de Liége. Personnel et programme pour le premier semestre 1840-1841 et conditions d'admissibilité à l'école des arts et manufactures et des mines. — *J. Desoer.*

In-18, de 11 pp. Extrait de l'Almanach de la province de Liége. Le même extrait a été publié pour 1841-1842, in-18, de 12 pp.

— Traité d'algèbre. Par J. N. Noël, professeur à l'Université de Liége. 4e édition. — *Dessain.*

In-8, de XVI-340 pp. La cinquième édition parut chez le même, en 1846, in-8, de 360 pp. et 4 ff. table. La première édition avait paru à Metz, C. Lamort, 1820, in-8, et la troisième édition à Luxembourg, chez J. Lamort, 1834, in-8. — U.

— La tenue des livres ou nouveau traité de comptabilité générale. Par Edmond de Grange. — *A. Leroux. (Impr. Riga, à Liége.)*

In-8, de 308 pp., avec un tableau.

— Code des droits de timbre ou lois des 13 brumaire an VII et 21 mars 1839, annotées par H. J. F. Sedaine, premier commis à la direction de l'enregistrement et des domaines de la province de Limbourg. — *N. Redouté.*

In-8, de VIII-355 pp.

— Code belge des architectes et entrepreneurs de constructions ou législation et jurisprudence civile et administratives sur les constructions et les objets qui s'y rattachent, d'après le code de M. Frémy-Ligneville, avocat à la cour royale de Paris. Par M. F. Micha, chef de bureau près l'administration communale de Liége, et M. J. E. Rémont, architecte de la même ville. — *A. Leroux et Cie. (Impr. H. Dessain.)*

2 parties en un vol. in-8. La deuxième édition, revue et corrigée, parut à Liége, chez Desoer, en 1846, in-8, de 816 pp. — U.

— Cours de l'école polytechnique. Analyse appliquée à la géométrie des trois dimensions, comprenant les surfaces du second degré avec la théorie générale des surfaces courbes et des lignes à double courbure. Par C. F. A. Leroy, professeur à l'école polytechnique ... Troisième édition, revue et augmentée.— *A. Leroux. (Impr. Jeunehomme, frères.)*

In-8, de 355 pp., avec cinq planches.

— Programme ou résumé des leçons d'un cours de constructions avec des applications tirées spécialement de l'art de l'ingénieur des ponts et chaussées. Ouvrage de feu M. J. Sganzin, inspecteur général des ponts et chaussées ... 5e édition, enrichie d'un atlas volumineux, entièrement refondue et considérablement augmentée avec des notes et papiers de l'auteur, avec ceux de M. de Lombarderie fils, inspecteur général des ponts et chaussées ... et avec divers autres documents, par M. Reybell, ingénieur... — *Dr Aranzo et Cie, éditeurs.*

4 vol. in-4, avec atlas, in-folio, de 160 planches. Les 3 premiers volumes ont paru en 1840, 1843, 1844, chez F. Oudart.

Le supplément, formant le tome IV, a été imprimé sous le titre suivant : Collection de tables pour abréger les calculs relatifs à la réduction des projets de routes et de chemins de toutes largeurs. Par Léon Lalanne, ingénieur des ponts et chaussées. Appendice no 4, au tome I de la 5e édition du cours de constructions de feu M. Sganzin... *D. Avanzo et Cie, éditeurs, 1844. (Bruxelles, E. Devroye et Cie, imprimeurs).* — U.

— Traité élémentaire de construction appliquée à l'architecture civile, contenant les principes qui doivent diriger :

1º le choix et la préparation des matériaux ; 2º la configuration et la proportion des parties qui constituent les édifices en général ; 3º l'exécution des plans déjà fixés. Suivi de nombreux exemples, puisés dans les plus célèbres monuments antiques et modernes. Par M. J. A. Borgnis, ingénieur. 3ᵉ édition. — *D. Aranzo et Cⁱᵉ (imprimerie de Riga).*

In-4, de 369 pp., avec un atlas in-fol. oblong, de 80 planches.

— Mémoire sur les turbines hydrauliques et sur leur application en grand dans les usines et manufactures, par M. Fourneyron. — *A. Leroux.* In-8. — U.

— Notice sur un nouveau système de ponts en fonte, par Ch. Marcellis et V. Duval. — *J. Desoer.*

In-8, de 17 pp., avec deux planches. Il faut y ajouter : Suite à la notice... J. Desoer, mai 1840, in-8, de 30 pp. Ce système a été apprécié dans la Revue nationale de Belgique, tome III.

— Éléments de mécanique. Par J. N. Noël. 2ᵉ édition, entièrement refondue. — *Dessain.*

In-8, de XIV-355 pp., avec deux planches. — U.

— Éléments de chimie inorganique, par L. de Koninck, docteur médecin, professeur de chimie à l'Université et à l'école des arts et manufactures et des mines de Liége ... — *H. Dessain.*

In-8, de 352 pp., avec deux tableaux.

— Nouvelle théorie de chimie organique, basée sur les lois de la composition binaire. Mémoire destiné à servir d'introduction à des recherches anatomiques et physiologiques sur les animaux. Par Henri Lambotte, docteur en sciences naturelles, conservateur de la collection d'anatomie comparée de l'Université de Liége. — *Riga.*

In-8, de 186 pp.

— Histoire de l'Europe au moyen âge, comprenant l'histoire générale de la France, de l'Espagne, de l'Italie, de l'Angleterre et de l'Allemagne, depuis la chute de l'empire romain jusqu'au seizième siècle. Par Henry Hallam. Nouvelle édition entièrement revue, corrigée et augmentée, traduite de l'anglais, par Borghers et Dudouit. — *Riga.*

4 vol. in-8, de 405, 411, 392, 384 pp.

— Récits des temps mérovingiens précédés de considérations sur l'histoire de France. Par Augustin Thierry, membre de l'Institut. — *Riga.*

2 vol. in-8, de 406 et 392 pp. — U.

— Cours de littérature française, par M. Villemain, de l'académie française ... Nouvelle édition, augmentée d'un essai sur la vie et les écrits de l'auteur, par M. Sainte-Beuve, et d'une étude sur les cours de littérature, par M. Silvestre de Sacy. — *Riga.*

Grand in-8, de 723 pp., à 2 col.

— Emploi du temps .. *Voy.* 1825.

— Essai d'un cours de mathématiques, par Forir. Algèbre ..*Voy.* 1825.

— Instructions pour la confirmation.. *Voy.* 1850.

1841

La Tribune, journal de la province de Liége.

Journal quotidien, in-folio, qui parut chez J. B. Nossent, puis chez N. Redouté, du 1ᵉʳ août 1841 au 31 décembre 1862. D'abord libérale, puis radicale, à partir de 1848, cette feuille fut successivement rédigée par MM. T. Weustenraad, M. L. Polain, L. Labarre, C. A. Dejaer, A. Godin, avec la collaboration de MM. V. Henaux, C. Perrin, A. Picard, L. E. Renard, E. Gérimont, etc. Les exemplaires destinés aux abonnés du Limbourg, portèrent pendant quelque temps le titre de *Gazette du Limbourg.*

En 1841 et 1842, l'éditeur publiait en supplément, tous les samedis, une feuille in-8. La collection de ces suppléments forme deux volumes. — U.

— Documents judiciaires et historiques concernant les droits de la cité de Liége sur les anciens remparts et sur le canal de la Sauvenière, publiés par ordre de l'administration communale. — *Riga.*

In-8, de 112 pp. Cette brochure est le réquisitoire, publié par M. Brixhe, dans le procès de la ville contre M. Servais. Ce dernier fut condamné à céder à la ville une partie de l'ancien rempart de la cité incorporée dans son jardin.

— Mémoire pour le domaine belge, appelant, contre la province de Liége, intimée. — *Jeunehomme.*

In-4, de 29-40 pp., un f. Ce mémoire a pour objet l'ancien palais des princes-évêques, cédé par Napoléon à la province, et que le gouvernement belge réclamait.

— Notice sur l'université de Liége. — *Desoer.*

In-12, de 24 pp. Cette brochure, extraite du *Journal de Liége*, donne quelques renseignements sur la bibliothèque de Liége. L'auteur est J. B. Ph. Lesbroussart.

— A Messieurs les président et membres de la Chambre des représentants. *S. l.*

In-4, de 4 pp. Pétition datée du 23 janvier et signée Lesbroussart.

— Ville de Liége. Règlement sur les bâtisses et constructions diverses. — *Jeunehomme.*

In-8, de 43 pp. Réimprimé avec modifications, *Liége, Riga*, 1843, in-8.

— Mémoire à S. M. Léopold Ier, roi des Belges, pour la Société anonyme de la route royale de la Vesdre. — *Desoer.*

In-4, de 22 pp. Par le baron J. Del Marmol.

— De la Belgique, au 17 mars 1841. Par un électeur. — *Jeunehomme.*

In-8, de 8 pp. Par M. Ch. de Chénedollé.

— Périls et lenteurs de la navigation à Liége. Dangers qui menacent le quartier de la ville de 18,000 âmes, dit Outre-Meuse. Nécessité d'une dérivation de la Meuse pour les éviter. — *L. Grandmont.*

In-8, de 12 pp. et 2 ff. L'auteur est M. J. Renoz. On a publié, à ce sujet, vers la même époque : *Esquisse d'un projet d'amélioration du cours de la Meuse*, par P. G. D***, officier supérieur du génie. Liége. A. Jassin, s. d. In-4, de 9 pp., avec un plan. L'auteur est M. Dandelin, mort colonel du génie.

— Pétition de Messieurs les bateliers de la Meuse des provinces de Liége, Namur et Limbourg, à Monsieur le ministre des travaux publics, tendante à obtenir une dérivation directe de la Meuse en amont du pont de la Boverie,

à Liége. Modification du projet de M. l'ingénieur, M. Franck. — *L. Grandmont.*

In-4, de 8 pp. Cette pétition est rédigée par J. B. Renoz.

— Pétition des habitants de la Boverie, Froidmont et Vennes, ville et commune de Liége, à Monsieur le ministre des travaux publics, demandant à être garantis des inondations de la Meuse par la dérivation de cette rivière en amont du pont de la Boverie et par un endiguement. Sinistres arrivés sur la Meuse, à Liége, du 1er novembre au 21 décembre 1841. Tableau des inondations extraordinaires de la Meuse à Liége, depuis l'an 1188 jusqu'à nos jours. — *Grandmont.*

In-4, de 12 pp.

— Motifs à l'appui des propositions, faites le 1er décembre 1841, par le conseil communal de Liége, à Monsieur le ministre des travaux publics, et relatives à l'exécution de l'arrêté ministériel du 20 août 1836, qui accorde à la ville de Liége une station intérieure du chemin de fer, et à la rectification du cours de la Meuse. Ces documents ont été adressés à M. le ministre des travaux publics, par le collège des bourgmestre et échevins, la chambre de commerce et la commission spéciale chargée d'appuyer les propositions du gouvernement. — *Riga.*

In-fol., de 16 pp.

— Analyse de l'Exposé des vrais principes sur l'instruction publique, par Mgr l'évêque de Liége. — *Kersten.*

In-8, de 110 pp. Abrégé du traité : *Exposé des vrais principes*, composé par Mgr Van Bommel.

— Réponse à un honorable membre de la Chambre, sur un fait particulier relatif à l'enseignement religieux dans les colléges. — *P. Kersten.*

In-8, de 16 pp. Réponse de Mgr Van Bommel à M. Dolez qui accusait l'évêque de refuser l'enseignement religieux au conseil communal de Liége.

— Ville de Liége. Rapport fait au conseil communal sur les imputations dirigées contre cette autorité, dans la brochure que M. l'évêque Van Bommel vient de publier sous ce titre : *Réponse à un honorable membre de la Chambre.* — *Riga.*

In-8, de 48 pp., signé Walthère Frère et Lion.

— Examen des faits et des doctrines consignés dans le rapport adopté par le conseil communal de Liége, dans sa séance du 27 mars 1841. Par Monseigneur l'évêque de Liége. — *P. Kersten.*

In-8, de 64 pp.

— Rectification de plusieurs faits avancés dans le rapport de M. Frère, approuvé par le conseil communal de Liége, dans sa séance du 27 mars 1841, concernant les ecclésiastiques chargés, en 1852-1855, de l'enseignement religieux au collége de cette ville. Par M. J. D. J. Lejeune, curé de Ste-Véronique. — *L. Grandmont.*

In-8, de 33 pp. M. Kersten prit parti pour l'évêque dans le *Journal historique*, t. VII, p. 68. Un prêtre de Bruxelles écrivit, de son côté, pour l'administration communale: Quelques mots sur l'instruction publique en Belgique à propos des débats qui ont eu lieu à Liége. *Bruxelles*, 1841, in-8, de 24 pp.

— Un mot en forme de lettre sur la réponse de Mgr l'évêque de Liége, au rapport adressé à la régence de cette ville, par sa commission de l'instruction publique. Par Bernard Wallop. —

In-8, de 12 pp. Réponse à l'*Examen des faits et doctrines*, par Mgr Van Bommel. — U.

— Réponse aux insinuations de la presse contre les fabriques des églises. Par Monseigneur l'évêque de Liége. — *L. Grandmont.*

In-8, de 68 pp.

— Dernier mot en réponse aux imputations dirigées contre les agents du domaine, par M. Van Bommel, évêque de Liége, dans une brochure qu'il a publiée au mois de mars 1841, à l'occasion des procès qui existent entre le domaine et les fabriques d'églises relativement aux biens provenant des bénéfices simples. — *Riga.*

In-8, de 43 pp., signée Lion.

— Le chemin du paradis rendu facile et économique. Par l'abbé C... constitutionel. — *P. J. Collardin.*

In-12, de 48 pp. Cette brochure est de Laurent Renard.

— Encore Mgr Van Bommel, ou lettre au clergé. Par l'abbé*** (S... curé de J...). — *Collardin.*

In-8, de m-20 pp.

— Nouvelles facéties et joyeusetés de Monseigneur Van Bommel, à propos d'une vierge qui n'entend pas changer de couleur. Par E. de B... — *Chez tous les libraires.*

In-8, de 14 pp. Brochure concernant une statue de la sainte Vierge qui se trouve à Visé. L'auteur est Em. de Bronckart, ancien représentant.

— Refus de sépulture. — *P. J. Collardin.*

In-8, de 10 pp. L'auteur Laurent Renard proteste contre le refus du clergé d'ensevelir un docteur en médecine, mort sans avoir abjuré le titre de franc-maçon. — U.

— Détails historiques des charitables épreuves auxquelles Monseigneur l'archevêque de Malines a soumis M. Bern. Wallop, prêtre. Première lettre à S. Em. le cardinal-archevêque de Malines, par Bernard Wallop, prêtre de l'Église romaine. Quatrième édition. — *Se vend par l'auteur.*

In-8, de 18 pp. — U.

— De l'abus que l'on fait du culte des saints. Seconde lettre à S. Em. le cardinal-archevêque de Malines, par Bernard Wallop, prêtre de l'Église romaine. Cinquième édition. — *Se vend par l'auteur.*

In-8, de 16 pp. — U.

— De l'envie de Monseigneur l'archevêque de Malines d'être un homme politique. Troisième lettre à S. Em. le cardinal-archevêque de Malines, par Bernard Wallop, prêtre de l'Église catholique. — *Se vend par l'auteur.*

In-8, de 37 pp. — U.

— De la liberté de l'enseignement. Quatrième lettre à S. Em. le cardinal-archevêque de Malines, par Bernard

Wallop, prêtre de l'Église catholique. — *Se vend par l'auteur.*

In-8, de 85 pp. — U.

— Spa, description extrated from the pilgrimages to the Spas, by James Johnson M. D. physician extraordinary to the late King, and published with notes for the utility of Spa goers, by T. Derive. Spa, *M. Derive, bookseller*. S. d. (*Liége, Collardin*).

P. in-12, de 25 pp. — D.

— Vies de quelques Belges. Philippe de Commines, Carlier, Fassin, Ransonnet, Lambrechts, Jardon, Plosschaert. Par Félix van Hulst. — *F. Oudart.*

In-8, de 268 pp. Ces biographies, sauf la première, avaient paru dans la *Revue belge.* — U.

— Pèlerinage à Notre-Dame de Chèvremont, recueil de prières pour les fidèles qui font ce pèlerinage, précédé d'un avertissement sur la manière de faire un pèlerinage, et, en particulier, celui de Chèvremont. — *L. Grandmont.* S. d.

In-18, de 42 pp., avec fig. L'approbation est du 15 juin 1841. Réimprimé chez le même, s. d., in-18.

— Psaumes de David, traduction fidèle d'après le texte hébreu universellement admis. Par J. F. X. Würth ... — *J. F. X. Würth (imprimerie H. Dessain).*

In-12, de 188 pp.

— Recueil de motets notés en plein chant, suivi de plusieurs morceaux pour le salut du St-Sacrement et d'un choix de litanies, etc. - *Grandmont.*

In 18. Une seconde édition parut en 1850, in-18, de 192 pp. L'auteur, N. Henrotte, chanoine de la cathédrale, a aussi publié : Recueil de noëls ou cantiques spirituels sur la naissance du Sauveur. *Grandmont.* S. d., in-18, de vii-70-87 pp. Ce recueil a été réimprimé chez Grandmont.

— Prosodie allemande, composée et dédiée aux jeunes Belges, par J. J. Kersch, professeur de langues ... — *H. Dessain.*

In-12, de 47 pp. Dans cet ouvrage, l'allemand est imprimé en caractères français.

— Chacun de son côté, comédie en un acte par M. Laurent Mélotte, de Liége. — *S. Rosa.*

In-18, de 52 pp.

— Laurence ou une séduction, drame en trois actes. Par Alexandre Pirotte, auteur de *Un début.* — *Jeunehomme.*

In-12, de 66 pp.

— L'abbé de Rancé, drame. Par Edouard Ludovic. — *A. Jeunehomme.*

In-18, de 67 pp. L'auteur est Édouard Wacken. Ce drame a été apprécié dans la *Revue nationale de Belgique*, tome IV.

— Bernard, drame. Par Laurent Mélotte, de Liége. — *F. Oudart.*

In-18, de 40 pp.

— Les rencontres, comédie-vaudeville en un acte. Par E. Brahy et P. Krans.— *Redouté.*

In-18, de 69 pp.

— Mélanges poétiques. Par Philippe Gravez, ancien inspecteur provincial de première classe du cadastre. — *Riga.*

In-12, de 346 pp.

— Considérations théoriques et pratiques sur les mœurs de la société actuelle. Par J. Dejaer, étudiant en philosophie et lettres. — *H. Dessain.*

In-12, de xvi-191 pp.

— Essai sur l'amitié. Par Joseph Dejaer, étudiant en philosophie et lettres. — *H. Dessain.*

In-12, de xiii-80 pp. et 2 ff.

— Carmina dicata eximio viro Kempeneers, diocesis Leodiensis. — In-8.

— Catalogue des livres rares et curieux, provenant de la bibliothèque de M. S** M**, dont la vente aura lieu le 24 août 1841 et jours suivants... Parmi les ouvrages qui font partie de cette bibliothèque, nous indiquerons plusieurs manuscrits précieux sur papier et sur vélin, une série considérable d'articles concernant l'histoire de l'ancien pays de Liége, parmi lesquels des pièces fort rares, des livres relatifs à la France et à l'Angleterre.. une collection d'anciennes gravures du xvie et du xviie siècle, des elzévirs et autres raretés bibliographiques. — *A. Jeunehomme.*

In-8, de 58 pp. Ces livres formaient une partie de la bibliothèque de M. Édouard Lavalleye.

— Catalogues des livres de la bibliothèque de feu M. Dehaut, professeur extraordinaire à l'Université de Liége, dont la vente aura lieu le 2 novembre 1841 et jours suivants. — *F. Oudart.*

In-8, de 82 pp. Catalogue rédigé par M. J. Fless, bibliothécaire de l'Université. — U.

— Catalogue d'une précieuse collection de livres de théologie, sciences, jurisprudence, belles-lettres et histoire, dont la vente publique aura lieu le 10 janvier 1852 et jours suivants .. Par le ministère de M. Renoz, notaire .. — *N. Redouté.*

In-8, de 128 pp. Contenant beaucoup de livres relatifs au pays de Liége.

— Les cancans (brochure mensuelle). Par trois flaneurs. — *Riga.*

In-12, de 36 pp. Cette livraison, de janvier 1841, est, je crois, la seule parue.

— Le Gratis, pour MM. les notaires, avoués, les hôtels, bains, cafés, estaminets.

Journal hebdomadaire in-folio, qui fut fondé à Liége chez Max Ghilain, le 3 mai 1841, et cessa de paraître après avoir publié une cinquantaine de numéros. — C.

— Revue militaire belge, fondée par des officiers de différentes armes.

Revue mensuelle qui parut, du 1er janvier 1841 au 30 novembre 1843, chez F. Oudart, et dont la collection forme 3 vol. in-8, avec pl. Elle était rédigée par MM. Coquilhat, Dusillion, Ambrosy, C. Trédéricx, Neuens, L. Micheels, Chandelon, E. Lagrange, F. Gillion, Steichen, etc. Les articles spéciaux sur Liége sont : Tome 1er De la création d'une école de pyrotechnie à Liége, par D. G. — Tome III. Notice sur la fonderie royale de canons de Liége, par C. Trédéricx et E. Dusillion. — U.

— Précis des leçons d'architecture données à l'école royale polytechnique, suivi de la partie graphique des cours d'architecture faits à la même école, depuis sa réorganisation. Par J. L. N. Durand, architecte. — *D. Avanzo et Cie.*

In-8, de 282 pp., avec un atlas in-fol. de 98 planches, imprimé à Bruxelles. — U.

— Traité de l'art de la charpenterie. Par A. R. Emy, colonel du génie ... — *D. Avanzo et Cie.*

2 vol. in-8, de 575 et 670 pp., avec un atlas de 157 planches, imprimé à Bruxelles, chez Méline et Cie. Le même éditeur a aussi publié : Cours élémentaire de fortifications fait à l'école spéciale militaire, par A. R. Emy, in-8, avec atlas de 22 pl.

— Recueil de machines appropriées à l'art de bâtir et à diverses opérations de l'industrie, par Ch. Eck. — *D. Avanzo et Cie.*

In-4, avec 16 planches in-fol.

— Applications des projections cotées à diverses recherches sur l'étendue. Par J. B. Brasseur, professeur de géométrie descriptive et de mécanique appliquée, à l'Université de Liége. — *Jeunehomme.*

In-4, de 22 pp., avec une planche.

— Réforme de la nomenclature chimique. Par C. J. Bosch, docteur en médecine. — *A. Jeunehomme.*

In-8, de 60 pp.

— Cours de logique à l'usage de l'enseignement universitaire. Par E. Tandel, professeur à l'Université de Liége. — *H. Dessain.*

2 parties in-8, imprimées en 1841 et 1843. — U.

— Monographie du Madi cultivé. (Madia Sativa). Par Victor Pasquier. — *F. Oudart.*

In-8, de 135 pp., avec 3 planches. — U.

— Dictionnaire géographique de la province de Liége .. Voy. 1835.

1842

Sentinelle des campagnes, organe des droits et des intérêts de la propriété.

Journal agricole, hebdomadaire, in-fol. de 8 pp., créé à Liége, le 13 mars 1842, par M. Max. Besaive. A partir du 25 décembre 1842, le journal fut transféré à Bruxelles.

— Courrier des campagnes, Journal de Visé.

Journal hebdomadaire, in-fol. à 3 col., imprimé chez J. Ledoux, à Liége, du 10 mars 1842 au 11 mars 1843. Il était rédigé par H. Mussin, J. F. X. Wurth et H. Delvaux.

— **Société Pradelienne**, fondée en 1840, par les élèves de M. de Pradel. Règlement et résumé annuel des travaux hebdomadaires, pendant l'année 1841-1842. - *Dessain.*

In-8, de 6 pp. Un compte rendu analogue fut publié chez Oudart, en 1843, in-8, de 6 pp.

— **Eugène de Pradel et son système**. - *Dessain.*

In-8, de 10 pp., signé X. Z.

— **Petites actualités littéraires, artistiques, gouvernementales et industrielles**, par Jean le Rimeur.

Journal mensuel, in-12, de 36 pp., imprimé de juillet à décembre 1842, d'abord à Liége, chez J. Ledoux, puis à Bruxelles. Il était rédigé par J. B. Déprez. — C.

— **La commère, écho des caveaux liégeois**.

Revue mensuelle publiée chez J. Ledoux, du 1er juin au 1er novembre 1842, par numéros, in-18, de 36 pp. Ce recueil satirique était rédigé par M. Lagarde, A. Clermont, A. Wiertz, etc. — C.

— **Guide dans Liége**, ou description historique et topographique de cette ville. Par Henri Delvaux de Fouron. — *F. Oudart.*

In-12, de 136 pp., avec un plan de Liége. Extrait du *Dictionnaire géographique* du même auteur. M. Delvaux s'est borné à ajouter à la fin du volume une nomenclature des évêques, des préfets et des gouverneurs qui ont administré le pays.

— **Catalogue des manuscrits de la bibliothèque de Liége**. *S. l. n. d.*

In-8, sans titre, de 160 pp., avec trois pl. Ce catalogue, comprenant 173 numéros, est rédigé par M. Fless, bibliothécaire de l'Université de Liége. Il n'a pas été achevé, mais M. Fless prépare en ce moment une édition complète du catalogue des manuscrits de la bibliothèque de Liége.

— **Règlement intérieur de la chambre de commerce de Liége** (8 mars 1842). —

In-8, de 6 pp. Cette chambre, instituée en 1817, a vu changer son règlement par arrêté du 10 septembre 1841.

— **Avis de la chambre de commerce de Liége, sur la question des droits différentiels**. — *H. Dessain.*

In-8. Par F. Capitaine. — U.

— **Simple avis au peuple sur la nomination de ses bourgmestres**. Par un vieux patriote. — *J. Desoer.*

In-8, de 10 pp. Extrait du *Journal de Liége*, des 30 avril et 5 mai 1842. Par M. L. Polain.

— **Élections communales de Liége**. Adresse du comité définitif du commerce, à Messieurs les électeurs. *S. l.*

In-fol. — U.

— **Exposé de l'ancien état du lit de la Meuse, dans la ville de Liége, lors de l'inondation de 1784 et de son état actuel. Projet de dérivation directe de la Meuse, à Liége, en amont du pont de la Boverie pour garantir la ville des dangers**, dont elle est menacée par cette rivière et pour améliorer la navigation et préserver MM. les bateliers des sinistres qu'ils éprouvent chaque année dans la commune de Liége. Par Dubois-Mottard et de Bassompierre, usiniers. — *Grandmont.*

In-8, de 19 pp., avec un plan.

— **Pétition des habitants du quartier d'Outre-Meuse, et du faubourg d'Amercoeur de la ville de Liége, à Messieurs les représentants**. - *L. Grandmont.*

In-4, de 11 pp. Pour demander la dérivation de la Meuse. — U.

— **Appel à l'opinion sur la question des sucres en Belgique**. — *P. J. Collardin.*

In-4, de 80 pp., avec tableaux. Cette brochure, signée par les délégués des fabricants de sucre indigène, a été rédigée par Laurent Renard, journaliste et professeur à l'athénée de Liége.

— **La commune de Fraipont, contre la famille de Calwaert**. — *Grandmont.*

In-8, signé D. Zoude, A. de Thier et V. Fabri, avocats. — U.

— **Règlement de la Société musicale liégeoise**. — *S. Rosa.*

In-8, de 16 pp. Le président de la Société était M. Ferd. Desoer.

— **Catalogue de la librairie ancienne de M. Alphonse Polain**, rue de l'Université 21, à Liége. — *F. Oudart.* 1842-1847.

In-8, de 164 pp. (10 livraisons comprenant 1402 numéros). Ce catalogue se recommande non seulement par les livres et manuscrits précieux qu'il indique, mais aussi par plusieurs notices de M. M. L. Polain sur l'histoire littéraire du pays de Liége.

— Exposition bisannuelle de Liége. Visite au salon de 1842, par Charles Perin. — *N. Redouté.*

In-12, de 40 pp.

— A toutes les gloires de l'ancien pays de Liége. Souvenir par M. L. Polain. — *F. Oudart.*

In-8, de 28 pp. Au sujet de l'inauguration de la statue de Grétry, le 18 juillet 1842.

— L'inauguration de la statue de Grétry, sur la place de l'Université de Liége. Cantate, par J. G. Modave. — *Oudart.*

In-8, de 8 pp.

— Rappel sérémonial en mémoire di Grétry, dè zannaye (sic), 1828-1842. Par J. Hasserz. — *Max. Ghilain.*

In-8, de 4 pp. (0 complets).

— Grétry aux Liégeois. Par Charles Marcellis. — *P. J. Collardin.*

Gr. In-8, de 12-10 pp. En vers. — T.

— Hommage à Grétry, scène lyrique, paroles de M. Dessessard, musique de M. Hanssens, chef d'orchestre du théâtre royal, ballet de M. Petitpas, décor de M. Rivière, mise en scène de M. Solomé. — *S. Rosa.*

In-8, de 8 pp.

— Vie, œuvres, éloge de Grétry, compositeur célèbre, né à Liége, le 11 février 1741, mort à Montmorency (Paris), le 25 septembre 1813. Poëme en 408 vers. Hommage aux Liégeois. Inauguration de sa statue sur la place de l'Université à Liége, le 18 juillet 1842. Par J. J. Kersch. — *Max. Ghilain.*

In-8, de 15 pp.

— La statue de Grétry, par Étienne Bénaux. — *J. Desoer.*

In-8, de 24 pp. Voy. sur l'auteur le *Bulletin du Bibliophile belge*, t. I. La *Revue Belge* a également publié sur le même sujet quelques poésies de MM. Van Hasselt, L. Marchand, dans le tome XXI. — U.

— Grétry. Par Félix Van Hulst. — *F. Oudart.*

In-8, de 98 pp., avec portrait. — U.

— René Sluse. Par Félix Van Hulst. — *F. Oudart.*

In-8, de 3 ff., 72 pp., avec portrait. Voy. l'analyse de ce travail dans les *Bulletins de l'Académie royale*, 1re série, t. VIII, 1er vol., pp. 116-120. — U.

— Le mal du pays. Par Etienne Bénaux. — *Desoer.*

In-8, de 271 pp. Cet ouvrage a été apprécié dans la *Revue nationale de Belgique*, t. VIII. — U.

— Notice sur M. N. G. A. J. Anciaux, docteur en chirurgie et professeur à l'Université de Liége. Par M. le docteur Habets. — *F. Oudart.*

In-8, de 26 pp. — T.

— Loisirs poétiques. Par J. G. Modave. — *F. Oudart.*

In-8, de 359 pp. Quelques exemplaires portent le titre suivant : *Silius Italicus*, quinzième chant de la seconde guerre punique, traduit en vers français, avec le texte en regard, sommaire du poëme, notice biographique et littéraire sur Silius, par M. L., professeur à l'Université de Liége, suivi de poésies diverses, par J. G. Modave.

Après la page 126 se trouve le fac-similé d'une lettre de Meyerbeer à M. Modave. Ce volume comprend les diverses poésies de l'auteur qui avaient été publiées séparément. Voy. sur Modave et ses œuvres le *Nécrologe liégeois* de 1852. — U.

— Le remorqueur, poëme. Par Th. Weustenraad. — *F. Oudart.*

In-8, de 22 pp.

— Essai de poésies fugitives. Par J. J. Kersch, professeur de langues, élève en philosophie et lettres, auteur de deux ouvrages allemands récemment publiés. — *H. Dessain.*

In-12, de 70 pp. Ce volume a été très-spirituellement critiqué dans les *Guêpes* d'Alphonse Karr, en décembre 1842.

— Poésies. Fougères. Par Joseph Gaucet, auteur de *Sœur et Frère*. — *N. Redouté.*

In-12, de 261 pp. et un f. table. Gaucet lui-même était d'avis que les deux tiers de ces poésies devaient être revues ou éliminées.

— Le feu. — *F. Oudart.*

In-12, de 43 pp.

— Liége et Franchimont. Héroïsme, amour et malheur, drame en trois actes et en prose, par A. Rastoul de Mougeot, représenté pour la première fois sur le théâtre royal de Liége, le 20 janvier 1842. — *F. Oudart.*

In-18, de 64 pp.

— Œuvres dramatiques belges. Par Fourdrin aîné, 2ᵉ édition. — *F. Oudart.*

In-8, de 346 pp., à 2 col. — U.

— Les dulcamaras, poésies belges. Par Fourdrin aîné, auteur des œuvres dramatiques belges. — *N. Redouté.*

In-12, de 252 ½ p. Réimprimé chez le même, en 1843-1844, in-8, de 163 pp. et 2 pp. table. Cette édition contient deux pièces de plus que la précédente.

— Grains de sable, poésies. Par Marcellin Lagarde. — *F. Oudart.*

In-8, de 237 pp., avec le portrait de l'auteur. — U.

— Jeanne la Flamande (1252). Par Émile Dusillion, lieutenant d'artillerie. — *F. Oudart.*

In-12, de 268 pp.

— Novell collection d'paskeye liégeoiss. — *F. Oudart.*

Collection de neuf brochures numérotées, in-12, de 4 à 12 pp. chacune, publiées en 1842 et 1843, par MM. T. Fuss, A. Leroy et A. Picard. Elles ont été réunies en un volume, sous la rubrique *Liége, librereie nationale*, 1843.

— Quelques chansons wallonnes. Par l'auteur du *Pantalon trawé*. — *F. Oudart.*

In-18, de 35 pp. Cet opuscule, qui comprend le *Pantalon trawé* et quelques autres chansons, fut réimprimé la même année chez J. G. Lardinois, in-18, sous le titre de *Poésies wallonnes, par l'auteur du Pantalon trawé*, Nᵒ 1. M. C. Duvivier, curé de S. Jean, auteur de ces poésies y ajouta un supplément sous le titre de *Poésies wallonnes...*, nᵒ 2, Liége, J. G. Lardinois, 1842, in-18, de 35 pp. L'*Annuaire wallon* de 1864 a donné une notice détaillée sur l'auteur et ses ouvrages.

— Mand'mîn d'karemm. Pastoral di nos Bômel, prumi naiveu d'aiw d'Out, po lér' è purloch' dé z'egliss dé dioces di Lich, û joû d'van lé z'élection. *S. d.*

In-8. Par C. Wasseige.

— Distinse de Mgr Van Bomêle par inn' bonne âm', cont lès mâlès gueuyes. — *F. Oudart.*

Chanson, par F. Bailleux.

— Les Étrennes liégeoises. Almanach de ... Chansons wallonnes, anecdotes et bons mots. — *M. Ghilain.*

In-32. Années 1843 à 1840. Les chansons wallonnes sont de J. Dehin, J. Pinsard, etc. — C. H.

— Journal belge des conseils de fabrique et du contentieux des cultes ... — *L. Grandmont.*

4 vol. in-8, publié de 1842 à 1845. Les principaux rédacteurs étaient MM. A. Bosquet, Rolin, de Naeyer, Beckers, Servais, Defoor, Kempeneers, A. Bottin, Delcour, Baguet, E. Dubus, Thys et Perreau.

— Législation des paroisses en Belgique. Recueil par ordre chronologique des lois, décrets, avis du conseil d'État et règlements généraux concernant la propriété et l'administration des biens des fabriques, l'exercice du culte et le clergé depuis la réunion de la Belgique à la France jusqu'à ce jour ... Par L. Bon, avocat ... Deuxième édition revue et considérablement augmentée. — *J. G. Lardinois.*

Gr. in-8, de xx-300 pp., à 2 col.

— Avertissement aux catholiques sur la Bible en réponse au livre de la conférence, etc., du jésuite Boone. Par F. D. Girod, pasteur de l'église chrétienne de Liége. — *J. Desver.*

In-8, de xi-172 pp. — U.

— Exposition des indulgences attachées aux chapelets, croix, médailles et scapulaires bénits par les PP. de la congrégation du très-saint Rédempteur. — *J. G. Lardinois.*

In-18, de 23 pp.

— Vesperale Romanum sive antiphonale Romanum abreviatum cum psalterio fideliter extractum ex antiphonali Romano et continens omnia quae cantantur ad vesperas et completorium. Accedunt officia integra nativitatis Domini, hebdomadae sanctae et defunctorum et quaedam officia nova. Editio nova aucta capitulis et orationibus. — *P. Kersten.*

In-12, de 670-2-7 pp.

— Ad illustrissimum praesulem Leodiensem de optima in seminariis theologiam sacram tradendi ratione ac methodo disquisitio. — *P. Kersten.*

In-8, de 80 pp. — S.

— Nouveau règlement pour les deux confréries érigées dans l'église de Chênée. — *L. Grandmont. S. d.*

In-12, de 19 pp.

— Manuel de l'histoire de la philosophie ancienne. Par N. J. Schwartz... professeur à l'Université de Liége. — *F. Oudart.*

In-8, de viii-334 pp. et un f. de table. — U.

— Langue mère et littérature sacrée, ou morceaux choisis de la Bible, texte hébreu et traduction fidèle. Par J. F. X. Würth ... professeur extraordinaire à l'Université de Liége... — *Chez l'auteur.*

In-18, de vi-138 pp.

— Cinq cents exercices orthographiques sur les homonymes, pour faire suite à toutes les grammaires. Par Théodore Derive ... — *J. G. Lardinois.*

In-12, de 77 pp.

— Essai de poétique. Par J. J. Nyssen. —

In-8. La troisième édition parut à Liége, chez J. Meyers, en 1860, in-8, de 580 pp. — U.

— Anthologie poétique allemande ou recueil en vers des plus beaux morceaux de la langue allemande dans la littérature des deux derniers siècles, ouvrage classique ... Par P. Jansen, professeur au collége de Liége. — *H. Dessain.*

In-8, de 340 pp.

— La langue italienne et sa prononciation mises à la portée de tout le monde. Par B. Tirelli. — *H. Dessain.*

In-8, de vi-96 pp. — U.

— Précis sur les verbes italiens, par B. Tirelli. — *H. Dessain.* In-8. — U.

— Traité de change, tableaux comparatifs ou rapports généraux des changes entre les principales places étrangères, à l'usage des maisons de banque et de commerce. Par J. B. J. Chansay, professeur d'arithmétique commerciale. — *H. Rongier-Duvivier.*

In-8, de 141 pp. Il faut y ajouter... Supplément dudit traité, du nouveau système, au nom de la chambre de commerce de la ville libre de Francfort-sur-Mein, commencé le 1er janvier 1848. — *H. Rongier-Duvivier*, 1848. In-8, de 32 pp.

— Recueil et parallèle des édifices en tout genre, anciens et modernes remarquables par leur beauté, par leur grandeur ou par leur singularité dessinés sur une même échelle. Par J. N. L. Durand. *Bruxelles (Liége Avanzo).*

Atlas in-fol., plano, de 110 planches, dont 20 planches inédites, ajoutées par les éditeurs belges. L'ouvrage est accompagné du volume de texte suivant : Essai sur l'histoire générale de l'architecture, par J. G. Legrand, pour servir de texte explicatif au *Recueil et parallèle des édifices de tout genre*... in-8, de 212 pp. Ce volume fut remis en vente, avec la date de 1856. On trouve à la fin un supplément dû à Laurent Renard, et intitulé *De l'art en Allemagne.* — U.

— Ponts suspendus de J. Dregge, ingénieur, expliqués d'après les principes du levier, par W. Trombull, auteur d'un traité sur la force de la fonte, suivi de l'indication exacte par poids et quantité des matériaux employés dans la construction du pont suspendu de Bulloch, comté de Dunbarton, avec la projection isométrique de ce pont. Traduit de l'anglais, par G. Sommerzet-Irvine, professeur au collége royal et au collége St-Servais, à Liége. — *F. Oudart.*

In-8, de viii-50 pp., avec 2 pl.

— Description des animaux fossiles qui se trouvent dans le terrain carbonifère de Belgique. Par L. de Koninck, docteur en médecine, professeur de chimie à l'Université. — *H. Dessain.* 1842-1844.

2 vol. gr. in-4 : le premier de 3 ff., iv-646 pp.; le second de 3 ff. et 63 planches, marquées A-H et nos 1 à LV, avec un feuillet d'explication à chaque planche. Il faut y ajouter un supplément, *Liége, Dessain,* 1851, gr. in-4, divisé en deux parties : la première comprend les pp. 646 à 716 et les planches 56-60 ; la seconde partie comprend 70 pages et 5 planches, avec un feuillet d'explication à chaque planche — U.

— Un mot de réponse à la critique, publiée sous le titre de : Compte rendu de l'ouvrage de M. L. de Koninck ..., professeur de chimie à l'Université de Liége, intitulé *Éléments de chimie inor-*

ganique. Par C. J. Koëne ... professeur de chimie à l'Université de Bruxelles. — *H. Dessain*.

In-8, de 19 pp., signé L. de Koninck.

— Les animaux domestiques, considérés sous le rapport de leur conservation, de leur amélioration et de la guérison de leurs maladies, ou guide théorique et pratique du propriétaire, du fermier, du cultivateur, de l'éleveur, de l'engraisseur, du chasseur, etc., Par Max. Desaive, de Liége. — *Chez l'auteur (Bruxelles, imprim. Méline).*

In-8, de xv-783 pp. — U.

— Faune belge, 1re partie. Indication méthodique des mammifères, oiseaux, reptiles et poissons observés jusqu'ici en Belgique. Par Edm. de Sélys-Longchamps. — *H. Dessain*.

In-8, de xii-310 pp., avec 9 planches. — U.

— Dispensaire ophtalmologique de Liége. Règlement. — *F. Oudart*.

In-8, de 16 pp. Il a paru au sujet de cet établissement, dirigé par le docteur J. Ansiaux, les brochures suivantes :
Relevé statistique des années 1846 et 1847. *Liége, J. G. Lardinois*, in-8, de 10 pp. — Clinique de 1845 à 1852. *Liége, Lardinois*, 1854, in-8. — Compte rendu de la clinique ophtalmologique de M. le docteur J. Ansiaux, pendant l'année 1845. Par Antonio Damaso Guerreiro. *Bruxelles*, 1846, in-8. — U.

— Blépharoplastie. Opération pratiquée, par le Dr Jules Anciaux. — *F. Oudart*. In-8, fig. — U.

— Carrés sur quatre rangs où nouvelles dispositions de l'infanterie, contre la cavalerie. Par Thonissen, sous-lieutenant, au 10e régiment de ligne. — *F. Oudart*.

In-8, de 51 pp., avec une planche.

— Nouvelles dramatiques, par J. Gaucet. *Voy.* 1859.

— Recueil des miracles ... à la chapelle du Sart ... *Voy.* 1666.

— Description de la ville de Liége ... *Voy.* 1857.

— Arithmétique, par J. N. Noël ... *Voy.* 1859.

— Histoire des quatre fils Aymon. *Voy.* 1840.

1843

Courrier des campagnes, journal des instituteurs et des pères de famille de la province de Liége.

Journal hebdomadaire, in-folio, imprimé chez M. Ghilain, du 18 mars 1843 au 22 juin 1844. Il était rédigé par MM. Bassompierre, H. Massin et J. F. X. Wurth.

— Le Notger.

Feuille catholique hebdomadaire, p. in-fol., rédigée par J. F. X. Wurth, qui parut du 15 novembre au 24 décembre 1843.

— Revue catholique, recueil religieux, philosophique, scientifique, historique et littéraire.

Revue mensuelle, in-8, créée à Liége, le 1er mars 1843, transférée à Louvain, puis à Tirlemont, à partir du 1er mars 1846. Il était rédigé par les professeurs de l'Université de Louvain, et s'imprimait chez J. G. Lardinois.

— L'indicateur liégeois, journal d'affiches, annonces judiciaires, légales, commerciales et avis divers.

Journal, imprimé chez J. Ledoux, de 1843 à 1845. Le format p. in-4, de 8 pp., devint in-fol., à 3 col. Il parut d'abord deux fois, puis une fois par semaine.

— Mémoires de la Société royale des sciences, de Liége ... 1843-1867.

20 vol. in-8 : le premier imprimé chez F. Oudart; les suivants chez H. Dessain. Voici la liste des principales publications contenues dans ce recueil qui ont été tirées à part :

III. V. Monographie des coléoptères subpentamères de la famille des phytophages. Par Th. Lacordaire. *Bruxelles, Leipzig et Paris*, 1845-1848, 2 vol in-8.

VI. Revue des odonates ou libellules d'Europe, par E. de Sélys-Longchamps, avec la collaboration de M. le docteur H. A. Hagen. Ouvrage servant de complément et de supplément à la monographie des libellulidées d'Europe, de M. de Sélys-Longchamps, in-8, Bruxelles, 1840. *Bruxelles, Leipzig et Paris*, 1850. In-8, avec onze planches et six tableaux.

VII. Exposé élémentaire de la théorie des intégrales définies. Par A. Meyer. *Bruxelles, Leipzig et Paris*, in-8.

VIII. Recherches sur le télégraphie électrique. Par M. Gloesener. *Liége, Dessain*. In-8, avec 14 planches.

IX. Monographie des caloptérygines, par E. de Sélys-Longchamps, avec la collaboration de M. le docteur H. A. Hagen. *Bruxelles, Leipzig et Paris*. In-8, avec 14 planches.

X, XI, XIII. Cours élémentaire sur la fabrication des bouches à feu en fonte et en bronze et des projectiles, d'après les procédés suivis à la fonderie de Liége. Par Coquilhat, major. *Liége, Dessain*, 1856-1858, 3 vol. in-8, avec 45 planches.

XII. XIV. XV. XVII. Monographie des Clatérides. Par M. E. Candèze. *Liége, H. Dessain*, 1857-1863, 4 vol. in 8, avec 25 planches.

— Henri de Dinant. Histoire de la révolution communale de Liége, au XIIIᵉ siècle (1252-1257). Par M. L. Polain. — *F. Oudart.*

In-8, de 111 pp. — U.

— Notice historique sur la ville de Marienbourg, contenant une relation détaillée et un plan des attaques faites en 1815 par les Prussiens, par F. S***. — *Oudart.*

In 8, de 48 pp. L'auteur est M. Frédéric Schollaert, capitaine du génie. La première édition de cet opuscule avait été publiée dans la *Revue militaire belge*.

— Histoire abrégée des guerres dont les Pays-Bas, et particulièrement la Belgique, ont été le théâtre, depuis le traité des Pyrénées en 1659 jusqu'à celui de Paris en 1815 ; avec des réflexions politiques et militaires. Par le colonel sir James Carmichael-Smyth, aide-de-camp de S. M. Britannique, commandant-ingénieur à l'armée anglaise de Belgique, en 1814 et 1815. Ouvrage traduit de l'anglais, par E. Lagrange, capitaine du génie au service de S. M. le roi des Belges. — *F. Oudart.*

In-8, de 380 pp. — U.

— Essai politique sur les révolutions inévitables des États, d'Antonio de Giuliani, traduit de l'italien, par L. A. J. Amiable. — *J. Ledoux.*

In 8, de 40 pp.

— A M. le rédacteur en chef de la Tribune. — *Riga.*

In-8, de 14 pp., daté de janvier 1848. Cette lettre, rédigée par M. de Damery, au nom de M. Thonnard, avocat, fut suivie d'une réplique intitulée Affaire de M. Thonnard. Réponse de la Tribune. *Liége, N. Redouté*, 1848, in-8, de 8 pp.

— Exposé des griefs au nom du quartier du Nord, par F. C. de Damery. — *J. G. Lardinois.*

In-8, de 12 pp., daté du 28 août. — U.

— Mémoire adressé par les habitants du quartier du Nord à Messieurs les membres composant le conseil communal de Liége. — *J. G. Lardinois.*

In-8, de 12 pp., rédigé par F. C. de Damery et daté de septembre 1848.

— Les meilleurs chapitres de toute histoire, chants d'amour, souvenirs d'enfance et propos de table. Par M. F. C. de Damery. — *Riga.*

In 12, de 316 pp.

— Lettre d'un solitaire à un ministre sur les intérêts moraux et matériels en Belgique. Par M. F. C. de Damery. — *J. G. Lardinois.*

In-8, de 32 pp.

— Fête solsticiale du 8ᵉ jour du 11ᵉ mois de l'année 5842. A la R∴ ▫∴ de la Parfaite Intelligence et de l'Étoile réunies, à l'Or∴ de Liége. Allocution du F∴ R.... d, Orat∴ — *P. J. Collardin.*

In-8, de 20 pp. L'auteur est L. E. Renard.

— Le nouveau collége de Liége. — *Desoer.*

In-8, de 8 pp. Par E. Laurent Renard.

— Essai sur l'union douanière de la France et de la Belgique. — *P. J. Collardin.*

In-4, de 80 pp. Le catalogue Reiffenberg, nº 2042, en contenait un exemplaire avec envoi de l'auteur Ch. Dubois, de Liége. M. Capitaine, de son côté, l'attribue à L. E. Renard.

— De l'expression dans les arts et particulièrement dans la musique, à propos du concert de Mᵐᵉ Pleyel. Par R. ... d. —

In-8, de 11 pp. L'auteur de cette brochure est Laurent Renard. Extrait de *la Tribune*, du 13 mars.

— Eclectisme politique ou négation des partis dont l'existence est inconciliable avec les articles 6 et 14 de la Constitution belge. Par G. L. Léonard. — *Redouté.*

In-8, de 8 pp. — U.

— Chambre de commerce. A Messieurs les membres de la représentation nationale. S. l.

In-4, de 7 pp., daté du 16 janvier.

— A Messieurs les président et membres du conseil provincial. *S. l.*

In-4, avec une carte, signé baron L. de Waha, et daté du 5 juillet. Relatif à un projet de route entre Meuse et Ourthe. — U.

— Nécessité d'une station intérieure dans la ville de Liége. — In-4. — U.

— Mémoire à consulter pour les légionnaires de l'Empire. — *P. J. Collardin.*

In-4, de 25 pp., daté de décembre 1843.

— Société d'Orphée. — *Lemarié.*

In-8, de 8 pp. Avec une paskeye, par M. J. Ramoux.

— Société Sainte-Cécile. Règlement. — *N. Redouté.*

In-18, de 34 pp., réimprimé chez le même en 1854, in-18. La première édition avait paru chez Jeunehomme, s. d., in-12, de 20 pp.

— Méthode élémentaire et pratique de plain-chant, par l'auteur du Recueil de motets à l'usage des écoles normales. — *Grandmont.*

In-18, de viii-99 pp. Cette méthode en est aujourd'hui à sa quatrième édition publiée, comme les précédentes, chez Grandmont. L'auteur est le chanoine N. J. Henrotte.

— Mélanges. Par Félix Van Hulst. — *F. Oudart.*

In-8. Recueil d'articles et d'analyses critiques publiés dans diverses revues. — U.

— Critique littéraire. Les *Fleurs éphémères* de M. Ch. Morren. Par M. Ch. Perin. — *Philippart frères.*

In-8, de 28 pp.

— Notger ou la prise de Chèvremont, poëme historique, par J. J. Radoux. — *J. Ledoux.*

In-8, de 32 pp.

— Une larme, poésies, par Ed. Brahy. — *F. Oudart.*

In-12, de x-104 pp.

— Le Vampire, opéra en quatre actes, traduction et paroles françaises de J. Ramoux (le libretto allemand est de Volbrück), musique de H. Marschner, mise en scène sur le théâtre royal de Bruxelles par M. Solomé. *Paris, Autagnier, et Liége, Palante (impr. F. Oudart).*

In-8, de 31 pp. La partition parut à Paris, in-4, de 225 pp.

— Seyance dè Synode de prumî juin 1843. Complainte du Van Bommel. *S. l.*

Un f. in-8. Par J. Lamaye.

— Les Boutes del gazette di Desor. *S. l. n. d.*

In-8, de 2 ff. (20 couplets). Par J. F. de Bassompierre.

— Li Lombart. Chanson walone, dédiée à Pôff. *S. l. n. d.*

In-8, de 7 pp. Par O. Serulier.

— Paskeye so l'novelle komett. — *F. Oudart.*

In-12, de 5 pp., daté du 29 mars.

— Quelques mots sur l'histoire des comètes à propos de celle qui nous est apparue. — *Desoer.*

In-12. Par Alp. Leroy, prof. à l'Université.

— Histoire universelle de l'Église catholique. Par l'abbé Rohrbacher, de la compagnie de Jésus. — *J. G. Lardinois,* 1843-1850.

29 vol. in-8. — U.

— De la paix entre l'Église et les États, suivie de quelques remarques sur l'exposé de Berlin, par Mgr l'archevêque de Cologne Clément Auguste, baron de Droste Vischering. Traduit de l'allemand. — *Lardinois.*

In-8, de viii-115 pp. — S.

— Sainte Alénie et les saints en général. Seconde édition avec réfutation de trois articles de M. Kersten, par l'auteur de l'Avertissement aux catholiques sur la Bible, E. D. Girod, pasteur de l'église chrétienne de Liége. — *J. Desoer.*

In-12, de 33 pp. et 3 pp. table. La première édition avait paru la même année, chez J. Desoer, in-12.

— Translation de sainte Alénie, martyre. Observations historiques et archéologiques sur la découverte des corps des saints martyrs dans les catacombes de Rome, à l'occasion du don fait par le Saint-Siège, du corps de Ste Alénie à la congrégation du T. S. Rédempteur, établie à Liége. Par un père de ladite congrégation. — *L. Grandmont.*

In-12, de 33 pp., avec approb. du 10 janvier. — U.

— Sancta Alenia, martyr, Leodiensium pietati à Gregorio XVI. P. M. donata. *S. l. n. a.*

In-8, de 4 pp. Par J. D. Fuss.

— Essai sur l'amélioration de l'agriculture en Belgique, suivi d'un mémoire sur le défrichement des landes et bruyères. Par Maximilien Ledocte. — *J. Desoer.*

In-8, de 4 ff., 166 pp.

— Des moyens de fertiliser les Ardennes, le Condroz, la Campine. Par L. J. Wodon, inspecteur de l'enregistrement et des domaines dans la province de Liége. — *N. Redouté.*

In-8, de 26 pp.

— Société royale d'horticulture et d'agriculture de Liége. Règlement. — *N. Redouté.*

In-8, de 11 pp.

— Notions élémentaires des sciences naturelles et physiques, comprenant la physique, la chimie, la minéralogie, la zoologie et la botanique. Par MM. Aug. et Charles Morren. — 1843-1846.

5 vol. in-12. Réimprimé chez H. Dessain, en 1852, 5 vol. in-12.

— Le guide des jurés devant les cours d'assises. Par N. D. Simonis, avocat. — *J. Ledoux.*

In-8, de 423 pp.

— Dissertation, par A. F. Lepoureq, avocat à la cour d'appel de Liége, sur la question de savoir si le propriétaire d'une habitation ou d'une clôture murée peut empêcher la recherche ou l'exploitation des mines dans un terrain éloigné de moins de cent mètres de sa propriété, alors même que ce terrain ne lui appartient pas. — *H. Dessain.*

In-8, de 32 pp.

— Réflexions sur le rachat, par annuités, des prêts sur hypothèque foncière. Par G. P. D***. — *J. Desoer.*

In-8, de v-33 pp., avec une planche. L'auteur est G. P. Dandelin, colonel du génie.

— Anecdotes judiciaires. Par H. Vandermaesen, avocat. — *P. J. Collardin.*

In-8, de 115 pp.

— De l'enseignement moyen. Lettre à M. J. Gendebien, avocat à la cour d'appel de Bruxelles, à l'occasion de sa brochure intitulée *D'une réforme dans l'enseignement moyen.* Par D. Marlin, préfet des études au collège communal de Liége. — *F. Oudart.*

In-8, de 108 pp.

— Esquisse d'un cours d'anthropologie à l'usage de l'enseignement universitaire. Par E. Tandel, prof. ord. de philosophie à l'Université de Liége. — *H. Dessain.*

In-8, de 250 pp. — U.

— Sommaire d'un cours de philosophie morale. Seconde édition. — *H. Dessain.*

In-8, de 50 pp. L'auteur est E. Tandel, professeur à l'Université.

— Nouvelle méthode grammaticale, pratique, théorique et expliquée suivant un système simple et facile, à l'usage des écoles primaires de la Belgique, en 75 leçons. Par Aug. Mathelot, professeur. Avec de très-nombreux exercices d'orthographe, d'analyse et de ponctuation tirés des meilleures autorités. 2e édition. — *N. Redouté,* 1845-1846.

3 parties in-12.

— Traité complet d'arithmétique, suivi des éléments d'algèbre. Par J. N. Noël, professeur ordinaire à l'Université de Liége. Huitième édition, revue, augmentée et simplifiée. — *H. Dessain.*

In-8, de 319 pp. Voy. 1839 et 1840.

— Essai sur la disposition des grands chantiers de terrassement, ouvrage contenant un grand nombre d'observations faites dans les travaux des routes et chemins de fer exécutés récemment en Angleterre et en France. Par Carl Azel, ingénieur. — *F. Oudart.*

In-4, de 32 pp., avec un atlas in-fol., oblong, de 26 planches.

— Traité de la construction des ponts, par M. Gauthey, inspecteur général des ponts et chaussées. Publié par M. Navier, ingénieur en chef des ponts et chaussées. Troisième édition, corrigée, augmentée. — Leroux (imp. *J. Ledoux*).

3 vol. gr. in-4, de 335, 336, 344 pp., avec 19, 13 et 10 planches.

— Édifices de Rome moderne, ou recueil des palais, maisons, églises, couvents et autres monuments publics et particuliers les plus remarquables de la ville de Rome, dessinés et mesurés par P. Letarouilly. — *Avanzo*. 1843-1855.

2 parties en un vol. in-4, de texte, et 2 vol. in-fol. plano, comprenant 231 planches. — U.

— Des améliorations que réclame la législation pharmaceutique belge. Par le chev. de Lebidart de Thumaide. — *F. Oudart.*

In-8. Une partie de l'édition porte la date de 1844. — U.

— Almanach de commerce de la province de Liége, contenant la liste générale des habitants, commerçants, etc., de la ville de Liége, les adresses des commerçants des villes de Liége, Verviers, Waremme, Visé, etc. Par Bourreiff et C°, éditeurs de l'*Indicateur liégeois*. — (*J. Ledoux*.)

In-12. Années 1844 et 1845. — C.

— Almanach du commerce de Liége, indicateur général, commercial et industriel, contenant plus de 6,000 adresses dans tous les genres de négoce, le corps judiciaire, le barreau, le notariat; les règlements et tarifs du chemin de fer, la navigation, les messageries, etc., etc., suivi d'une nomenclature industrielle de la province. — *Ch. Wigny (impr. Collardin).*

In-12. Années 1844 et 1845. — C.

— Essai d'un cours de mathématiques. Géométrie, par Forir. *Voy.* 1830.

— Explication des premières vérités .. *Voy.* 1855.

— Les dulcamaras .. *Voy.* 1842.

1844

La voix du peuple, revue politique, historique et littéraire.

Recueil libéral, mensuel, in-8, imprimé chez P. J. Collardin, du 1" novembre 1844 au 1" janvier 1846. Il était rédigé par L. E. Renard. — C.

— L'Impartial.

Journal catholique, bis-hebdomadaire, in-fol., à 3 col., imprimé chez A. Denoël, du 1" janvier au 3 juin 1844. Il était rédigé par M. F. C. de Damery.

— Journal des Modes.

Recueil publié à Liége, en mars 1844, et dont il n'a paru que quelques numéros.

— La réforme, journal des intérêts moraux, scientifiques et matériels de la pharmacie.

Journal mensuel, imprimé chez A. Denoël, du 1" octobre 1844 au 1" février 1845. La collection forme 2 vol. in-8, de 228 et 94 pp. — C.

— L'Abeille, journal de l'industrie, de l'agriculture et de l'enseignement.

Journal hebdomadaire, in-folio, imprimé chez M. Ghilain, du 29 juin au 31 décembre 1844.

— Moniteur des familles et de l'instruction publique.

Recueil mensuel, in-18, rédigé par J. F. X. Wurth, qui parut à Liége, chez J. Ledoux, du 1" avril 1844 au 15 avril 1847. — C.

La Revue de Liége. — *F. Oudart.* Janvier 1844 à décembre 1847.

8 vol. in-8, fig. M. Van Hulst, directeur de cette revue, avait pour principaux collaborateurs MM. Polain, Nypels, de Stassart, Rouveroy, Woequier, Leroy, Mathieu, Clesse, Lesbroussart, Wacken, C. Grandgagnage, J. Fuss, Gens, Weustenraad, Juste, A. Borguet, L. Alvin, Modave, Ferd. et V. Henaux, etc. Ce recueil succédait à la *Revue belge*, dont il continua les travaux. — U.

— Histoire de l'ancien pays de Liége. Par M. L. Polain, conservateur des archives de la province de Liége. — *J. Ledoux*, 1844-1847.

2 vol. in-8, de 425 et 455 pp. Cette histoire ne va que jusqu'en 1468. L'introduction et les deux volumes qui devaient compléter l'ouvrage n'ont jamais paru. Il existe des exemplaires sur papier fort. Un prospectus in-8, de 8 pp., a paru chez F. Oudart.

— Nouveau guide du voyageur dans Liége, Spa, Chaudfontaine et les environs ... — *Philippart frères.*

In 18, fig. et plan. Ce guide, rédigé par M. Rigo fils, reparut l'année suivante, à Liége, chez A. Denoël, in-18. — U.

— Premier examen de conscience du Journal de la province de Liége, pour servir un jour (si tant est qu'il vienne) à la confession générale de son éditeur et de ses rédacteurs. — *J. G. Stecher.*

In-8, de 16 pp. Par F. Charpentier de Damery. — U.

57

— Gare la bombe ou la pétition du quartier du Nord justifiée par les chiffres, réponse ingénue au critique anonyme du Journal de Liége et à l'auteur du Rapport du 29 décembre 1845... Par F. C. de Damery, avocat à la cour royale de Paris... — *J. G. Lardinois.*

In-8, de 180 pp., avec dix tableaux. Le vrai nom de l'auteur est Félix Charpentier, natif d'Epernay, avocat et ancien maître de Damery.

— Les loups se font brebis. — *A. Denoel-Houbaer. S. d.*

In-8, de 8 p., signé F. C. de D(amery). Pamphlet dirigé contre le rédacteur du Journal de Liége.

— La vérité sur les démêlés de M. B. Thonnard avec la police de Liége, suivie d'une consultation de Me F. C. de Damery. — *A. Denoel-Houbaer. S. d.*

In-8, de 54 pp.

— De la législation pharmaceutique et des réformes à y introduire. Considérations suivies d'un projet de loi sur la pharmacie, son enseignement et son exercice... Par F. C. de Damery. —

In-8, de 3 ff., 328-74 pp.

Réponse de M. Muller aux attaques d'un journal de cette ville. — *J. Desoer.*

In-4, daté du 23 mai. — U.

— Observations adressées aux Chambres législatives par les fabricants de tabac de Liége, sur le projet de loi soumis le 16 janvier à la Chambre des représentants, par M. Mercier, ministre des finances. — *Collardin.*

Brochure in-4, dont l'auteur est Laurent Renard.

— Examen de la loi sur les tabacs proposée par M. Mercier, ministre des finances, adressé aux Chambres législatives, au nom des fabricants et débitants de tabac, des armateurs et négociants, propriétaires et planteurs, conformément à la décision de l'assemblée générale tenue à Malines, le 29 janvier 1844, suivi de pièces justificatives. — *P. J. Collardin.*

In-4, de 80 pp., daté de mars 1844.

— Rapport de la chambre de commerce de Liége sur la question des droits différentiels. — *J. Desoer.*

In-8, de 107 pp., rédigé par M. F. Capitaine.

— Un mot à la législature sur l'entrée de faveur des céréales, par les bureaux de la Planck, Teuven et Arlon. — *P. J. Collardin.*

In-8, de 13 pp. Par T. Fléchet.

— Association des bateliers de la Meuse. *S. l.*

In-8, de 13 pp. Pétition au ministre des travaux publics, datée du 11 mars.

— Nécessité de la dérivation de la Meuse à Liége. — *L. Grandmont.*

In-8, de 23 pp., daté de mars 1844. L'auteur est J. H. Renoz.

— Examen du résultat que va produire la construction d'un chemin de fer dans l'Entre-Sambre-et-Meuse pour le bassin houiller de Liége, recherche des moyens qu'il conviendrait d'employer pour prévenir la ruine totale de ce dernier. — *F. Oudart.*

In-8, de 15 pp., signé H. Borguet, entrepreneur.

— Union des charbonnages liégeois. — *S. l.*

In-4, de 28 pp., daté du 20 février.

— L'administration communale d'Ougrée au conseil provincial de Liége, en sa session de 1844. *S. l.*

In-folio, daté du 12 juillet. — U.

— Catalogue des livres de la bibliothèque de l'Université de Liége. Tome quatrième. Médecine. — *P. J. Collardin.*

In-8, de 23-780 pp. Catalogue rédigé par M. J. Fless. Les trois premiers volumes n'ont jamais paru. Voy. 1732, 1767, 1813.

— Scénologie de Liége ou lettre sur les théâtres et leurs modifications, depuis la fin du moyen âge, jusqu'à nos jours, notamment en ce qui concerne la ville de Liége, sous le rapport de l'art musical et du spectacle. — *N. Redouté.*

In-12, de 283 pp. L'auteur est Frédéric Rouveroy. La partie de ce travail qui concerne le XVIIIe siècle est empruntée à un MS. de H. Hamal, dernier maître de musique de la cathédrale de Liége, intitulé: Annales des progrès du théâtre, de l'art musical et de la composition dans l'ancienne principauté de

Liége, depuis l'année 1788 jusqu'à présent (1806). In-4, de 118 pp. — U.

— Choix de chansons et poésies wallonnes (pays de Liége), recueillies, par MM. B** et D***. — *F. Oudart.*

In-8, de xix-220 pp., musique comprise. Les auteurs sont MM. François Bailleux, avocat, et Joseph Dejardin. Ce recueil contient 36 pièces.

— Pasqueye so l'exposition. — *F. Oudart. S. d.*

In-12, de 8 pp. Composé par E. Wacken, au sujet de l'exposition de Liége, en 1844.

— Li caiss' di prévoianss et le vi houïeux. — *F. Oudart.*

In-8, de 14 pp., encadrées. Poëme wallon, par M. de Rossius, réimprimé chez le même en 1848, in-8, de 14 pp.

— Le haut-fourneau, poëme, par Th. Weustenraad. — *N. Redouté.*

In-8, de 27 pp.

— André Chénier, drame en trois actes et en vers, par Ed. Wacken, représenté pour la première fois sur le théâtre royal de Bruxelles, le 28 février 1844. — *F. Oudart.*

In-8, de 68 pp. Cette édition a eu deux tirages, le second porte la date de 1845. Les deux premières éditions ont paru à Bruxelles, en 1844, in-8, de 63 pp., et in-18, de 64 pp. La *Revue nationale* de Belgique, tome X, a rendu compte de cette pièce.

— Aux parents de F. Rennoir et à tous ceux qui l'ont aimé, ses amis. — *F. Oudart.*

In-8, de 47 pp. Recueil d'articles publiés dans la *Revue belge*, et reproduits par E. Frensdorff.

— Souvenirs d'un étudiant (poésies universitaires). Par Paulus Studens, élève en droit à l'Université de Liége. — *F. Oudart.*

In-18, de 126 pp. L'auteur est M. Victor Henaux. Le *Bulletin du Bibliophile belge*, t. 1, a rendu compte de cet ouvrage.

— OEuvres complètes de P. J. de Béranger, illustrations de Grandville. *Bruxelles et Liége, Riga.*

In-8, de 497 pp., avec 121 gravures.

— Quelques idées sur un nouveau mode d'encouragement de la peinture. Par Wiertz. — In-8.

— Notice de livres au grand rabais, chez Gothier, libraire. 1844-1867.

In-8. M. Gothier a publié jusqu'aujourd'hui 25 catalogues in-8, numérotés 1, 2 et 1 à 23. Ils renferment un grand nombre de pièces liégeoises rares ou curieuses.

— Traité de droit public ou exposition méthodique des principes du droit public de la Belgique, suivi d'un appendice, contenant le texte des principales lois de droit public. Par F. G. J. Thimus, avocat. — *H. Dessain.* 1844-1848.

3 vol. in-8, de III-244, 820, 193 pp. — U.

— Cours de logique, à l'usage de l'enseignement universitaire. Par E. Tandel, professeur ordinaire de philosophie à l'Université de Liége. Seconde édition. — *H. Dessain.*

In-8, de 171 pp.

— Éléments de l'art de penser ou la logique réduite à ce qu'elle a de plus utile, par Borelly, suivie d'un manuel de morale. —

In-12. L'auteur est M. Lespérant, avoué.

— Mémorial de l'officier du génie ou recueil de mémoires, expériences, observations et procédés généraux, propres à perfectionner les fortifications et les constructions civiles et militaires, rédigé par les soins du comité de génie en France. 2ᵉ édition, revue et mise dans un nouvel ordre, par de Puydt, colonel du génie au service de Belgique. 1844-1852.

9 vol. in-8, avec nombreuses planches.

— Notice sur C. G. A. Laurillard-Fallot, major du génie et professeur à l'école militaire. Par le baron de Stassart. — *F. Oudart.*

In-8, de 12 pp.

— Traité de la chaleur considérée dans ses applications. Par E. Peclet, inspecteur général de l'Université de France. 5ᵉ édition, faite sur la 2ᵉ édition de Paris, totalement refondue, revue et corrigée. — *D. Avanzo et Cᵉ* (*imp. J. Desoer*).

Gr. in-8, de 420 pp., à 2 col., avec un atlas in-folio oblong, de 122 planches. — U.

— Traité de physique à l'usage des écoles industrielles. —

In-8, planches.

— Traité de pyrotechnie, par Moritz Meyer, D^r, capitaine prussien au ministère de la guerre, édité et augmenté d'un appendice, par C. Hoffman, capitaine de l'artillerie prussienne. Traduit de l'allemand et augmenté de notes, par J. B. C. F. Neuens, capitaine d'artillerie belge. — *F. Oudart.*

Gr. in-8, de 225 pp., avec une pl.

— Traité de l'exploitation des mines. Par Ch. Combes, ingénieur en chef des mines, professeur d'exploitation à l'école royal des mines. — *D. Avanzo et Ce (impr. F. Oudart.* (1844-1845).

3 vol. in-8, avec un atlas in-fol. oblong, de 66 planches, gravées par J. Goucet.

— De la situation de l'industrie du fer en Prusse (Haute-Silésie) ou mémoire sur les usines à fer de ce pays et sur la crise actuelle, suivi de quelques détails sur l'union douanière allemande et sur la production et l'importation du fer et de la fonte dans les états qui la composent. Par A. Delvaux de Fenffe, ingénieur civil des mines (avec une carte de la Silésie prussienne). — *F. Oudart.*

In-8, de 128 pp., avec 2 tableaux et une carte. — U.

— De l'agriculture du Condroz, considérée sous le point de vue pratique, des améliorations dont elle est susceptible et des préjugés des cultivateurs. Par Maximilien Ledocte. *J. Desoer.*

In-8, de 32 pp.

— Annales du conseil de salubrité publique de la province de Liége. — 1844-1867.

La commission de salubrité a publié jusqu'aujourd'hui 6 vol. in-8. Les principaux collaborateurs liégeois sont MM. Davreux, de Koninck, de Condé, Rolkem, A. Spring, V. Pasquier, etc. M. le docteur Fossion a inséré dans le tome II, un Rapport sur la condition des ouvriers et le travail des enfants dans les manufactures, mines et usines de la province... Tiré à part, Liége, F. Oudart, in-8, de 111 pp., avec un tableau. — U.

— Lettre à Messieurs les membres du cercle médico-chimique et pharmaceutique de Liége, à propos d'un article de la Gazette médicale belge. Par le chever de Lebidart de Thumaide. — *F. Oudart.*

In-8, de 30 pp.

— Plaie profonde et transversale du cou, hémorrhagie des veines thyroïdiennes, guérison. Par le docteur Jules Ansiaux, agrégé à la faculté de médecine de l'Université de Liége. — *A. Denoel.*

In-8, de 8 pp.

— Observations de corps étrangers dans l'œil. Par le docteur Jules Ansiaux. — *A. Denoel.*

In-8, de 8 pp.

— Tableaux synoptiques pour l'histoire du moyen âge, d'après ceux que contient l'ouvrage de J. Brand, intitulé Allgemeine Weltgeschichte zum gebrauche oeffentlicher Vorlesungen. Par H. Brasseur, étudiant en philosophie et lettres à l'université de Liége. — *F. Oudart.*

In-8, contenant deux tableaux, en 4 feuilles in-plano, plus un feuillet de titre.

— Grammaire française, théorique et pratique, dédiée à S. M. la Reine des Belges. Par M. l'abbé Ch. Duvivier. Corrigé des exercices. — *J. Lardinois (imprimerie de A. Jeunehomme). S. d.*

In-18, de 36 pp.

— Cours spécial de mathématiques comprenant l'arithmétique, l'algèbre et la géométrie, mis en rapport avec les programmes annexés à la circulaire ministérielle du 31 octobre 1845, sur les cours à donner aux officiers. Par Th. Leemans, sous-lieutenant au 11e régiment de ligne. — *J. Desoer.*

In-8, de x-442 pp., avec quatre planches.

— Traité de géométrie élémentaire et cours de trigonométrie. Par J. N. Noël. Troisième édition. — *H. Dessain.*

In-8, de vi-372 pp. et 2 ff, avec 6 planches. La seconde édition avait été publiée en 1835, à Luxembourg, chez Lamort, in-8, et la quatrième parut à Liége, chez Dessain, 1850, in-8.

— Mémoires de mathématiques. Par J. N. Noël. —

Gr in-8. Le même auteur a aussi publié :

de l'emploi des grandeurs infinitésimales en mathématiques. *Liége, s. d. Gr. in-8.*

— Considérations sur l'enseignement scientifique moyen. Par J. N. Noël. — *H. Dessain.* In-8. — U.

— M. T. Ciceronis de recte administrandi ratione epistola ad Q. fratrem quam praefatione argumentis notis et interpretationis specimine ornavit P. Kersten. — *P. Kersten.*

In-12, de vi-48 pp.

— Mandements, lettres pastorales, circulaires et instructions de Monseigneur C. R. A. Van Bommel, évêque de Liége. —

3 vol. in-8 : les deux premiers, publiés chez Kersten, en 1844, 1846, et le troisième édité chez Dessain. Ce dernier contient la biographie de l'évêque et les documents publiés pendant la vacance du siége. Le *Nécrologe Liégeois* de 1856 contient la biographie de Mgr Van Bommel.

— Compte rendu des opérations de la société charitable de S. Jean François Régis, établie à Liége, pour faciliter le mariage des pauvres et la légitimation de leurs enfants naturels. —

Cette société, établie en 1843, publie annuellement son rapport en une brochure in-8.

— Conférences prêchées à la cathédrale de Liége pendant l'Avent de 1843, par le P. Dechamps, de la congrégation du Très-Saint Rédempteur, suivies de l'instruction pastorale de l'épiscopat belge sur les mauvais livres. — *L. Grandmont.*

In-8, de 172 pp. et un f. table.

— Règlement de vie pour se conduire chrétiennement dans le monde, par saint Alphonse, avec des avis du même saint sur la manière de faire la méditation sur la pratique des vertus et les moyens de tendre efficacement à la perfection; extraits de la théologie morale et de quelques autres de ses ouvrages, par un père de la congrégation du Très-Saint Rédempteur. — *H. Ronyier-Duvivier.*

In-18, de v-84 pp., avec approb. du 8 mars.

— De l'état actuel du clergé en France et en particulier des curés ruraux appelés desservants. Par MM. C. et A. Allignol frères, prêtres desservants.— *J. Desoer.*

In-8, de vii-204 pp. — U.

— Histoire de Jérusalem ou explication du plan de Jérusalem et de ses faubourgs. Par l'abbé André Dupuis.—

In-12, de xi-376 pp., avec un plan, imprimé chez J. Desoer. — M.

— Traité de mécanique.. Voy. 1839.

1845

Recherches et dissertations sur l'histoire de la principauté de Liége, la translation du siége épiscopal de Tongres dans la cité de Liége, et sur les émeutes, les discordes civiles, les élections populaires des Liégeois pendant les XVe, XVIe et XVIIe siècles. Par Louis Mar. Guil. Jos. de Crassier. — *H. Dessain.*

In-8, de ix-605 pp. Il faut y ajouter :
Commentaire servant de réfutation à une diatribe anonyme, et faisant suite à l'ouvrage intitulé : Recherches et dissertations sur l'histoire de la principauté de Liége et sur les émeutes, les discordes civiles et les élections populaires des Liégeois, pendant les 15e, 16e et 17e siècles; par le même auteur L. M. G. J. de Crassier. *S. l.* In 8, de 27 pp., daté du 21 janvier 1847.

Cette brochure est une réponse à la critique du livre précédent que M. Ferd. Renaux avait publiée sous le voile de l'anonyme dans le *Libéral Liégeois* du 11 septembre 1845.

M. Capitaine, dans le *Nécrologe Liégeois* de 1851, a donné une notice détaillée sur M. de Crassier et ses ouvrages.

— Dictionnaire biographique de la province de Liége, avec des chronologies des princes qui ont dominé dans les différents pays formant la province. Par Henri Delvaux de Fouron. — *F. Oudart.*

In-8, de vii-147 pp.

— Tableau des différentes collections que renferme le dépôt des archives de l'Etat dans la province de Liége. — *Denoel.*

In-8, de 80 pp. et 2 ff. table. Tiré à part du Mémorial administratif de la province. L'auteur est M. L. Polain. Une seconde édition, publiée par M. Schoonbrodt, parut en 1859, chez J. Ledoux, in-8, de 90 pp.

— L'église de Saint-Jacques à Liége. Plans, coupes, ensembles, détails intérieurs et extérieurs, mesurés, dessinés et publiés par J. C. Delsaux, architecte, gravés par J. Coune, accompagnés d'un texte explicatif et d'une notice historique. Ouvrage dédié au Roi. — *D. Avanzo et C*ⁱᵉ *(Collardin, imprimeur).*

Atlas de 15 planches, grand in-folio, avec une notice, in-4, de 20 pp., par M. Ed. Lavalleye.

— A Messieurs les membres de la Chambre des représentants. — *Lardinois.*

In-8, de 13 pp. Pétition rédigée au nom des marchands de grains, par F. Charpentier de Damery.

— Demande en concession d'un chemin de fer, avec faculté de le continuer jusqu'à Dinant. Mémoire à l'appui de ce projet. — *F. Oudart.*

In-fol., de 8 pp., avec un plan du tracé du chemin de fer projeté entre Namur et Liége. Par H. Borguet.

— Quelques mots en réponse au mémoire à consulter au sujet de l'établissement du chemin de fer de Namur à Liége. *S. l.*

In-4, de 12 pp.

— A Messieurs les présidents et membres du Sénat et de la Chambre des représentants, à Bruxelles. —

In-fol., de vi-12 pp. Demande de H. Borguet pour la concession d'un chemin de fer de Liége à Maestricht.

— Conseil provincial de Liége, session de 1845. Rapport fait au nom de la deuxième commission, par M. Muller, sur la demande du gouvernement, tendante à ce que la province renonce à toute prétention, soit du chef de la propriété de l'hôtel du gouvernement provincial incendié, soit du chef des dépenses qu'elle a faites pour son appropriation. — *J. Desoer.*

Gr. in-4, de 22 pp.

— Chambre de commerce de Liége. — *J. Desoer.*

In-4, daté du 22 avril. Pétition à la Chambre pour la construction d'un canal latéral à la Meuse. — U.

— Canal de Liége à Maestricht, pièces à consulter. *J. Desoer.*

In-4, de 12 pp.

— Union libérale. Le comité central à MM. les membres de l'association.

In-4, daté du 5 mai. — U.

— A Messieurs les membres de l'association libérale. —

In-4, de 19 pp., daté du 22 mai, signé Aug. Delfosse, Jos. Hubart, Nic. Robert, A. Muller, W. Frère. — U.

— Union libérale. Le comité central à MM. les membres de l'association. —

In-4, de 20 pp., daté du 31 mai.

— De la dérivation de la Meuse, au point de vue des intérêts généraux du commerce et de l'industrie, de la nécessité d'un station intérieure reliant la Meuse au chemin de fer, de l'avenir de Liége, sous l'influence de ces améliorations, mémoires où sont examinées les questions d'inondation et de navigation, d'importation et d'exportation, dans l'intérêt de la cité. Par M. F... — *P. J. Collardin.*

In-8, de 3 ff., 118 pp. et 5 pp. table, avec deux plans de la dérivation. L'auteur est M. Franck, ingénieur civil.

— Courte réponse, en ce qui concerne la dérivation de la Meuse, au mémoire de M. Franck, ingénieur civil, publié en 1845. — *Max. Ghilain.*

In-8, de 38 pp., signé Henri Dubois et J. F. de Bassompierre.

— Des approbations successives données au projet officiel de la dérivation de la Meuse, par le conseil supérieur des ponts et chaussées. Des intérêts particuliers qui se sont opposés à l'exécution de ce projet. De l'avenir de la ville et de la province de Liége. — *Collardin.*

In-8, de 35 pp. L'auteur est J. R. Renoz.

— Pétition à la Représentation nationale. *S. l.*

In-4, de 7 pp., daté du 23 novembre. Pétition des habitants du quartier de l'Ouest, à Liége.

— Pétition des habitants du quartier d'Outre-Meuse et du faubourg d'Amercœur, de la ville de Liége, à la Représentation nationale. — *P. J. Collardin.*

In-4, de 11 pp.

— Association des bateliers de la

Meuse, à Messieurs les membres de la Chambre des représentants — *J. Desoer.*

In-8, de 10 pp.

— De la question des sucres en Belgique. Par F. Behr. — *J. Desoer.*

In-8. — U.

— Simples réflexions à propos d'une nomination récente à l'académie des beaux-arts de Liége. Par un ancien conseiller communal. *S. l.*

In-8, daté de décembre 1845. — *V.*

— Réclamation de M. Merritt, à la députation permanente du conseil provincial de Liége; avec consultation et pièces à l'appui. — *P. J. Collardin.*

In-8, de 14 pp.

— Réponse aux observations qui ont été présentées, par M. de Laminne, sur les conclusions du ministère public, en cause de Laminne contre Dumont. — *J. Desoer.*

Gr. in-4, de 15 pp.

— Cours d'appel de Liége. Mémoire pour Madame Eugénie, baronne de Stockhem, et M. Charles, baron de Wal, son époux, contre Madame Antoinette baronne de Stockhem, et M. Charles-Louis comte de Renesse, son époux. — In-4. — U.

— Statuts et règlements de la Société du Casino de Liége. — *F. Oudart.*

In-8, de 25 pp., avec liste des actionnaires non sociétaires. Cette Société a été constituée le 12 avril 1837. Le règlement a volé été modifié le 3 février 1849.

— Catalogue d'une belle collection de tableaux dont la vente aura lieu à Liége, place du Spectacle, le 15 mai 1845 et jours suivants. — *F. Oudart.*

In-8, de 68 pp.

— Catalogue des livres d'un des plus anciens établissements de librairie de Liége, parmi lesquels se trouvent bon nombre d'ouvrages rares et curieux, reliés, brochés et en feuilles, dont la vente aura lieu, le 26 mai 1845 et jours suivants. *S. l.*

In-8, de 79 pp. Fonds de la librairie Thibaut.

— De la contrefaçon littéraire en Belgique. Par E. Moutier. — In-18. — U.

— Le franc parleur voyageant dans certaine contrée de la Belgique, sans oublier la mémorable Hesbaie. Par Joseph Dejaer, Liégeois de l'autre siècle. 1845-1848.

3 vol. in-12, de xiv-200, 188, 169 pp.; le premier imprimé chez Redouté; les suivants chez F. Oudart. Le tome II porte le titre de Le franc parleur en voyages, promenades et visites. — U.

— Satire littéraire contre MM. Kersch, Ramoux, Fourdrin, Morren, Lagarde, etc. — *A. Denoël.*

In-8, de 8 pp., signé par l'auteur Eugène Borguet.

— Entretien sur la satire littéraire d'Eug. Borguet. Par D. Sotiau. —

In-8, de 8 pp.

— Rêve héroïco-comico-satirique. Par E. Borguet. — *Philippart.*

In-8, de 40 pp.

— Réveil du satirique Borguet. Par D. Sotiau. —

In-8, de 15 pp.

— Phénomène extraordinaire. Accroissement insolite d'oreilles humaines en quelques mois, ou réponse à M. Sotiau. Par E. Borguet. — *Denoël.*

In-8, de 14 pp.

— Mémoires et anecdotes à ma connaissance depuis ma jeunesse, et de tout ce qui m'est arrivé à Spa, depuis mon arrivée en l'an VIII. Par Collin du Pouhon, ancien bourgmestre de Spa. — *Denoël.*

In-8, de 91 pp. Pamphlet mal rédigé et insignifiant.

— La charité aux femmes. Par Th. Weustenraad. *N. Redouté.*

In-8, de 13 pp.

— Fantaisies par Édouard Wacken. — *F. Oudart.*

In-8, de viii-461 pp. et un f. de table.

— Notice sur Étienne Joseph Libert. Par Félix Van Hulst. — *F. Oudart.*

In-8. — U.

— Tablettes spadoises. Coup d'œil historique et descriptif sur Spa et ses environs. Par Théodore Derive, naturaliste... Seconde édition. — *J. Ledoux*.

In-18 de 87 pp., avec une lithog. et un tableau de l'analyse des eaux. La première édition avait paru en 1844, in-18.

— Les chants de l'atelier. Par Théodore Derive. — *J. G. Lardinois*.

In-12, de 58 pp.

— Les préjugés en Belgique, appel aux écrivains belges. Par A. Wiertz. — *F. Oudart*.

In-8, de 19 pp. La couverture du volume porte le titre de Secret du diable.

— Souvenirs de H. F. Marote, lieutenant du corsaire l'Aventurier (1811-1814). Par Léon Wocquier. — *F. Oudart*.

In-8, de XI-194 pp.

— Souvenirs d'une excursion au manoir de Longpré, extraits d'impressions de voyage non destinées à l'impression, par André Muret, membre du Club des bibliophiles, de Verviers et de la Société Grétry, de Herve. *Herve, Dumoulin*.

In-8, de 16 pp. Cette brochure de F. Henaux est imprimée à Liége, chez F. Oudart. — U. L'auteur qui, sous le nom d'André Muret, publia également deux autres brochures tirées à part de la Revue de Liége (voy. aux annexes), s'est donné le plaisir de mystifier les bibliographes, tels que Quérard, de Manne, etc., en annonçant, comme publiés par lui, les ouvrages suivants qui n'ont jamais existé que dans son imagination : Ribauds, truands et femmes bordelières de l. noble cité de Liége. *Paris*, 1844, in-12. — Voyage industriel et bibliographique de Liége à Verviers. *Herve*, 1844, in-8. — De la liberté de penser et de la presse au pays de Liége. *Herve*, 1845, in-8. — Recherches historiques et philosophiques sur les fourches patibulaires de Saint-Gilles, suivies de particularités chronologiques sur les bourreaux de cette noble cité.

— Notice sur L. P. Rouillé. Par Félix Van Hulst. 2ᵉ édition. - *F. Oudart*.

In 8. Second tirage d'un article publié dans la Revue de Liége, tome II, en 1844. — U.

— Poésies légères. Par L. P. Rouillé. —

In-8, de 79 pp. Recueil édité par M. F. Van Hulst. — T.

— Poésies en patois de Liége, précédées d'une dissertation grammaticale sur ce patois, et suivies d'un glossaire. Par Ch. N. Simonon. — *F. Oudart*.

In 8, de 183 pp. Ce recueil a été longuement apprécié dans la biographie de l'auteur insérée dans l'*Annuaire wallon* de 1863. Il en existe des exemplaires sur papier de couleur.

— Dictionnaire étymologique de la langue wallonne. Par Ch. Grandgagnage. — 2 vol. in-8.

Le premier vol., imprimé par F. Oudart, en 1845-1846, comprend 4 ff., 358 pp. Le second volume, publié chez Desoer, en 1850, de XXXVIII-178 pp., est resté inachevé. — U.

— Wallonnades, par M. Justin ***. Lettre à M. Justin-trois-Etoiles. — *Demarteau*.

In-8, de 13 pp. Tiré à part de la Gazette de Liége. L'auteur J. Demarteau adresse cette lettre à M. Joseph Grandgagnage qui avait pris le pseudonyme de Justin ***.

— Noss vî Palà. Chanson par P** T**. (*Liége, Ghilain*.)

In-8, de 4 pp. Cette chanson de C. Duvivier, auteur du *Pantalon trawé*, concerne les projets de restauration du palais de Liége, elle fut suivie d'une invitation au ministre, de venir examiner ces projets : Invitation à Monsieu l'minis. Chanson par H P** T**. (*Liége, Ghilain*, 1845), in-8, de 4 pp.

— Blouwett ligeoiss publieie ô benefiss di l'Institu de mouwai è dè-z-aveul, è dédicie à tott lè gen charitaf. Par H. F. *Liche, à mon Dessain*.

In-18, de 18 pp. Réimprimé avec augmentations, chez *Collardin*, 1845, in-18, de 31 pp. Il faut y ajouter : Suplumin a Blouwett ligeoiss, par H. F. *Liche, à mon Ledoux*, 1853, in-18, 29 pp.

Voy. sur H. Forir et ses œuvres la notice insérée dans l'*Annuaire wallon* de 1863. — U.

— Li wallen n'est né moir. On tot p'tit mot à môcieux B. et D., éditeurs de *Choix de chansons et poésies wallonnes*. Par Téiodôr. *Ledoux*.

In-8, de 7 pp. Par T. Derive.

— Impressions et rêveries. Par Mˡˡᵉ Louisa Stappaerts. — *F. Oudart*.

In 8, de 182 pp. — U.

— Don Carlos, tragédie en cinq actes. Par Paul Lambinon. —

In-12, de 95 pp.

— J. D. Fuss poemata latina, adjectis germanicis graecisque nonnullis partim hic denuo atque emendatiora partim primum edita. — *F. Oudart.* 1845-1846.

2 vol. in-8 : le premier de xviii-410 pp.; le second de xiv-334 pp. En 1849, l'auteur a publié pour chacun de ces volumes des *addenda* portant le nombre des pages du tome I à 420, et du tome II à 344.

Le premier volume contient les traductions et le second les poésies originales de l'auteur. *Voy.* 1830, 1837. — U.

— Des universités et de l'organisme des sciences universitaires considérés au point de vue théologique et dans leurs rapports avec l'Etat et l'Eglise. Par F. A. Staudenmaier. Traduit et précédé d'une introduction sur les rapports de la philosophie et de son histoire avec les autres sciences, surtout avec les sciences naturelles, par N. J. Schwartz. — *F. Oudart.*

In-8, de x-224 pp. — U.

— Manuel de pédagogie et de méthodique générale ou guide de l'instituteur primaire. Par B. Overberg, professeur à l'école normale de Munster. Traduit de l'allemand sur la septième édition. — *L. Grandmont.* In-12. — S.

— Esquisse d'un cours d'anthropologie à l'usage de l'enseignement universitaire. Par E. Tandel, prof. ord. de philosophie à l'Université de Liége. Seconde édition. — *H. Dessain.*

In-8, de 264 pp.

— Méthode nouvelle théorique et pratique de tenue des livres en parties doubles. Par J. Goffin. — *F. Oudart.*

In-8, réimprimé à Verviers en 1858, in-8.

— Résumé des méthodes élémentaires en géométrie. Par J. N. Noël, professeur à l'Université de Liége ... — *H. Dessain.*

In-8, de 28 pp.

— Résumé des leçons de chimie analytique professées par M. Chandelon. — 1845-1848.

2 parties in-4. — U.

— Extrait d'un mémoire sur l'architecture en Italie, depuis la décadence de l'art romain jusqu'à nos jours. Par J. P. Schmit, agrégé, chargé du cours d'architecture à l'Université. — *H. Dessain.*

In-8, de 28 pp.

— Traité de mécanique appliquée aux machines. Par J. V. Poncelet, colonel du génie, membre de l'Institut de France. — *A. Leroux (impr. N. Redouté).*

2 vol. in-8 : le premier de 368 pp. et 2 ff. de table, avec onze planches; le second volume comprend les pp. 369 à 705 et 2 ff. de table, avec les planches 12 à 24 et une grande planche non numérotée.

— Mémoire sur la stabilité des revêtements et de leurs fondations, suivi d'un rapport sur la construction et le prix des couvertures en zinc. Par J. Poncelet. —

In-8, avec planches.

— Traité de stéréotomie comprenant les applications de la géométrie descriptive, la théorie des ombres, la perspective linéaire, la gnomonique, la coupe des pierres et la charpente. Par C. F. A. Leroy, professeur à l'Ecole royale polytechnique. — *D. Avanzo et Ce (typ. de F. Oudart).*

In-4, de 8 ff., 488 pp., avec atlas gr. in-fol., de 74 planches. — U.

— Le mécanicien constructeur ou atlas et description des organes des machines. Œuvre posthume de Leblanc, professeur et conservateur des collections au Conservatoire des arts et métiers ... Seconde édition revue, corrigée et augmentée, par M. Félix Tourneux, ingénieur, ancien élève de l'Ecole polytechnique. — *D. Avanzo et Ce (typ. de F. Oudart).*

Gr. in-4, de 37 pp., avec 25 planches.

— Traité de perspective pratique, pour dessiner d'après nature, mis à la portée de toutes les intelligences ... Par J. P. Thenot, peintre et professeur de perspective ... professeur à l'athénée royal de Paris ... Cinquième édition entièrement revue, corrigée et considérablement augmentée, ornée de vingt-huit planches gravées avec soin. — *D. Avanzo et Ce (typ. F. Oudart).*

Gr. in-8, de viii-116 pp., avec 28 planches.

— Exercice sur le pointage des bouches à feu, suivi d'une étude sur les hausses. Par Zboinski, major d'artillerie. — *F. Oudart.*

In-8, de 107 pp., avec cinq planches.

— Essai sur la question de défrichement des landes et bruyères, et sur diverses améliorations. Par M. R. Bonjean, conseiller à la cour d'appel de Liége — *F. Oudart.*

In-8, de 124 pp. — U.

— Nouveau système de culture, spécialement composé pour la Belgique et mis en pratique depuis 1845, applicable aux pays pauvres comme aux riches. Par Maximilien Ledocte. — *J. Desoer.*

In-8, de 5 fr., 462 pp., avec sept planches.

— Lettre à M. le comte J. Arrivabène sur la condition des travailleurs, suivie d'un mémoire sur les assurances contre l'incendie. Par Charles de Brouckère. — *J. Desoer.*

In-8, de 77 pp.

— Sommaire d'un cours d'histoire du moyen âge. — *Redouté.*

In-f. Par Adolphe Borgnet, professeur à l'Université de Liége.

— Tableau synoptique et raisonné de la grammaire anglaise. Par G. Sommerset-Irvine. — *F. Oudart.*

In-4, oblong, de 45 pp.

— Exercices sur la langue anglaise composés de thèmes, versions et questions, suivis des homonymes anglais, etc. Ouvrage qui peut s'adapter à toute bonne grammaire. Par G. Sommerset-Irvine. — *F. Oudart.*

In 8, de 134 pp.

— L'école de la jeunesse belge, offerte comme modèle aux jeunes gens dans les devoirs qu'ils ont à remplir envers Dieu, envers l'humanité, envers la patrie, envers la famille, envers eux-mêmes ... Ouvrage enrichi de recherches historiques sur l'origine des villes de la Belgique. Par M.me Emma Grangé-Monnoye. — *L. Grandmont.*

In-12, de 4 fr., 440 pp., avec approb. du 23 juin.

— Manuel d'éloquence sacrée à l'usage des séminaires et de ceux qui commencent à exercer le ministère de la prédication. Par L. Bellefroid, chanoine honoraire de la cathédrale de Liége ... — *H. Dessain.*

In-8, de xii-422 pp., réimprimé chez le même, en 1847, in-8.

— La science et la foi sur l'œuvre de la création ou théories géologiques et cosmogoniques comparées avec la doctrine des pères de l'Eglise sur l'œuvre des six jours. Par D. B. Waterkeyn, professeur de minéralogie et de géologie à l'Université de Louvain. — *J. G. Lardinois.*

In-8, de 204 pp. — S.

— Le guide du jeune prêtre dans une partie de sa vie privée et dans ses différents rapports avec le monde. Par M. l'abbé Réaume, curé de Mitry. Edition revue et appropriée pour la Belgique. — *J. G. Lardinois.*

In-12, de 228 pp.

— L'étole de saint Hubert contre la rage. Par F. D. Girod. — *J. Desoer.*

In-12, de 36 pp. Réimprimé : seconde édition, avec réfutation complète de la *S.e Étole vengée*, par un anonyme. Liége, J. Desoer, 1846. In-12. — U.

— La sainte étole vengée par un membre de la confrérie de Saint-Hubert, ou logique curieuse de M. Girod, qui se dit pasteur d'une église qu'il dit chrétienne, à Liége. — *H. Dessain.*

In-12, de x-80 pp. L'auteur est le P. Dechamps, aujourd'hui évêque de Namur.

— L'imitation de Jésus-Christ, traduction nouvelle avec des réflexions à la fin de chaque chapitre, édition augmentée. — *H. Dessain.*

In-18, de 446 pp., avec approb. du 14 juin.

— L'inquisition à Rome, en 1844, ou iniquités et cruautés exercées à Rome sur la personne de Raphaël Ciocci, moine bénédictin et cistercien, bibliothécaire honoraire du collège papal San Bernardo *alle terme Diocleziane*, à Rome. — *P. J. Collardin.*

In-8, de 160 pp. Extrait du journal *La Voix du Peuple.*

— Mandement de Mgr C. R. A. Van Bommel, du 18 novembre 1845, pour la publication de la bulle pontificale du jubilé qui sera célébré en 1846, dans l'église Saint-Martin. —

In-4, de 12 pp.

— Le Foyer, journal de théâtre, de littérature et de modes.

Feuille hebdomadaire, in-fol., à 3 col., imprimée chez M. Ghiuin, à partir du 7 décembre 1845, et qui n'eut qu'une existence éphémère.

— Le libéral liégeois, journal quotidien.

Feuille radicale, in fol., à 3 col., imprimée chez J. Ledoux, du 10 juillet 1845 au 18 juin 1849. Elle était rédigée par MN. Bayet, F. et V. Bennux, Ch. Perrin, etc. — H.

— Le Correspondant politique, commercial, industriel et littéraire ...

Journal hebdomadaire, gr. in-folio, à 6 col., imprimé chez F. Oudart, puis chez J. Ledoux, du 6 avril au 1er juin 1845 (9 numéros). — H.

— Almanach pittoresque de Liége pour l'année ... — *M. Ghilain.*

In-12, Années 1846 à 1848.

— Recueil des grâces ... église du Sart-lez-Huy. *Voy.* 1666.

— Vie de saint Hadelin. *Voy.* 1788.

— Théâtre wallon ... *Voy.* Theate liégeoi, 1827.

— Commentaire sur la loi de l'enregistrement ... *Voy.* 1857.

— Novell collection d'paskeye ... *Voy.* 1842.

— Nouveau guide dans Liége ... *Voy.* 1844.

— André Chénier ... *Voy.* 1844.

1846

Circulaire de Mgr C. R. A. Van Bommel sur les prières de quarante heures. —

In-4, de 4 pp., daté du 18 avril.

— Mandement de Mgr C. R. A. Van Bommel, pour la célébration du sixième jubilé séculaire de l'institution de la fête du T. S. Sacrement. —

In-4, de 12 pp., daté du 28 avril.

— Mandement de Mgr C. R. A. Van Bommel concernant l'adoration perpétuelle du T. S. Sacrement de l'autel. —

In 4, de 24 pp., daté du 3 juin. Les mandements de l'évêque, du 18 novembre 1845 et 28 avril 1846, ont été réunis en une brochure, in-12, de 36 pp., *Liége, H. Dessain,* 1846.

— Programme du jubilé de 1846. Sixième jubilé séculaire de l'institution de la Fête-Dieu, du très-saint Sacrement dans l'église primaire de Saint-Martin, à Liége. — *J. G. Lardinois.*

In-12, de 8 pp.

— Jubilé de six cents ans de l'institution de la fête du très-saint Sacrement dans l'église primaire de Saint-Martin, à Liége. *S. l.*

In 32, de 10 pp.

— Souvenir du mois de Marie, préparation au jubilé. *S. l.*

In-12, de 4 pp.

— Vie de sainte Julienne de Rétinne, par Arsène de Noue. Publication faite au profit de l'église qu'on élève en l'honneur de cette sainte au lieu de sa naissance. — *H. Dessain.*

In-12, avec 3 lithographies.

— La Fête-Dieu, sainte Julienne et l'église Saint-Martin à Liége, esquisses historiques publiées sous les auspices de l'archiconfrérie du Très-Saint Sacrement, érigée dans l'église primaire de Saint-Martin, par un membre de l'archiconfrérie, à l'occasion du sixième jubilé séculaire de l'institution de la fête du très-saint Sacrement. —

In-12, de xi-274 pp., avec 5 gravures. M. E. Lavalleye est l'auteur de ce livre.

— Relation du sixième jubilé séculaire de l'institution de la Fête-Dieu célébré au mois de juin 1846, à l'église primaire de Saint-Martin, à Liége. Par l'auteur des Esquisses historiques sur la Fête-Dieu, sainte Julienne et l'église Saint-Martin. — *H. Dessain.*

In-12, de 84 pp. A la fin de ce volume, dont l'auteur est M. Lavalleye, se trouvent la bibliographie, la numismatique et l'iconographie du jubilé. Les impressions sont au nombre de 32, les médailles de 15 et les estampes aussi de 15. M U. Capitaine a fait imprimer en octobre 1848, à 8 exemplaires, 3 pages in-12, contenant un supplément à cette bibliographie.

— Histoire de l'institution de la Fête-Dieu, avec la vie des bienheureuses Julienne et Ève qui en furent les premières promulgatrices, suivie de l'Abrégé historique de l'institution des illustres confréries de l'adoration perpétuelle de l'auguste Sacrement des autels et surtout de celle érigée dans l'insigne église primaire de Saint-Martin, à Liége, en 1765. Par le R. P. Bertholet, de la compagnie de Jésus. Troisième édition revue, annotée et ornée de dix-sept gravures conformes à celles de l'édition originale. — *F. Oudart.*

In-8, de 139-4-24 pp., avec frontispice et 17 gravures. Cet ouvrage a été traduit en allemand, par J. L. Becqueray, *Coblenz, Hölscher,* 1847, de LXI-286 pp., avec 6 gravures. Les deux premières éditions avaient paru en 1746 et 1781.

— Vie de sainte Julienne et de la bienheureuse Eve ou histoire de l'institution de la Fête-Dieu, par le R. P. Bertholet, édition où l'on a supprimé tout ce qui ne se rapporte pas directement à l'histoire de l'institution de la Fête-Dieu, au XIIIe siècle, et augmentée du mandement de Mgr l'évêque de Liége, pour la publication de la bulle pontificale du jubilé qui sera célébré en MDCCCXLVI dans l'église primaire de Saint-Martin, à Liége. — *J. G. Lardinois.*

In-18, de 90 pp., et un f. approbation, avec 4 grav. Une seconde édition parut chez le même, en 1846, in-18, de 104 pp., avec 4 grav. — U.

— Le plus beau souvenir de l'histoire de Liége (1246-1846). Par V. Dechamps, prêtre de la congrégation du très-saint Rédempteur. — *H. Dessain.*

In-12, de 164 pp., avec une lithographie. — U.

— Luik en het feest van het ligchaem en het bloed des Herren, met de levens van de heilige Juliana en de hoogzalige Eva, in zestien schoone afbeeldingen en even zoo viel geschiedkundige tafereelen. — *F. Oudart.*

P. in 4, de 24-28 pp., avec 16 planches.

— Luttich und der frohn Leichnamsfest, mit dem Leben der heiligen Juliana und der hochseligen Eva in siebzehn schoenen Abbildungen und eben so viel geschichtlichen Schilderungen. — *F. Oudart.*

P. in-4, de 20-10 pp., avec 16 planches.

— Lied op het zesde eeuw-feest der instelling van den feestdag van het allerheiligste Sakrament, door Holland's pelgrims gezongen te Luik, den 20 juny 1846. *S. l.*

In-8, de 4 pp.

— Vies de sainte Julienne et de la bienheureuse Eve ou histoire de l'institution de la Fête-Dieu. *S. l.*

In-8, de 7 pp., avec le dispositif du jubilé.

— Souvenir du jubilé. Litanies de sainte Julienne. — *H. Rongier.*

In-32, de 14 pp.

— Invocations à sainte Julienne, religieuse hospitalière du mont Cornillon et coopératrice de Jésus, dans l'institution de la Fête-Dieu. Par J. J. Collignon. Sixième jubilé séculaire de la Fête-Dieu, qui se célébrera à Liége, en juin 1846. — *P. Gouchon.*

In-18, de 23-12 pp., avec une lithographie, imprimé à Binche chez Sebille.

— Elegeia chronico-disticha in memoriale festi corporis Christi, seu stupendi altaris mysterii, ab Urbano IV, anno 1246, instituti, illustrissimo ac reverendissimo Domino Joanni Augustino Paredis, episcopo Birenensi, vicariatûs et ducatûs Limburgensis administratori apostolico, ordinis Leonis Neerlandensis commendatori, dedicata, quâ probatur ex evangelio et omnium sæculorum patribus et conciliis, etc., contra hæreticos, vera et realis Christi praesentia in sanctissimâ eucharistiâ. Impensis et labore L. J. Caris, dioeceseos Leodiensis presbyteri elucubrata anno à partu Virginis. M.DCCC.XLVI. (— *Verhoeven, imp.*)

In 8, de 2 ff., 15 pp., renfermant environ 180 chronogrammes. Voy. sur Caris et ses ouvrages le *Nécrologe* de 1859.

— Vie de sainte Julienne et de la bienheureuse Eve, ou histoire de la Fête-Dieu, augmentée d'une complainte en vingt-quatre couplets. — *Max. Ghilain.*

In 16, de 40 pp., avec une vignette.

— Complainte historique en soixante-quatre couplets, comprenant la vie très-circonstanciée de sainte Julienne et tout ce qui a rapport à l'institution de la fête du saint Sacrement. — (*Impr. M. Ghilain*).

In-32, de 32 pp. L'auteur est Victor Henaux, avocat.

— La véritable complainte de sainte Julienne, comment elle naquit, comment elle vécut, comment elle mourut et comment, en accomplissement d'un rêve qu'elle avait fait, fut instituée la fête du très-saint Sacrement. Dédiée à tout l'univers, en cinquante-quatre couplets. —

In-12, de 22 pp.

— Li jubilé di 1846. Chant wallon, par l'auteur du *Pantalon trawé*. — *Denoel*.

In-8, de 8 pp. Par C. Duvivier, curé de Saint-Jean.

— Li grand jama d'qwinz jous : anniversaire di l'an 1246. Pasquinade liégeoise. — *Tilkin*.

In-12, de 4 pp. Par J. Pinsard.

— Li baraque a l'beneie marchandeie a l'occasion dè jubilé di l'an 1846. *S. l.*

In-8, de 4 pp. Par J. Dehin.

— Li crevèure miraculeuse ou sainte Julienne et l'jubilé di 1846. D'après l'jésuite Bertholet. — *Ghilain*.

In-8, de 8 pp. Par J. Lamaye.

— Paskeye so l'jubilé. — *M. Ghilain*.

In-8, de 4 pp. Par V. Henaux.

— Pasqueye historique so tott li sinte botique composaye di 152 couplets, par J. Hasserz. — *Max. Ghilain*.

In-8, de 8 pp.

— Égarement de l'Église romaine au sujet de la sainte Eucharistie, à l'occasion du jubilé séculaire de l'institution de la fête du très-saint Sacrement dans l'église de Saint-Martin, à Liége. Par F. D. Girod. — *M. Ghilain*.

In-12, de 47 pp., réimprimé : seconde édition, avec réfutation de la brochure intitulée *Réfutation du pamphlet Girod*, par un anonyme. *Liége, Dessoer*, 1868. In-12, de 78 pp. Publié en réponse à la Réfutation du pamphlet Girod, suivie du triomphe de l'auguste mystère de la foi, le très-saint sacrement de l'autel. Orné du portrait de sainte Julienne. *Bruxelles, De Mortier*, 1847, in-12, de 100 pp.

— Discours de Mgr. Pierre Louis Parisis, évêque de Langres, prononcé après la première procession du jubilé de 1846. — *H. Dessain*.

In-8, de 28 pp. — U.

— Manuel des adorateurs du saint Sacrement, par un prêtre de la congrégation du très-saint Rédempteur. Ouvrage publié à l'occasion de la sixième commémoration séculaire de l'institution de la Fête-Dieu par l'archiconfrérie du très-saint Sacrement, érigée dans l'église primaire de Saint-Martin, à Liége. — *H. Dessain*.

In-32, de xviii-232 pp., avec une lithographie reproductive de celle de Valdor. L'auteur est le P. Lefebvre. — U.

— Essai historique sur l'ancienne cathédrale de St.-Lambert, à Liége, et sur son chapitre de chanoines tréfonciers. Par M. le baron Xavier Van den Steen de Jehay. — *H. Dessain*.

In-8, de viii et 300 pp., avec douze lithographies. Certains exemplaires ont la planche représentant le tombeau d'Erard de la Mark, en or sur fond noir. Des extraits de cette intéressante monographie avaient paru dans le *Bulletin de l'Académie d'archéologie de Belgique*, tomes I et II.

— Bulletin administratif de la ville de Liége, 1846-1867.

Ce recueil, in-8, qui se publie encore aujourd'hui, fait suite au *Bulletin municipal* de 1837. Il fut imprimé successivement chez Collardin, Dessain, J. Ledoux, Redouté, puis de nouveau chez J. Ledoux. Les années 1846 à 1849 comprennent chacune un volume. L'année 1850 est suivie d'annexes, sans titre spécial. Enfin les années 1851 à 1867 se composent chacune de deux volumes, in-8, dont un d'annexes.

Avant 1846 on publiait chaque année le *Budget de la ville de Liége*, en une brochure d'abord dans le format in-4, puis in-folio.

Parmi les articles historiques insérés dans le Bulletin administratif, nous avons remarqué les suivants : V. *Henaux*, Rapport sur les documents et vieux papiers qui se trouvent dans les combles de l'hôtel de ville, 1858. — V. *Henaux*, Note sur les noms des rues de Liége 1860. — S. *Bormans*, Rapport fait au collège des bourgmestres et échevins, par la commission spéciale chargée de rechercher les documents historiques dans les archives communales 1862.

— Notice nécrologique sur M. J. F. Hennequin..., conseiller communal de Liége, et, en dernier lieu, sénateur élu par l'arrondissement de cette ville. — *J. Desoer.*

In-8, de 50 pp. Par M. Félix Capitaine.

— Au congrès libéral sur la question du programme. — *Oudart.*

In-8. Les auteurs sont MM. F. Bailleux et J. G. Macors, avocats. — U.

— Réflexions sur la restauration du palais de justice, sur la réforme électorale et sur le projet de loi réorganique du notariat. Par G. L. Léonard — *Redouté.*

In-8, de 40 pp.

— Ville de Liége. Avant et après les élections ou tactique du soi-disant libéralisme dévoilée par une série de lettres, publiées par G. L. Léonard. — *Redouté.*

In-8, de 8 pp.

— De la réforme commerciale et d'autres réformes urgentes. Par Georges Clermont. — *J. Desoer.*

In-8, de iv-94 pp.

— Mémoire présenté au gouvernement belge, au nom du commerce et de l'industrie de la province de Liége, à l'appui du rétablissement de nos relations avec la Hollande. — *P. J. Collardin.*

In-4, de 64 pp. L'auteur est L. E. Renard.

— Prospectus pour l'association des intérêts commerciaux, agricoles et industriels de la ville de Liége. — *Collardin.*

In-8, de 8 pp. Par Laurent Renard.

— Pétition à la chambre des représentants et mémoire à la chambre de commerce de Liége, adressés par les fabricants de draps et de tissus, filateurs, teinturiers et négociants en laine du district de Liége. — *F. Oudart.*

In-4, de 24 pp.

— Du tunnel de Cumptich. Rapport de M. Delfosse. — *Desoer.*

In-8, de 55 pp. Rapport fait à la Chambre des représentants.

— Observations présentées à la chambre des représentants par l'ingénieur Stevens, sur les faits exposés dans le rapport de la commission d'enquête chargée de rechercher les causes de la chute du tunnel de Cumptich. — *N. Redouté.*

In-8, de 28 pp.

— Grains de santé à l'usage du conseil permanent, et quelques pilules détersives pour M. le commissaire du district de Liége, par un médecin malgré lui. Première boîte. — *(Impr. Collardin.)*

In-12, de 40 pp., signé R. Morritt. Laurent Renard a pris part à cette réclamation concernant la répartition des charges locales de la commune de Chaudfontaine, où M. Morritt était domicilié.

— Quelques mots sur la charité envers les filles repenties et les prisonnières libérées, suivis de détails historiques et statistiques sur la maison de refuge de Paris et sur celle de Liége. — *H. Dessain.*

In-12, de iv-50 pp. — U.

— Association belge d'anciens frères d'armes de l'empire français, établie au café de l'Industrie, place Saint-Séverin, à Liége, sous la devise : Honneur ! Fraternité ! — *J. G. Lardinois.*

In-8, de 12 pp.

— Statuts et règlement d'ordre intérieur de la Société agricole établie à Liége. — *J. Desoer.*

In-8, de 20 pp. Cette Société, fondée en 1844, a publié un Recueil des pièces lues en assemblée générale de la Société, 1846-1847. *J. Desoer*, 1848. In-8, de 96 pp.

— Catalogue des tableaux et objets d'art exposés dans l'ancien hôtel du gouvernement provincial. — *J. Desoer.*

In-8, de 16 pp.

— Brève analyse des matières composant le cours préliminaire de théorie et d'histoire de l'art donné à l'Académie de Liége par M. Renard, professeur d'archéologie. — *Collardin.*

In-8, de 12 pp. Cette analyse n'a pas été continuée.

— Mémoire sur la destination des biens des ci-devant béguinages. — *Desoer.*

In-8. Par Louis Defastré. — U.

— Mémoire pour M. Jules de Berlaimont ... M. Clément de Berlaimont ... Mme Marie Joséphine de Berlaimont, épouse de M. Charles Alexandre de Bousies, vicomte de Rouveroy ... contre M. Lambert de Calwaert. *S. d.*

In-4, signé J. F. Lesoinne. — U.

— Catalogue d'une belle collection de livres de sciences, de littérature, d'histoire, d'histoire littéraire et de classiques grecs et latins provenant de la bibliothèque de M. de Chênedollé ... La vente aura lieu à Liége, le 2 février 1846 et jours suivants. — *F. Oudart.*

3 parties, in-8, de 174-103-103 pp. Il faut y ajouter un supplément de 11 pp. Le reste de la bibliothèque de M. de Chênedollé a été vendu à Bruxelles, après sa mort. — U.

— Catalogue d'une belle collection de livres de droit, de sciences, de médecine, de théologie, de littérature et d'histoire provenant de la bibliothèque de M. l'avocat Jenicot, dont la vente aura lieu les 23, 24 et 27 février 1846. — *F. Oudart.*

In-8, de 27 pp.

— Lettre à Monsieur le baron de Reiffenberg ... par Bonaventure Pimpurniaux, membre de la Société du Casino de Namur et de nulle autre société savante. — *N. Redouté.*

In-8, de 12 pp. M. A. Borgnet, auteur de ce pamphlet a pris soin d'ajouter sur le titre, au nom de M. de Reiffenberg, une nomenclature en quinze lignes des titres de ce savant trop avide d'honneurs. Cette brochure atteste l'esprit caustique de son auteur.

— Maximes et pensées morales ou choix de quatrains dédiés à la jeunesse belge. Par Fréd. Rouveroy. — *P. Gulikers.*

In-8, de xv 80 pp.

— Une nuit à Venise, poëme. Par Pierre Béraud. — *N. Redouté.*

In-12, de 55 pp.

— Album d'Aix-la-Chapelle ou Guide-Moniteur des bords du Rhin et des provinces rhénanes. Par M. B. de L. — *P. J. Collardin.*

In-8, de 152 pp. Par M. B. de Loeventch, d'Aix-la-Chapelle.

— Aux anonymes. Par P. J. Lezaack, de Spa. — *J. Desoer.*

In-8, de 8 pp. En vers. — D.

— Histoire véridique et lamentable des malheurs et des persécutions de l'infortuné Retsin, affilié à la compagnie de Jésus, ex-receveur des contributions à Jemmapes, à 6,000 francs de traitement. — *Collardin.*

In-8, de 7 pp.

— La mort du Christ, mystère. Par Hendrickx. — *F. Oudart.*

In-8, de 110 pp.

— Les Rawettes du J. J. Dehin, maiss' chaudroni à Lige. — *Ghilain.*

In-12.

— Boutâde del kouleie, poezeie wallona'. C'est ainsi d'nost wallon', paskeie. Li boubiet et les berik, fåve. Li chaine et l'klajot, fåv'. Li song' d'Athaleie di Racine (metou es wallon). — *Philippart.*

In-8, de 16 pp. Par H. J. Philippart.

— Traité théorique et pratique des connaissances qui sont nécessaires à tout amateur de tableaux et à tous ceux qui veulent apprendre à juger, apprécier et conserver les productions de la peinture, suivi d'observations sur les collections publiques et particulières qui existaient en 1808, et de la description des tableaux qui formaient la galerie de l'auteur François Xavier de Burtin ... Seconde édition. — *A. Leroux (imprimerie A. Prignet, à Valenciennes).*

In-8, de vIII-569 pp., avec le portrait de l'auteur. La première édition de cet ouvrage avait paru en 1808, à Bruxelles, 2 vol. in-8.

— Loi sur la compétence en matière civile, commentée par ses motifs combinés avec la jurisprudence et la doctrine des auteurs. Par M. J. J. R. Cloes, président du tribunal de Liége. — *Spée-Zélis (impr. Verhoeven).*

In-8, de 364 pp. — U.

— Considérations à l'appui des modifications proposées au projet de loi sur le notariat. Par M. J. Dubois et J. Dupont. — *J. Desoer.* In-8. — U.

— Commentaire de la loi sur la révision du régime hypothécaire. Par Delebecque. —

In-8.

— Manuel de l'histoire de la philosophie ancienne. Par N. J. Schwartz, professeur à l'Université de Liége. Deuxième édition revue, corrigée et considérablement augmentée. — *F. Oudart.*

In-8, de 488 pp.

— Manuel de philosophie morale, par B. Gilson, curé doyen de Bouillon. — *Spée-Zélis.*

In-18, de x-95 pp.

— Action oratoire ou traité théorique et pratique de la déclamation pour la chaire, pour le barreau et à l'usage de tous ceux qui lisent en public ou qui débitent un discours quelconque, suivi d'un poëme sur les mauvais gestes, et accompagné d'exemples dans un grand nombre desquels on a noté par les caractères de la musique, les principaux tons à exécuter dans le débit d'un morceau quelconque de prose ou de poésie. Par l'abbé J. R. Thibout, prêtre. Édition augmentée d'un cours inédit d'improvisation, par M. de Pradel et recueilli par un de ses élèves. — *J. G. Lardinois.*

In-8, de 132 pp. Ce cours a été recueilli par H. J. Ista, curé de Burdinne. — S.

— L'élocution oratoire ou le manuel du lecteur à haute voix, traité élémentaire et complet de diction dans lequel l'art de la déclamation est réduit à des principes simples, ouvrage propre à compléter les études des jeunes gens destinés à la tribune parlementaire, au barreau, aux chaires sacrée, académique et professorale, utile à toutes les personnes qui doivent parler, réciter, lire ou chanter en public, suivi d'un essai sur la possibilité de noter la diction et accompagné d'un choix d'extraits des meilleurs écrits sur la déclamation. Par J. B. Latour, professeur à Liége. — *F. Oudart.*

In-8, de 180 pp.

— Mémorial des instituteurs primaires.

Revue bis-mensuelle, in-8, à 2 col., imprimée chez L. Grandmont, du 1er janvier 1846 au 1er janvier 1847. Elle était dirigée par T. Derive.

— Exercices de géométrie élémentaire. Par J. N. Noël, professeur ordinaire à l'Université de Liége ... — *H. Dessain.*

In-8, de 288 pp., avec une planche. — U.

— Arithmétique pratique et théorique, expliquée suivant un système simple et facile, à l'usage des écoles de la Belgique. Par Aug. Mathelot, prof... — *H. Dessain.*

In-12, de 72 pp. Une troisième édition parut en 1849, chez Dessain.

— Traité de correspondance commerciale. Par Edmond Desgranges, ancien armateur. — *N. Redouté.*

In-8, de 311 pp.

— Cours méthodique de dessin linéaire et de géométrie usuelle, applicable à tous les modes d'enseignement. Par M. Lamotte, inspecteur spécial de l'instruction primaire du département de la Seine ... Neuvième édition. — *D. Avanzo et C*(typ. F. Oudart).

Grand in-4, avec 84 planches.

— Essai d'un traité d'artillerie. Nouvelle artillerie de place ou considérations sur l'emploi des canons à bombes et à obus dans la défense des places; suivies des principes de construction des bouches à feu, appliqués à celles qui sont proposées dans cet ouvrage. Par C. Timmerhans, colonel d'artillerie. — *F. Oudart.*

In-8, de VIII-170 pp. et un f., avec six tableaux et quatre planches. Voy. 1839.

— Histoire de la fortification permanente, par Zastrow. Ouvrage traduit de l'allemand, par Neuens major d'artillerie. — *D. Avanzo (imp. F. Oudart).*

In-8, avec atlas gr. in-fol., oblong, de 18 planches.

— Anvers et la nationalité belge, par A. Eenens, lieutenant-colonel. — *F. Oudart.*

In-8, de 16 pp. — U.

— Petit manuel d'accouchements à l'usage des sages-femmes. Par le docteur Joseph Vaust. — In-12.

— Lettre à MM. les rédacteurs de la Gazette médicale belge, en réponse à leur compte rendu des séances de l'Académie de médecine des 25 et 26 janvier, relatives à la vente des médicaments dans les campagnes. Par Victor Pasquier. — *F. Oudart.* In-8. — U.

— Code de la chasse ou commentaire de la loi nouvelle sur la chasse comparée avec la loi du 30 avril 1790, et la loi française du 5 mai 1844. Par M. R. Bonjean, conseiller à la cour d'appel de Liége. — *F. Oudart.*

In-8, de 388 pp. Il faut y joindre le *Complément du Code de la chasse,* publié par le même auteur, chez *F. Oudart,* 1848, in-8, de 253 pp. Une édition complète de cet ouvrage parut en 1853, chez Blanchard, in-8, de 412 pp.

— Manuel du chasseur ou simple exposé des lois sur la chasse, avec modèles de divers actes et documents y relatifs, suivi du texte de la loi du 26 février 1846, du décret du 4 mai 1812 concernant le permis de port d'armes, de la loi de 1790 sur la chasse, etc. Par J. D. F. de G***. — *J. Desoer.*

In-12, de 233-6-11 pp. L'auteur est M. de Géradon.

— Plantation des pommes de terre. Par C. J. Boset. — In-8.

— Considérations sur la pourriture des bêtes à laine. Par A. Pétry, vétérinaire du gouvernement. — *A. Denoel.*

In-8, de 18 pp. — U.

— Catéchisme du diocèse de Liége, à l'usage des paroisses et des écoles, publié par Monseigneur Van Bommel, évêque de Liége.

Ce catéchisme a eu plusieurs éditions, à Liége : *H. Dessain,* 1846 et 1847, in-18. — *Grandmont* (1847), in-18. — *Duvivier-Sterpin* (1851), in-18.

— Instructions pour le premier âge ou choix de demandes et de réponses du catéchisme de Liége, à l'usage des classes inférieures des écoles primaires, etc., publiées par Mgr l'évêque de Liége.

Cet ouvrage a eu plusieurs éditions, à Liége : *Dessain,* 1846 et 1847, in-18. — *Grandmont* (1846), in-18. — *H. Rongier,* 1846, in-32. — *Duvivier-Sterpin,* 1854, in-32.

— Méthode élémentaire et pratique de plain-chant, par l'auteur du Recueil de motets à l'usage des écoles normales.

Seconde édition. — *L. Grandmont-Donders.*

In-12, de 108 pp.

— La grande pensée de S. Vincent de Paul, et la plus belle de ses œuvres rappelées aux amis du peuple. Par V. Dechamps, prêtre de la congrégation du T. S. Rédempteur. — *J. G. Lardinois.*

In-8, de 68 pp.

— Histoire de sainte Élisabeth de Hongrie, duchesse de Thuringe. 1207-1231. Par le comte de Montalembert. — *H. Dessain.*

In-8. On fit de cette édition deux espèces d'exemplaires : les premiers sans l'introduction et avec une lithog.; les seconds, avec l'introduction et quatre lithographies, tirés sur papier fort.

Une bibliographie spéciale des écrivains qui ont parlé de sainte Élisabeth se trouve en tête de cette Histoire.

— Voëgge di Chofontaine … *Voy.* 1757.

— Code belge des architectes. *Voy.* 1840.

— Traité d'algèbre … *Voy.* 1840.

— L'étole de saint Hubert. *Voy.* 1845.

1847

Souvenirs du jubilé de Saint-Martin, célébré en 1846, et résumé des instructions sur le dogme eucharistique, dédiés par Mgr l'évêque de Liége, aux fidèles de son diocèse, accompagnés des premières et des dernières paroles prononcées par M. l'abbé Dupanloup, chanoine de la cathédrale de Paris, pour l'ouverture et pour la clôture du jubilé. Liége. *H. Dessain.*

Grand In-8, de 86 pp.

— Biographie historique de Mgr Van Bommel. — *M. Ghilain.*

In-12, de 8 pp. Extrait du recueil le *Rappel,* de Paris.

— Mémoire sur l'état financier du séminaire de Liége, présenté à M. le ministre de la justice, par l'évêque du diocèse de Liége. — *Dessain.*

In 4, de 20 pp., à 2 col. Par Mgr Van Bommel.

— Méthode pour enseigner les instructions du premier âge et le catéchisme de Liége. —

In-18, de xu-112 pp. L'auteur est Mgr Van Bommel, évêque de Liége.

— La Belgique chrétienne ou histoire de la religion en Belgique, depuis l'introduction du christianisme jusqu'à nos jours. Par J. B. Dufau. Tome premier contenant l'histoire de l'introduction et du développement du christianisme en Belgique. - *H. Dessain* 1847.

In-8, de xii-207 pp. Le tome 1 seul paru, reçut plus tard le nouveau titre de : Histoire de l'introduction et du développement du christianisme en Belgique jusqu'à la fin des invasions et des troubles, Par J. B. Dufau. *Liége, J. G. Lardinois, s. d.*

— Conférence du révérend père Lacordaire, tenues à la cathédrale de Liége. *N. Redouté.*

In-8, de 81 pp. — U.

— Notice biographique sur le révérend père Lacordaire, de l'ordre de Saint-Dominique. — *Redouté.*

In-8, de 8 pp.

— Biographie historique du R. P. Lacordaire, par M. P. Lorain, ex-doyen de la faculté de droit de Dijon. — *Spée-Zélis.* (*Impr. J. G. Lardinois.*)

In-8, de 68 pp., portrait.

— Opinion du diable sur le R. P. Lacordaire, la faculté de philosophie, et le sénat académique de l'Université de Liége, et par ricochet sur le jubilé de 1846. Satan ou *Libéral liégeois*, réprimande de Satan, humble confession du *Libéral*. Pièces authentiques trouvées dans un bénitier de la cathédrale, le dimanche des Rameaux 1847. — *J. G. Lardinois.*

In-8, de 16 pp. Par J. B. Dufau.

— Petits sermons ou explication simple et familière du symbole des apôtres, de la salutation angélique, des commandements, etc. Par un ecclésiastique du diocèse de Liége. — *Lardinois.*

In-8, de viii-500 pp. Réimprimé à *Liége, chez Grandmont*, 1851, in-8, avec le nom de l'auteur J. H. Thomas, doyen de Saint-Jacques, à Liége.

— Ce que c'est que la soi-disant église chrétienne évangélique ou tableau de la prétendue Réforme, présenté à ses paroissiens, par J. A. L. Winders, curé de Nessonvaux. — *J. G. Lardinois. S. d.*

In-18, de 80 pp. et un f. de table.

— Comment les ministres protestants interprètent la Bible ou lettre à M. Hector Cornet-Auquier, soi-disant pasteur d'une église chrétienne à Nessonvaux, au sujet de son adresse aux habitants de Nessonvaux, Pepinster, Fraipont, suivie de la correspondance entre M. le pasteur et quatre curés catholiques. Par G. E. Jacquemin, curé de Pépinster. — *J. G. Lardinois. S. d.*

In-18, de 96 pp. — S.

— Exposé sommaire de la religion philosophique. Par le philosophe Dejaer, citoyen belge liégeois, auteur de plusieurs ouvrages de philosophie morale et sociale. — *F. Oudart.*

In-8, de in-100 pp. et un f. de table. — U.

— Examen raisonné de la contradiction, de l'absurdité et de l'impiété des principaux préceptes dogmatiques, moraux et ecclésiastiques des divergentes religiosités humaines, opposés aux préceptes de la religion divine, naturelle et philosophique. Par Dejaer. Première partie. — *F. Oudart.*

In-12, de 139 pp. Cet ouvrage n'a pas été continué. — U.

— Annuaire du diocèse de Liége, pour 1848, publié d'après les documents officiels. — *J. G. Lardinois.*

In-18, de 140 pp. Cet annuaire, qui n'a pas été continué, contient une chronologie des évêques, des vicaires généraux et des présidents du Séminaire de Liége, par M. E. Lavalleye. — C.

— Archiconfrérie de la sainte famille, Jésus, Marie, Joseph, canoniquement érigée dans l'église de Notre-Dame de l'immaculée conception, à Liége. — *L. Grandmont.*

In-18, de 98 pp. Réimprimé chez le même en 1853, in-18, de 96 pp.

— OEuvre de la Sainte Enfance ou association des enfants chrétiens pour le rachat des enfants infidèles en Chine

— 467 —

et dans les autres pays idolâtres. — *H. Dessain.*

In-18, de 148 pp., avec une lithogr. Cette association a publié quelques brochures concernant la situation de l'œuvre dans le diocèse de Liége.

— Le trésorier de la fabrique de l'église de Sainte-Foi, à Messieurs les membres composant le conseil de ladite fabrique. — *A. Denoel.*

In-8, de 13 pp., signé François Bury et daté du 23 juillet.

— Le berceau de Charlemagne. Recherches historiques, par F. Henaux — *F. Oudart.*

In-8, de 26 pp. Tiré à part de la Revue de Liége, t. VII. Cette brochure, revue et augmentée, reparut sous le titre de : Sur la naissance de Charlemagne... In-8, chez *F. Oudart,* 1848, et chez *J. Desoer,* 1854 et 1850.

— Biographie de G. J. Chapuis, publiée au bénéfice de sa fille unique. — *F. Oudart.*

In-8, de 85 pp. L'auteur est M. Roger. — U.

— Rapport du comité de l'union libérale, fondée à l'hôtel de Suède en 1842, sur les négociations entreprises dans le but d'amener la fusion entre les deux sociétés électorales de Liége. —

In-8. — U.

— Du résultat des élections du 8 juin. Extrait du *Journal historique et littéraire,* livraison du 1er juillet 1847. — *Spée-Zelis.*

In-8. — U.

— Lettre d'un électeur liégeois à M. Verhaegen aîné, à propos de la révision des listes électorales. — *J. Desoer.*

In-8, de 68 pp. Par M. Th. Fléchet.

— Réponse de la commission spéciale, nommée le 5 août 1847, par l'assemblée générale des maîtres de forges belges et composée de MM. P. Henrard, H. Goffart, G. Dallemagne, C. Lévêque, F. L. Behr.., au mémoire de la chambre de commerce de Liége. — *J. Desoer.*

In-8, de 28 pp.

— Les habitants des hameaux de la commune de Wandre, à Messieurs les président et membres de la chambre des représentants. — *Latour.*

In-4, avec un plan, daté du 30 décembre.

— Pétition pour la liberté du commerce des grains adressée au Roi, le 12 avril 1847, par les habitants de la province de Liége. —

In-8, de 14 pp. Cette pétition fut rédigée par C. Dignesse.

— Appel à la législature ou résumé des rapports, avis et pétitions adressés au gouvernement en faveur du projet de route directe de Hannut à St-Trond, et examen comparatif de ce projet avec les autres directions proposées. Par Ch. V. Hennequin, propriétaire. *P. J. Collardin.*

In-4, de 68 pp., avec une carte coloriée.

— Revenu de deux millions pour l'État par une répartition égale de l'impôt-patentes. — *Redouté.*

In-8. Par A. Godin.

— Coup d'œil sur les taxes municipales, sur le projet de loi réorganique du notariat, sur la station de Longdoz et la dérivation de la Meuse, sur le libéralisme, son programme politique et ses divisions intestines. Par G. L. Léonard. — *N. Redouté.*

In-8, de 40 pp.

— Catalogue de deux belles collections de livres de sciences, littérature, histoire, etc. La première contient beaucoup de manuscrits précieux sur vélin et sur papier, des ouvrages à gravures et des livres rares ; la deuxième se compose principalement des meilleurs ouvrages qui aient paru, concernant les sciences médicales. La vente a lieu, à Liége, le 31 mai 1847 et jours suivants .. — *F. Oudart.*

In-8, de 78 pp. (970 et 327 n°°). Ces livres, provenant de la bibliothèque de C. Simonon, ont été vendus à des prix assez élevés. C'est une des plus belles ventes qui se soient faites à Liége. Malheureusement le catalogue est mal rédigé. — U.

— Exposition bisannuelle de Liége. Visite au salon de 1847, par Charles Périn. — *N. Redouté.*

In-12, de 57 pp.

— Société d'Orphie de Liége. Paroles des chœurs chantés par cette Société au concours donné à Bruxelles, le 26 septembre 1847, par la Société Méhul. — *N. Redouté.*

In-12, de 4 pp.

— Réponse pour Messieurs de Berlaimont et Mme de Rouveroy, au mémoire signifié, le 29 avril 1847, par MM. de Calwaert et de Grady et Mme de Grady. — *J. Desoer.*

In-4, de 94 pp., signé B. Zoude, J. F. Lesoinne et J. ...roy, avocats ; Robert, avoué.

— Conclusion pour M. Osy, demandeur, contre la Société de la Vieille-Montagne défenderesse. — *J. Desoer. S. d.*

In-4, de 8 pp.

— Théate ligeoi ki contin les operâs de théâtre wallon : li Voège di Chofontaine, li Ligeoi égagi, li fiesse di Houtesi-plou, les Ypoconte. — *F. Oudart.*

In-8, de 88 pp., à 2 col... Voy. 1783, 1810, 1827, 1830, 1854.

— Les p'tits moumints d'plaisir da J. J. Dehin, maiss' chaudroni, à Lige. — *M. Ghilain.*

In-32, de 64 pp.

— Études de numismatique liégeoise. Une trouvaille. — *M. Ghilain.*

In-8, de 9 pp., avec une planche. Cette brochure est une mystification ; la planche représente une monnaie de Nithard, évêque de Liége prétenduement frappée à Visé. — T.

— Classification des monnaies épiscopales liégeoises. Lettre à Messieurs les auteurs des études de numismatique liégeoise. *S. l.*

In-8, de 9 pp., daté du 7 novembre, et publié en réponse à la brochure précédente. — T.

— Mahomet, drame en trois actes et en vers. Par J. de Laborie. — *N. Redouté.*

In-8, de 100 pp. L'auteur J. Fourdrin avait adopté le pseudonyme de Laborie.

— Robespierre ou le 9 thermidor, drame en trois actes et en vers. Par J. de Laborie. Liége. — *Redouté.* 1847.

In-8, de VII-78 pp. Par J. Fourdrin.

— Deux mille quatrains moraux, pensées, réflexions ou maximes recueillies en général des meilleurs auteurs anciens et modernes et applicables à tous les âges et à toutes les conditions. Par Fréd. Rouveroy. — *J. Desoer.*

Grand in-8, de 6 ff, 414 pp. Ce recueil, tiré à 50 exemplaires numérotés et portant la signature de l'auteur, n'a pas été mis dans le commerce. Voy. 1846 et 1848.

— L'art typographique, imitation du premier chant de l'art poétique de Boileau. Par Denis Sotiau, typographe. — *A. Denoel.*

In-8, de 12 pp.

— D. O. M. Le 14 janvier MDCCCXLVII est décédé Gaspard Pirotte, né à Liége, en 1780. Discours prononcé sur sa tombe, par un de ses amis. — *F. Oudart.*

In-8, de 7 pp. Par M. A. Cralle.

— Annales de la société de médecine de Liége. — *F. Oudart* 1847-1850.

4 vol. in-8. Cette revue, dirigée par M. Fraikin, avait pour principaux collaborateurs MM. Wilmart, Gaede, Rolkem, Borlée, Wasseige, de Lavacherie, Dresse, etc. — U.

— Revue médicale pharmaceutique et hippiatrique. —

Cette revue mensuelle, publiée du 1er mai 1847 au 1er mai 1848, sous la direction du docteur Ch. Detienne, forme un volume in-8, imprimé chez J. G. Lardinois.

— De la préparation et de la vente des médicaments destinés aux animaux domestiques. Par Victor Pasquier, membre de plusieurs académies nationales et étrangères. — *F. Oudart.*

In-8, de 75 pp.

— Observations et réflexions sur les inhalations de vapeur d'éther, pour supprimer la douleur dans les opérations chirurgicales. Par V. de Lavacherie, professeur de clinique chirurgicale et de médecine opératoire à l'Université de Liége. — *F. Oudart.*

In-8, de 50 pp. — U.

— Recherches sur les animaux fossiles, par L. de Koninck, 1re partie. Monographie des genres productus et chonetes. — *H. Dessain.*

In-4, de XVII-246 pp., avec 20 planches. Ce travail n'a pas été continué.

— Extrait d'un manuel d'ornithologie ou histoire naturelle des oiseaux de volière, par F ***. — *Oudart.*

In-8. Par Félix Van Hulst.

— Études sur le passé et l'avenir de l'artillerie. Par le prince Louis-Napoléon Bonaparte. — *D. Avanzo et C*^e *(impr. F. Oudart).*

In-8, de 371 pp., avec atlas, gr. in-4, de 40 planches. Le tome I seul a paru dans cette édition.

— Établissement d'une ferme modèle dans la province de Luxembourg. Projet présenté au gouvernement et adressé aux chambres législatives par Max. Ledocte. — *Desoer.*

In-8, de 16 pp.

— Recueil de constructions rurales et communales, comprenant un choix d'exemples des bâtiments nécessaires aux divers degrés de l'exploitation agricole; des motifs ou modèles d'édifices et établissements d'utilité publique appropriés aux besoins des communes, suivant leur importance, enfin des exemples de constructions servant d'annexes et de complément aux grandes et moyennes propriétés, le tout présenté en plans, coupes, élévations, détails de constructions, et gravé en soixante planches. Par Roux aîné, architecte, ingénieur. — *D. Avanzo et C*^e *(typ. de F. Oudart.)*

In-fol., de 27 pp., à 2 col., avec front., gravé et 60 planches. — U.

— Le guide de l'ornemaniste ou de l'ornement pour la décoration des bâtiments, tels que frises, arabesques, panneaux, rosaces, candélabres, vases, etc., dont quelques parties détachées des divers ensembles peuvent s'adapter aux meubles, ou de leurs composés, former de nouveaux ajustements pour être employés suivant les localités. Dessiné et gravé au trait, par Charles Normand. — *D. Avanzo.*

Atlas in-fol., de 37 planches, avec texte. — U.

— Traité des essais par la voie sèche ou des propriétés, de la composition et de l'essai des substances métalliques et des combustibles, à l'usage des ingénieurs, des mines, des exploitants et des directeurs d'usines. Par M. P. Berthier. — *F. Oudart.*

2 vol. in-8, avec 13 planches. Il faut y ajouter: Appendice au traité des essais, par la voie sèche de M. P. Berthier. Liége, F. Oudart, 1847, in-8, de 49 pp., un f. table. — U.

— Traité de chimie appliquée aux arts. Par M. Dumas, membre de l'Institut royal ... — *F. Oudart,* 1847-1848.

8 vol. in-8. Les quatre premiers (chimie organique), ont 588, 554, 596 et 608 pp., et sont accompagnés d'un atlas de 42 pp. et 73 planches. Les quatre derniers (chimie inorganique), ont 503, 601, 567 et 496 pp., et sont accompagnés d'un atlas de 86 pp. et 74 planches.

— Application de la chimie au blanchiment des toiles, à la fabrication du papier, des sucres; à l'extraction des graisses, des huiles; à la préparation des bougies, des savons, etc. Par M. Dumas ... — *F. Oudart.*

In-8, de 554 pp., avec atlas, p. in-fol., de 30 pp. et 48 planches.

— Précis de l'art de la teinture ... Par M. Dumas ... — *F. Oudart.*

In 8, de 373 pp.

— L'art du fumiste ou moyens employés par l'auteur pour empêcher de fumer les cheminées, poêles et calorifères dans les maisons d'habitation et les monuments publics. Par M. J. Fournel, fumiste et entrepreneur de bâtiments. *D. Avanzo et C*^e *(typ. F. Oudart).*

Grand in-4, de 40 pp., avec 12 planches.

— Législation des mines, projet d'un nouveau système de redevance proportionnelle sur les mines. Par A. Godin, sous-ingénieur des mines. Deuxième édition. — *N. Redouté.*

In-8, de iv-109 pp.

— Description de l'établissement J. Cockerill, à Seraing, accompagnée d'une notice biographique sur John Cockerill, d'un plan général de l'établissement, etc. Par A. Lecocq. — *J. Desoer.*

In-12. — U.

— Notions de calcul servant d'introduction à l'étude approfondie de l'arithmétique. Par J. N. Noël, professeur à l'Université de Liége, etc. —

In-12, de 52 pp.

— Manuel de cosmographie ou géographie mathématique accompagné de huit planches pour l'intelligence du texte et renfermant plus de cinq cents problèmes gradués, simples et composés, qui peuvent se résoudre sans le secours de la sphère, ni du globe artificiel. Par Alf. Roussenfeld, professeur. — *F. Oudart.*

In-8, de 128 pp.

— Essai de grammaire française élémentaire par demandes et par réponses conforme à celle de MM. Noël et Chapsal et aux principes admis par l'Académie française. Par un professeur liégeois attaché à l'enseignement moyen depuis vingt et un ans. Deuxième édition, augmentée. — *F. Oudart.*

In-8, de 290 pp.

— Quelques mots en réponse à la brochure publiée par M. Bouillon, inspecteur des études musicales dans les écoles primaires de Bruxelles, sur l'enseignement de la musique vocale aux enfants du peuple dans les écoles primaire du royaume. Par Daussoigne-Méhul. — *P. J. Collardin.*

In-8, de 15 pp.

— Essai d'un cours de mathématiques, par Forir. Algèbre ... Voy. 1825.

— Manuel d'éloquence sacrée ... Voy. 1845.

1848

L'Ouvrier, organe des intérêts populaires.

Journal bis-hebdomadaire, p. in-fol., à 2 col., qui parut du 9 juillet 1848 au 27 septembre 1849, sous la direction de MM. L. J. Dejaer, P. Esselens, Mordant, Ch. Rolans. Un différend s'étant élevé, touchant la propriété du journal entre l'imprimeur J. Ledoux et l'éditeur D. Dewandre, celui-ci publia, du 15 octobre au 6 novembre (6 numéros), un second journal portant le même titre.

Cette feuille fut d'abord l'organe des socialistes liégeois et adopta ensuite les principes libéraux. Les numéros destinés aux abonnés de Seraing portaient un titre particulier. — C.

— Le Travailleur, organe des intérêts de la classe ouvrière.

Journal démocratique bis-hebdomadaire, p. in-fol., à 3 col., rédigé par Ch. Karcher, puis par L. J. Dejaer et qui parut chez V. Rodberg, du 9 novembre 1848 au 27 mai 1849. — C.

— Le Bonhomme Richard, journal hebdomadaire des classes ouvrières, de l'émancipation intellectuelle et du progrès par des voies pacifiques et tout à fait en dehors de la politique haineuse.

Journal p. in-fol., à 2 col., rédigé par J. F. X. Wurth, et qui parut chez A. Charron, du 10 septembre au 1er octobre 1848 (4 numéros). — C.

— Nouvelles du jour.

Journal quotidien p. in-fol., à 2 col., créé le 1er septembre 1848 et qui paraît encore aujourd'hui chez J. Demarteau. Il ne diffère de la *Gazette de Liége*, du même éditeur, qu'en ce qu'il ne contient pas d'articles de fond. Un tirage spécial de cette feuille paraît sous le titre de l'*Echo de Herstal, journal des faits, nouvelles et annonces.* Les abonnés de Seraing le reçoivent aussi sous le titre de *Journal de Seraing.*

— L'Estafette de Liége, journal politique, commercial et littéraire.

Journal in-folio, à 3 col., imprimé chez M. Ghilain et rédigé par M. Wigny, qui parut à des époques indéterminées, du 26 avril au 14 mai 1848 (7 numéros). — C.

— Les Petites Affiches de Liége et de la province. Se distribuera gratis à MM. les notaires, avoués, hôteliers, bains, cafés, estaminets, etc. (sic).

Feuille hebdomadaire, in-folio, à 3 col., imprimée chez M. Ghilain, du 11 juin au 27 août 1848 (10 numéros). — C.

— L'Écho de Spa.

Journal hebdomadaire, gr. in-8, à 2 col., créé le 21 mai 1848, et dont il n'a paru que quelques numéros, imprimés à Liége, chez J. Ledoux.

— L'Aspic, par Jacques Lepervier.

Recueil de chansons démocratico-satiriques, dont il a paru deux numéros, in-8, de 4 pp., du 1er au 8 juillet 1848, chez Choisez. — C.

— Articles de l'*Ère nouvelle*, par le R. P. Lacordaire, MM. l'abbé Maret, Ozanam, de Coux, Charles Sainte-Foi, Lorain, de Labaume, J. P. Tessier et Gouraud.

M. J. B. Dufau, éditeur de cette réimpression, en publia, chez J. G. Lardinois, 12 numéros, in-8, du 15 août au 13 décembre 1848. — C.

— Le Scalpel, organe des garanties médicales du peuple et des intérêts sociaux

— 471 —

et scientifiques de la médecine, de la pharmacie et de l'art vétérinaire.

Journal in-fol., à 3 col., rédigé par M. A. Festraerts, et imprimé chez A. Denoel, puis chez J. G. Carmanne, parut d'abord deux fois, puis trois fois par mois Ce journal, publié depuis le 5 août 1848, existe encore aujourd'hui.

— Le joyeux calendrier, almanach chantant. — *A. Charron*, 1849.

In-32. — C.

— La Bonne année, almanach chansonnier et comique. — *A. Charron*, 1849.

In-32. — C.

— Almanach républicain pour l'année 1849, par le comité de rédaction du journal *le Peuple*. — *A. Charron*.

In-12, de 48 pp. Les auteurs sont MM. Prosper Esselens et J. Goffin. — C.

— Armanak di noss pacy po meie V cint e todi (1849). — *A. Charron*.

In-plano, avec poésies wallonnes, par J. Hasserz. — C.

— Études historiques sur l'ancien pays de Stavelot et de Malmédy. Par Arsène de Noue, docteur en droit. — *L. Grandmont*.

In-8, de xx-508 pp. et 2 ff. — U.

— Les illustrations de Stavelot et les vies des saints Remacle, Théodart, Hadelin, Lambert, Hubert, Poppo et d'autres grands civilisateurs des Ardennes. Par A. Courtejoie, prêtre. — *J. G. Lardinois*.

In-12, de x-320 pp. — U.

— Précis de l'histoire chronique de l'abbaye de Saint-Hubert en Ardenne, suivi de détails sur l'église abbatiale. Par F. A. Mouzon, instituteur en chef de l'école primaire des garçons, à Saint-Hubert. — *B. Dessain*.

In-8, de v-417 pp.

— De la nationalité belge ou des idées politiques et religieuses en Belgique, par Louis Trasenster. Première partie. — *J. Desoer*.

In-8, de 1?? pp. et 2 ff. Cet ouvrage n'a pas été c?????. — U.

— Fai?? ??dits des événements de juin à Paris, par un détenu politique échappé aux persécutions. — *Charron*.

In-8, de 12 pp. Presque tous les exemplaires de cette brochure, dont l'auteur est Th. Beghin, furent saisis à la frontière et détruits par ordre du gouvernement français.

— Quelques mots d'un Belge à ses compatriotes, à propos de la république et des derniers événements de Paris. Par Ph. Gravez, ancien fonctionnaire supérieur du cadastre ... — *N. Redouté*.

In-8, de 16 pp.

— Aux ouvriers. Du pain, du travail et la vérité. Par J. P. Schmit. — *J. Desoer*.

In-8, de 20 pp.

— Moyens de procurer immédiatement du travail à dix mille ouvriers ... Par Maximilien Ledocte, agronome. — *J. Desoer*.

In-8, de 19 pp.

— Association de l'union libérale. — *Desoer*.

In-8, daté du 29 mai. Adresse aux membres de l'Union, signée J. Forgeur.

— Société d'Orphée. — *Lemarié*.

In-8, de 8 pp. Cette brochure, tirée à quelques exemplaires, contient des couplets de J. Gaucet.

— Statuts de l'association philanthropique des arts et métiers, fondée à Liége, le 1er octobre 1848. Humanité. Ordre public. Les réunions ont lieu tous les dimanches, au local de l'école industrielle de la ville de Liége, rue Féronstrée. — *A. Charron*.

In-18, de 28 pp.

— Règlement pour l'hospice des orphelins. *S. l.*

In-8, de 8 pp., daté du 6 septembre.

— Observations concernant le projet de loi du 2 décembre 1848, sur la compétence et la contrainte par corps en matière commerciale, adressées à MM. les membres de la Chambre des représentants par la chambre de commerce de Liége. — *Desoer*.

In-8, de 16 pp. Par M. Félix Capitaine.

— Avant-projet d'une réforme générale des impôts, basée sur l'examen comparatif des ressources financières de la Belgique, de la France, de l'Angleterre, de la Prusse, de la Hollande et des États-Unis. Par A. Godin. — *Redouté*.

In-8. — U.

— Histoire de Sa Majesté, Léopold Ier, roi des Belges, opuscule destiné aux écoles primaires. — *Chez tous les libraires.* (Imp. J. Ledoux) 1848.

In-18, de 26 pp., portrait. L'auteur est T. Derive.

— Observations respectueuses d'un patriote sincère au roi des Belges. — *J. Dejaer, éditeur.*

In-8, de 16 pp., y compris la liste des ouvrages du citoyen Dejaer, auteur de cette brochure.

— Ma république. Adresse aux savants politiques, par l'homme de la nature. — *J. Dejaer (impr. Oudart.)*

In-8, de 40 pp. L'auteur est Joseph Dejaer. — U.

— Exposé des faits concernant l'arrestation et l'emprisonnement du citoyen Dejaer, auteur de plusieurs ouvrages de philosophie religieuse, morale et sociale. — *J. Dejaer.*

In-8, de 24 pp. — U.

— Complément des quatrains moraux, pensées, réflexions, maximes, etc. Par Fréd. Rouveroy. — *(Impr. J. Desoer.)*

In-8, de VII-248 pp. Ce recueil, contenant 1,117 quatrains et tiré à 50 exemplaires, n'a pas été mis dans le commerce. Voy. 1847.

— Un poulet égaré, vaudeville en un acte. Par N. Ansiaux, de Liége. — *A. Charron.*

In-18, de 56 pp.

— Mainfroy. Par Oscar de Leeuw. — *J. Desoer.*

In-8, de 24 pp. Poëme.

— Physiologie du compositeur typographe. Par Denis Sotiau. — *Chez tous les libraires.*

In-12, de 12 pp.

— Un discours d'ouverture, prologue par Ed. Wocken. Représenté sur le théâtre royal de Liége, le 1er octobre 1848, jour de l'ouverture. — *Redouté.*

In-8, de 8 pp.

— Li tah, d'im 'gran-mér. Par in hom' di rin. — *Dumoulin.*

In-16, de 14 pp. L'auteur est Joseph Dehin.

— Grand catéchisme du diocèse de Liége, ou catéchisme de persévérance à l'usage des colléges et des pensionnats ... et pour servir de livre de lecture aux familles chrétiennes, publié par Mgr l'évêque de Liége. — *Dessain.*

In-8, Réimprimé Liége, Grandmont, 1849, in-18.

— Lettre adressée à M. le ministre de la justice par l'évêque du diocèse de Liége, à l'occasion des dernières discussions parlementaires sur les affaires ecclésiastiques. — *H. Dessain.*

In-4, de 24 pp. Par Mgr Van Bommel.

— Le devoir des chrétiens du XIXe siècle. Par J. F. X. Würth, professeur extraordinaire à l'Université de Liége. — *A. Charron.*

In-18, de 48 pp.

— Mémoire pour M. François-Marie-Jean Van Moorsel, curé de la Xhavée, commune de Wandre, appelant comme d'abus de la révocation prononcée contre lui par Mgr Corneille-Richard-Antoine Van Bommel, évêque de Liége. — *J. Desoer.*

In-4, de 46 pp., signé Forgeur, Wolthère Frère et Robert, avocats. — U.

— Qui tord les Saintes-Écritures? ou réponse à M. Jacquemin, curé de Pépinster, par H. Cornet-Auquier, pasteur de l'église chrétienne de Nessonvaux. — *J. Desoer.*

In-12, de 84 pp.

— Le chrétien intérieur ou la conformité intérieure que doivent avoir les chrétiens avec Jésus-Christ, divisé en huit livres qui contiennent des sentiments tout divins, tirés des écrits d'un grand serviteur de Dieu (Jean de Bernières-Louvigny). Par un solitaire (Louis François d'Argentan, capucin.) Nouvelle édition, corrigée de toute expression inexacte. — *Dessain.*

In-18, de 68-479 pp. Cette édition a été publiée par le chanoine Van Berwaer qui y ajouta une préface.

— Traité de l'oraison mentale. — *Dessain.*

In-16, de 132 pp. L'auteur est C. H. P. A. Van Berwaer, chanoine de la cathédrale de Liége.

— Société de St-Vincent de Paul. Règlement. — *H. Dessain.*

In-8. Cette société, établie le 12 février 1846, publie annuellement son rapport.

— Règlement de l'association de Notre-Dame des Sept-Douleurs. — *J. G. Lardinois.*

In-18, de 7 pp.

— Notice sur la révérende mère Joseph de Jésus (Anne Capitaine), religieuse carmélite. *Desoer.*

In-8, tiré à 20 exemplaires. L'auteur est M. Pierre Kersten. — C.

— Le mois de mai sanctifié en Belgique, nouveau mois de Marie, contenant pour chaque jour, 1° l'historique de la dévotion à Marie, dans un de ses principaux sanctuaires en Belgique ... Par l'auteur de la Belgique chrétienne. 2ᵉ édition. — *J. G. Lardinois* 1848.

In-18, de vii-439 pp., avec une lithog. Par J. B. Dufau. — M.

— Recueil de Tantum ergo et d'autres morceaux pour la bénédiction du saint Sacrement. — *L. Grandmont.*

P. in-8, de 28 pp. de plain-chant, et de 14 pp. de musique, gravée.

— Réforme de l'enseignement supérieur et du jury d'examen. Par Louis Duperron. — *F. Oudart.*

In-8, de 56 pp. L'auteur est M. Trasenster, professeur à l'Université.

— Cours universitaire d'histoire universelle en cent leçons. Par J. F. X. Wurth. — *A. Charron* 1848-1849.

2 vol. in-12, de 304 et 300 pp.

— Le vade mecum liégeois ou nouveau traité de style épistolaire à l'usage de toutes les classes de la société. Publié par Aug. Mathelot, professeur de langue française. — *Verhoven.*

In-18, de 180 pp. Réimprimé. *Liége, s. d.*, in-18.

— Cours de dessin du compas, de la règle et du tireligne, à l'usage des écoles primaires et industrielles, comprenant les tracés géométraux des courbes et des moulures en usage dans l'architecture et la menuiserie. Par H. Deville-Thiry, professeur à l'école industrielle de la ville de Liége. — *Avanzo.*

In-4, de 16 pp., avec 22 planches.

— Journal d'agriculture pratique, d'économie forestière, d'économie rurale et d'éducation des animaux domestiques du royaume de Belgique. Publié sous la direction de M. Charles Morren. — *Blanchard* 1848-58.

10 vol. in-8. Ce recueil fut continué sous le titre de la *Feuille du cultivateur,* par P. Joigneaux et E. Morren. — U.

— Simple aperçu d'économie rurale et politique à propos des expositions et des concours agricoles. Par Adolphe Leblan. — *F. Oudart.*

In-8, de 82 pp.

— Traité élémentaire d'arithmétique théorique et pratique à l'usage des écoles primaires. Par J. Dasoul, ancien instituteur. — *H. Dessain* 1848-1851.

2 parties in-12. La première partie fut réimprimée en 1849, chez Dessain.

— Mémorial ou méthode facile et abrégée pour la comptabilité des capitalistes et propriétaires. Par Troupin. — *A. Charron.*

In-4, de 24 pp.

— Traité théorique et pratique de l'art de bâtir de Jean Rondelet, architecte, membre de l'Institut. Supplément, par G. Abel Blouet architecte du gouvernement. — *Avanzo et Cⁱᵉ,* (imprimerie de F. Oudart) 1848-1851.

2 volumes in-4 et atlas grand in-fol., contenant 105 pl.

— Nouveau recueil de menuiserie et de décorations intérieures et extérieures, comme intérieur d'appartements, salles de bals et de concert, foyers de théâtre, intérieurs et extérieurs de boutiques, cafés-restaurants, bazars, galeries, marchands, etc., etc., décorations de fêtes et cérémonies civiles et religieuses, etc., etc.; contenant, en outre, un choix de grosses menuiserie et de charpenterie légère combinées avec le fer et divers objets introduits depuis peu dans les jardins et autres rendez-vous publics ; le tout levé et dessiné, par Thiollet et H. Roux. — *D. Avanzo, et Cie (typ. F. Oudart.)*

In-fol., de 18 pp., à 2 col., avec 60 planches.

— Théorie des machines à vapeur, ouvrage destiné à prouver l'inexactitude des méthodes en usage pour évaluer les effets où les proportions des machines à vapeur et à y substituer une série de formules analytiques. Suivie d'un appendice, contenant de courtes notions destinées aux personnes peu familiarisées avec les signes algébriques et ayant pour but de leur rendre parfaitement clair et facile l'usage des formules. Par le comte F. M. G. de Pambour, ancien élève de l'École polytechnique..., 3e édition. — *Avanzo et Cie (impr. J. Desoer).*

In-4, de 8 ff. et 416 pp., avec atlas de 24 planches.

— Observations concernant le projet de loi sur la réorganisation du notariat, présentées à MM. les membres de la Chambre des représentants et du Sénat, par les notaires de Liége. — *J. Desoer.*

In-8, de 20 pp. — U.

— Manuel d'escrime à la baïonnette simplifié, prescrit par M. le ministre de la guerre, pour les régiments d'infanterie et de chasseurs à pied, par disposition du 15 décembre 1845. — *F. Oudart.*

In-8, de 44 pp., avec 18 planches. L'auteur est le général Caplaumont.

— Loi sur la garde civique, du 8 mai 1848. — *F. Oudart.*

In-18, de 24 pp.

— Corps spécial des chasseurs éclaireurs. Règlement d'ordre. — *F. Oudart.*

In-18, de 19 pp.

— Compagnie des chasseurs éclaireurs. Maniement des armes avec la carabine. — *F. Oudart.*

In-18, de 36 pp.

— Tumeurs à grains hydatiformes de l'articulation du poignet et des doigts, fistule spontanée de l'œsophage. Par le docteur Jules Ansiaux, agrégé à l'Université de Liége ... — *J. G. Lardinois.*

In-8, de 15 pp. Cette brochure n'a pas été mise dans le commerce. La seconde observation fut imprimée à Bruxelles, chez J. B. de Mortier, 1848, in-8, de 13 pp. (Extrait du *Bulletin de l'Académie royale de Médecine*, t. VII, n° 5).

— Analyse des eaux de Chaufontaine ... Voy. 1717.

— Éléments d'arithmétique, par J. N. Noël ... Voy. 1859.

— Li caiss' di prévoianss... Voy. 1844.

— Égarement de l'Église romaine ... Voy. 1846.

— Sur la naissance de Charlemagne ... Voy. 1847.

1849

Statuta dioecesis Leodiensis.

Deux parties in-8, sans titre, la première de un f., 180 pp.; la seconde de un f., 215 pp. D'après les avis qui se trouvent en tête, la première partie fut envoyée en juin 1849 et la seconde en avril 1850, aux curés du diocèse et à quelques autres personnes pour qu'ils pussent délibérer sur ces projets de statuts. Ce livre ayant servi ainsi d'épreuves et ayant été tiré à petit nombre, est peu commun. Voy. 1851. — S.

— Prières et cérémonies des ordinations, d'après le pontifical romain, revu par l'ordre du pape Clément VII. — *L. Grandmont.*

In-32, de 254 pp. et un f. table, texte français latin.

— L'origine et la chute de Rome papale, par Robert Fleming. Traduit de l'anglais, par Mme Girod, avec une préface et des notes de M. G(irod). — *Desoer.*

In-12, de 150 pp. — U.

— L'autorité et le libre examen ou coup d'œil sur la règle de foi, selon l'Église catholique et selon le protestantisme, avec la réfutation des objections d'un ministre protestant contre une thèse catholique. Par G. E. Jacquemin, curé de Pepinster. — *J. G. Lardinois.*

In-18, de iv-186 pp.

— Saint Roch, patron contre la peste, le choléra, etc. Légende du commencement du XIVe siècle. — *A. Charron.*

In-8, de 8 pp.

— Pèlerinage des maîtres de la confrérie de Saint-Roch, de la paroisse de Saint-Christophe à Liége à Saint-Roch (en Ardennes), lors de l'invasion de l'épidémie en 1849. Par L. Bouhon. —

In-8, daté du 19 avril. — U.

— Manuel des religieuses hospitalières. — *Grandmont.*

In-8. Par M. N. Heurotte, chanoine honoraire de la cathédrale de Liége.

— Le christianisme réformateur du monde, suivi de pensées religieuses et morales. Par Mme L. J. — *J. Desoer.*

In-8, de 233 pp. et un f. de table. L'auteur est Mme L. Jamme.

— Les modèles d'une vie chrétienne et parfaite dans les conditions les plus humbles. Troisième édition, augmentée d'une courte instruction sur l'oraison mentale pour les commençants. — *Dessain.*

In-18, de 63 pp. L'auteur est le chanoine Van Berwaer.

— La bible de l'enfance, lectures amusantes sur l'ancien et le nouveau Testament, par M. l'abbé de Noirlieu. Nouvelle édition, rédigée sur un nouveau plan, augmentée et enrichie de notes, par un inspecteur des écoles primaires. *H. Dessain.*

In-12, de 214 pp. Cette édition est due à M. B. H. Mertens. La première édition de ce travail parut en France sous le titre de : Histoire abrégée de l'ancien et du nouveau Testament, ou Bible de l'enfance, racontée aux enfants de huit à douze ans. Paris, 1836, in-18. Il en existe une édition sans date, Liége, Grandmont, in-18.

— Les quatre curés ou que faire avec la foi et du purgatoire et de la messe. Par le Dr C. Malan, pasteur à Genève. — *Desoer.*

In-18, de 23 pp.

— L'Ordre, journal quotidien.

Journal libéral, p. in-fol., à 3 col., imprimé chez J. Ledoux, du 1er octobre 1849 au . . . . Il était rédigé par L. Rongé et E. Wodon. Les numéros destinés aux abonnés de Seraing portaient le titre de *Journal de Seraing et du canton, organe des intérêts industriels.* — C.

— Le Peuple, organe de la démocratie . . .

Journal bis-hebdomadaire, p. in-fol., à 3 col., imprimé chez Charron, du 4 février au 30 décembre 1849. — C.

— Exposé de la situation administrative de la commune de Spa. 1849-1866.

In-8. Ce compte rendu paraît chaque année. A partir de 1855, il porte le titre de : Commune de Spa. Rapport sur l'administration et la situation des affaires de la commune... Il fut imprimé tantôt à Verviers, tantôt à Liége ou à Spa.

— Cantate populaire chantée en chœur sur d'anciens airs nationaux par les porte-bannières des 32 métiers de la ville de Liége (la Société d'Orphée et autres Sociétés chorales). Paroles de J. Gaucet (arrangement musical de M. Daussoigne-Méhul). — *Desoer.*

Une feuille gr. in-fol. Cette cantate fut exécutée le 12 juin 1849, en présence de LL. MM., pendant la cérémonie de la pose de la première pierre des travaux de restauration du palais de Liége. Elle a été aussi imprimée chez L. Tilkin, en une feuille in-folio.

— Sérénade donnée à Leurs Majestés le Roi et la Reine des Belges à l'occasion de leur arrivée à Liége, 9 juin 1849. Paroles de Joseph Gaucet, musique de L. Terry. — *L. Tilkin.*

Une feuille in-fol. Gaucet a aussi composé d'autres cantates, chœurs et ballades qui sont mentionnés dans le *Nécrologe liégeois* de 1852.

— Instruction publique. Rapport présenté par M. Trasenster, inspecteur des études à l'école des arts, des manufactures et des mines de Liége, à M. le ministre de l'intérieur, sur la situation de l'enseignement industriel dans les collèges et autres écoles moyennes en 1848. — *J. Desoer.*

In-8, de 48 pp. — U.

— Association de l'Union libérale de Liége. Statuts et liste générale des membres, arrêtée le 5 juillet 1849. — *J. Desoer.*

In-8, de 24 pp. Cette association adopta le programme du Congrès libéral de 1846.

— En avant la riposte. Un mot au Journal de Liége, par quelques étudiants. —

In-8, daté du 10 juillet. — U.

— Avis de la chambre de commerce de Liége sur le projet de loi relatif à la condition des classes ouvrières et du travail des enfants. — *Desoer.*

In-8, rédigé par M. F. Capitaine.

— Taxes des octrois communaux. Par G. L. Léonard. — *Redouté.*

In-8, de 5 pp.

— Réforme générale des impôts, comprenant l'abolition de l'impôt du sel, des octrois et des cotisations personnelles dans les campagnes. Par A. Godin. — *N. Redouté.*

In-8, de 188 pp.

— Mémoire sur un nouveau système d'impôts à propos de l'abolition des octrois, par J. F. W. Dewildt, avocat, lu le 15 février 1849, à la séance des commissions réunies des taxes et des finances du conseil communal de Liége. — *J. Desoer.*

Grand in-8, de 30 pp.

— Recherches sur l'histoire monétaire du pays de Liége. Par Jules Petit-de Rosen. Deuxième tirage, augmenté d'une lettre sur la classification des monnaies épiscopales liégeoises. — *J. Desoer.*

In-8, de 4 ff., 54 pp.

— Statuts et règlement du Cercle artistique de Liége, suivi de la liste des membres et du discours d'inauguration. — *N. Redouté.*

In-8, de 35-10 pp. Discours prononcé par M. F. Capitaine, le 1ᵉʳ juillet.

— Association musicale. A Messieurs les membres du collège des bourgmestre, échevins et du conseil communal de Liége. S. l.

In-8, de 8 pp., daté du 6 janvier.

— Catalogue d'une belle collection de livres, en nombre, de droit, d'histoire, de littérature, de sciences, etc., parmi lesquels figurent quelques ouvrages recherchés provenant d'une liquidation et dont la vente aura lieu les jeudi et vendredi 24 et 25 mai 1849. —

In-8, de 9 pp. Ouvrage provenant de la librairie P. J. Collardin.

— Catalogue d'une belle collection de livres de littérature française et étrangère, d'histoire, sciences et arts, voyages, jurisprudence ancienne et moderne, médecine, architecture, etc., dont la vente publique aura lieu le lundi 29 mai 1849 et jours suivants ... par le ministère du notaire Keppenne ... —

In-8, de 70 pp.

— Le Chanteur comique contenant romances et chansonnettes comiques, almanach pour ... — *A. Charron.*

In-18. Se publie depuis 1850, et contient quelques chansons wallonnes.

— Souvenirs de voyages dans le pays rhénan. Par Ch. de Sainte-Bélène, de l'ordre du collier de Saint-Goar. — *J. Desoer*, 1849-1850.

3 vol. in-16, de 214, 182, 173 pp. L'auteur est M. J. Petit. — U.

— Notice sur Henri Delloye, troubadour liégeois. — *J. Desoer.*

In-18, de 60 pp., signée U. C(apitaine).

— Norbert, comédie en un acte. Par Eugène Nicolay, de Liége. — *A. Charron.*

In-12, de 71 pp.

— Virginité, poésies, par Jules Mathieu. — (*H. Dessain.*)

In-8, de 16 pp.

— Les excentriques ou les deux fauxcols, satire dialoguée. Par Denis Sotiau, typographe. — *A. Charron.*

In-8, de 16 pp.

— Poésies. Par Denis Sotiau, typographe. —

In-16, de 16 pp.

— Les débris. Par Oscar de Leeuw. — *N. Redouté.*

In-8, de 83 pp., en vers.

— Du Bourrelet au bonnet ou trente ans. Retour sur le passé. — *F. Oudart.*

In-8, de 9 pp. Chanson, par J. M. Lhoest.

— Les deux souffleurs, critique en un acte et en vers, par Victor Carman, représentée pour la première fois à Liége, sur le théâtre du Gymnase, le 30 avril et sur le théâtre d'amateurs des Variétés, le 14 juin 1849. — *J. G. Carmanne.*

In-8, de 26 pp. L'auteur s'appelle, en réalité, Victor Carmanne et est le frère de l'imprimeur.

— Brutus, monologue en vers, par Victor Carman. — *J. G. Carmanne.*
In-8, de 15 pp.

— Les fantaisies de J. de la Boverie. — *N. Redouté.*
3 livraisons in-8, formant 119 pp. L'auteur est J. J. Fourdrin, instituteur à Liège.

— Mémoires d'outre-tombe. Par Chateaubriand. — *J. G. Lardinois.*
5 vol. in-8.

— Entretiens de collége sur la nécessité de relever l'étude des langues anciennes ou de les retrancher complètement du programme de l'enseignement moyen. Par un ancien professeur. — *Lardinois.*
In-8, de 19 pp. Par F. Damoiseaux, professeur à l'Athénée de Mons.

— Le grade d'élève universitaire en cent leçons. Par J. F. X. Würth, avocat ... — *A. Charron.*
In-12, de 171 pp.

— Lectures allemandes à l'usage des colléges et des pensionnats. Par Paul Henkens, de la compagnie de Jésus. — *H. Dessain.*
In-12, de xv-360 pp. Trois éditions, in-12, augmentées, parurent chez le même, en 1850, 1852 et 1861.

— Recueil de compositions, d'exercices de style, de synthèse et d'analyse. Par Aug. Mathelot, professeur ... — *H. Dessain.*
In-12, de iv-68 pp.

— Résumé de protestantisme grammatical, par J. J. Fourdrin, ouvrage destiné à servir de répertoire des leçons données par cet instituteur et convenable à toutes personnes ayant déjà mis en doute la valeur de la doctrine professée à l'aide de MM. Noël et Chapsal et autres. — *N. Redouté.*
In-12, de 95 pp.

— Lectures pour la jeunesse. Histoire de Louis et de Louise ou les œuvres de miséricorde. Par Mme Gatti de Gamond, inspectrice des salles d'asile. — *H. Dessain.*
In-12, de 267 pp., avec lithogr. et titre gravé. Approbation du 16 mai 1849.

— Coup d'œil sur la législation des mines en Belgique. Par Ch. Hamal, aspirant des mines. — *J. Desoer.*
In-8, de 32 pp.

— Du conseil des mines. Par M. J. D(el) M(armol). — *J. Desoer.*
In-8, de 11 pp.

— Hygiène de l'armée où préceptes d'hygiène militaire, à l'usage des officiers et des sous-officiers de l'armée. Par le médecin de bataillon Ch. Detienne, docteur en médecine et en chirurgie. — *H. Dessain.*
In-8, de 192 pp.

— Observations soumises à la chambre des représentants (au nom de l'association générale pharmaceutique de Belgique), par Victor Pasquier et Eugène Gauthy, secrétaire de ladite association, sur les modifications proposées, par M. le ministre de l'intérieur à la loi sur l'enseignement supérieur. — *A. Denoel.*
In-8, de 15 pp.

— Note sur le traitement employé à l'hôpital des cholériques du Vert-Bonnet, à Liége, du 25 janvier au 25 mars 1849. Médecins : Théodore Vaust et Joseph Colson. — *J. Desoer.*
In-8, de 23 pp.

— Catéchisme de chimie et de géologie agricole, par le professeur F. W. Johnston, trad. de l'anglais, par F. André. — *F. Oudart.*
In-18, de 122 pp.

— Vignole élémentaire et économique ou cours simplifié des cinq ordres d'architecture d'après B. Barrozio de Vignole, par A. G. Geedts père. — *M. Ghilain.*
In-12, de 4 pp., avec 31 planches et un f. de table.

— Manuel de l'agent de police ou recueil et rapprochement des dispositions réglementaires qu'il importe à l'agent de police de Liége, de connaître pour bien en surveiller l'exécution. — *J. Desoer. Impr. A. Denoel.)*
In-8, de 80 pp. et 2 ff.

— Manuale cantorum ... Voy. 1840.

— Traité de géométrie analytique ... Voy. 1857.

— Grand catéchisme du diocèse. Voy. 1848.

1850

Nouveau guide dans la ville de Liége, avec la nomenclature des rues classées par ordre alphabétique et par quartier, précédé du plan général de la commune de Liége. Par F. Guillaume, commissaire de police. — *J. G. Lardinois.*

In-12, de 123 pp., avec plan colorié et 12 vignettes.

— Recherches historiques et bibliographiques sur les journaux et les écrits périodiques liégeois. Par Ulysse Capitaine. — *J. Desoer.*

In-12, de 346 pp. — U.

— Université de Liége. Écoles spéciales des arts et manufactures et des mines. — *J. Desoer.*

In-18, de 15 pp. Règlement imprimé en 1854. Ces écoles ont été créées par arrêté royal du 1er octobre 1838.

— Collége St-Servais, à Liége, année scolaire 1850-1851. Noms et prénoms des élèves internes et externes. S. l.

In-18, de 26 pp., encadrées. Ce collége, dirigé par les jésuites, publie chaque année un programme des exercices scolaires et une brochure contenant la distribution des prix.

— Un mot à M. Polain, membre de l'Académie des sciences au sujet de la publication d'une nouvelle édition du *Miroir des nobles de la Hesbaye.* Par l'auteur de cette édition. — *J. Desoer.*

In-8, de 8 pp. L'auteur est A. Vasse.

— De l'organisation unitaire des assurances par l'état ou réfutation complète des données et des considérations produites sur cette question. Par M. Frère-Orban. — *Redouté.*

In-8, de 84 pp. Par G. Clermont, de Verviers.

— Question des octrois communaux, examinée sous toutes ses faces. Recueil d'articles publiés sur la nécessité de supprimer les octrois ou réfutation complète de tout ce qui a été écrit en faveur de leur maintien. *Verviers, Berger.* (*Liége, Desoer*).

In-8, de 151 pp. Par G. Clermont. — U.

— Cri d'un franc liégeois contre le projet de dérivation de la Meuse et contre les travaux que l'on a exécutés et qui s'exécutent dans les vallées d'Angleur et de Longdoz. — *N. Redouté.*

In-8, de 28 pp., signé par l'auteur le baron L. M. G. J. de Crassier. Cette brochure a été tirée à 200 exemplaires, mais un bibliophile de Liége en a détruit la majeure partie pour la rendre rare.

— Fragments politiques suivies d'un ensemble de mesures et de grands travaux d'utilité publique proposé au conseil communal de la ville de Liége, dans plusieurs lettres lui adressées successivement, par G. L. Léonard. — *Redouté.*

In-8, de 22-7 pp.

— Rapport au collége des bourguemestres et échevins de la ville de Liége, contenant les renseignements recueillis à Londres, sur les travaux d'assainissement et d'utilité publique de cette capitale. Par J. E. Remont, architecte de la ville de Liége. — *H. Dessain.*

In-8, avec 33 planches. — U.

— Discussion du projet de loi sur l'enseignement moyen. Discours prononcé, par M. Delfosse, dans la séance du 17 avril 1850. — *J. Desoer.*

In-8, de 16 pp.

— Moyen d'éviter les inondations à Liége, par J. N. Chevron, architecte. — *A. Denoël.*

In-8, de 13 pp.

— Liste des membres de l'association des ingénieurs sortis de l'école de Liége. 1850-1851. S. l.

In-8, de 5 pp. Une liste du même genre parut en 1853, in-8, de 8 pp.

— Considérations sur l'organisation de la defense de la Belgique. Par E. N. Bralion, officier du génie. — *N. Redouté.*

In-12, de 28 pp.

— Réponse à Monsieur Bralion, officier du génie, auteur de la brochure intitulée *Considérations* ... Par Michel Van Eupen, sous-lieutenant au régiment des chasseurs carabiniers. — *N. Redouté.*

In-8, de 10 pp.

— Projet de réorganisation de l'état militaire, en Belgique. Par Michel Van Eupen, sous-lieutenant au régiment des chasseurs carabiniers. — *N. Redouté.*

In-8, de 74 pp.

— Un officier d'Afrique, au major Alvin. Hommage à la garde civique de la ville et de la province de Liége.— *L. Tilkin et V. Rodberg.*

In-8, de 18 pp., signé du pseudonyme Ferra.

— Mémoire justificatif de Jean Georges François Bury, quant à son administration comme ex-trésorier de la fabrique de l'église de Sainte-Foi, quartier du nord de la ville de Liége, et comme ancien membre du comité de bienfaisance de la même paroisse. — *Denoël.*

In-8, de 23 pp.

— Observations sur l'arrêt rendu par la cour de cassation de Belgique, dans l'affaire de M. Osy, contre la Société de la Vieille-Montagne. — *J. Desoer.*

In-4, de 12 pp.

— Société libre d'émulation. Exposition de tableaux au profit des pauvres. — *J. Desoer.*

In-8, de 18 pp.

— Promenades d'un flaneur au salon d'exposition de Liége. — *Redouté.*

In-8, de 27 pp. L'auteur M. Bernard, notaire à Grâce-Montegnée, a aussi publié en juin et juillet 1860, dans le journal la Meuse, une Flânerie au salon.

— Françoise de Rimini, tragédie en cinq actes et en vers, par Silvio Pellico. Traduite par Auguste Clavareau. — *J. Desoer.*

In-8, de 55 pp.

— La numismatique mise à la portée de tout le monde. — *Max. Ghilain.*

P. in-4, de 8 pp. Sur le verso du titre il est mis, tiré à 7 exemplaires. C'est un programme facétieux d'un prétendu cours de numismatique. — A.

— Châre et panâhe ou les oûves complettes da J. J. Dehin, maisse chaudroni à Lige, publiaies à benèfice des pauv' dè l'veye. — *J. Desoer.*

In-12, de 288 pp.

— Treize, comédie-proverbe en un acte et en vers. Par Adolphe Stappers, représentée pour la première fois sur le théâtre royal de Liége, le 6 mars 1849. — *F. Oudart.*

In-8, de 40 pp. — U.

— Fables choisies de C. F. Gellert, traduites en vers français et destinées aux écoles primaires et moyennes. Par J. Kirsch, auteur d'un cours complet de Langue allemande. — *Verhoven.*

In-18, de 154 pp. et 1 f. errata. Dédié au prince de Rheina-Wolbeck.

— Sommaire pour un cours d'histoire de Belgique. *Impr. autogr. de Heusch frères.*

In-8, de 51 pp. Ce cours était donné par M. A. Borgnet, professeur à l'Université de Liége, qui est l'auteur de ce sommaire. Il a été réimprimé, Liége, J. G. Carmanne, 1854, in 8, de 32 pp.

— Lectures choisies à l'usage des classes supérieures des écoles primaires, par des instituteurs. — *L. Tilkin et V. Rodberg.*

In-12, de 144 pp.

— La clef de la grammaire française ou traité de lexigraphie contenant des exercices nombreux sur la première partie de la grammaire et des types gradués d'exercices sur l'analyse grammaticale. Troisième édition, revue et augmentée ... Par J. Dascol, instituteur pensionné. — *H. Dessain.*

In-12, de 140 pp. Réimprimé chez le même, in-12, en 1852 et 1854.

— Elementary reading lessons. — *L. Grandmont.*

In-18, de 186 pp.

— Écoles primaires de Belgique. Récompenses aux enfants sages et studieux. Louise-Marie d'Orléans, reine des Belges. — *L. Grandmont.*

In-18, de 96 pp. L'auteur est M. B. H. Mertens.

— Les éléments de la grammaire latine, par J. Gantrel, professeur de seconde à l'athénée royal de Gand ..., examinés par M. P. J. Lemoine, professeur de troisième à l'athénée royal de Liége. — *J. Desoer.*

In-8, de 15 pp.

— Lysiae oratio funebris, lectionis varietate instructa et commentario in usum scholarum illustrata à Ph. Bernard, academiae regiae Belgicae scientiarium, litterarum humaniorum, artiumque, socio. — *J. G. Lardinois.*

In-8, de 19-94 pp. et un f. errata.

— Cours de tenue de livres, à l'usage des sœurs de Notre-Dame. — *H. Dessain.*

In-12, de 24 pp.

— La Belgique horticole, journal des jardins, des serres et des vergers, par Charles Morren .. et Edouard Morren .. 1850-1866.

Cette collection se compose aujourd'hui de 16 volumes in-8, avec planches noires et coloriées. Les cinq premiers volumes ont été imprimés à Bruxelles, chez la V° P. de Vroom, (1er juillet 1850-juin 1855. Les livraisons de juillet, août et septembre 1855, n'ont pas paru. A partir d'octobre 1855, le journal s'imprime à Liége, et les planches se gravent à Bruxelles. — V.

— Journal de la Société agricole de Liége.

Journal hebdomadaire, p. in-fol., de 4 pp., qui paraît tous les samedis chez J. Desoer, depuis le 1er juin 1850. Seulement, à partir du 23 juillet 1853, il prend le titre de Journal de la Société agricole de l'est de la Belgique. On peut y joindre : Programme et projet de règlement pour la Société agricole et forestière, établie à Liége, en 1844. Liége A. Desoer, in-8, de 15 pp. — Statuts et règlement d'ordre intérieur. Liége, J. Desoer, 1846, in-8, réimprimés chez le même, en 1853, in-8.

— Notions de chimie inorganique à l'usage des cultivateurs. Par H. J. F(raipont, instituteur). — *Grandmont.*

In-18, de 88 pp.

— Instruction pour le semis des graines, d'arbres résineux et pour la plantation des jeunes sujets. — *Redouté.*

In-4, de 10 pp. Par H. J. Dechesne, inspecteur des eaux et forêts.

— Le maïs, sa culture, son emploi, sa récolte, avec une notice sur le nouveau maïs quarantin, par W. Keene. Traduit de l'anglais et annoté par un campagnard. — *Renard.*

In-12, de 24 pp., fig. Le traducteur est M. de Thier-Neuville. — C.

— Eléments de chimie agricole et de géologie. Par M. James F. W. Johnston. Traduit de l'anglais par M. F. Esschaw, ancien élève de l'école de Grandjouan, et M. Rieffel, directeur de cet établissement, revus et complétés sur la dernière édition anglaise, par M. Laverrière, ancien élève de la Saulsaie. Troisième edition. — *F. Oudart.*

In-12, de viii-288 pp.

— Des engrais, de leur composition, de leur emploi, de leur action fertilisante dans l'agriculture, dans la culture maraîchère et dans l'horticulture. Recueil des meilleures et des plus utiles récentes publications qui ont paru en France et en Angleterre sur l'usage pratique des engrais. Ouvrage publié sous les auspices de la Société d'horticulture de Liége, dédié à tous les cultivateurs et agronomes. Deuxième édition, ornée de figures. — *F. Renard.*

In-18.

— Histoire et tactique des trois armes et plus particulièrement de l'artillerie de campagne. Par Id. Favé, capitaine d'artillerie ... — *E. Noblet (imprimerie Redouté).*

In-8, de 2 ff. xv-430 pp., avec atlas, in-4, de 48 planches.

— Discours prononcé à Liége, le 19 mars 1850, en faveur de l'œuvre de la Société de Saint-Vincent de Paul. Par M. Brunet, chanoine et vicaire général de Limoges. — *Grandmont.* In-8.

— Chants latins en l'honneur de Marie ou recueil contenant des antiennes, des proses et des hymnes pour les saluts du mois de Marie et les fêtes de la sainte Vierge. — *Grandmont.*

In-12, de 12 pp. de texte et 46 pp. de musique, gravée en taille douce par l'auteur Nicolas Henrotte, chanoine honoraire de la cathédrale de Liége. — C.

— La Bonne année, 1850-1855.

Collection in-18 d'ouvrages populaires édifiants. Quatre années ont paru chez H. Dessain,

— Les Germains avant le christianisme. Recherches sur les origines, les traditions, les institutions des peuples germaniques et sur leur établissement dans l'empire romain. Par A. F. Ozanam. — *J. G. Lardinois.*

In-8, de 400 pp.

— La civilisation chrétienne chez les Francs. Recherches sur l'histoire ecclésiastique, politique et littéraire des temps mérovingiens et sur le règne de Charlemagne. Par A. F. Ozanam. — *J. G. Lardinois.*

In-8, de 402 pp.

— Instruction pour la confirmation. *Voy.* 1850.

— Lectures allemandes. *Voy.* 1849.

— Programme du cours de géométrie. *Voy.* 1857.

1851

Histoire du pays de Liége, suivie du tableau de la constitution liégeoise en 1788. Par Ferd. Henaux. — *J. Desoer.*

In-8, de 362 pp., avec une carte du pays de Liége. Une seconde édition, de beaucoup augmentée, parut chez *J. Desoer*, en 1856, 2 vol. in-8, de 311 et 370 pp., avec une carte. — U.

— Nécrologe liégeois. 1851-1861.

Cette collection est due à M. Ulysse Capitaine. Les 11 volumes in-12, qui la composent ont paru de 1852 à 1865. Les sept premiers ont été imprimés chez J. G. Carmanne, les suivants chez L. de Thier. Plusieurs notices, entre autres celle de H. Fabry, Mgr Van Bommel et A. Delfosse, ont été tirées à part. Il faut ajouter à cette collection une table générale des dix premiers volumes, publiée en 1864. — U.

— Le progrès pacifique, revue nationale.

Le premier et unique numéro parut à Liége, le 1er septembre 1851. Les principaux collaborateurs devaient être A. Borguet, A. Leroy, A. Perreau, J. Stecher, A. Troisfontaines, U. Capitaine et J. Petit. Ce numéro contient : Introduction à une histoire des institutions politiques de l'ancien pays de Liége, par Ad. Borguet. — Le tombeau de la première reine des Belges, par J. Petit. — U.

— La chapelle de Notre-Dame du bois d'Argenteau en l'année MDCLXXXIII, sa reconstruction en MDCCCLI. — *E. Noblet (impr. J. Desoer).*

In-8, de 71 pp., avec deux gravures. La seconde édition de cet ouvrage parut chez *E. Noblet*, s. d. In-8, de 93 pp., imprimé chez L. de Thier. Elle contient de plus que la précédente : 1° Deux nouvelles gravures et le portrait du comte de Mercy-Argenteau ; 2° des appendices, pp. 79-93.

Les deux éditions sont imprimées sur papier vélin, chaque page est encadrée, et le titre gravé en caractères gothiques. Elles sont remarquables par leur belle exécution typographique. Ce livre, rédigé par M. l'abbé Tychon, sur les indications du comte de Mercy-Argenteau, n'a pas été mis dans le commerce. — T.

— La découverte du Steenbosch et l'origine de sa chapelle à Fouron-le-Comte, par Henri Delvaux de Fouron. — *J. Desoer.*

In-8, de 24 pp., avec une planche.

— Distribution solennelle des prix et médailles à la suite des concours pour les années d'études 1850-1851. (Académie des beaux-arts.) *S. l.*

In-8, de 24 pp., avec un discours de L. Renard, professeur d'archéologie.

— Académie des beaux-arts de Liége. Cours d'archéologie et d'histoire moderne. Mémoire couronné par le jury. — *Ledoux.*

In-8, de 27 pp. Ce mémoire est de M. Charles Honoré, qui suivait le cours d'archéologie donné à l'Académie, par L. E. Renard.

— Société d'Orphée. Statuts et règlement. — *N. Redouté.*

In-8, de 32 pp.

— Règlement de la Société des volontaires liégeois pour Bruxelles, partis en 1850, pour l'indépendance belge. — *A. Denoel.*

In-8, de 16 pp.

— Lettre de M. le baron de Chestret à MM. les électeurs de l'arrondissement de Liége. *S. l.*

In-8, de 8 pp., daté du 15 septembre. Sur l'impôt des successions en ligne directe. — U.

— Lettre de M. le baron de Waha à MM. les électeurs de l'arrondissement de Liége. *S. l.*

In-8, de 8 pp. Sur l'impôt des successions en ligne directe.

— La vérité établie par les faits. Par un ancien membre du Congrès national belge. — *Desoin*.

In-8, de 16 pp. L'auteur est le B⁰⁰ J. H. L. de Waha.

— Un ancien membre du Congrès et le droit sur les successions en ligne directe. — *Desoer*.

In-8, de 32 pp. Réponse de M. W. Frère-Orban à M. de Waha.

— Lettre de l'évêque de Liége à M. Piercot, bourgmestre de la ville de Liége, à l'occasion du discours prononcé par ce magistrat, le 14 octobre 1851, lors de l'installation de l'athénée royal. — *Dessain*.

In-8, de 32 pp.

— Réponse du bourgmestre de Liége à la lettre de M. Van Bommel, évêque de Liége, à l'occasion du discours prononcé au nom du bureau administratif de l'athénée royal, lors de l'ouverture de cet établissement. — *J. Desoer*.

In-8, de 47 pp., signé Piercot.

— Conclusions d'un libéral catholique sur le débat entre l'évêque et le bourgmestre de Liége, et sur la mise à exécution de la loi sur l'enseignement moyen. — *E. Noël*.

In-8, de 20 pp. Par le B⁰⁰ de Waha.

— De l'abolition des octrois. Nouvelle taxe locale, unique, personnelle et proportionnelle. Par J. F. Dewildt, avocat. — *J. Desoer*.

In-8, de 47 pp., avec un tableau.

— Des moyens les plus économiques de mettre Liége à l'abri des inondations et de rattacher les établissements industriels de la vallée de la Meuse au canal de Maestricht. Par H. Borguet. — *Redouté*.

In-8, de 15 pp. et un plan. Ce projet souleva beaucoup de critiques. Louis Borguet, fils de l'auteur, publia pour les réfuter :

— Réponse au rapport du conseil des ponts et chaussées sur les projets de travaux publics soumis au gouvernement. Par H. Borguet. — *Redouté*.

In-8, de 26 p.

— Adr... ux Chambres réclamant le redressement de la Meuse et l'amélioration de son cours dans la province de Liége. — In-4.

— Observations adressées aux Chambres par les industriels de la rive droite de la Meuse sur des travaux d'utilité à exécuter sur la rive droite de ce fleuve en aval de Liége. — *Redouté*.

In-8, de 27 pp. Par J. Dejardin, E. Collinet et V. Henaux.

— Mémoire sur la station de Longdoz considérée comme emplacement de la station centrale et intérieure des chemins de fer à Liége. Par une réunion de fabricants et de propriétaires. — *Desoer*.

Cette brochure est accompagnée d'un plan.

— Notes publiées à l'occasion des projets de travaux qui vont être soumis par le gouvernement à la Chambre des représentants, par Galoppin. —

In-8, avec un plan. Publié au sujet du chemin de fer de Maestricht.

— Jugement arbitral, du 10 octobre 1844, rendu par MM. Watrin-Dardespinne, de Ribaucourt, et J. F. W. Dewildt, avocat, et arrêt confirmatif de la cour d'appel de Liége, première chambre, du 24 avril 1851. Entre MM. DD. Ancion, représentant la maison de commerce DD. Ancion et fils, fabricants d'armes à Liége, défendeurs intimés, comparant par M⁰ˢ Zoude et Geoffroy, avocats, et Piercot, avoué ; et la famille de Libert, demanderesse appelante, comparant par M⁰ˢ Forgeur, avocat, et Coune, avoué. — *J. Desoer*.

In-4, de 71 pp.

— Catalogue d'une belle collection de livres de sciences et arts, jurisprudence, philosophie, économie politique, histoire naturelle, beaux-arts, poésie, littérature, classiques français et latins, histoire ancienne et moderne, voyages, histoire littéraire et théologie provenant de la bibliothèque de M. Fossoul, ancien mambour de la ville de Liége, dont la vente aura lieu le lundi 24 février 1851 et jours suivants ... — *J. Desoer*.

In-8, de 41 pp. Ces livres se faisaient

remarquer par le choix des éditions et leur bonne conservation.

— Catalogue de livres de sciences, histoire, littérature, composant la bibliothèque de feu M. Rutten, ancien membre du Sénat, dont la vente aura lieu les 9, 10 et 11 mars 1852 ... — *Verhoeven*.

In-8, de 27 pp.

— Catalogue d'une belle collection de livres de médecine, d'histoire, voyages, littérature, etc., dont la vente aura lieu publiquement le 5 juin 1851 ... — *J. Ledoux*.

In-8, de 16 pp. Bibliothèque du docteur Malaise.

— Catalogue des ouvrages scientifiques et industriels, publiés par D. Avanzo et Cie, éditeurs à Liége. — *J. G. Lardinois*.

In-8, de 24 pp.

— Calendrier perpétuel du jeune fermier ou manuel du petit cultivateur belge, par un agriculteur. — *F. Renard*.

In-18, de VIII-218 pp. et 8 pp. de table, avec 18 vignettes et le texte. La préface, datée du 1er janvier 1852. L'auteur est M. de Thier-Neuville.

— L'an 1852. Almanach socialiste. — *Chez tous les libraires (impr. A. Charron)*.

In-12, de 63 pp. Publié par M. X. Bougard. — C.

— César et Ambiorix, poëme héroïque, suivi de poésies diverses. Par Denis Sotiau. — *A. Denoel*.

In-12, de 132 pp.

— La pile du pont de Huy. — *F. Renard*.

In-8, de 24 pp. L'auteur est M. Charles de Rossius-Orban. Le poëme roule sur une proposition facétieuse d'un conseiller communal d'utiliser pour la construction d'un pont à Visé, une des piles du pont de Huy qu'on avait résolu de supprimer.

— Maubert, par Henri Colson. — *J. Desoer*.

2 vol. in-18, de IV-256 et 196 pp. Voy. sur Colson et ses ouvrages le *Nécrologe liégeois* de 1854.

— Brusthem ou Liégeois et Bourguignons. Par Alexandre Pirotte. — *A. Denoel*.

In-18, de 106 pp.

— L'ange des Belges. — *F. Renard (Bruxelles, impr. A. Labroue)*.

In-8, de 110 pp., avec neuf lithographies. L'auteur de cet ouvrage est Hyacinthe Renard, éditeur à Liége.

— Souvenir pieux ou détails sur la vie et sur la mort de Louise Marie Thérèse Charlotte Isabelle, princesse d'Orléans, première reine des Belges. —

In-24, portrait.

— Le comte de Carmagnola, tragédie en cinq actes et en vers, traduite de Manzoni, par Auguste Clavareau, correspondant de l'Institut des Pays-Bas. — *J. Desoer*.

In-12, de 91 pp.

— Logogriphe éclos dans une bonne petite ville belge, en septembre 1851. — *J. Desoer*.

In-8, de 15 pp. L'auteur est M. le colonel Ancion. — A.

— Les jeunes filles et l'ondine. Chœur avec solo pour des voix de soprano, paroles de M. Ed. Wacken, musique de M. Terry, chanté au concert donné par l'Association musicale (de Liége), au bénéfice de la Société de Saint-Vincent de Paul, le 19 mars 1851. — *Desoer*.

In-8, de 4 pp.

— Legs à la société et spécialement à la Belgique, par un cosmopolite. —

In-8, de 78 pp., signé L. J. Dejaer.

— Charles Rogier ou une illustration de l'histoire de la révolution belge de 1830. Par T. Juste. — *E. Noël*.

In-8, de 39 pp., signé par l'auteur L. J. Dejaer.

— Fâves da Lafontaine. (Lives I-IV), mettowes es ligeois, par J. D... et F. B... publiies à benefice des sourdans mounis et des aveugles. — *J. G. Carmanne*. 1851-1852.

In-8, de 138 pp. Les auteurs sont J. Dehin et F. Bailleux. Il faut y ajouter: Fâves da Lafontaine, Lives V et VI. Mettowes à ligeois, par F. Bailleux. — J. G. Carmanne, 1856. In-8, de 64 pp. — U.

— Essai sur l'activité du principe pensant considéré dans l'institution du langage... Par Pierre Kersten, rédacteur propriétaire du *Journal historique et littéraire*. — *Spée-Zelis (impr. Verhoven-Debeur).*

3 vol. in-8, imprimés en 1851, 1853, 1863. Cet ouvrage a été analysé dans le *Messager des sciences* de 1863. — U.

— Essais littéraires offerts aux amis de la jeunesse studieuse, par la Société de littérature française du petit séminaire de Saint-Trond. 1851-1855.

2 vol. in-12, publiés chez H. Dessain : le premier de xi-308 pp.; le second de lxviii-471 pp. Cette Société a été fondée par M. le chanoine Bellefroid. Le séminaire de Saint-Trond possède aussi une Société de littérature flamande qui a publié deux volumes.

— Bibliothèque classique, française, latine, grecque, hébraïque, allemande, anglaise, religieuse, historique et scientifique, à l'usage des élèves des colléges et athénées belges, publiée par une société de professeurs d'après le programme du gouvernement et sous la direction de J. F. X. Würth. — *J. G. Carmanne.*

In-12, de 45 pp.

— Substance d'un cours de rhétorique d'après Cicéron, Rollin, l'abbé Girard, l'abbé Drioux, et M. Baron. Par J. F. X. Würth. — *J. G. Carmanne.*

In-12, de 55 pp.

— L'art poétique d'Horace, expliqué à des élèves de rhétorique. Par J. F. X. Würth. — *J. G. Carmanne.*

In-12, de 72 pp.

— Le premier livre de Télémaque, accompagné d'exercices. Par J. F. X. Würth, avocat... Troisième édition. — *J. G. Carmanne.*

In-12, de 60 pp.

— Les quatre-vingt premiers chapitres de l'abrégé de l'histoire sainte de Lhomond, avec un dictionnaire de tous les mots. Par J. F. X. Würth, avocat... — *J. G. Carmanne.*

In-12, de 40 pp.

— Epitome historiae sacrae, avec traduction littérale et thèmes sur chaque chapitre. Par J. F. X. Würth. — *A. Charron.*

In-12, de 276 pp.

— Causeries d'un maître avec ses élèves sur les faits importans de l'histoire de la Belgique. Par J. F. X. Würth. — *J. G. Carmanne.*

12 brochures in-12.

— Critique et réforme de la langue française, par le simple bon sens. —

In-8. Par J. Dejaer. — U.

— Traité de physique. Par Leclercq. —

In-8, avec 12 pl.

— Complément de trigonométrie précédé de différentes méthodes géométriques et algébriques. Par J. N. Noël. — *H. Dessain.*

In-8. — U.

— Traité de géométrie descriptive. Par C. F. A. Leroy, 4ᵉ édition, revue et augmentée. — *Avanzo.*

In-4, avec un atlas, in-4, de 71 planches. — U.

— Législation des travaux publics en Belgique, recueil complet des lois, arrêtés et règlements généraux publiés sur cette matière, suivi d'une table analytique en forme de dictionnaire présentant le résumé de la législation, de la jurisprudence et de la marche administrative adoptée en ce qui concerne les travaux publics. Par Clément Labye. — *Verhoven.* 1851-1854.

2 vol. in-8. — U.

— Types d'architecture gothique empruntés aux édifices les plus remarquables construits en Angleterre, pendant les xiiᵉ, xiiiᵉ, xivᵉ, xvᵉ et xviᵉ siècles et représentés en plans, élévations, coupes et détails géométraux, de manière à compléter l'étude et à faciliter la construction pratique des diverses variétés du style ogival, par A. W. Pugin. Traduit de l'anglais, par L. Delobel. — *Noblet.* 1851-1855.

3 vol. in-4. — U.

— Principes du style gothique. Par Hoofstadt. —

In-8, avec 40 pl. in-folio.

— Quelques considérations sur la hauteur des maisons comparée à la largeur des rues dans les grandes villes, par A. Raikem. *S. l. n. d.*

In-8. — U.

— Bronchotomie. Par le Dr Jules Ansiaux, agrégé à la faculté de médecine de l'Université de Liége. — *A. Denoel.*

In-8, de 33 pp.

— Des fonctions de l'officier du ministère public près les tribunaux de police. Par Hyacinthe Kirsch, commissaire de police en chef et officier du ministère public. — *J. Desoer.*

In-8, de 49-462 pp. — U.

— Palmes et couronnes de l'horticulture de Belgique, où annuaire retrospectif des expositions de fleurs, fruits et légumes, etc., etc. Par Charles Morren (première année). *Liége. (Bruxelles, Ve de Vroom).*

In-12, de 547 pp.

— Observations en réponse aux critiques qui ont été faites dans les deux chambres du royaume, ou nouveau procédé d'élagage appliqué aux arbres des routes de l'État. Par Henri Stephens, architecte de jardins, préposé à la direction des plantations de l'État belge et directeur de la pépinière de Laeken. — *J. G. Lardinois.*

In-8, de 15 pp. — U.

— Exposé et discussion des moyens employés pour détruire les insectes et autres animaux nuisibles. Par H. Kupfferschlaeger. —

In-8. — U.

— Le whist rendu facile. Traité complet et approfondi du jeu de whist, à quatre et à trois, suivi d'un traité complet du whist de Gand, de traités du boston de Fontainebleau et du boston russe, etc., terminé par un vocabulaire des termes usités au whist. Par un amateur. — *J. Desoer.*

In-18, de xi-323 pp. L'auteur est M. Dandely.

— Statuta diocecsis Leodiensis in synodo diocesana promulgata, anno 1851. — *H. Dessain.*

In-8, de 50-425 pp. Ces statuts sont l'œuvre de Mgr Van Bommel, évêque de Liége. *Voy.* 1840. — S.

— Mandements, lettres pastorales, circulaires et autres documents, publiés dans le diocèse de Liége, depuis le concordat de 1801 jusqu'en 1850. — *H. Dessain.*

2 vol. in-8 : le premier de xxviii-627 pp., avec un tableau; le second de 490 pp. Dans l'avant-propos, M. Vanderryst, secrétaire de l'évêché, éditeur de cette collection, donne des détails intéressants sur les évêques et vicaires généraux qui ont administré le diocèse de 1801 à 1820.

— Correspondance de Rome. Recueil des allocutions, bulles encycliques, brefs et autres actes du Saint-Siége apostoliques, décrets des sacrées congrégations romaines, etc.—*Spée-Zélis* 1851-1852.

3 vol. in-8, de 4 ff. 689, 635, 620 pp. La permission est du 14 juin 1851.

— Exhortation de Mgr l'évêque de Liége, aux fidèles de la ville épiscopale, pour le jubilé de 1851. *S. l.*

In-8, de 12 pp.

— De la nécessité du culte religieux, suivie de fragments sur l'éducation. Par Madame L. J***. — *J. Desoer.*

In-8, de 72 pp. L'auteur est Mme Louis Jamme. Les fragments sur l'éducation avaient été publiés d'abord dans le *Moniteur de l'enseignement.*

— Institutions liturgiques à l'usage du clergé en général et des séminaires en particulier, rédigées en latin pour le séminaire romain, par J. Fornici, traduites et enrichies de notes, par M. Boissonnet. — *H. Dessain.*

In-18.

— Nouveau choix de motets en plainchant mesuré pour une, deux et trois voix, précédé d'une méthode pour apprendre seul à battre la mesure. —

In-8, de xvi-253 pp. La seconde partie parut en 1852, chez H. Dessain, in-8, de viii-244 pp., avec le nom de l'auteur H. J. Ista, curé de Hardinne, et sous le titre de : Nouveau choix de motets à quatre voix, suivis des litanies, *Tantum ergo, Genitori, Miserere*, et de trois messes à deux, trois et quatre voix, en plain-chant mesuré.

La première partie fut réimprimée chez H. Dessain, en 1864 : 3e édition épurée et soigneusement corrigée par L. L. In-8, de xi-242 pp.

— Graduale Romanum ... — *Spée-Zelis.*

In-8.

— Histoire abrégée des Liégeois ... Voy. 1855.

— Petits sermons ... — Voy. 1847.

1852

Bulletin de l'Institut archéologique liégeois. — 1852-1867.

Cette société, fondée en 1850, a publié jusqu'ici 8 vol. in-8, d'environ 500 pp. chacun. Nous donnons aux annexes la liste des principaux articles qu'ils renferment.

Il faut ajouter à cette collection :
1° Règlement de l'Institut archéologique... 1857. In-8, de 11 pp.;
2° Inauguration de l'Institut archéologique... le 10 mai 1857... In-8, de 7 pp. Extrait du journal *la Meuse*;
3° Catalogue descriptif du musée provincial de Liége, fondé par l'Institut archéologique... 1864. In-8, de 60 pp., grav. — U.

— Université de Liége. Notices sur MM. les professeurs V. A. G. Dupret et Em. Tandel, lues en séance du conseil académique du 12 janvier 1852. — *Desoer.*

In-8, de 66 pp. Ces notices ont été rédigées par MM. Nypels et Loomans.

— Chambre de commerce. Lois organiques. Règlement intérieur de la chambre de Liége. — *J. G. Carmanne.*

In-8, de 20 pp.

— Chambre de commerce de Liége. Rapport sur la situation commerciale et industrielle. —

In-8. Ces rapports, rédigés par M. F. Capitaine se publient annuellement. — U.

— Du régime parlementaire, en réponse à M. de Gerlache, par un paysan. — *Ledoux.*

In-8, de 55 pp. Ce pamphlet de M. Louis Gilliodts, de Bruges, répond à une brochure anonyme de M. de Gerlache, intitulée : Essai sur le mouvement des partis. *Bruxelles*, 1852.

— Petits essais sur quelques objets de bien public, par M. J. de Waha. N° 1. Situation morale et politique de la France, ses causes, et la conduite que les circonstances imposent à la Belgique. — *E. Noël.*

In-8, de 20 pp., daté de février 1852.

— Dettes des communes. — (*Blanchard.*)

In-8, de 12 pp. L'auteur Th. Flechet, juge au tribunal de première instance à Liége, examine si la députation peut établir une taxe d'office pour payer les dépenses communales obligatoires.

— Débouché annuel de soixante-cinq millions et plus de kilogrammes de charbons de terre, créé et offert aux établissements houillers de la Belgique, par un nouveau système de cuisson de pain. — *E. Noël.*

In-8, de 54 pp. L'auteur est A. Colson, directeur de la boulangerie militaire.

— Cour d'appel de Liége. Résumé pour M. le comte Adrien de Lannoy de Clervaux, intimé, contre les héritiers Fournier, appelants. — *J. Desoer.*

In-4, de 104 pp.

— Mémoire pour M. Louis de Potesta, appelant, contre MM. de Villenfagne, de Vogelsanck, Mme Joseph Bellefroid, née de Villenfagne, et Mme la douairière de Bonhomme, intimés. —

In-4. — U.

— Statuts et règlements de la Banque liégeoise et caisse d'épargnes. — *H. Dessain.*

In-8, de 32-vi pp.

— Conférence horticole liégeoise. Règlement organique. — *A. Charron.*

In-8, de 11 pp. Réi... à Liége, Carmanne, 1855, in-18. Cette société a été fondée en juillet 1847.

— Catalogue d'une belle collection de livres de droit, de littérature, d'histoire, etc., dont la vente aura lieu les 27, 28 et 29 octobre 1852 ... — *Lardinois.*

In-8, de 40 pp. Bibliothèque de M. le baron de Warzée.

— Catalogue de livres provenant de la bibliothèque de défunt M. Modave, dont la vente aura lieu le mardi 16 novembre. — *Desoer.*

In-8, de 12 pp.

— Catalogue de livres anciens et modernes de musique, histoire, littérature, voyages, mathématiques, sciences, histoire de Liége, et beaucoup sur l'art militaire, très-rares ... jeudi 16 et 17 décembre 1852. — *J. G. Carmanne.*

In-8, de 32 pp.

— Catalogue d'une fort belle et nombreuse bibliothèque, riche dans toutes les branches de la littérature, mais principalement en jurisprudence, littérature, dans les principales langues de l'Europe, histoire, voyages et biographie, dont la vente aura lieu ... le 21 décembre 1852 et jours suivants. — *J. G. Carmanne.*

In-8, de 69 pp. Ces livres formaient la bibliothèque de M. Helbig, ancien banquier et amateur de livres.

— Les tables de proscription de Louis Bonaparte et de ses complices. Par Pascal Duprat, ancien représentant du peuple. - *Redouté.*

2 vol. in-8, de 316 et 365 pp.

— La Cinéide ou la vache reconquise, poème national, héroï-comique en vingt-quatre chants. Par De Weyer de Streel. — *Grandmont.*

In-12, de 4 ff., 254 pp., 1 f. errata. Édition-épreuve, tirée à 90 exemplaires numérotés à la presse pour être distribuée aux amis de l'auteur, M. Duvivier, curé de Saint-Jean, à Liége. La seconde édition parut à *Bruxelles, chez Goemaere,* 1854. In-12, de viii-344 pp. Cette édition a été aussi publiée sous le pseudonyme de de Weyer de Streel, et tirée à mille exemplaires, dont deux cents ont reçu plus tard le nouveau titre suivant...: Poëme national, héroïque, comique, en vingt-quatre chants, par le chevalier Du Vivier de Streel, curé de Saint-Jean, à Liége. *Liége, F. Renard,* 1859.

— Essai de tablettes liégeoises. Par Alb. d'Otreppe de Bouvette. — 1852-1867.

Cette collection, de format p. in-12, est aujourd'hui parvenue à son 69e numéro. M. d'Otreppe a en outre publié de nombreuses brochures qu'on peut classer dans l'ordre suivant et qui sont, sauf indication contraire, de format in-12.

1. Institut archéologique liégeois:
Lettres à mes amis et mes collègues, 1850. — Recherches et fouilles, dans le but de former un Musée provincial à Liége, 1851. — Causeries d'un antiquaire, 1852. — Divers articles tirés à part du Bulletin de l'Institut, in-8.

II. Société d'émulation à Liége :
Le Progrès, 1852. — Du passé et de l'avenir de la Société libre d'émulation, 1852. — Les trois époques : le passé, le présent et l'avenir de la Société, 1853. — Discours d'inauguration de la nouvelle salle, 1854. — Abnégation et dévouement, 1856. Rapport fait au conseil d'administration sur les travaux des comités, 1856, in-8.

III. Causeries de salon, 1858-59, 3 vol. — De l'esprit et du cœur, 1852, 2 vol. — Causeries littéraires, 1861, 2 vol. — Lettre sur les expositions d'objets d'art, 1860. — Des sociétés savantes et des congrès, 1860. — Fragments de voyages en Hollande, 1860, 2 vol. — Lettre à M. U. Capitaine, sur l'ancienne baronnie de Hanette, 1858, in-8. — Fragments de voyages en Allemagne, 1840, in-8. — Coup d'œil sur les méthodes d'enseignement. Bruxelles, 1847, in-8.

— Apologeie et critique di saqwants monumint. ligeois, par J. D... — *Carmanne.*

In-12, de 12 pp. Par J. Dehin. Réimprimé chez le même, s. d. (1857), un f. gr. in 4.

— Li camarad' dé l'joie, da Chauchet Barillié ovri lampurni, sçavant pô lère et nin du tout s'ècrire. — *J. G. Carmanne.*

In-12, de XII-136 pp.

— Deux fàves da m'veye grand'mère. Par F. B... — *J. G. Carmanne.*

In-12, de 11 pp. L'auteur est F. Bailleux. Il faut y ajouter : Treizème fàve do m'grand mère. Notre-Dame... 1854. In-12, comprenant les pages 13 à 19.

— Le parjure, épisode tiré de l'histoire de l'Amérique du Nord, de Withuys, par Aug. Clavareau. — *J. Desoer.*

In-8, de 16 pp.

— Bouchard le Foullon. Par Joseph Demoulin. — *A. Charron.*

In-12, de 164 pp.

— La férule populaire, par Joseph Dumoulin. — *A. Charron.*

In-8, de 16 pp.

— Almanach politique et social pour 1855. - *E. Noël.*

In-8, de 20 pp. L'année suivante, M. Bougard réunit un certain nombre de ses brochures en volumes qu'il fit précéder d'un calendrier pour 1854, et auxquels il donna le titre qui précède. Voy. 1853. Revue de morale.

— Pensées d'un abbé. (Extrait de la Tribune.) — *N. Redouté.*

In-18, de 92 pp.

— Chèvremont. *S. l. n. d.*

In-8, de 8 pp. Petit poème, par J. F. de Bassompierre, imprimé chez J. Desoer et tiré à part du *Journal de Liége.*

— Fables de J. Gaucet. — *J. Desoer.*

2 vol. in-16.

— Le dernier jugement. La fin du monde. La véritable vie. *S. l. n. d.*

In-8, de 56 pp. L'auteur est L. J. Dejaer.

— Maestricht en 1579, par Adolphe Stappers. — *N. Redouté.*

In-8, de 23 pp., en vers. — U.

— Souvenir de Monseigneur l'évêque de Liége, détails sur sa vie, sa maladie, ses derniers moments et l'inhumation. Extraits de la *Gazette de Liége*; avec portrait et fac-simile ... — *H. Dessain.*

In-32, de 64 pp. Cet opuscule, de M. J. Demarteau, rédacteur de la Gazette de Liége, a eu trois tirages. Il a été traduit en flamand, sous le titre suivant : Aendenken van Mgr den bisschop van Luik. In het vlaemsch vertaeld, door J. V. D. B., van Tongeren. — *H. Dessain*, 1852. In-32. de 68 pp., portr.

— Éloge funèbre de Monseigneur Corneille Richard Antoine Van Bommel, évêque de Liége, prononcé dans l'église cathédrale, le 12 mai 1852, par M. le chanoine Jacquemotte, camérier d'honneur de Sa Sainteté, vicaire-général de l'évêque défunt. — *J. G. Lardinois.*

In-8, de 34 pp. - H.

— Oraison funèbre de Mgr C. R. A. Van Bommel, évêque de Liége, prononcée le 6 mai 1852, dans l'église du petit séminaire, à Saint-Trond, par L. Bellefroid, chanoine honoraire de la cathédrale de Liége, etc. - *H. Dessain.*

In-8, de 31 pp.

— Prières et cérémonies pour le sacre de Monseigneur T. A. J. de Montpellier, Cte évêque de Liége, qui se fera le 7 novembre 1852, précédées de la biographie abrégée de Monseigneur de Montpellier. — *J. G. Lardinois.*

In-18, de 39 pp.

— Lettre pastorale de Monseigneur l'évêque de Liége, à l'occasion de son sacre et de la prise de possession de son siége. — *H. Dessain.*

In-12, de 28 pp. — U.

— In primitias Rev. et valde docti Dⁿⁱ J. H. J. Lejeune, almae Universitatis Lovaniensis baccalaurei, antiqui Testamenti figuris adumbratas, in ecclesiae divae Veronicae cultu solemnissimo (28 martii 1852), dominica Passionis Dei, consummatas Deo et Agno. — *Verhoven.*

In-8, de 20 pp. Recueil de 200 chronogrammes, par l'abbé L. Caris.

— Instructions familières sur l'éducation des enfants, imitées en grande partie de l'allemand, par L. H. S., prêtre du diocèse de Liége. — *L. Grandmont.*

In-12, de 134 pp.

— In faVoreM aerarII eCLesIastICI, JUXta noVa statUta et Leges, VenDUntUr. — *Verhoven.*

In-8, de 8 pp., signées L. Caris, MesaCensis, saCerDos. Cette brochure contient 118 chronogrammes.

— Recueil de motets notés en plainchant, suivi de plusieurs morceaux pour le salut du S. Sacrement, à l'usage des écoles normales établies par Mgr l'évêque de Liége. — *L. Grandmont. S. d.*

In-8, de 6 ff., 136 pp.

— Supplément au recueil de motets, à l'usage des écoles normales, établies par Mgr l'évêque de Liége. Suivi d'un recueil de *Tantum ergo* et d'autres morceaux de chant pour la bénédiction du S. Sacrement; en plain-chant et en musique. — *L. Grandmont.*

In-8, de 22-28-14 pp.

— Jurisprudence des tribunaux de première instance en matière civile, commerciale et correctionnelle, des justices de paix et de simple police mise en rapport avec la jurisprudence des arrêts et la doctrine. Recueil rédigé par M. J. R. Cloes, président du tribunal de première instance et M. R. Bonjean, conseiller à la cour d'appel de Liége.

Ce recueil, imprimé à Liége, depuis 1852, en livraisons grand in-8, à 2 col., paraissant tous les quinze jours et formant un volume par an, est parvenu aujourd'hui à son quinzième volume. — U.

— Manuel raisonné par ordre alphabétique de l'administration des fabriques d'église belges, résumant la théorie et la pratique des affaires temporelles du culte catholique. Par G. E. Brixhe, avocat général à la cour d'appel de Liége. — *Dessain*.

In-8, de 3 ff., 588 pp.

— Manuel raisonné par ordre alphabétique de l'administration des bureaux de bienfaisance belges. Par G. E. Brixhe, avocat général à la cour d'appel de Liége … — *H. Dessain*.

In-8, de 3 ff. et 444 pp.

— Code des droits de succession, contenant les lois du 27 décembre 1817, du 31 mai 1824 et du 17 décembre 1851, mises en rapport et annotées; suivi d'un formulaire de déclarations, réunissant les différents cas de succession, des liquidations des droits auxquels elles donnent lieu et des actes de poursuites et d'expertises. Par Ad. Félis, receveur des droits de succession, à Liége. — *J. Desoer*.

In-12, de 164 pp. Réimprimé chez le même en 1862, gr. in-18, de 340 pp.

— Examen de la législation sur la voirie vicinale. Par A. Foidart, commissaire voyer d'arrondissement, à Verviers. — *Blanchard*.

In-8, de 308 pp.

— Résumé analytique des règlements de police en vigueur dans la ville de Liége, fait à l'usage des nouveaux agents de police chargés du service de la voirie. —

In-8, de 80 pp. Par H. Kirsch, commissaire de police en chef.

— Le guide du jeune littérateur, par J. J. Broeckaert, de la compagnie de Jésus, édition revue et augmentée. — *J. Blanchard*. 1852-1855.

2 vol. in-12, de 272 et 511 pp. Réimprimé chez le même en 1858, in-8, de 684 pp.

— Éléments de géométrie. Par C. Beck, professeur de mathématiques supérieures à l'école industrielle et littéraire de Verviers. — *J. G. Lardinois*.

In-8, de 322 pp., avec 12 planches.

— Traité d'arithmétique. Par C. Beck. — *J. G. Lardinois*.

In-8. Réimprimé chez le même en 1855, in-8, de 356 pp.

— Traité de la fabrication de la fonte et du fer envisagée sous les trois rapports chimique, mécanique et commercial. Par E. Flachat, A. Barrault et J. Petiet, ingénieurs. — *D. Avanzo et Cⁱᵉ*. (impr. *J. G. Lardinois*).

8 vol. gr. in-4, avec un atlas très-grand in-fol., de 96 planches sur papier cavalier vélin, dont 5 doubles.

— Traité de l'exploitation des mines de houille ou exposition comparative des méthodes employées en Belgique, en France, en Allemagne et en Angleterre, pour l'arrachement et l'extraction des minéraux combustibles. Par A. T. Ponson, ingénieur civil des mines. — *E. Noblet* (impr. *J. Desoer*), 1852-1854.

4 vol. in-8 : le premier de xvi-553 pp., les suivants de 688, 684 et 568 pp., avec un atlas gr. in-fol., de 78 planches, dont deux doubles.

— Parallèle des maisons de Bruxelles et des principales villes de la Belgique, construites depuis 1830 jusqu'à nos jours, représentées en plans, élévations, coupes et détails intérieurs et extérieurs, mesurées et dessinées, par Aug. Castermans. — *E. Noblet. S. d.*

Gr. in-fol. La première série, parue de 1852 à 1857, comprend 120 pl.; la seconde série, qui doit se composer également de 120 pl., est arrivée aujourd'hui à la 19ᵉ livraison (5 planches par livraison).

— Faits cliniques de chirurgie. Par le Dʳ Jules Ansiaux, agrégé à la faculté de médecine de l'Université de Liége. —

2 fascicules, in-8 : le premier impr. en 1852; le second en 1861.

— De l'influence de la position dans les maladies chirurgicales. Par N. J. V. Ansiaux, professeur de clinique chirurgicale à l'Université de Liége. — *J. Desoer*.

In-8, de 24 pp.

— Almanach hygiénique dédié à Monsieur le professeur Lombard, par Hubert Boens. — *J. G. Carmanne.*

In-18, de 130 pp. La seconde année parut chez Desoer, 1854, in-18, de 92 pp.

— Mémoire sur la fécondation des céréales dans ses rapports avec l'agriculture. —

In-8, avec 24 grav.

— Garde civique. École du chasseur éclaireur, suivi de la nomenclature de la carabine à tige, de la manière de la démonter, etc. Par A. F(lorenville). — *Denoel.*

In-18, de 112 pp. — U.

— Dictionnaire wallon-français ... *Voy.* 1825.

— Supplément au Dictionnaire géographique ... *Voy.* 1855.

— Notions élémentaires des sciences naturelles. *Voy.* 1845.

— Lectures allemandes. *Voy.* 1849.

— Clef de la grammaire française ... *Voy.* 1850.

1853

Études sur l'histoire de Belgique, considérée dans ses rapports avec l'histoire de la société au moyen âge. Par Louis Gilliodts. Première partie. Du XIVᵉ au XVᵉ siècle. — *J. Blanchard.*

In-8, de 20-654 pp. La suite n'a jamais paru.

— Monsieur. J'ai l'honneur de soumettre à votre appréciation, la lettre ci-jointe, adressée à Monsieur le ministre des travaux publics, concernant quelques modifications qui me semblent devoir être apportées aux travaux de la dérivation de la Meuse, et produire une économie notable au trésor public ... - *A. Denoel.*

In-8, de 7 pp., signé Chevron ; daté du 4 février.

— Société des conférences horticoles liégeoises. Exposition extraordinaire de fleurs, de fruits et de légumes, ouverte, les 12, 13 et 14 juin 1853, au panorama de la Belle-Vue, à l'occasion des fêtes données par la ville de Liége, pour célébrer le 18ᵉ anniversaire de Son Altesse Royale, Monseigneur le duc du Brabant. — *J. G. Carmanne.*

In-8, de 42 pp.

— Société de la Renaissance, de Liége. Règlement. — *A. Denoel.*

In-12, de 15 pp.

— Rapport adressé à l'administration de la crèche de la ville de Liége, par M. Abry, secrétaire du conseil d'administration ... — *H. Dessain.*

In-8, de 15 pp.

— Mémoire en cause l'administration de l'enregistrement et des domaines, à Liége, contre Paul Michel Charles Joseph de Favereau, rentier, domicilié à Jenneret, commune de Bende, province de Luxembourg. — *N. Redouté.*

In-4, de 35 pp.

— Mémoire de défense, en cause, M. Paul Michel Charles Joseph de Favereau-Lonhienne, défendeur, contre l'administration de l'enregistrement et des domaines, à Liége, demanderesse. — *H. Dessain.*

In-4, de 62 pp.

— Catalogue d'une collection de livres, provenant de la bibliothèque de défunt M. J. E. Dossin, botaniste distingué et amateur des beaux-arts ... 4 et 5 mars 1853 ... — *J. Blanchard.*

In-8, de 24 pp.

— Catalogue d'une superbe collection de livres de jurisprudence, littérature, médecine, sciences, voyages, militaires, éducation, classiques, latins, grecs, allemands, anglais, cartes géographiques, atlas, etc., provenant de la liquidation de F. Renard et frères, à Liége ... 28 juin et jours suivants ... — *J. Blanchard.*

In-8, de 67 pp.

— Catalogue de livres de jurisprudence ancienne, littérature, voyages, etc., composant la bibliothèque de feu M. le baron de Warzée d'Hermalle, ancien avocat général à la cour d'appel de Liége ... 28 juillet ... — *J. Blanchard.*

In-8, de 15 pp.

— Catalogue d'une belle et riche collection de livres de théologie, Écriture sainte, droit canon, ascétisme, histoire ecclésiastique et profane, etc., se fera à la maison curiale de la paroisse Saint-Jacques, à Liége... 18-20 octobre 1853... — *J. G. Lardinois.*

In-8, de 16 pp. Livres provenant de M. Van Hex, doyen de Saint-Jacques.

— Catalogue d'une collection choisie de livres, la plupart fort bien conditionnés et reliés, d'histoire naturelle, littérature, histoire du pays, livres anglais, allemands et italiens, jurisprudence, livres à gravures... 4-5 novembre 1853. — *J. G. Carmanne.*

In-8, de 30 pp.

— Catalogue d'une belle collection de livres de jurisprudence, de sciences et arts, philosophie, économie politique, histoire naturelle, beaux-arts, poésie, littérature, classiques latins et français, histoire ancienne et moderne, voyages, histoire littéraire, atlas, cartes géographiques, etc., etc., provenant de la bibliothèque de M. Henkart, ancien procureur du roi de la ville de Liége, dont la vente aura lieu les 22 et 23 novembre 1853... — *J. G. Carmanne.*

In-8, de 16 pp.

— Catalogue général des livres de fonds, publiés par H. Dessain, imprimeur-libraire, à Liége. — *H. Dessain.*

In-8, de 40 pp.

— E. Noblet, éditeur, à Liége. Architecture, archéologie, ponts et chaussées, mines, art militaire. Année 1853. Catalogue. — *E. Noël.*

In-4, de 24 pp.

— Dictionnaire wallon-liégeois et français. Par Joseph Hubert. — *Verhoven.*

In-12, de xxiii-251 pp. et un f. d'errata. A la mort de l'auteur M. F. Renard, éditeur, a acquis les exemplaires non vendus et leur a mis le titre suivant: Dictionnaire wallon-français, précédé d'observations sur la prononciation des lettres en wallon et de notions grammaticales sur ce patois. Par J. Hubert. Deuxième édition. .. *Renard*, 1857.

— Chansons et fables wallonnes, par J. J. Dehin. Chansons mises en musique, avec ou sans accompagnement, par Th. Ausiaux. — *Otographie* (sic) *de D. Fabry.*

In-4, de 18 pp. Recueil contenant huit chansons en musique et quatre fables.

— Li raskignoû Ligeois. Par P. Rousseau, ovrî typographe. Deuxième édition. — *J. G. Carmanne.*

In-18, de 96 pp.

— Lè mâl e huwe é lè boegn' messèch. Par Alex. Fossion. — *J. G. Carmanne.*

In-18, de 104 pp., contenant 26 pièces wallonnes et un coup d'œil sur la lecture du wallon.

— On sermon côpé court, par J. J. T..., ex-typographe. — *J. G. Carmanne.*

In-16, de 16 pp. Par J. J. Thiriart.

— Un drame intime, étude dramatique en un acte, en vers, par Joseph Demoulin, représenté pour la première fois sur le théâtre de Liége, le 28 décembre 1852. — *A. Charron.*

In-12, de 38 pp.

— Éphémérides d'un solitaire ou journal-passe-temps de l'année 1853. — *E. Noël.*

In-8, de 666 pp. Par Joseph Dejaer.

— Revue de morale et de charité. — *E. Noël.*

Recueil mensuel de 16 pp., in-8. Je ne connais que 4 numéros de cette revue, parus de février à mai 1853. Le rédacteur principal était M. X. Bougard. Ces numéros paraissaient aussi sous le titre de *Mélanges d'économie politique et sociale*, recueil mensuel. Enfin, pour les écouler on leur mit le titre de *Almanach politique et social pour 1854*, en y ajoutant un calendrier de 8 pp.

M. Bougard a encore publié la même année plusieurs brochures, in-8, imprimées par E. Noël: Mélanges politiques, 32 pp. — Mélanges socialistes, 16 pp. — Causes et effets économiques, 16 pp. — Chants des martyrs, 8 pp. — Études d'économie politique, 16 pp.

— L'harmonie, journal de l'organisation sociale.

Journal publié assez irrégulièrement chez A. *Charron*, depuis 1853, dans le format in-4, de 4 pp., à 3 col. De 1856 au 11 avril 1858, il fut remplacé par l'*Harmonie, revue sociale*, paraissant à Liége, tous les mois, et dont la collection forme 30 numéros, p. in-4. Ces deux journaux étaient rédigés par X. Bougard.

— L'homme.

Placard in-4, daté du 10 décembre, encadré, signé J. E. Marnette, mouleur en sable.

— Poésies. Feuilles d'automne. Par Félix Vandevelde, artisan. — *J. G. Carmanne.*

In-12, de 82 pp.

— Les journées de Septembre 1830 ou mémoire de Jean Joseph Charlier, dit la Jambe-de-bois, capitaine d'artillerie en retraite. — *J. G. Carmanne.*

In-12, de 100 pp.

— Les bords de l'Amblève, promenades pittoresques, par un peintre flamand, orné d'une vue de la grotte de Remouchamps. — *J. Desoer.*

In-8, de 32 pp., avec fig. Par M. Thoré, réfugié français.

— Joies et douleurs. Hommage à Sa Majesté le Roi et à son auguste famille. Par Denis Sotiau, employé à l'Université de Liége. —

Gr. in-8, de 28 pp. Brochure tirée à 4 exemplaires, dont 3 pour la famille royale, imprimés chez Carmanne, en 1853.

— Oilzegt-kláug, vum Antun Meyer. — *H. Dessain.*

In-18, de 108 pp., composé dans le dialecte allemand particulier au Luxembourg.

— Chants d'un Belge, composés à l'occasion de mariage de S. A. R. le duc de Brabant avec S. A. I. et R. l'archiduchesse Marie-Henriette-Anne d'Autriche. — *A. Lelotte.*

In-8, de 6 pp. Cette pièce est signée C. B. B. et datée du 28 juillet.

— Amour et patrie, drame en trois actes. Par Alexandre Pirotte. — *J. Desoer.*

In-18, de 79 pp.

— Notice sur J. F. Lemaire, professeur à l'Université de Liége. — *J. Desoer.*

In-8, de 16 pp. Par le professeur de Cuyper.

— Scènes de la vie flamande. La guerre des paysans (1798). Tableau historique du XVIIIe siècle, par Henri Conscience. Traduit du flamand, par J. Stecher, professeur agrégé à l'Université de Liége. — *J. G. Lardinois.*

2 vol. in-12, de XVI-222 et 234 pp., avec six gravures.

— Bibliothèque des écrivains de la compagnie de Jésus ou notices bibliographiques : 1° de tous les ouvrages publiés par les membres de la Compagnie de Jésus, depuis la fondation de l'ordre jusqu'à nos jours; 2° des apologies, des controverses religieuses, des critiques littéraires et scientifiques suscitées à leur sujet. Par Augustin et Aloïs de Backer, de la même compagnie. — *L. Grandmont*, 1853-1861.

7 vol. gr. in-8, à 2 col. L'auteur prépare en ce moment une seconde édition de son ouvrage.

— Manuel de l'œuvre de la Sainte-Enfance, à l'usage des zélateurs et des zélatrices de cette œuvre. — *H. Dessain.*

In-18. Publié par l'abbé Villers.

— Manuel de l'archisodalité de la Sainte Famille, Jésus-Marie-Joseph, canoniquement érigée dans l'église des PP. Rédemptoristes à Liége. Nouvelle édition. — *H. Dessain.*

In 8. Une seconde édition parut, en 1855, chez le même. L'auteur est le P. Lhoir, rédemptoriste.

— Casus conscientiæ de mandato olim eminentissimi J. R. E. cardinalis Prosperi Lambertini, Bononiæ archiepiscopi deinde sanctissimi D. N. Papae Benedicti XIV propositi ac resoluti, opus confessariis omnibus atque animarum curam gerentibus perutile ac necessarium. Cum indice locupletissimo. Nova editio. — *H. Dessain*, 1855-1855.

6 vol. in-12. Cette édition parut aussi sous la rubrique Liége J. G. Lardinois.

— Méditations pour le mois de mai, sur les grandeurs de la mère de Dieu et sur la confiance que nous devons avoir en elle. Par J. Berset, prêtre de la congrégation du T. S. Rédempteur. — *H. Dessain.* In-18.

— Mois de Marie musical ou trente et un cantiques, extraits des recueils les plus nouveaux et notés en plain-chant, à l'usage des paroisses et des écoles. — *L. Grandmont.*

In-18, de 83-32 pp. Par le chanoine N. J. Henrotte.

— Recherches sur l'origine, les progrès et la décadence du droit romain. Par Poncin de Casaquy, docteur en droit ... — *Verhoven.*

In-8, de 138 pp.

— Traité pratique de l'exploitation des mines de houille. Par John Hodsley, directeur de mines, etc. Traduit de l'anglais, avec l'autorisation de l'auteur, et annoté par G^{me} Lambert, aspirant ingénieur des mines, et Ed. Modeste, directeur gérant de charbonnages. — *E. Noblet* (impr. *J. G. Lardinois*).

In-8, de 4 ff., 102 pp. et un f. de description des planches, avec 16 planches. — U.

— Plan d'un cours d'études sur les trois périodes historiques désignées pour l'examen d'élève universitaire. — *Redouté.*

In-8, de 8 pp. Par Aug. Morel.

— Modèles français recueillis d'après le plan du Guide du jeune littérateur, avec des remarques propres à en faciliter l'étude. Par J. J. Broeckaert, de la compagnie de Jésus. — *J. Blanchard.*

2 vol. In-8 : le premier de 628 pp.; le second de 659 pp. et 2 pp. table.

— Devoirs syntaxiques, à l'usage des écoles moyennes et des divisions supérieures des écoles primaires. Par F. A. Mouzon, directeur de l'école moyenne de l'État à Braine-le-Comte ... Ouvrage formant la suite et le complément des Devoirs grammaticaux, du même auteur. Partie de l'élève. — *H. Dessain.*

In-12, de 162 pp. Réimprimé chez le même en 1856 et 1861, in-12.
La seconde et la troisième édition de la partie du maître parurent chez H. Dessain, 1861 et 1863, in-12.

— Premiers éléments d'algèbre comprenant la résolution des équations du premier et du second degré. Par H. Sonnet, docteur ès sciences, inspecteur de l'académie départementale de la Seine. Troisième édition. — *H. Dessain.*

In-12, de vi-178 pp.

— Grammaire musicale, à l'usage des athénées et des pensionnats. Par Lambert Guillaume, professeur de musique. — *Autographie de Heusch frères.*

In-8, de 56 pp.

— Destruction instantanée des charançons (calendres, curculio) et de l'alucite, dans les greniers, granges, etc., où ils peuvent se trouver avec le blé. Par le comte Edgard de Lannoy-Clervaux. — *N. Redouté.*

In-8, de 23 pp.

— Abrégé des grâces et indulgences... *Voy.* 1707.

— Règlement de la Société d'émulation ... *Voy.* 1809.

— Méthode de lecture sans épellation ... *Voy.* 1852.

— Suplumin à Blouwett ligeoiss ... *Voy.* 1845.

— Code de la chasse ... *Voy.* 1846.

— Le guide du jeune littérateur ... *Voy.* 1852.

1854

Recherches historiques ou particularités saillantes, remarquables et pittoresques sur le pays de Liége, recueillies et publiées par Aug. Mathelot, professeur. — *H. Dessain.*

Grand in-18, de vi-170 pp. Réimprimé, *Liége, Verhoven*, 1855, in-12, de 164 pp. A l'article de S. Lambert on rapporte qu'un jour le saint étant aller demander à un boulanger quelques charbons pour allumer l'encensoir avant l'office divin, le boulanger lui répondit brusquement V. f... f... je n'en ai pas.
Il est regrettable, dit le *Bulletin du Bibliophile*, que l'auteur n'ait pas mis ces termes en toutes lettres, ils nous auraient aidé à découvrir la langue dont se servaient les Liégeois à l'époque de S. Lambert.

— Les vieux ponts de la cité de Liége. Par P. Nic. Francheux, ancien contrôleur du waterstaat. — *Redouté.*

In-8. Par Ferd. Henaux. Tiré à part de la *Tribune*. — U.

— Estadistica militar de la Belgica. Por el teniente coronel de infanteria graduado D. Joaquin Maria Enrile y Mendez de Sotomayor, capitan de artilleria. — *J. Blanchard.*

In-8, de iv-126 pp., avec quinze tableaux.

— Église Notre-Dame, à Huy, représentée en plans, élévations, coupes et détails géométraux, d'après les plans de restauration approuvés par la commission royale des monuments, par Vierset-Godin, architecte; accompagnée d'un texte historique et descriptif, par Edouard Lavalleye, professeur d'histoire et d'archéologie à l'Académie des beaux-arts de Liége ..., gravé par A. Goffart. — *E. Noblet.*

Grand in-folio, de 9 feuillets de texte, avec 16 planches.

— La Vieille-Montagne. Protestation des habitants du quartier du nord contre l'usine de Saint-Léonard, adressée à la députation permanente du conseil provincial de Liége. — *Redouté.*

In-8, de 18 pp.

— Mémoire adressé, le 17 novembre 1854, à Messieurs les président et membres de la députation permanente du conseil provincial de Liége, par la Société de la Vieille-Montagne, en réponse à la protestation intervenue à l'occasion des publications de la demande en maintenue de la fonderie de zinc de Saint-Léonard, à Liége. Avec annexes. — *J. Desoer.*

In-4, de 60 pp., avec deux planches.

— Chemin de fer hollando-belge, de Liége à Utrecht, par Maestricht et Bois-le-Duc. Section de Liége à Maestricht, demandée en concession. — *J. Desoer.*

Grand in-4, de 48 pp., avec une carte et un plan, signé L. Rome.

— Rapport sur l'administration et la situation des affaires de la commune de Herstal, fait en séance publique du conseil communal, le 28 octobre 1854, par le collège des bourgmestre et échevins. — *Chez H. Livron.*

In-8, de 44 pp.

— Le despote communal, par Jacques Nicodème. — *J. G. Carmanne.*

In-12, de 42 pp.

— Observations sur les timbres de commerce, adressées à MM. les membres de la Chambre des représentants, par la chambre de commerce de Liége. — *J. G. Carmanne.*

In-? de 34 pp. — F.

— Les jésuites, l'enseignement et la convention d'Anvers. — *J. Desoer.*

In-8, de 55 pp. Par M. Frère-Orban, ministre des finances.

— Mont-de-piété de Liége, emploi des bénéfices-intérêts, 1854. — *H. Dessain.*

In-8, de 44 pp.

— Catalogue de livres de fonds et en nombre, provenant de la liquidation de la librairie F. Renard et frères, à Liége, successeurs de P. J. Collardin, dont la vente aura lieu le 19 janvier 1854 ... — *J. G. Carmanne.*

In-8, de 15 pp.

— Catalogue d'une nombreuse collection de livres et manuscrits, d'histoire, de littérature, de science, de médecine, de voyages ... parmi lesquels « les Délices du pays de Liége, » superbe exemplaire, ainsi que six manuscrits relatifs à Liége. La vente aura lieu les 20 et 21 janvier 1854 ... — *J. G. Carmanne.*

In-8, de 37 pp.

— Catalogue de livres de littérature, d'histoire, voyages, sciences, etc., parmi lesquels « les Délices du pays de Liége, » l'Univers pittoresque, publié par Firmin Didot, le grand atlas de géographie de Vandermaelen, en 6 vol., grand in-fol., reliés ... 25 février 1854. — *J. G. Carmanne.*

In-8, de 20 pp.

— Catalogue d'une collection de livres de jurisprudence, littérature, histoire, provenant de diverses bibliothèques, entre autres, celle de feu M. le conseiller Haenen ... 11 juillet 1854. — *J. G. Carmanne.*

In-8, de 16 pp.

— Catalogue d'une collection de livres rares et précieux, concernant l'histoire de la Belgique, et principalement de l'ancien pays de Liége, ouvrages à gravures, anciennes impressions d'auteurs liégeois, ainsi que divers ouvrages sur la noblesse, les beaux-arts, la peinture, l'art héraldique, la numismatique, la bibliographie ... 25, 26 et 27 octobre 1854. — *J. G. Carmanne.*

In-8, de 50 pp. Les 816 premiers numéros

et les n°s 369 à 454 concernant en général le pays de Liége se sont vendus à des prix très-élevés.

— Catalogue d'une belle collection de livres de théologie, jurisprudence, littérature, histoire, etc., dépendant de la succession de feu M. l'abbé Mawet, dont la vente aura lieu ... le mardi 5 décembre 1854. — *J. Desoer.*

In-8, de 12 pp.

— Mars 1854. *Imprimerie de J. G. Lardinois, à Liége.* Catalogue des livres de fonds.

In-8, de 12 pp.

— Introduction au cours public de littérature de M. Félix Van Hulst, 4° année. — *H. Dessain.*

In-12, de 93 pp. Cette brochure contient les deux premières leçons suivies d'extraits et de l'analyse des autres leçons du premier semestre de 1854. — U.

— Étude sur les maîtres liégeois, dans les musées de l'Allemagne. Par J. H(elbig). — *J. Desoer.*

In-8, de 16 pp.

— Les fiancées dangereuses, conte drôlatique, par F. Stolle. — *J. Desoer.*

In-8, de 36 pp.

— L'insensé, par Henri Claud. — *A. Charron.*

In-8, de 32 pp.

— Miscellanea, — *E. Noel.*

In-8, de 16 pp. Par X. Bougard.

— Le socialisme. Par les rédacteurs de l'Harmonie. — *E. Noel.*

In-8, de 16 pp. Par le même.

— Théâtre liégeois, nouvelle édition, augmentée d'une pièce inédite, revue et annotée, par F. Bailleux, précédée d'une introduction historique, par U. Capitaine, d'une lettre aux éditeurs, par J. Stecher, et ornée de trois planches, gravées par J. Helbig. — *J. G. Carmanne.*

In-12, de xxx-211 pp. L'introduction a été tirée à part sous le titre de : Quelques mots sur le théâtre liégeois, in-12, de 14 pp. Il existe des exemplaires sur papier fort.

Voy. 1783, 1810, 1827, 1830, 1847.

— Novelles wallonnades. — *Carmanne.*

In-24, de 8 pp. Par J. Thiriart, typographe.

— Contes villageois de la Forêt-Noire, traduits de l'allemand de Berthold Auerbach, par Alphonse Leroy. — *J. Desoer.*

In-8. — U.

— Don Carlos, tragédie imitée de Schiller, par Amédée de la Rousselière. — *J. G. Carmanne.*

In-8, de 193 pp. et un feuillet. Il y a des exemplaires en papier fort, format grand in-8. La deuxième édition parut chez J. Desoer, 1855. In-18, de 216-11 pp.

M. de la Rousselière est aussi l'auteur de la Méthode de lecture, d'après les systèmes de Lemaître, Lemare et Dumas. *Liége, H. Dessain, s. d.* In-12.

— L'inconnu ou le merle blanc, comédie en un acte et en vers. Par Auguste Clavareau. — *J. Desoer.*

In-8, de 36 pp.

— Notice sur Henri Colson. Par Victor H(enau)x. — *Redouté.*

In-8, de 12 pp. Tiré à part de *la Tribune.*

— Les trois cousines, nouvelle traduite de l'allemand de F. Stolle. Par Félix Bernard. — *J. Desoer.*

In-8, de 38 pp.

— Gazette médicale de Liége. Par L. M. Lombard et H. Boëns. — *J. Desoer.*

Revue bi-mensuelle, publiée de janvier 1854 à février 1855, en 26 livraisons, in-8, de 24 pp. chacune, formant le premier vol. et les deux premières livraisons du second. Ce recueil cessa en février 1855, à cause de la mort du docteur Lombard.

— La sentinelle, journal de Liége et de la province, politique, commercial, littéraire et agricole.

Journal quotidien, in-fol., imprimé à Liége, chez A. Charron. Le premier numéro parut le 4 avril 1854. Il n'eut qu'une existence éphémère.

— La solidarité, correspondance socialiste.

Journal hebdomadaire, p. in-fol., de 4 pp., rédigé par M. X. Bougard, qui parut du 2 au 30 juillet 1854, autographié chez E. Denoël, puis chez Van de Weyer. Il n'en a paru que cinq numéros signés du pseudonyme de Pertinax.

La collection des œuvres de M. Bougard, aujourd'hui fort volumineuse, se compose de brochures remarquables par la nouveauté de leur orthographe et très-difficiles à recueillir au complet.

— Publication mensuelle du journal *Le dimanche*, organe des intérêts populaires. Aux ouvriers. Par Joseph Demoulin. — *E. Noël*.

In-8, de 8 pp. Le même auteur a aussi publié : Lettre au roi... *E. Noël*, 1854. In-8, de 16 pp.

— Fables populaires, par Alphonse Van den Camp. — *E. Noël*.

In-8, de 8 pp.

— La franc-maçonnerie dans sa véritable signification ou son organisation, son but et son histoire, par Ed. Em. Eckert, avocat à Dresde. Traduit de l'allemand, disposé dans un nouvel ordre et considérablement augmenté de documents authentiques sur la franc-maçonnerie belge et française, par l'abbé Gyr, prêtre du diocèse de Liége. — *J. G. Lardinois*.

2 vol. in-8 ; le premier de xi-415 pp., avec une planche d'alphabets maçonniques ; le second de 416 pp. Cet ouvrage a été violemment attaqué dans la *Revue trimestrielle*, tome IV.

— Commentaire pratique de l'épître aux Hébreux, en douze méditations. — *J. Desoer*.

In-12, de 120 pp. Ouvrage publié par la secte évangélique.

— Principes de théologie morale. Par le docteur Henri Klee. Traduit de l'allemand, par un prêtre du diocèse de Liége. — *Lardinois*.

In-8, de viii-209 pp. Le traducteur est M. l'abbé Mathieu Bodson.

— Le guide du jeune prêtre dans une partie de sa vie privée et dans ses rapports avec le monde, par M. Réaume, curé de Mitry. Edition revue et appropriée pour la Belgique. — *Lardinois*.

In-12. Cette édition a été revue et corrigée par M. H. J. Jacquemotte, vicaire général de Liége.

— Voor de priesterwyding, en eerste misse van myn vriend, Lierzang door L. Leynen. — *Grandmont*.

In-8, de 24 pp.

— La liberté de l'enseignement, la science et les professions libérales, à propos de la révision de la loi sur les examens universitaires. Par un membre du conseil de perfectionnement de l'enseignement supérieur. — *J. Blanchard*.

In-8, de 110 pp. L'auteur est M. le docteur A. Spring.

— Pétition adressée à la législature par la chambre des avoués près le tribunal civil de Liége. De la récusation des magistrats pour cause de parenté ou d'alliance avec les défenseurs des parties. — *N. Redouté*.

In-8. L'auteur est M. Victor Henaux. — U.

— De la récusation des magistrats pour cause de parenté ou d'alliance avec les défenseurs des parties. Observations à l'appui de la pétition adressée aux Chambres par les avoués de Liége. — *N. Redouté*.

In-8, de 36 pp. L'auteur est Victor Henaux. — U.

— Revue de l'administration et du droit administratif. — *Dessain*, 1854-1866.

Cette revue est rédigée par MM. Bonjean, conseiller à la cour d'appel, Bivort, chef de division au ministère de l'intérieur, Cloes, président du tribunal de Liége, etc. Elle comprend aujourd'hui 13 volumes grand in-8. Il faut y ajouter un *Répertoire général* des neuf premiers volumes. *Liége*, *Verhoven*, gr. in-8, de 388 pp. — U.

— Répertoire des ouvrages de droit, de législation et de jurisprudence publiés spécialement en France, depuis 1789 jusqu'à la fin de novembre 1855, suivi d'une table analytique et raisonnée des matières. *Liége* (Paris).

In-8. — U.

— Quelques mots sur la législation des minerais de fer en Belgique. Par G. E. Brixhe, premier avocat général à Liége. — *H. Dessain*.

In-12, de 43 pp.

— Manuel raisonné par ordre alphabétique des officiers de l'état civil belge ou instruction sur l'exercice de leurs fonctions. Par G. E. Brixhe, premier avocat général à Liége. — *H. Dessain*.

In-8, de 432 pp.

— Esquisses du droit international public et privé, par A. Morel. — *N. Redouté*.

In-4. Comprend six tableaux.

— Traité d'architecture contenant des notions générales sur les principes de la construction et sur l'histoire de l'art. Par Léonce Reynaud, professeur d'architecture, à l'école polytechnique de Paris. — *D. Avanzo.*

In-4, avec un vol. in-fol. plano de planches, publié de 1851 à 1854. Cette publication n'a pas été continuée par suite du traité avec la France. — V.

— Cours de construction des ouvrages hydrauliques des ports de mer, professé à l'école des ponts et chaussées. Par Minard, inspecteur des ponts et chaussées. — *D. Avanzo. S. d.*

In-4, de viii-160 pp., avec atlas in-fol. de 25 planches.

Le même éditeur a aussi publié : Cours de construction des ouvrages qui établissent la navigation des rivières et des canaux, professé à l'école des ponts et chaussées. Par Minard... S. d. In-4, avec atlas de 36 planches.

— Nouveaux documents relatifs au chauffage et à la ventilation des établissements publics, suivis de nouvelles recherches sur le refroidissement et la transmission de la chaleur, pour servir de supplément à la seconde édition du traité de la chaleur. Par E. Peclet, ancien inspecteur général de l'instruction publique... — *D. Avanzo (impr. de J. G. Carmanne).*

Grand in-8, de 115 pp., avec un atlas in-fol., de 8 planches.

— Éléments d'algèbre, par C. Beck, professeur de mathématiques supérieures, à l'école industrielle et littéraire de Verviers. — *J. G. Lardinois.*

In-8, de 339 pp.

— Province de Liége. Comité de boisement des terrains communaux incultes. Instruction sur la culture des bois feuillus. — *N. Redouté.*

In-8, de 32 pp. L'auteur est N. Dechesne, inspecteur des eaux et forêts.

— Tableaux synchroniques de l'histoire du moyen âge, depuis la mort de Charlemagne jusqu'à la prise de Constantinople par les Turcs. — *J. Blanchard.*

In-4, de 65 pp. L'auteur est le P. Olivier, S. J.

— Abrégé de l'histoire sainte, par Mme L. J(amme). — *Desoer.*

In-8, de 148 pp.

— Petit recueil de littérature française à l'usage des classes inférieures. — *J. Blanchard.*

In-12, de 192 pp. La préface est signée par l'auteur J. J. Broeckaert, S. J.

— Grammaire latine élémentaire. Par F. Angenot, directeur du collège communal et de l'école moyenne de Tongres. — *H. Dessain.*

In-12, de iv-217 pp.

— Lectures choisies à l'usage des classes supérieures des écoles primaires. Par des instituteurs. Deuxième édition, revue, corrigée et augmentée. — *J. G. Carmanne.*

In-12, de 180 pp.

— Lectures graduées à l'usage des écoles primaires où les éléments de la lecture sont enseignés d'après la méthode phonique. Par A. J. D., instituteur en chef. Seconde partie, faisant suite aux tableaux de lecture. — *L. Grandmont. S. d.*

In-18, de 96 pp.

— Nouveaux éléments de goniométrie. Par A. Meyer. — *H. Dessain.*

In-8, de 85 pp.

— Regelbüchelchen vum Lezeburger orthoegraf, en ures al prov, d'Fraechen aus dem hn, a versen vum A. Meyer. — *H. Dessain.*

In-18, de 34 pp.

— Collection de tarifs applicable à la comptabilité des contributions directes, indispensable à tout fonctionnaire quelconque s'occupant, soit de la rédaction des rôles, soit du contrôle de leur assiette. Par A. Wester. — *A. Denoël.*

Grand in-8, de 79 pp. L'auteur était commis aux accises. Une seconde édition, in-8, parut la même année.

— Nouvelle marche irrégulière sur le jeu de la roulette, précédée d'une réfutation des diverses manières les plus usitées de jouer ce jeu. Brochure utile aux personnes qui se rendent aux établissements de bains et eaux minérales où subsistent des maisons de jeux de hasard ... ornée d'une planche explicative. Par A. H. G., de Strasbourg. — V⁰ *Thonnard*.

In-18, de 50 pp., avec une planche. L'auteur est A. Huvé.

— Sur la naissance de Charlemagne... *Voy*. 1847.

— La clef de la grammaire française... *Voy*. 1850.

— Sommaire pour un cours d'histoire de Belgique ... *Voy*. 1850.

1855

Le Bulletin communal, journal des intérêts communaux de la ville de Liége.

Journal publié chez Ledoux, du 11 octobre 1855 au 18 juillet 1857. La collection forme un volume et 19 numéros, in-4. On y remarque les articles historiques suivants:

Les vagabonds bohémiens, principalement dans l'ancien pays de Liége, par A. Morel. — Les hospices civils de Liége. — Le testament du prince évêque Georges Louis de Berghes. — Les anciens hôpitaux de Liége. Les hôpitaux généraux de S. Joseph, de S.-Georges et de S.-Léonard. — Les anciens béguinages de Liége. .. Ces quatre derniers articles sont de M. J. G. Macors, professeur à l'Université de Liége. — U.

— Projet de chemin de fer intérieur économique entre la station des Guillemins et la place Verte, avec embranchement vers les entrepôts et les stations de Longdoz, et avec ligne de raccordement vers Herstal. — *Redouté*.

In-8, de 15 pp. Par J. Delrez, ancien conseiller communal.

— Dix millions d'économies et ressources à réaliser par l'État et la ville de Liége. Chemin de fer intérieur, économique de la station des Guillemins au centre de la ville, avec lignes de raccordement vers la station de Longdoz, les quais de la Meuse et Herstal. — *Redouté*.

In-8, de 14 pp., avec un plan. Par J. Delrez.

— Modifications proposées au plan de la dérivation de la Meuse à Liége. Par J. Grass. —

In-8, avec trois plans.

— La question : le canal de Liége à Maestricht. — *A. Charron*.

In-32, de 16 pp.

— Mémoire à MM. les membres du conseil communal de Liége, pour le maintien de l'exemption d'octroi sur le combustible des mines accordée par l'arrêté du 17 juin 1828. — *J. Desoer*.

Grand in-4, de 28 pp.

— Vieille-Montagne. Le comité central du nord de la ville de Liége au conseil des ministres à Bruxelles. — *N. Redouté*.

Grand in-4, de 18 pp.

— Réponse des habitants du quartier du nord au mémoire adressé à Messieurs les président et membres de la députation permanente du conseil provincial de Liége, par la Société de la Vieille-Montagne. — *N. Redouté*.

In-4, de 28 pp.

— Pétition contre l'augmentation des taxes communales. A messieurs les président et membres de la chambre de commerce de Liége. — *N. Redouté*.

In-4, de 15 pp.

— Statuts de la Société anonyme de la papeterie de la station, à Liége, approuvés par arrêté du 27 juillet 1855. — *H. Dessain*.

In-8, de 16 pp.

— A messieurs les membres de la députation permanente du conseil provincial de Liége. S. l.

Grand in-4, de 10 pp., daté du 22 novembre. Opposition faite par les habitants du quartier d'Avroi à la papeterie de la station.

— Union des charbonnages liégeois. Travaux du comité. 1840 à 1855. — *H. Dessain*.

In-8, de 296 pp.

— Réponse de la Société civile des mines métalliques du Rocheux au mémoire du 28 mars-12 avril 1855 de la Société d'Oneux. Le document complet du 4 janvier 1850 et une lettre de M. Chaudoir-Bussy, du 1ᵉʳ juin 1847, annexés pour l'édification du lecteur. — *Desoer*.

In-4, de 23 pp., avec une planche, daté du 20 juin. — U.

— Réponse de M. D. Daudrimont au mémoire du 12 avril 1855, de la Société d'Oneux, au sujet de sa demande en concession des mines gisantes dans le bassin de Theux. — *J. Desoer.*

In-4, de 7 pp. — U.

— Réponse de la Société anonyme des hauts-fourneaux et fonderies de Dolhain au dernier factum de la Société dite d'Oneux, du 12 avril 1855. Avec annexes, plans, coupes et cartes géologiques. — *J. Desoer.* In-4. — U.

— Résumé des plaidoiries pour les communes de Grandménil et autres, intimées, contre le duc d'Ursel, appelant. — In-4. — U.

— Mémoire pour Monseigneur le duc d'Ursel, appelant, contre les communes de Grandménil, Soy, Mormont et autres, intimées. — *J. Desoer.*

Grand in-4, de 196 pp.

— Rapport présenté au conseil communal et au bureau de bienfaisance d'Ougrée, sur l'épidémie cholérique qui a sévi dans cette localité, de septembre-décembre 1854. Par Hyac. Kuborn. *S. l.* In-8. — U.

— De la révolution belge en 1830 et de ses conséquences. Par un négociant de Liége. — *Charron.*

In-8, de 16 pp. Par Eugène Beaujean.

— Ancien droit belge. De la récusation des juges. Dans les Pays-Bas autrichiens et dans le pays de Liége, pouvait-on récuser le juge dont le fils ou le gendre était avocat ou procureur dans la cause. — *N. Redouté.*

In-8, de 16 pp. — U.

— A propos de l'exposition universelle des beaux-arts, MDCCCLV. Par M. Jules Pety. — *J. G. Carmanne.*

In-8, de 67 pp.

— Catalogue d'une riche collection de livres de théologie, d'Écriture sainte, de droit canon, de sermons, d'histoire, etc., provenant en grande partie de la bibliothèque de feu M. Buissonnet, en son vivant curé-doyen de Huy … 6 et 8 février 1855. — *J. G. Lardinois.*

In-8, de 28 pp. On y remarquait les quatre manuscrits suivants : Livre d'heures, xiv° siècle. — Biblia portatilis, 1220. — Liber Ymnorum et soliloquiorum, xii° siècle. — Biblia sacra, 1103. Les trois derniers provenaient de l'abbaye de St-Jacques.

— Catalogue des gravures, lithographies, livres, belles études et tableaux, tant modernes qu'anciens, provenant du cabinet d'un amateur, parmi lesquels se trouvent la collection d'eaux-fortes et portraits de Van Dyck, un tableau original d'Annibal Carrache, la Descente de la croix, dont le dessin se trouve à la bibliothèque de Paris, l'Ecce Homo de Murillo, de la plus belle époque … 22 février 1855. — *J. G. Carmanne.*

In-8, de 8 pp. Galerie de M. Ponchon, professeur à l'académie des beaux-arts.

— Catalogue de musiques et de livres anciens et modernes parmi lesquels on remarque la Bibliotheca Belgica, deux manuscrits sur vélin, beaucoup d'ouvrages italiens, etc. … 15 et 16 mars 1855. — *J. Carmanne.*

In-8, de 37 pp.

— Catalogue d'une belle collection de livres d'histoire, de littérature, de beaux-arts, gravures, etc., provenant d'un amateur, dont la vente aura lieu jeudi 30 août 1855. — *Carmanne.*

In-8, de 13 pp. Bibliothèque de M. Vieillevoye, directeur de l'académie des beaux-arts.

— Catalogue de la magnifique collection de plantes d'ornement de Monsieur Vieillevoye, en son vivant directeur de l'académie des beaux-arts de Liége … 20 septembre 1855 … — *J. G. Lardinois.*

In-8, de 6 pp.

— Catalogue d'une belle collection de livres, littérature, histoire, classiques, sciences, jurisprudence, etc., etc., dont la vente aura lieu le 6 novembre et jours suivants … — *J. G. Carmanne.*

In-8, de 30 pp. Une partie de ces livres provenait de M. S. Vervier, docteur en médecine et conseiller provincial à Ensival.

— Catalogue d'une belle et nombreuse collection de livres d'histoire, de littérature, de droit, et de quatorze mille brochures précieuses et rares sur l'histoire de Liége, sur celle de la révolution bra-

— 500 —

bançonne, la révolution française et sur l'époque du cardinal Mazarin ... les 27, 28, 29, 30 novembre 1855 ... — *J. G. Carmanne.*

In-8, de 54 pp., contenant 1,093 numéros. Bibliothèque de M. Ed. Lavalleye.

— Catalogue d'une belle collection de livres anciens et modernes, de théologie, philosophie, littérature, histoire, classiques, etc., provenant de la bibliothèque d'un ecclésiastique distingué ... le 4 décembre 1855. — *J. G. Carmanne.*

In-8, de 11 pp. Bibliothèque de M. Vanderreyken, curé de St-Denis.

— Catalogue d'une belle et riche collection de livres de jurisprudence, littérature, histoire, classiques, etc., etc., composant la bibliothèque de feu M. Thonnard, avocat au barreau de Liége, dont la vente aura lieu le 18 décembre et jours suivants ... — *J. G. Carmanne.*

In-8, de 23 pp.

— Les écrivains belges. Études de littérature contemporaine. Première série : les poëtes. — *Meyers.*

In-18, de 56 pp. L'imprimeur de cette brochure consacrée aux poëtes de Stassart et Ledeganck, en est aussi l'auteur. Ce travail n'a pas été continué.

— Correspondance artistique du journal la Meuse. Par J. H(elbig). Première partie. — *Carmanne.* In-8.

— Deux cœurs de femme, comédie en un acte. Par Aug. Clavareau. — *Desoer.* In-8.

— Poésies d'un jeune armurier ou illusions premières. Par André Delchef. — *Charron.*

In-12, de 96 pp.

— Mémoires de la Señora Pepita, aveux et confidences d'une danseuse, traduit de l'espagnol, par A. X. Tom. I. — Gnusé (imp. *N. Redouté*).

In-18, de 245 pp. Ce roman, de M. F. Bernard, notaire, n'a pas été continué.

— La famille Walther où prudence, humaine et confiance en Dieu, traduit de l'allemand de Baumblatt. — *H. Dessain.*

In-8. Le traducteur est M. Alph. Leroy, professeur à l'Université de Liége.

— Lydie de Ravel, par Alexand. Pirotte. — *J. Desoer.*

In-18, de 222 pp.

— Le fidéicommis, par Mme Emil. Carlen, traduit du suédois. — *J. Deso.*

2 vol. in-12, de 312, 316 pp. Cette traduct et les deux suivantes, publiées d'abord feuilleton dans le *Journal de Liége*, sont M. P. D. Dandely et Mme Dandely.

— Une femme vindicative. Imitée suédois de Ritterstad. *Bruxelles,* broue (Liége, *J. Desoer*).

In-16, de 224 pp.

— La Mansarde. Par Mme Émilie C lem. Traduit du suédois — *J. Deso*

In-12, de 288 pp.

— Misère et charité. A Madame Sincay. — *A. Denoël, fils.*

Un feuillet in-4, à 2 col., encadré, si Joseph Demoulin, et daté du 24 février.

— Almanach du progrès pour 18 *Liége et Bruxelles chez tous les librai* (impr. *A. Charron*).

In-32, de 16 pp. Les auteurs sont M. X. B gart et les autres rédacteurs du jour *l'Harmonie.*

— Ephémérides d'un solitaire ou jo nal-passe-temps de l'année 1855. *E. Noël.*

In-8, de 666 pp. Par L. J. Dejaer.

— Dernier chapitre de tout livre sc tifique ou de la certitude des conn sances humaines par un savant, qu sait certainement qu'une seule ch c'est qu'il ne sait rien. — *E. Noël.*

In-8, de 72 pp. Par L. J. Dejaer.

— Antiquités architecturales de Normandie, contenant les monum les plus remarquables de cette con (architecture romaine et ogivale), sentés en plans, élévations, coupes, tails, vues, perspectives intérieures extérieures, par Auguste Pugin. Le t historique et descriptif, par John B ton. Traduit de l'anglais avec autor tion, par Alph. Leroy. — *E. Noblet.*

In-4, fig. — U.

— Manuel d'un cours de calcul différentiel. Par A. Meyer. — *H. Dessain.*

In-8, de x-440 pp. Voy. sur Meyer et ses ouvrages, le *Nécrologe liégeois*, 1857. — U.

— Propriété et mystères du nombre neuf ou récréations arithmétiques instructives et amusantes, à l'usage des gens du monde et des écoles de tous les degrés. Par H. Deville-Thiry, professeur de dessin géométrique, appliqué aux arts et à l'industrie, à l'École industrielle de la ville de Liége ... dédié à S. A. R. Mgr le comte de Flandre. — *A. Charron.*

In-8, de 51 pp.

— Abrégé de la nouvelle grammaire française, par l'abbé J. J. Péters, candidat en philosophie et lettres — *J. G. Lardinois.*

In-18, de II-158 pp.

— Grammaire du premier âge. Par l'abbé J. J. Péters, candidat en philosophie. — *J. G. Lardinois.*

In-12, de IV-68 pp.

— Narrationes et conciones. Narrations et discours tirés des grands historiens latins Tite-Live, Salluste et Tacite, avec des analyses et des remarques, à l'usage des élèves de troisième, de seconde et de rhétorique. Par J. J. Broeckart, S. J. —

In-12, de 484 pp.

— Devoirs grammaticaux, à l'usage des écoles primaires, des écoles moyennes et des pensions. Par F. A. Mouzon. Partie de l'élève, 5e édition. — *H. Dessain.*

In-12, de 162 pp. Réimprimé chez le même en 1859 et 1862. Voy. 1859.

— Cours élémentaire de dessin linéaire, d'arpentage et d'architecture, adapté à tous les modes d'enseignement. Par J. B. Henry (des Vosges). Perspective, revue par Thénot. — *H. Dessain.*

In-8, avec 80 planches.

— Association générale des médecins de la province de Liége, comité de l'arrondissement de Liége. Projet de loi sur l'organisation sanitaire et sur l'exercice de l'art de guérir. Contre-projet adopté par l'assemblée provinciale, le 2 mars 1855, et par l'assemblée générale des médecins de l'arrondissement de Liége, le 16 juin 1855. — *J. G. Carmanne.*

In-8, de 20 pp.

— Du bandage et de son application dans le traitement des fractures. Par A. Mathysen, docteur en médecine et en chirurgie. — *L. Grandmont.*

In-8, de 90 pp.

— Conseils du vétérinaire ou moyens de conserver en santé les animaux de la ferme, de les secourir dans les maladies subites et dangereuses, de les guérir dans la plupart des cas de pluies, blessures, etc.; avec des observations sur la morve des armées, des instructions sur les vices redhibitoires, des considérations sur l'amélioration de la race chevaline, en Belgique. Par A. Pétry, médecin vétérinaire du Gouvernement. *Bruxelles, J. B. Tircher. (Liége. J. G. Carmanne.)*

In-8, de 302 pp.

— Revue de technologie militaire ou recueil de mémoires, expériences, observations et procédés relatifs à cette science, choisis dans les meilleurs écrits périodiques et non périodiques, qui se publient en langues étrangères, ou empruntés à des documents officiels de dates récentes et provenant de tout autre pays que la France et la Belgique, traduits, analysés et annotés, par L. Delobel, lieutenant-colonel, directeur de l'École de pyrotechnie de Belgique. *Paris et Liége, Noblet (impr. J. Desoer).* 1855-1866.

Cette revue se continue. Elle se compose aujourd'hui de 5 vol. in-8, avec planches. — U.

— Traité des manœuvres de la cavalerie ou répertoire de l'école de l'escadron, des évolutions de régiment et des évolutions de ligne, publié par Ch. Goupy de Quabeck, capitaine au corps de la gendarmerie nationale ... — *J. G. Lardinois.*

Grand in-4, avec fig. dans le texte.

— Manuel à l'usage des sacristains, chantres et organistes, suivi de la méthode pour servir la messe basse. Par J. H. Hazé, professeur de liturgie au grand séminaire de Liége. — *J. G. Lardinois.*

In-18, de 112 pp.

— Vesperale Romanum sive antiphonale Romanum ad vesperas et completorium cum capitulis et orationibus. Accedunt officia integra Nativitatis Domini, hebdomadae sanctae et defunctorum. — *Spée-Zélis.*

In-12, de 682 pp. Une nouvelle édition parut chez le même en 1860, in-8, de 624-xvi pp.

— Du mariage, de ses formes et de ses effets. Par l'abbé G. Moens, curé de Tilff. — *Verhoven.*

In-18, de 160 pp. Réimprimé à Liége, chez J. Meyere, 1857, in-18, de 226 pp.

— Jubilé. — *H. Dessain.*

In-18, de 4 pp. Ce jubilé dura du 7 au 14 janvier.

— Procession générale du 31 mai 1855, en l'honneur de la très-sainte Vierge, à l'occasion de la définition du dogme de son immaculée conception, prononcée par N. S. P. le Pape Pie IX, le 8 décembre 1854. — *Grandmont.*

In-8, de 11 pp. — U.

— Méditations sur les sept dons du Saint-Esprit. Par le R. P. Joseph Pergmayer, de la société de Jésus. Traduit de l'allemand par un prêtre du diocèse de Liége. — *Lardinois.*

In-12, de 107 pp. Le traducteur est M. l'abbé Burgers, de Visé.

— Maximes spirituelles et diverses instructions très-utiles pour les personnes consacrées à Dieu, les directeurs des âmes et les fidèles qui ont à cœur leur salut et leur perfection. Par le R. P. Joseph Pergmayer, de la société de Jésus. Traduit de l'allemand par un prêtre du diocèse de Liége. — *Lardinois.*

In-12, de viii-320 pp. Le traducteur est M. l'abbé Burgers.

— Maximes tirées de l'Écriture sainte sur les principales vérités de la religion. Par un prêtre du diocèse de Liége. — *Grandmont.*

In-18, de 125 pp. Par M. l'abbé Villers.

— Handboek voor lydenden of genezing zonder geneesheer. Door J. M. J. Vandenbosch, rector der kapel van Offelken, onder Tongeren. — *Meyers.*

In-8, de 328 pp. Réimprimé chez le même en 1856, et traduit en français la même année.

— Le directoire spirituel ou méthode de conduire les âmes à la perfection, en suivant les voies ordinaires de la grâce, par le R. P. J. B. Scaramelli, S. J. Ouvrage abrégé sur l'ordre et d'après les indications de Monseigneur Th. de Montpellier, évêque de Liége, pour servir aux prêtres, aux élèves des grands séminaires, aux religieux, etc., et même aux personnes du monde. Avec un beau portrait de l'auteur. — *H. Dessain.*

2 vol. in-8.

— Sermons populaires sur les principaux points de la morale chrétienne, pour tous les dimanches et les principales fêtes de l'année, du R. P. Fr. Hunolt, de la comp. de Jésus, prédicateur à la cathédrale de Trèves. Traduit de l'allemand par L. H. Schoofs, vicaire de l'église Saint-Jean, à Liége. - *Dessain.*

2 vol. in-8.

— Schoonheid der katholyke kerk of beknopte uitleggingen harer ceremonien, vertaeld uit het hoogduitsch op de vyfde uitgaef, omgewerkt door Gregorius Rippel, pastoor te Mainz. — *Dessain.*

2 vol. in-12.

— Manuel de dévotion à saint Joseph, offert aux serviteurs de ce grand saint et particulièrement aux associés de la confrérie de S. Joseph, établie chez les rédemptoristes à Liége. — *J. G. Lardinois.*

In-18, de xvi-112 pp. Cette confrérie, érigée en 1688, fut rétablie en 1854.

— Un mot sur l'infanticide en Chine. 2e édition, revue par l'auteur. — *H. Dessain.*

In-18, de 84 pp. Par M. Hurdebise.

— Le bon curé au XIXe siècle ou le prêtre considéré sous le rapport social et moral. Par Dieulin. — 2 vol. in-8.

— Pieux souvenirs de M. le comte et de Mme la comtesse d'Oultremont de Warfusée, dédiés à leurs enfants. - *Dessain.*

In-8, de 40 pp. Ces deux oraisons funèbres ont été prononcées par M. de Montpellier, depuis évêque de Liége.

— Cours de langue française.. *Voy.* Grammaire française, 1856.

— Traité d'arithmétique.. *Voy.* 1852.

— Recherches.. sur le pays de Liége.. *Voy.* 1854.

1858

La Meuse, journal de Liége et de la province.

Journal in-fol., qui paraît tous les jours, sauf le dimanche. Fondé par M. F. Capitaine, pour la propagation des principes libéraux. Il est dirigé par MM. A. et L. de Thier, et s'imprime chez L. de Thier et Lovinfosse. — U.

— Analectes historiques, politiques et littéraires. — *Meyers.*

Recueil mensuel, in-8, formant un volume par an et qui a paru de 1856 à 1860.

— Reconstruction du pont des Arches, nouvelles communications à créer dans le quartier de la Madeleine. Par L. D(elbouille). — *Desoer.*

In-8, de 16 pp.

— Revue des monuments de la ville de Liége. Par H. A. Cralle. — *N. Redouté.*

In-8, de 149 pp. et un f. de table. — U.

— Chemin de fer agricole et industriel des plateaux de Herve, de la Vesdre à la Meuse et de Liége vers Aix-la-Chapelle. Mémoire à l'appui du projet. — *Carmanne.*

In-8, avec un plan. Par MM. F. Capitaine, St-Paul de Sinçay et Forgeur.

— Chemin de fer liégeois-limbourgeois, Projet L. Houtain et C°. Traversée de Liége. Notice explicative. — *J. G. Carmanne.*

In-8, de 16 pp.

— Projet de chemin de fer de Verviers à Herve, par Dison, présenté par J. Hodson. Mémoire à l'appui de la demande en concession. — *Dessain.*

In-4, avec un plan.

— Rapport de la commission des finances sur la demande de subside formée par l'église primaire, adressé au conseil communal de Seraing. (Par N. Peetermans). — *Livron.*

In-8, de 16 pp.

— Société libre d'émulation. Rapport fait au conseil d'administration sur les travaux des comités, par le secrétaire général Albert d'Otreppe de Bouvette. — *J. Desoer.*

In-8, de 34 pp.

— Le déficit, par Eug. Beaujean. — *A. Charron.*

In-8, de 14 pp., daté du 15 avril. — U.

— La réforme ou la décadence. Par Eugène Beaujean. — *J. G. Carmanne.*

In-8, de 23 pp.

— De la position des classes industrielles commerçantes et ouvrières de Belgique. Par un négociant de Liége. — *Charron.*

In-8, de 26 pp. Par M. Eug. Beaujean.

— De la guerre aux usines et du droit d'octroi sur les houilles industrielles. Par L. Bronne. — *H. Dessain.*

In-8, de 65 pp.

— Ville de Liége. Projet de taxe sur l'aisance présenté au conseil communal de Liége, par M. Jos. Neuville, et pièces diverses y relatives. — *N. Redouté.*

In-8, de 24 pp.

— De la récusation des magistrats pour cause de parenté ou d'alliance avec les défenseurs des parties. Nouvelles observations à l'appui des pétitions adressées aux Chambres par les avoués de Liége. — *N. Redouté.* In-8. — U.

— Résumé des faits et moyens pour Mme la baronne douairière de Tornaco, née comtesse de Berlo, MM. les barons Auguste, Victor, et Camille de Tornaco, Mme la comtesse douairière de Berlaymont, née baronne de Tornaco, Mme la comtesse Florent de Berlaymont, née baronne de Tornaco, et M. le comte Florent de Berlaymont, son époux, intimés sur l'appel principal et appelants incidemment. Contre le prince Napoléon de Rheina-Wolbeck, comte de Lannoy-Clervaux, et la comtesse Constance de Lannoy-Clervaux, appelants principaux et intimés sur l'appel incident. —

In-4, daté du 26 juin. — U.

— Les traditions liégeoises sur Charlemagne, à propos d'un rapport présenté à l'Académie royale de Belgique. (Par Ferd. Henaux.) — *Desoer*.

In-8. — U.

— Notice biographique sur Antoine Pirquet de Mardaga, capitaine au service d'Autriche. Traduit de l'allemand, par A. D(upont). — *J. G. Carmanne*.

In-8, de 8 pp. Tiré à part du Journal la Meuse. — U.

— Notice biographique sur Pierre Pirquet de Mardaga, baron de Cesenatico. — *Carmanne*.

In-12, de 11 pp. Par M. De Guerry. Tiré à part, à 25 exemplaires, du Journal la Meuse.

— Quelques mots sur l'exposition artistique de Verviers, organisée en octobre 1856, au profit des pauvres honteux, par la Société royale de philanthropie. — *Carmanne*.

In-8. Par M. Jules Helbig. — U.

— Catalogue d'une collection de livres .... provenant de la faillite de L. Berlemont, ci-devant marchand libraire .... 22 juillet 1856. —

In-8, de 45 pp. La vente n'eut lieu que le 26 novembre.

— Catalogue d'une nombreuse collection de livres ... dont la vente aura lieu les 12 et 15 décembre 1856, ... en l'hôtel, n° 25, rue Mont-St-Martin, à Liége .... — *J. G. Carmanne*.

In-8, de 21 pp. Ces livres provenaient de la bibliothèque de M. le comte Van den Steen.

— Le duc et la duchesse de Brabant, à Argenteau, le 14 juillet 1856. — *J. Demarteau*.

In-18, de 12 pp. Extrait de la *Gazette de Liége*. L'auteur est M. E. Lavalleye.

— Université de Liége. Remise solennelle du buste en marbre, offert à M. Dumont, par les étudiants de l'université. — *J. Desoer*.

In-8. — U.

— Vers présentés par M. Baron à Sa Majesté, lorsqu'elle a reçu l'Université de Liége, le 26 août 1856. — *Desoer*.

In-8, de 4 pp.

— Sociétés d'horticulture réunies. Grand festival horticole, en l'honneur du vingt-cinquième anniversaire de l'inauguration de Sa Majesté le Roi, qui sera célébré à Liége, les 24, 25 et 26 août 1856. — *J. G. Lardinois*.

In-8, de 20 pp.

— Annuaire de la Société libre d'émulation de Liége. — *Carmanne*. 1856-1867.

12 vol. In-16, plus une table générale de 16 pp. Chaque volume est précédé d'une gravure de J. Helbig. Il y a des exemplaires sur papier fort. Voy. aux annexes, la liste des principaux articles insérés dans ce recueil.

— 25me anniverser dè R'wè. Les fiess di Lige. — *Autographie de Van Marcke*.

Un feuillet in-fol, à 2 colonnes. L'auteur est F. G. J. Gustin.

— 25e anniversaire de l'inauguration du règne de S. M. Léopold Ier. Concours de poésie wallonne, institué par la Société des vrais Liégeois. Pièces couronnées. — *Ledoux*.

In-8, de 22 pp. Par MM. Stappers, J. Lamaye, T. Delchef, N. Defrecheux, J. Dehin.

— Li roi Liopol à Lich, li 24 d'aouss 1856. — *Carmanne*.

Un f. in-fol. L'auteur est C. Duvivier, curé de St-Jean

— Concours de craminions. Le caractère wallon, sa fierté et son esprit de chicane, origine des craminions, etc. — *Desoer*.

In-8, de 16 pp. Par F. Bailleux. Tiré à part du *Journal de Liége*.

— Lette di Messieurs de Harlez, de Carlier, Fabry et Vivario, auteurs dè Theiate ligeois à l'Société des vreis Ligeois, sicrite dè Paradis, li 26 d'awousse, arriveie à Lige, li 5 septimbe 1856. — *J. Desoer*.

In-8, de 4 pp. Par F. Bailleux.

— Li pass-timps des ciss. Par S. Baron. —

In-16, de 16 pp.

— Premier drame réformateur. Un Palmer au testament, comédie en 5 actes et en vers et un prologue. Par F. Tapon Fougas, 5e édition. — *N. Redouté*.

In-12, de xi-114 pp.

— Lady Pandore ou l'école des Grecs, comédie en cinq actes et en vers, par F. Tapon-Fougas. —

In-12, de xi-116 pp. M. Tapon Fougas a publié plusieurs autres drames, comédies et satires, entre autres : Une succession à l'américaine, comédie en trois actes et en vers. *Verviers, J. Goffin, 1856, in-12.* — La Roulette aux eaux ou Spa, Hombourg, Aix-les-Bains, comédie en 3 actes et en vers. *Bruxelles, Vanderauwera, 1857, in-12.*

— Le liégeois véritable et vrai ou les taons vengeurs, par F. Tapon-Fougas. —

3 vol. in-12, de 92, 96, 94 pp., publiés par livraisons chez A. Charron, J. G. Carmanne, J. Ledoux, N. Redouté. Le prospectus est intitulé : Un nouveau journal à Liége, in-12, de 4 pp.
La fin du troisième volume a été tiré à part sous le titre de : Les eaux de Spa avec ou sans les jeux.
Voy. sur l'auteur le *Bulletin du Bibliophile belge*, t. XX, p. 9.

— Les lettres américaines, correspondance universelle, par Francisque Tapon-Fougas. — *Chez l'auteur.*

In-8, de 152 pp.

— Grétry à Versailles, opéra comique en un acte, paroles de C. Michaels fils, musique de G. Camauer. — *A. Charron.* S. d.

In-18, de 36 pp.

— Mélanges par Henri Colson. Nouvelles et poésies. — *Desoer.*

P. in-12, de xi-215 pp. Ces mélanges, imprimés dans le même format que *Maubert*, constituent le troisième volume des œuvres de Colson et contiennent un choix de ses articles publiés dans la Revue belge, précédé d'une notice par V. Henaux.

— Adresse aux rénovateurs, par Pamphile. — *E. Noël.*

In-8, de 24 pp. L'auteur est M. X. Bougard.

— Relation de la captivité du capitaine Beaujot, chevalier de l'ordre Léopold, ancien sergent-major, sous l'empire français. — *E. Noël.*

In-18, de 154 pp.

— Franzenberg ou le travail et la vertu récompensés. Par F. A. Mouzon, directeur de l'école moyenne de l'état à Braine-le-Comte. — *H. Dessain.*

In-12, de xii-268 pp.

— Livre de lecture et de prière français et grec, composé sur l'ordre et d'après les indications de Mgr Th. de Montpellier, évêque de Liége, à l'usage des petits séminaires et des collèges, pour faciliter l'étude de la langue grecque. — *J. Meyers.*

In-32, de xxvi-183 pp.

— Le médecin de la famille ou l'art d'entretenir la santé, journal utile à tout le monde, traitant de l'hygiène pratique. Par le docteur A. Festraets.

Ce recueil se publie à Liége, depuis 1856, deux fois par mois, par feuille in-8, à deux colonnes.

— Petite vérole guérie sans cicatrices ou marques apparentes. De l'usage de la pommade sulfureuse dans la variole. Par J. F. J. Midavaine, docteur en médecine. — *N. Redouté.*

In-8, de 46 pp.

— Programme d'un cours de physique. Par E. Bède, docteur en sciences physiques et mathématiques, professeur agrégé à l'Université. — *P. Gouchon (imprim. de J. G. Lardinois).*

In-12, de 296 pp.

— Démonstration de deux proportions nouvelles sur le calcul des probabilités, précédée de la réfutation des objections formulées contre elles au sein de l'Académie de Belgique. Par A. Meyer. — *H. Dessain.*

In-4, de iv-24 pp.

— Du domaine public et des choses communes. Par Clément Labye. — *Ve Verhoven.*

In-8. — U.

— Essai d'un cours élémentaire de topographie. Par A. Pâque, élève ingénieur des ponts et chaussées, professeur agrégé de l'enseignement moyen, professeur de mathématiques à l'athénée royal de Liége ... — *Ch. Gnusé.*

Grand in-4, de 195 pp. et 4 pp. de table, avec 190 figures et un tableau dans le texte. — U.

— Recueil d'ornements et de sujets pour être appliqués à l'ornementation des armes, d'après les desseins des principaux artistes, gravé et publié par Charles Claesen. — *C. Claesen.*

In-fol. de 50 planches.

— Notice sur un moyen de fermer les lampes de sûreté des ouvriers mineurs, inventé par C. A. Dejaer, aspirant-ingénieur des mines de 1re classe. — *Carmanne.*

In-8, de 12 pp., avec une planche.

— Nouveau combat spirituel tiré des œuvres de Scupoli. Par le R. P. Berset. — *Meyers.*

In-24, de 72 pp.

— La charité chrétienne et l'assistance publique. Par Émile Lion. — *L. Grandmont.*

In-8, de viii-163 pp. — D.

— Manuel des malades ou guérison sans médecin. Par J. M. L. Vandenbosch, recteur de la chapelle d'Ovée, sous Tongres. — *J. Meyers.*

In-12, de 286 pp. Une édition flamande avait paru en 1855.

— Contradictions, absurdités, impiétés de la morale pratique de la religion papiste chrétienne et catholique, et sommaire de mes principes sur la morale expérimentale. — *Noël.*

In-16. Par L. J. Dejaer.

— Catéchisme à l'usage des décatholisés, à la suite des mandements des évêques belges. — *Noël.*

In-16, de 48 pp. L'auteur est M. Tassin, dit l'abbé Nissat. Cette brochure se vendit en 1857 précédé d'un calendrier pour cette année. — C.

— Lettre d'un père de famille à S. G. Monseigneur Louis-Joseph Delebecque, par la miséricorde de Dieu, évêque de Gand. — *E. Noël.*

In-16 de 16 pp., avec le triangle et l'étoile maçonnique sur le titre.

— Soixante motets en plain-chant, mesuré à une, deux et trois parties, par F. J. D. Léonard, organiste. — *H. Dessain.*

In-8, de viii-191 pp.

— Traité des eaux minérales de Spa.. Voy. 1857.

— Histoire du pays de Liége.. Voy. 1851.

— Fâves du Lafontaine, lives V et VI ... Voy. 1851.

— Handbock voor lydenden ... Voy. 1855.

1857

Le vieux Liége, ses monuments religieux et civils, ses rues, ses métiers, ses bonnes villes, etc. Statistique rétrospective. Extraits de la Gazette de Liége. — *Demarteau.*

In-12, de 143 pp. Cet ouvrage, publié par M. Édouard Lavalleye, est une réimpression augmentée et annotée d'un opuscule qui a dû être imprimé pour la première fois vers 1618, sous le titre de : *Abrégé de l'estat tant sacré que civil de la fameuse cité de Liége.* En citant une édition de ce livret, sous la date de 1720, j'ai ajouté à tort que c'était une traduction du *Sacrarium* de 1618. Je n'ai pas rencontré d'exemplaires de l'édition de cet *abrégé* imprimée vers 1618. Heureusement le chanoine Van den Berch l'avait transcrit dans un de ses nombreux manuscrits que je possède actuellement; mais je ne partage pas l'opinion de M. Lavalleye, qui croyait que Van den Berch en était l'auteur.

— Histoire-chronique de l'abbaye et de la ville de St-Hubert, en Ardenne, suivie d'une notice sur l'église abbatiale. Par F. A. Mouzon, directeur de l'école moyenne de l'État, à Braine-le-Comte... Seconde édition, revue .. — *H. Dessain.* In-12.

— Honneurs funèbres rendus à M. A. Dumont, recteur de l'Université de Liége, décédé le 28 février 1857. — *Desoer.*

In-8, de 27 pp.

— Memoriæ Andreæ Dumont.

Un feuillet in-8. Par J. D. Fuss.

— L'impôt, l'enseignement et les partis en Belgique. Par Eug. Beaujean. — *J. G. Carmanne.*

In-8, de 40 pp.

— Statuts de la Société du lion belge. Assurance contre incendie. — *H. Dessain.*

In-8, de 15 pp.

— Exposé de faits pour Mgr le prince de Rheina-Wolbeck, comte Napoléon de Lannoy-Clervaux et M⁽ˡˡᵉ⁾ Constance comtesse de Lannoy-Clervaux, dans leur procès contre M⁽ᵐᵉ⁾ la baronne douairière de Tornaco, née comtesse de Berlo. MM. les barons Auguste, Victor et Camille de Tornaco, etc. *S. l. n. d.* In-4. — U.

— Réponse pour MM. les barons Auguste, Victor et Camille de Tornaco, M⁽ᵉ⁾ la comtesse douairière de Berlaymont, née baronne de Tornaco, M⁽ᵐᵉ⁾ la comtesse Florent de Berlaymont, née baronne de Tornaco, et M. le comte Florent de Berlaymont, son époux, au mémoire intitulé Exposé de faits, publié au nom de M. le prince de Rheina-Wolbeck, comte Napoléon de Lannoy-Clervaux et de M⁽ˡˡᵉ⁾ Constance comtesse de Lannoy-Clervaux.

In-4, daté du 20 février. — U.

— Lisez et jugez. La loi sur la charité, faussement appelée loi des couvents, expliquée d'une manière populaire, par papa Timon à Nicolas Bietmé et François Van Damme. — *H. Dessain.*

In-18, de n-66 pp. Signé W. X. Muller.

— Trois petites questions à l'adresse de ceux qui ne voient pas clair dans la loi de charité. Par Nicolas Pardevant, futur clerc de notaire. — *Dessain.*

In-18, de 21 pp.

— A quoi doit-on s'attendre? *H. Dessain.*

In-18, de 30 pp. Sur les événements de 1857. — U.

— La charité romaine, d'après Jean Van Damme. — *J. Demarteau.*

In-8. — U.

— Catalogue de livres... dont la vente aura lieu le 26 mars 1857. — *J. G. Carmanne.*

In-8, de 24 pp. Bibliothèque de feu M. Collette, docteur en médecine.

— Catalogue de livres de littérature, histoire, voyages, philosophie... provenant de la bibliothèque d'un amateur, dont la vente aura lieu le 25 juin 1857. — *J. G. Carmanne.*

In-8, de 28 pp. Cette bibliothèque, du comte Julien de Schrynmakers, était remarquable par le choix des éditions et leur bonne conservation.

— Catalogue d'une collection de livres... provenant de la faillite de Léopold Berlemont, ci-devant marchand libraire... les 25 et 26 juin 1857. —

In-8, de 28 pp.

— Catalogue d'une belle collection de livres de théologie, d'Écriture sainte, de liturgie, de sermonnaires, d'histoire, de littérature, etc., provenant des bibliothèques de Messieurs Lovens curés-doyens à Verviers et à Liège... 21 et 22 juillet 1857. — *J. G. Lardinois.*

In-8, de 24 pp.

— Catalogue d'une belle collection de livres d'histoire, littérature, droit...., parmi lesquels beaucoup sur l'histoire du pays de Liège...., dont la vente aura lieu le 28 octobre 1857..... — *J. G. Carmanne.*

In-8, de 40 pp.

— Du flamand, du wallon et du français, en Belgique. Par un ami des lettres. — *N. Redouté.*

In-8, de 27 pp. Signé Ch. S. de N. (Charles Soudain de Niederwerth). L'auteur compléta ce travail par un article inséré dans *la Meuse*, du 20 avril 1857.

— Le mouvement flamand. A. M. Michel Van der Voort, à propos de la conférence donnée à la Société d'émulation de Liège, le 30 janvier 1857. — *Carmanne.*

In-8, de 7 pp. Tiré à part du journal la Meuse. Réplique en vers de M. L. Hymans à une brochure intitulée : Comité central flamand. Affaire Hymans. Lettre adressée à la Société d'émulation de Liège. Bruxelles, 1857, in-8, de 6 pp.

— Le patois de Liége, à propos de l'élection du prince évêque d'Oultremont, en 1765. —

In-8, de 6 pp. Par F. Bailleux.

— Poésies et chansons wallonnes, par Aug. Hock. — *J. Desoer.*

In-8, de 30 pp.

— Li véritab' Ligeois, philosophe recueil di baicop d'chansons suvon di contes di blagues, etc., etc. — *J. G. Carmanne.*

In-16, de 170 pp. Par MM. J. Dehin, N. Dethiercheux, Rousseau, J. Carmanne, etc.

— Le prince de Ligne ou un écrivain grand seigneur à la fin du XVIIIe siècle. Par N. Peetermans. — *F. Renard (imprim. J. Desoer.)*

Grand in-18, de IX-252 pp. Une analyse critique parut dans le *Bulletin du Bibliophile belge*, t. XIII, p. 132. La deuxième édition parut à Liége, chez le même, en 1861. Grand in-18, de X-234 pp.

— Correspondance littéraire du journal la Meuse. Par Ed. W(arlo)n. 1856-1857. — *Carmanne.*

In-8, de 145 pp., 6 ff. de table et trois suppléments de 7, 8, 8 pp., imprimés en 1858. Tiré à part à 20 exemplaires. — U.

— Citations propres à détourner de la sagesse mondaine et à faire aimer la vertu, par Bossuet, Bridaine, Lacordaire, Lamennais. — *Noël.*

In-8, de 46 pp. Par M. X. Bougard.

— Passé récent, avenir prochain, par Théophile N***. — *J. G. Lardinois.*

In-12, de VI-84 pp.; en vers.

— Adolphe Stappers. Femme attaquée..., homme vaincu, comédie proverbe en un acte et en vers. — *F. Renard.*

In-12, de 39 pp.

— Aspirations, poésies nouvelles, par Denis Sotiau. — *Carmanne.*

In-12, de 125 pp. — U.

— Les vieux époux. Par Denis Sotiau. — *J. Desoer.*

In-8, de 8 pp. Tiré à part du *Journal de Liége.*

— Les chercheurs d'or, au XIXe siècle, suivis de poésies diverses. Par Denis Sotiau. — *J. G. Carmanne.*

In-8, de 106 pp. — U.

— Fantaisies. Par un amateur liégeois. — *Lardinois.*

In-12, de 35 pp. Poésies par M. A. Minette.

— Frédéric le Grand et sa cour, par L. Mühlbach. Traduit de l'allemand. — *Desoer.*

2 vol. in-12, de 304 et 306 pp. Les auteurs de ce roman, publié d'abord, ainsi que le suivant, dans le *Journal de Liége*, sont P. D. Dandely et Mme Dandely.

— Entre ciel et terre. Par Otto Ludwig. Traduit de l'allemand. — *Desoer.*

2 vol. in-16. Traduit par M. et Mme Dandely.

— La mort de Socrate. Fragment d'un commentaire des œuvres de Lamartine, par A. Morel. — *Redouté.*

In-8, de 36 pp. Ce tiré à part de *la Tribune* résume les conférences données par M. Morel à la Société d'émulation, en 1855.

— Guillaume Tell. Imitation du drame de Schiller. — *Redouté.*

In-16, de 32 pp. Par Th. Fuss.

— Une perle archéologique. Notice sur l'église Saint-Séverin, en Condroz. — *Demarteau.*

In-18, Par M. Edouard Lavalleye. Extrait de la Gazette de Liége.

— Recueil d'églises et de constructions religieuses dans le style gothique, par Vincent Statz. — *C. Claesen. S. d.*

Grand in-fol., de 72 pl., avec texte. Cette publication commença à paraître en 1857.

— Dictionnaire de législation, de jurisprudence et de doctrine, en matière de mines, minières, carrières, forges, hauts-fourneaux, tourbières, usines métallurgiques, etc., contenant, par ordre chronologique et sous forme analytique, les lois, règlements, décrets, ordonnances royales, arrêtés, avis du conseil d'État et du conseil des mines, ainsi que les décisions judiciaires et administratives, intervenues en France et en Belgique, depuis 1850 jusqu'en 1857. Par un avocat à la cour d'appel de Liége. — *F. Renard.*

In-8. L'auteur est M. Jules Del Marmol. — U.

— Cours théorique et pratique de langue française, par l'abbé J. J. Péters. Exercices de grammaire et d'analyse grammaticale. Partie de l'élève. *J. G. Lardinois.*

In-12, de 174 pp.

— Éléments de grammaire française d'après la méthode euristique, combinée avec la méthode dogmatique, à l'usage des écoles primaires, des sections préparatoires annexées aux écoles moyennes et aux pensions. Par F. A. Mouzon, Première partie. Lexigraphie. — *H. Dessain.*

In-12, de 80 pp. Réimprimé chez le même en 1858 et 1862.

— Cours élémentaire et pratique de langue anglaise, suivant la méthode d'Ahn, avec la prononciation figurée et un choix de lettres familières. Par J. J. Gheur. — *H. Dessain.*

In-12, de 138 pp. Réimprimé chez le même en 1863, in-12.

— Essai sur une exposition nouvelle de la théorie analytique des probabilités *a posteriori*. Par A. Meyer. — *H. Dessain.*

In-4. — U.

— Examen critique de la notice de M. Lingre, sur la probabilité de la cause d'une erreur constante dans une série d'observations insérées dans le t. XXII du Bulletin de l'académie de Belgique. Par A. Meyer. — *H. Dessain.*

In-8, de 15 pp.

— Revue universelle des mines, de la métallurgie, des travaux publics, des sciences et des arts appliqués à l'industrie, sous la direction de M. Ch. de Cuyper, prof. ordin. à l'université de Liége. *Paris et Liége, E. Noblet (impr. J. Desoer)*. 1857-1867.

Cette revue se compose aujourd'hui de 20 volumes in-8, avec nombreuses planches. Les principaux collaborateurs sont MM. L. Trasenster, Delvaux, de Koninck, A. Gillon, E. Bède, Gloesener, Ponson, Chandelon, Dewalque, Schwann, A. Fallize, J. Fayn, A. Habets, etc.

On trouve dans cette revue : Tome I. Notice nécrologique sur A. Dumont. — T. V. G. Dewalque, Examen de l'eau acidule ferrugineuse de Blanchimont, près de Stavelot. — T. XV et XVI. André Dumont, sa vie et ses travaux. Par J. Fayn. Tiré à part. *Liége, Noblet*, 1864, in-8, de 275 pp., avec portrait. — U.

— Mémoire sur l'exploitation de la houille à la profondeur d'au moins mille mètres, en réponse à une question proposée par le gouvernement et par l'Académie royale de Belgique. Par A. Devillez. — *F. Renard.*

In-8, de 228 pp., avec 2 planches. La deuxième édition parut chez le même en 1859, in-8, de VIII-222 pp., avec 2 pl.

— Notice sur le revolver horizontal à dix coups, à canon mobile et à batterie tournante de H. Genhart. Perfectionnement breveté applicable à toutes les armes portatives : pistolets, fusils de chasse ou de rempart, ou carabines. — *Ch. Gnusé.*

In-8, de 35 pp., avec 4 planches.

— Recueil des règlements de police de la commune de Seraing, des lois sur les poids et mesures, de la police rurale, suivi de la composition du conseil communal et des diverses commissions. Par G. L. Iweins, commissaire de police de Seraing. — *H. Clément (impr. de V° Verhoven).*

In-8, de 120 pp.

— Mémorial belge des conseils de fabrique, du contentieux des cultes des bureaux de bienfaisance, des hospices, et de l'administration en général. Par Mrs R. J. Bonjean, J. J. Cloes, L. de Monge et A. J. N. Herman d'Eprave, avec la collaboration de M. le chanoine Andries et de M. Auguste Lauwers. — *V° Verhoven*, 1857-1865.

Cette revue se continue, elle a publié jusqu'ici neuf volumes grand in-8. — U.

— Prières et cérémonies de la dédicace, ou consécration d'une église selon le pontifical romain. 5° édition, augmentée d'une dissertation. — *Spée Zélie (imprim. V° Verhoven).*

In-18.

— Les beautés de l'Église catholique représentées dans son culte, ses mœurs et ses usages, entretiens entre un curé et ses paroissiens sur les fêtes chrétiennes. Ouvrage traduit de l'allemand, augmenté et annoté par l'abbé N. J. Cornet. — *H. Dessain.*

In-8, fig.

— Le livre de la première communion contenant les prières, instructions, exercices et avis pratiques propres à préparer les enfants à cette grande action et à assurer leur persévérance. Par un prêtre du diocèse de Liége. — *J. G. Lardinois.*

In-18, de 288 pp. Par l'abbé N. Carpentier.

— Octava perpetua sancti Trudonis ad usum dioecesis Leodiensis. — *J. Meyers.*

In-32, de 20 pp.

— Le livre de la Vierge ou le mois de Marie du chrétien dans le monde, recueilli par un prêtre du diocèse de Liége. — *J. G. Lardinois.*

In-12, de 326 pp., avec une grav. Par l'abbé Mathieu Bodson.

— Dictionnaire wallon-liégeois ... *Voy.* 1855.

— Du mariage, de ses formes et de ses effets .. *Voy.* 1855.

1858

Constitution du pays de Liége. Tableau des institutions politiques, communales, judiciaires et religieuses de cet état en 1789. Par Ferd. Henaux. Nouvelle édition. — *J. Desoer.*

In-8, de 215 pp. La première édition avait paru dans la Revue de Liége, tomes I et II. — U.

— Recherches historiques sur la fabrique d'armes de Liége. Création d'un musée d'artillerie et d'armurerie, dans cette ville. Par F. Henaux. Nouvelle édition. — *F. Renard (impr. J. Desoer).*

In-8, de 84 pp., sur papier vergé. Une première édition avait paru dans le *Bulletin de l'Institut archéologique liégeois*, tome II.

— Les monuments de Liége reconstruits, agrandis ou restaurés, par J. C. Delsaux, gravés et publiés par J. Coune. — *J. Coune.*

In-fol. plano, de 12 planches. — U.

— La Meuse belge, histoire, légendes, sites et monuments, industrie; Dinant, Namur, Liége. Par le docteur Frender. — *F. Renard (imprimerie J. Houtain).*

In-12, de xii-318 pp. et 9 ff., avec 5 cartes et 2 plans. L'auteur est M. Auguste Morel, réfugié français. On a extrait de cet ouvrage l'article de Liége auquel on a ajouté une table spéciale et quelques gravures, et on l'a fait paraître sous le titre suivant : Guide dans Liége. Liége, F. Renard, 1859. In-12, de

130 pp., avec sept gravures et un plan de Liége. — U.

— Le village de Jupille, notice historique, par R. S. Extrait de la Gazette de Liége. — *Demarteau.*

In-8, de 73 pp. Par M. l'abbé J. de Groutars. — U.

— Chemin de fer du Luxembourg. Parcours géographique et historique à course de locomotive. — 1858-1860.

2 parties in-12, de 23 et 42 pp., imprimées la première chez J. G. Carmanne, et la seconde chez L. de Thier. L'auteur est M. L. de Thier.

— Notice historique sur la ville de Fosses. Par Albert Stassin. — *A. Charron.*

In-8, de 103 pp., avec deux planches.

— Essai sur l'histoire du commerce et de l'industrie de la Belgique, depuis les temps les plus reculés jusqu'à nos jours. Par Ed. Barlet, docteur en philosophie et lettres, professeur au collège de Bouillon. — *J. G. Lardinois.*

In-12, de vii-278 pp. — U.

— Annonces de Liége et de la province.

Journal bis-hebdomadaire, in-fol., de 4 pp., imprimé chez J. G. Lardinois, du 16 décembre 1858 au 24 mars (?) 1859.

— Chemin de fer agricole et industriel des plateaux de Herve de la Vesdre à la Meuse et de Liége vers Aix-la-Chapelle. Mémoire en réponse à la lettre de M. le ministre des travaux publics, en date du 9 juillet 1858. — *J. G. Carmanne.*

In-4, de 14 pp. — U.

— Description du pont en treillis sur la Meuse, près de Maestricht, par J. A. Kool. — *E. Noblet.*

In-4. — U.

— Réponse du Charbonnage du Paradis à la note publiée par M. Gonot-Beaujean. — In-4.

— Revue politique et administrative de Liége, en 1858. Par E. Beaujean. - In-8.

— Situation financière de la ville de Liége, en 1806 (comparée à celle de 1858). — *Desoer.*

In-8, de 14 pp. Par L. A. Nihon, avocat. Tiré à part du *Journal de Liége*.

— Mémoire sur la demande en séparation de mariage, par Madame contre Monsieur L. J. Dejaer, auteur philosophe. —

2 vol. in-8, avec le portrait de l'auteur, L. J. Dejaer, imprimés, le premier, chez E. Noël, et le second, chez A. Charron.

— Contre-enquête faite devant M. le conseiller Crossée, commissaire nommé par la cour contenant les dépositions des témoins cités et entendus à la requête de la famille de Tornaco contre le prince de Rheina-Wolbeck, comte de Lannoy-Clervaux et la comtesse Constance de Lannoy-Clervaux, dans l'instance engagée par ces derniers en nullité du testament du comte Adrien de Lannoy-Clervaux. — *Desoer*.

In-8. — U.

— Considérations sur l'instruction obligatoire en Belgique. (Extrait du *Journal de Liége*). — *Desoer*.

In-8, de 115 pp. L'auteur est M. Louis Trasenster, professeur à l'Université. — U.

— Enseignement primaire. Nécessité de réformer la loi du 25 septembre 1842. — *Redouté*.

In-8, de 29 pp. Par M. F. Gérimont. Tiré à part de *la Tribune*.

— Association pour l'encouragement des beaux-arts sous la direction de la Société libre d'émulation et le patronage de l'administration communale de Liège. Catalogue explicatif des ouvrages de peinture, sculpture (sic), gravure, dessin, lithographie, exposés au salon de 1858. — *J. Desoer*.

In 18, de 38 pp. Un catalogue parut aussi pour le salon de 1860, chez L. de Thier. In-8, de 45 pp.

— Société libre d'émulation de Liége. Le salon de 1858, par J. H(elbig). — *Carmanne*.

In-18, de 54 pp. Tiré à part de *la Meuse*. — U.

— Les peintres de Liége et de la province (au salon de 1858). Par H. K(irsch). — *Carmanne*.

In-8, de 16 pp. Tiré à part de *la Meuse*.

— Compte-rendu de l'exposition générale des beaux-arts de Bruxelles, par J. H. (Jules Helbig). — *J. G. Carmanne*.

In-8, de 54 pp. Extrait du journal *la Meuse*. — U.

— De l'état des beaux-arts, à Liége. L'académie des beaux-arts et l'école industrielle. — *N. Redouté*.

In-8. Par H. Larmoyer, avocat. — U.

— Catalogue d'une belle collection de livres d'architecture, de beaux-arts ... dont la vente aura lieu, le 2 juin 1858, sous la direction de M. J. Renard. — *Charron*.

In-8, de 11 pp.

— Funérailles de M. J. F. Braconier, industriel, ancien bourgmestre de Tilleur. — *J. G. Carmanne*.

In 8, de 14 pp. Cette brochure se compose des articles publiés dans *la Meuse*, par M. H. Kirsch.

— Honneurs funèbres rendus à la mémoire de M. W. Jamar, sénateur de l'arrondissement de Liége. — *J. G. Carmanne*.

In-8, de 16 pp. Extrait du journal *la Meuse*.

— Bulletin de la Société liégeoise de littérature wallonne. — *J. G. Carmanne*, 1858-1866.

Cette Société a publié jusqu'ici 8 vol. in-8. Il faut ajouter au tome IV un supplément de 16 pp. pour le concours spécial donné à l'occasion du voyage de S. M. le Roi à Liége, au mois d'octobre 1859.

Les premiers volumes ne contenaient que des pièces wallonnes, mais la Société y a joint ensuite des travaux remarquables sur l'histoire des proverbes wallons, des métiers de Liége, etc. Les bibliophiles joignent à cette collection quelques feuilles volantes, entre autres les invitations et chansons distribuées à l'occasion des banquets wallons et les menus photographiés de ces banquets.

Pour l'annuaire de la Société, voy. 1863.

Nous donnons dans les annexes la liste des principaux travaux publiés dans cette revue.

— Théâtre wallon, n° 1. Li galant dè l'siervante ... comèdeie è deux actes, 2e édition. — *F. Renard*. (*Impr. J. G. Carmanne.*)

In-12, de 87 pp. Par A. Delchef. La première édition avait paru dans le *Bulletin de la Société wallonne*.

— Théâtre wallon, n° 2. Dji vou d'jinn pou, vaudeville en deux actes. Par Joseph Demoulin. — *F. Renard*. (*Impr. J. G. Carmanne.*)

In-12, de 75 pp.

— Théâtre wallon, n° 5. Es fond Pirette, vaudeville en un acte. Par Jos. Demoulin. — *F. Renard (J. G. Carmanne, imprimeur).*

In-12, de 55 pp.

— Li palà Gotale ou l'raiv d'on lolà. Par C. H. —

In-4, de 16 pp. autographiées. Pièce composée à l'occasion du 25ᵉ anniversaire de M. Gotale, président du séminaire de Liége.

— Le Congrès de Spa ; nouveaux voyages et aventures de M. Alfred Nicolas, au royaume de Belgique. Par Justin ***. — *F. Renard*, 1858-1866.

3 vol. in-18. L'auteur, M. J. Standgagnage, avait publié, en 1835, les *Voyages et aventures de M. Alfred Nicolas*. Voy. aux annexes.

— Les extrêmes, par Mᵐᵉ Gillembourg, traduit du danois. — *Desoer*.

In-16, de 265 pp.

— Le Crocodile, par M. Reichenbach. Traduit de l'allemand. — *Desoer*.

In-16.

— Les frères de lait, par Mᵐᵉ Émilie Carlen. Traduit du suédois. — *Desoer*.

2 vol. in-12, de 286 et 276 pp.

— L'héroïne de roman, par Mᵐᵉ Émilie Carlen. Traduit du suédois. — *Desoer*.

2 vol. in-16, de 277 et 255 pp. Les traducteurs des quatre romans que nous venons de citer sont P. D. Dandely et Mᵐᵉ Dandely. Ces ouvrages ont été d'abord publiés en feuilletons dans le *Journal de Liége*.

— Deux récits. Nouvelles, par A. Pirotte. — *Desoer*.

In-18, de 93 pp.

— Le fou du roi, opéra comique en un acte, par Adolphe Stappers, musique d'Émile Verdyen. — *F. Renard*.

In-12, de ix-57 pp.

— Les Belges, fragments de poésies nationales. Par Denis Sotiau. — *Desoer*.

In-8, de 8 pp. Tiré à part du *Journal de Liége*, du 16 avril.

— Promenade à travers le pays de Herve. L'abbaye de Val-Dieu. Par Maxime. — *Carmanne*.

In-8, de 9 pp. Tiré à part de *la Meuse*. L'auteur est M. Jacquemin.

— Origine de la famille Bonaparte, par G(ustave) H(agemans). — *(Carmanne)*.

In-8, de 4 pp. Tiré à part de *la Meuse*.

— Le sire de Saive, nouvelle liégeoise. — *Demarteau*.

In-12. Extrait de la *Gazette de Liége*. L'auteur est M. Édouard Lavalleye.

— La cocarde jaune, nouvelle, par Leo Zatharane. — *Carmanne*.

In-8, de 15 pp. L'auteur est M. Anatole Hozé.

— De l'amour des femmes pour les sots, nouvelle édition. — *F. Renard*.

In-18, de 58 pp. Cet opuscule, de M. Victor Henaux, qui avait paru en 1857 dans la Revue trimestrielle, t. XVI, a été réimprimé chez F. Renard, 1859. In-18, de 58 pp.

— De l'amour des femmes pour les sots. — *N. Redouté*.

In-18, de 12 pp. Signé G. F. (Gustave Frédérix). Critique tirée à part de *la Tribune*.

— Réponse à l'auteur de l'amour des femmes pour les sots. — *J. Ledoux*.

In-18, de 163 pp.

— Découvertes archéologiques (lettres). Par A. Z. — *Redouté*.

In-18, de 15 pp.

— OEuvres posthumes d'Otto Duesberg, publiées par ses amis. Exposé théorique de la religion naturelle. Le matérialisme contemporain. Opuscules divers. — *Lardinois*.

In-8, de xiii-304 pp. Voy. sur O. Duesberg et ses ouvrages le *Nécrologe liégeois* de 1857.

— De l'expropriation pour cause d'utilité publique, en Belgique. Exposé de la législation et de la jurisprudence sur cette matière. —

In-8, de vi-290 pp.

— Des Belges et des étrangers. Divisé en deux parties : 1° Distinction des Belges et des étrangers ou des moyens d'obtenir, de perdre et de recouvrer la qualité de Belge ; 2° Exposé analytique du droit des étrangers en Belgique. Par M. Jules de Soignie. — *Vᵉ Verhoven*.

In-8. — V.

— Manuel d'histoire et de géographie anciennes à l'usage des athénées belges.

Ouvrage adopté par le conseil de perfectionnement de l'enseignement moyen. Deuxième édition. — *J. Desoer.*

In-12, de 316 pp.

— Manuel élémentaire de géographie méthodique à l'usage des écoles primaires et des cours inférieurs de l'enseignement moyen. Par A. G. — *Grandmont.*

In-18, de 218 pp.

— Sur l'incendie de la bourse d'Anvers, du 2 août 1858. Au commerce d'Anvers, par Charles Marcellis. — *J. Desoer* 1858-1859.

2 brochures in-4, fig. — U.

— Motifs et détails choisis d'architecture gothique, empruntés aux anciens édifices de l'Angleterre, par A. Pugin, texte historique et descriptif, par E. J. Wilson, traduit avec autorisation et annoté par Alphonse Leroy. — *E. Noblet.*

In 4. — U.

— De l'éclairage au gaz. L'éclairage au gaz à l'eau à Narbonne et l'éclairage au gaz Leprince, examinés et comparés à l'éclairage au gaz de houille ordinaire. Emploi du gaz comme moyen de chauffage, données sur son prix de revient. Par le docteur B. Verver, professeur de chimie et de physique à l'athénée royal de Maestricht. — *F. Renard.*

In-8, de 150 pp.

— Somme politique du Journal historique et littéraire de Liége. Observations pacifiques touchant l'origine, les formes, le respect et l'indépendance du pouvoir, le principe et les libertés de la constitution belge, l'encyclique de Grégoire XVI, S. Thomas, et le récent décret de la congrégation de l'Index. Par l'abbé A. Kempeneers. 2e édition. — *J. G. Lardinois.*

In-8. — U.

— Le traditionalisme et le rationalisme, examinés au point de vue de la philosophie et de la doctrine catholique. Par l'abbé J. Lupus. — *H. Dessain.* 1858-1859.

3 vol. In-8. — U.

— Méditations et prières pour le mois de mai, sur la vie de la sainte Vierge, ou nouvelle couronne à Marie .. Traduit de l'allemand de Kaltner, par L. H. Schoofs. — *H. Dessain.* In-18.

— La procession de la Fête-Dieu. — *H. Dessain.*

In-12, de 128 pp.

— Les grâces chrétiennes, la foi, l'espérance et la charité. — *H. Dessain.*

In-8, de 252 pp.

— Sermons, discours, exhortations et allocutions sur divers sujets de circonstance, à l'usage du clergé, recueillis et publiés par un prêtre du diocèse de Liége. — *J. Meyers.*

In-8, de ix-578 pp. Compilation faite par l'abbé Thimister.

1859

Fleurs des vieux poëtes liégeois (1550-1650), avec une introduction historique, par N. Peetermans. Recueil publié et accompagné de notices biographiques, par H. Helbig. — *F. Renard (Bruxelles, typog. de M. Weissembruch).*

In-12, de xlviii-173 pp., sur papier fort. Le *Bulletin du Bibliophile belge*, t. XV, p. 351, a fait un éloge mérité de cet ouvrage, et *la Meuse* en a publié un compte rendu, tiré à part, sous le titre de : La poésie française à Liége, au XVIe siècle, par H. Kuborn. In-12, de 24 pp.

— Histoire populaire des Liégeois, depuis les temps les plus reculés jusqu'à nos jours. Par Ed. Gérimont, avocat. — *F. Renard (Bruxelles, typog. de Ve J. Van Buggenhoudt).*

In-12, de vii-316 pp.

— Le pont des Arches. Extrait de la Gazette de Liége. — *Demarteau.*

P. in 8, de 41-46 pp. Cette brochure, de M. E. Lavalleye, est suivie de chansons wallonnes.

— Vocabulaire des anciens noms de lieux de la Belgique orientale. Par Ch. Grandgagnage. — *Gnusé (imp. de J. G. Carmanne).*

In-4, de xxi-241 pp. — U.

— Funérailles de M. Gérard Nagelmackers, banquier, etc. — *De Thier.*

In-18, de . Extrait de *la Meuse.*

— Exposé en réponse à la pétition adressée à la Chambre des représentants contre l'usine de zinc de St-Léonard. — In-4.

— Les élections à Liége. Par Gilles Contribution. — *Charron.*

In-8, de 8 pp. Brochure politique, par J. M. Lohest.

— Vivent nos amis les ennemis. Petite lettre de Gilles Contribution à M. le rédacteur de la Tribune. — *A. Charron.*

In-8, de 8 pp. Brochure politique par J. M. Lohest.

— Rapport de la commission des finances relatif au subside réclamé par la fabrique de l'église primaire de Notre-Dame, à Seraing, et réponse au mémoire adressé au conseil communal, par le conseil de fabrique, en séance du 2 février 1858. — *Livron.*

In-8, de 23 pp. L'auteur est N. Peetermans.

— Lettre sur les travaux publics et les projets d'embellissements, à Liége, suivies de découvertes archéologiques. Par H. A. Cralle. — In-8.

— Recueil de monuments funéraires, dalles sépulcrales et pierres votives, les plus remarquables de la Belgique, depuis les temps les plus reculés jusqu'à nos jours. Par J. Helbig. — *D. Avanzo et C. Claesen.*

Ce recueil gr. in-4, avec planches, n'a pas été terminé.

— École des arts et manufactures et des mines annexée à l'Université de Liége. Dispositions organiques et réglementaires. Programmes généraux et programmes détaillés. — *J. Desoer.*

In-8. — U.

— Portefeuille de John Cockerill ou description des machines construites dans les établissements de Seraing, depuis leur fondation jusqu'à ce jour, publié avec l'autorisation de la Société Cockerill. *Paris et Liége, E. Noblet.* 1859-1866.

Deux vol. in-4, de texte, avec un atlas in-fol. oblong, de planches — U.

— Règlement de la Société des vrais Liégeois, adopté dans sa séance du 12 décembre 1858. — *J. Ledoux.*

In-12, de 11 pp.

— Catalogue d'une bibliothèque composée principalement de livres de droit, et d'une collection de tableaux ... de M. l'avocat Musch ... le 5 et 6 avril 1859. — *J. Desoer.*

In-8, de 12 pp.

— Catalogue des tableaux délaissés par B. Vieillevoye, qui seront vendus le jeudi 15 octobre 1859. Ces tableaux peuvent être visités au local de la Société d'émulation. — *Ledoux.*

In-8, de 7 pp.

— Catalogue des ouvrages formant la bibliothèque de feu M. Delvaux, ancien bourgmestre de Pouron-le-Comte, dont la vente aura lieu à Liége, le 5 novembre 1859 et jours suivants. — *Desoer.*

In-8, de 16 pp.

— Catalogue de la librairie J. Desoer, à Liége. —

In-8.

— Catalogue des livres de la bibliothèque de la Société d'émulation de Liége. — *L. de Thier.*

In-18. Catalogue, rédigé par M. Grandjean, bibliothécaire-adjoint de l'Université. — U.

— Quaestiones theologicae : ratio et fides, dies creationis Mosei, beati pauperes spiritu, quas tribus hic carminibus conjunxit J. D. Fuss. Accedunt ab eodem descripta quae Leodii, in templo S. Pauli, insignis cathedra ; et latine reddita pars posterior hymni Alfredi de Musset : *l'Espoir en Dieu.* — *Carmanne.*

In-8, de 26 pp. et un f.

— Mélanges. Par L. P. — *Carmanne.*

In-8, de 16 pp. Les auteurs de cette brochure sont MM. Alph. Leroy, professeur à l'Université et A. Picard.

— Après les débuts, lever de rideau, en vers. Par Ad. Stappers. — In-12.

— Le balcon. Élégie par Denis Sotiau. — *Desoer.*

In-8, de 7 pp. Tiré à part du Journal de Liége, du 29 novembre.

— Le bon ménage. Dédié aux ouvriers, par Denis Sotiau. — *Desoer.*

In-8, de 16 pp. Tiré à part du Journal de Liége, du 1er et du 8 juin.

— Les puces. Un poëme couronné et un poëme à couronner. Par Gilles Contribution. — *Redouté.*

In-8, de 6 pp. Extrait de *la Tribune*, du 2 août. Critique faite par J. M. Lobest, des poëmes composés par L. Hymans et Ch. Marcellis, pour le 25e anniversaire de l'inauguration du roi.

— Un heureux chronogramme, à Liége. — *De Thier.*

In-12, de 12 pp. Tiré à part de *la Meuse*. L'auteur est M. A. Cralle.

— Adieux, à Spa. — *L. de Thier.*

In-12, de 18 pp., signé A. C(ralle), et daté du 20 septembre.

— Le chateau de Montfort et la tour de Poulseur. Par L. T. — *De Thier.*

In-12. Par M. Léon de Thier.

— Un cœur de femme. Par la vicomtesse de Lerchy. — *Desoer.*

2 vol. in-16, de 220-216 pp. L'auteur est Mlle Dandely.

— L'orfanella ou les troubles d'Italie. Traduit de l'italien. — *Meyers.*

In-12, de 334 pp. Extrait des *Annales historiques, politiques et littéraires*, publiées à Liége, chez Meyers.

— Des kondisyons du progrè et de l'impo. Par Ksavié Bougar (*sic*). —

In-16, de 8 pp. L'auteur ne s'astreint pas toujours à suivre l'orthographe prescrite par l'académie française et préfère en suivre une autre dont il est l'inventeur.

— La queue de la comète 1858. Revue-vaudeville en deux actes. Par Joseph Demoulin. — *Chez tous les libraires. (Verviers, impr. J. M. Thoumsin).*

In-8, de 64 pp.

— Li marieg d'un bossowe ou l'fardai. Comédie en vers mesleie di chant ès 2 actes. Par C. N. Morisseau. — *A. Charron.*

In-18, de 48 pp.

— Caprices wallons. Par ***. — *Carmanne.*

In-12, de 53 pp. L'auteur est M. Michel Thiry, chef de station à Liége.

— Li plaisir de l'jouness. Par P. Rousseau, auteur dè *Raskignou ligeois*. — *J. Bossy.*

In-18.

— Réponse à l'auteur de *l'Amour des femmes pour les sots*. Par la comtesse Mathilde de Ellocnol-Vilanja, ancienne lectrice de S. M. l'impératrice de Russie. — *Ledoux.*

In-18. Cet opuscule est de A. J. Alvin, lieutenant-colonel, commandant la place de Liége.

— Menus propos sur l'amour des femmes pour les sots. — *F. Renard. (Typog. de J. Houtain).*

In-32, de 45 pp. Ce vol. est composé des critiques publiées lors de l'apparition du livre de *l'Amour des femmes pour les sots*. Les auteurs sont MM. N. Peetermans, G. Frédericx et Léon Jacques.

— De l'amour des sots pour les femmes d'esprit. Causeries, par Madame la douairière d'Avroy. — *Renard.*

In-18, de 55 pp. L'auteur est M. J. Demoulin.

— Doit-on pleurer sa femme, par??? — *Renard.*

In-18, de 55 pp. L'auteur est M. J. Demoulin.

— La paix. 10 juin 1859. — *F. Renard. (impr. de L. de Thier.)*

In-8, de 13 pp.

— Instruction pastorale adressée par Mgr Th. A. J. de Montpellier, évêque de Liége, au clergé et aux fidèles de son diocèse, sur l'autorité temporelle de N. S. P. le Pape, et sur l'administration des états pontificaux, et mandement ordonnant des prières pour le souverain pontife. — *H. Dessain.*

In-8, de 42 pp.

— Méditations pour le mois de Marie, sur les grandeurs de la mère de Dieu, et sur la confiance que nous devons avoir en elle. Par le R. P. Berset, prêtre de la congrég. du T. S. Rédempteur, 2e édition. — *Dessain.*

In-18, de xxxii-512 pp.

— Recueil de cantiques, pour le mois de Marie, à l'usage du séminaire épiscopal de Liége, à une, deux et trois voix égales, avec accompagnement d'orgue, publié par A. Dahin, organiste du séminaire. — *H. Dessain.*

Grand in-8, de 95 pp.

— De l'aérage considéré sous le triple

point de vue hygiénique, économique et scientifique. Par Ch. Hamal, ingénieur au corps des mines. — *F. Renard.*

In-18, de 186 pp., avec une pl.

— Roue hydraulique à aubes courtes, système Poncelet, considérations théoriques et règles pratiques pour l'établissement de cette roue, par J. Krafft, ingénieur à la Société John Cockerill. — *Noblet.*

In-4, de 48 pp., avec trois planches.

— Manuel des greffiers des justices de paix ou traité des fonctions et des attributions de ces fonctionnaires, suivi d'un grand nombre de formules et des lois et décrets qui les concernent. Par Jacob. — *J. G. Lardinois.*

In-12. — U.

— Aenschouwing onderwys. Gewyde geschiedenis, by middel van printen, ten gebruike der bewaerscholen en der eerste afdeelingen van lager en zondagscholen. — *H. Dessain.*

48 planches, in-fol., avec texte.

— Morceaux choisis d'auteurs faciles, à l'usage des classes inférieures des athénées royaux et de la division supérieure des écoles moyennes, par L. V. N***. — *J. Ledoux.*

In-18, de 244 pp. Réimprimé chez le même en 1860, in-18. L'auteur est M. Alvin, préfet de l'athénée de Liége.

— Devoirs grammaticaux à l'usage des écoles primaires, des écoles moyennes et des pensions, par F. A. Mouzon. Partie du maître, 4ᵉ édition. — *H. Dessain.*

In-12, de 250 pp. Réimprimé chez le même en 1862. Voy. 1855.

— L'hiver dans les régions polaires, suivi d'un appendice sur le dernier voyage de sir John Franklin et les expéditions entreprises à la recherche de cet illustre navigateur. Par O. Hennebert. — *H. Dessain.*

In-8, de 208 pp., avec une carte.

— Étude sur le rétrécissement organique de l'urètre et sur son traitement, comprenant l'exposé des principes proposé, par M. Ch. Philips à l'école pratique de Paris. Par le Dr Hyac. Kuborn. — *F. Renard.*

In-8, de 148 pp. — U.

— Recueil de motets. *Voy.* 1841.

— Tableau ... des archives de l'état ... *Voy.* 1845.

— Sur la naissance de Charlemagne ... *Voy.* 1847.

— Programme du cours de géométrie ... *Voy.* 1857.

— Mémoire sur l'exploitation de la houille ... *Voy.* 1857.

— De l'amour des femmes ... *Voy.* 1858.

— Guide dans Liége ... *Voy. la Meuse belge*, 1858.

— Histoire de la commune de Spa ... *Voy.* 1860.

1869

— Histoire de la commune de Spa et de ses eaux minérales. Par Ferd. Henaux. Nouvelle édition. — *J. Desoer.*

In-8, de 186 pp., avec deux planches reproduisant les gravures originales du livre de G. Lymborch.

La première édition, publiée dans la Revue trimestrielle, tome XXIII, avait été tirée à part, sous le titre d'Histoire de la commune de Spa et de ses eaux minérales, avec notes congruentes, critiques et curieuses. Par Bénédict Wilsens. Spa, librairie nouvelle, 1859, in-12, de 82 pp. — U.

— Histoire ecclésiastique de l'ancien diocèse de Liége et des saints qui l'ont illustré, depuis son origine jusqu'à la révolution de 1795. Par Ch. Pollet. — *J. G. Lardinois.*

2 vol. in-12. — U.

— Histoire du pont des Arches de Liége, recherches archéologiques par E. M. O. Dognée. — *F. Renard (impr. L. de Thier).*

In-8, de vi-143 pp., avec deux planches. — U.

— Revue de diverses parties de la ville de Liége, à l'occasion des fêtes royales de 1860. Par Rambler. — *De Thier*.

In-18. L'auteur est M. A. Cralle, avocat.

— Mémoires de la Société libre d'émulation de Liége. Procès-verbaux des séances publiques et pièces couronnées. Nouvelle série. — *De Thier*, 1860-1862.

2 vol. in-8. Un troisième volume est sous presse. La première série avait paru de 1810-1858. *Voy*. aux annexes la liste des principaux articles.

— Avis de la chambre de commerce de Liége, sur l'avant-projet de loi relatif au travail des enfants dans les établissements industriels. — *De Thier*.

In-8, de 45 pp. — U.

— Sucreries indigènes. La question des sucres à propos du projet de loi sur l'abolition des octrois. — *De Thier*.

In-8, de 24 pp. Par M. M. de Chestret, ancien sénateur. — U.

— Réponse des principaux industriels en zinc, de la Belgique, à une note tendante à démontrer à la Chambre des représentants l'insalubrité des fabriques de zinc. — In-4.

— Chemin de fer d'Ans à Tongres, demandé en concession par MM. E. Claes-Wauters et G. Fléchet. Mémoire descriptif. — *Desoer*, 1860.

In-4, avec un plan.

— Projet nouveau de deux stations à Liége. Rachat du péage établi sur le pont de la Boverie. — *Carmanne*.

In-8, de 16 pp.

— Herr von Neustadt. — *L. de Thier*.

In-8, de 15 pp. L'auteur est M. Adolphe Nihon, avocat. Pamphlet contre le bourgmestre et l'administration communale. Voici la clef des personnages :

Herr von Neustadt : le bourgmestre Neuville. *Redner* : M. Dewildt. *Franz et Werner* : MM. V. Hennaux et F. Boloux, échevins. *Waffendorff* : la ville de Liége. *Cartofelines* : la fabrique de la Vieille-Montagne.

— Le Roi règne et ne gouverne plus. Dissertation sur le régime parlementaire en Belgique, entre Jean d'Outremeuse et Paul de Clervaux, ancien membre du congrès de Bruxelles, en 1850. Par un bourgeois de Liége. - *Redouté*.

In-8, de 128 pp. L'auteur est Eugène Beaujean.

— Quelques mots sur la brochure intitulée : Complément de l'œuvre de 1850. — *De Thier*.

In-12. Par Félix Capitaine.

— Catalogue de livres en divers genres, qui se trouvent en vente chez P. Hahn .. à Liége .. février 1860-1865.

10 brochures in-8, contenant un assez grand nombre de livres liégeois.

— Catalogue explicatif des ouvrages de peinture, sculpture, gravure, dessin ou lithographie exposés au salon de 1860. Deuxième édition. — *L. de Thier*.

In-8, de 40 pp., avec un supplément de 6 pp.

— Règlement de la Société d'horticulture de Liége, établie sous le patronage de la Société libre d'émulation. — *De Thier*.

In-8, de 12 pp. Cette Société a été constituée le 14 août 1860. — U.

— A la mémoire de M. Louis Jamme, ancien bourgmestre. Amour, patrie et liberté. Poëme national par Joseph Demoulin. Episode tiré de l'histoire du pays de Liége, 1512. — *J. Desoer*.

In-12, de 24 pp. Extrait du *Journal de Liége*, du 21 juillet.

— Annuaire de l'Université de Liége. Année académique 1859-1860. — *Renard*.

In-12. L'auteur de cet annuaire est M. Aug. Morel.

— Une belle et légitime ovation. Portrait remis à M. Simon, professeur d'accouchements, à l'Université, par ses élèves confrères et amis, le 20 mars 1860. Hommage de l'imprimeur. — *Carmanne*.

In-8, de 8 pp. Tiré à part du *Scalpel*.

— Notice sur la Société ouvrière de S.-Joseph. — *Grandmont*.

In-18. Cette Société publie un rapport annuel accompagné de chansons wallonnes.

— Hospices civils de la ville de Liége. L'hospice de la maternité, l'école provinciale des sages-femmes et la clinique universitaire des accouchements. Rapport présenté à la commission des hospices civils, par M. Félix Mucors. — *L. de Thier.*

In-8. — U.

— Recueil des lois et arrêtés royaux, des arrêts et règlements de la province et de la ville de Liége en matière de police. Par F. Guillaume, commissaire en chef. — *Lardinois.*

In-8.

— La Belgique et l'Europe ou la frontière du Rhin. — *Desoer.*

In-8, de 44 pp. Réimprimé la même année, in-8, de 56 pp. L'auteur est Louis Trasenster, professeur à l'Université de Liége. Cet article avait été publié dans le *Journal de Liége*. — U.

— Les contributions épiscopales. — *Redouté*, 1860.

In-8, de 12 pp. Extrait de *la Tribune*. Une seconde édition en 24 pp. parut la même année. L'auteur est M. Théodore Fléchet, juge au tribunal civil de Liége.

— Des échelles mobiles dites Fahrkunst. Leur inventeur : Hubert Sarton, de Liége. — *Renard.*

In-8, de 16 pp. L'auteur est M. Jules Ponson, alors étudiant à l'Université de Liége.

— La Sartonière et la rue Sarton. —

In-8, de 6 pp. Tiré à part de *la Meuse*. L'auteur est M. J. Ponson.

— Le manoir de Beaurepaire. Imité de l'anglais de Ch. Reade. — *Desoer.*

4 vol. in-16.

— Un nabab hongrois, par Jokaï. Imité du hongrois. — *Desoer.*

2 vol. in-16, de 226 et 260 pp.

— A la recherche d'un mari. Imité de l'anglais d'A. Smith. — *Desoer.*

2 vol. in-16, de 228 et 245 pp.

— La république dans le ménage. Imité de l'espagnol de Rubi. — *Desoer.*

In-16, de 98 pp.

— Les deux femmes de l'empereur. Imité de l'allemand de L. Mühlbach. — *Desoer.*

In-16, de 212 pp.

— Le fils adoptif. En partie imité du danois. — *Desoer.*

In-16, de 238 pp.

— Le tuteur. Par Mme Émilie Carlen. Traduit du suédois. — *Desoer.*

4 vol. in-16. M. et Mme Dandely sont les traducteurs des sept romans que nous venons de citer et qui avaient paru d'abord dans le *Journal de Liége*.

— Les courants contraires. Par la vicomtesse de Lrrchy. — *Desoer.*

2 vol. in-16, de 260 et 132 pp. L'auteur est Mlle Dandely.

— Les deux Bassompierre, comédie en un acte, par F. L. — *De Thier et Lovinfosse.*

In-18, de 64 pp. L'auteur est M. Fr. Lovinfosse, imprimeur.

— Grétry poëme, suivi de : Hommage à Grétry, par Adolphe Stappers, musique de J. D. Rongé, exécuté sur le théâtre royal de Liége, le 10 février 1860. — *L. de Thier.*

In-18, de 23 pp.

— Au roi. Par Adolphe Stappers. — *L. de Thier.*

In-8, de 12 pp.

— Le troisième larron, comédie en deux actes et en vers. Par Ad. Stappers. — In-12.

— Poésies dédiées à la jeunesse belge, studieuse. Par Émile Péquignot. — *J. G. Lardinois.*

In-12, de 132 pp.

— Le péron liégeois. Par Denis Sotiau. — *Desoer.*

In-8, de 8 pp. Tiré à part du *Journal de Liége*, du 14 mai.

— De la police, moyen de la relever, et poésies civiques. — *Bougard.*

In-16, de 8 pp. Par M. X. Bougard.

— Rôle de l'impô dans le pri des subsistances (sic). —

In-16, de 4 pp. Par X. Bougard.

— Du domaine social et de la propriété. —

In-16, de 4 pp. Par X. Bougard.

— 619 —

— Léon Jacques. Hélas ! Platon, Hélas ! scènes amoureuses. — *Renard*.

In-18. — U.

— Jules Guilliaume. Comédies en vers. Comment l'amour vient. Les parasites. Pic, repic et capot. Nouvelle édition. — *F. Renard. (Bruxelles, typ. de V° J. Van Buggenhoudt.)*

In-12, de vi et 147 pp. Chacune de ces trois pièces a aussi reçu un titre et une pagination spéciale et se vend séparément.

— Le quart d'heure du diable. — *Renard*.

In-18, de 60 pp. Par Joseph Demoulin.

— Chansons wallonnes. Par J. Hassertz, dit le Béranger liégeois. — *Carmanne*.

In-12, de 30 pp.

— N. Defrecheux. Chansons wallonnes. — *F. Renard. (Impr. Carmanne).*

In-12, de 58 pp. et un f. table.

— Crosse et coyenne ou p'tit r'trossi è sovnance des fiesses di Ste Vérone dè 24 à 26 julette 1860. — *Carmanne*.

In-8, de 8 pp. Par L. Vandervelden.

— Paskeies et chansonnettes wallonnes. — *Carmanne*.

In-18, de 18 pp. Par Michel Donnay, ouvrier.

Quéqu' wallonnades so l'expósition d' tâvlais à l' Société d'émulation. — *Carmanne*.

In-18, de 7 pp. Par L. Micheels.

— Ravions. Par A. Remacle. — *Carmanne*.

In-8, de 24 pp. Pièces wallonnes.

— Fiess à Léopold, roi des Belges. Lige 28 et 29 octobre 1860. — *Carmanne*.

In-8, de 8 pp. Par Aug. Hock.

— Sov'nir des fiesses di Lige, 28 et 29 octobre 1860 ... *J. G. Carmanne*.

In-8, de 19 pp. Six chansons wallonnes, par A. Delchef, G. Massot, T. Bormans, A. Hock.

— Chansons wallonnes, dédiée à Joseph Simonis. Par J. P. Bourgogne. — *J. Carmanne*.

In-16, de 16 pp.

— Dictionnaire du bon langage. Par l'abbé N. J. Carpentier. — In-12.

— Lettre à M. P. La Rousse, auteur de la Lexicologie des écoles. Par l'abbé J. J. Peters. — *Grandmont*.

In-8, de 27 pp.

— — Cours de thèmes latins, destinés à former les élèves de quatrième, à l'application des règles de la syntaxe et à l'imitation du latin de César. Par O. Hennebert, professeur à l'athénée de Namur. — *Dessain*.

In-12, de 307 pp.

— Toisé métrique, à l'usage des frères des écoles chrétiennes. Par J. J. P., membre de l'institut des frères des écoles chrétiennes, en Belgique. — *Dessain*.

In-16, de 78 pp.

— — Traité de calcul mental, à l'usage des écoles primaires et des sections préparatoires des écoles moyennes. Par J. F. J. Kleyer. — *Dessain*.

In-12, de 123 pp. Réimprimé chez le même en 1861, in-12.

— Cours de métallurgie générale professé par M. Adolphe Lesoinne, rédigé sur les notes du professeur et augmenté de renseignements nouveaux par Aug. Gillon, ingénieur civil. — *F. Renard*.

3 vol. in-8, avec atlas. — U.

— Traité de la législation des mines, des minières, des usines et des carrières, en Belgique et en France, ou commentaire théorique et pratique de la loi du 21 avril 1810 et des lois et règlements qui s'y rattachent. Par Aug. Bury, avocat à la cour d'appel de Liége. — *F. Renard*.

2 vol. in-8, de lxiv-434 et 412 pp.

— Moyen d'extraction permettant de réduire la section des puits sur une grande partie de leur profondeur et application d'une machine à action directe sans mollette construite par MM. Pirotte et C¹ᵉ, mécaniciens à l'Université de Liége. Par L. Chaudron, ingénieur. — *F. Renard*.

In-4, de 24 pp., avec 2 grav.

— Traité pratique des opérations sur le terrain, comprenant les tracés et les nivellements nécessaires à la construction des chemins de fer, routes et canaux. Par A. F. Brun. *Liège et Paris, E. Noblet.*

Grand in-8, de 64 pp., avec 6 24 pl.

— Mémoire descriptif à l'appui du projet de la bourse d'Anvers. — *Desoer.*

In-4, de 23 pp. Par Ch. Marcellis.

— Atlas de cristallographie. Par G. Dewalque. — *E. Noblet.*

In 8. — U.

— Tableaux des caractères pyrognostiques que présentent les substances minérales, traitées seules ou avec les réactifs. Par Is. Kupfferschlaeger. — *Carmanne.*

In-4, d'un feuillet et 10 tableaux. — U.

— Exposé historique des lois et règlements relatifs aux études médicales. Par J. Sauveur. — In-8.

— Code des campagnards ou explication et conseils aux propriétaires, fermiers et habitants des campagnes, pour la direction de leurs intérêts et l'administration de leurs propriétés. Par J. B. de Géradon, docteur en droit. - *J. Desoer.*

In-12, de 226 pp.

— La chasse au coq de bruyère, récit de chasse dans les Ardennes, histoire naturelle des diverses espèces de tétras. Par Léon de Thier. - *F. Renard (impr. L. de Thier).*

In-12, de viii-157 pp.

— Prolégomènes philosophiques de la géométrie et solution des postulats, par J. Delbœuf, suivis de la traduction, par le même, d'une dissertation sur les principes de la géométrie par Fréd. Ueberweg. — *J. Desoer.*

In-8, de xxii-308 pp. — U.

— Verhandeling over de rekenkunst behelzende al de gewoone werkingen in het rekenen gebruikbaer. — *H. Dessain.*

3 vol. in-18, de 131, 135, 158 pp.

— Répertoire de l'orateur contenant 250 discours sur un grand nombre de sujets à l'usage des personnes appelées à parler en public. *Spée-Zelis (imp. de J. Rossy).*

In-12, de iv-247 pp. Compilation, par M. l'abbé Thimister.

— La science des choses de Dieu ou lettres à Edmond sur le dogme catholique, par le docteur Conrard Martin, évêque de Paderborn. Traduit sur la deuxième édition allemande, par l'abbé Gyr. — *H. Dessain.*

In-8, de x-448 pp.

— Pie IX dans la voie du calvaire ou les XIV stations du chemin de la croix, appliquées à N. T. S. P. le Pape. Par l'abbé H. S. M. A. — *Lardinois.*

In-12, de 104 pp. Par H. Sauvé, missionnaire apostolique.

— Les saintes reliques d'Aix-la-Chapelle. Série d'articles publiés dans le journal *le Monde* à l'occasion de l'ostension de 1860, par l'abbé N. J. Cornet. — *J. G. Lardinois.*

In-12, de 52 pp., avec une pl.

— Essai de poétique .. *Voy.* 1842.

— Catalogue .. du salon de 1860. *Voy.* 1858.

1861

La houillerie du pays de Liége sous le rapport historique, industriel et juridique. Par Ferd. Henaux. Nouvelle édition. — *J. Desoer.*

In-8, de 167 pp.

— Histoire de Seraing, depuis son origine jusqu'à nos jours. Par Hippolyte Kuborn. — *J. Desoer.*

In-18, de 160 pp. — U.

— Dérivation de la Meuse. Quais et ports de la rive droite. — *De Thier.*

In-8, de 20 pp. Par N. Franck, Ingénieur.

— Les prises d'eau de la Meuse. — *De Thier.*

In 8, de 85 pp. Par M. P. Regout, industriel à Maestricht.

— Chemins de fer de Liége, par la vallée de l'Ourthe, Marche et Aye, à Givet; et de Liége, par les vallées de l'Ourthe, de l'Emblève et de la Salm, à Luxembourg. Réponse au mémoire intitulé *Jonction belge grand-ducale*. — J. *Desoer*.

In-8. — U.

— Chemin de fer liégeois-limbourgeois. Pétitions adressées à MM. les présidents et membres des Chambres législatives, par le comité permanent institué dans le meeting tenu à Liége, le 10 juin 1860. Avec carte du chemin de fer projeté de Liége à Breda. — *L. de Thier*.

In-4, de 11 pp.

— La station centrale (à Liége). Par un centripète. — *Desoer*.

In-18, de 15 pp. Tiré à part du *Journal de Liége*. L'auteur est L. A. Nibon, avocat.

— Nouveau projet pour le dégagement de l'hôtel provincial vers la rue Notger. — In-8.

— L'armée constitutionnelle, par un garde du 5ᵉ bataillon de la garde civique de Liége. — *Redouté*.

In-8, de 24 pp., daté du 21 juillet.

— Trois lettres sur la guerre à la justice dans la fonderie de canons à Liége, et sur l'état militaire en Belgique. — *Carmanne*.

In-8, de 24 pp. Par J. D. Ancion, lieutenant-colonel pensionné. — U.

— La ville de Liége peut-elle, doit-elle faire un emprunt de dix millions de francs? Par E. Beaujean. — In-8.

— A. Pétry. Pétition à l'administration communale de Liége. — In-4.

— Réflexions servant de défense au vétérinaire Pétry. — In-8.

— Pétition adressée à MM. les membres du conseil communal de Liége, par les habitants du quartier du centre et autres. — In-8. — U.

— Conférences du jeune barreau de Liége. Règlement. — In-8.

— Répertoire méthodique des instructions relatives à la tenue des registres de la population. — *Ledoux*.

In-8, de 14 pp. Par E. Jamme, commissaire de l'arrondissement de Liége.

— Projet de règlement belge pour les ventes à terme en matière de grains. — *De Thier*.

In-8, de 15 pp. Par G. Lemaire, négociant.

— La chronique, journal artistique, anecdotique et littéraire. —

Journal bis-hebdomadaire, grand in-4, de 4 pp., publié chez L. de Thier, du 6 octobre 1861 au 25 mai 1862 (42 numéros).

— Calendrier perpétuel. Par A. J. N. Pâque. — *H. Dessain*.

Une feuille in-4.

— Catalogue des livres composant la bibliothèque de feu J. D. Fuss, ancien professeur d'antiquités romaines... dont la vente se fera le 15 avril 1864... — *Carmanne*.

In-8, de 99 pp.

— Catalogue d'une bibliothèque provenant de la succession de M. Ed. Grisard, dont la vente aura lieu à Liége, le mardi 23 avril 1861. — *Redouté*.

In-8, de 16 pp.

— Catalogue des livres composant la bibliothèque de feu M. le contre-amiral Crombet, dont la vente se fera le 27 novembre 1861. — *Carmanne*.

In-8, de 40-4 pp.

— Catalogue de livres de médecine, chirurgie, etc., dont la vente aura lieu le 12 décembre 1861. — *Carmanne*.

In-8, de 40 pp., plus 4 pp. pour les instruments de chirurgie, provenant, ainsi que les livres, du docteur H. Simon.

— Catalogue de la bibliothèque musicale de la Société libre d'émulation de Liége. — *De Thier*.

In-12. Catalogue rédigé par MM. L. de Thier et J. B. Rongé. — U.

— Un accident de chasse. Par la vicomtesse de Lerchy. — *Desoer*.

In-16, de 235 pp. L'auteur est Mᵐᵉ Dandely.

— Les Rivaux. Imité de l'anglais. — *Desoer*.

3 vol. in-16, de 240, 231, 248 pp. Par M. et Mᵐᵉ Dandely.

66

— Nobiliaire de l'ancien royaume d'Austrasie, Belgique, Pays-Bas, France orientale et septentrionale et Allemagne Rhénane... Par M. O'Gilvy... — *Chez l'auteur.*

In-4, de 16 pp. Prospectus d'un ouvrage qui n'a jamais paru.

— La Belgique contemporaine, revue mensuelle. — *J. G. Carmanne*, 1861-1862.

Cette revue forme 4 vol. in-8. Les articles concernant Liége sont les suivants :
T 1ᵉʳ. Notices sur Denis Sotiau et sur Édouard Wacken. Par L. Humblet. — Pépin de Landen et saint Arnould, véritables origines de la dynastie carlovingienne. — T. III. Une journée à Louveigné. — Souvenirs d'un voyage dans le pays de Liége : Franchimont, Liége. — Promenades dans les environs de Visé-Eysden : Gronsveld. Ces trois articles sont de M. Caumartin. — T. III et IV. La famille de Pépin de Landen. Par Thil-Lorrain.

— Procès-verbaux du congrès scientifique ouvert à Liége, le 1ᵉʳ août 1856. — *L. de Thier.*

In-8, de LXXVII-308 pp. Ce volume est un extrait des Mémoires de la Société d'émulation, auquel on a ajouté un rapport préliminaire.

— Œuvres choisies d'Alexandre Sylvain de Flandre, poète à la cour de Charles IX et de Henri III, précédées d'une étude sur l'auteur et ses œuvres, par Henri Helbig, et accompagnées d'une notice inédite de G. Colletet. — *F. Renard. (Bruxelles, Weissenbruch, imprimeur.)*

In-12, de LXXXII-121 pp. La notice de M. Helbig a été tirée à part sous le titre de : Alexandre Sylvain de Flandre, sa vie et ses œuvres. Par H. Helbig. In-8, de 40 pp. Ce livre nous découvre un poète jusqu'ici à peu près inconnu et qui cependant a droit à une place honorable sur le Parnasse belge. La curieuse étude de M. Helbig est suivie d'une notice bibliographique.

— Étude bibliographique sur l'ouvrage intitulé Les Délices du pays de Liége. Par X. de Theux. — *Carmanne.*

In-8, de 24 pp.

— Des livres et du public actuel, au point de vue de la nationalité belge. — *J. Desoer.*

In-12, de 16 pp. Signé N. Peetermans. Extrait du *Journal de Liége*, du 28 décembre.

— Notice biographique et nécrologique sur M. J. P. A. Neef, sénateur, bourgmestre de Tilff, etc. — *Desoer.*

In-8, de 115 pp.

— Almanach populaire liégeois.

In-24. Cet almanach se publie chez J. Carmanne depuis l'année 1862. — U.

— Recueil nouveau de chansons wallonnes et françaises, par N. A. Albert. — *Charron.*

In-8, de 24 pp. Par N. A. Eskens.

— Piette avou si bai d'jeu, comédeie en vers, mesteie di l'chant, ès inne acte, par N. Morisseaux, représentée pour la première fois sur le théâtre de Verviers. — *Charron.*

In-12, de 32 pp.

— Boutades wallonnes. Par Alcide Prior. — *Alvin.*

In-12, de 23 pp. Cette brochure, de MM. A. Leroy et Picard, fut réimprimée avec augmentation chez L. de Thier, en 1862. In-8, de 43 pp.

— Éloge de rien, dédié à personne, précédé d'une introduction superflue, avec préface, postface et paulopost-face non moins inutile. Sixième édition enrichie de quelques riens et diminuée de beaucoup d'autres. — *Renard.*

In-18, de 63 pp. L'éditeur de cette nouvelle édition de l'œuvre de Coquelet est N. Aug. Morel.

— Éloge de quelque chose, dédié à quelqu'un, avec une préface chantonte. Nouvelle édition précédée d'une épître liminaire à Mᵐᵉ la baronne de Hautlepied. — *Renard.*

In 32, de 59 pp. Par M. Aug. Morel.

— Les amoureuses, contes et chansons. Par Léon Jacques. — *F. Renard.* In-18.

— Léon Jacques. Un bain de mer. — *F. Renard.* In-12.

— Le chemin du cœur. Comédie-proverbe en un acte et en prose. Par Léon d'Amay. — *De Thier.*

In-12, de 16 pp. Tiré à part de *la Meuse.* L'auteur est M. Eugène Goffart.

— Lettre à MM. les électeurs de l'arrondissement d'Ath. Par J. Fontaine. — In-8.

— Guerre à la bourgeoisie, à son économie morale et sociale. Par Annibal Chrétien. — *Bougard.*

In-8, de 16 pp. Par X. Bougard.

— Le cataclysme et le dernier mot de l'Ultramontanisme. Par un catholique. — *Bougard.*

In-8, de 16 pp. Par X. Bougard.

— Au rideau, prologue en vers, par Adolphe Stappers, représenté pour la première fois sur le théâtre royal de Liége, pour sa réouverture, le 1ᵉʳ octobre 1861. — *L. de Thier.*

In-12, de 35 pp.

— Discours prononcé par M. Ad. Stappers, au nom des lettres belges, sur la tombe de M. Ed. Wacken. — *De Thier.*

In-8, de 6 pp.

— Reflets du cœur. Par Oscar Henrion. — *J. Houtain.* In-32.

— Chants patriotiques, dédiés à MM. les étudiants belges, à l'occasion de leur réunion, à Liége, du 19 mai 1861, par J. R. T. — *P. Gouchon.*

In-8, de 16 pp. Par M. Bouhon, étudiant, à l'Université de Liége.

— Commentaire sur la loi du 16 décembre 1851, sur les priviléges et hypothèques. Par M. J. J. R. Cloes. — *L. Grandmont.*

In-8. Le premier volume seul a paru. — U.

— De la résection des articulations du membre inférieur. Par Oscar Ansiaux. — *J. Desoer.*

In-8. — U.

— Traité général des applications de l'électricité, par M. Gloesener. — *E. Noblet.*

In-8. Le tome Iᵉʳ seul a paru.

— Traité théorique et pratique de la métallurgie du fer, comprenant les fabrications de la fonte, du fer, de l'acier et du fer-blanc, et précédé d'une introduction concernant les principes sur lesquels repose cette industrie. Par C. E. Jullien. *Paris et Liége, Noblet.*

1 vol. In-4 de texte, avec un vol. In-4 de 51 planches. — U.

— Théorie générale des machines à vapeur, mise à la portée des personnes qui n'ont point étudié les mathématiques supérieures. Par A. Devillez. — *F. Renard.*

In-8, de viii-472 pp., avec un atlas de 17 planches.

— Traité pratique de la fabrication du fer et de l'acier puddlé, comprenant les applications de ces matières à la confection des différents échantillons livrables au commerce. Par Lucien Ansiaux et Lambert Masion. — *P. Gouchon.*

In-8, de viii-284 pp., avec un atlas de 28 planches. — U.

De la fabrication des combustibles agglomérés ou briquettes de charbon pour les usages industriels. Étude sur les usines d'agglomération du bassin de Charleroi. Par J. Franquoy, ingénieur civil des arts et manufactures. — *F. Renard.*

In-8, de 68 pp., avec six planches. Mémoire couronné par l'Association des ingénieurs sortis de l'école de Liége.

— De l'exploitation de la houille, en Belgique. Description et comparaison, au point de vue économique, des divers modes d'exploitation proprement dite, employés dans les différents centres houillers de la Belgique. Par Emile Tonneau, ingénieur de charbonnage. — *F. Renard.*

In-8, de 87 pp., avec 7 planches. Mémoire couronné par la Société des sciences, des arts et des lettres du Hainaut.

— Données sur l'exploitation de la houille dans la province de Liége. Par Louis Thiry, chef mineur du bassin de Seraing. — *L. de Thier.*

In-8, de 80 pp.

— Le matériel des houillères en France et en Belgique. Description des appareils, machines et constructions employés pour exploiter la houille. Par Amédée Burat. — *Noblet.*

In-8, de 324 pp., avec un atlas in-fol. oblong de 77 planches. — U.

— Guide minéralogique et paléontologique dans le Hainaut et l'Entre-Sambre-et-Meuse. Par Ch. Le Hardy de Beaulieu, professeur à l'école des mines du Hainaut. — *F. Renard.*

In-8, de 120 pp.

— Traité de la tenue des livres et des opérations commerciales conformes au programme du gouvernement. Par M. Novet, professeur au collège épiscopal de St-Quirin, à Huy. — *Meyere.* 1864-1865.

3 parties in-8.

— Chrestomathie française à l'usage des athénées, des collèges et des écoles moyennes, pour faire suite aux morceaux choisis d'auteurs faciles. Par A. Alvin. — *J. Ledoux.*

In-16.

— De viris illustribus Romae, a Romulo ad Augustum, d'après la révision du professeur Holzer de Stuttgard. Par A. Alvin. — *H. Dessain.*

In-12.

— De matrimonio christiano libri tres, auctore J. Perrone, soc. Jesu, in coll. rom. gen. studiorum praefecto. Editio Leodiensis ab auctore recognita et emendata et locupletissimo indice aucta. — *H. Dessain.*

3 vol. in-8.

— Manuel de piété, à l'usage des associés de l'archiconfrérie de la sainte Famille : Jésus, Marie, Joseph. Troisième édition. — *Grandmont.*

In-18, de 224 pp.

— Nouveau mois de Marie, par Jean Mazzucconi, missionnaire apostolique en Milanésie. Traduit de l'italien, par G. Limbourg. — *J. Carmanne.*

In-32, de 84 pp.

— Lectures allemandes ... *Voy.* 1849.

— Le prince de Ligne ... *Voy.* 1857.

1863

Entre Liége et Maestricht. Promenades dans les environs de Visé, par L. Caumartin. Seconde édition. — *F. Renard.* (Bruxelles, impr. de *E. Guyot.*)

In-12, de 206 pp. et 2 ff.

— Notice historique sur la ville de Limbourg. Par un antiquaire. — *Lardinois.*

In-8, de 87 pp., avec une gravure. Par M. Poswick.

— Guide dans Seraing, ses principaux établissements industriels et ceux de ses environs, précédé de son histoire. — *Desoer.*

In-18, de 220 pp. L'auteur est H. Kuborn.

— Commune de Seraing. École industrielle. Programme détaillé des cours. — *De Thier.*

In-8, de 32 pp.

— L'église Sainte-Croix et ses peintures murales. Par Alph. Leroy. — *De Thier.*

In-8. — U.

— Jonction belge grand-ducale. Procès-verbaux des séances du comité provisoire réuni à Spa, le 7 avril 1862, et de l'assemblée générale tenue à Verviers, le 24 avril 1862. Constitution et composition du comité définitif. Pétition du haut commerce de Liége. Pétition adressée aux Chambres législatives par le comité définitif. — *F. Renard.*

In-8, de 23 pp. — D.

— Jonction belge grand-ducale. Chemin de fer destiné à relier les arrondissements de Liége et de Verviers au grand-duché de Luxembourg, par Spa, Stavelot et Ettelbruck. Rapport communiqué à la chambre de commerce de Verviers, par Lucien Renard, ingénieur. — *F. Renard.*

In-8, de 46 pp., avec un plan. — D.

— De la publicité en matière administrative et particulièrement en ce qui concerne les séances des collèges échevinaux. Par L. H(umblet). — *Carmanne.*

In-8, de 24 pp.

— Almanach commercial, industriel et social de la ville de Liége et de sa banlieue. — *J. Desoer.*

In-12. Rédigé par M. Adam, commissaire de police. — U.

— Véritable almanach populaire liégeois, pour 1863. — *Grandmont.*

In-24. Cet almanach se publie encore aujourd'hui.

— Ville de Liége. Catalogue de la bibliothèque populaire communale. — *N. Redouté.*

In-8, de 180 pp.

— Catalogue de la bibliothèque du conservatoire royal de musique de Liége. — *L. de Thier.*

In-8. — U.

— Catalogue des ouvrages formant la bibliothèque de feu M. le notaire Dellége, dont la vente aura lieu le jeudi, 13 février 1862. — *De Thier.*

In-8, de 15 pp.

— Catalogue d'une collection choisie de livres anciens et modernes de littérature, d'histoire, etc., composant la riche bibliothèque de M. N. Peetermans, dont la vente aura lieu à Seraing, les 19 et 20 mars 1862.. – *Desoer.*

In 8, de 27 pp.

— Nicolas Peetermans, sa vie et ses écrits. — *Desoer.*

In-18, de 42 pp. Cette notice, de M. H. Kuborn, insérée dans la Revue trimestrielle, parut aussi à *Bruxelles, chez Lelong*, 1862, in-8, de 24 pp.

— Nicolas Peetermans. — *Carmanne.*

In-8, de 23 pp. Notice, par M. E. Coffart, insérée dans l'Annuaire de la Société d'émulation.

Ces deux notices ont été réunies dans la brochure suivante : Deux études critiques et biographiques. Nicolas Peetermans. Par H. Kuborn et E. Coffart. *Bruxelles et Liège*, 1862. In-8, de 47 pp., avec un portrait.

— Projet de retraite et d'assistance en faveur de la vieillesse, l'orphanité et l'infirmité incurable, rendant inapte au travail, présenté à l'Association nationale pour le progrès des sciences sociales, et lu au congrès international de bienfaisance, tenu à Londres, le 4 juin 1862, par Amédée de la Rousselière. — *L. de Thier.*

In-8, de 59 pp.

— La question de la peine de mort, résolue par l'expérience. — *De Thier.*

In-8, de 16 pp. Par Ch. de Thier. Tiré à part du journal la *Meuse.*

— Napoléon III, M. Proudhon, l'Italie et la Belgique. Par Portaci. — *J. G. Carmanne.* In-8.

— Une vie pour une vie, par l'auteur de John Halifax. Imité de l'anglais. — *Desoer.*

2 vol. in-18. Par M. et M™ Dandely.

— Berthe, imité de l'allemand de la comtesse de Hahn-Hahn. — *Desoer.*

2 vol. in 18. Par M. et M™ Dandely.

— Elvire Nanteuil. Par la vicomtesse de Lerchy. — *Desoer.*

In-18, de 234 pp. L'auteur est M™ Dandely.

— La veille du déluge ou une intrigue de cour sous Louis XV. Par Érasme Delumono. — *Desoer.*

In-18, de 300 pp. Cet ouvrage, tiré à part du *Journal de Liège*, est de M. Em. Desoer.

— Poëmes enfantins. Par L. B(ertrand), inspecteur d'enseignement. — *Dessain.*

In-16, de 64 pp.

— Essais de chansonnage, par Tinion. (*Liège, Bougard.*)

In-8. Ce recueil, non paginé, renferme 72 chansons. Plusieurs d'entre elles se sont vendues séparément. L'auteur est M. X. Bougard.

— Contradictions parlementaires, à propos de balle, recueillies et annotées par Pierre O'Tilkin de Rabosée, arquebusier de la compagnie des carabiniers de Liége. — *Carmanne.*

In-8, de 12 pp. L'auteur est M. Clermont.

— Fables et apologues. Par R. Maréchal. — *J. G. Carmanne.* In-12. — U.

— J. F. Xhoffer. Les deux sorochés, vaudeville en deux actes et un tavlais. — *Carmanne.*

In-8, de 78 pp. Le Bulletin wallon, t. V, en a donné le premier acte.

— Une course dans les cieux. Première œuvre d'un essai d'épopée universelle. Par Walthère Debouny. — *F. Renard.*

Grand in-18, de 64 pp.

— La bourse du lieutenant Alberty. Par le colonel A. Alvin.

2 vol. in-12. — U.

— Législation belge en matière de poids et mesures, ou recueil des dispositions législatives et réglementaires et des

Instructions ministérielles concernant le système décimal métrique et son application aux poids médicinaux, suivi du tableau des principales mesures usitées à l'étranger et de documents établissant le rapport exact des mesures légales avec celles qui étaient en usage autrefois dans toutes les communes de la province de Liége, avec des tarifs de réduction et une table détaillée. Par C. J. E. de Xhenemont. — *J. Ledoux.*

In-12, de 302 pp. — U.

— Antiquités romaines, au point de vue des institutions politiques, par A. Troisfontaines. — *F. Renard.*

In-8. Cette première édition est restée incomplète, mais l'auteur en a donné une seconde complète en 1866. — U.

— L'art décoratif, modèles de décoration et d'ornementation de tous les styles et de toutes les époques choisies dans les œuvres des plus célèbres artistes. Par Godefroid Umé. — *C. Claesen.*

In-fol., de 124 planches. — U.

— Le livre de l'architecture. Recueil de planches donnant la division, symétrie et proportion des cinq ordres appliqués à tous les travaux d'art qui en dépendent, tels que fenêtres, cheminées chambranles, portails, fontaines et tombeaux. Par Wendel Dietterlin. — *Ch. Claesen.*

5 parties en 1 vol. in-fol., contenant 7 feuilles de texte et 210 planches, y compris les titres et frontispices et le portrait de l'auteur. — U.

— Atlas de cristallographie à l'usage des élèves du cours de minéralogie. Par G. Dewalque, professeur à l'Université de Liége. — *E. Noblet (imp. J. Desoer).*

In-8, de 16 pp., avec 24 planches.

— Annales de la Société médico-chirurgicale de Liége. — *Carmanne,* 1862-1867.

6 vol. in-8. Ce recueil se continue. — U.

— Des paralysies appelées dynamiques, envisagées au point de vue de leur diagnostic et de leur pathogénie. Par Léon Goffart, docteur en médecine. — *Ch. Gnusé.*

In-8, de 140 pp.

— Des paralysies sans lésions matérielles appréciables. Par le docteur Gustave Kraus. — *Ch. Gnusé.*

In-8, de 188 pp.

— De la méthode substitutive ou de la cautérisation appliquée au traitement de l'urétrite aiguë et chronique. Par le docteur D. Hicguet. — *Ch. Gnusé.*

In-8, de vi-152 pp.

— Conférences sur l'électro-thérapie, données à l'hôpital militaire de Liége par le docteur Stacquez. — *H. Dessain.*

In-8, de 240 pp. — U.

— Petit livre de lecture à l'usage des écoles primaires, contenant des notions sur les choses les plus utiles aux jeunes enfants. — *H. Dessain.*

In-12, de 72 pp.

— Exercices d'écriture et de lecture à l'usage des commençants. — *Lithog. de Daxhelet.*

In-12, de 48 pp. Par J. Gheur, instituteur, à Liége.

— Arithmétique élémentaire, raisonnée et appliquée, suivie des premiers éléments d'algèbre. Par J. N. Noël. 6ᵉ édition, revue, simplifiée et mise en rapport avec le programme officiel des écoles moyennes et des écoles normales primaires, par F. A. Mouzon. — *H. Dessain.*

In-12, de 250 pp.

— Essai de tarif populaire pour faciliter l'intelligence et l'application plus générale du système métrique dans la localité de Liége. Par A. Wester. 2ᵉ édition. — *F. Renard.*

Tableau in-plano

— Histoire de Constantin le Grand et de son siècle. Traduit de l'allemand de Pfahler, par M. l'abbé Gyr. — *H. Dessain.*

In-8, de 402 pp.

— L'année du pasteur et des fidèles ou instructions pour les dimanches et les principales fêtes de l'année. Par J. Berset, de la congrégation du T. S. R. Deuxième édition. — *H. Dessain.*

2 vol. in-8.

— Manuel à l'usage du maître de cérémonies, du thuriféraire et des acolytes, suivant le rit romain. Par J. H. Hazé, professeur de liturgie au séminaire de Liége. — *Grandmont.*

In-18, de xiii-96 pp. Le même ouvrage a paru en flamand. — U.

— Caeremoniale Romanum rubricas chori, officiorum pontificalium, necnon quorumdam aliarum functionum ecclesiasticarum comprehendens, ad usum ecclesiarum cathedralium, collegiatarum et parochialium. Cura J. H. Hazé, sacrae liturgiae in seminario Leodiensi professoris. — *H. Dessain.*

In-8, de 5 ff., 282 pp.

— Extractum e rituali Romano in quo continentur ritus sacramentorum, etc., ordo commendationis animae, benedictio apostolica, exequiae et quaedam benedictiones, cum supplemento ex pontificali Romano, cum appendice : Ordo matrimonii celebrandi juxta rituale Leodiense. — *Spée Zelis.*

In-12, de 116 pp.

— Nouveau recueil de cantiques avec refrain, notés en plain-chant, à l'usage de l'Archisodalité de la sainte Famille, érigée à Liége dans l'église des Pères Rédemptoristes ... Par J. J. L***, prêtre, membre de l'Archisodalité. Nouvelle édition, revue et considérablement augmentée, par A. C***, prêtre. — *L. Grandmont.*

In-12, de xii-96 pp.

— Code des droits de succession. *Voy.* 1852.

1863

L'Écho de Liége, journal quotidien.

Ce journal se publie depuis le 1ᵉʳ janvier 1863. Il fut imprimé successivement chez F. Alvin, L. Severyns, A. Faust et de nouveau chez L. Severyns, d'abord in-fol. à 4 col., puis in-fol. à 5 col. En 1863, il fut rédigé par M. E. Gérimont et depuis par M. O. Von Goldtsnoven, avec la collaboration de MM. Festraets, Rongé, etc. Il défend les opinions radicales. — U.

— Le Dimanche, feuille de l'ouvrier.

Journal hebdomadaire publié chez Carmanne, in-4, à 3 col., depuis le 12 avril 1863 jusqu'en 1866. Dirigé par M. Neuville, ancien bourgmestre de Liége, il était destiné à la moralisation de la classe ouvrière.

— Le Liégeois, feuille hebdomadaire de Liége et de la province.

Ce journal paraît le dimanche, chez L. Grandmont, par numéros in-fol., de 4 pp., depuis le 11 octobre 1863. Deux tirages de cette feuille portent les titres de : *l'Echo du pays de Herve, l'Echo du pays de Stavelot.* Elle est destinée à propager les idées catholiques dans la classe ouvrière.

— La Semaine, revue politique, philosophique, artistique et littéraire, paraissant tous les samedis.

Journal hebdomadaire in-fol., de 8 pp., rédigé par J. Demoulin et publié chez J. G. Carmanne, depuis le 3 octobre 1863 jusqu'au 9 août 1864.

— Inventaire analytique et chronologique des chartes du chapitre de Saint-Lambert à Liége. Publié par J. G. Schonbroodt, docteur en droit, conservateur des archives de l'état et ancien membre du conseil provincial de Liége. — *J. Desoer.*

In-4, de xii-446 pp. et un f. errata. Il est à désirer que l'auteur donne au public in extenso les chartes dont ce livre nous offre l'analyse. — U.

— Nomenclature des rues de la ville de Liége. Rues actuelles. Rues qui ont changé de nom. Rues qui sont supprimées ou qui n'existent plus. — *Chez Ch. Wigny.*

In-12, de 3 ff., 34 pp. L'auteur est M. Ch. Wigny.

— Recherches historiques sur l'épreuve des armes à feu au pays de Liége. Par A. Polain. —

In-8. Cet ouvrage a été aussi publié en allemand et en anglais à Liége, en 1864, in-8.

— Chemin de fer des plateaux de Herve. Mémoire sur la concession accordée, le 12 août 1862. — *L. de Thier.* In-4. — U.

— Travaux d'art, chemins de fer, ports et canaux. Notice sur les dragages et balastages à la vapeur, par H. Tilkin-Mention. — *J. Desoer.* In-8. — U.

— Mémoire adressé à MM. les président et membres du conseil des mines, par la Société civile des charbonnages du

Hasard, demanderesse en extension de mines de houille dans un périmètre de 15 hectares, dépendant de la commune de Micheroux. — 1863-1864.

2 brochures in-4, signées J. d'Andrimont. Une troisième brochure parut, en 1865, in-4, sous le titre de : Second mémoire adressé.... en réponse au mémoire de M. le comte d'Oultremont de .... réfusée. — U.

— Hospices civils de la ville de Liége. Rapport présenté par la commission administrative au collége des bourgmestre et échevins de la ville de Liége, 4 décembre 1863. — *L. de Thier*. In-8. — U.

— Le garde civique. — *De Thier*.

Six numéros in-4. Journal publié à l'occasion des élections de la garde civique. — U.

— Annales de la société l'Union des artistes liégeois. — *J. G. Carmanne*. 1865-1866.

2 vol. in-8. — U.

— Société royale d'horticulture de Liége. Projet de créer un jardin d'acclimatation et d'expérimentation de plantes et d'animaux utiles au parc de la Boverie à Liége. Documents, statuts, plans, etc. — *L. de Thier*.

In-8, de 48 pp., avec un plan colorié. — U.

— Catalogue d'une très-belle collection de livres provenant de la bibliothèque de feu M. le comte de Hinnisdael, seigneur de Betho, etc., ... dont la vente aura lieu ... 28, 29, 30 janvier 1865 ... — *J. G. Carmanne*.

In-8, de 58 pp. Ce catalogue, mal rédigé, ne donne qu'une idée très-imparfaite de cette bibliothèque où l'on remarquait des manuscrits précieux sur l'histoire de Liége et des ouvrages généalogiques et historiques d'une grande rareté. — U.

— Funérailles de M. le chevalier Ch. Duvivier de Streel, curé de St-Jean, à Liége. — *Demarteau*.

In-8, de 8 pp. Extrait de la *Gazette de Liége*.

— Catalogue d'un très-belle collection de livres, provenant de la belle bibliothèque de feu M. le chevalier Duvivier de Streel, curé de St-Jean, dont la vente aura lieu, à Liége, les 26 et 27 février 1865. — *Carmanne*.

In-8, de 21-9 pp.

— Premier catalogue d'une partie des livres anciens, provenant de la bibliothèque de feu M. Ch. Léon Joseph Delrée, jurisconsulte, dont la vente aura lieu, le jeudi 17 décembre 1863, ... — *Lardinois*.

In-8, de 30 pp. La seconde partie fut vendue le 25 février 1864, chez Lardinois, in-8, de 15 pp. Enfin, un certain nombre de livres provenant de la même bibliothèque furent vendus le jeudi 4 février 1864, à Liége, chez la veuve Ledue, in-8, de 18 pp.

Ces catalogues, de même que celui publié à Bruxelles en 1861 (voy. aux Annexes), contenaient un grand nombre de livres liégeois.

— Publications de l'Association pour l'abolition de la peine de mort. No 1. Quelques mots sur la prétendue nécessité de la peine de mort, par M. Thonissen, 2e édition. — Compte rendu de l'ouvrage de Mittermaier, sur la peine de mort, par M. Nypels, 2e édition. — *L. de Thier*.

In-8. Voy. 1864. — U.

— Quelques mots à propos de l'abolition de la peine de mort, par Léon Humblet, avocat, membre de l'Association pour l'abolition de la peine de mort. — *C. Massard (J. G. Carmanne, imprimeur)*.

In-8, de 23 pp.

— Principes de grammaire générale ou exposition raisonnée des éléments du langage. Par P. Burggraff, professeur de littérature orientale à l'Université de Liége, chargé du cours de grammaire générale à l'École normale des humanités. — *H. Dessain*.

In-8, de 3 ff. et 602 pp., y compris l'errata, avec une planche.

— Grammaire élémentaire liégeoise. (française-wallonne). Par L. M. F. Renard (Impr. L. de Thier).

In-8, de vi-156 pp. et 2 ff. table. Le colonel L. Micheels, vice-président de la Société liégeoise de littérature wallonne, en est l'auteur.

— Grammaire élémentaire liégeoise. Compte rendu. — *De Thier*.

In-12, de 10 pp. Critique de l'ouvrage de M. Micheels, par M. A. Leroy.

— Lettre de M. A. L(eroy), à M. L. M(ichaels). — *De Thier.*

In-12, de 8 pp. Ces deux brochures sont tirées à part du Journal la Meuse.

— Annuaire de la Société liégeoise de littérature wallonne. — *J. Desoer.* 1863-1864.

2 vol. in-12. Voy. aux Annexes la liste des principaux articles.

— J. M. Quérard, auteur de la France littéraire et de la Littérature française contemporaine. Par Alphonse Le Roy. *L. de Thier.*

In-8, de 8 pp. Extrait du Journal la Meuse.

— La fille du meunier. Imité du hongrois de Eötvös. — *Desoer.*

In-16, de 163 pp. Traduit par P. D. Dandely et Mlle Dandely et publié d'abord en feuilleton dans le Journal de Liége.

— Le tremblement de terre, par Robert Heller. Traduit de l'allemand. — *Desoer.*

2 vol. in-16, de 201 et 100 pp. Traduit par M. et Mlle Dandely.

— Simples fleurs. Par Félix Wagener. — In-16.

— La femme, par un étudiant. — *C. Massard (impr. Carmanne).*

In-8, de 15 pp.

— L'homme, par une étudiante. Réponse, à *La femme, par un étudiant.* — *C. Massard.*

In-8, de 15 pp.

— Recouche-toi, Pologne! Billault le veut!!! Par J. B. — *Redouté.*

In-8, de 8 pp. L'auteur est M. J. Baltus, étudiant.

— Un cabinet d'amateur. Notices archéologiques et description raisonnée de quelques monuments de haute antiquité. Par G. Hagemans. — *J. G. Carmanne.*

In-8, avec 16 planches.

— L'art architectural en France, depuis François Ier jusqu'à Louis XIV, motifs de décoration intérieure et extérieure, dessinés d'après des modèles exécutés et inédits des principales époques de la renaissance, comprenant, lambris, plafonds, voûtes, cheminées, portes, fenêtres, escaliers, grilles, stalles, chaires à prêcher, autels, confessionnaux, tombeaux, vases, candelabres. Par Eugène Rouyer, texte, par Alfred Darcel. *Paris et Liége, Noblet et Baudry.*

In-4, pl.

— Résumé du cours de physique, professé à l'Université de Liége, par E. Bède. Deuxième édition, revue, et augmentée. *Paris et Liége, Noblet et Baudry. éditeurs (impr. Alvin).*

In-8, de 245 pp., avec 8 planches.

— Des travaux de percement du tunnel sous les Alpes et de l'emploi des machines dans l'intérieur des mines. Rapport au comité des directeurs gérants des charbonnages du couchant de Mons, par A. Devilez, professeur de construction civile et de mécanique appliquée à l'école provinciale des mines du Hainaut. — *F. Renard (Bruxelles, typ. de Weissenbruch).*

In-8, de ix-278 pp., avec atlas in-folio de 8 planches.

— De l'économie de combustible, exposé des principaux moyens usités ou proposés pour produire et employer économiquement la vapeur servant de force motrice. Par E. Bède, professeur à l'Université de Liége. Deuxième édition, revue, corrigée et augmentée. *Paris et Liége. E. Noblet, éditeur (impr. de J. Desoer).*

In-8, de 218 pp., avec 15 planches.

— Machine locomobile pour l'agriculture, exposée au concours central donné par la Société agricole de l'est de la Belgique, juillet 1863. H. Tilkin-Mention et Cie; Longdoz-Liége. — *J. Desoer.*

In-8. — U.

— Exposition universelle de Londres 1862, 2e classe. Substances et produits chimiques. Procédés et produits pharmaceutiques. Rapport, par M. Chandelon. In-8. — U.

— Titi-Livii ab urbe condita ... libri II, III, XXI, XXII. Texte, revu, et annoté, à l'usage des athénées royaux, par J. Roulez. — *Dessain.*

In-12, de 292 pp.

67

— Lectures pour le mois consacré à la mère de Dieu, calquées sur les œuvres du P. Lejeune. Par H. J. Ista, curé de Burdinne. — *Dessain.*

4 vol. in-8.

— Kinderlyke en broederlyke Liefde. Door den broeder Philippus, algemeen overste van de broeders der christene scholen. Uit het fransch vertaeld. - *Dessain.*

In-12, de 257 pp.

— Instruction sur le service des patrouilles et des avant-postes, composés de cavalerie et d'infanterie, publiée en allemand, traduite et augmentée de détails importants, par un ancien officier. *Bruxelles et Liége, chez les principaux libraires* (impr. J. G. *Carmanne*).

In-18, de 121 pp.

— Ch. Horion. Des rétentions d'urine. *Paris, Delahays* (Liége, impr. de *Carmanne*). In-8.

1864

Société des Bibliophiles liégeois).

Cette Société, fondée en 1863, a publié les ouvrages suivants tirés à 50 exemplaires numérotés :

— Société des Bibliophiles liégeois. Statuts. Il en existe deux éditions publiées en 1864 et 1865, chacune de 2 ff., in-8. — Chronique des évêques de Liége, xiiie siècle, publiée par Stanislas Bormans, conservateur adjoint des archives de l'État à Liége. *Liége, Grandmont,* 1864. In-8, de viii-28 pp. — Chronique de Mathias de Lewis, publiée d'après un manuscrit du xive siècle, par Stanislas Bormans, conservateur adjoint des archives de l'État à Liége. *Liége, L. Grandmont,* 1865. In-8, de 8 ff., 142 pp. — Le martyre de saint Eustache, tragédie de Pierre Bello, rééditée par H. Helbig. *Liége, L. Grandmont,* 1865. In-8, de xii-186 pp.

— Précis de l'histoire de Liége, par M. L. A. Warnkönig, ancien professeur aux universités de Belgique, etc. Traduit de l'allemand, par Stanislas Bormans, archiviste adjoint de l'État, à Liége. — *F. Renard.*

In-12, de 159 pp.

— Histoire de la bonne ville, de l'église et des comtes de Looz, suivie de biographies lossaines. Par J. Daris, professeur de droit et d'histoire ecclésiastique au séminaire de Liége. — *L. Grandmont.* 1864-1865.

2 vol. in-8, avec planches. Il faut y ajouter un supplément publié à Liége, chez *Vorhoeven,* 1867, in-8.

— Le Touriste. Liége et ses environs, contenant tous les renseignements indispensables aux étrangers. — *De Thier.*

In-32, de 128 pp. Par M. Delovau.

— Histoire de Notre-Dame de la Sarte lez-Huy. Par le P. C. Th. Balfiants, des frères prêcheurs. - *H. Dessain.*

In-12, de viii-215 pp., avec une lithographie.

— L'église de Notre-Dame, à Saint-Trond. Description des peintures murales et des autres objets d'art qui s'y trouvent, précédée d'une notice historique. Par Jules Helbig. — *H. Dessain.*

Grand in-12, de 44 pp., avec une gravure.

— L'office commercial et industriel.

Journal d'annonces hebdomadaire, in-fol. de 4 pp., dont le premier numéro parut le 2 octobre 1864, et qui n'eut qu'une existence éphémère.

— La presse communale, organe des intérêts ruraux.

Journal bimensuel, in-fol. de 4 pp., qui s'imprime à Liége chez J. G. Carmanne, depuis le mois de mars 1864. C'est le journal de la commune de Hermalle-sous-Argenteau.

— La Cloche, journal des électeurs.

L'unique numéro de cette feuille parut chez N. Delruelle, le 5 août 1864, in-fol. de 4 pp.

— La Mitraille, édition du soir.

L'unique numéro de cette feuille a paru le 10 août 1864, chez la veuve Demorteau, in-4 de 4 pp. Le même imprimeur a publié quelques autres journaux éphémères en 1864, à l'occasion des élections.

— Hospices civils de Liége. Rapports et procès-verbaux de la faculté de médecine et du corps médical des hospices, en réponse aux questions de l'administration sur les hôpitaux de Liége. 1er février 1864. — *L. de Thier.*

In-8. — V.

— Hospices civils de Liége. Rapports et procès-verbaux de la faculté de médecine et du corps médical des hospices, en réponse aux questions de l'administration sur l'organisation intérieure de l'hôpital de Bavière et de l'hospice de la maternité. Septembre 1864. — In-8. — U.

— Amélioration de l'hôpital de Bavière. Avant-projet, par J. G. Macors aîné. 12 avril 1864. — *L. de Thier.*
In-8, avec plan. — U.

— Spa en face de la suppression de ses jeux. Par C. Le Paige, avocat. — *J. Desoer.*
In-8, de 49 pp.

— Union des artistes liégeois. Catalogue explicatif des œuvres d'arts industriels exposées au salon de 1864, au théâtre royal de Liége. — *Severeyns.*
In-8, de 46-6 pp.

— Chronique de l'institut royal des sourds-muets et des aveugles de Liége. Par Ulysse Capitaine, membre de la commission administrative. — *Imprimé à l'Institut, par les élèves typographes.*
In-12, de 25 pp. Tiré à 40 exemplaires.

— Manufacture liégeoise d'armes à feu. Société en commandite, sous la firme C. Dandoy et Cⁱᵉ. Statuts. — *L. Grandmont.*
In-8, de 14 pp.

— Banque populaire de Liége. Statuts, précédés d'un exposé des idées qui servent de base à l'institution. — In-8. — U.

— Catalogue d'une très-belle vente de livres... 16 juin 1864. — *J. G. Carmanne.*
In-8, de 24 pp. Cette collection provenait de M. Davreux, elle renfermait quelques manuscrits et livres rares concernant l'histoire de Liége.

— Praelectiones canonicae quas in seminario Leodiensi habuit Josephus Daris, jur. can. et hist. eccles. prof. — *Vᵛᵉ Verhoeven*, 1864-1866.
4 vol. in 8, de 400 pp. 2 fl., 307 pp. 4 fl., 414 pp. 6 fl. et 411 pp. 7 fl. L'auteur a publié de nombreux articles théologiques et historiques insérés dans diverses revues belges. Nous citerons entre autres : *l'Église et l'État en Belgique.* In-8, de 476 col. et un f. de table, publié dans le *Mémorial Belge des conseils de fabrique*, 1863-1865.

— Essai bibliographique sur le livre *De Imitatione Christi.* Par le R. P. Augustin de Backer, de la compagnie de Jésus. — *Grandmont.*
Grand in-8, de vIII-257 pp.

— Discours sur divers sujets de la religion. Par l'abbé Alfred Banquet, vicaire à Flémalle-Grande. — *Spée-Zelis.*
In-12, de 210 pp.

— L'Eucharistie et la vie du monde, conférences dogmatiques et morales prêchées en l'église Saint-Martin de Liége, par M. l'abbé G. Rouquette de Toulouse. — *L. Grandmont.*
In-18, de xII-276 pp.

— Discours prononcé à l'occasion de l'inauguration du monument érigé à la mémoire de M. le chanoine Bellefroid, par l'abbé G. Van Heeswyck. — *Vᵛᵉ Demarteau.*
In-18, de 42 pp.

— Notice nécrologique sur J. C. P. J. Delvaux de Fenffe, chevalier de l'ordre de Léopold. — *Dessain.*
In-18, de 28 pp., port. — U.

— M. S. Vandeweyer, publiciste. Par Alph. Leroy. — *L. de Thier.*
In-12. — U.

— Mᵐᵉ Adolphine Valter. Mathilde Durach. — *Ch. Gnusé.*
In-12, de 216 pp.

— Aux dames de Liége. Les cœurs d'or ou le triomphe de la charité. Souvenir poétique du carnaval de 1864. Par Marcel Briol. — *J. J. Thiriart.* In-8. — U.

— Coquin d'amour. Par l'auteur de *L'Homme.* — *C. Mussard.*
In-8, de 24 pp.

— C'était écrit. Par E. Delumone. — *Desoer.*
In-8, de 16 pp. Par E. Desoer. Tiré à part du *Journal de Liége.*

Conférence du jeune barreau. Séance solennelle de rentrée, le 8 novembre 1864. Discours prononcé par M. Emmanuel Desoer — In-8. — U.

— Association liégeoise pour l'abolition de la peine de mort, 5ᵉ publication. Du premier essai tenté en Belgique pour l'abolition de la peine de mort (1851 à 1855). Par M. Aug. Visschers.
In 8. *Voy.* 1863.

— De la révision des lois sur l'expropriation pour cause d'utilité publique en Belgique. Par Ch. d(el) M(armol, avocat à la cour d'appel de Liége. — In-8.

— Abrégé de l'histoire de Belgique, à l'usage des écoles primaires. Par J. J. P., de l'Institut des frères des Écoles chrétiennes. — *Dessain*.

In-12, de 166 pp.

— Phèdre. Fables choisies à l'usage des athénées et des colléges de Belgique. Par A. Alvin, préfet des études à l'athénée royal de Liége. — *H. Dessain*. In-12.

— Petit cours méthodique de géographie élémentaire ... Par J. Mouzon, régent à l'école moyenne de l'État à Louvain, et F. A. Mouzon, directeur de l'école moyenne de l'état, à Bruges. — *H. Dessain*.

In-18, de 125 pp.

— Les chemins de fer concédés à la barre de la Chambre des représentants. — *Gnusé*.

In-8, de 8 pp.

— Traité complet de métallurgie, par le Dr J. Percy, traduit, sous les auspices de l'auteur, avec introduction, notes et appendice, par MM. E. Petitgand et A. Ronna. *Paris et Liége, Noblet*. 1864-1865.

3 vol. in-8. — U.

— Traité du chauffage et de la conduite des machines à vapeur, fixes et locomobiles. Par L. Perard. — *Noblet*.

In-8, de 230 pp., avec 17 planches. — U.

— Manuel du fermier belge ou guide du jeune cultivateur. Par un agriculteur. — *F. Renard*.

In-8, de 280 pp.

— Manuel des lois sur la milice, à l'usage des administrations communales et des chefs de famille. Par M. Eug. Bernimolin, docteur en droit. — *J. Desoer*.

In-12, de 270 pp. Il faut y ajouter un supplément de 18 pp., publié la même année.

— Solféges de plain-chant ou méthode pratique du chant romain, à l'usage des séminaires et des écoles normales. Seconde édition, revue avec soin et augmentée d'exercices, de deux chapitres et d'une nouvelle messe solennelle en plainchant, par l'abbé L. Lambinet. — *Spée Zelis*.

In-8, de 102 pp.

1865

— Histoire de la révolution liégeoise de 1789 (1785-1795), d'après des documents inédits. Par Ad. Borgnet, professeur à l'Université de Liége. — *L. de Thier*.

2 vol. in-8, de xiv-542 et 584 pp.

— Guide aux eaux minérales ferrugineuses acidules de Spa. Par le docteur Lambert Lezaack. 2e édition. *Spa, chez les libraires (Liége, imprimerie Carmanne)*.

In-18, de 90 pp., texte encadré.

— Le touriste à Spa. Par le docteur Jules Lezaack. — *J. Desoer*.

In-8, de 68 pp., avec une grav.

— Ruine des maisons de jeux. Le hasard complétement anéanti par le calcul. Principe général à la portée de toutes les bourses pour gagner infailliblement par toutes les chances de la roulette et du trente et quarante, avec l'explication des jeux et de la combinaison des chances. — *J. Bossy*.

In-12, de 24 pp. Par T. J. Derichon, comptable à Liége.

— Coup d'œil sur la situation industrielle, commerciale et financière de la province de Liége. Par L. d'Andrimont-de Moffarts. — In-8. — U.

— Demande d'extension de la Société de la Vieille-Montagne, en concurrence avec M. le baron de la Rousselière. Note chronologique résumant la marche de l'instruction de cette affaire.

In-8, signé St-Paul de Sinçay. — U.

— Résumé de l'instruction des demandes en concession formées par M. de la Rousselière, en concurrence avec les Sociétés du Bleyberg et de la Vieille-Montagne. 2e édition —

In-4. Par M. de la Rousselière. — U.

— Mémoire adressé à Monsieur le Ministre de l'intérieur, à l'appui des propositions du budget de l'exercice 1866, par la commission administrative du conservatoire royal de musique de Liége. —

In-8, signé U. Capitaine. — U.

— Union des artistes liégeois. Droit de propriété des modèles et dessins de fabrique. Pétition adressée à MM. les président et membres de la Chambre des représentants. —

In-4, rédigé par V. Henaux.

— Droit de propriété des modèles et dessins de fabrique. Pétition adressée à MM. les président et membres de la Chambre des représentants, par les artisans liégeois. 10 février 1865. — In-4.

— Le Travailleur.

Journal hebdomadaire, p. in-fol., de 4 pp., qui se publie chez L. de Thier, depuis le 5 février 1865. Les rédacteurs primitifs, MM. L. Donckier et d'Andrimont, l'avaient fondé pour l'instruction de la classe ouvrière. Depuis le 1er janvier 1867, M. Lovinfosse dirige ce journal.

— Le Devoir, paraissant le dimanche.

Journal p. in-fol., de 4 pp., imprimé d'abord chez J. Daxhelet, à partir du 19 mars 1865, et qui se publie maintenant chez L. Sévereyns. C'est l'organe de la Société de la Libre-Pensée, à Liége.

— L'Omnibus, journal quotidien, par tous, pour tous et parlant de tout.

Journal quotidien in-fol., de 4 pp., édité par M. A. Renaud, pour servir de programme u théâtre qu'il dirigeait. Il a paru pendant un an environ, chez N. Redouté, à partir du 27 octobre 1865, et a été remplacé par un tirage spécial du Foyer.

— Le Foyer, programme des spectacles. Revue anecdotique.

Journal quotidien, in-fol., imprimé chez L. Sévereyns, puis chez A. Faust, à partir du 1er octobre 1865 et qui se continue encore aujourd'hui. Il faut y ajouter un numéro spécimen du 17 septembre 1865. Ce journal, rédigé par J. Demoulin, puis par L. Capeau, parut, à dater du 1er octobre 1866, sous les trois titres le Foyer, l'Omnibus, l'Entr'acte. Il contient des portraits-charges des artistes des différents théâtres de Liége.

— L'Intermède, journal des théâtres et des concerts.

Journal quotidien, in-4, de 4 pp., publié pendant environ 8 mois, à partir du 30 septembre 1865, chez L. de Thier. Il servait de programme au café-concert appelé le Casino Grétry.

— L'Éclaireur, organe du canton de Fléron.

Journal, d'abord bi-mensuel, puis hebdomadaire à partir du n° 12, qui parut dans le format p. in-fol., de 4 pp., depuis le commencement de 1865 jusqu'au 3 mars 1867. Il s'imprimait successivement chez J. G. Carmanne, W. Debouny et Vve W. Debouny. Les rédacteurs furent W. Debouny, J. Beauprez, J. Midavaine, L. Rongé, etc. Ce journal a été aussi publié avec quelques changements, sous les titres de Le libéral liégeois (6 mai-24 juin 1866), et Le Libéral (24 juin 1866-3 mars 1867).

— Le Propagateur. Journal d'annonces commerciales, industrielles, notariales, etc.

Journal hebdomadaire, in-fol., de 4 pp., publié, pendant l'année 1865, chez C. Ledoux.

— Congrès international des étudiants. Compte rendu par la rédaction de la Gazette de Liége. — J. Demarteau.

In-8, de 72 pp.

— L'Avenir. Première étape : le congrès des étudiants. Par Pierre-O'Tilkin de Rabosée, arquebusier en disponibilité. — J. Daxhelet.

In-8, de 25 pp.

— Le congrès des étudiants sous son véritable jour. Réponse à la calomnie et à la diffamation, par E. H(nckin). — Daxhelet.

In-24, de 36 pp.

— La Société ouvrière de Saint-Joseph au conseil communal. Réponse aux accusations qui ont été dirigées contre elle et qui ont amené son exclusion des locaux de la ville. — L. Grandmont.

In-16, de 94 pp.

— Défense des droits de Dieu, de l'église catholique et de ses membres contre le projet de loi sur le temporel des cultes, déposé à la Chambre des représentants de Belgique, le 17 novembre 1864. Par Mgr T. A. J. de Montpellier, évêque de Liége. — H. Dessain.

In-8, de 201 pp.

— La liberté de la religion catholique et le projet de loi sur le temporel des cultes. Par J. Daris, professeur de droit canon et d'histoire ecclésiastique au grand séminaire de Liége. — *Dessain.*

In-8, de 139 pp. et un f. Une seconde édition parut la même année chez Dessain.

— L'Égypte, la Basse-Nubie et le Sinaï. Par le docteur Stacquez. — *Grandmont.*

In-8, de xii-390 pp., fig.

— Réponse à Napoléon III. César apprécié à sa juste valeur. — *Gnusé.*

In-8, de 16 pp. Par M. Eugène Hackin.

— Les mémoires de Badinguet. Par E. Ramier. *Londres (Liége, Daxhelet).*

In-16, de 27 pp. Par M. Eug. Hackin.

— Raymond d'Armentières. Par la vicomtesse de Lerchy. — *Desoer.*

In-12, de 237 pp. Par Mlle Dandely.

— Un mariage de raison. Par la vicomtesse de Lerchy. — *Desoer.*

In-12, de 131 pp. Par Mlle Dandely.

— Mlle Mitaine, comédie en trois actes, en prose, par Joseph Demoulin. — *L. Severeyns et A. Faust.*

In-12, de 102 pp.

— De l'amour des femmes pour les écus. — *Severeyns et Faust.*

In-32, de 50 pp. Par J. Demoulin.

— L'amour sur les toits. — *Severeyns.*

In-32, de 47 pp. Par J. Demoulin.

— Les petites misères du célibat, par un vieux garçon. — *L. Severeyns.*

In-32, de 54 pp. Par J. Demoulin.

— Alcide Pryor. Chansons wallonnes. Recueil complet. — *L. de Thier.*

In-12, de 125 pp. Par MM. A. Leroy et Picard.

— Codes annotés ou recueil des arrêts des cours de cassation de Berlin, Bruxelles, Darmstadt, Munich et Deux-Ponts, Paris et Mannheim, par J. J. Gredy, conseiller à la cour suprême de Mayence, arrangées suivant l'ordre des articles des Codes civil, de procédure et de commerce. Traduit de l'allemand par Ed. Cloes, avocat, avec la collaboration de J. J. R. Cloes, conseiller à la cour d'appel de Liége. — *L. Grandmont,* 1865.

Grand in-8. L'ouvrage doit se composer de 12 à 14 livraisons de 6 feuilles chacune.

— Essai de logique scientifique. Prolégomènes, suivis d'une étude sur la question du mouvement considérée dans ses rapports avec le principe de contradiction. Par J. Delbœuf. — *Desoer.*

In-8, de xlv-286 pp.

— Les machines d'épuisement à rotation comparées aux machines à simple effet. Par V***, ingénieur. — *Claesen.*

In-8, de 48 pp., avec 2 planches.

— Nouvelle méthode pratique de tenue des livres réduite à sa plus simple expression et mise à la portée de tout le monde. Par Louis Capeau, professeur, teneur de livres. Deuxième édition. — Ve *J. Desmarteau.*

In-12, de 48 pp.

— Recueil d'exercices de rédaction et d'intuition à l'usage des écoles primaires. Par F. J. Derestin. 2e édition. — *Dessain.*

In-12, de 64 pp.

— Essai d'un cours de géographie élémentaire, spécialement destiné aux écoles de la Belgique. Par J. Dasoul. — *Dessain.*

In-12, de 120 pp.

— Cours méthodique de géographie élémentaire. Par J. Mouzon et F. A. Mouzon, 2e édition. — *Dessain.*

In-8, de 125 pp.

1866

Histoire du pays de Liége racontée aux enfants. Par F. Tychon, docteur en philosophie et lettres. Ouvrage couronné par la Société libre d'émulation de Liége. — *De Thier.*

In-8, de xiii-221 pp.

— Ancien palais des princes-évêques de Liége. Appropriation des locaux destinés aux différents services du palais de justice. Godefroid Umé, architecte. *S. d.*

In-8 de 15 pp. Par G. Umé.

— Hospices civils de la ville de Liége. Rapport présenté par la commission administrative au collége des bourgmestre et échevins de la ville de Liége, 17 février 1866. — In-8. — U.

— Derniers honneurs rendus à M. Léon de Closset, professeur ordinaire à l'Université de Liége, décédé le 31 août 1866. — In-8.

— Lettre aux électeurs libéraux de l'arrondissement de Liége, par un vieux chrétien libéral. — *Desoer*.

In-12, de 10 pp. Tiré à part du *Journal de Liége*. Par L. Gérard-Jamme, conseiller provincial.

— Confidence. Au profit des veuves et orphelins par l'épidémie. — *Daxhelet*.

In-8, de 16 pp. Contre l'administration libérale.

— A propos de suffrage universel. Simple discours d'un ouvrier à ses camarades. — *Daxhelet*.

In-12, de 8 pp. Par M. E. Hackin.

— La vérité sur le congrès des étudiants. Par Jean Fontaine. — In-8.

— Séance du conseil communal de Spa, du 9 octobre 1866. Discours prononcé par M. Le Paige, à l'occasion de la discussion générale du budget communal de 1867. — *J. Desoer*.

Placard in-fol.

— Guide du pèlerin de N.-D. de la Sarte lez-Huy. Par le R. F. C. Th. Halflants, des frères prêcheurs. — *Huy, Dieudonné* (*Liége, H. Dessain*).

In-18.

— Cantiques à l'usage de l'église de Saint-Denis, à Liége. — *Delforge*.

— Catalogue d'une très-riche collection de manuscrits et brochures concernant l'histoire de Liége, l'histoire de la révolution française de 1789, l'histoire de la révolution brabançonne, etc., dont la vente aura lieu en l'étude et par le ministère de M° Biar, notaire à Liége, le lundi 19 novembre 1866. — *L. de Thier*.

In-8, de 67 pp. Cette collection, qui avait appartenu à M. Lavalleye, comptait 280 numéros d'imprimés et 54 manuscrits précieux, parmi lesquels on remarquait ceux de Vandenberch, Villenfagne et l'*Histoire ecclésiastique et civile de Liége*, composée au XVIIIe siècle, par Devaulx, doyen de Saint-Pierre, à Liége.

— Dictionnaire liégeois-français. Par H. Forir. — *L. Severeyns*.

Tome I, in-8, à 2 col. Ce volume, publié par livraisons, a été analysé dans le *Bulletin du Bibliophile belge*, t. XIX, p. 377.

— L'Écho des chansons populaires. Recueil de chansons qui se publie à Liége, chez J. J. Thiriart, depuis janvier 1866. Il forme 6 livr. in-32, de 32 pp., par année.

— Le Béarnais, opéra comique en trois actes et quatre tableaux, paroles de A. Pellier-Quengsy, musique de Th. Radoux. — *Carmanne*. In-12.

— Voyages et opérations du corps belge au Mexique. Par Léon Timmermans, capitaine au bataillon *Roi des Belges*. — *Carmanne*. In-8.

— Souvenirs de vacances. Ascensions de l'Etna. Par Alphonse Leroy. — In-12. — U.

— Cabin-caba. Premières poésies. *Bruxelles et Liége, Decq*.

In-8, de 140 pp. Par M. Bouqué, étudiant à l'Université de Liége.

— Paula, histoire des dernières amours. Par W. Debouny. — V° *W. Debouny*.

In-18, de 194 pp.

— Les Plébéiennes (satires). Par Joseph Demoulin. — *L. Severeyns*.

3 livraisons in-8, de 8-12-8 pp.

— La jeunesse dorée, satire. — *L. de Thier*.

In-8, de 15 pp.

— Pensées poétiques, éloges, héroïdes, fables, contes, madrigaux, épigrammes et mélanges, suivis d'un petit manuel agricole. Par M. de Reul. — *J. Desoer*.

3 vol. in-12.

— Le partage des biens. Par un solidaire. — *Gothier*.

In-16, de 16 pp. Par M. X. Bougard.

— Exercices gradués de style ou de rédaction, à l'usage des écoles... Par Th. Braun. — *Dessain*.

2 vol. in-12.

— De l'expropriation par les communes. Par A. Nihon, avocat à la cour d'appel de Liége. — *Desoer.*

In-8, de 22 pp.

— Specimen de la décoration et de l'ornementation au XIXe siècle. Par Liénard. — *C. Claesen.*

3 parties in folio, comprenant un titre illustré, 3 frontispices, 125 planches et une table. La publication avait commencé en 1863.

— Manuel de mécanique appliquée par V. Dwelshauvers, ingénieur civil mécanicien, répétiteur à l'école des mines de Liége. Première partie. Cinématique. *Paris et Liége, J. Baudry, éditeur* (impr. *N. Redouté*).

In-8, de 4 ff., 214-IV pp., avec 12 planches.

— Éléments de mécanique considérée comme science naturelle. Première partie : corps solides. Par A. Devillez. — *L. Severeyns.*

In-8, de XX-659 pp., avec atlas de 20 pl.

— Éléments de géométrie. Par Eugène Catalan, ancien élève de l'École polytechnique. Deuxième édition revue et augmentée. — *J. G. Carmanne.*

In-8, de XV-364 pp., avec 17 planches.

— L'union fraternelle du dimanche.

Journal hebdomadaire, in-fol., de 4 pp., qui se publie à Liége, chez L. Grandmont, depuis le 18 février 1866. Il porte actuellement le titre d'*Union fraternelle des travailleurs.* Les rédacteurs sont MM. Nagant, Merlot, etc.

— Journal des étudiants.

Ce journal paraît le mercredi, chez L. Severeyns, pet. in-fol., de 4 pp., depuis le 28 novembre 1866.

— L'Écho des canotiers.

Journal mensuel, grand in-4, de 8 pp., avec fig., rédigé par E. Hacklu, et publié du 1er mars au 1er août 1866 (6 numéros).

— La Nouvelle, revue politique commerciale, industrielle et littéraire.

Journal quotidien, in-fol., de 4 pp., rédigé par L. Capeau, publié chez A. Faust, du 1er juillet au 30 septembre 1866.

— Le Passe-temps. Journal-programme des théâtres et cafés-concerts.

Ce journal quotidien, pet. in-fol., de 4 pp., s'imprime chez L. Severeyns, depuis le 30 septembre 1866.

— L'Écho de l'Est, journal des faits et nouvelles.

Journal quotidien, in-8, de 4 pp., qui fut publié en 1866 pendant la guerre d'Allemagne, à partir du 19 juin, chez V. Rodberg.

— Almanach Francklin pour 1867. — *J. Desoer.*

In-32, de 96 pp.

1867

Journal Francklin, organe des intérêts populaires.

Journal hebdomadaire, pet. in-fol., à 4 col., qui se publie chez Carmanne, depuis le 6 janvier 1867. Il est rédigé par plusieurs membres du jeune barreau de Liége.

— L'Éclair, organe du canton de Fléron.

Journal hebdomadaire qui s'imprime chez J. Bossy, depuis le 17 mars 1867. Le rédacteur est M. J. Beauprez.

— Rectification du budget par un contribuable. Révélations sur les causes du déficit. État de situation de la ville. — *Chez les principaux libraires.*

In-8, de 45 pp.

— Au peuple. Par Jean Fontaine, avocat. — *L. Severeyns.*

In-8, de 21 pp., sur le suffrage universel.

— Essai historique sur l'église de S.-Paul, ci-devant collégiale, aujourd'hui cathédrale de Liége. Orné de XXII gravures. — *Grandmont.*

In-8, de 5 ff., 404 pp. L'auteur est M. l'abbé Thimister. La majeure partie de cet ouvrage avait paru dans le *Bulletin de l'Institut archéologique liégeois*, t. VI et VII.

— Le peuple liégeois, esquisse historique. Par M. X. — *J. G. Carmanne.*

In-8, de XV-232 pp. L'auteur est M. Jules Del Marmol.

— Qui freus-je si mi homme morève. Pièce wallonne en deux actes, par Th. Collette, ovri clawti. *Grandmont.*

In-16 carré, de 62 pp.

— Catalogue d'une très-belle collection de livres et de gravures composant la bibliothèque provenant de feu M. S. G. J. Piette ..., dont la vente aura lieu les 3, 4 et 5 avril. — *Carmanne.*

In-8, de 46 pp.

ANNEXES.

PREMIÈRE PARTIE.

CONTENANT LES OUVRAGES PUBLIÉS EN BELGIQUE ET A L'ÉTRANGER CONCERNANT L'HISTOIRE DE L'ANCIENNE PRINCIPAUTÉ DE LIÉGE ET DE LA PROVINCE ACTUELLE DE CE NOM ([1]).

XVe ET XVIe SIÈCLES.

1472

Incipit de sancto Servatio legenda minor et valde bona. (In fine.) *Explicit Sanctissimi Servatii Tungrensis ecclesie presulis et consanguinei Xpristi legenda de novo stilo claro ac eleganti compilata Colonieque impressa per me Arnoldum ther hoyrnen finita anno dni M° CCCC° LXXII°, die mercurii quarta mensis martii.*

In-4, goth., de 30 ff., sans chiffres, signatures, ni réclames, à longues lignes, de 29 sur chaque page entière. Le premier feuillet contient une table pour trouver les septuagésimes dans les différentes années.

Ce volume rare a été décrit dans la *Bibliotheca Spenceriana*, t. III, pp. 507-509, et dans les *Recherches sur la vie et les travaux des imprimeurs belges établis à l'étranger pendant le XVe siècle*, t. I, p. 212. L'exemplaire de la collection La Vallière se trouve dans ma bibliothèque. La bibliothèque de Bruxelles en possède un second et il s'en trouvait un troisième dans le catalogue Borluut, n° 3015.

1477

Missale secundum ordinarium Leodiensem (In fine). *Explicit Missale secundum ordinem Leodiensem impressum Delf.*

In-fol., caract. goth., sans date ni indication d'imprimeur. Maittaire, t. I, pp. 85 et 123, le croit imprimé en 1477.

1480

Breviarium Leodiense. Horae in usum ecclesiae Leodiensis. *Antverpiae*, 1480.

In-8. Cité par Hain, n° 3850.

1483

Statuta synodalia Leodien. (In fine.) *Expliciunt statuta synodalia dioces. Leodien. impressu Lovanii per me Rodolphum de Driel. S. a.*

In-4, non chiffré, dern. sign. H.iiij. Édition très-rare et presque inconnue, imprimée en caract. goth., à longues lignes, de 28 à la page. Holtrop, dans ses *Monumenta artis typographiae*, attribue à cette impression de Rodolphe Loeffs, de Driel, la date de 1483, et en donne un fac-simile. — Bibliothèques de la Haye et de l'auteur.

([1]) Nous avons joint à cette nomenclature un certain nombre d'indications concernant les ouvrages curieux ou rares, imprimés à l'étranger par des auteurs d'origine liégeoise.

1484

Breviarium ecclesie Leodiensis sancti Lamberti. (In fine.) *Explicit presens hyemalis veri ordinarii ecclesie leodiensis sancti Lamberti, que satis magna cum diligentia in solempni civitate bruxellensis ducatus Brabantie feliciter est impressa anno incarnationis domini* M° CCCC° LXXXIIII°.

In-8. Édition très-rare, imprimée à Bruxelles par les frères de la vie commune. Caract. goth., à 2 col., de 35 lignes à la page. Elle n'est mentionnée ni par Brunet ni par Graesse. Lambinet en donne une description incomplète d'après un fragment qui se trouvait dans la bibliothèque du trésorier liégeois de Sarolea. Un fragment de la Pars estivalis de ce bréviaire est cité dans le catalogue Vandevelde, n° 1574. — Bibliothèque de M. le duc d'Aremberg.

1485

Incipiunt statuta synodalia Leodien.

In-4, de 118 ff., de 30 lignes à la page (le premier et le dernier feuillet sont blancs), sans chiffres ni réclames, mais avec signatures. Cette édition, sans nom d'imprimeur, ni lieu ni date, est sortie des presses de Jean de Westphalie, à Louvain, vers 1485. — S.

1486

..... (In fine.) *Ordinem istum missalis integri perfecti exacta diligentia perlustrati in quibus locis corruptis castigatum ac emendatum, cum officiis novis secundum verum ritum, mores et consuetudinem ecclesie Leodien., Lodowicus de Renchen felici in civitate Colonien. residens, ad mandatum et exhortationem instantem reverendissimi in Christo patris Dni. Dni Johannis de Hoern dicte ecclesie Leodien. episcopi dignissimi, industriose ac feliciter anno incarnationis Dni.* MCCCC LXXXVI. *mensis julii die vii consummavit....*

In-fol., à 2 col., en noir et rouge. Le seul exemplaire que j'ai vu n'a pas de titre et se trouve dans la bibliothèque des Bollandistes, à Bruxelles.

1487

.... (In fine.) *Explicit pars estivalis juxta verum ordinarium ecclesie Leodien. Sci. Lamberti, satis magna cum diligentia in solempni et felici civitate Coloniensi feliciter impressa per Ludowicum de Renchen, anno incarnationis Dni* M CCC LXXXVIII.

In-8, à 2 col., initiales rouges. Le seul exemplaire que j'ai vu n'a pas de titre et se trouve à Bruxelles, dans la bibliothèque des Bollandistes.

1488

Pars estivalis breviarii ecclesie majoris Leodiensis. (In fine.) *Explicit pars estivalis juxta verum ordinarium ecclesie Leodiensis Sancti Lamberti; satis magna cum diligentia in solemni et felici civitate Coloniensi feliciter impressa per me Ludovicum de Renchen. Anno incarnationis Domini millesimo* CCCC XCII, XII *die maii*.

In-8, caract. goth., gravure sur bois sur le titre, texte à 2 col., de 32 lignes, initiales en couleur. Le volume comprend 8 ff lim., 36 cahiers de 8 ff. chacun, signés ai-ooiiij (oo⁸), soit 296 ff. — U.

Deux volumes de ce bréviaire, Pars estivalis et Pars hiemalis, se trouvent annoncés dans un catalogue du libraire Closs, de Londres, 1885, p. 96, n° 1381.

— Liber ordinarius ostendens qualiter legatur et cantetur per totum anni circulum in ecclesia Leodiensi tam de tempore quam de festis sanctorum, etc. *Per Lod. de Renchen, civem Coloniensem impressus*, 1492.

In-4, goth. Cité dans le catalogue manuscrit du baron de Cler, p. 55.

— Incipiunt statuta synodalia ecclesie Leodien. (In fine). *Statuta synodalia diocesis Leodien, cum modificationibus et additionibus eorundem nedum sacerdotibus quibuscumque clericis notariis et omnibus familiaribus curie predicte diocesis summe necessaria, impressa per me Ludovicum Renchen in felici Colonia, expliciunt anno Dni* M.CCCC. XCII, *sexta aprilis*.

In-4, de 73 ff. non chiffrés, caract. goth. Le premier et le dernier feuillet sont blancs. — T.

1494

Breviarium horarum secundum usum Leodiensis ecclesiae. Antverpiae, per

Adrianum Liesvelt, MCCCCXCIIII *die* XXII *junii*.

In-8. Cité par Hain, n° 3851.

1498

Breviarium secundum usum ecclesiae Leodiensis. *Lovanii, Theod. Martini.* 1498.

In-8. Cité dans le catalogue de la bibliothèque Ermens, t. 1, n° 686. Édition fort rare, inconnue à tous les bibliographes.

1499

Missale insignis ecclesie Leodiensis optimis caracteribus (ut patet) exaratum, hoc uno cetera excellit quod officia quae, ceteris sola annotatione designata sunt in eo ad plenum describuntur. Adjunctis ipsius ecclesie constitutionibus atque consuetudinibus ... (In fine). *Exactum est inclyta in urbe Parisiaca Missale hoc insignis ecclesie Leodiensis sumptibus Johannis Higmani anno* MCCCCXCIX *die* XXIII *novembris*.

In-fol., goth., à 2 col., titre en rouge et noir, avec gravure sur bois sur le titre, initiales en couleur dans le texte. Il en existe des exemplaires sur peau vélin. — U.

1500

Heures à l'usage de Liége. (A la fin.) *Furent achevées le* VII° *jour d'octobre, l'an mil cinq cens, par Philippe Pigouchet.*

In-8, goth., fig. Cité par Brunet, t. V, p. 1573.

— Hore beate Marie virginis ad usum Leodiens. — *Les présentes heures à lusaige du Lyege furent achevées le* VIII° *jour de février, l'an* MCCCCC, *par Thielman Kerver...*

In-8, goth., avec fig. sur bois et bordures. Cette édition est annoncée aussi dans le premier catalogue Crévenna, t. I, p. 54, mais dans le second catalogue, n° 348, on a imprimé : ad usum Laodien. Voy. Brunet, t. V, p. 1617.

— Sanctorale estivi temporis sacre Leodiensis ecclesie. Pars estivalis. *Impressa Parisiis pro J. Henrico alias Hutzbach bibliopola Antverpiensis, anno* 1500, 14 *septembris*.

In-12, caract. semi-goth., noirs et rouges. Cité dans le catalogue Vandevelde, n° 1573.

—. Incipiunt statuta synodalia Leodien. (In fine.) *Statuta synodalia Leodien. cum modificationibus eorundem per Teodericum Martini Alosten .. post exactam revisionem diligenter exarata, feliciter desinunt. Anno salutis millesimo quingentesimo mensis vero julii die ultima.*

In-4, de 110 ff., caract. goth., signés aii-niiij, de 30 lignes, y compris l'en-tête qui figure en haut des pages jusqu'au 46° feuillet. Voy. DE GAND, *Recherches sur Thierry Martens*, p. 64. — Bibliothèques de l'Université et du Séminaire de Liége et de MM. Vergauwen et Van der Meersch, à Gand.

1501

Confirmatio et approbatio statutorum synodalium et curie Leodiensis et illorum modificationum auctoritate apostolica facta. (In fine.) .. *Expliciunt per Theodoricum Martini Alosten, post exactam revisionem diligenter exarata focliciter desinunt, anno salutis millesimo quingentesimo primo, mensis vero januarii die decima quinta.*

In-4, de 4 ff., de 30 lignes, sans signatures, caract. romulus. Premier livre imprimé en lettres rondes par Thierry Martens. C'est la confirmation des statuts précédents. — Bibliothèques de l'Université de Liége et de M. Vergauwen.

1502

Missale Leodiensis ecclesie. (In fine.) *Finit Missale Leodien. diocesis peractum in inclyta civitate Spirensi anno Dⁱ millesimo quingentesimo secundo,* XVIII *idus septembris, feliciter.*

In-fol., caract. goth., à 2 col., en noir et rouge, avec une gravure sur bois au canon, représentant le Christ en croix. — Bibliothèque des Bollandistes.

1503

Breviarium diocesis Leodiensis.

P. in-8, caract. goth., à 2 col., de 85 lignes, imprimé en rouge et noir. Au feuillet XXVJ se trouve la souscription suivante : *Breviarium diocesis Leodiensis vigilanti cura per Wolfgangum Hopylium et Johannem Westfalie Parisius impressum ac a variis mendis fideliter castigatum extat. Anno Domini Salvatorisque nostri millesimo quingentesimo tertio, pridie kalendas februarii.* — T.

1504

La cronicque Martiniane de tous les papes qui furent jamais et finist jusques au pape Alexandre derrenier, décédé, mil cinq cens et trois, et avecques ce les additions de plusieurs cronicqueurs; c'est assavoir de messire Verneron, chanoyne de Liége, monseigneur le cronicqueur Castel, monseigneur Gaguin, général des Mathurins et plusieurs autres cronicqueurs. (A la fin.) *Cy fine la derrenière partie de la cronicque Martinienne, imprimée à Paris pour Anthoyne Vérard ... S. d.*

Grand in-fol., goth., à 2 col., de 46 lignes, imprimé vers 1504. Ces chroniques, traduites du latin en 1458, par Sébastien Mamerot, furent augmentées par plusieurs autres écrivains. Brunet les décrit longuement, t. III, p 1504.

La chronique de Verneron occupe les feuillets cxli-clx. Elle contient l'histoire des papes depuis Martin IV jusqu'à Urbain V. — T.

1505

Dit is den calengier na die maniere van den bisdom van Luydich. *S. l. n. d.*

P. in ..., de 16 ff. non chiff., caract. goth., sign. Aij-B. Au-dessous des trois lignes du titre, imprimé alternativement en rouge et noir, se trouve une gravure sur bois représentant le Sauveur crucifié. Ce petit volume est probablement imprimé à Anvers vers 1505. M. Helbig en a donné la description dans le *Messager des sciences*, 1862. — C.

1506

Breviarium Leodiense. *In alma Paris. academia impressum*, 1506.

In-16. Cité dans le catalogue de Crassier, n° 243.

1507

Missale ad consuetudinem insignis ecclesiae Leodiensis nuper una cum dictae ecclesiae institutis, consuetudinibusque impressum. *In alma Paris. academia*, 1507.

In-fol., fig. sur bois. Cité dans le catalogue La Serna, n° 259.

1509

Breviarium in usum ecclesiae Leodiensis. *Parisiis*, 1509.

In-8, goth. Cité dans le catalogue Simonon, n° 21.

— Missale insignis ecclesie Leodiensis. *Venale reperietur in alma Parisiorum academia in vico Sancti Jacobi ad intersignium Pellicani vel Sancti Georgii.* (In fine). *Exactum est inclyta in urbe Parisiaca missale hoc insignis ecclesie Leodiensis sumptibus atque expensis Godefridi de Marnef et Wolfgangi Hopylii anno Domini salvatorisque mundi millesimo quingentesimo nono*, xxvi septembris.

In-8, caract. goth., en noir et rouge, à 2 col., de 40 lignes, avec grav. dans le texte et la marque de l'imprimeur sur le titre. Le volume, avec signatures, se compose de 7 ff. de titre et calendrier, — 159 ff. chiffrés de texte, — 22 ff. non chiff. pour la préface et le canon de la messe, — 40 ff. chiff. pour le commun de la messe, — 4 ff. de préparation à la messe, les deux premiers non chiff., les deux derniers chiff. 87 et 89. — S.

1510

La vie de monseigneur sainct Hubert Dardenne. *On les vend à Paris, à l'enseigne du Pellican, en la rue Sainct-Jacques.*

In-8, caract. goth., de 82 ff. non chiffrés, sign. AII-DIIIj, de 35 lignes à la page, avec 2 fig. sur bois, l'une au recto du frontispice et répétée au verso, l'autre au verso du dernier feuillet où se voit la marque de l'imprimeur. Ce livre rare a été imprimé, dit Brunet, entre 1510 et 1530, à Paris, chez De Marnef.

1512

Opus tripartitum tractans de preceptis Dei, de confessione et de arte benè moriendi. (In fine.) *Impressum Antverpiae per me Michaelen de Hoochstraeten*.

In-4, de 16 ff., goth. Un cartouche très curieux gravé sur bois occupe les trois quarts du titre. Il représente Jean Gerson, auteur du livre, agenouillé au pied de la Vierge à qui il est présenté par saint Lambert. Au centre se trouve l'écusson d'Évrard de la Marck. Un mandement de ce prince, daté du palais de Liége, 1512, expose les motifs qui l'ont engagé à faire imprimer cet ouvrage à l'usage de son diocèse. — C.

1513

Missale ad usum dioecesis Leodiensis. (In fine.) *Missale ad consuetudinem dioecesis Leodiensis, vigili cura a variis* mendis ad politam limam redactum atque in alma Parisiorum academia a *Wolfgango Hopylio, impensis Francisci Byrckman, impressum, anno* 1515, x *decembris.*

In-fol., goth., à 2 col., en noir et rouge, avec grav. sur bois sur le titre et dans le texte. Le canon, orné d'une figure représentant le Christ en croix, est sur peau vélin. — Bibliothèque des Bollandistes.

D'un autre côté, le catalogue Vandevelde, n° 1383, indique un *Missale ad usum Leodiensis. In alma Parisiorum academia,* 1513. In-fol., lettres noires et rouges, fig. Avec 2 fig. au canon imprimées sur vélin, l'une représente le Christ en croix et l'autre le saint Père entouré des quatre évangélistes. — Je suppose que ces deux Missels n'en font qu'un. Le rédacteur du catalogue aura par erreur indiqué une date inexacte.

1516

Tractatus rhithmicus piam vite secularis et spiritualis concertationem complectens ex diversis sacre pagine passibus (interjectis interdum salibus) que doctissimè : anno Dni. MCCLX vel circiter editus. — Vita Divi Hupperti in centum versus per F. Magdalium Jacobum Gaudensem redacta. (In fine.) *Coloniae ex edibus Quentelianis anno.* MCCCCCXVI, *in novembri.*

In-4, de 12 ff. Le seul exemplaire connu de cette vie de saint Hubert, se trouve dans la bibliothèque des Bollandistes.

1517

Missale Leodiense. *Parisiis,* 1517.

In-fol., fig. Cité dans le catalogue du chanoine Laruelle, p. 192.

1518

Statuta synodalia Leodien. cum eorum modificationibus confirmatione et approbatione diligenter recognita. (In fine.) *Confirmatio et approbatio statutorum synodalium et curiae Leodien. et illorum modificationum auctoritate apostolica factae rursus optatum acceperunt finem Parrhisiis in chalcographia Jodoci Badii Ascensii, impensis honesti viri Guillielmi Vorsterman, bibliopolae Ant-* verpien. *Anno salutis* MDXVIII, *ad octavum calendas septembris.*

In-8, de 76 ff. non chiffrés. L'impression de ces statuts, commencée à Anvers, par Vorsterman, fut achevée à Paris par Badius. Les 38 premiers feuillets, imprimés à Anvers, sont en caractères gothiques, et le reste en lettres rondes. — B. T.

1519

Divi Lamberti episcopi Trajectensis, martyris et magni apud Friburgenses Brisgoicos patroni vita, Philippo Engelbrechto Engentino autore. Epistola ad Hieronymum Husaerum Pludentinum quae Friburgum summatim complectitur autore eodem. (In fine) *Basileae, apud Joannem Frobenium, mense aprili anno Dni* MDXIX.

In-4, de 48 pp., le titre est encadré. Cette vie de saint Lambert, en vers hexamètres, est rare et peu connue chez nous.

Saint Lambert, évêque de Liége, était aussi le patron de Fribourg. MM. de Ring et Helbig ont donné des articles intéressants à ce sujet, dans le *Messager des sciences,* de 1847 et 1864. — B. T.

1521

Ordinarius insignis ecclesie Leodiensis ad unguem castigatus. *Anno* MCCCCCXXI *Michaelis Hillenii Hoochstratani opera et impensis impressus, Antverpiae in aedibus suis sub intersignio Rapi.*

In-4, à 2 col., caract. romain, sous chiffres ni réclames, de 6 ff. pour le calendrier, puis 101 ff., sign. Aj-AAiij. — Collection de M. Serrure, à Gand.

1523

Missale ad usum dioecesis Leodiensis. *Impressum Parisiis per Wolfgangum Hopylium, calcotypum, impensis et cura Francisci Byrckman, bibliopolae, anno* 1523.

In-fol., caract. semi-goth., à 2 col., lettres noires et rouges, nomb. fig. sur bois. Après le f. 220 se trouve une fig. sur bois, imprimée sur vélin, et une autre fig. sur le verso de la feuille. Ce volume est cité dans le catalogue Lammens, t. 1, p. 201.

1524

Pronosticon magistri Gasparis Laet de Borchloen pro anno Domini 1525 ad meridianum insignis emporii Antverpiensis compilatum. *Impressum Antverpiae.*

P. in-4, goth., de 4 ff. Citons aussi les deux pronostications suivantes du même auteur :

Pronosticon magistri Gasparis Laet de Borchloen pro anno Domini 1526. *Antverpiae, Jacob Liesvelt.* P. in-4, goth., de 4 ff. Les prédictions relatives à François Ier, Henri VIII et Charles V, contenues dans cette pièce et dans la précédente, sont très-curieuses.

Pronosticum magistri Gasparis Laet de Borchloen senioris medicinae doctoris pro anno MCCCCCXXXII ad poli elevationem insignis emporii Antverpiensis compilatum. (In fine.) *Impressum Antverpie per Nicolaum de Grave, Jacobum de Liesvelt et Symonem Cocum.* In-4, de 4 ff., caract. goth. — T.

Ces trois pièces ne sont pas mentionnées par M. Capitaine, dans sa notice sur Gaspar Laet, publiée dans le *Bulletin de l'Institut archéologique liégeois*, t. III. De plus, la pronostication qu'il indique sous le n° 5, p. 83, est de l'an 1561 et non de 1559. Voy. à ce sujet le catalogue Hymenans.

1527

Missale itinerantium cum exorcismis, benedictionibus et aliis de novo additis. *Excusum Parisiis anno dni* M.CCCCC.XX.VII. *Impensis honesti viri m. Valeriani Natalis.* (In fine.) *Hic finem habet Missale itinerantium ad usum ecclesie Leodiensis auctum, tersum recognitum et emendatum. Impressum Parisiis in vico novo per Johannem Herouf. Impensis et sumptibus honesti viri magistri Valeriani Natalis. Venditur apud Montes in Hannonia, in edibus magistri Valeriani Natalis.*

In-8, tiré in-4, sign. A-N⁴, avec la marque de Jehan Herouf sur le titre et une gravure sur bois au verso.

— Missale ad usum insignis ecclesie Leodiensis. Adjuncta sunt quam plurima que in ceteris affatim desiderabantur. *Parisiis, J. Kaerbriant sive Huguelin,* 1527.

In-fol., caract. goth. Cité dans le catalogue manuscrit du baron de Cler.

1528

Catalogus omnium antistitum Tungarorum, Trajectensium ac Leodiorum, rerum domi bellique gestarum compendium. Per Joannem Placentium, Trudonensem, dominicanum. (In fine.) *Impressum Antverpiae extra portam Camerae per me Guilielmum Vorsterman.*

P. in-8 carré, de 116 ff. non chiffrés, avec les armes d'Érard de la Mark sur le titre. La préface est datée du 14 septembre 1529. Cet abrégé historique a été réimprimé dans l'ouvrage de Boxhorn, *De Leodiensi republica*, pp. 209-436. L'auteur trop crédule adopte toutes les fables qu'il avait recueillies dans les anciennes chroniques. — U. T.

1530

Pugna porcorum per P. Porcium portam.

P. in-8, de 8 ff., en lettres italiques, sans nom de ville ni d'imprimeur. Cette première édition de l'ouvrage de Placentius doit avoir été imprimée à Anvers, en 1530. Le frontispice est entouré d'un cartouche gravé sur bois avec sujets analogues à l'ouvrage. Ce poëme a été souvent réimprimé.

1534

Susanna per Placentium Evangelisten lusa. Eusebii Candidi elegia in vanam brevemque humanae vitae gloriam. Item ode sapphica ejusdem Eusebii in mortis recordationem. Item plausus luctificae mortis ad modum dialogi extemporaliter ab eodem Eusebio lusus. *Anno* 1534.

P. in-8, de 20 ff. non chiffrés. Le titre est entouré d'un encadrement gravé sur bois, et porte la marque de l'imprimeur. Au dernier feuillet, on lit cette souscription : *Antverpiae Martinus Caesar excudebat an. dn. MDXXXIIII, mensis decembris die sexto.* M. Helbig a donné la description de ce volume dans le *Messager des sciences* de 1864, p. 138.

1535

Clericus eques. - Lucianus aulicus carmine phaleucio conscriptus, fabula omnium festivissima in conviviis exhibenda. Authore Evangelista Placentio, Trudonense, poeta. (In fine.) *Apud inclytum Brabantiae Antverpiam excudebat ex sua officina litteraria Simon Cocus, Antverpianus,* 1535. *Calendis novembribus.*

P. in-8, de 16 ff. non chiffrés. Petit volume très-rare. La première pièce est dédiée à Michel de Horion, panetier d'Érard de la Marck. — T.

— Breviarii Leodiensis pars estivalis ab hyemali apte distincta ac utriusque testamenti concordantiis et iis quidem perutilibus adornata. *In alma Parisiorum academia opera atque diligentia Joannis Kaerbriand alias Huguelin, impressa anno dni* MDXXXV. XXVIII *maii ... Venundantur Antverpie apud Michaelem Hillenium in Rapo... Pars estivalis,* 1535.

P. In-8, à 2 col., de 16 ff., cviii et cxii ff. chiffrés au recto, puis 116 ff., avec les sign. AA-PPuii (PPiv). Ensemble 352 ff., caract. goth., lettres rouges et noires, avec quelques vignettes et lettres grises, sur fond criblé, dans le texte. M. de Crassier possédait ce bréviaire en 2 vol. p. In-8. — Bibliothèque des Bollandistes.

1539

Carmen gratulatorium in novum praesulem Leodiensem Dominum Cornelium à Bergem, baronem Zevenbergensem, successorem D. Erardi à Marca, etc. Authore Petro à Montfoort, Harlemeo, juris utriusque licentiato. *Leydis, Petrus Balenus excudebat anno* MDXXXIX, *mense martio.*

P. In-8, de 20 ff. Un cartouche contenant les armes de Corneille de Berghes, surmontées de la mitre épiscopale, occupe les deux tiers du titre de cette précieuse plaquette. — C.

1540

Missale ad usum insignis ecclesie Leodiensis pluribus, quibus scatebat mendis jam recens et vigilantissime repurgatum id quod conferre volentibus luculentissime patebit... *Parisiis, anno millesimo quingentesimo* XL, *die secunda mensis martii.* (In fine.) *Missale ad laudatissimam Leodiensis ecclesie consuetudinem pluribus mendis quibus exuberabat multa cum diligentia repurgatum jam recens Parisiis, per Johannem Kaerbriand sive Huguelin impressum, expensis Michaelis Hillenii in Rapo, Antverpie.*

In-fol., à 2 col., caract. goth., en noir et rouge, avec une gravure représentant la Cène sur le titre et de nombreuses fig. sur bois dans le texte. Le canon, imprimé sur vélin, est précédé de deux grandes gravures aussi sur vélin. — T.

— Missale ad usum insignis ecclesie Leodiensis jam recens a multis mendis (quibus alia scatebant) repurgatum. Cui adjecta sunt diversa officia hactenus desiderata, que in calce hujus declarata reperiuntur ... *Impressum Parisiis, anno a nativitate domini millesimo quingentesimo quadragesimo mensis julii die vigesima secunda. Leodii veneunt in vico pontis, apud Oliverium Boulongne.*

In-fol., à 2 col., caract. goth. Sur le titre une gravure sur bois représentant le martyre de saint Lambert, gravures sur bois dans le texte, titre en noir et rouge, initiales en couleur. Il existe deux exemplaires de ce missel imprimés sur peau vélin. — U. S.

— Vita Sancti Trudonis confessoris apud Hasbanos, vita sancti Eucherii episcopi Aurelianensis, vita sancti Liberti martyris breviter perstricta, Gerardo Moringo auctore. Ejusdem divi Trudonis vita heroico carmine, per L. Guilielmum Lupum non ineleganter descripta. *Lovanii, apud Servatium Zassenium, anno* MDXL, *mense junio.*

In-4, de 24 ff. — T.

1541

De Tungris et Eburonibus aliisque inferioris Germaniae populis, Huberti Thomae Leodii commentarius utilis omnibus qui Caesaris de bello Gallico historiam recte intelligere cupiunt... (In fine.) *Argentorati, apud Vendelinum Rihelium, anno* MDXLI *mense martio.*

P. In-8, de 6 ff., 104 pp. Dédié à Corneille de Berghes, évêque de Liége. Livre peu commun, mais qui a été réimprimé dans diverses collections, entre autres dans *Schardius : Scriptores rerum Germ. Giessae,* 1673, p. 336, et dans la *Descriptio Germaniae utriusque, Anvers, Plantin,* 1585, pp. 71-144.

Le *Bulletin du bibliophile belge,* t. IV, p. 239 et t. XIV, pp. 22-43, a donné la biographie de H. Thomas, l'énumération et l'appréciation de ses ouvrages. *Voy.* aussi Villenfagne, *Hist. de Spa,* t. I, pp. 430 et suiv. — U. T.

1546

Prognostication practizée ou calculée sur le méridian de Liége, par Maistre Thomas Montis, docteur en médecine de la mesme cité, pour l'an MCCCCCXLVI. (In fine.) *Imprimé en Anvers, en la Lycorne door, par Martin Nuyts.*

In-4, de 4 ff., caract. goth, longues lignes.

1549

Statuta synodalia Leodiens. cum ipsorum moderationibus. Item, acta et decreta synodi dioecesanae Leodii celebratae anno Domini 1548 mens. novemb. Excommunicatio in eos qui non observant haec statuta fo. 51. Item, decani praecipiant cuilibet presbytero et maxime curato ut habeat statuta synodalia et ea legat et intelligat. fo. 21. Ibidem sequitur excommunicatio in non habentes ista statuta. *Lovanii, apud Martinum Rotarium et Petrum Phalesium, bibliopolas juratos. Anno Domini 1549.* (In fine.) *Lovanii excudebat Jacobus Bathenius anno Domini MDXLIX, mense august.*

In-4, de 92 ff., impr. en caract. ordinaires, avec lettres ornées. Le livre doit être suivi de : Acta et decreta synodi dioecesanae Leodien. praesidente Reverendiss. inChristo patre et amplissimo principe et domino D. Georgio ab Austria, episcopo Leodiensi, duce Bullonensi, comite Lossensi, etc., celebratae anno MDXLVIII mens. novemb. die VII. *Lovanii excudebat Jacobus Batius, anno MDXLIX. Prostant apud Martinum Rotarium.* In-4, de 28 ff. D'après le catalogue Vandevelde, n° 2915, il existe une autre édition in-4, de la même année, mais qui diffère de celle-ci, quoique imprimée aussi à Louvain, chez Rotarius, en 1549. — S. B.

1550

Commentaire du seigneur Don Loys d'Avila et de Cuniga, grand comandeur d'Alcantara, contenant la guerre d'Allemaigne, faicte par l'empereur Charles V, roy des Espaignes, es années 1547 et 1548. Mis d'espagnol en françois, par G. Boilleau de Buillon, par ci-devant commissaire et contrerolleur de Cambray, dédié au seigneur des Essars. *Paris, Vincent Sertenas et Jean Longis,* MDL.

In-4, de 4 ff., 184 pp. Traduction rare, due à un auteur liégeois. — A. T.

1551

Almanach et prognostication de l'an de Notre Seigneur Jesu Christ MDLII.

Une feuille in-plano, divisé en sept colonnes, imprimée en rouge et noir, d'un seul côté, caract. goth. Les six premières colonnes contiennent le calendrier, la septième, où se trouvait le nom de l'auteur, a été mutilée dans mon exemplaire. Cependant, d'après les lettres qui restent, je crois que l'auteur est Thomas Montis, docteur en médecine de la cité de Liége. Au bas de la feuille se trouve l'indication suivante : On le vend à Liége par Jordain Gravioule, libraire.

1552

Extraict et recueil des ordonnances, conclusions et recès du sainct Empire, touchant la contribution et collecte du commun denier. Pour la défence de la foy et résistence contre les Turcqz. *Imprimé à Traict sur Meuse, au mandement et ordonnance du très-révérend père en Dieu l'évesque de Liége, en la maison de Jacques Bathen,* 1552, *au moys de décembre.*

In-4, goth., de 23 ff. non chiffrés, avec l'aigle impériale sur le titre. C'est le premier livre imprimé à Maestricht. — B.

— Missale ad usum insignis ecclesiae Leodiensis, pluribus quibus scatebat mendis jam recens que vigilantissime repurgatum, id quod conferre volentibus luculentissime patebit.. *Antverpie, typis Johannis Ruremunden.. Cum gratia et privilegio imperiali. Anno a Christo nato* 1552.

In-fol., à 2 col., caract. goth., en noir et rouge, avec grav. sur bois sur le titre et dans le texte. — Bibliothèque des Bollandistes.

— Duae orationes panegyricae elegiacis versibus conscriptae, quarum prior mista partim continet reginae Mariae ad Leodium urbem adventum et tractationem, partim ejusdem civitatis descriptionem εγκωμαστικην, altera vero pura Mariae ejus familiae laudes variis exornata locis communibus complectitur, in quibus, quod et praefatio declarat, veri magistratus imago graphice exprimitur, qua visu boni principes quae faciunt, qui vero secus, quae facere deberent, veluti in speculo cognoscunt. Authore M. Johanne Fabricio Bollando. *Coloniae, ex officina typographica Antonii Caesarii. Anno Domini* 1552.

P. in-8. Dédié à Marie d'Autriche, gouvernante des Pays-Bas. M. U. Capitaine en possède un exemplaire incomplet. M. Helbig a donné la description de ce volume dans le *Messager des sciences*, 1864, p. 141.

1553

Carmina Scholastica auctore Christiano Furnio. *Trajecti ad Mosam, typis Jacobi Batenii,* 1553.

In-4. L'auteur était préfet du collège de Maestricht.

— Statuta consistorialia ac reformatio judiciorum spiritualium civitatis et diocesis Leodiensis per reverendiss. in Christo patrem ac illustriss. D. Dominum Georgium ab Austria Dei et apostolicae Sedis gratia episcopum Lediensem, ducem Bullonensem, marchion. Franchimontensem, comitem Lossense., jam recens edita et in justum ordinem digesta atque per sanctissimum in Christo patrem ac dominum, Dominum Julium III pontificem max. approbata et confirmata. *Trajecti, ex mandato reverend. et illustriss. principis episcopi Leodiens., Jacobus Bathenius excudebat, anno* 1553.

In-4, titre et 74 ff. chiffrés, caract. italiques, avec les armes de l'évêque sur le titre et la marque de l'imprimeur au dernier feuillet. — T.

— Liber sancte ecclesie Leodiensis continens ritus, formulas et succinctas quasdam instructiones, ad mysteriorum seu sacramentorum Dei administrationem spectantes: in usum parochorum vigilanti collatione vetustiorum exemplarium reparatus et editus, unâ cum doctrina de septem sacramentis ecclesiae tradita in concilio oecumenico Florentino. His accessit juxta vetustissima exemplaria diligenter recognitus ritus consecrandi campanas. *Authoritate Reverendissimi Domini nostri D. Georgii ab Austria, episcopi Leodiensis, ducis Bullonensis, comitis Lossensis, gratia quoque et privilegio Cesareae Majestatis, Lovanii excusus apud Servatium Sassenum Diestensem. Anno* M.DLIII. *mense aug.*

In-4, de 44 ff. non chiffrés, dern. sign. Lij. Le dernier feuillet est blanc. — S. T.

1554

Minervalia Johannis Guidonis Castiletani in quibus scientiae praeconium atque ignorantiae socordia consideratur, artium liberalium in Musicen decertatio lepida appingitur et ad virtutem calcar proponitur. *Trajecti ad Mosam, Jacobus Bathenius excudebat, anno* MDLIII.

In-4, de 68 ff. L'auteur est Jean Guyaux, de Châtelet.

— Laconica exhortatio ad mortem omnibus communem prospiciendam et rerum mundanarum gloriam contemnendam. Per Franciscum Zichenium, ordinis minorum regularisque observantiae Trajecti ad Mosam guardianum. *Trajecti ad Mosam, Jacobus Bathenius excudebat* MDLIII, *mense martio.*

In-12, de 49 ff. chiffrés, caract. italiques.

1555

D. P. Bruhezii de thermarum Aquisgranensium viribus, causa ac legitimo usu, epistolae duae, scriptae MDL. in quibus etiam acidarum aquarum ultra Leodium existentium facultas et sumendi ratio explicantur. *Antverpiae, Loëus,* MDLV.

P. in-8, de 97 pp. L'auteur de ce livre qui traite des eaux de Spa était médecin-pensionnaire de la ville de Bruges.

— Petit traicté des causes criminelles extrait des loix impérialles et parlant des articles qui touchent la vie et le corps de la personne délinquante, enrichy de textes et allégacions latines : par lequel on pourra aisément apprendre (selon disposicion de droict) ce que on debvra faire et délaisser, és causes par lesquelles personne pourroit estre endommagée en son bien, renommée ou en son corps. *En Anvers, chez Jehan de Laet, à l'enseigne du Molin,* MDLV.

P. in-8, de 76 ff. non chiffrés. La dédicace fort curieuse est adressée par l'auteur, Gilles Boileau de Buillon, aux mayeur et quatorze eschevins de Liége. Ce livre est ordinairement relié avec la compilation suivante que l'on attribue au même auteur.

— Les exceptions de droit, c'est-à-dire les défenses par lesquelles un défendeur s'aide contre le demandeur pour luy respondre ainsi qu'il appartient, extraites du droit canon et civil. Item la manière pour démener un procès, apprenant comme une cause doit estre déduicte et menée à fin par devant justice. *En Anvers, chez Jean Bellère, à l'enseigne du Faucon*, MDLIX.

P. in-8. Le premier traité est de 114 pp. et 2 ff. table, le second traité avec un titre spécial est de 134 pp. Gilles Boileau est l'auteur d'autres ouvrages qui sont indiqués dans les *Fleurs des vieux poètes liégeois*, pp. 1-10.

1556

Gregorii Holonii Leodiensis Catharina, tragoedia de fortissimo. S. Catharinae Virginis Doctoris et Martyris certamine. Ad generosum puerum Lancelotum de Berlaymont. *Antverpiae, apud Joannem Bellerum*, 1556. (In fine.) *Typis Aegidii Diest. Antverpiae*, XVI *kal. jul.* 1556.

In-8, de 40 ff. non chiffrés. — C. T.

— Gregorii Holonii Leodiensis Laurentias. Tragoedia de martyrio constantissimi levitae D. Laurentii, Romae sub Decio passi. Ad generosum adolescentem Ludovicum de Berlaymont. *Antverpiae, apud Joannem Bellerum* 1556 (In fine.) *Typ. Aegidii Diest. Antverp. 8. id. jun.* 1556.

In-4, de 36 ff. non chiffrés. — C. T.

— Gregorii Holonii Leodiensis Lambertias. Tragoedia de oppressione B. Lamberti Trajecten. quondam ecclesiae, quae nunc Leodium translata est, episcopi et martyris gloriosissim. Generoso adolescenti Joanni protonotario de Berlaymont nunc primum dicata et edita. *Antverpiae apud Joannem. Bellerum*, 1556. (In fine.) *Typ. Diesthemii*, XI *Kal. jun.* 1556.

In-8, de 40 ff. non chiffrés. Le dernier f. est blanc. — U. C. T.

Ces trois tragédies de Holonius sont souvent réunies dans le même volume. Les dédicaces de ces pièces contiennent des détails curieux sur l'auteur et sur sa famille.

1557

Prognostication pour l'an de Nostre Seigneur 1558, calculée sur le méridien de la très-renommée cité de Liége, par M. Gilles de Buillon, mathématique. *Imprimé à Anvers, en la rue de la Chambre, au Faucon blanc, par moy Jehan Withaye.*

P. in-4, gothique, de 4 ff.

— Missale ad consuetudinem ecclesiae Leodiensis. *Parisiis*, 1557.

In-fol. Cité dans le catalogue manuscrit de la bibliothèque des jésuites de Liége.

1558

Breviarium ad usum Leodiensis ecclesiae, elegantioribus typis excusum, cum hujus ad Robertum a Bergis episcopum Leodiensis epistola. *Antverpiae, in aedibus Joh. Steelsii*, 1558.

In-12. Cité dans les catalogues de Crassier et Vandevelde.

— Breviarium secundum usum Leodiensis ecclesiae, novis SS. festis et sacri eloquii concordantiis exornatum studio Constantini Lepus. *Antverpiae, in aedibus Joannis Gymnici*, 1558.

In-8, fig. sur bois. Cité dans le catalogue Vandevelde, n° 1576.

— (Breviarium Leodiense).

In 8, à 2 col., en noir et rouge. Au dernier feuillet se trouve l'indication : *Impressum typis Joannis Latii* 1558. Le seul exemplaire connu de cette impression d'Anvers se trouve incomplet et sans titre à la bibliothèque des Bollandistes. Peut-être forme-t-il double emploi avec l'un des deux numéros précédents.

1559

De acidis fontibus sylvae Arduennae praesertim eo qui in Spa visitur libellus, Gilberto Lymborh (sic) autore. *Antverpiae apud Joannem Bellerum*, anno MDLIX.

Ce traité sur les eaux de Spa est fort rare ainsi que les deux éditions françaises et espagnoles qui suivent. Toutes trois ont 14 ff. non chiffrés. Les deux gravures à l'eau forte qui doivent les accompagner manquent ordinairement, mais elles ont été reproduites par M. F. Henaux dans son *Histoire de Spa*. Une édition française parut aussi à Liége en 1577, *Voy.* p. 6.

L'auteur de cet opuscule, Gilbert Fusch, médecin liégeois, est plus connu sous le nom de Lymborch.

Voici le titre des deux autres éditions :

Des fontaines acides de la forest d'Ardenne et principalement de celle qui se trouve à Spa. Par M. Gilbert Lymborh (sic), médecin. *En Anvers chez Jean Bellère* MDLIX.

— 549 —

Tratado breve de las fuentes azedas que nacen al rededor de la selva de Arduena y principalmente de la d'el lugar llamado vulgarmente Espa que es la fuente que suelen dezir de Lieja. Por el doctor Gilberto Limborh medico. *Impresso en Anvers en casa de Juan Bellero MDLIX.* — T.

— Prognostication pour l'an de nostre Seigneur 1560, calculée sur le méridien de la très-renommée cité de Liége, par M. Gilles de Buillon, mathématique. *Imprimé à Anvers, chez Jehan Withage, l'an* 1559.

P. in-4, goth., de 4 ff.

1565

Lamberti Lombardi apud Eburones pictoris celeberrimi vita, pictoribus, sculptoribus, architectis, aliisque id genus artificibus utilis et necessaria. *Brugis Fland., ex officina Huberti Goltzii,* MDLXV.

In-8, de 37 pp. et 1 ½ f. non chiffré. Cette vie de Lambert Lombard, célèbre peintre de Liége, écrite par Dominique Lampson, peintre et poëte de Bruges et secrétaire de trois évêques de Liége, est extrêmement rare. Déjà, en 1603, Charles Van Mander, et depuis, en 1675, Joachim Sandrart, avouent qu'ils n'ont pu en trouver un exemplaire, afin d'y puiser des matériaux pour la notice de la vie de Lambert Lombard qu'ils nous ont donnée. On voit au commencement un portrait de cet artiste sans nom de graveur, mais probablement gravé par Lambert Suavius, son élève.
On ne connaît que trois exemplaires de ce livre. Le premier appartenant à M. de Cler, de Liége, fut acheté en 1802, par M. Van Hulthem, qui y ajouta un second portrait de Lombard et le portrait de Lampson. Il est maintenant à la bibliothèque royale de Bruxelles. Le second exemplaire fait partie de la collection de M. Henri Helbig et le troisième de la collection Parmentier.

1566

A. F. (Andreae Fabricii) Leodii, Religio patiens. Tragoedia qua nostri seculi calamitates deplorantur et principes causae quibus miserè nunc affligitur Christi ecclesia reteguntur. Ad Pium Quintum, pontificem maximum. *Coloniae, M. Cholinus,* MDLXVI.

P. in-8, de 102 pp., décrit par M. Helbig dans le *Messager des sciences,* 1864. — C.

1567

Evangelia et epistolae quibus in Leodiensi, Trajectensi et Coloniensi ecclesia dominicis et festis diebus utimur, pereruditis Hermanni Torrentii et Georgii Macropedii scholiis illustrata. *Antverpiae G. Silvius,* 1567.

In-8. Indiqué dans le *Bulletin du bibliophile belge,* t. XVIII, p. 141.

— Libellus Apocalipseos Joannis Evangeliste elegiaco carmine juxta textum redditus, authore Joanne Boyoul, Leodiensi, camerae imperialis notario. 1567.

In-4, de 32 ff. non chiffrés, sans indication de lieu ni d'imprimeur. Ce volume est imprimé en Allemagne. Au dernier feuillet se trouvent trois petites gravures sur bois. — T.

1568

Practica criminalis canonica in qua omnia flagitia quae a clericis committi possunt cum eorum poenis describuntur, Joanne Bernardo Díaz de Luco episcopo Calaguritano et Carolo V Caesari à consiliis authore, cum annotationibus D. Joannis Huetii J. C. officialis et sigilliferi Leodiensis. *Antverpiae apud Joannem Bellerum sub aquila aurea,* 1568.

P. in-12, de 484 pp., 8 ff. table. — T.

1569

And. Fabricii, Leodii, Evangelicus fluctuans. Tragoedia qua proposito erratici hominis paradigmate, haeresum vanitas haereticorumq. fraudes percurruntur; ac simul clarum efficitur non esse ulli spem aeternae salutis relictam, qui coetui catholicorum se non aggregarit : quibus scilicet hoc proprium est ut doctrinae suae originem ad Apostolos virosq. apostolicos per continuatam temporum seriem referre possint. *Coloniae, apud M. Cholinum,* 1569.

P. in 8, de 92 pp. — A.

— Andreae Fabricii, Leodii, Samson, tragoedia nova ex sacra Judicum historia desumpta, premissis ad ejus illustrationem insignibus orthodoxorum Patrum sententiis. *Coloniae, apud Maternum Cholinum*, anno MDLXIX.

P. in-8, de 8 ff., 140 pp. Ces deux pièces de Fabricius ont été décrites par M. Helbig, dans le *Messager des sciences* de 1864. — A.

— Andreae Fabricii Leodii Jephte, tragoedia. *Coloniae*, 1569. In-8.

— Satyra contra impudens Jacobi Andreae Schmidlini de Lutheranorum concordia mendacium. Item spongie adversus fallaces Wolfgangi Martii privati Augustae ludimagistri ineptias et contra Jacobi Andreae Schmidlini calumnias sive aspergines. Auctore Hannardo Gamerio, poeta laureato et comite palatino caesareo, catholicorum principum, Philippi Hispaniarum regis in Hollandia vasallo et D. Alberti utriusq. Bavariae ducis per Belgium ministro. *Coloniae, N. Graphaeus*, 1569.

P. in-8, de 88 ff. non chiffrés. Les 40 derniers feuillets se composent des *Satirae sex evangelicae*, du même auteur. — A.

1570

Catechismus Romanus ex decreto concilii Tridentini et Pie V pontificis maximi jussu primum editus. Nunc vero luculentis quaestionibus, quae mox rei propositae materiam oculis subjiciant distinctus, brevibusq. annotatiunculis elucidatus studio et industria Andreae Fabricii, Leodii, illustrissimorum principum Alberti et Ernesti ejus filii, comitum palatinorum Rheni ac utriusque Bavariae ducum consiliarii. *Antverpiae, ex officina Christophori Plantini*. MDLXX.

In-8. Réimprimé : *Anvers, Plantin*, 1574, in-8, de 11 ff., 470 pp. et 118 ff. table. — *Anvers, Moretus*, 1619, in-8. — *Cologne*, 1611, in-8 — T.

1571

Andreae Bacci Elpidiani medici et philosophi de Thermis libri VII, in quo agitur de universa aquarum natura, de lacubus, fontibus, fluminibus, de balneis totius orbis, etc. *Venetiis apud, Vinc. Valgrisium*, 1571.

In-fol. Première édition de cet ouvrage où il est parlé des eaux de Spa. Une autre édition parut chez le même, en 1588, in-fol. — T.

1572

Harmoniae, quae nulla est, confessionis Augustanae cum doctrina evangelica consensum declarans, liber. Auctore Andrea Fabricio, Leodio. *Coloniae, Maternus Cholinus*, 1573.

In fol. Réimprimé chez le même, en 1587, in-fol.

1573

Guidonis de Monte Rocherii enchiridion sacerdotum, studio Ant. Ghenart pristino nitori restitutum, item ejusdem ritus celebrandi missam juxta consuetudinem ecclesiae Leodiensis. *Antverpiae*, 1574.

In-16. Cité dans le catalogue Vandevelde, n° 4184.

— Sacrarum heroidum libri tres, in quibus praeter alia plurima quae ad intelligendas veteri et novi Testamenti historias, et pietatis incrementum conferunt, studiosae juventuti utilia scituque dignissima continentur. Autore Andrea Aleno Eburone. Adjectus est in fine epistolarum index. *Lovanii, apud Rutgerum Velpium, bibliopolam juratum, sub castro angelico*. Anno 1574.

In-8, de 148 ff. chiffrés et 2 ff. table. Au dernier feuillet se trouve la grande marque de Velpius et sur le titre la petite marque de l'imprimeur. Ce livre se compose de lettres en vers élégiaques sous le nom de la plupart des saintes de l'ancien et du nouveau Testament. Il y en a aussi quelques-unes dont les sujets sont pris de l'histoire ecclésiastique. Alenus, alors recteur du collège de Hasselt, s'est proposé pour modèle les Héroïdes d'Ovide, mais il est fort au-dessous de son original. M. Helbig a analysé ce volume rare dans le *Messager des sciences*, 1860, p. 91. — U. T.

1575

L. Houthem, absoluta conficiendorum versuum methodus. *Lovanii, Rutg. Velpius*, 1576.

In-8. Cité dans le catalogue Rymenans, n° 2718.

1577

In natalem Redemptoris humanae conditionis oratio per F. Libertum Houthem Leodium Hieronymianae professionis poetam laureatum. *Antverpiae, ex offic. Chr. Plantini.* MDLXXVII.

In-8, de 11 pp. et 2 ff. blancs. Réimprimé à Anvers, à l'Imprimerie plantinienne, en 1627, p. In-8, de 12 pp., en caract. italiques. — T.

— Philippi Besansonii, doctoris medici, de Arduennae silvae duorum admirabilium fontium effectibus admirabilibus dialogus. *Parisiis, P. Cavellat* MDLXXVII.

In-12. Ce petit volume, qui traite longuement des eaux de Spa, est de la plus grande rareté, ainsi que l'édition française publiée sous le titre suivant : Petit traité des merveilleux effects de deux admirables fontaines de la forest d'Ardenne et le moyen d'en user à plusieurs maladies, pris du latin de maistre Philippes Besançon, docteur en médecine, et mis en françois par Martin le Febvre, chirurgien à Illiers, en Beauce. *Paris, chez P. Cavellat,* MDLXXVII. In-12, de 29 pp. — C.

— Épitres belgiques par lesquelles est discouru de la cause et du progrès des troubles qui de présent règnent en France. *A Rheims, pour Jean de Foigny, à l'enseigne du Lion,* 1577.

In-8, non paginé, dern. sign. K.iij. La première de ces lettres est adressée à l'évêque de Liége, pour l'engager à être médiateur entre les états des Pays-Bas et don Juan d'Autriche. Ce petit volume est rare et curieux. — T.

1578

Omnium archiepiscoporum Coloniensium ac Treverensium a primis usque ad modernos catalogus brevisq. descriptio. Suffraganeorum item coepiscoporum Coloniensis metropolis, id est Leodien., Ultrajecten., Monasterien., Osnaburgen., Mindensium enarratio. Summorum quoque pontificum qui ex Germania orti fuere series. Collectore F. Petro Kratepolio, minorita sacrae theologiae baccalaureo. *Coloniae Agrippinae, apud Godefridum Kempensem, anno* MDLXXVIII.

In-8, de 215 pp. La chronique des évêques de Tongres et de Liége comprend les pp. 106-140. Voy. 1580. — M.

1580

Electorum ecclesiasticorum, id est Coloniensium, Moguntinensium ac Trevirensium a primis usque ad eos qui jam praesident catalogus. Item succincta rerum a singulis gestarum narratio. Episcoporum item qui sub archiepiscopatu Coloniensi subsunt, id est Leodiens. Ultrajectens ... series ... operâ F. Petri Merssei Cratepolii minoritae. *Coloniae, apud Godef. Kempensem,* 1580.

In-8, de 8 ff., 454 pp. L'histoire des évêques de Tongres et de Liége se trouve aux pp. 298-353. Seconde édition de l'ouvrage précédent. — T.

— Démonstration par laquelle clairement s'apperçoit qu'on ne se doit nullement transporter à la novelle prétendue religion et les allichemens desqueles usent ce jourd'huy les hereticques à l'endroit des simples pour les seduir et pervertir. Le tout traité par forme d'épistre contenant la confutation de plusieurs poincts des hérésies modernes. Par M. Libert Houthem. *A Mons en Hainault, chez Rutger Velpius, imprimeur juré,* 1580.

In-8, de 16 ff. non chiffrés. — Bibliothèques de l'Université de Louvain et de R. Chalon.

— KAKOΓEITNIA seu Mala Vicinia, libellus vicinos malos velut catalogo recensens, quidq' ab ipsis vel commodi vel incommodi expectare liceat obiter demonstrans. Per D. Libertum Houthem Leodium poetam laureatum. *Montibus Hannoniae, apud Rutgerum Velpium, typog. jurat.* MDLXXX.

In-8, de 16 ff. non chiffrés. Livre très rare. L'auteur de cette facétie, né à Tongres, était alors régent du collège de Houdain, à Mons. — Bibliothèques de M. Chalon et de l'auteur.

1581

Salomonis regis de duabus meretriculis judicium κωμικως versu iambico tractatum. Authore D. Liberto Houthem, poeta laureato. *Montibus, ex offic. Rutgeri Velpii,* 1581.

P. in-8, de 28 ff., sans pagin. Comédie en 5 actes, citée dans le catalogue de Soleinne, t. I, p. 66.

— Laetus introitus Serenissimi principis Ernesti Bavariae, electi episcopi Leodiensis. *Sylvaeducis, typis Joannis Turnhout,* 1581.

In-4. L'auteur est Barthélemi Honoré, chanoi. à ce Floreffe.

1583

Statuta Ernesti Leodiensis episc. anni 1582. *Lovanii*, 1582.

In-4. Cité dans le catalogue Verdussen, 1776, t. I, p. 28.

— Copie van het placcaet van d'inquisitie ghemaeckt ende ghepubliceert by den nieuwen bisschop van Luyck. Midtsgaders een christeliicke waerschouwinghe aen de inwoonders des landts van Luyck ende alle andere goedthertighen … *T'Hantwerpen, ten huyse van Jasper Troyens, woonende op de Calte Veste, in den Tennen pot. Anno 1582.*

In-4, de 4 ff., caract. goth. Sur le titre, au-dessous de citations empruntées à la Bible, se trouve un écusson surmonté de la thiare papale et des clefs, et entouré d'une guirlande. Dans l'intérieur de l'écusson on lit : D'Inquisitie van Luyck.

Cet édit n'a pas été reproduit dans le recueil de Louvrex. On ne connaît que trois exemplaires de cette plaquette. — A. T.

1583

Didactici generis oratio, prolectamenta designans. Quibus haeretici suam causam promovent, simulque rationem aperiens cur illis prorsus nihil tribuendum sit. Authore D. Liberto Houthem, poeta laureato. *Montibus excudebat Rutgerus Velpius*, 1583.

P. in-8, de 32 ff. non paginés. Ouvrage dirigé contre la réforme religieuse du XVIe siècle. — Bibliothèque de R. Chalon.

— Ficulneorum Auriaci principis auxiliorum, quibus hereticae factionis urbes tenere nituntur, demonstratio. Concinnata per D. Libertum Houthem, poetam laureatum. *Montibus excudebat Rutgerus Velpius*, 1583.

In-8, de 36 ff. non paginés. Satire en vers contre le prince d'Orange et les protestants français, sur l'appui desquels comptaient les villes ennemies de la domination espagnole. — Bibliothèques de Bruxelles et de R. Chalon.

— Reverendissimi ac serenissimi principis Ernesti utriusque Bavariae ducis in Leodiensium principem Χιροτονια illiusque in suam civitatem ac reliquas Leodinae patriae urbes solemnis inauguratio. In quibus omnibus praeter optimi principis, populiq. officiosissimi mutua studia, variae etiam Eburonum provinciae antiquitates caeteraq. id genus memoratu digna tum carmine tum soluta oratione explicantur. His accessit tractatus de Boiorum origine, rebus gestis et Bavariae praestantia. A Johanne Polito Leodio. *Coloniae Agrippinae, apud Joannem Gymnicum sub Monocerote.* MDLXXXIII.

P. in-8, de 8 ff., 113-5 pp. Relation de fêtes et de cérémonies, semée de détails curieux. On trouve dans les liminaires quelques poésies latines et des vers français d'André de Somme, poëte liégeois. — S. B. T.

1584

Des fontaines de Pougues en Nyvernois, de leur vertu, faculté et manières d'en user ; discours qui peut servir aux fontaines de Spa et autres acides de mesme goust. Ensemble un avertissement sur les bains chauds de Bourbon-Archambault. *Paris, Nic. Nivelle*, 1584.

In-8. Ce volume fut réimprimé à Poitiers, chez Blanchet, 1597, in-4, et à Nevers en 1598. L'auteur, Jean Pidoux, était médecin d'Henri III, roi de France.

1585

Jeroboam rebellans. Tragoedia per quam funesta ex sacra Regum et Paralipomenon historia ; successus et miserandos fructus earum defectionum et schismatum quae nostris temporibus in religione emerserunt, sub illustri quodam typo in prospectum adducens. Unde pii omnes facile collegerint quibus potentissimum ex causis tam horrendae vicissitudines in regnis christianorum hactenus eruperint. Auctore Andrea Fabricio Leodio, doctore theologo … *Ingolstadii, ex officina W. Ederi*, 1585.

P. in-8, de 16 ff., 95 pp. Décrit par M. Helbig dans le *Messager des sciences* de 1864.

1588

Panegyrici ad christiani orbis principes necnon et Ubiorum ac Eburonum aulae primores familiaresque conscripti. His praeter varia epigrammata accesserunt versus chronographici, cum notabilium quarumdam rerum tum vero praecipuorum Coloniensis belli eventuum ad certissimam temporis rationem indices. A Joanne Polito, Leodio, artium et j. u. doctore, serenissimi Bavariae ducis Ernesti, electoris Coloniensis, Eburonum monasteriensium, etc., principis, historico. *Coloniae Agrippinae, apud Godefridum Kempensem. Anno MDLXXXVIII.*

In-4, de 101 pp. Les liminaires contiennent des poésies latines adressées à l'auteur. Le poëme le plus important de ce curieux recueil est une courte histoire de Liége, depuis César jusqu'à son temps. Il est suivi d'autres poésies dont plusieurs sont adressées à des Liégeois : Henri Adornes, official de Liége, Georges de Méan et Lambert Voet, alors bourgmestres, Jean Jugie et Pierre Oranus, J. C., Wynand de Wingart, prévôt de Liége, Nicolas de woestenraedt, chanoine de Liége, Jean d'Anstenraedt, chanoine de Liége, Nicolas Lampson, Jean Wamèse, etc. L'ouvrage se termine par des chronogrammes en l'honneur d'Ernest de Bavière, à qui le livre est dédié. — T.

1590

Ordonnances et statuts de Son Altesse sur le règlement de la justice, en son pays de Liége. *A Mons, de l'imprimerie de Charles Michel, en la rue des Clercs,* 1590.

In-8, de 7 ff., 64 pp. — S.

— Breviarium secundum usum ecclesiae Leodiensis. *Antverpiae,* 1590.

In-4.

1591

Epistola Leodiensium adversus Paschalem II pont. max. anno Domini 1107 scripta. *Caesaroduni Turonum, Jametius Messorius,* 1591.

In-8. Je trouve également la mention suivante qui prouve l'existence d'une édit. française : Épître des Liégeois, tirée du deuxième tome des Conciles, par Sigebert. *Tours,* 1591, in-8.

Enfin cette lettre fut de nouveau publiée à Paris sous le titre de : Lettre de l'église de Liége au sujet d'un bref de Paschal II, mise en françois par M. Gerbais, docteur de Sorbonne et professeur du roi. *Paris, Frédéric Léonard,* 1697, gr. in-12, de 62 pp.

1592

Petit pourmain dévotieux contenant plusieurs oraisons appropriées aux jours solennels de l'année, par damoiselle Barbe de Porquin, espouse au Sr de Roly. *Anvers, chez Gilles Beys, en la petite imprimerie de Plantin,* 1592.

In-12. Livre très-rare. — Bibliothèque de M. Van Havre, à Anvers.

1594

Statuyten ende ordinantien ghemaect by den seer eerweerdighen ende doorluchtighen heere, mynen heere Gheraerdt van Groisbeke, priester, cardinael, bisschop van Luyck, prince des heylichs Ryex, hertoghe van Bouillon, marcgrave van Franchimont, grave van Loon, etc. Op de stiel, maniere van procederen ende administratie van der justitie te observeren, by ende voor de weerlycke hoven ende bancken van desen Z. G. lande van Luyck, ghetranslateert vuyter walscher in duytscher spraken, by M. Jannen Seronx, greffier des oppergherichts der stadt ende slandts van Luyck ; voors. ghevisiteert ende ghecorrigeert by den eer. ende wel gheachten Jannen Jugius der rechten doctoor, raedtsheer van den secreten rade, ende schepene des oppergherichts Luyck voorseyt ; by ordinantie ende speciale commissie van Z. H. Ernesto, by der gratien Gods, bischop ghecoren ende gheconfirmeert, eertsbisschop tot Colen, des heylighen roomschen Ryex door Italien eertscancelier, gheconfirmeert bisschop van Luyck, etc., ende ten versuecke van den ghedeputeerden der staten van desen Z. H. lande voorschreven. *Tot Loven, by Jacob Heyberch, ghesworen boeckprinter den Cons. Majest. Anno* 1594.

In-4, de 53 ff. chiffrés et 3 ff. non chiffrés de table, imprimé en caract. goth. — U. C. T.

— Apologia Petri Stevartii, Leodii, pro societate Jesu, contra historiam ordinis Jesuitici a Polycarpo Leysero editam. *Coloniae Agrippinae, Henr. Falckenburg,* 1594.

In-4.

XVIIe SIÈCLE.

1601

Nobiliss. ac illustriss. viro Carolo Billaeo equiti aurato domino temporali de Vierse et Hartelstein advocato fisoi Caesar. Majest. consiliario, ac serenissimi Ernesti Bavariae ducis, Colon. elect. et Leodiensis episcopi ac prin. à consiliis secretis. S. D... Disputatio juridica de appellationibus pro doctoratus laurea in utroque jure consequenda. Has theses in publico juris auditorio disputandas proponit Aurelis, Petrus Motmans Leodiensis. Anno cIɔ.Iɔ.cII. Die 23 decemb.

Placard in-folio. — U.

1602

Le grand palais de la miséricorde orné et tapissé de belles et riches pièces des VII œuvres de l'aumosne temporelle pour esguillonner un chacun à la charité envers les nécessiteux et malades. Divisé en deux parties. Par F. Nicolas Gazet, religieux de S. François. *Douay, Baltazar Bellère.*

2 vol. in-8, le premier de 40 ff., 884 pp., le second de 670 pp. Avec frontispices et gravures dans le texte. Ouvrage rare qui renferme les discours prononcés par Gazet à l'hôpital de Bavière, à Liége. Le livre est dédié à Jean Curtius, seigneur d'Oupeye, Vivegnis, Hermalle, etc. Il est orné de gravures de J. Waldor, on y trouve également « l'Institution de la confrérie de la miséricorde en la grande, ancienne et noble cité de Liége sur Meuse. » — T.

1603

Wederlegginge eens briefs geschreben by sekeren doctoor des ordens van S. Augustin binnen Luyck. Mitsgaders de redenen ontleent van Robert Bellarmyn, dienende tot bevestinghe van de aenroepinghe der heylighen. Eerst in franchoys ghestelt by Johannes Polyander, dienaer des godlycken woorts, in de fransche gemeente, tot Dordrecht. Ende nu in de nederduytsche sprake, overgeset door Johannes Van der Becque dienaer des godlycken woorts, in de ghemeente Christi, op den Clundert. *Leyden, by Jan Bouwens, voor Jasper Troyens.*

In-8, de 210 pp. Ce livre paraît être une réponse à une lettre que Jean de Glen, religieux augustin liégeois, aurait écrite à un Liégeois habitant Dordrecht et qui voulait embrasser le protestantisme. — T.

— La vie et miracles de Monsieur S. Servais, évesque. Extraict hors sa légende, nouvellement corrigée et augmentée. Son très-saint corps repose à Maestrecht, emprès de Liége. *A Maestrecht, chez Gilis Zwevezeele, libraire.*

In-4, de 4 ff. Avec gravures sur bois sur le titre et au dernier feuillet. — T.

1604

Henrici Seduli. Diva Virgo Mosae-Trajectensis. De civitate Mosae-Trajectensi et divae Virginis imagine. De sacrarum imaginum antiquitate, usu et fructu ad sensum ecclesiae. De supplicationibus sive processionibus ecclesiasticis, et nonnullis aliis ritibus, priscis ac novis. Admiranda a divae Virginis imaginibus superioris aetatis. A diva Trajectensi miracula aevi nostri ex fide scripta. *Antverpiae, ex offic. Plantiniana.*

In-8. — U.

— Histoire orientale des grands progrès de l'église cathol., apost. et rom., en la réduction des anciens chrestiens dits de S. Thomas, de plusieurs autres schismatiques et hérétiques à l'union de la vraye église, conversion encore des mahométains, mores et payens, par les bons devoirs du R^{me} et illust^{me} Sr Don Alexis de Meneses, de l'ordre des Eremites de S. Augustin, archevesque de Goa et primat en tout l'Orient. Composée en langue portugaise, par le R. P. F. Antoine Govea, et puis mise en espagnol, par vénérable P. F. François Munoz, et tournée en françois, par F. Jean-Baptiste de Glen, docteur en théologie; tous religieux du même ordre. *Bruxelles, par Rutger Velpius.*

In-8, de 22 ff., 748 pp. Les liminaires contiennent des poésies de Melchior de Daelhem et Henr. Ch. de Dongelberghe. Cet ouvrage doit toujours être suivi de :

La messe des anciens chrestiens dicts de S. Thomas, en l'évesché d'Angamal, ès Indes orientales : repurgée des erreurs et blasphèmes du nestorianisme par l'illust^{me} et rév^{me} S^r don Alexis de Meneses. .. Traduite *de verbo ad verbum,* du syriaque ou surien, en langue latine. Y prémise une remonstrance catholique aux peuples des Pays-Bas des fruits et utilité de la précédente histoire et de la messe subséquente, par F. Jean-Baptiste de Glen, Liégeois... *Bruxelles, Rutger Velpius,* 1609, in-8, de 6 ff., 123 pp. et 2 ff. errata.

L'Histoire orientale existe aussi sous la rubrique : *Anvers, Hieroume Verdussen,* 1609. C'est une simple différence de titre.

L'ouvrage de Govea parut à Coimbre, 1606, in-fol. La Serna reproche à De Glen d'avoir omis dans sa traduction le synode diocésain, tenu à Diampez, en 1599. — U.

1610

Miracle faict par le bienheureux père Ignace, fondateur de la compagnie de Jésus, en la ville de Bourbourg, diocèse de Saint-Omer, le 15 de juillet de ceste année mil six cens dix, et authentiqué par Monseigneur le Révérendissime (sic) dudit lieu. *A Rouen, chez Adrian Ovyn, jouxte la copie, imprimée à Paris par* *Pierre du Crocq, et à Liége, par Léonard Streel.*

P. in-8, de 12 pp. Avec approb. de Jean Chapeauville, vicaire général de Liége. — T.

— Onosandri strategicus sive de imperatoris institutione, graecè et latinè, notis sive dissertationibus Joannis a Chokier, patricii Leod., J. U. doctoris, illustratus. *Romae.*

In-4. Rare.

1612

Jodocus Scharschmidt. Eulogistica congratulatio ser. et rev. principi D. Ferdinando archiep. Coloniensi, episcopo Leodiensi. *Coloniae.*

In-4. Ces poésies latines fort rares ne sont qu'acrostiches et anagrammes des plus curieux.

— Vita S. Alberti, cardinalis, episcopi Leodiensis et martyris; ex manuscriptis chronicis Aegidii Leodiensis, Aureae Vallis monachi, primum depromptu; et auctario, ex variis scriptoribus sumpto, illustratae : studio et cura Auberti Miraei S. theol. licent. et canon. Antverp. .. *Antverpiae, David Martinius.*

In-fol., de 24 pp. Le Mire détacha cette vie du recueil de Chapeauville, dont le premier vol. venoit de paraitre et la publia à l'occasion de la translation du corps de saint Albert, de Rheims à Bruxelles, où l'archiduc Albert le plaça dans la nouvelle église des Carmélites déchaussés, le 11 décembre 1612. — U. B

1613

La vie martyre, eslevation, translation et miracles de S. Albert, cardinal et évesque de Liége, fils de Godefroy III duc de Brabant, extraicte de l'histoire de Gilles de Liége, moyne d'Orval, l'ordre de Cisteaux. Ensemble l'eslevation du sacré corps faicte en la ville de Rheims, à l'instance de Son Altesse Sérénissime, en présente de noble homme M. J. B. Gramay, prévost d'Arnhem, etc., député et envoyé de par Son Altesse. Et ce qui s'est passé depuis l'eslevation et translation ez ville où le sacré corps a passé jusques en la ville de Bruxelles. Traduicte de latin en françois par Christofle Beys. *A Lille, de l'imprimerie de Christofle Beys.*

P. In-8, de 64 pp. et 3 ff. — T.

— Vida de S. Alberto, cardenael del titulo de Sa Cruz, obispo de Lieja y martyr. Escrita en latin por Egidio de Lieja, monge del convento de Dorval : con adiciones y notas del licenciado Auberto Mireo, canonigo de Auveres. Traducida en castellano por Fr. Andres de Soto, confessor de la Seren. Infante, y añadidas algunas cosas y la translacion de su santo cuerpo de Reins a Bruxelas, dirigida a la Serenissima Infanta. *En Brusselas, por Roger Velpio y Huberto Antonio, impressores jurados.*

In-8, de 16 ff., 229 pp. Cette traduction espagnole est fort rare. — U. B.

— Le pourtrait du vray pasteur, ou histoire mémorable de S. Albert, évesque de Liége, cardinal du titre de S.-Croix. Dédiée au Serme archiduc Albert, prince des Pays-Bas. Par G. D. R. sieur d'Escoeuvres. *A Paris, de l'imprimerie François Huby.*

In-8 de 16 ff., 448 pp. Avec un très-beau titre-frontispice et un portrait de saint Albert au 16e feuillet. La dédicace est signée G. de Rebreviettes, et les approbations sont datées de 1613. Les liminaires contiennent des poésies françaises de l'auteur. Cet ouvrage rare fut composé à l'occasion de la translation des reliques du saint, faite par l'archiduc Albert. — T.

— Oratio moralis et historia latine concepta et gallice pronunciata in honorem D. Alberti S. R. E. cardinalis nec non ecclesiae Leodiensis episcopi et principis, ac tandem pro ecclesiastica libertate gloriosissimi martyris, in templo nobilium domicellarum collegii S. Aldegondis Malbodii, dum solemniter ejusdem martyris reliquiae a Rhemis in Belgium reducerentur praesentibus ad hoc negotium eximiis viris D. delegato serenissimorum archiduum Belgii necnon deputatis ab illustrissimo domino archiepiscopo duce Rhemensi, postera die quam ab Avesnis adventassent 4 decembris anno 1612. A. F. Nicolao Orano ord. S. Francisci provinciae Flandriae, conventus Avesnensis gardiano. *Duaci, B. Bellerus.*

In-4, de 22 pp.

1614

Joachim Junii aquarum Spadanarum gryphi seu aenigmata. *Lovanii.*

Cité par De Limbourg, dans son *Traité des eaux de Spa.*

— Poema quo Reverendo .. Domino Cornelio Henrico Motman, ad S. Paulum Leodii canonico, in catholica et celeberrima Ingolstadiensium academia pridie idus novemb. anno MDCXIV supremo U. J. doctoratus culmine decorato, debito amicitiae munere gratulabundus applaudebat .. *Ingolstadii, ex typ. Ederiano.*

Placard in-fol. encadré avec anagramme et chronogrammes, signé : Thomas de Selessin, L. L. studiosus. — U.

— Reverendissimo ac Serenissimo principi ac domino. Dn. Ferdinando archiepiscopo Coloniensi .. episcopo Leodiensi ... Cornelius Henricus Motmannus Leodius ac D. Pauli ibidem canonicus. *Ingolstadii, ex typ. Ederiano.*

Placard in-fol. encadré. Thèse sur les testaments, soutenue par Motmann, le 27 octobre 1614. — U.

1615

Ordonnantie van de Ertz-Hertoghen onse souveraine princen opt faict van sekere munte van Luyck by de selve gepermitteert ende te priise ghestelt : ende van andere vremde verboden penninghen met die figuren van dien ende declaratie van de weerde der selver. *Antwerpen, Hieronymus Verdussen.*

In-4, de 16 ff., avec nomb. fig. de monnaies. — T.

1616

Commentarius de vita et rebus gestis S. Walpurgae, virginis, abbatissae monasterii in Heidenheim, etc., ex Philippo episcopo Eystettensi concinnatus. Item de miraculis ejusdem S. Virginis libri quatuor Ae Wolffardo Hasenrietano presbytero. Omnia nunc primum in lucem vel omnino vel integrius edita, studio P. Stevartii, Leodii, S. T. doctoris, professoris et cancellarii academiae Ingolstadiensis, parochi Mauriciani, canonici Leodiensis, etc., cum notis et notationibus. *Ingolstadii ex typogr. Ederiano.*

In-4, de 8 ff., 186 pp. La préface contient des détails intéressants sur la vie de l'auteur. — U. T.

1617

D. Mauricius Thebaeae legionis dux et signifer, jam olim a S. Eucherio episcopo Lugdunensi XX, nunc iterum a Petro Stevartio Leodio, SS. Theol. D. professore et procancellario Ingolstad. et ibidem ad. D. Mauricii parocho, etc., in theatrum productus et Seren° principi ac domino Maximiliano comiti palatino Rheni, utriusque Bavariae duci, etc., consecratus cum notis et notationibus. Accessit etiam officium S. Mauricii ... *Ingolstadii ex typog. Ederiano.*

In-4, de 10 ff., 118 pp., 4 ff. table et 24 pp. pour l'office du saint. — U. T.

— Newe zeitung. Warhafftige Beschreibung von zweyen newen Propheten welche newlicher Zeit in die Stadt Lüttich ankommen, allda sie 8 Tagen mit blossem Haupt, unnd barfuss, in die Stadt durch alle Strassen gangen und dem volck geprediget, sie auch zur Busse vermahnet. (In fine.) *Gedruckt im Jahr 1617.*

In-4, de 4 ff., caract. gothiques. Sur le titre se trouve le portrait d'un de ces prophètes. L'histoire de ces deux prophètes qui viennent à Liége exhorter le peuple à la pénitence, paraît être de pure invention. Aucune chronique n'en parle, et cependant, si ce fait eût été vrai, il n'eût pas manqué de faire sensation. Ce récit n'est probablement qu'une fable qu'un imprimeur des bords du Rhin a publiée, pour amuser la pieuse crédulité des habitants du pays, et dont il a eu soin de placer la scène à Liége, pour qu'on ne fût pas tenté d'aller vérifier l'exactitude du fait. — F.

1618

Le parterre de l'âme émaillé d'une grande variété ... *Anvers, Verdussen.*

In-12. Les biographes qui ont écrit en latin citent ce volume sous le titre suivant : *Hortulus animae variis et amoenissimis orationum flosculis consitum.*

Ce livre de prières, écrit en flamand par une liégeoise, Idelette de Grez, épouse de Lambert Wout de Trixhe, fut traduit en français, sous le voile de l'anonyme, par Charles Véron, augustin, liégeois, qui le fit suivre d'un opuscule de sa façon : *Traité de la paix de l'âme,* et qui publia le tout, à Anvers, chez Verdussen, en 1618.

— Recerche (sic) des choses mémorables de S. Hubert, premier évesque de Liége, apostre d'Ardennes, qui servira à escrire son histoire. *A Toul, par Seb. Philippe. Jouxte la copie latine imprimée, Leodii, typ. Ch. Ouwerx.*

In-4, de 4 ff. — U.

1619

Calendriers du chapitre de la cathédrale de Liége.

M. Bormans a publié, en 1867, dans le tome II du *Bibliophile Belge,* une notice sur ces calendriers. Il divise cette publication en quatre séries approximatives et de la manière suivante :

1° 1620-1625. Le premier calendrier, publié en 1620, aurait été dessiné par Jean Bourchardt, Liégeois, et imprimé en taille douce par Gérard Altzembach, à Cologne. Ce calendrier, de petit format, contenant les armoiries des tréfonciers, aurait été accompagné d'un plan de Liége;

2° 1625-1647. Hauteur 89 centim., largeur 40 cent. En tête les armes de l'évêque et de la principauté, surmontées probablement d'un plan de Liége, au centre le calendrier, accompagné des armes des chanoines ;

3° 1647-1736. Le calendrier de 1663, qui se trouve aux archives de Liége, a 1 mètre 21 centim. de hauteur et 0,58 centim. de largeur. L'inscription suivante se lit en haut, sur une seule ligne : *Leodium nobilissima Eburonum et totius inferioris Germaniae celeberrima civitas.* Au dessous sont représentés saint Hubert, saint Lambert et saint Materne avec la Vierge Marie, les armes de la principauté et de l'évêque et un plan de Liége très-bien gravé. Au milieu, le calendrier accompagné des armoiries des chanoines, et portant le titre suivant : *Almanach pour l'an de nostre Seigneur,* MDCLXIII. En bas, on lit dans un cartouche : *Nomina, cognomina et insignia rever. admodum perillustrium et generosorum DD. canonicorum cathedralis ecclesiae Leodiensis.* Le calendrier se termine par l'indication : *A Cologne (sic), chez Guillaume Altzenbach, marchand au cloytre des freres mineurs.* On trouve sur le calendrier de 1698 l'inscription suivante, qui prouve que, vers cette époque, l'impression en taille douce de ce calendrier fut exécutée à Liége : *A Liége, chez Antoine Warnotte, en la rue du Pot d'Or*, 1698 ;

4° 1786-1794. Hauteur 1 mètre 52 centim., largeur 0,76 centim. Le calendrier est dessiné à Paris, chez F. Destain et gravé par L. Desplaces, en trois pièces. Celle du haut représente saint Lambert, saint Hubert et saint Materne, adorant la sainte Vierge. En-dessous se trouvent les armes du prince et de la principauté. Celle du bas contient le plan de la ville de Liége. Enfin, celle du centre renferme le calendrier escorté des écussons des trésonciers, gravés sur des planches séparées et qu'on colle ensuite sur le tableau principal. Ces petites planches furent gravées plus tard par des artistes liégeois, entre autres, par Jacoby et Jehotte, et leur tirage se fit à Liége, successivement chez la V° Renardy, J. Fohalle et J. T. Delvaux. L'almanach s'imprimait aussi à Liége. Quant aux trois grandes pièces qui forment le calendrier, faute d'ouvriers liégeois capables, elles furent imprimées d'abord à Paris, puis à Augsbourg.

Un exemplaire colorié de ce calendrier était annuellement affiché dans la sacristie de la cathédrale, mais nous n'avons pu encore en rencontrer de cette espèce. — Archives de Liége, collection de M. le chanoine Henrotte.

— Copie de plusieurs nouvelles de Rome, Venize, Vienne, Prague, Coulongne et autres de ce qui s'est fait jusques à présent. *Paris, jouxte la copie imprimée à Liége, par Christian Ouwerx le jeune.*

P. in-8, de 18 pp. — U.

1620

Tractatus de jurisdictione ordinarii in exemptos deque illorum exemptione ab ordinaria jurisdictione multis pontificum decretis et SS. congregationis illustriss. cardinalium declarationibus illustratus. Auctore Erasmo a Chokier jcto Leodien. *Coloniae.*

In-4. Cet ouvrage eut deux autres éditions : Secunda editio quinta parte locupletata. *Coloniae, J. Kinckius*, 1629, 2 vol. in-4. — Tomi tres quorum tertius complectitur varias additiones ac novissimas S. Rotae R. decisiones, cura et studio Joan. Petri Verhorst. *Coloniae, haeredes J. Widenfeldt*, 1684, 3 vol. in-4. — U.

1621

Historia S. Huberti principis Aquitani ultimi Tungrensis et primi Leodiensis episcopi ejusdemque urbis conditoris, Arduennae apostoli, magni thaumaturgi, conscripta à Johanne Roberti Arduennate Andaïno, societatis Jesus sacerdote, S. Theol. doctore. *Luxemburgi excudebat Hubertus Reulandt, sumptibus monasterii S. Huberti in Arduenna, anno virginei partus* MDCXXI, *reformationis ejusdem monasterii* III.

In-4, de 12 ff., 576 pp. Dédié à l'infante Isabelle et à Nicolas Fanson, abbé de Saint-Hubert. Cet ouvrage, rempli d'erreurs mais assez rare, est divisé en trois parties : la première contient la vie de saint Hubert, donnée par Surius ; la seconde, un traité sur les miracles opérés par le saint, écrit par un moine de Saint-Hubert, vers la fin du XI° siècle ; la troisième renferme diverses dissertations du P. Roberti, dont une très-curieuse sur les personnes atteintes de la rage et guéries par la neuvaine de saint Hubert.

On peut ajouter à cet ouvrage la brochure suivante, qui, du reste, y est réimprimée, pp. 531-539 : Disquisitio historica de rebus sancti Huberti, episcopi Leodiensis, Arduennae apostoli, in subsidium scribendae ejus historiae. *Leodii, C. Ouwerx*, 1618. In-4, de 4 ff. C'est un questionnaire envoyé par Roberti aux savants, pour leur demander des renseignements sur ce travail. Cette brochure fut imprimée aussi en français, en allemand et en flamand. — U. T.

— Apologie chrestienne et catholique contre les déclarations, advis, consultations, emprisonnements, sentences, tortures, bannissements et exécutions faites, escrites et publiées par les jésuites et leurs adhérants, perturbateurs du repos de la cité et pays de Liége. Item, une interlocution de l'âme de Jean Hersin avec l'âme du maréchal de Biron. Dédié à tous vrais et bons Liégeois, ennemis des troubles. Par M. P. D. B. *Jouxte la copie imprimée à Lyon, par Jean Martin, en l'an 1621. Ils se vendent où ils se trouvent.*

In-4, de 18 ff. — T.

— Commentaria in regulas cancellariae apostolicae sive in glossemata Alphonsi Sotto, glossatoris nuncupati. Auctore Joanne a Chockier, ecclesiae cathedralis Leodiensis canonico .... *Coloniae Agrippinae.*

In-4, de 12 ff., 540 pp., sans les tables. La troisième édition de cet ouvrage parut à *Cologne, chez J. W. Friessem*, 1674, in-4, de

6 fr., 540 pp. Cette dernière édition existe aussi sous la date de 1675. — U.

1623

Statuta ordinis Benedictorum pro dioecesi Leodiensi. *Luxemburgi*. In-12.

— Légende de sainct Lambert, évesque et martir, enrichie de deux hymnes, l'un suivant sa vie et l'autre à sa louange, dédiez à Madame Angelique Arnault, très-humble et révérende abbesse en l'abbaye et couvent du Pot (sic) Royal, par Antoine Chériot. *A Paris.*

In-8, de 3 ff., 18 pp. Petit volume rare et curieux par la naïveté des hymnes qu'il contient. — C.

— Roberti Coci, Ecclesiae Leodiensis pastoris, censura quorundam scriptorum quae sub nominibus sanctorum et veterum authorum a pontificiis in questionibus potissimum hodie controversis citari solent, in qua ostenditur scripta illa vel esse supposita vel dubiae saltem fidei. *Londini, excudebat Rich. Field, impensis Guill. Barret.*

In-4.

1624

Advertissements pour Messire Otto Ernest de Brialmont, seigneur de Fraiture, baron de Mortaigne, etc., défendeur. Contre Dame Jenne de Ligne. Anno MDCXXIIII. *Imprimé à Malines, chez Henry Jaey, imprimeur juré.*

In-4, signé : G. Beeckman, J. Méan, G. Blisia, J. Mercantius, B. Candidus. — H.

— P. Math. Pauli, prior erem. St. Aug. De Beclagingen Christi, over de ondanckbaerheyt der Joden en de quade Christenen sermoons-wys uitgheleyt. *Loven, H. van Hastens.*

2 vol. in-12, titre gravé.

— Tractatus de legato. Auctore Joanne a Chokier. *Coloniae Agrippinae, J. Kinckius.*

In-4, de 4 ff., 113 pp , 8 ff. table et errata. — U.

— De advocatis feudalibus tractatus juridicus. Autore Erasmo a Chokier J. C.

Leodiensi. *Coloniae Agrippinae, apud Joannem Kinckium.*

In-4, de 4 ff. lim., 186 pp., et 4 ff. table. Dédié à Arnold de Bocholtz, prévôt de Liége et Tongres. — U.

— Annalium de vita et rebus gestis illustrissimi principis Friderici II electoris Palatini, libri XIV, authore Huberto Thoma Leodio ejusdem consiliario, diu multumque desiderati et jam primum in lucem emissi. Inveniet in hac historia lector mira multa et quae non tantum delectare sed et erudire ac instruere possint. Addidimus plerorumque regum et principum, quorum inprimis mentio in hoc opere fit, icones tabulis aeneis expressas. *Prostat Francofurti, in officina Johannis Ammonii.*

In-4, de 4 ff., 308 pp., 10 ff., avec portraits dans le texte et frontispice gravé. L'ouvrage fut réimprimé à Francfort, 1665, in-4. Enfin Nicolas Clénard en inséra des extraits dans ses *Epistolae,* imprimées à Hanovre, 1616, in-12.

— Hollandoise servitude d'Égipte (sic). Démonstrée en ung colloque, tenu à Spa, entre ung Hollandois et un Brabançon, escrit par l'auditeur en flammen et traduit en françois. *A Neutre-ville, chez Estienne Bras-fort.*

P. In-8, de 74 pp. Pamphlet curieux. — T.

1625

Signes effroyables nouvellement apparus sur la ville et rivière de Londres en Angleterre, ensemble la ruine des maisons et boutiques de Londres et descouvert plusieurs corps morts, quy remplit de crainte et tremblement les royames (sic) d'Escoces, d'Irlande et d'Engleterre, le 27 de juin 1626. *Jouxte la copie imprimée à Liége, avec permission.*

P. in-8, de 16 pp. — T.

1627

Urbano VII. pont. opt. max. benefactori ... Cornelius Henricus Motmannus. J. U. D. Germanus ... infrascriptas conclusiones tueri conabitur. *Romae, ex typ. J. Mascardi.*

Placard in-fol., encadré, avec les armoiries

du pape à l'en-tête. Thèses juridiques soutenues le 4 juin 1627. — U.

1628

Lambertiade, tragicomédie en laquelle seront mis sur le théâtre les plus beaux traits de la vie et mort du glorieux S. Lambert, évêque de Mastricht et de Liége. Par les escolliers du collége de la comp. de Jesus, à Lux(embourg), en la sale dudit collége, le 12 septembre 1628. *A Luxembourg, chez Hubert Reulandt.*

In-4, de 13 pp.

1630

D. Servatii Tungrensium, Trajectensiumque episcopi electio, protectio, gloria, Reverendissimo Domino D. Servatio Quynckero septimo Brugensium episcopo initiato inauguratoque dicata, exhibita a juventute collegii Brugensis societatis Jesu. *Brugis, excudebat Nicolaus Breyghelius.*

In-4, de 16 ff., fig. Parmi ces poésies il y en a une en grec.

— Bruylofts-liedt van Jesus en Maria, gedicht op Salomons Sangen, ghedeylt in vyf vertooninghen... Door P. F. Matthias Pauli, prior der eremyten van S. Augustyn, tot Loven. *Loven, by Corn. Coenesteyn.*

In-8, avec front. gravé sur cuivre. — T.

— Refutatio per modum informationis duntaxat pro parte serenissimi electoris Coloniensis, principis Leodiensis, utriusque Bavariae ducis, etc., oppositionum civitatis suae Leodiensis seu potius quorundam ecclesiae suae et civitatis quieti et tranquillitati male affectorum, contra plures S. Caes. Majestatis sententias et executoriales etiam arctiores cum earundem assertione jurisque et aequitatis rerum judicatarum amplissima demonstratione. *Ingolstadii, ex officina Wilhelmi Ederi.*

In-4, de 3 ff., 244 pp. C'est la réfutation de la *Delegatio*, de Rousin, faite par Zorn, conseiller du prince Ferdinand de Bavière. — U. T.

— Cassatio et annulatio omnium et singulorum actorum per burgimagistros et alios civitatis et patriae Leodiensis contra Dominum Ludovicum de Bourbon, electum Leodiensem. *Ingolstadii, W. Eder.*

In-4, titre et 33 pp. Par Zorn, conseiller du prince Ferdinand de Bavière. — U. T.

1632

Abrégé de la vie de saint Hubert, prince du sang de France, premier évêque et fondateur de la ville de Liége et apostre des Ardennes. *A Namur, chez C. Ouwerx.*

In-12, de 23 ff.

1633

La vie du vénérable Pierre l'hermite, auteur de la première croisade et conqueste de Jérusalem, père et fondateur de l'abbaye de Neufmoustier et de la maison des l'Hermites. Avec un brief recueil des croisades suivantes qui contient un abbrégé de l'histoire de Jérusalem, jusqu'à la perte finale de ce royaume. Par le P. Pierre d'Oultreman, de la compagnie de Jésus. *A Valenciennes, chez Jean Vereliet.*

In-8, de 4 ff., 153-66 pp., 10 ff. table, avec le portrait de Pierre l'Hermite. Dédié à Erasme Xhenceval, abbé de Neufmoustier. Cette édition est rare, mais l'ouvrage a été réimprimé à *Paris, chez Louis Boulanger*, 1645, in-12, de 10 ff., 168 pp. pour la vie de Pierre l'Hermite, et 5 ff., 75 pp. pour le recueil des croisades. Avec portrait. — U. T.

— Remonstrantie by den grave van Warfusée, hooft van des Conings financien aen Hare Hoogheyt de Serenissime infante gedaen, aengaende de rechtveerdighe oorsaecken ende redenen van syn vertreck uyt de stadt Brussel. Uyt de fransche in onse nederlantsche taele overgeset door Daniel Bredan notaris publiq. tot Amsterdam. *Eerst tot Luyck ende nu t'Amsterdam by François Lieshout.*

In-4, de 8 ff. Traduction hollandaise de la brochure que j'ai cité, p. 48. — T.

— Copie van den Brief die Syn Excellentie grave Henrick van den Berge, generael velt-heer van Syne Majesteyt geschreven heeft aen Hare Doorluchtichste Hoocheydt op het subject van syne discontentementen ende resolutien tot des lants diensten. *S. l.*

In-4, de 2 ff., daté de 1632. — T.

— Sendt-Brief van de Serenissime Infante soo aen de gedeputeerde van de drie staten des landts van Luyck, als ende borgemeesters, raedt ende schepenen der stadt Luyck. *Int jaer ons Heeren* 1632.

In-4, de 4 ff. — T.

— Advertissement gedaen aen de heeren ende borgers van de seer vermaerde ende edele stadt Luyck, nopende de handelinghe van den cardinael Richelieu, 't feyt ende manifest van den grave Hendrick van den Berghe, ende remonstrantie gedaen by den baron de Bilhe et de Viersel. *Gedruckt tot Antwerpen, naer de copie van Brussel.*

In-4, de 6 ff. — T.

1633

Abrégé de la voie de salut ou déclaration familière de la vérité chrestienne par forme de catéchisme, pour confirmer les catholiques et instruire les douteux ou errants, avec les observations des RR. pères jésuites de la ville de Maestrech sur iceluy adressées à Monsieur le grand-vicaire de Liége. *Jouxte la copie imprimée à Liége chez Jean Tournay.*

In-12, de 122 pp., dédié à M. de Chokier, vicaire général, par les Jésuites de Maestricht, le 1er mai 1633. Il refute un *Abrégé* imprimé à Maestricht dont le fameux Samuel des Marets est l'auteur et qui fut rigoureusement supprimé et brûlé, à Liége, par la main du bourreau. — U.

1634

Liste des biens confisqués du comte de Warfusée. *Bruxelles.* In-4.

— Procès et appointement de la justice et miséricorde divine au parquet de Dieu sur la rédemption du genre humain. Par Pierre Bello. *Namur.* In-12.

— Paraenesis ad haereticos et alios ecclesiae hostes et mastiges. Auctore Joanne a Chokier, ecclesiae cathedralis Leodiensis canonico, Ser^{mi} episcopi principis Leodiensis vicario in spiritualibus generale, ejusdemque consiliario. *Coloniae Agrippinae, apud Joannem Kinckium.*

In-4, de 8 ff., 167 pp., 6 ff. de table. Cet ouvrage contient plusieurs renseignements historiques, touchant les hérésies qui ont cherché à se glisser dans le pays de Liége.

— Monachomachia sive vindiciae pro veritate religionis reformatae adversus Mathiae Hauzeur, franciscani Leodiensis, ac nonnullorum aliorum monachorum strophas, argutias et calumnias. *Groningae.*

In-8. Par Samuel Desmarets, ministre réformé.

1635

Le relief de la vraie noblesse. Par le R. P. Hierosme de Liége, religieux capucin. *Luxembourg, Reulandt.*

P. in-8.

— La chandelle mise sous le boisseau par le clergé romain ou considérations théologiques sur le mandement épiscopal publié par tout le diocèse de Liége, le 24 may, réitéré le 5 juillet ensuivant, défendu et soustenu par le sieur de Chokier, vicaire général, en sa Parénèse aux hérétiques, auquel la lecture des livres des réformés et notamment celle des Saintes Escritures en langue vulgaire est absolument prohibée. Par Samuel Desmarets. *Maestrecht, Ez. Boucher.*

In-8, de 280 pp. Pièce très-rare qui fut supprimée et brûlée, à Liége, par la main du bourreau. Importante pour l'histoire de la réforme au pays de Liége. L'ouvrage est dédié à Frédéric Maurice de la Tour, duc de Bouillon, gouverneur de Maestricht.

Desmarets a publié de nombreux ouvrages sur la réforme. On peut consulter là dessus : Lenoir. *Histoire de la réformation dans l'ancien pays de Liége.* Liége, 1861, p. 273 et suiv., et Paquot, in-fol., t. I, p. 277.

1636

Salus reformatorum asserta sive Romanensium de reformatis eorumque damnatione aeterna. Auctore Samuele Maresio. *Mosae Trajecti, Ez. Bucherius.*

In-12, de 156 pp. Pièce très-rare qui fut supprimée et brûlée, à Liége, par la main du bourreau. Importante pour l'histoire de la réforme au pays de Liége.

— Les larmes de Sion ou plaintes sur l'affliction de l'Église. Par Th. des Hayons, Sedanois. *Genève, Jean de la Planche.*

In-16, de 56 pp. Bouillot, t. II, p. 26, donne l'analyse de ce recueil de poésies, qui est de la plus grande rareté.

1637

Tragedische historie ofte waerachtige relatie nengande het ghene in het bloedigh banequet van den graef Warfusée ghepasseert is, deels begaen in den moordt aen den persoon van Weylandt, heer burgemeester de la Ruelle, et van hooghl. ghedachtenisse, oock deels in het attentaet teghens de heeren d'Abt van Mousson als doen ten dienst van Syn Majest. van Vranckryck in Luyck residerende, den Baron de Saisan ende andere. Op den 16 avril 1637 binnen de voorsz. stadt van Luyck ... Eerst tot Luyck by commandement van den raedt aldaer in't fransch ghedruckt ende nu in onse nederlandtsche tale overgheset. *T'Amstelredam ghedruckt voor Jan van Hilten.*

In-4, de 48 pp Sur le titre une gravure représentant l'assassinat. Vis-à-vis de la page 8 se trouve la gravure de La Ruelle, étendu sur un lit de parade; avec des vers à sa louange. — U. T.

— Eigentliche Abbildung und grundliche Erklärung der schändliche und verrätherischen Mordthat so an dem Herrn Burgermeister in Luttich Sebastian de la Ruelle durch Reynier von Renes grafen von Warfusé verubet. *S. l.*

Placard in-folio, imprimé en Allemagne et probablement en 1637. La moitié supérieure consiste en une gravure sur bois à plusieurs compartiments dont chacun représente une des scènes de l'assassinat. La partie inférieure comprenant trois colonnes de texte, contient le récit du meurtre. — T.

1638

Ludovici Nonnii aquae Spadanae praestantia et utendi modus. *Lugduni Batavorum.*

Cité par De Limbourg, dans son *Traité des eaux de Spa.*

— Testamentum perillustris et commendabilis viri Joannis Savenier Leodien. secretarii apostolici de numero participantium. *Romae, typis sac. congreg. de propaganda fide.*

In-fol. Jean Savenier est l'auteur des manuscrits indiqués dans le catalogue Crassier, n° 3392.

— Lignum vitae anagrammaticum honori admod. Reverendi ac generosi Domini Ferdinandi a Bocholtz, baronis in Orey, cathedralium ecclesiarum Leodiensis Monasteriensis canonici, archidiaconi et respective vicedomini, in horto Eucharistico cum sacer neomysta primam Deo Opt. Maximo hostiam litaret. Plantatum ac proprio marte adornatum dicatumque a quatuor fratribus germanis Arnoldo Udalrico, canon. cath. eccl. Monast., Francisco Guilielmo, canon. cath. eccl. Hild., Hermanno Godefrido, canon. cath. eccl. Magdeb., Gerardoque Ernesto a Bocholtz, baronibus in Orey, etc., humanioris litteraturae in gymnasio Trium Coronarum candidatis. *Coloniae Agrippinae.*

In-4, de 11 ff.

1639

Leodium ecclesiae cathedralis sive de dominio, regalibus, mero, mixtoque imperio ac omnimodâ jurisdictione Serenissimo principi Ferdinando Bavaro episcopi et principi Eburonum competentibus in urbe Leodiensi Sacro Romano Imperio mediate subjecta, libri duo. Authore Steph. Rausino, viro consulari, jureconsulto. *Namurci, typis Joannes van Milst.*

In-4, de 14 ff., 643 pp, un f. approb. Rausin, abandonnant le parti du peuple, cherche à réfuter le premier ouvrage qu'il avait écrit dans ce sens, en 1627, *Delegatio ad Caesaream Majestatem,* et s'efforce ici d'établir les prérogatives et les droits absolus des évêques de Liége. — U.

1640

Historie van den H. Hubertus, prince

von Aquitanien, lesten bisschop van Maestricht ende Tongeren, ende eersten bisschop, stichter ende prince van Luyck. Met sommighe miraeckelen ende ghebeden tot den selven heylighen, in 't cort uyt verscheyden schryvers vergadert. *Loven, B. Maes.*

In-12, de 21 pp. L'auteur est Eustache du Pontreux du Sart.

— B. Walhodus. Monumentum et reliquiae devotionis in Psalmos Davidicos. *Namurci.* In-12.

— Topographia Westphaliae das ist Beschreibung der vornembsten und bekantisten Stätte und Plätze im hochlöbl. Westphälischen Craisse an Tag gegeben von Matthaeo Merian. *S. l. n. d.*

In-fol., avec nombreuses gravures et plans. L'évéché de Liége faisant partie du Cercle de Westphalie, on y trouve des plans et vues de Liége, Huy, Tongres et Spa. Le volume a été imprimé à Francfort, vers 1640. — T.

— Iterata humillima petitio remissionis causae pro cognitione illius, ad cons. ord. ser. electoris Colon. episcopi principis Leodien judicem a quo, ob defectum validae appellationis et in eventum non sufficientis actorum mancorum, falsorum exhibitorum, probationis, actorum ipsorum ad D. principem seu quaecunque tribunalia Leodien. pro informatione desuper capienda et referenda, Joannis Tyriae in aula caesar. J. C., illustrissimi Joannes de Merode pupilli vice-comitis de Waremont, etc., comitissae quondam d'Ostfrize haeredis, appellati, mandatarii; contra illustrissimum Phil. baronem de Lique, etc., appellantem. *Ratisbonae.*

In-4. — U.

1641

Vindiciae pro salute reformatorum sive decus argumentorum quibus quidam anonymus Leodiensis pertendit nullam spem salutis superesse pro reformatis cum eorum refutatione. Auctore Samuele Maresio. *Sylvae-Ducis, Joh. a Doreum.*

In-12. Samuel Desmarets y répond à la critique qu'on avait faite de son ouvrage: *Salus reformatorum asserta,* 1636. Ces Vindiciae furent traduites en flamand, par Everard Schuyl, ministre de Bois-le-Duc, 1646, in-12.

— Aurora in leone nuper orta, virgini ac librae vicina. S. ac R. principi Maximiliano Henrico comiti palatino, etc., poeticis coloribus adumbrata atque exhibita a soc. Jesu collegii Coloniensi. *Coloniae Agrippinae.*

In-fol. Maximilien Henri devint évêque de Liége, en 1650. — U.

1642

Histoire des miracles, grâces et guarisons obtenues à l'invocation de la glorieuse Vierge Marie honnorée en son image à Jemeppe-sur-Sambre, au comté de Namur, souz le tiltre de Nostre Dame de la Charité ou du Sainct-Amour, depuis le 10 de mars 1641. Avec plusieurs oraisons et chansons spirituelles. Par M. Pierre Belle, pasteur du lieu. — Ego mater pulchrae dilectionis. Eccl. 24. Je suis la mère du bel amour. — *A Namur, chez Jean van Milst.*

P. in-8, de 6 ff., 143 pp. et un f., pour un sonnet à l'autheur, par I. du Laurier. Dédié à Arnould de la Haxhe, chanoine de la cathédrale et official de Liége. Les pp. 110 à 143 contiennent les oraisons et chansons spirituelles, qui, du reste, ne sont remarquables sous aucun rapport.

— Het leven ende mirakelen van den heylighen Amandus, apostel van Vlaenderen, bisschop van Maestricht, getrocken uyt Milone Monacho Amandino, Philippo ab Eleemosina abbati S. Spei, Joanni Molano ende andere. Door H. Joannes Ooghe, priester ende pastoor van Aspelaere, S. Th. bac. *Te Ghendt, by Gerlacus Graet.*

In-8, de 61 pp. et une p. approb. Petit volume rare.

1643

Paix publiée au péron de Liége, à son de trompette, le 4 de juillet 1640 ... *A la Haye, chez Ludulph Breeckevelt, joincte la copie de Liége, de l'imprimerie de Jean Ouwerx.*

In-4, de 4 ff., non chiffrés. Cette paix fut appelée la Paix de Tongres.

— Extract verhaelende het wreedt, moordaghig, godloos en tyrannigh innemen van het huys ofte slot van Gronsvelt in 't land van Luyck, en het schrickelijck vermoorden van 67 menschen, geschreven uyt Maestricht, den 19 julii 1645. *In S'Gravenhage.*

In-4.

1646

Bellorum caussae, effecta, remedia compendio quaesita à R. P. Joanne Erardo Fullonio. Editio altera auctior et emendatior. *Namurci, J. van Milst.*

In-8. — U.

— Van d'ophoudinghe der urine met de curatie ende preservatie der selve : ende sommige remedien tegen het graveel : mitsgaders eene maniere om het Spa-water te drincken, 't zy t'huys oft tot Spa. *Antwerpen, Binard.*

In-8, de 344 pp., non chiffrés. Par Guillaume Marcquis.

1647

Miracle de Nostre-Dame de Cambron, arrivé en l'an 1326, le 8 d'avril, représenté en la présente action faicte par D. C. (Denis Coppée) à l'honneur de la glorieuse Mère de Dieu. *Namur, Jean van Milst.*

P. in-8, de 31 pp. Cette pièce, en cinq actes, forts courts, a été publiée après la mort de l'auteur, par le Père Pignewart, religieux de l'abbaye de Bonneffe et poëte latin.

— Catalogus florum ecclesiae Leodiensis sive sanctorum et aliorum qui illustriori virtute illam dioecesim ornarunt. Quorum vitas in lucem edere parat P. Bartholomaeus Fisen e societate Jesu. *S. l. n. d.*

P. in-4, de 4 ff. Prospectus de l'ouvrage suivant. — S.

— Bartholomaei Fisen e societatis Jesu Flores ecclesiae Leodiensis sive vitae vel elogia sanctorum et aliorum qui illustriori virtute hanc dioecesim exornarunt. *Insulis, e typographeo N. de Rache.*

In fol., de 6 ff., 648 pp. Dédié à Guillaume, baron de Lamboy, général au service de l'empire. Cet ouvrage contient non-seulement la biographie des saints et saintes du pays, mais aussi des listes assez exactes des abbés et abbesses des monastères du diocèse, et un aperçu des avantages et de la gloire que les évêques, le clergé et les ordres religieux ont procuré au pays. — U. S. T.

1648

Artyckelen van de fransche protectie over de stadt Luyck. *S. l.*

In-4, de 12 pp. Brochure rare, imprimée en Hollande. — T.

1649

Les triomphes de Louis le Juste, XIII du nom, roy de France et de Navarre, contenans les plus grandes actions où Sa Majesté s'est trouvée en personne, représentées en figures aenigmatiques exposées par un poëme héroïque de Charles Beys et accompagnées de vers françois sous chaque figure, composez par P. de Corneille. Avec les portraits des rois, princes et généraux d'armées qui ont assisté ou servy ce belliqueux Louis le Juste, combattant : et leurs devises et expositions en forme d'éloges, par Henry Estienne, escuyer, sieur des Fossez, poëte et interprète du roy es langues grecque et latine. Ensemble le plan des villes, sièges et batailles, avec un abrégé de la vie de ce grand monarque, par René Barry, conseiller du roy et historiographe de Sa Majesté. Le tout traduit en latin, par le R. P. Nicolai, docteur en Sorbonne, de la faculté de Paris, et premier régent du grand convent des Jacobins. Ouvrage entrepris et finy par Jean Valdor, Liégeois, calcographe du roy. Le tout par commandement de Leurs Majestez. *Paris, en l'imprimerie royale, par Antoine Estiene.*

In-fol. Les nombreuses gravures de Valdor qui ornent ce volume le font rechercher par les amateurs liégeois. — T.

— Vita S. Servatii, episcopi Trajectensis cum officio. *Coloniae, apud Henricum Hulting.*

In-12. Cette vie est du père Leurenius, S. J.

— Servatius Octavianus sive Tungrensis, drama sacrum exhibens S. Servatii Tungros adventum, ejus ibidem vitam et inde discessum Mosae-Trajectum. Exhibitum à juventute scholarum ad S. Servatium, anno 1647, ludis encoenialibus, notis insuper, ubi historia obscurior, curiosis illustratum auctore Bernardo Heymbachio. *Mosae Trajecti, ex typ. Ezech. Bucherii.*

In-4, de 7 ff., 82 pp. — U.

1650

Atra nox doloris in funere reverendissimi ac serenissimi Ferdinandi, archiepiscopi Coloniensis ... ecclesiae, imperio, patriae oborto : qua duodenis monumentis funebribus seu totidem horis, erepto sibi amantissimo patri ac Maecenati optimo parentavit societas Jesu Coloniensis, Novesiensis, Bonnensis. *Coloniae, H. Krafft.*

In-fol., de 13 ff., avec une fig.

— Dies albus honoris reverendissimo ac serenissimo Maximiliano Henrico, episcopo Leodiensi, comiti palatino ad Rhenum, utriusque Bavariae duci, etc., cum solemni ritu archiepiscopus Coloniensis, sacri romani imperii princeps elector, inauguratur .... representabat societas Jesu Coloniensis, Novesiensis, Bonnensis. *Coloniae, ex typ. viduae Hartgeri Woringen.*

In-fol., de 10 ff., en vers.

— Bernardi Heymbachi sylvae Servatianae seu diversi lusus poetici de vita S. Servatii, primi Trajectensium ad Mosam episcopi; quibus praemissa synopsis vitae ejusdem D. Servatii prosa conscripta. *Lovanii, apud Hieronymum Nempaeum.*

In-4, de 4 ff., 46 pp. — U.

1652

Sacer thesaurus Servatianus. Per Andream Bouwens. *Lovanii.* In-16.

— Repetitio de retractu tum legali tum conventionali quam defendet Walterus de Liverloz Leodius. *Lovanii, Fr. Wyckmans.*

In-4. — U.

— Septem fluviorum certamina poeticis coloribus adumbrata Ser⁰ ac Rev^mo principi Maximiliano Henrico, utriusque Bavariae duci, electori S. R. Imperii, archiepiscopo Coloniensi, episcopo Leodiensi ... *Coloniae Agrippinae, ex typ. viduae Hartgeri Woringen.*

In-4, de 10 ff.

— Sol in meridie et serenissimus ac reverendissimus princeps Maximilianus Henricus .. in supremo honoris culmine .. *Coloniae, typis H. Krafft.*

In-fol. Ces deux pièces furent composées par les élèves du collège des Jésuites de Cologne.

1653

De episcopatu Trajectensi, episcoporum regumque Franciae iis coaevorum chronologia, et populis dioecesi illi subjectis diatriba Godefridi Henschenii e societate Jesu, ex actis sanctorum ab ipso et Joanne Bollando ejusdem societ. illustratis. *Antverpiae, typis Jacobi Meursii.*

In-4, de 5 ff., 115 pp., 11 ff. table. Le P. De Backer donne dans son ouvrage, tome I, p. 315 et tome V, p. 78, la liste des nombreux ouvrages publiés au sujet de cette question. Voy. 1740, 1742.

1655

Den wegh naar het Spaa : maniere van leven aldaar, 't gebruik ende kracht van die wateren. *Gedrukt tot Haarlem, by Pieter Castelein.*

In-4, de 14 pp., fig. sur bois sur le titre. — T.

1657

Discours de consolation pour Madame d'Alamont de Malendrie, au sujet de la mort de Monsieur son fils, gouverneur et prévost de Montmedy. Par le sieur de Demkercke de Vellecley, abbé de Goille et prédicateur ordinaire du roi en la chapelle royale de Bruxelles. *Bruxelles, Guillaume Scheybels.*

In-4, de 107 pp. — T.

1658

Diplomatum libri duo superiorum permissu ac privilegio Leodii anno 1634 per Laur. Fred. ab Inguelberg in lucem editi. In quibus plurimae litterae fundationum ac piarum donationum, infeudationum, investiturarum, et reliviorum, variaque documenta et instrumenta non solum comitem et comitatum de Reckeim sac. romani imperii immediatum feudum et membrum concernentia, verum etiam aliqua specialia antiquitatis splendoris sanguinis et eminentiae monumenta illustrissimae et vetustissimae prosapiae et stemmatis comitum et liberorum baronum d'Aspremont, Lynden, ejusdemque continuae possessiones sac. rom. imperio immediate subjacentium demonstrantia continentur notisque nonnullis illustrantur. Editio secunda variis adhuc privilegiis et decretis imperatorum jus telonii potissimum tangentibus adaucta. *Coloniae Agrippinae, typis viduae Hartgeri Woringen.*

In-4, de 128 pp. et 4 ff., avec trois gravures. L'éditeur de cette seconde édition, R. Holtacker, la dédia à Ferdinand, comte d'Aspremont, Lynden, etc., chambellan de l'Empereur. La première édition avait paru à Liége, en 1634. — U.

— Compendiosa praxis beneficiaria ex concordatis inclytae nationis Germanicae, regnorum Poloniae et Galliae cum S. sede apostolica initis a privilegiis clero Leodiensi ab eadem S. Sede indultis, vim quoque concordatorum obtinentibus deducta. Variis summorum pontificum constitutionibus diplomatibus caesareis, cardinalium concilii Tridentini interpretum declarationibus, rotae romanae decisionibus et probatissimorum auctorum placitis elucidata et roborata. Opera et studio Laurentii Nicolarts. *Coloniae Agrippinae, J. A. Kinchius.*

In-4. — U.

1659

Galliae accurata descriptio ejusdemque delineatio per vias sive itinera cui paucis adjunctae sunt vicinae provinciae Belgicae et Leodiensis dioecesis tam propter contiguam vicinitatem quam linguae Gallicae ferè commercium. Item iter Bruxella Lutetiam et leges peregrinantibus observandae. *Trajecti ad Rhenum, typis Gisberti a Zyll et Theodori ab Ackerdyck.*

P. in-12, de 367 pp. et 20 ff. non chiffrés, avec front. gravé. Liége y occupe les pp. 228 à 242. — T.

1660

Apologia pro exorcistis, energumenis, maleficiatis et ab incubis daemonibus molestatis, in quatuor partes divisa, in quâ demonstratur fuisse omni aevo et ubique, modoque; esse etiam apud nos plurimos omnis aetatis et conditionis energumenos, maleficiatos et ab incubis daemonibus molestatos. Contra quosdam incredulos obtrectatores et temerarios exorcistarum censores qui assertam veritatem pertinaciter inficiari non verentur. Continens insuper vera signa et argumenta ex quibus certo dignosci potest, an quis vere sit energumenus vel maleficiatus, modosque seu remedia efficacissima a daemonum potestate eos liberandi, qui tales ex dictis signis reperti fuerint. Cum plenaria et exacta exorcistarum, hanc in rem, instructione. Ad Sereniss. Principem Maximilianum Henricum electorem Coloniensem, episcopum et principem Leodiensem, utriusque Bavariae ducem. Authore Reverendo D. Nicolao de Borre ad Sanctam Mariam de Luminibus in suburbio Leodiensi parocho. *Lovanii, typis Georgii Lipsii.*

In-4, de 9 ff., 236 pp., 3 ff. table. Ouvrage rare et curieux. — U. T.

— Exorcismus primus contra daemonem mendacii, qui intravit in cujusdam apologistae rapsodiam quam inepte consarcinavit in gratiam duarum praetensarum energumenarum. Modus et genius apologistae in argumentando patebit in epistola ad lectorem. Authore Lamberto Dicaeo medico-theologo. In gratiam studiosorum veritatis. *Montibus, typis Mathaei Longone.*

In-4, de 32 p. Cet ouvrage est dirigé contre l'*Apologia* de De Borre. On ne sait quels sont l'auteur et l'imprimeur, cachés sous les pseudonymes de Dicaeus et de Longone.

— Cataplasma contra inflammationem cerebri et tumidum caput *Apologistae.*

In-4.

— Examen profani *Exorcismi primi contra daemonem mendacii* sub ementito Lambertii Dicaei, theologi medici nomine in lucem nuper emissi, necnon inepti et ridiculi ipsius *Cataplasmatis*, etc. In quo duae et triginta imposturae deteguntur, omnium oculis exponuntur et solide refutantur. Authore Reverendo D. Nicolao de Borre ad sanctam Mariam de Luminibus, in suburbio Leodiensi parocho. *Lavantii, typis Georgii Lipsii.*

In-4, de 78 pp. Ce livre rare rapporte plusieurs procès-verbaux d'exorcismes très-curieux. — U. F. T.

— Primus pulsus campanae ante exorcismum secundum contra daemonem mendacii in apologia deprehensi, qui quaerit requiem et non invenit. *Lussonii, typis F. Verbittert.*

In-4, de 2 ff. — T.

— Exercice moral en forme de dialogue très-agréable contre la laideur du mensonge, en faveur des idiots et des sçavans, le tout tiré des œuvres de l'apologiste. *S. l.*

In-4. Même sujets que les précédents. — T.

— Marianum Hasletum sive historia perantiquae miraculosae imaginis et capellae necnon fraternitatis insignis B. Mariae apud Haseletenses. Collectore F. Henrico de Jonghen ordinis ff. minorum provinciae Germaniae inferioris, S. theologiae lectore jubilato nunc in conventu Montis-Lucis, dioecesis Leodiensis. *Antverpiae, Petrus Bellerus.*

In-8, de 155 pp. Il en existe une traduction flamande, imprimée à Anvers, la même année, in-8.

1661

Les premiers desseins de la bastisse du temple de Jérusalem conceus du roy et prophète David, approuvés et loués de Dieu, dédiés au sérénissime prince Maximilien Henri, archevesque de Cologne, électeur du S. Empire, évesque et prince de Liége, au jour et en la solemnité de la position de la première pierre de l'église de S. Perpète, évesque de Liége et patron de Dinant, faicte au nom de Sadite Altesse Sérénissime.

Représentés par la jeunesse du collège de la compagnie de Jésus à Dinant, le 28 de mars 1661. *A Namur, chez Pierre Gérard.*

In-4, de 2 ff.

— Vindiciae tribunalis conservatoris privilegiorum universitatis Lovaniensis, judicis per apostolica diplomata delegati, quibus eidem jus exequendi sententias suas in territorio Leodiensi et Stabulensi etiam per capturam, adversus aemulos propugnatur. *S. l. n. a.*

In-4. — U.

— Défence des priviléges de Louvain contre une requeste présentée au conseil de Brabant par le résident de Liége, en Bruxelles, le 7 septembre 1661. *S. l.*

In-8. — U.

— Les amours véritables d'Alisperans et Raginte. *Jouxte la copie imprimée à Liége, l'an 1661.*

In-12, de 242 pp. Ce roman, en prose, entremêlé de vers, est curieux par sa niaise et grotesque stupidité.

— Jesus-esus novus orbis famis et sitis animi vera satietas, in Pusilmundo duce Amorfido quaesita et invento, duobusque cantibus communione et unione gustata. Leopoldo Ignatio imperatori scribebat dicabatque Gualterus Paullus, è societate Jesu, doctor theologus. Accedet Triumphus corporis Christi Leodio ductus per universam ecclesiam. *Duaci, typis Laur. Kellami.*

In-fol., de 5 ff., 152-85 pp., avec trois gravures. Les 85 dernières pages renferment Triumphus corporis Christi sub Eucharistia, Leodio ductus in universam Ecclesiam, duce Juliana virgine Leodia, stipantibus Pontificum, Caesarum, Regum, Principum, populorum affectibus Eucharisticis.

Cet ouvrage est un roman spirituel, en prose, mêlé de vers. L'auteur est un jésuite, natif de Huy. — T.

1662

Cort begryp des levens van den H. Servatius, eersten bisschop ende patroon van Maestricht. Opt d'oude handt-geschreven boecken der kereke van den selven heylighen. Getrocken ende vergaedert door Andries Bouwens,

Maestrichtenaer, der rechten licentiat ende out schepen der selver stadt. *Tot Maestricht, gedruckt by P. van Ouwen.*

In-4, de 8 ff., 79-18 pp. et un f. — T.

1663

R. P. F. Joannis Mantelii, S. Th. D., ordinis Eremitarum S. Augustini Hasseletum sive ejusdem oppidi descriptio, quâ continetur totius historiae Lossensis compendium, praecipue cap. XX ubi recensentur comites, celeberrimi monasterii de Herckenrode ordinis Cisterciensis fundatores. *Lovanii, apud And. Bouretium.*

In-4, de 7 ff., 241 pp., 8 ff. approb. et table, avec frontisp. gravé sur cuivre. Dédié à Anne Catherine de Lamboy, abbesse de Herckenrode. Les limin. contiennent des poésies latines. Cet ouvrage est curieux et utile. A la page 127 se trouve le passage d'après lequel Villenfagne présumait que Pierre Paul Rubens était né au bourg de Curenge, dans le pays de Liége. — U.

— Conférence de l'an MDCXV entre les députés des deux seigneurs et princes de la ville de Maestricht. *Maestricht, P. van Ouwen.*

In-4. — T.

— Tractatus historicus primae originis festivitatis sacratissimi corporis et sanguinis Christi ex vera testataque revelatione divinitus facta S. V. Julianae, studio Jo. Chapeavilli, etc. Subjungitur dissertatio de religiosa professione ejusdem sanctae concinnata per R. D. F. Car. de Visch. *S. l. n. a.*

In-8. Les approbations sont de 1662.

1665

Recueil des recés pour la régence de la ville de Maestricht. *Maestricht, P. van Ouwen.*

In-4. — T.

— Het leven van den H. Hubertus. *Loven.* In-8.

1667

Den H. Servaes, eerste opsiender der gemeynte Christi tot Maestricht, ontmaskert, hervormt ende in syne eygene gedaente vertoont, door Joh. van Hamerstede. *Utrecht.* In-8.

1671

Reverendo admodum et eximio patri P. M. Guilielmo Roevenich, ord. erem. S. P. Augustini, sacrae theologiae doctori, provinciae Coloniensis sive inferioris Germaniae priori provinciali meritissimo conventum Breanum visitanti. *Hasseleti apud Aegidium Monsieur.*

In-4, de 2 ff. Comprenant distiques, anagrammes et chronogrammes. Cette pièce passe pour la première impression de Hasselt. — T.

— De moort tot Luyk door den graaf van Warfusé aan den burgermeester de la Ruelle (voorgevallen in 't jaar 1657). Treurspel, vertoont op d'Amsterdamsche schouwburg. *Amsterdam, by Jacob Lescailie.*

In-8, de 8 ff., 80 pp. La dédicace est signée Thomas Asselyn. Pièce rare. — T.

1673

Miroir des nobles de Hasbaye composé en forme de chronicque, par Jacques de Hemricourt, chevalier de S. Jean de Jérusalem, l'an MCCCLIII, où il traite des généalogies de l'ancienne noblesse de Liége et des environs, depuis l'an 1102 jusques en l'an 1398. Avec l'histoire des guerres civiles dudit pays qui ont duré l'espace de quarante-cinq ans, et le traité de paix qui fut conclue ensuite desdites guerres. Mis du vieux en nouveau langage, enrichy d'un grand nombre de figures en taille douce, et dédié à Monseigneur le comte de Marchin, par le Sr de Salbray. *Bruxelles, Henri Fricx.*

In-fol., de 375 pp., à 2 col., 6 ff. table. Avec cinq grandes planches ; de nombreuses armoiries dans le texte, en-têtes, etc. En 1715, on mit un nouveau titre aux exemplaires non vendus de cette édition.

« Christophe Butkens, dit Paquot, avait eu « dessein de publier l'ouvrage d'Hemricourt « avec une préface, des notes et un supplé- « ment de sa façon. L'exemplaire qui contient « ces additions est entre les mains de M. Ver- « dussen, échevin d'Anvers. » Le jurisconsulte

M. G. de Louvrex avait aussi annoté son exemplaire.

Ce livre, indispensable pour l'histoire de la noblesse liégeoise, contient en outre d'excellents matériaux pour l'histoire de la chevalerie. Le récit des guerres entre les lignages d'Awans et de Waroux qui termine le volume est surtout intéressant sous ce rapport. L'auteur mit 45 ans à écrire cet ouvrage (1353-1398). Malheureusement, la traduction de Salbray est peu fidèle, et il est à désirer qu'on en fasse une plus correcte, revue sur les textes authentiques.

Il existe un certain nombre de copies manuscrites d'Hémricourt. L'une des plus anciennes, qui est de la fin du xive siècle, se trouve à la bibliothèque de Liége. Nous en possédons aussi une copie enrichie de curieuses annotations du chanoine Vandenberch, l'un de nos meilleurs généalogistes liégeois. — U.

— Journal du siége de Maestrich, tiré des Gazettes d'Amsterdam, avec les réflexions du sieur de Barzel *S. l. n. d.*

In-4, de 20 pp. — T.

— La prise des derniers dehors de la ville de Maestrich, avec la liste des officiers qui y ont esté tuez ou blessez tant des assiégeans que des assiégés. *S. l. n. d.*

In-4, de 2 ff. — T.

— Sur la prise des dehors de Maestrich, la veille de S. Pierre et la reddition de la place, le jour de S. Paul. *S. l. n. d.*

In-4, de 2 ff. Poésies latines, italiennes, espagnoles et provençales. — T.

1674

Journal fidelle de tout ce qui s'est passé au siége de Maestricht, attaqué par Louis XIV, roi de France et défendu par M. de Fariaux, baron de Maude, etc. *Amsterdam, chez P. Waerner.*

P. in-8.

— Dessein concerté à la Haye et mesme donné par escrit par Messieurs d'Isola et de Camprich, au nom de l'empereur, dez le 8 octobre 1672, à Messieurs les estats-généraux des provinces-unies de former un parti dans Liége et de s'en emparer et des postes du païs : pour faire réussir lequel ledit sieur d'Isola est à Liége au présent mois de janvier 1674 en sollicitant en personne l'exécution. *Maestricht, P. le Boucher.*

In-4, de 3 ff. Réimpression d'une partie de la brochure, imprimée à Liége, en 1674, et intitulée : Responce d'un Liégeois à l'auteur de l'imprimé intitulé : *Sentiment d'un véritable Liégeois.* — T.

— Recueil de diverses pièces touchant la neutralité de Liége. *A. Amsterdam.*

P. in-12, de 96 pp.; à la sphère. — T.

1675

Les particularitez du secours donné à la citadelle de Liége, par le comte d'Estrades, gouverneur de Mastricht. *Lyon.*

In-4, de 4 pp.

— Remède pour les Liégeois malades, ordonnance d'un Hollandois. *S. l.*

In-4, de 18 pp., imprimé en Hollande. — T.

— Manifeste de quelques princes de l'empire sur l'état présent de l'Allemagne. Suivant la copie imprimée à Liége. *Paris, Séb. Marbre Cramoisy.*

In-12.

1676

Plaidoyez sur les magiciens et sur les sorciers tenus en la cour de Liége, le 16 décembre 1675, où on montre clairement qu'il n'y peut avoir de ces sortes de gens. Par les sieurs de Hautefeuille et Santeur, advocats. *Sur l'imprimé, à Liége, chez Jacques Persois, imprimeur de la cour devant la primatiale.*

P. in-12, de 120 pp. Curieux plaidoyer en faveur d'un Liégeois, nommé Sulpice Sillieux, qui avait été traduit devant la cour de Liége, sous prévention de magie. A la page 77 se trouve le titre suivant : *Le livre d'Albert-le-Grand, lequel traite des merveilles du monde. Sur l'imprimé, à Lyon, par Jean Huguelan, à l'enseigne du Phénix.* — T.

— Reverendo admodum ac eruditissimo D. Josepho Naveo Leodiensi ex Viesme in gymnasio SS. Trinitatis poeseos professore vigilantissimo dum in alma Universitate Lovaniensi sacrae theologiae lauream reportaret, applaudant suae Musae. *S. l.*

In-4, de 2 ff., terminé par un chronogramme qui indique la date de 1676. Ces poésies sont composées par des élèves du collége de la Trinité. — T.

1677

Le secret des eaux minérales acides nouvellement découvert par le moyen des principes chymiques qui combat l'opinion commune ... Seconde édition.. Par P. le Givre, docteur en médecine. *Paris, J. Ribou.*

2 parties in-12, la première de 10 ff., 371 pp., la seconde de 4 ff., 192 pp. Ce livre traite spécialement des eaux de Spa et de Provins. — T.

1678

Histoire en abrégé de la vie de S. Hubert, prince du sang de France, duc d'Aquitaine, premier évêque et fondateur de la ville de Liége et apôtre des Ardennes. Dédiée au Roy. *Paris, chez M. Le Prest.*

In-4, de 8 ff., 125 pp., 4 ff. approb. Avec frontisp. gravé et 8 gravures. La dédicace est signée : l'abbé et religieux de l'abbaye de S.-Hubert des Ardennes. — T.

1679

Le bouclier spirituel contre les dards redoutables de la mort subite de la foudre et de la peste. *Dinant, de l'imprimerie de Jean Morard.*

In-8. Le nom de l'auteur, Hubert Jassogne, curé de Saint-Georges, à Lesse lez-Dinant, se trouve à la fin de l'épître dédicatoire. Les approbations sont datées de 1665, époque à laquelle la première édition a sans doute été publiée. La troisième édition parut sous le même titre, *à Dinant, chez Philippe Wirkay, imprimeur, 1719,* p. in-8, de 7 ff., 143 pp. et 1 f. approb. L'édition de 1679 est la première impression de Dinant.

1680

L'arithmétique disposée à l'instruction des jeunes marchands et autres amateurs, très-clairement représentée, exempte de toutes superfluitez et amusemens, contenante tout ce qui est de plus avantageux et nécessaire pour le commerce et même ce qui est de plus beau pour le contentement des curieux. Jointe la différence des poids et des monnoyes, avec la manière de les réduire, le tout à l'usage du pays et si clairement représenté que le moindre apprenti n'y trouvera aucune difficulté. Par Vincent Mottet, marchand liégeois. *Lille, J. Ch. Malte.*

In-4, de 5 ff., 216 pp.

— Clypeus Stabulensis jurisdictionis sive jurium S. Sedis apostolicae in imperiali regali ac libera S. R. I. Stabulensis abbatia, nullius dioecesis, contra perillustres ac generosos DD. archidiaconos cathedralis ecclesiae Leodiensis. (In fine.) *Lovanii, Reynault.*

In-4, de 47 pp., signé par six professeurs de Louvain. — T.

— Recueil des recessen wegens beide de genaedighe Heeren ende Princen alhier geemaneert in den jaere 1665. *Maestricht, P. Boucher.*

In-4. Voy. pour l'édition française, 1658. — U.

1682

De oude caerte der stadt Maestricht des jaers 1283. *Maestricht, P. Boucher.*

In-4. — U.

— Daemon auctor idololatriae exhibitas a F. Petro Vincquels. *Hasseleti, typis Aegidii Monsieur.*

In-8. L'auteur était un religieux de l'ordre des ermites de S.-Augustin, à Hasselt. Il a aussi publié, chez le même imprimeur : *Theatrum humanae ingratitudinis.*

1684

Annus saecularis. *Coloniae, Theod. Alstorff.*

In-fol. Poëme dédié à l'archevêque de Cologne Max.-Henri de Bavière, par Paul Aler, jésuite. Il y avait alors cent ans que cette maison possédait l'électorat de Cologne.

1685

Het leven ende mirakelen van den heylighen bisschop ende beleyder Hubertus, prince van Aquitanien, iersten bisschop van Tongeren, ende eersten van Luyck, stichter der selve ...de apostel van Ardennen, door F. G. Z. R. C. P.

(pastoor in Wackerzeel). *Tot Loven, by M. Hulleguerde.*

In-8, de 2 ff., 52 pp. — U.

1646

Den predickenden Jonas van desen tydt ofte het II deel van den Spiegel der Sondaeren ... voorgestelt door den eerw. pater Fr. Fran. Van den Werve, minderbroeder, priester, predikant en biechtvader. *Hasselt, by Gillis Monsieur.*

In-8, de 15 ff., 426 pp., 4 ff. table, avec front.

— Combat des échasses, donné à Namur, le dernier jour des carnavales. Poëme héroïque. *A Namur, chez François Chenu, marchand libraire, à l'enseigne du bon papier.*

P. in-8, de 27 pp. Édition très-rare d'un poëme du baron de Walef, qui a été réimprimé, en 1731, dans la collection de ses œuvres. — C. T.

1687

S. D. Innocentii Papae XI bulla confirmatoria ordinis S. Salvatoris vulgo S. Brigittae pro monasteriis simplicibus. Juxta exemplar impressum Romae MDCLXXXIII. (In fine.) *Hasseleti apud Aegidium Monsieur.*

In-4, de 4 ff.

— Laurentii Neesen Theologia moralis christiana de sacramentis, ad mentem SS. Augustini et Thomae, continens securiores et tutiores regulas ea administrandi et suscipiendi. Editio correctior. *Coloniae Agrippinae, apud Herman Demen.*

In-fol. — U.

1688

Sol in occasu sive Maximilianus Henricus archiepiscopus Coloniensis mortuus, auctore P. P. Aler soc. Jesu. *Coloniae, Theod. Alstorff.*

In-fol.

— Panegyricus reverendissimo et serenissimo principi ac domino D. Maximiliano Henrico archiepiscopo Coloniensi S. R. Imp. electori et per Italiam archicancellario ; Hildeshemiensi, Leodiensi et Monasteriensi episcopo ; utriusque Bavariae duci, etc. Dictus a Petro Ludovico comite de la Marck. *Coloniae Agrippinae typis Petri Alstorff.*

In-folio, de 46 pp. Avec une gravure en tête de la cinquième page. — U. T.

— Recueil des recès émanés de la part des deux seigneurs et princes de Maestrecht, l'an 1665. *A Maestrecht, par P. Boucher, imprimeur.*

In-4, de 160 pp. Réimprimé avec augmentation. *Maestricht, Lamb. Bertus,* 1710, in-4. Pour l'édition flamande, Voy. 1680.

— Defensio jurisdictionis ecclesiasticae circa appellationes ab officiali episcopi Leodiensis in causis prophanis inter laicos ad superiores ecclesiasticos. Auctore Josepho Sacripante, Narniense, sanctissimi domini nostri Innocentii XI subdatario ac sacrae consistorialis aulae advocato. *Romae, typis rev. camerae apostolicae.*

In-4, de 2 ff., 207 pp. — U.

— Exposition du droit de M. le cardinal de Furstenberg, postulé archevêque et électeur de Cologne, contre la prétendue élection de M. le prince Joseph Clément de Bavière, traduit du latin avec les actes pour servir de preuves. *Paris, J. B. Coignard.* In-4.

1689

Les prédictions et les véritez du temps présent, publiéez par la déesse Dadila, surnommée la Sibille du païs de Liége. Partie première. *A Cologne, chez Pierre Marteau.*

P. in-12, de 56 pp. Dans cet opuscule, dont la seconde partie n'a jamais paru, les principaux souverains de l'Europe et les plus illustres personnages du pays de Liége viennent consulter la Sibylle qui est souvent peu gracieuse à leur égard. — T.

1690

Bibliotheca Slusiana sive librorum catalogus quos ex omnigena rei literariae materia Joannes Gualterius sanctae Romanae ecclesiae cardinalis Slusius Leodiensis sibi Romae congesserat, Petri

Aloysii baronis Slusii fratris jussu, labore ac studio Francisci Desciue Parisiensis digesta et in quinque partes distributa. *Romae ex typographia J. J. Komarek.*

In-4, de 5 ff. et 700 pp., à 2 col., avec le portrait du cardinal. Ce catalogue des livres du cardinal de Sluse, rédigé par François Desciue, bibliographe parisien, a été publié par les soins de Pierre Aloys de Sluse, son frère. Il n'y est pas fait mention des manuscrits parce que le pape ne voulut pas permettre au frère du défunt d'en disposer. Montfaucon a publié la liste de ces derniers dans la *Bibliotheca bibliothecarum manusc.*, 1739, I, pp. 175-183. La plus grande partie des livres de De Sluse passa dans la bibliothèque du cardinal Imperiali dont le catalogue a été publié à Rome, en 1711, in-folio. — T.

— Les véritables intérêts du prince de Liége et de tout son païs en général, dans les affaires présentes, avec des réflexions politiques sur la conduite qu'on a tenu et que l'on tient encore aujourd'hui dans cet état, par le sieur***. *A Mastrich, chez Jonatan Delessar, marchand libraire, rue Neuve.*

P. in-12, de 4 ff., 70 pp. Ce petit livre fut composé par un chanoine de Liége lors de l'avènement de Jean Louis d'Elderen au siége épiscopal. Il lui donne d'excellents conseils pour l'administration civile et ecclésiastique de la principauté. Villenfagne, dans ses *Mélanges de 1810*, p. 250, en publie une analyse. — U. H. T.

— Question curieuse si M. Arnauld, docteur de Sorbonne, est hérétique. A Monsieur ..., conseiller de Son Altesse l'évêque et prince de Liége. *A Cologne, chez Nicolas Schouten.*

In-8, de 228 pp., 2 ff. table. — T.

1692

Catalogus librorum .. D. Natalis de Villenfaigne in suprema regis curia senatoris ordinarii ac libellorum supplicum domus regiae magistri quorum auctio .. habebitur die 26 martii 1692. *Mechliniae, typis A. Jaye.*

1. Catalogue mal rédigé. — U.

— Godvruchtig broederschap van den H. Joseph, in de kerk van de religieusen canonickerssen des H. Graf, tot Hasselt, in het jaer 1687. *Hasselt, by Ern. Stravius. S. d.*

In-18. Imprimé vers 1692.

1693

Le réveille-matin des alliez, par entretien de la barque de Liége où l'on découvre les trahisons du temps présent. *A Cologne, chez Pierre l'Indiscret.*

P. in-12, de 92 pp. Dialogue entre M. Saint-Lambert, Liégeois, M. de Saint-Marceau, français, Gaspard, allemand, Frédéric, Hollandais, Ximénès, Espagnol, et Levisons, Anglais. Ce petit volume donne des détails très curieux sur les intrigues ourdies dans le pays de Liége, soit pour l'Empire, soit pour la France. — T.

1694

Ecclesia Leodiensis vindicata pro S. et R. principe Josepho Clemente ex ducibus Bavariae, etc., atque jura defensionis in unum colligata, humillime offert Georgius de Firmanis. *Romae, typ. cam. apost.*

In-4. — U.

— Lettre d'un avocat liégeois à un conseiller de Bruxelles, touchant l'élection du nouvel évêque et prince de Liége. *A Bruxelles, chez Claude Lebrun.*

P. in-8, de 48 pp. Daté de Liége, 30 avril 1694. — T.

— Abrégé de la vie de saint Materne, apôtre de Namur. *A Namur, chez Charles Gérard Albert, imprimeur.*

In-8, de 9 ff., 75 pp. Cet ouvrage peu connu est de J. Dupont, prêtre, M. Wilmet, professeur au séminaire, en a donné une seconde édition imprimée à *Namur, chez Wesmael*, 1848, in-18, de 72 pp.

1695

Ecclesia in terra militans, in purgatorio patiens et in coelis triumphans. Auctore Bonaventura Moors. *Hasseleti, typis Ernesti Stravii.*

L'auteur, prieur de l'ordre des Ermites de Saint-Augustin de Hasselt, a composé plusieurs autres ouvrages en latin et en flamand.

— Dictionnaire géographique des Pays-Bas, du Cambrésis et de Liége, avec des remarques d'histoire et de chronologie. *Amsterdam, Wettstein.*

P. in-8.

1696

Coutumes et règlements du duché de Limbourg. *Bruxelles, Friex.*

In-4, de 87 pp. Il faut y ajouter : Règlement additionnel... *Bruxelles, Friex,* 1697, in-4, de 10 pp. — S.

— Regulen, privilegien, aflaeten, jubileen van het aerts-broederschap van de alderheylighste Dryvuldigheydt ende verlossinge der ghevanghene christene slaven, by de Turken ende andere Barbaren, ende van de Heylige Maghet Maria, moeder van remedie. Opgerecht in de parochiale kercke van den H. Martelaer Quintinus, binnen Hasselt. *Hasselt, by Ernestus Stravius.*

In-32, de 84 pp.

— Abrégé de la vie du grand saint Hubert, patron de Liége. *Rouen, Seyes.*

In-18, avec privilége de 1696.

1697

Indices opinationum rev. ac. erud. domini Henrici Denys in catena publica Leodiensium schola sacrae theologiae professoris contra scripturas sacras, concilium Tridentinum, bullas pontificum. Adjecta est adnotatio aliquot auctorum e quibus suam illam doctrinam hausisse potuit. *Arae Ubiorum, typis J. Ambosz.*

In-4, de 28 pp. Denys y répondit par : Refutatio brevis libelli cui titulus : Indices opinationum, etc. *Voy.* p. 172. — S.

1698

Godefridi Guilielmi Leibnitii accessiones historicae quibus potissimum continentur scriptores rerum Germanicarum et aliorum hactenus inediti...

2 vol. in-4 ; Le premier, imprimé à Hanovre, chez Förster, en 1700 ; et le second imprimé à Leipzig, chez Förster, en 1698. Le second comprend la chronique d'Albéric, moine de Trois-Fontaines, qui vivait au milieu du xiiie siècle. Cette chronique contient les principaux événements arrivés depuis le commencement du monde jusqu'en 1241 et rapporte beaucoup de particularités sur Liége, Huy et les endroits voisins. La bibliothèque impériale de Paris possède un manuscrit de cette histoire plus complet que ceux qui ont servi à Leibnitz et à Menckenius. — U. T.

1699

Réplique des amateurs du commerce au Pays-Bas espagnol, sur le placcart des Liégeois, émané le 20 juillet 1699. *S. l.*

In-4, de 12 pp. — T.

XVIIIe SIÈCLE.

1700

Illustrissimae imperialis ecclesiae Thorensis jura immedietatis ex authenticis imperatorum circuli Westphaliei, ipsorumque Hispano Belgarum et Geldrorum aliorumque documentis deducta cum fundamentali elisione scripti, per fiscalem Gelricum compilati et nuper sacrae Caesareae Majestati ex parte Gelricae exhibiti in sequenti memoriale humillime representata a Joanne Stuben, dictae illustrissimae ecclesiae canonico capitulari et Dominae principissae abbatissae Thorensis consiliario. *Viennae Austriae.*

In-fol., de 222 pp. Il contient 175 chartes concernant l'histoire du chapître de Thorn.

— La vie de saint Hubert. *Trèves, Jacques Reulandt.*

In-12. Cet ouvrage du P. Schouville, S. J., est écrit en allemand.

— La vie de saint Lambert. *Trèves, Jacques Reulandt.*

In-12. Cet ouvrage du P. Schouville, S. J., est écrit en allemand.

— Refutatio justificationis editae pro defendenda doctrina D. licentiati Henrici Denis, nuper professoris in seminario episcopali Leodiensi, composita per Franciscum Martin s. th. d. et regium professorem. *Lovanii, H. van Overbeke.*

In-4, de 4 ff., 115 pp. — U. S.

1701

Lettre de réprimende écrite par le bedeau de la sacrée faculté de théologie de Cologne, par l'ordre de la même faculté, et addressée à M. Martin, docteur de Louvain, au sujet de la manière insolente avec laquelle il a eu la hardiesse de parler de la sacrée faculté de théologie de Cologne et du jugement favorable qu'elle a rendu touchant la doctrine de M. Denys, chanoine théologal de la cathédrale de Liége. *S. l.*

In-4, de 10 pp., à 2 col. Titre et texte français-latin. — T.

— S. Facultatis theologicae Coloniensis sapientissimum judicium pro doctrina perillustris D. Henrici Denys, S. Theologiae licentiati Lovaniensis, in seminario Leodiensi professoris, necnon in eccl. Leodien. canonici theologi; adversus ineptias cavillationes, aberrationes et imposturas doctoris Francisci Martin in libello cui titulus : *Refutatio justificationis*. Vindicatum per Christianum ab Irendael, theologum. *Marianopoli, apud haeredes Joannis Schaghtenbergh.*

In-4, de 2 ff., 110 pp. Cet ouvrage est de Navaeus, chanoine de Saint-Paul. — S.

— Den By-een-raapinghe van D. Menso Heydenryk, beroemde leeraer der soo genaamde gereformeerde religie tot Maastricht, uytgegeven op den naam van het uytgedoofde vagevier : uyt haar verwarringh getrocken, door Fr. Bonaventura Moors, augustyn. *Ghedruckt tot Hasselt, by Ernestus Stravius.*

In-12, de 7 ff., 197 pp., un f. Dédié aux bourgmestres de Hasselt, René de Geloes et Arnold Briers.

— Kort verhael van de nieuwe ondeckte kennisse der seer oude en hooghgeprezen fonteyne der stadt Tongeren, door Henricus Pisart, canonick regulier in S. Elisabeths dael. *Ruremonde, P. Vallen.*

In-12. Brochure rare.

1702

Narré succint et véritable, de ce qui s'est passé jusqu'ou mois de mai 1702, entre le chapitre, le magistrat et les fermiers de Dinant, au sujet d'un cabaret ecclésiastique, que les chanoines nomment cave, et les séculiers cantinne, par lequel le sieur D. Belmon fait voir, surtout à Messieurs du clergé secondaire du païs de Liége, la distinction qu'il y a entre la vérité et le mensonge, c'est-à-dire entre la cave du passé et la cantinne d'aujourd'hui. *A Louvain, chez Yves Vivans.*

In-8, de 45 pp. Signé D. Belmon.— C. T.

1703

Réglement de S. A. S. E. pour la ville de Huy émané sur les instances très-humbles des métiers convoquez et assemblez par sa permission. *Namur, C. G. Albert.*

In-4. — T.

— Loix, statuts ... de Stavelot ... Voy. 1649, p. 51.

Première impression de Malmédy.

1704

Vie et miracles de saint Hubert. *Rouen.* In-12.

1705

Particulae gallico-latinae ad usum faciliorem accommodatae. *Malmundarii, typis Lamberti Thonon. S. a.*

P. In-12, de 91 pp. et 3 ff., contenant : bref recueil des plus communs noms des villes et pays. Imprimé vers 1706.

— Nemesis Karulina ... *Malmundariae.* Voy. 1699, p. 174.

1707

Josepho Clementi justissimo piissimo Dei gratia archiepiscopo Coloniensi ... episcopo ac principi Hildesiensi, Ratisbonensi et Leodiensi ... *S. l.*

In-fol., frontisp. et titre gravés, et 50 ff. non chiffrés, avec nombreuses grav. dans le texte. La dédicace de ces poésies est signée Ig. Franç. Xav. Wilhelm. — T.

— Relation de ce qui s'est passé à Lille, le 1er mai 1707, lorsque S. A. S. E. Monseigneur Joseph Clément, archevêque de Cologne, prince électeur du Saint-Empire romain, archichancelier par l'Italie, légat né du Saint-Siége apostolique, etc., a été sacré évêque dans l'église collégiale de St-Pierre, en présence de son sérénissime frère Monseigneur Maximilien Emmanuel, duc de la haute et basse Bavière et du haut Palatinat, etc.; par Monseigneur l'archevêque, duc de Cambray, prince du Saint-Empire. *Lille, J. Fievet et L. Danel.*

In-8. — U.

— Relation de ce qui s'est passé à Lille, le premier jour de cette année 1707, lorsque Monseigneur Joseph Clément, archevêque de Cologne, a dit sa première messe dans l'église des PP. jésuites. *Lille.*

In-8. — U.

1708

Réponse d'un théologien de Malines à un prestre de Liége qui le consulte pour apprendre quel sentiment il doit avoir de la condamnation et censure qu'on a faite d'une lettre écrite de Liége, du premier de juin dernier, à Monsieur le curé de Moha, touchant des miracles qu'on disoit avoir arrivé dans son église, etc. *Malines, F. Jeunehomme.*

In-4. — U.

— Sacra congregatione episcoporum et regularium ... D. card. Gabriello, Leodiens. monasteriorum, pro nobilibus monialibus ordd. SS. Benedicti et Bernardi patriae et dioec. Leodien., Restrictus facti et juris. *Romae, typ. de Comitibus.*

In-fol. — U.

— 576 —

1710

Le dégoût du monde, par maximes tirées de l'Ecriture et des pères, par Mons. Lenoble. Quatrième édition, augmentée. *A Paris, chez Brugnié. Se vend à Malmédy, chez L. Thonon, imprimeur de S. A. S.*

In-12, de 5 ff., 202 pp., 18 ff.

1711

Le triomphe du sacré rosaire, qui comprend son institution, la méthode de le réciter, ses indulgences et autres motifs qui doivent porter à se faire enrôler dans cette sainte confrérie. Composé par le R. P. Louis Noiret, lecteur en théologie de l'ordre des FF. Prêcheurs. Troisième édition. *A Malmédy, chez L. Thonon. S. d.*

P. in-12, de 72 pp., et un f., imprimé vers 1711.

— Poésie françoise pour l'utilité de l'industrieuse et florissante jeunesse des classes de Stavelot. *A Malmédy, chez Lambert Thonon.*

P. in-8, de 82 pp., avec la marque de l'imprimeur. Ce livre n'est pas un recueil de poésies françaises, comme le titre pourrait le faire croire, mais un traité de versification *divisé en sept allées au verger de la poésie françoise.*

1712

De levens der heyligen van Wintershoven, mitsgaders een kort verhael van den opgangh en nedergangh der oude stadt Tongeren ... door den eerw. heere Mynheer Lambertus de Heer, pastoor tot Wintershoven ... *Tot Maestricht, by Lambert Bertus.*

In-8, de 4 ff., 164 pp., 2 ff. table. Contient un abrégé de la vie de saint Lambert. Une première édition fut publiée en 1662. — U. T.

— Acta et decreta synodalia ecclesiae Leodiensis sub Georgio ab Austria et Ferdinando episcopis. Formula reformationis Caroli V, a statibus ecclesiasticis Germaniae et a Belgii episcopis approbata. Decreta quaedam variorum superiorum ecclesiasticorum. Accedunt statuta archidiaconatus Hasbaniae, etc. *Prostant Bruxellis, apud Emanuelem de Grieck.*

In-8, de 2 ff., 199 pp. et 5 pp. table, plus 65 pp. pour les *Statuta Hasbaniae*. — U. T.

1713

La sainte communion ou la manière de bien communier. Par un père capucin de la province de Liége. *A Malmédy, chez Lambert Thonon.*

In-8, de 11 ff., 418 pp., 3 ff. table. La dédicace est signée F. M. D. L. C. I. (Frère Martin, de Liége, capucin indigne.) L'auteur s'appelait Martin Jacobi.

— Manuductio ad coelum, sanctorum patrum veterumque philosophorum medullam continens, opusculum praestantissimum emin. card. J. Bona, paucis multa complexum, adauctum metroque rythmico concinnatum per P. F. Ev. P. D. Dionanti, *apud Philippum Wirkay typographum.*

In-12, de 10 ff., 366 pp. et 1 f. errata. La dédicace est signée Petrus Franciscus Evrardus. Cet ouvrage en vers latins est bien imprimé.

— R. P. D. Scotto Leodien, jurisdictionis super bono jure ... Veneris 25 junii 1715. *Romae, è typ. cam. apost.*

In-fol., relatif à la juridiction de l'évêque de Liége sur le bourg de Saint-Trond. — U.

1715

Recueil des indulgences octroyées à l'archiconfrérie du cordon du P. Séraphique S. François, par divers souverains pontifes. Le tout réimprimé en faveur des confréries des églises des Frères Mineurs conventuels de Liége, de Huy et de Dinant. *A Dinant, chez P. Wirkay.*

In-12, de 142 pp. Ce recueil, approuvé à Liége le 20 août 1626, a été souvent réimprimé.

— Praxis poenitentialis sive manuductio ad dignam sacramenti poenitentiae susceptionem et administrationem, Auctore F. H. Pisart. *Trajecti ad Mosam.* In-8.

— In passionem Domini. Auctore

Bonaventura Moors. *Hasseleti, typis van Langenacker.*

L'auteur était prieur de l'ordre des ermites de Saint-Augustin, de Hasselt.

— Règlement pour la province de Limbourg et pays d'Outremeuse. *Bruxelles, Fricx.*

In-4. — S.

— Het Kasteel van Aigermont en d'omleggende Landstrecken in de Heerlykheit van Nederkan, nevens de stadt Maastricht. In heldendicht afgeschetst door François Halma. *Leeuwarden.*

In-4, de 10 ff., 60 pp., avec trois planches. — A.

1716

Privilegien, statuyten ende reglement der stadt Hasselt, van oude tyden vergunt, geapprobeert door menighvuldighe successive bischoppen ende princen van Luyck, graven van Loen, enz. Ende nieuwelycks, den 18 junii gheconfirmeert door Zyne Keurvorstlycke Hoogheyt Josephus Clemens, etc. Achter zyn by-gevoeght de politicke ordonnantien ofte recessen ende jaer-gedinghen der stadt voorsz. *Tot Hasselt, by P. Van Langenacker.*

In-4, de 2 ff., 123-25-43 pp. Avant la page 117 on doit trouver un f., côté 116 au recto, et au verso qui contient l'édit de confirmation donné, le 18 juin 1716, par Joseph Clément de Bavière. L'éditeur de l'ouvrage est Arnold Vrerix, jurisconsulte et bourgmestre de Hasselt.

— Animadversiones domini L. C. de Decker decani metropolitici in librum damnosum cui titulus Tractatus de promulgatione legum ecclesiasticarum ... Authore J. B. Van Espen .. professore in academia Lovaniensi. *Hasseleti, typis Petri van Langenacker.*

In-4, de 6 ff., 46 pp. et un f. errata. L'ouvrage de Van Espen avait été publié à Bruxelles, 1712, in-4. — S.

— Het goddelyck, camerken mit syn toe-behoorten ende fundamenten, bereyt voor den hemelschen bruydegom komende tot de ziele door de H. Communie, etc. Beschreven door P. Albertus van S'Hertogenbosch, capucien. *Tot Hasselt, by P. Van Langenacker.*

In-12, de 201 pp., sans la table et l'errata.

— Tractatus de opinione probabili ejusque usu. *Hasseleti, Petr. van Langenacker.*

In-12. Par le P. Gaspard Beckers, dit de Sainte-Marie-Madeleine de Pazzi, de Coursel, en Campine.

— Deductie met 16 stucken annex. sub litt. A-Q om te bewysen dat de goederen van de borgeren ende ingesetenen der stadt Maestricht, passerende den Luyxsen bodem, vry ende exempt zyn van allen der selver tollen ende imposten siguantelyck van den 60ten penningh. Dese door den ed. achtb. raedt der stadt Maestricht aen d'ed. mog. heeren commissarissen deciseurs van beyde genadige heeren en princen overgegeven op den 4 november 1716. S. l.

In-fol. — U.

— Congregatione signaturae justitiae R. P. D. Leodien. remissionis causae pro RR. DD. canonico scholastico Joanne Francisco et canonico Matthaeo Josepho fratribus de Bailly, contra RR. DD. canonicum Nicolaum Rouillon. *Romae, typ. de Comitibus.*

In-fol. — U.

1717

Le grand thrésor des grâces, indulgences et priviléges de l'archiconfrérie de la Très-Sainte Trinité instituée par le Pape Innocent III. Et 48 de ses successeurs jusqu'à N. S. P. Alexandre VII ont octroiez et confirmez ces indulgences. *Dinant, P. Wirkay.*

In-32, de 34 pp.

1718

Lux evangelizantium è sacris praesertim litteris M. Augustini aliorumque Patrum testimoniis .. refulgens in omnia totius anni festa. Authore F. Bonaventura Moors, Hasselensi, ord. eremitarum S. P. Augustini. *Hasseleti, P. Van Langenacker.*

In-8, de 8 ff., 432 pp. Réimprimé, *Lovanii, J. B. Schellekens,* 1720, in-8.

Het Leven ende mirakelen van den heylighen Amandus apostel van Vlaenderen, bisschop van Maestricht. Getrocken uyt Milone monacho Amandino, Philippo ob Eleemosina abbate S. Spei, Joanne Molano ende andere. Door H. Joannes Ooghe, priester ende pastoor van Aspelaere, S. Th. bac. *Brussel, Aegidius Dams.*

In-8, de 60 pp. et un f. avec port. — B.

— Jurium serenissimi et illustrissimi episcopi principis Leodiensis necnon conventus xenodochialis Aquensis ad S. Elisabetham assertio. Loco apologiae adversus quaedam injuriosa scripta impressa et divulgata pro parte scribae zenodochialis Joannis Arnoldi Beckers. *Coloniae, J. Alstorff.*

In-fol. — U.

1919

Règles de la congrégation érigée chez les Ursulines de Huy, en l'honneur de la Vierge Marie. *Namur.* In-12.

— Epistola pastoralis reverendissimi ac serenissimi domini D. Josephi Clementis archiepiscopi et principis electoris Coloniensis episcopi et principis Hildesiensis ac Leodiensis .. ad clerum populumque suum Coloniensem, Hildesiensem, Leodiensem et Berchtesgadensem. *Coloniae, S. Noethen.*

In-4, de 8 pp., avec les armes de l'archevêque sur le titre. Daté du 6 juillet.

1920

La faillibilité des papes dans les décisions dogmatiques, démontrée par toute la tradition, d'où il résulte qu'on n'est point obligé de recevoir, aveuglément, la constitution Unigenitus, ni aucune autre décision des souverains pontifes. *S. l.*

2 vol. in-12. L'auteur est Servais Boffreumont, ancien curé de Grâce, près de Liége.

— Het Leven van den H. Amandus, bisschop van Maestricht en apostolycken ghesant naer den Westen. *Tot Ghendt, ghedruckt by Petrus de Goesen.*

In-8, de 24 pp.

1921

Exercice de piété pour participer dignement au saint sacrifice de la messe. Par M. Ant. Godeau, évêque de Grasse. Quatrième édition. *A Dinant, chez Philippe Wirkay.*

In-18.

— Abrégé de la vie et des miracles de saint Perpète, évêque de Liége et patron de Dinant, avec un exercice de piété pour la messe, confession et communion. Par P. F. Evrard, prêtre. *A Dinant, chez Philippe Wirkay, imprimeur.*

In-16, de 76-96 pp., avec le portrait du saint.

— Factum pour prouver l'indépendance et la neutralité de la terre de Saint-Hubert, en Ardennes, avec ses six feautez ou mairies. En faveur des abbés, prieur et religieux. *S. l.*

In-4, de 116 pp., avec une gravure. — U.

1922

Leben des heiligen Hubertus. *Luxembourg.*

In-12. Cette brochure parut aussi à Cologne, 1762, in-8.

— Mémoire apologétique pour la branche aînée de la maison de Hornes. *A Paris, de l'imprimerie de C. Huguier.*

In-8, de 2 ff., 59 pp., un f. errata. Ce mémoire est signé Me Gobbé, L. — T.

1923

Sermoonen op alle de feestdaghen van 't jaer dus in het latyn opgeset door F. Bonav. Moors. *Tot Antwerpen, by J. P. Robyns ... Tot Bussel, by P. Van Langenacker. S. d.*

In-8, de 8 ff., 645 pp. Dédié à Catherine de Mombeke, abbesse d'Herckenrode. Ce livre paraît être imprimé à Anvers.

1924

Dissertatio de jurisdictione officialium in causis civilibus speciatim de recursu ad officialem metropolitanum Coloniensem ab officiali Leodiensi et Monasteriensi. *Wetzlariae, G. E. Winckler.*

In-4. — U.

— Complexus sententiarum in causis Robinet et consortium contra Fossoul et consortes, deinde etiam capitulum Huense quâ interveniens praetensae ejus appellationis, ut et postmodum decani et capituli ejusdem contra Waltherum Ferdinandum de Counotte necnon Jacobum de Malaese. *Wetzlariae.*

In-fol. — U.

1725

Documentum sententiae in causa consilii ordinarii Leodiensis ejusdemque fiscalis, contra officialem Leodiensem et cons… Wetzlariae, 17 julii 1725.—Documentum sententiae in causa fiscalis contra principem Leodiensem. *Wetzlariae.*

In-fol., daté du 17 juillet. — U.

1727

Paulus fugiens in scenam dabitur a mediae classis grammatices studiosis in gymnasio societatis Jesu ad Mosam, die 22 junii 1727. *Trajecti ad Mosam, typis Joannis van Gulpen.*

In-4, de 2 ff.

1728

Règlement additionel à celui du 6 février 1680 pour le pays de Daelhem. *Bruxelles, Fricx.*

In-4, de 2 ff., 19 pp. — U.

— Ignatii Roderique disceptationes de abbatibus, origine primaeva et hodierna constitutione abbatiarum inter se unitarum Malmundariensis et Stabulensis, oppositae observationibus maxime reverendorum dominorum Edmundi Martene et Ursini Durand, presbyterorum benedictinorum, e congregatione sancti Mauri. *Wirceburgi, typis A. Engmann.*

In-fol., de 3 ff., 186 pp. Voy. 1730 et 1731. — T.

1730

Vita sanctissimi confessoris et pontificis Huberti denati in Vura Ducum et in vitam gloriosiorem nati anno 730, 29 maii, dedicata Serenissimae ac Celsissimae principi Mariae Elisabethae, pro invictissimo ac potentissimo imperatore Carolo Sexto, fratre suo germano, Belgarum gubernatrici, dum millenarium morientis in Vura Ducum sancti Huberti jubilaeum celebratur. (In fine.) *Bruxellis, Fricx.*

In-4, de 6 ff., 68 pp., un f. approb. avec une gravure et une planche d'armoiries. La dédicace est signée P. Willemaers, pastor in Vura Ducum. — U. T

— Lettre de Monsieur T***, prêtre du diocèse de Liége, à Monseigneur l'évêque de Rougrave, chanoine trésorier de l'église cathédrale, vicaire général de Monseigneur l'évêque et prince de Liége. Avec un mémoire contenant les difficultés sur les propositions condamnées par la bulle Unigenitus qui regardent les vertus théologales et surtout celles où il est parlé de la charité et de l'amour de Dieu. *A Maestricht, chez Desessarts, libraire.*

In-12, de 108 pp. L'auteur est M. Tombeur, prêtre. — S.

— Imperialis Stabulensis monasterii jura propugnata adversus iniquas disceptationes Ignatii Roderici de abbatibus et origine Stabulensis ac Malmundariensis monasterii, vindice domino Edmundo Martene presbytero et monacho benedictino e congregatione *S. Mauri. Coloniae Agrippinae, apud viduam Stebusch.*

In-fol., de 2 ff., 152 pp., un f. errata, plus un fac-simile à la page 124. C'est une réponse à l'ouvrage de Roderique, *Disceptationes de abbatibus,* 1728. Voy. 1728, 1731. — U. T.

1731

Ignatii Roderique de abbatibus monasteriorum Malmundariensis et Stabulensis disceptatio tertia, prima adversus vindicias Stabulenses D. Edmundi Martene, presbyteri Benedictini e congregatione S. Mauri. *Coloniae, apud authorem.*

In-fol., de 2 ff., 96 pp. Voy. 1728, 1730. — S. T.

— Lettre de M. l'abbé S*** à Mlle de G***, béguine d'Anvers, sur l'origine et le progrès de son institut. *Paris, Gérard.*

In-8, de 53 pp., avec deux fig. Cet brochure contient des détails curieux sur les béguinages du pays de Liége.

1732

A journey through the Austrian Netherlands... By the author of the journey through England and Scotland. The second edition. *London, J. Pemberton.*

In-8, de 32-205 pp., et 13 ff. table. La partie relative à Liége occupe les pp. 64-96. — T.

1733

An account of the mineral waters of Spa, by Henri Cyre. *London.* In-8.

— Georg. Turner, a brief account of the mineral waters of Spa, etc. *London.* In-8.

— De onverwinnelycke kloeckmoedigheyt van den Heiligen Lambertus.. sal speelwys vertoont worden door de constminnende ende redenrycke camer genaemt den Boningh Vloeyenden Olyf-Tack, welcke sigh schryft : Godts geest verlicht. Binnen de ryxer stadt St-Truyden, op Maendagh den 31 Augusti 1755, op den grooten merckt, ten 2 uren precies. Met Godts zegen. Opgedragen aan den hooghweerdigen heere mynheere Amandus Van der Eycken, prelaet des keyserlyck ende exempt moenster van Sint Trudo. *Maestricht, L. Bertus.*

In-4, de 2 ff. C'est, je crois, le programme de la pièce imprimée à Gand. Voy. 1744.

1734

La vie pure et sainte. Par un père de la compagnie de Jésus. *Jouxte la copie à Mons. Dinant, chez P. Wirkay.*

2 vol. in-12, de 218 et 178 pp., sans les lim. La dédicace est signée J. B. de Maurage. L'approb. est datée de Mons, 1698. Une édition exactement conforme à celle-ci parut chez le même, en 1757.

— Catechismus oder christliche Unterweisungen allen menschen nutzlich aus befelch geistlicher Obrigkeit ausgegeben, damit in Bischthumb Lüttig aus einerley Weiss gelehrt werde, anjetzo den teutschen Oertheren selbigen Bischthumbs zum Gebrauch aus dem französischen ins Teutsch übersetzt. *Aachen.*

P. in-12, de 131 pp., avec l'opprobation de G. de Hinnisdael, vicaire général de Liége. — T.

— Abrégé de la vie et miracles de saint Hubert, patron des Ardennes, par un religieux de l'abbaye dudit Saint-Hubert. *Luxembourg, J. B. Ferry.*

P. in-8, de 2 ff., 55 pp., 2 ff , avec une grav. — T.

— Filiation généalogique de la très-ancienne, noble et illustre famille de Corswarem, issue des comtes de Looz. *S. l. n. d.*

In-4, sans titre, de 27 pp., avec une planche. Cette brochure a été réimprimée dans la *Déduction des droits.* Voy. 1764. — U.

— Recessus in sacri Romani imperii comitiis anno MCLIV, publicatus per hæc tempora novissimus in usum eorum qui in patria Leodiensi degentes lingua Germanica non utuntur et in supremis imperii tribunalibus causas agunt, ex teutonico idiomate translatus in latinum. *Wetzlariæ, typis J. H. Stockii.*

In-4.

— Arrest de la cour souveraine de Bouillon. *Sedan, A. Thesin.*

In 4. Contre le recteur et les PP. Jésuites de Liége, au sujet d'une exécution capitale ordonnée par eux à Munau. Voy. 1736. — U.

— Amusements des eaux de Spa. Ouvrage utile à ceux qui vont boire ces eaux minérales sur les lieux, enrichi de tailles douces qui représentent les vues et perspectives du bourg de Spa, des fontaines, des promenades et des environs. *Amsterdam, chez Pierre Mortier.*

2 vol. in-8. Cet ouvrage, du chevalier de Solignac de Montpellier, mort à Nancy, en 1773, fut souvent réimprimé. J'en connais les éditions suivantes :

— *Amsterdam, P. Mortier,* 1735, 2 vol. in-8, de 424 et x-414 pp., avec 16 gravures.

— *Amsterdam, P. Mortier,* 1740, 2 vol., in-8, grav.

— *Amsterdam, P. Mortier,* 1752, 4 vol., in-12; le premier de 8 ff., viii-385 pp.; les suivants de 328, 356, 203 pp., grav.

— *Londres,* 1782, 5 vol. in-18. Cette édition, qu'on joint à la collection Cazin, ne renferme pas de gravures.

— Perspectives ou vues des fontaines de Spa. Gezichten van de fonteinen van Spa. *Amsterdam, P. Mortier.*

In-4, oblong. Album composé des vues de l'ouvrage précédent.

1935

Vermakelyke tydkortingen by het gebruik der wateren te Spa. Een werk zeer nut voor de genen die de minerale wateren daar ter plaatse gaan drinken; verrykt met kopere platen, verbeeldende Spa zelf, de bronnen, wandelwegen en omleggende landstreken. Uit het fransch vertaald. *Te Amsterdam, by Petrus Mortier.*

2 vol. in-8 : le premier de 7 ff., 384 pp.; le second de 464 pp. Cette traduction de l'ouvrage de Solignac est orné des mêmes gravures que l'édition française. Voy. 1734.

1936

Diplôme de l'empereur Charles VI, par lequel Louis et Joseph comtes de Looz-Corswarem sont faits et créés ducs d'Empire. *S. l. n. d.*

In-4, sans titre, de 16 pp. Ce diplôme a été reproduit dans la *Déduction des droits.* Voy. 1764. — U.

— Ongehoorde wreetheyt, uytgewrocht ende begaen door Herodes den Grooten, koningh van Judeen, tegen syne dry soonen Alexander, Aristobulus ende Antipater. Op-gedraegen aen de ... Heeren Gisbertus de Germeau ende Udalricus Guilielmus de Bellefroid, regeerende borgemeesters ... der stadt Tongeren ... door de ... jonckheyt der latynsche schoolen, den 11 september 1756. *Maestricht, L. Bertus.*

In 4. — U.

— Dissertatio medica inauguralis de aquis Spadanis quam annuente Deo ter. opt. max. ex auctoritate magnifici rectoris D. Franc. Fabricii; necnon senatus academici consensu et facultatis medicae decreto, pro gradu doctoratus, eruditorum examini submittit Ph. Lud. de Presseux Leodius ex Theux. Ad diem 7 aug. 1756, hora locoque solitis. *Lugduni Batavorum, J. Luzac.*

In-4, de 28 pp., front. gravé. Il existe une seconde édition de cette thèse, publiée à Leide la même année, in-4, de 32 pp., à laquelle on a ajouté la Déclaration de W. Chrouet sur les eaux de la Géronstère. De Presseux doit avoir aussi publié, en 1736, une traduction anglaise de cette dissertation, qui fut traduite en français en 1749. — T.

— Traité instructif et familier des accouchemens, enseignant aux sages-femmes ce qu'il (sic) doivent faire et éviter pour bien réussir dans l'art d'accoucher, très-utile même aux jeunes chirurgiens. Par F. L. Fabry, docteur en médecine. *Dinant, chez Ph. Wirkay.*

In-12, de 184 pp., sous les lim. — C.

— Mémoire démonstratif que la terre et château de la Rochette est scituée au duché de Limbourg, et qu'elle est incontestablement de la souveraineté de Sa Majesté Impériale et Catholique comme duc de Limbourg ... servant de réponse à un écrit intitulé Memoriale nomine reverendissimi et celsissimi domini episcopi ac principis Leodiensis, etc., imprimé à Ratisbonne, l'an 1755, qui sera pareillement inséré. *Bruxelles, G. Fricx.*

In-4, de 120 pp.

— Cruauté inouïe commise en la ville de Munau par les jésuites de Liége, avec l'arrêt rendu contre eux par la cour de Bouillon. *En France.*

In-4, de 16 pp.

— Lettre d'un avocat de Luxembourg à un avocat de Paris, au sujet d'un libelle intitulé Cruauté inouïe commise en la ville de Munau par les RR. PP. Jésuites de Liége. *S. l. n. d.*

In-4, de 15 pp. — U.

— Institutions du droit belgique par rapport tant aux XVII provinces qu'au pays de Liége, avec une méthode pour étudier la profession d'avocat. Par M. George de Ghewiet, conseiller du roi. *Lille, C. M. Crame.*

In-4, de 8 ff., 597 pp. et 50 pp. table. Réimprimé, *Bruxelles,* 1758, 2 vol. in-8. — D.

— Abrégé de l'histoire de N. D. de Foy ... *Dinant,* 1756. Voy. p. 229.

1937

Le héros de l'industrie ou l'avanturier liégeois. *Cologne, Pierre Marteau.*

P. in-12, de 144 pp. L'auteur promettait une suite à ce volume, mais je ne sais si elle a paru. — T.

— Le manteau, ou la couverture des eaux de Spa, par M. de W****. *Cologne.*

Cité par de Limbourg, dans son Traité des eaux de Spa.

— Mémoire historique et juridique où l'on fait voir que les trois prétendus traités de 1546, 1548 et 1655, pour un échange de Herstal contre la terre où fut bâti Mariembourg, sont nuls de toute nullité et que, par conséquent, le prince de Liége n'a aucun droit de relief, ni de juridiction sur Herstal. *A Duisbourg, impr. de Jean Stas.*

In-fol., de 47 pp. — U.

1734

Beschryvingen der steden van het landt van Luyck, als mede van haere opkomsten, de bisschoppen van Tongeren, Maestricht en Luyck, haere kerken, belegeringen, verwoestingen en geschiedenissen. Uyt verscheyde schryvers by een vergadert, door een liefhebber des landts. *Tot Maestricht, by Lambert Bertus.*

In-12, de 180 pp. — U.

1730

Spadacrène ou dissertation physique sur les eaux de Spa, par Henri de Heers, docteur en médecine. Nouvelle édition, revue, corrigée et augmentée de notes historiques et critiques, par W. Chrouet, docteur en médecine. *La Haye, P. Paupie.*

In-8, de 7 ff. lim., 254 pp. et 3 ff. table. Quelques exemplaires portent : *Imprimé aux dépens de l'auteur.* Chrouet corrige dans cette nouvelle édition quelques fautes de de Heers contre la chimie, et consigne de nouvelles expériences pour prouver la présence de certaines substances dans les eaux de Spa. Voy. 1614, 1616, pp. 26 et 27. — U.

1740

Observationes apologeticae pro episcopatu Trajectensi ad Mosam, quem R. P. Godefridus Henschenius, e societate Jesu, hagiographus, piae memoriae jampridem asseruerat, ac perillustris Dominus G. L. baro de Crassier, celsissimi principis episcopi Leodiensis consiliarius, nuper negavit. Auctore R. P. Petro Dolmans, ejusdem societatis theologo. *Antverpiae, apud Alexandrum Everaerts.*

P. in-8, avec approbation de 1749. Il existe deux éditions de cette brochure : la première de 78 pp. et un f. approb.; la seconde de 79 pp. Celle-ci contient à la fin deux paragraphes de plus que la première et une liste d'errata. Voy. pp. 89, 234, 238. — U. T.

— Exposition fidèle et succincte des procédés irréguliers et des attentats du prince et évêque de Liége contre les droits incontestables de S. M. le roi de Prusse, en sa qualité de seigneur de la libre et franche baronnie de Herstal. *S. l.*

In-fol., de 18 pp.

1741

Le diable hermite ou aventures d'Astaroth, banni des enfers. Ouvrage de fantaisie, par M. de M***. *A Amsterdam, chez François Joly.*

In-12, de 7 ff., 364 pp., avec une gravure. Ce roman de Saumery, qui prenait souvent le pseudonyme de Mirone, contient, pp. 74-122, une soi-disant description de la cour de Georges Louis de Berghes, prince évêque de Liége. Ce livre, quoique portant la date de 1741, fut imprimé, en réalité, en 1740. Il en parut une critique intitulée :

Le diable confondu où le sot Astaroth. *La Haye, Antoine Van Dole,* 1740. In-12, de 2 ff., 104 pp. Cette réfutation, écrite sans nul doute par un Liégeois, contient des détails curieux sur la cour du prince évêque. Malgré cette critique le *Diable hermite* eut du succès ce qui engagea le libraire à lui donner une suite sans nom d'auteur et qui ne me paraît pas être de Saumery. Elle a pour titre :

Le diable hermite ou aventures d'Astaroth, banni des enfers. Ouvrage de fantaisie. Tome second. *A Amsterdam, chez François Jolly,* 1741. In-12, de 10 ff., 384 pp., avec une gravure.

— Abrégé de la vie et miracles de saint Bertuin, évêque et patron du très-religieux monastère des chanoines réguliers de Saint-Augustin, à Malone. *Dinant, P. Wirkay.*

In-32, de 31 pp. Cet abrégé, approuvé en 1651, a été imprimé plusieurs fois à Liége.

— Almanach de Liége. *Bruxelles, J. J. Boucherie.*

Des priviléges furent accordés pour cet almanach en 1741, 1746 et 1752.

1742

Alterae observationes apologeticae pro episcopatu Trajectensi ad Mosam quem R. P. Godefridus Henschenius e societate Jesu hagiographus piae memoriae jampridem asseruerat ac perillustris dominus G. L. baro de Crassier, celsissimi principis episcopi Leodiensis consiliarius, nuper iterato negavit. Auctore R. P. Petro Dolmans, ejusdem societatis theologo. *Lovanii, typis Joannes Jacobs.*

P. in-8, de 79 pp. Approbation du 9 novembre 1742. Voy. 1740. — U. T.

— Conventie tusschen Haere Majesteyt de koninginne van Hongarien ende van Bohemen ende Syne Hoogheyt den bisschop ende prins van Luyck, voor de reciproque restitutie der deserteurs van hunne respective truppen. *Ghendt, by D. Van der Ween.*

Placard in-fol.

1743

Nouveau almanach curieux pour l'année 1745, avec les noms des Messieurs du vénérable magistrat indivis de la ville de Maestricht, comme aussi de la haute justice du comté de Vroenhove et des païs d'Outremeuse. *Maestricht, H. Landmeter.*

In-18. L'année 1765 existe aussi chez M. Capitaine. — U.

— Leodien. immunitatis ecclesiasticae. Restrictus facti et juris pro clero primario et secundario Leodiense cum R^{mo} episcopo et principe Leodien. *S. l.*

In-fol., imprimé à Rome. — U.

— Analytica immunitatis ecclesiasticae defensio. *S. l. n. d.* In-4. – U.

1744

Signatura gratiae coram sanctissimo R. P. Spinello Leodien. indultorum super excessibus pro clero civitatis patriae et dioecesis Leodiensis contra Universitatem seu facultatem artium oppidi Lovanii, Mechliniensis dioecesis, Restrictus facti et juris. *Romae, ex typographia Rev. Cam. apostolicae.*

In-4, divisé en trois parties, de 67-41-94 pp.
Les deux dernières parties ont les titres spéciaux suivants :

Sanctissimo domino nostro Benedicto Papae XIV. Leodien. indultorum super excessibus pro clero civitatis, patriae et dioecesis Leodiensis contra academiam et facultatem artium Lovaniensem, humillima responsio facti et juris. *Ibid.* 1745. — Sanctissimo domino nostro Benedicto Papae XIV, summarium cleri Leodiensis. *Ibid,* 1745.

L'Université de Louvain publia, de son côté, les trois pièces suivantes : *Romae,* 1745, in-4.

Sanctissimo domino nostro Benedicto Papae XIV pro memoria academiae et facultatis artium Lovaniensis..., 81 pp. — Notae aliquot pro Universitate Lovaniensi contra Reverendissimum clerum Leodiensem... 12 pp. — Sanctissimo domino nostro Benedicto Papae XIV summarium academiae et facultatis artium Lovaniensis, 207 pp.

— Oratio funebris in laudem Georgii Ludovici, episcopi et principis Leodiensis, ducis Bulloniensis, marchionis Franchimontensis, comitis Lossensis, Hornensis, etc., dicta in insigni collegiata divae Virginis, Trajecti ad Mosam, undecimo kalendas februarii 1744, a R. P. Bernardo Cornelissen, societatis Jesu sacerdote. *Trajecti ad Mosam, typis Henrici Landmeter.*

In-4, de 22 pp.

— De onverwinnelycke kloeckmoedigheyt van den doorluchtighsten H. Lambertus, bisschop van Luyck, ghedoodt van Dodo. Door P. Justinius. *Te Ghendt, by P. J. Vereecken. S. d.*

In-8, imprimé vers 1744. J'ai aussi rencontré la pièce suivante qui est peut-être la même sous un autre titre : Den H. Lambertus, bisschop van Luyck, ghedoodt van Dodo, door het toe-doen van syne vraeck-gierieghe suster Alpais ; hooft-tooneel. *Tot Brussel, by Zacharias Bettens,* s. d., in-4, de 46 pp. — T.

— De versmaetheyt des weirelts ende den waerachtigen roep Christi, afgebeeldt in den H. Trudo, apostel van Haspengouwe. Door P. Justinius. *Te Ghendt, by P. J. Vereecken. S. d.*

In 8, imprimé vers 1744.

1745

La vie du grand saint Hubert, prince du sang de France, fondateur et premier évêque de la noble cité de Liége. *A Namur, chez Nicolas Joseph Delienne, imprimeur.*

In-12, de 36 pp. Réimprimé sous le titre de Vie du grand saint Hubert, fondateur et premier évêque de la noble cité de Liége. Nouvelle édition augmentée de la manière de faire la neuvaine. *Namur*, 1827. In-12, de 24 pp.

1746

Recueil van reglementen voor de heerlykheyd en dorpen van Rutten, te gelyck dienende soo voor de verdere heerlykheden en dorpen van redemptie, als voor de elf bancken van S. Servaes, gehoorende onder de souveraineiteyt van haar hoogmoogende de heeren staten generaal der vereenigde Nederlanden. *Maastricht, Henricus Landmeter.*

In-4, de 62 pp. — T.

1748

D. Gottlob Caroli Springsfeld, medici aulici saxo-ducalis, etc., iter medicum ad thermas Aquisgranenses et fontes Spadanos, etc. *Lipsiae.* In-8.

1749

Démonstrations méchaniques des opérations et effets que les eaux minérales chaudes d'Aix-la-Chapelle produisent, par leur usage intérieur et extérieur, dans le corps humain, soutenues et appuyées des loix du mouvement relatif aux ingrédiens qui y sont concentrés et la méthode, par leur usage modifié, de conserver non-seulement longtems le corps en santé mais aussi de le guérir d'une infinité de maladies opiniâtres et rebelles. Par N. T. Le Drou, docteur en philosophie et en médecine, médecin practicien aux eaux minérales de Spa. *Aix-la-Chapelle, J. G. F. Muller.*

In-8, de 24 ff., 312 pp. et 4 ff., 144 pp. d'additions. Avec une pl. d'armoiries vis-à-vis la dédicace.

1750

Tractatus theologicus de casibus reservatis in dioecesibus Antverpiensi, Buscoducensi, Cameracensi, Coloniensi, Gandavensi, Leodiensi, Mechliniensi, Namurcensi, Ruremundensi. Authore F. Josepho Pauwels. *Lovanii.*

2 vol. in-8.

1760

August. Grever. Kurz verfasster Ursprung und fernere Geschichte des Marianischen Bildnisses von Foya ju Niederlanden. *Znaim.*

In-8. *Voy.* 1620, page 34.

1761

Sacra congregatione consistoriali R. P. D. Antonello secretario, Leodien. monasterii S. Huberti in Arduenna ordinis S. Benedicti, pro eminent. et ser. D. card a Bavaria, episcopo et principi Leodiense ac r^{mo} capitulo perill. cathedralis ecclesiae contra rev. P. Nicolaum Spirlet, abbatem electum dicti monasterii. *Romae, typis Bernabo.*

In fol. — U.

1762

Livre de la confrérie érigée dans la chapelle de Heusy, paroisse de Stembert, sous l'invocation du grand S. Hubert, premier évêque de Liége, apôtre des Ardennes, du Brabant, et patron de ladite chapelle ... *A Stembert.*

P. in-8, de 47 pp. Les impressions de Stembert, village situé près de Verviers, sont très rares. *Le Bulletin du Bibliophile Belge*, t. III, p. 254, leur a consacré quelques lignes.

1763

Oratio in funebre Joannis Theodori, episcopi et principis Leodiensis, habita in Divae Virginis templo à P. Frambachs, S. J., presbytero. *Trajecti ad Mosam, Landmeter.* In-4.

— Septimii Cedri responsum juris pro veritate in causa Leodien. electionis. *Romae, typ. cam. apost.*

In-4. — U.

1764

Déduction des droits incontestables

de la maison de Looz, sortis, de même que les ducs de Brabant, des anciens comtes de Hainault, subsistante encore aujourd'hui sur le comté de ce nom, avec les preuves de sa filiation généalogique. *S. l.*

In-8, de 2 ff., 166 pp., avec une planche d'armoiries. Cet écrit est attribué à l'avocat de Heeswick. — U. T.

1765

Précis des droits des comtes de Looz, sur le comté de ce nom, pour servir d'intelligence à l'ouvrage qui a pour titre Déduction des droits incontestables de la maison de Looz, sortie, de même que celle des ducs de Brabant, des anciens comtes de Hainaut. *S. l.*

In-8, de 57 pp. Cette brochure est attribuée à l'avocat de Heeswick. — T.

1766

Catechismus oder christliche unterweisungen, allen menschen nützlich ausz befehl geistlicher Obrigkeit ausgegeben damit im Bischthumb Lüttig auf einerley Weisz gelehrt werde, anjetzo den teutschen Oerthern selbigen Bischtumbs zum Gebrauch ausz dem französischen in teutsch übersetz. *Zu Stembert, gedruckt bei Q. F. Lejeune.*

In-12, de 108 pp.

— Breves observationes morales de horis canonicis. Per Pet. Josephum Henry sacrae theologiae baccalaureum formatum pastorem in Surice. *Dionanti, apud P. Wirkay.*

P. in-12, de 82 pp. A la fin du vol. se trouve ordinairement l'opuscule suivant: *Brevissimus tractatus de praeparatione ad sacros ordines.* P. in-12, de 80 pp., avec approbation datée de Liége, le 20 janvier 1766. Il paraît être aussi imprimé à Dinant, chez Wirkay.

— Elenchus sententiarum, conclusorum ac rescriptorum caesareorum in consilio imperiali aulico Viennae emanatorum ab anno 1761 usque 1766, in causa Sti Trudonis monasterii contra D. principem et episcopum Leodiensem, puncto condominii ejusdem oppidi, etc., modo in specie monasterium Sti Trudonis contra consilium viginti duum

virorum, puncto mandati, paritoriae ac rescripti, nunc vice-versa revisionis. *Lovanii, J. F. Van Overbeke.*

In-4. — U.

— Le souverain tribunal de la chambre impériale à Wetzlaer, l'an 1766. *S. l.*

P. in-8. Je ne sais si cette liste des fonctionnaires de la chambre de Wetzlaer paraissait tous les ans; elle semble avoir été imprimée dans cette ville. *Voy.* 1784. — U.

1767

Instruction pastorale en forme de petit catéchisme où l'on apprend ce qu'on doit savoir, croire et pratiquer pour mener une vie vraiment chrétienne. Réimprimé par les soins de Monsieur Maigret, très-révérend et zélé pasteur de Verviers, pour l'usage de sa paroisse, le tout conformément au catéchisme du diocèse de Liége. *A Stembert, chez Q. F. Lejeune.*

P. in-8, de 84 pp. L'approbation est datée de Liége, 27 octobre 1718. — T.

— Deux consultations médico-légales, la première tendante à prouver qu'un briquetier de la ville de Liége, trouvé mort dans sa chambre, le 11 avril de l'année 1766, s'est pendu et fait mourir lui-même; la seconde, pour demoiselle Famin, femme du sieur Leneret, accusée de suppression, exposition et homicide de deux enfans. Par A. Petit, docteur régent de la faculté de médecine de Paris. *Paris, Vallat.*

In-8, de x-68 pp. Les faits de la première cause ont été communiqués par M. Pfeffer, médecin à Liége, dont l'auteur fait un grand éloge. — T.

1768

Doct. Brownrig's papers or Spa Waters. *London.*

— L'art d'exploiter les mines de charbon de terre. Par M. Morand, le médecin, assesseur honoraire du collége des médecins de Liége. *S. l.*

2 parties in-fol.: la première de XVIII-196 pp. et 11 planches; la seconde de 44 pp. — U.

1769

Nouveau recueil de chansons de Noël.

Par J. J. Lixson, maître de musique. *A Stembert, de l'imprimerie de J. Depouille.*

In-12, de 32 pp.

— Les agréments et les désagréments de la redoute de Spa, imprimé vers la fin de l'an 1768. Deuxième édition. *A Paris et à Rouen, chez les principaux libraires associés.*

P. in-8, de 40 pp. — D.

1770

Vues et perspectives de toutes les villes, églises, monastères, édifices publics, châteaux et maisons de campagne du pays de Liége, comté de Namur et comté de Looz, avec les portraits de tous les hommes illustres de ce pays qui se sont distingués dans les arts et les sciences, dans la robe et dans l'épée. En 250 planches en taille douce. *A Dinant, chez Oger, libraire, à la Bonne Foi, rue Neuve.*

In-fol. Ce recueil, sans texte, contient simplement les gravures et portraits des *Délices du pays de Liége*, publiés en 1738. On le trouve aussi avec l'indication *Liége, C. Plomteux.*

— Institution de droit ou sommaire de jurisprudence canonique, civile, féodale et criminelle pour les pays de Liége, de Luxembourg, Namur et autres. Par M. Sohet, licentié és-loix, mayeur de Chooz ... 1770-1781.

5 parties in-4, imprimées à Namur, chez Lafontaine, et à Bouillon, chez Poissy et qu'on trouve ordinairement réunies en un volume.

— Decisio sacrae rotae coram R. P. D. Guerra ponente in favorem rr. admodum duorum decani et capituli archidinconalis ac collegiatae ecclesiae in oppido Tungrensi contra DD. capellanos seu beneficiatos ejusdem ecclesiae ratione sacristiae per praefatos rr. admodum duos eisdem capellanis seu beneficiatis reassignatae. *Romae, typ. cam. apost.* In-fol.

1771

Oratio in funere Caroli Nicolai ex comitibus d'Outremont episcopi et principis Leodiensis, habita V. Kal. decembris a P. Bartholomaeo van Berkel, S. J. *Trajecti ad Mosam, H. Landmeter.*

In-4, de 16 pp. — U.

— Exercice spirituel pendant la sainte messe. *A Stembert, chez Q. F. Lejeune.*

P. in-12, de 25 pp.

— Confrérie de Notre-Dame de Miséricorde, érigée dans l'église paroissiale des Rechains, contre les cinq maux principaux qui pouvaient arriver à l'homme. Ce petit livre imprimé par le soin de Mons. J. F. Defresne, très-révérend curé desdits Rechains, chanoine de St-Gilles, contient plusieurs belles prières choisies et propres pour la confrérie. *A Stembert, chez Q. F. Lejeune.*

P. in-12, de 48 pp.

— Sentiments d'une âme pénitente. Tirés de saint Augustin, de saint Bernard et de quelques autres saints. *A Stembert, chez Q. F. Lejeune.*

P. in 12, de 32 pp.

1772

Missa pro defunctis ad usum omnium ecclesiarum tam urbium quam pagorum in quibus officium celebratur juxta ritum ecclesiae romanae. *In Stembert, typis Quirini Francisci Lejeune.* Permissu superiorum tam pro archidioecesi Coloniensi quam pro dioecesi Leodiensi.

Cité dans le *Bulletin du Bibliophile belge*, t. III, p. 254.

— Épître en vers polonais au comte Ignace Potocki, sur les eaux de Spa, traduite en vers français.

Cité par *De Thier*, dans son Guide des curieux qui visitent les eaux de Spa, 1818.

— Mémoire pour M. le comte de Looz-Corswarem et de Nyel, etc., etc., intimé, contre Madame la douairière de Marbais, née baronne de Rouveroy, etc., impétrante. S. l.

In-4, de 17 pp., avec la vue du château de Longeli.

— Mémoire sur le despotisme des abbés de St-Hubert et sur les innovations introduites dans ce monastère. *A Paris.*

In-4, de 140 pp., un f. errata. Ce mémoire est signé par cinq prêtres profès de l'abbaye de Saint-Hubert. — U.

— Traité entre le roi et le prince-évêque, l'église et l'état de Liége concernant les limites, le commerce mutuel et la liberté des communications de leurs états respectifs, du 24 mai 1772. *A Versailles, de l'imprimerie du département des affaires étrangères.*

In-4, de 51 pp., avec une carte de la terre de Blaimont.

1773

Sententia cameralis 20ma septembris 1775 publicata in causa Joannis Frederici ab Isendorn modo ejus viduae et filii contra quondam viduam de Renesse et Fredericum nunc Joannem Ludovicum de Renesse.

Un f. in fol. Il faut y ajouter : *Documentum sententiae in causa*, etc. In-fol., de 2 ff. — T.

— Summarium pro R. D. Jacobo Francisco Robert, rectore ven. ecclesiae parochialis de Ougrée. *Romae.*

In-fol. — U.

1774

Tarifs très-utiles et avantageux pour les drapiers et ourdisseurs de Verviers et environs qui comptent par portées et non par cents, composés par Jean Lambert Bertrand, de Verviers, arithméticien. *Imprimé à Stembert, chez Quirin Lejeune.*

P. in-8, de 116 pp. Réimprimé à *Verviers, chez Renard-Croisier, libraire*, s. d., in-18.

— Beknopte levensbeschryving van den heyligen bisschop en belyder Hubertus, gestorven ter Fure, 30 mai 727. Door Franciscus van Voshem. *Brussel.*

In-8, portr.

— Treatise on the medicinal virtues of the mineral waters of Spa. By J. William. *London.* In-8.

— Voyages métallurgiques ou recherches et observations sur les mines et forges de fer, la fabrication de l'acier, celle du fer-blanc et plusieurs mines de charbon de terre, faites depuis l'année 1757 jusques et compris 1769, en Allemagne, Suède, Norwége, Angleterre et Écosse, suivies d'un mémoire sur la circulation de l'air dans les mines et d'une notice de la jurisprudence des mines de charbon dans le pays de Liége, la province de Limbourg et le comté de Namur, avec figures. Par M. Jars de l'Académie royale des sciences de Paris. *Lyon, Gabriel Regnault.*

In-4, fig.

1775

Mémoire pour M. le comte de Looz-Corswarem, seigneur de Landelis, comte de Nyel, impétrant contre messire Nicolas Ignace de Woelmont, seigneur d'Ambrenne, intimé, et le baron de Haultepenne, seigneur d'Arville, comte de Dommartin, son cessionnaire intervenant. *S. l.*

In-fol., de 35 pp. — T.

— Exposition de fait et de droit dans la restitution implorée par le chapitre cathédral de Liége contre Mrs de Méan.. *Wien, bei J. T. edlen v. Trattnern.*

In-4, de 51 pp. — S.

— Dissertatio politico-moralis. Quid censendum sit de macula, quam malefactorum propinqui in hac patria ex publico eorum supplicio, vulgo contrahere censentur? Una cum exhortatione ad Belgii principes ut facinorosos in eo grassantes quàm primum, absque ulla personarum acceptione, ex suis provinciis eliminent. Publicabat D. Joannes Antonius Hençena, Eburo-Belga. *S. l.*

P. in-8, de 31 pp.

1747

Recueil de noels nouveaux, françois et latins, composés, en partie, par un maître d'école, à Verviers, pour être chantés pendant les prières de XL heures, dans l'église paroissiale de ladite ville. *A Stembert, chez Quirin François Lejeune.*

P. in-8, de 16 ff. L'auteur est M. Bragard.

— Flores poetarum sive sententiosi versus ex variis scriptoribus decerpti. *In Stembert, apud Quirinum Franciscum Lejeune.*

In-8, de 30 ff., imprimés d'un seul côté.

— Nouveau calendrier pour l'an de N. S. 1777, à l'usage de la ville et pays de Stavelot, diocèse de Liége. *A Malmédy, chez P. N. Gerlache, libraire et imp. de S. A. C.*

In-16, de VIII-64 pp., non compris le frontispice figurant les armes de la principauté de Stavelot et de l'abbé Jacques de Hubin.

— Statuts et règlements militaires pour le pays de Stavelot, émanés de S. A. Illust. Guillaume de Bavière, administrateur de Stavelot, .. avec une déclaration de S. A. C. le prince Alexandre (Delmotte). Imprimés par la permission de S. A. C. régnante (Jacques de Hubin). *Malmédy, N. Gerlache.*

In-4, de 23 pp.

— A tour to Spa through the austrian Netherlands and french Flanders an from Spa to Dusseldorff up the Rhine to Frankfort and through Manheim, Strasburg, Nancy and Rheims to St. Omer and Calais. *London.*

In-12, de 113 pp. et 7 pp. table.

— Dictionnaire roman, walon, celtique et tudesque pour servir à l'intelligence des anciennes loix et contrats, des chartes, rescripts, titres, actes diplômes et autres monuments, tant ecclésiastiques que civils et historiques, écrits en langue romaine ou langue françoise ancienne, par un religieux bénédictin de la congrégation de S.-Vannes, membre de plusieurs académies. *A Bouillon, de l'imprimerie de la société typographique.*

In-4, de XII-564 pp. Cet ouvrage de dom Jean François est très-estimé. — T.

1778

Catéchisme des fêtes et autres solemnités et observations de l'Église, par M. Bossuet. *Herve, chez Th. Deltrappe.*

In-12, imprimé à Bruxelles.

— La feuille utile et amusante.

Journal in-4, à 2 col., dont le premier numéro parut à Han-du-Mont (prov. de Namur), le 14 janvier 1778, chez Leroux.

— Agiatis. Par M. l'abbé Duval Pyrau, conseiller de la cour de S. A. S. Mgr le landgrave et prince de Hesse-Hombourg, et membre de plusieurs académies et sociétés littéraires. *Yverdun, de l'imprimerie de la société littéraire et typogr.*

In-8. — T.

1779

Style et manière de procéder en matière criminelle au pays de Liége, par appréhension des coupables au flagrant ou par voie d'enquête jusqu'à sentence définitive et exécution, etc. Par un citoyen praticien. *A Liége, et se vend à Herve, chez H. J. Urban, imprimeur et libraire.*

In-8, de 5 ff. et 200 pp. Premier livre imprimé à Herve. Un certain nombre d'exemplaires de cette édition portent la rubrique : *A Herve, chez H. Urban.* Cet ouvrage est du prélocuteur Lamborelle. — U.

— Relaes. *S. l. n. d.*

Placard in-fol. Relation en flamand accompagné d'une chanson sur l'assassinat de M⁽ˡˡᵉ⁾ Warrimont. Ce placard a été sans doute publié à Gand, en 1779. — T.

— Gedenkwaerdig proces behelzende de moord, gepleegd, den 19 wintermaend 1771, aen de persoone van joffrouw Warrimont, geboortig ter stad Visez, lande van Luyk. Uyt het fransch vertaeld naer de copie, door J. F. V. Tweeden druck. *Gend, J. F. Vanderschueren. S. d.*

In-8. L'imprimeur est l'auteur de cette traduction. Il y a aussi une édition de *Londres* (Liége), 1779, in-12. — U.

— Épitre aux mânes de Mademoiselle Warrimont, suivie de sa réponse. *Bruxelles.*

In-8, de 14 pp. — U.

1780

Épitre aux mânes de M⁽ˡˡᵉ⁾ de Warrimont, suivie de sa réponse et de la lettre écrite des enfers à elle-même. *Au temple de la vérité.* In-8.

1782

Poemata eximio domino Mayence in Acad. Lov. S. theologiae doctori, diversis temporibus oblata. *Lovanii, J. P. G. Michel.*

In-12, de 86 pp. Mayence, né à Liége, obtint, le 20 février 1781, le bonnet de docteur en théologie à Louvain. L'Irlandais F. O. H. se fait ici l'interprète du collége de la Trinité où Mayence était professeur.

— L'écolier chrétien ou traité des devoirs d'un jeune homme qui veut sanctifier ses études. Par M. Collet, docteur en théologie, à l'usage des élèves du collège et pensionnat royal de Herve. *Herve, J. Urban.*

In-12. On trouve des exemplaires avec la rubrique Herve F. J. Vieillevoye. L'ouvrage fut réimprimé, *Liége, J. A. Bollen,* 1783, in 12.

— Au nom du Père, du Fils et du Saint-Esprit. *S. l. n. d.*

In-4, de 13 pp., avec une pl. généalogique. Testament de deux ducs de Looz, du 29 avril 1777 et 26 janvier 1781. — T.

— Lettre de M. l'abbé Rainal à l'auteur de la Nymphe de Spa, précédée d'une lettre de la veuve Bourguignon, imprimeur de S. A. C. Mgr le prince évêque de Liége, à M. G*****, son confrère ... *A la Haye.*

In-8, 27 pp. Bassenge aîné avait adressé à l'abbé Raynal une épître en vers : *la Nymphe de Spa.* — A. T.

1783

Nouveau tableau de Spa et d'Aix-la-Chapelle. *S. l.* In-8.

— Voyage de Spa à Bruxelles. *A Bruxelles.*

In-8, de 23 pp. Brochure rare. — T.

— Le portefeuille de Mme Gourdan, dite la comtesse, pour servir à l'histoire des mœurs du siècle, et principalement de celles de Paris. Seule édition exacte. *A Spa. Du 15 juillet* MDCCLXXXIII.

In-8. Nous ne mentionnons ce volume que pour indiquer qu'il n'a pu être imprimé à Spa. Cette ville ne possédait pas d'imprimerie à cette époque.

— Manuale ecclesiasticum continens modum communem infantes baptizandi, cum solemnitatibus requisitis juxta ritum ecclesiae Leodiensis, ubi interrogationes cum responsis et variae exhortationes ex idiomate gallico in germanicum translatae habentur, ut etiam servire possit idiomate isto utentibus. *Typis editum, anno ab incarnatione verbi,* 1783.

In-4, de 89 pp., texte allemand-latin-français.

— Coustumes et règlement du pays et duché de Limbourg, édit perpétuel, bulle d'or de Charles-Quint et joieuse entrée de S. M. I. R. et A., comme duc de Brabant. *A Herve, chez H. J. Urban.*

In-12, de 244 pp. L'édition fut rajeunie par de nouveaux titres portant *H. J. Urban,* 1786 et à *Herve, chez F. J. Vieillevoye.* — C.

1784

Observations sur l'art. IX des demandes et répétitions de Sa Majesté Impériale à Leurs Hautes Puissances les états généraux, concernant la ville de Maestricht, le comté de Vroonhoven et le pays d'Outre-Meuse. *Bruxelles et La Haye.*

In-12. — U.

— Réflexions sur un écrit intitulé *Observations sur l'article IX... La Haye et Bruxelles.*

In-12. — U.

— L'état du suprême tribunal de la chambre impériale, à Wezlar. *S. l.*

In-24, de 24 pp. Liste des juges et fonctionnaires de cette cour. Voy. 1766.

1785

Recueil des édits, ordonnances et déclaration de Sa Majesté l'Empereur et Roi ; augmenté de plusieurs dépêches de L. A. R. les sérénissimes gouverneurs généraux des Pays-Bas Autrichiens. *A Herve, chez H. J. Urban,* 1785-1787.

2 vol. in-12, de XII-107 et VI-77 pp. pour le premier volume et le supplément, et V-126 pp. pour le second volume.

— Précis historique sur Gérard de Groesbeeck, prince-évêque de Liége. Par l'abbé Burton. *Cambrai.*

In-8. Mémoire couronné par la Société d'émulation) de Cambrai.

1786

Observations historiques et critiques sur la prétendue époque de l'admission des ecclésiastiques aux états de Brabant, vers l'an MCCCLXXXIII. Par M******, *Maestricht, P. L. Lekens.*

In-4, de 72 pp., 2 ff. M. Heylen avait publié, en 1783, un mémoire intitulé *Quo eirciter tempore ecclesiastici cooperint esse membrum ordinum seu statuum Brabantiae*. In-4, de 78 pp. Ce mémoire fut couronné par l'Académie de Bruxelles. M. Ernst, qui avait traité la même question en français (voy. Académie de Bruxelles, mémoires couronnés, 1783), n'admit pas les opinions de M. Heylen et écrivit contre lui cette brochure.

— Cris générale (sic) du peuple liégeois. Vox populi, vox Dei. *S. l.*

In-8, de 3 ff., 42 pp., avec un tableau. Cette brochure, du peintre Léonard Defrance, est imprimée à *Herve, chez Urban.*

— Histoire de la vingt et unième persécution de l'abbé Jehin et comment il en est sorti victorieux par la grâce toute puissante de S. M. l'Empereur et Roi. En deux parties. *De l'imprimerie de la Bastille liégeoise. (Herve, J. J. Smits.)*

In-12, de 142 pp. La seconde partie commence à la p. 72. Il faut y joindre : Supplément à la 21e persécution de l'abbé Jehin, in-12, de 104 pp. — Suite du supplément... avril 1787, in-12 de 68 pp. — U. H. T.

— Annonces générales de l'Europe.

Journal bis-hebdomadaire, in-8, de 4 pp., imprimé à Herve, chez J. J. Smits et Cie du 4 novembre 1786 au 29 décembre 1789. Interrompu le 24 juin 1787, il reparut le 3 janvier 1788, sous le titre d'*Annonces, articles et avis divers*, in-8, de 4 et quelquefois 8 pp. Il devint alors un supplément du *Journal général de l'Europe* avec lequel il alternait et publia des nouvelles politiques, décrets, etc. — C.

— L'homme sans façon ou lettre d'un voyageur allant de Paris à Spa ... *S. l.*

2 parties in-12. La première de 237 pp., un f. errata, la seconde de 184 pp., 2 ff. table. Ce livre a été imprimé à Neuwied, il est l'œuvre d'un écrivain français connu par plusieurs publications signées du pseudonyme de Rosecroix. L'abbé Jehin, à la p. 128 des *Franchises et paix générales de la nation liégeoise vengée*, raconte la mort de cet écrivain qui, dit-il, finit ses jours à Neuwied, le 20 mars 1786. — D. T.

— Kort begryp van het vonnis van Jacques Pierlot, gewezen priester en koster van Verviers. 24 febr. 1786. *Gend.*

In-8, de 2 ff. Sans nom d'imprimeur.

1787

Considérations sur la constitution des duchés de Brabant et de Limbourg et des autres provinces des Pays-Bas, instructions lues dans l'assemblée générale des états de Brabant, le 25 mai 1787. *S. l.*

In-8, de 33 pp., signé d'Outrepont. — S.

— Ordonnance de l'Empereur et Roi, portant érection des tribunaux de justice civile et criminelle de première instance dans la province de Limbourg et fixant l'étendue de leurs ressorts respectifs. *(Herve) Imprimerie du Journal général de l'Europe.*

In-8.

— Prospectus de la vente à titre de démembrement des terres appartenant, dans le Hainaut français et dans le pays, à S. A. S. Mgr le duc d'Orléans, premier prince du sang. *Valenciennes*, in-8.

— Dialogues des morts.

Le 5 mars 1787, Maurice Tondeur, imprimeur de Neuwied, fut autorisé à se fixer dans le Limbourg et à y publier un recueil périodique allemand, intitulé : *Dialogues des morts*. Si ce journal a réellement paru, il a dû être imprimé à Herve.

— Le Furet politique et littéraire.

Recueil hebdomadaire, imprimé à Tignée, chez L. J. Urban, de septembre 1787 à mars 1788, par numéro in-8, de 4 pp.

— Summaria expositio litis quae inscribitur Leodii dominus princeps et episcopus contra statum equestrem Leodiensem, puncto praetensae renitentiae pro ordine equestri facta Leodii anno 1787. *S. l.*

In-fol., de 45 pp. et un f. errata, imprimé à Wetzlaer. — U.

— Journal de ce qui s'est passé à Liège et à Spa. *S. l.*

7 numéros in-8, chacun de 4 pp., contenant ce qui s'est passé à Spa, du 24 juin au 17 septembre 1787. Ce recueil s'imprimait chez L. J. Urban, à Tignée, province de Liège. — C. T.

— Les franchises et les paix générales de la nation liégeoise vengées ou les cent variétés et anecdotes. *Au temple de la vérité, juin* 1787.

P. In-8, de 240 pp. et un f. errata, signé par l'auteur, l'abbé Jehin. Ce livre a été imprimé à Herve, chez Urban. — U.

***

Histoire abrégée du tiers-état de Brabant ou mémoire historique dans lequel, après un coup d'œil sur la constitution des villes en général au moyenâge, on voit l'origine des communes en Brabant, l'époque et les causes de l'intervention de leurs députés aux assemblées de la nation et les occasions où elles se sont particulièrement distinguées, ainsi que le temps et les raisons de la retraite des petites villes et franchises des états. Par M. Ernst, chanoine rég. de l'abbaye de Rolduc, ancien professeur de l'Écriture sainte et de théologie en la même abbaye. *Maestricht, P. L. Lekens.*

In-8, de xv-206 pp. et un f. errata.

— *Ordines apud Brabantos ejusdem cum eorum principibus esse aetatis ad illustrissimorum ordinum sententiam in libellis 20 jan. et 25 apr. datis expressam*, demonstrat Simon Petrus Ernst, canon. regul. abbatiae Rodensis seu Rolduc et olim ibidem ss. litterarum ac theologiae professor. *Trajecti ad Mosam, P. L. Lekens.*

In-8, de 52 pp. Ce mémoire, couronné par l'Académie de Bruxelles, a paru en 1787. En 1788 on y mit un nouveau titre en changeant la date. — U. S.

— Edit du roi de France concernant ceux qui ne font pas profession de la religion catholique. Donné à Versailles, au mois de novembre 1787. Registré en parlement, le 29 janvier 1788. *A. Herve, chez J. J. Smits.*

In-8, de 15 pp. — U.

— Courrier du Danube, ou Histoire des révolutions actuelles du monde politique.

Journal hebdomadaire, imprimé à Herve, chez J. J. Smits et C*e*, du 2 avril 1788 au 18 décembre 1789. La collection forme 7 vol. in-12. — C.

— Extrait des registres de l'Académie royale des sciences, du 15 décembre 1788. *S. l.*

In-8, de 14 pp. Rapport sur un fort piano inventé par M. Pascal Taskin, de Theux. — T.

— — Experiments and observations, to investigate by chemical analysis the medicinal properties of the mineral waters of Spa and Aix-la-Chapelle in Germany ant of the waters and boue near St-Amand in french Flandres. By John Ash. *London, Robson et Clarke.*

In-8. Ouvrage intéressant et peu connu, avec une carte topographique des principales fontaines minérales de Spa.

— Développement du catéchisme des diocèses de Cambrai, de Liége et de Namur. Par P. J. D. *Maestricht, P. L. Lekens.*

2 vol. in-8. L'auteur est Pierre de Doyar, S. J.

— Versamelinge der brieven van den Heere Keuremenne aen de heeren theologanten van de seminarien van Gend, Brugge, Ypren, etc., over het soogenaemt seminarie generael waer in ontdekt worden alle de heymelycke geschiedenissen voorgevallen ten dien opzigte. *Tot Trier, by Pluckaen van Lier, L... M..., en boeckverkooper.*

Ces lettres forment 2 vol. in-8, avec caricatures, imprimés à Saint-Tron..., chez Michel, en 1788 et 1789. Elles étaient rédigées par J. J. Van den Elsken, chanoine de Saint-Pierre, à Louvain.

— R. P. D. Resta Leodien. decimarum novalium super attentatis, pro ven. monasterico Lobbiensi contra R*mum* capitulum Thudiniense. Restrictus facti et juris (*Romae*), *typis Lazzarini.*

In-fol. — U.

— De ordinum provinciae Leodiensis jure in legislatoria potestate cum principe concurrendi in negotio regiminis et justitiae aeque ac politiae. E scriptoribus juris et historiae Leodiensis et tabulario ordinis equestris concinnavit Gaspar Fridericus Hoffmann potentiss. Borussorum regis a consiliis intimis, camerae imperialis advocatus et procurator. *Wetzlariae, typis Ungewitterianis.*

In-fol., de 116 pp.

— — Droits des états de la principauté

de Liége au pouvoir législatif en général et nécessité du concours des états avec l'évêque-prince, tant dans l'administration de la justice que dans le gouvernement de la police, prouvé par les juristes et les historiens liégeois et nombre des documents tirés des archives des états de la noblesse. Par Gaspar Frédéric Hoffmann. Traduit en français par un citoyen de Liége. *Wetzlar.*

In-8, xx-116 pp. Cet ouvrage n'a pas été continué. — U.

1789

Voyage du jeune Anacharsis en Grèce dans le milieu du ɪᴠᵉ siècle, avant l'ère vulgaire. *Herve, imprimerie du Journal général de l'Europe.*

5 vol. in-8, avec atlas in-4, de xxxiv pp. et 31 planches, gravé par Godin. Une autre édition de cet ouvrage, en 7 vol. in-12, avec atlas in-4, datée de 1790, porte la rubrique : *A Liége, de l'imprimerie du Journal général de l'Europe.*

— Forme et manière de procéder au criminel, calquée sur les ordonnances et quantité d'arrêts et jugements notables. Par J. G. Thielen, échevin de la haute cour du duché de Limbourg. *A Herve, de l'imprimerie du Journal général de l'Europe.*

In-8, de 341 pp. Il en existe des exemplaires sur papier fort. — U.

— Éphémerides de l'humanité.

Journal bimensuel, imprimé à Herve, chez J. J. Smits, à partir du 15 janvier 1789, par numéro in-8, de 96 pp. La collection forme 2 vol. Il était rédigé par A. F. J. Fréville et Daret.

— Schauplatz der Welt.

Journal bishebdomadaire, imprimé à Herve, par J. J. Smits et Cᵉ, à partir du 2 juillet 1789 ; de format in-4, puis in-8 … Il défendait les principes du Journal général de l'Europe et n'eut qu'une courte existence.

— L'avant-coureur.

Journal patriotique bishebdomadaire, rédigé par J. N. Bassenge et Didelot, imprimé à Tignée, chez L. J. Urban, du 25 janvier au 30 septembre 1789. La collection forme 2 vol. in-12 (64 nᵒˢ). Le dernier numéro est imprimé à Verviers, chez J. J. Oger. — U.C.

— Règlement général en matière de houillerie pour la province de Limbourg. *A Bruxelles, chez P. Vleugrat, imprimeur, 1694. Et se trouve à Battice, chez Vieillevoye, imprimeur. S. d.*

In-8. Cette réimpression de l'édition de Bruxelles, de 1694, a été faite vers 1789. C'est la première impression de Battice.

— Le bien-être du plus grand nombre, ou principes et moyens pour procurer, dans l'état actuel de la civilisation, la félicité du pays de Liége et de tout autre quelconque. *A Bouillon, aux dépens de la Société.*

P. in 8, de 20 pp. — U. R.

— Mémoire sur la question si les corps ecclésiastiques du Brabant sont fondés à réclamer la bulle d'or brabançonne contre les actions populaires leur intentées devant les tribunaux liégeois, en revendication des biens immeubles par eux acquis au pays de Liége, en contravention à la constitution impériale de l'an 1521. Dans la cause agitée devant le conseil souverain de Brabant, entre messieurs Théodore Xavier Joseph de Liernaux, baron de Presle, insinué et rescribant, et messieurs les prieurs et chanoines réguliers du prieuré d'Oignies, en Brabant, supplians. *S. l.*

In-4. — U.

— Sermoonen op de zondagen en feest-dagen gepredikt op den tyd van meer als vyftig jaeren. Door den zeer eerw. heer Petrus Franciscus Valcke … *Tot St-Truyden, J. B. Smits,* 1789-1790.

7 vol. in-12. — S.

— Jus ecclesiae primarium in constituendis matrimonii impedimentis dirimentibus … etc. Editio altera auctior. *Trudonopolis, typis J. B. Smits. S. d.*

In-8, de 91 pp. L'approb. est datée de Liége, 9 mai 1789. L'auteur est le P. Lemmens, récollet, lecteur en théologie. — T.

— Den lachenden St-Truydenschen waarzegger over de XII maenden van het jaar 1789. *Tot St-Truyden, J. B. Smits.*

P. in-18. M. U. Capitaine possède les années 1789, 1802, 1803, 1807, 1808, 1814. Cet almanach a adopté successivement plusieurs titres.

— Apologie du décret du gouvernement général des Pays-Bas, du 18 mai 1789, contre la nouvelle édition du dictionnaire historique de l'abbé de Feller. *A St-Tron (sic), chez les libraires associés.*

In-8, de 35 pp. — S.

— Lettre à l'ex-jésuite Feller, rédacteur du Journal historique et littéraire imprimé à Maestricht, par un de ses abonnés. *Paris, chez les libraires où l'on trouve les nouveautés.*

In-8, de 16 pp. — T.

— Nouvelle correspondance ou choix de lettres intéressantes sur divers sujets, recueillies en 1789. *A Spa et se trouve à Paris, chez Buisson.*

P. in-12, de xii-398 pp. Ce recueil, imprimé à Paris, ne s'occupe nullement de Spa et n'offre aucun intérêt. — B.

— Les infortunes de la marquise de Ben *** ou la vertu malheureuse. Par l'auteur du Comte de Valmont. *Spa.*

2 vol. in-12. Ce titre est une imposture littéraire. L'ouvrage dont il s'agit est intitulé : La marquise de Ben***. Spa et Paris, Buisson, 1788, 2 vol. in-12. L'auteur est l'abbé Gérard.

— Mémoires ou essais sur la musique, par Grétry. *Paris.*

In-8. Réimprimé en 3 vol., en 1797 et 1812, à Paris, et en 1829, à Bruxelles, 3 vol. in-18, avec des notes.

— Révolution fameuse opérée à Liége. *A Paris, chez Guillaume, libraire.*

In-8, de 8 pp. — A.

— De rebus Leodiensium novissimis simplex et dilucida expositio augusto camerae imperialis judicio, trium ordinum Leodiensium nomine d. 5 octobr. oblata. *Wetzlariae, Winkler.*

In-4, de 34-36 pp. — U.

— Du gouvernement du pays de Liége et de son organisation. *S. l. n. d.*

In-4, de 18 pp. Cette brochure anonyme a été probablement imprimée en Allemagne. Les pp. 17-18 contiennent une lettre de l'évêque Georges Louis, de juillet 1725. — U.

— Le cri d'un citoien de l'Allemagne à ses concitoiens les Liégeois. *Ratisbonne.*

In-8. — T.

— Kurze Uebersicht des Lütticher Aufruhrs vom Jahr 1789. Grostentheils aus einer eigenen National-Schrift der sogenannten Patrioten heraus gehoben und erwiesen. *S. l.*

In-fol. de 28-60 pp. — T.

— Mémoire instructif sur la révolte liégeoise et les motifs, manœuvres et prétextes employés par ses chefs, avec une analyse du droit de régler la police et de l'édit de 1684. *A Wetzlar.*

In-4, de 30 pp. La seconde édition a paru à Wetzlar, en 1790, in-8, de 67 pp. L'auteur est M. Zwierlein, agent du prince, à Wetzlar. — U.

— Exposé pour l'abbé Jehin. A Messeigneurs les prélats, les nobles, les bourgmestres des villes et autres députés à l'assemblée nationale du pays de Liége. *Herve.*

In-fol., de 2 ff., daté du 25 septembre. — U.

— Les deux avis ou le pour et le contre. *Huy.*

In-8, de 14 pp. Cette brochure n'est pas imprimée à Huy, mais plutôt en Allemagne. — U.

— Adresse aux Liégeois par le meilleur des patriotes. *Huy, décembre 1789.*

P. in-8, de 28 pp. Cette brochure en faveur de l'évêque n'est pas imprimée à Huy. — T.

— La Saint-Nicolas du bourg de Spa, en mil sept cent quatre-vingt et neuf. *S. l.*

In-8, de 24 pp. Brochure contre-révolutionnaire. — U.

1790

Tafreel van de staatsche, pruisiche, fransche en oostenryksche bezittingen in de tien catholique nederlandsche provincien ... van het land van Luik en de luiksche onlusten. Door een bereisd waarnemer ... *Amsteldam, by Schalekamp.*

In-8, de 2 ff., 160 pp., avec une carte. La partie du volume relative à Liége comprend les pp. 132-160. — T.

— Historie en mirakelen van Onze Lieve Vrouw tot Cortenbosch. *St-Truyden, J. B. Smits.*

P. in-12, grav. Réimprimé à Saint-Trond en 1889, in-12

— Voyage de Spa en Hollande, dédié à Monsieur frère du roi, par Armand de Balbi. *S. l.*

In-18, de 47 pp. Cet opuscule a été tiré à un très-petit nombre d'exemplaires. Il y en a un sur vélin à la bibliothèque impériale.

— Lettre à M. de Corswarem, avocat, sur Léonard Streel et Guillaume Henri Streel, anciens imprimeurs des premiers almanachs de Mathieu Laensberg, et sur quelques livres singuliers qu'ils ont également imprimés. *S. l. n. d.*

In-16, de un f. d'avis et 24 pp., sans titre. Cette brochure de Villenfagne, qui avait déjà paru dans l'*Esprit des journaux* de mars 1790, semble, dit M. Helbig, être une réimpression faite chez J. Desoer, à Liége. Elle n'a pas été reproduite dans les *Mélanges* de Villenfagne et doit être ajoutée à ses œuvres. — M.

— Notes historiques sur la maison de Looz et ses prétentions. *S. l.*

In-12, de 82 pp. — T.

— Le postillon extraordinaire de tous les Pays-Bays et autres. *De l'imprimerie patriotique.*

Journal bis-hebdomadaire, In-4, de 4 pp., imprimé à Saint-Trond du 20 janvier au 2 mai 1790. L'éditeur distribuait chaque semaine aux abonnés un supplément intitulé *Censeur impartial*. Du 19 février 1791 au 15 février 1792, le journal reparut à Saint-Trond sous le titre de *Postillon européen*. Chaque numéro était suivi d'un supplément de 2 pp.

— Les masques arrachés ou vie privée de L. E. Vander Noot et Van Eupen, de S. E. le cardinal de Malines et de leurs adhérens, par Jacques Le Sueur, espion honoraire de la police de Paris, et ci-devant employé au ministère de France, en qualité de clairvoyant dans les Pays-Bas autrichiens. *Londres (Bruxelles).*

2 vol. in-12, de 215 et 219 pp. Réimprimé sous le titre de : Les masques arrachés, histoire secrète des révolutions et contre-révolutions du Brabant et de Liége, contenant les vies privées de Van der Noot, Van Eupen, le cardinal de Malines, la Pineau, l'évêque d'Anvers, madame Cognau et autres personnages fameux. Par Jacques le Sueur, espion honoraire de la police de Paris et ci-devant employé du ministère de France, en sa qualité de clairvoyant dans les Pays-Bas autrichiens. Nouvelle édition, revue, corrigée et augmentée de deux rapports. *Anvers*, 1791. 2 vol. in-12, de 216 et 235 pp.

Cet ouvrage de J. B. Robineau, dit de Beaunoir, est une espèce de roman historique rempli de fables et de faits controuvés. — U.

— La valise décousue ou recueil de lettres de différentes personnes pour servir à l'histoire des insurrections de France, de Liége et des Pays-Bas. *Francfort et Maestricht.*

2 parties en un vol. in-8. — B.

— Projet de manifeste à publier pour le peuple de la province de Limbourg. *De l'imprimerie des bons citoyens.*

In-4, de 11 pp. — S.

— Manifeste du duché de Limbourg et pays d'Outremeuse, publié le 24 juin 1790. *S. l.*

In-8, de 8 pp. — S.

— Avis au peuple limbourgeois de la part de l'abbé de Rolduc pour le désabuser des calomnies répandues contre cet abbé, au sujet de la traite des grains. *S. l.*

In-8, de 16 pp. — S.

— Droits et prérogatives du conseil souverain de Brabant vengés ou preuves de son autorité directe et immuable sur la province de Limbourg, adressées à Messeigneurs les états de Brabant assemblés, par H. J. Vander Hoop, avocat. *Bruxelles, de Brackenier.*

In-8, de 20 pp. — U.

— Réflection d'un ignorant sur les commentaires du sçavant Bassenge, relatifs à la lettre du prince de Liége, du 8 décembre 1789. *De l'imprimerie du journaliste patriotique.*

In-8, de 16 pp. — U.

— Avis d'un vrai patriote au peuple liégeois. *S. l.*

In-8, de 22 pp. Daté du 17 février. Pièce contre-révolutionnaire dont il existe une autre édition, in-8, de 21 pp. — U.

— Lettre de Mr de R... de Wetzlaer, à Mr le conseiller de ..., à Liége. *S. l.*

In-8, de 8 pp. Signé T. R., daté du 28 février. — U.

— Plan de municipalité pour le bourg et la communauté de Spa à suivre provisoirement à la prochaine élection et dont la ratification finale est laissée aux cinq sections. Par J. G. Brixhe. *Spa, Badon et Cie*.

In-4, de 20 pp. Ce plan fut rédigé d'après celui de Liége.
La rubrique de cette pièce semble indiquer l'existence d'une imprimerie à Spa vers cette époque. — U.

— Adresse au peuple. *S. l.*

Un f. in-fol. Signé J. G. Brixhe, bourgmestre régent de Spa. Au sujet des pouvoirs donnés aux députés de Spa près du Congrès liégeois. — D. S.

— En l'assemblée des bourgmestres et conseil de Spa, tenue à l'hôtel de ville, le 27 février 1790, à deux heures après midi. *S. l.*

Un f. in-fol. Prestation de serment des officiers de la milice bourgeoise. — D.

— Manifeste de l'abbé Jehin. *A Polleur, de l'imprimerie franchimontoise.*

In-8, de 13 pp. Le village de Polleur n'a jamais possédé d'imprimerie. — U.

— Dialogue entre l'avocat Deleau, dit Figaro, et l'ami ou le défenseur du prétendu espèce de chirurgien bâtard et des autres outragés dans l'archilibelle du Saint-Nicolas de Spa. *A Spa, chez Figaro et consors. L'an premier de la liberté.*

In-8, de 13 pp. Signé M. B. — H.

— Réponse à la lettre de M. de Fabry, par un citoyen qui l'observe depuis 50 ans. *Aix-la-Chapelle.*

In-12, de 16 pp. Datée du 12 mars. La lettre de Fabry a été insérée dans le n° 11 du Journal patriotique. — U.

— Réponse à l'adresse au peuple, par M. Fabry, bourguemaître, commençant par ces mots : *Réfuter des articles est un amour-propre, confondre la calomnie est un devoir. S. l. n. d.*

In-8, de 4 pp. — U.

— Acte de la constitution du chapitre cathédral de Liége, à Aix-la-Chapelle. *S. l.*

In 4, de 7 pp. Daté du 26 avril — U.

Nous citerons ici quelques pièces sans titre relatives à la révolution liégeoise qui se trouvent à la bibliothèque de l'Université et dont voici le sujet :

19 avril. Sentence de la chambre impériale de Wetzlaer contre les auteurs de la révolution liégeoise. In-4.

25 avril. Mandement du prince-évêque exhortant ses sujets à se soumettre aux troupes exécutrices. Donné à Trèves. Placard in-fol.

29 avril. Lettre du chancelier baron de Sluse aux officiers volontaires, avec déclaration du prince. In-4.

14 mai. Protocole du haut directoire du cercle du Bas-Rhin et de Westphalie autorisant les sujets fidèles à porter la cocarde du prince. Placard in-fol.

11 décembre. Mandement du prince-évêque au clergé et aux fidèles de son diocèse situés sous la domination française. Donné à Trèves. In-8.

— Réflexion d'un Liégeois à l'occasion de l'avis aux sections que l'on a fait circuler le 19 septembre. *S. l.*

In-8, de 4 pp. Pièce contre-révolutionnaire. — U.

— Projet d'une lettre que S. A. C. le prince évêque de Liége pourrait écrire ou parodie de la lettre que les états de Liége ont adressée à S. M. le roi de Prusse, en date du 30 août 1790. *S. l..*

In-8, de 20 pp. — T.

— Mandat ... *S. l.*

Placard in-4. Daté de Wetzlaer, le 1er octobre, contre l'élection illégale des magistrats. — M.

— Les yeux désillés ou lettre d'un Liégeois impartial à ses concitoyens abusés. *Maestricht, le 4 octobre.*

In-8, de 2 ff. Pièce en faveur du prince. — U.

— Copie de quelques observations d'un citoyen, faites aux soi-disants états, au sujet de la lettre et recès qu'ils ont fait parvenir aux sérénissimes, très-sérénissimes princes électeurs, le 31 octobre 1790. *S. l.*

In-8, de 4 pp. — U.

— L'évêque prince de Liége à son peuple. *S. l.*

In-4, de 3 pp. Daté de Trèves, le 12 décembre. — T.

— Réponse d'un vrai Liégeois à la lettre que les soi-disants états ont adressée au prince évêque. *S. l. n. d.*

In-fol., de 4 pp.

— Lettre à Messieurs les curés du pays de Liége. *S. l. n. d.*

In-8, de 3 pp. En faveur du prince. — M

— Observations rapides sur la situation actuelle de l'état de Liége, par un philanthrope liégeois. *S. l.*

In-12, de 28 pp. En faveur du prince. — M.

— Réflexions ultérieures d'un bon paysan flamand. *S. l.*

In-8, de 16 pp. Pièce contre-révolutionnaire. — U.

— Réflexions d'un bon Liégeois. *S. l. n. d.*

In-8, de 8 pp. Pièce contre révolutionnaire. — U.

— Un mot adressé aux révolutionnaires liégeois. *S. l. n. d.*

In-8, de 7 pp. — U.

— Dernier mot aux Liégeois.

In-8, de 8 pp. Pièce contre-révolutionnaire. — U.

— Lettres de diverses personnes sur les affaires du tems, publiées par un ami de l'ordre et des loix. 1790 ou l'an du délire. *S. l.*

In-12, de 40 pp. Sur la révolution liégeoise. — T.

— Appel comme d'abus contre le prétendu état-tiers et les usurpateurs de la régence de Liége. *A Mayence.*

In-8, de 36 pp. — U.

— Morceaux échappés d'une valise décousue, trouvés sur un grand chemin. *S. l.*

In-8, de 60 pp. Pièce en faveur du prince. — U.

— L'ami du peuple de Liége. *S. l. n. d.*

In-8, de 4 pp. Pièce contre-révolutionnaire. — U.

— Observations d'un habitant du plat pays aux patriotes de Liege. *S. l.*

In-8, de 16 pp. Pièce contre-révolutionnaire. — U.

— Nouvelles observations de l'habitant du plat-pays à Mrs les journalistes nationaux et patriotiques. *S. l.*

In-8, de 16 pp. — U.

— Plaintes et doléances des artisans de Liége et de ses faubourgs, à Messeigneurs, Messeigneurs les bourgmestres et conseil de la cité de Liége, etc., etc., etc. *S. l.*

In-8, de 16 pp. — U.

— Chanson composée par un gentilhomme liégeois pour le prompt retour du prince à Liége et sur les circonstances du temps. *S. l. n. d.*

In-8, de 8 pp.

— Exposé fidèle des raisons qui ont retardé l'exécution de la sentence impériale de Wetzlaer, au sujet de l'insurrection liégeoise, avec pièces jointes. *A Francfort.*

2 vol. in-8, de 246 et 256 pp. Une nouvelle édition revue et corrigée parut à *Francfort*, 1790, in-8, de 4 ff., 344 pp. Il en existe des exemplaires sur papier fort. — U.

— Parallèle de l'heureuse révolution de Liége, arrivée le 18 août 1789, et de la constitution de l'an 1684; ou tableau de la liberté naissante et de l'esclavage détruit. *S. l.*

In-8, de 28 pp. Pièce contre-révolutionnaire. — U.

— Avis aux Liégeois, par un ex-ministre. *S. l.*

In-8, de 12 pp. En faveur du prince-évêque. — U.

— Observations amicales adressées aux Liégeois. *Louvain, chez H. Stroykens, libraire.*

In-8, de 48 pp. Pièce contre-révolutionnaire. — U.

— Staatsschriften über die Lütticher revolution und executions sache. *Ulm, Stettin.*

2 tomes en un vol. in-8. — U.

— Akten mässige Darstellung der Ursachen, warum die von dem kaiserlichen und reichskammergerichte den *kreis ausschreibenden* Herren Fürsten der niederrheinisch Westphalischen kreises unterm 27 august, 1789, gegen die Lütticher Aufrührer aufgetragene Execution-Kommission bisher unvollstreckt geblieben ist. *S. l.*

In-8. — U.

— Staatsrechtliche Betrachtungen über die Lüttische Unruhen vom jahr 1790. Von Wilhem August Friedrich Danz. *Stuttgardt, Karlschule.*

In-8. Il faut y ajouter : Fortgesetzte staatsrechtliche Betrachtungen *Stuttgardt Erhard und Loflund*, 1790. In-8. — U.

— Die Lütticher revolution im Jahr 1789 und das Benehmen Sr. Königl. Majestät von Preussen bey derselben, dargestellt von allerhöchst ihrem Clevischen geheimen Kreisz-Directorialrath und bevollmächtigten Gesandten Christian Wilhelm von Dohm. Im februar 1790. *Berlin, gedruckt bey George Jacob Decker und Sohn, königl. geh. Oberhofbuch druckern.*

In-8, de 186 pp. — U.

1791

Examen impartial des observations sur la constitution primitive et originaire des trois états de Brabant, publiées par les commissaires de la Société des (soidisants) amis du bien public, établie à Bruxelles. *A Maestricht.*

In-8, de 90 pp. M. Ernst, auteur de cet ouvrage, le composa à la demande de l'archevêque de Malines. — S.

— Le Limbourg illustré par le passage de Leurs Altesses Royales Marie-Christine, archiduchesse d'Autriche, et le duc Albert-Casimir de Saxe-Teschen, gouverneurs généraux des Pays-Bas autrichiens, et leur entrée triomphante dans la ville de Herve, le 15 juin 1791. *Herve, chez F. J. Vieillevoye.*

In-8, de xxii-111 pp., avec le second titre suivant : Collection des poésies, emblèmes, chronographes et autres inscriptions faites à l'occasion du passage de Leurs Altesses Royales, par le Limbourg et de leur entrée triomphante dans la ville de Herve, le 13 juin 1791. *Herve, chez F. J. Vieillevoye, imprimeur.* — U.

— Ode à Leurs Altesses Royales Marie-Christine, archiduchesse d'Autriche et le duc Albert-Casimir, de Saxe-Tesschen, gouverneurs généraux des Pays-Bas autrichiens, au sujet de leur passage par le Limbourg, avant leur retour triomphant à Bruxelles. *A Battice, chez F. J. Vieillevoye.*

In-12, de 12 pp. Cet opuscule de M. Proyart, professeur au collège de Herve, a été reproduit dans le *Limbourg illustré*, publié la même année.

— Ode ad Herviam. *S. l. n. d.*

In-4, de 4 pp. Sans titre, signé P. Vanderlinden, coll. rég. Herv. praes. et poes. prof.

— Couplets offerts par F. J. Vieillevoye, imprimeur à Battice, à Leurs Altesses Roiales, au sujet de leur passage par le Limbourg. *S. l. n. d.*

Placard in fol. — T.

— Hommage général du collège royal de Herve à Leurs Altesses Royales Marie-Christine, archiduchesse d'Autriche, et le duc Albert Casimir de Saxe-Teschen, gouverneurs généraux des Pays-Bas autrichiens, au sujet de leur passage par le Limbourg, avant leur retour triomphant à Bruxelles. *A Herve. De la société typographique.*

In-4, de 7 pp. — T.

— Chanson à refrein sur la fête de Léopold II, chantée à un repas donné, à cette occasion, dans la ville de Herve, le 15 novembre 1791. *S. l. n. d.*

Placard in-fol.

— Mémoire adressé à S. M. l'Empereur et Roi par les constitués de la province de Limbourg. *A Herve et se trouve à Bruxelles, chez la veuve Pion.*

In-8, de 22 pp. — S.

— Représentation de la ville et franchise de Herve à S. M. l'Empereur et Roi. *Bruxelles, Delahaye.*

In-8. — U.

— Supplément au catéchisme de Malines, tiré de la déclaration de Son Eminence Jean Henri, par la miséricorde de Dieu, cardinal-prêtre de la Sainte Église romaine, archevêque de Malines, etc. Pour servir à l'instruction des catholiques de l'archi-diocèse de Malines et de tous les diocèses suffragans, en conformité de la lettre archi-épiscopale donnée à Bruxelles, le 19 juin 1790. *A Saint-Trond, de l'imprimerie archi-épiscopale. S. d.* (1791.)

In-8, de vii-110 pp. Pamphlet contre l'archevêque. — S.

— By-voegsel aan den catechismus van Mechelen ... *Tot St-Truyen. Uyt de aerts-bisschoppelyke drukkerye.*

In-8, de 141 pp. Traduction flamande du pamphlet précédent. — S.

— Breviculus modernarum controversiorum seu compendium Febronii abbreviati cum notis eodem authore. Editio nova sedulo emendata. *Trudonopoli, J. B. Smits.*

In-12, de 592 pp. — S.

— Exposition des principes sur la constitution du clergé par les évêques députés à l'assemblée nationale, suivie de la lettre pastorale de S. A. l'évêque et prince de Liége au clergé séculier et régulier et à tous les fidèles de la partie du diocèse située sous la domination française, avec l'adhésion de Son Altesse à l'exposition des principes. *Maestricht, P. L. Lekens.*

In-4, de 53-4 pp. — T.

— Abrégé de l'archiconfrérie du très-saint Sacrement, érigée dans l'église de RR. PP. Récolets de Verviers, sous Innocent X, le 1er mai 1654 et agrégée par Innocent XI, à la confrérie de N. Dame sur la Minerve à Rome, le 21 mai 1686; et de la confrérie des fidèles trépassés que S. A. Maximilien-Henri, évêque et prince de Liége, etc., etc., établit le 16 janvier 1687 et unie par Innocent XI à l'archiconfrérie du très-Saint Sacrement dans la même église, le 12 février 1687. *Verviers, J. J. Oger, imprimeur.*

In 12, de 33 pp., avec une fig. sur bois.

— La lettre K à Monsieur l'abbé de Feller, après la captivité de Babilone. *A Jérusalem. (Bruxelles.)*

In-8, de 16 pp. Signé K, démocrate. — T.

— Relation véritable et remarquable du grand voyage du Pape en paradis et en enfer, suivie de la translation du clergé aux enfers. *Paris, Fiérée.*

In-32, de 27 pp. Par H. Delloye, dit le Troubadour Liégeois.

— Historische anmerkungen über das Haus Looz und seine Ansprüche. *Wien, Ignaz Alberti.*

In-8, de 100 pp., avec 2 tableaux généalogiques. C'est une traduction des Notes historiques sur la maison de Looz, 1790. — B.

— M. le duc de Looz, réfuté par lui-même, ou recueil des contradictions que l'on rencontre à chaque pas de sa conduite et à chaque page du mémoire qu'il a donné au public touchant ses prétendus titres à la seigneurie de Fleurus ... *S. l.*

In-4. — T.

— Exposé des griefs des seigneurs et propriétaires de fiefs du duché de Bouillon. *A Bouillon.*

In-8, de 72 pp. — C.

— Vers à l'honneur de S. A. C. Mgr. le prince-évêque de Liége, à l'occasion de la fête donnée par le très-vénérable magistrat de Maestricht, pour célébrer l'heureux retour de ce prince dans ses états. *S. l.*

Placard in-fol., signé le baron Charles de Schede. — U.

— Observations préliminaires sur la députation et les demandes préliminaires des soi-disant états de Liége, à Sa Majesté l'empereur et Roi .. *S. l.*

In-8, de 17 pp., daté de janvier. — U.

— Oratio gratulatoria a Caesari Francisco Constantino ex comitibus de Hoensbroeck, episcopo et principi Leodiensi .. in patriam reduci et in pristina jura restituto habita in divae virginis templo pridie kalendas Martias, ab H. Partouns. *Trajecti ad Mosam.*

In-4. — U.

— Lettre de S. A. C. Mgr l'évêque et prince de Liége, à M. Philibert, prêtre de la congrégation de la mission et curé de l'église paroissiale de St-Charles de la ville de Sédan. *S. l.*

In-4, daté de Trèves, 10 janvier. — U.

— Lettre à Messieurs les bourgmestres et conseil de Liége. — Lettre à Messieurs les bourgmestres et conseil de Liége. — Dernière lettre à Messieurs les bourgmestres et conseil de Liége.

Dans ces trois lettres imprimées à Bouillon, en 1791, in-8, de 36, 20 et 16 pp., l'auteur Hyac. Fabry répond aux accusations portées contre lui par ses adversaires politiques. — U.

— Liégeois ... *S. l.*

In-4, de 3 pp. Protestation du bourgmestre Fabry contre tout ce qui s'est passé depuis le retour de l'évêque. Daté du 22 août. — U.

— Adresse à Sa Majesté l'empereur,

au nom des Liégeois. Septembre 1791. *Sedan, de l'imprimerie de C. Bauduin.*

In-8, de 4 ff., 489 pp. Le nom de l'auteur, J. N. Bassenge, se trouve au quatrième feuillet. — U.

— Traduction d'un écrit allemand publié à Wetzlaer, sous le titre de Réflexions sur la prétendue amnistie donnée à Liége, par l'évêque, le 20, et publié le 25 octobre 1791. *Sedan, de l'imprimerie de C. Bauduin.*

In-8, de 32 pp. Par J. N. Bassenge. — U.

— Motifs détaillés de la réclamation du pays de Liége appellée abusivement révolution, poëme en huit chants. *Londres.*

In-8, de 45 pp. En faveur de la révolution. — T.

— Messeigneurs les états du pays de Liége et comté de Looz. *S. l.*

In-4, de 2 ff. Lettre de N. J. Levoz, datée de Charleville, 11 août, qui proteste contre les prétentions du prince évêque. — T.

— Élégies du bourgmestre Lassence, sur la rentrée des Autrichiens à Liége, en 1791. *S. l.* In-8.

— Précis de la constitution du pays de Liége avec quelques infractions et violences qui lui ont été faites à diverses époques, mais particulièrement sous le règne du comte de Hoensbrouck, évêque élu en 1784, au mois de juillet. *A Cologne.*

In-8, de 36 pp. — U.

— Précis historique de la révolution arrivée à Liége, le 18 août 1789, et des causes qui l'ont nécessitée. *S. l.*

In-8, de 64 pp. — U.

— Lettre d'un citoyen de Liége à un de ses amis réfugié à Bruxelles. *S. l.*

In-8, de 4 pp., daté du 29 avril. Contre le prince évêque. — T.

— Lütticher commission. Von J. E. Küster. *Berlin.*

In-8.

1792

Manifeste des Belges et Liégeois unis. *A Paris, l'an IV de la liberté françoise* (avril 1792).

In-4, de 38 pp. Brochure curieuse et rare dont il existe aussi une édition in-8. On y trouve les bases d'une organisation et d'une constitution commune pour la Belgique et le pays de Liége. — U.

— Manifest der vereenigde Nederlanders en Luykenaers. *Parys.*

In-4. Traduction de la brochure précédente. — U.

— Extrait des registres du comité général révolutionnaire des Belges et des Liégeois unis. *S. l. n. d.*

In-8, de 53 pp. — T.

— Adresse aux peuples belge et liégeois de la part et au nom du comité réuni des deux nations. *S. l.*

In-4. Signé le comité des Belges et Liégeois unis, séant à Paris. — U.

— Discours prononcé à la barre de l'assemblée nationale le 27 juillet 1792 (4e de la liberté), à la séance du matin, par une députation du comité général révolutionnaire des Belges et Liégeois unis. *S. l.*

In-8, de 10 pp., imprimé à Paris.

— Les révolutionnaires de Franchimont (pays de l'évêché de Liége), à la Société des amis de la liberté et de l'égalité séante aux ci-devant Jacobins-Saint-Honoré (7 novembre 1792). *De l'imprimerie du Cercle social, rue du Théâtre Français.*

In-8, de 7 pp.

— Discours prononcé à la Société des amis de la constitution de Douai, dans la séance du 29 janvier 1792, l'an quatrième de la liberté, par B. Jos. Maghée, citoyen de Liége. *Douay, imprimerie de Wagrez.*

In-4, de 2 ff. — T.

— Proclamation au nom du peuple souverain. *S. l.*

Placard in-fol. Adresse au peuple belge et liégeois, du 24 août, par le comité révolutionnaire établi à Givet. — T.

— Lettre du citoyen J. B. Digneffe, membre du comité révolutionnaire des Belges et Liégeois unis, etc., à l'assemblée des représentants provisoires du peuple de Bruxelles. Imprimé par ordre de cette assemblée. *S. l.*

Un f. in-8. Digneffe donne sa démission de

membre de l'assemblée de Bruxelles et va reprendre ses fonctions dans le pays de Liége. Daté du 19 novembre. — T.

— Bilan de la ville de Verviers, fait l'an 1792, par Mathieu Renat Godart. *Maestricht.*

In-4. — U.

— Geschichte des Hochstifts Lüttich, von Karl Moriz Fabritius. *Leipzig, Weidman.*

In-8, de xvi-294 pp. et un f. errata. Ce livre est rare, l'édition presque entière ayant été mise au pilon. — T.

— Briefe über Holland, England und Span, vom Herrn von Spaen dermaligem hollandischen Ambassadeur in Lissabon. Aus dem französischen. *Arnheim. In commission der Montag- und Weissischen Buchhandlung.*

3 vol. in-8, de 266, 284, 282 pp. — D.

— Le grand calendrier de Herve, pour l'année 1792, contenant des notices historiques et commerciales sur le pays de Limbourg, ainsi que les tableaux ecclésiastiques, judiciaires et civils de la même province, les ordonnances souveraines et autres objets remarquables. *Herve, chez F. J. Vieillevoye.*

In-12, de xiv-183 pp. Cet annuaire reparut en 1793 et 1794. C'est un ouvrage utile pour les renseignements historiques et topographiques qu'il donne sur le Limbourg. Le volume de 1793 est rare. — C. T.

— Examen impartial des Époques de la nature de M. le comte de Buffon. Par M. l'abbé F. X. de Feller. 4e édition, corrigée, augmentée et faite sous les yeux de l'auteur. *Maestricht, P. L. Lekens.*

In-8, de 245 pp. — U.

1793

Propositions de Son Altesse Celsissime le prince évêque de Liége aux trois états du pays. — Historicke aenmerkingen op het huys van Loon ende haere pretentien. Overgeset van 't hoogduyts in 't nederduyts, op gelyken gedrukt tot Weenen, by Ignatius Alberti, 1791. MDCCXCIII. — Copie des déclaratoires des seigneurs de Nyel. Copey uyt des heeren van Nyel cleerenisse. *S. l.*

Ces trois pièces, concernant les prétentions de la famille de Looz, sont toujours réunies en un volume in-12, de 25-102-50 pp. Après la seconde pièce se trouve un grand tableau généalogique des comtes de Looz. — T.

— Den grooten Hasselschen Almanach dienende voor het jaer 1793. Inhoudende de beschryvinge der XXII steden van het land van Luyck. *Hasselt, by N. Van Gulpen.*

In-12.

— Instruction aux catholiques sur les causes de la révolution et sur les moyens d'en arrêter les progrès, suivie du discours sur la délivrance de la ville de Maestricht. 4e édition, revue, corrigée et augmentée par l'auteur. *Maestricht, Lekens.*

In-8. — U.

— Discours sur la délivrance de la ville de Maestricht. Par l'auteur de *l'Instruction aux catholiques sur la cause de la révolution. Maestricht, Lekens.*

In-8. — T.

— Convention nationale. Rapport des citoyens Delacroix Gossuin, Danton, Merlin (de Douai), Treilhard, Robert, membres de la Convention nationale et nommés par elle commissaires près l'armée et dans les pays de la Belgique, de Liége, etc. Imprimé par ordre de la convention. *A Paris, de l'imprimerie nationale.*

In-8, de xii-336 pp. — T.

— Étrennes à la vérité ou almanach des aristocrates. *A Spa, an II de la liberté.*

In-12, de 64 pp., avec deux grav. Pamphlet démagogique dont les détails sont très-libres et qui a été imprimé à l'étranger.

— Français républicains. *De l'imprimerie de la Cour des Miracles, rue Neuve de l'Égalité, février 1793.*

In-8, de 16 pp. Adresse des réfugiés liégeois.

— Égalité, liberté, unité, indivisibilité de la république, fraternité ou la mort. Extrait des procès-verbaux qui constatent la réunion des patriotes réfugiés des ci-devant pays de Liége, Franchimont, Stavelot et Logne, en assemblée populaire, au ci-devant palais Cardinal, local qui leur a été assigné par la commune de Paris. Assemblée générale des Liégeois réfugiés à Paris, au ci-devant palais Cardinal. Séance du 11 juillet 1795, 2ᵉ de la république française, à onze heures du matin. *De l'impr. de la Société typographique, rue et collége des Chôtels.*

In-8, de 16 pp.

— Adresse à la Convention nationale présentée par l'assemblée générale populaire en masse des citoyens réfugiés des ci-devant pays de Liége, de Franchimont, de Stavelot et Logne, le 6 août 1795. *S. l.*

In-8, de 11 pp., imprimé à Paris.

— A Messieurs Pondavy, J. H. Nahon, Mathieu Colson, J. F. J. Briart, signataires d'un libelle placardé dans Paris. *S. l.*

In-4, de 2 ff., signé, J. J. Fabry et daté de Paris, le 18 août. — T.

— Mémoires historiques et politiques sur la révolution de la Belgique et du pays de Liége, en 1795, par Publicola Chaussard, h... e de lettres, envoyé dans ces contr... en qualité de commissaire national, par le conseil exécutif provisoire de la république françoise. *Paris, Buisson.*

In-8, de 432 pp.

— J. N. Bassenge, de Liége, à Publicola Chaussard, sur ce qu'il dit, dans ses mémoires concernant la Belgique, du ci-devant pays de Liége. *Paris, an II.*

In-8, de 8 ff., 101 pp. — U.

1794

Extrait des délibérations de l'assemblée générale populaire des réfugiés liégeois, franchimontois, etc., séance au ci-devant palais Cardinal, Vieille rue du Temple, à Paris. Séance du quintidi 5 ventôse an II (25 février 1794). *De l'imprimerie de Glisau et Pierret, rue du Murier-Saint-Victor.*

In-8, de 8 pp.

— Discours prononcé à la Convention nationale par les ci-devant Liégeois réfugiés en France, le quintidi 15 ventôse, l'an II de la république française, une, indivisible et impérissable. *An II.*

In-8, de 28 pp., signé Bassenge ainé. — U. T.

— Pétition de plusieurs jacobins, montagnards français, ci-devant Liégeois, réfugiés à Paris, à la Convention nationale (21 ventôse an II). *Paris, G. F. Galletti, an II.*

In-8, de 13 pp. — U.

— Pétition à la Convention nationale. (*Paris, Fleschelle.*)

In-8, de 4 pp., signé Léonard Libert, de Liége. — T.

— Les émigrés à Spa, vaudeville. Par Guillemain. *S. l.*

Cité par *Dethier*, dans son Guide des curieux, p. 96. Le même auteur cite aussi *l'Aveugle de Spa*, par Mᵐᵉ de Genlis.

— Dictionnaire géographique et topographique des treize départemens qui composaient les Pays-Bas autrichiens et pays de Liége, rédigé par Ch. Oudiette. *Paris, Cramer, an XII.*

2 vol. In-8. — T.

— Kort begryp van 't leven en mirakelen van den H. Hubertus, patroon van Ardennen, eerst gemaekt in 't fransch, door eenen religieus van d'abdye van den voorseyden H. Hubertus, en vertaelt in 't nederduyts, door H. V. P. in M. *Tot Maestricht, by de weduwe van Gysbertus van Gulpen.*

P. in 8, de 2 ff., 68 pp., et 7 ff.

1795

Réponse à la lettre du citoyen Leruitte, en date du 7 messidor. *Paris, le 18 messidor l'an III de la république française.*

In-8, de 8 pp., signé Léonard Libert, de Liége. — T.

— Rapport fait à la Convention nationale, au nom du comité de salut public, sur la Belgique et le pays de Liége. Par Ph. Ant. Merlin. (*Paris, imprimerie nationale, an IV.*)

In-8. — U.

— Abrégé de l'histoire de la révolution de Liége et de ce qui lui a servi de prétexte, ce qu'était le pays de Liége avant la révolution, de son gouvernement et de ses abus réels, de l'état des Liégeois avant et après la révolution jusqu'à l'entrée des François, en juillet 1794, et depuis leur entrée. Par un avocat émigré. *S. l.*

In-8, de 46 pp. Cette brochure, imprimée à l'étranger, est des plus remarquables. Elle indique les fautes du gouvernement des princes et les remèdes qu'on aurait pu y apporter sans recourir à un mouvement révolutionnaire. — T.

— Code du droit public du pays réuni de Franchimont, Stavelot et Logne. *Verviers, Oger Leroux, an IV.*

3 vol. in-8, de XII-147, VIII-159 et XII-155 pp., avec grav. plus que médiocres. Cet ouvrage, important pour l'histoire de la révolution liégeoise, est très-rare. — M. C. T.

— Dictionnaire géographique et historique portatif des XVII provinces des Pays-Bas; ensemble du pays de Liége et du Cambrésis. Par D. A. L. D. E. *Bruxelles, de Bel.*

In-8, comprenant les pp. 1 à 248. L'impression n'a pas été continuée. — T.

— Recherches sur le légitime gouvernement des comtés de Looz, d'Horne et de Nyel, avec une traduction allemande, par Frédéric Guillaume Hoffmann. *S. l.*

In-8. — U.

— Motiva quorumdam pastorum dioecesis Leodiensis ad suum decanum ruralem quibus in dubium revocatur indultum quasi a suo episcopo emanatum quod concedit vesci carnibus feriis sextis, sabbathique diebus per annum. *Alethopoli.* In-8.

1795

Histoire de Spa où on examine si Pline a voulu désigner la fontaine de ce lieu célèbre, dans ce passage : *Tungri, civitas Galliae, fontem habet insignem*, etc., ou bien, si ce naturaliste a voulu parler de la fontaine de Tongres; avec des notes historiques qui servent de développement au texte et donnent des renseignemens sur toutes les sources minérales du pays de Liége. *S. l. n. d.*

In-24, de 2 ff., 322 pp., 3 pp. errata. Au bas du titre, les lettres V. D., qui doivent s'interpréter par Villenfagne, bourgmestre. Cet opuscule, du baron de Villenfagne, est une production sortie, en 1795, de l'imprimerie particulière que l'auteur avoit à son château d'Ingihoul et imprimée à 30 exemplaires. La seconde édition de cette histoire parut à Liége, en 1802. — A. T.

— Description ou analise des eaux minérales ferrugineuses de la fontaine proche de la ville de Tongres, où l'on prouve qu'elle convient en tous ses points avec celle que Pline a décrite; on rapporte l'analise qui en a été faite, on enseigne ses vertus dans la médecine tant par la boisson que par les bains, et la manière dont il faut s'en servir. Imprimé en 1700 et depuis augmenté de tout ce qu'on a écrit sur la fontaine de Pline, aujourd'hui appellée Fontaine de Saint-Gilles, près de Tongres, avec quelques observations déclaratoires et les observations de M. le docteur Driesen, Tongrois. *A Hasselt, chez N. Van Gulpen.*

P. in-12, de 3 ff., 154 pp. Une édition flamande de ce livre parut la même année, à Maestricht, sous le titre de *Derde uitgeevinge der beschryvinge of analise van de bergstoffelyke en yzeragtige waters van de fonteyne kort by de stad van Tongeren*. Maestricht, G. B. Van Gulpen, in-8, de 2 ff., 139 pp. et 4 ff. — U. T.

— Convention nationale. Avantages de la réunion à la France de la ci-devant Belgique et pays de Liége et Maestricht, et compte de la seconde mission des représentans Pérès (de la Haute-Garonne) et Portiez (de l'Oise) dans ces pays réunis. *Imprimé par ordre de la Convention nationale.*

In-8, de 109 pp. — T.

— Compte de la mission du citoyen Bouteville, commissaire du gouvernement dans les neuf départemens réunis par la loi du 9 vendémiaire an IV. *Bruxelles, de l'imprimerie des armées, an V.*

In-4, de 86 pp. La statistique du département de l'Ourthe occupe les pp. 48-54. — T.

— Opinion de H. Fabry, membre du conseil des Cinq-Cents, sur le projet de résolution relative à la police des cultes. *Paris, J. J. Smits, an V.*

In-8, de 32 pp. Une autre édition parut à *Bruxelles, chez Hayez*, an V, in-8, de 32 pp.

— Nouvelles observations sur le rapport présenté aux Cinq-Cents relativement à la police des cultes. Par H. Fabry, *Paris, J. J. Smits (an V).*

In-8, de 82 pp.

— Appel à la justice et à la constitution française, (*Bruxelles, Morneweck.*)

In-8, de 15 pp., signé, L. J. Doncel. Contre la vente des biens du clergé. — U.

— Code des registrateurs ... Par N. Pierrot. *St-Trond, J. B. Smits.*

In-8, de 140 pp. — M.

1797

De la justice et de la politique envers les absents des neuf départemens réunis avec des réflexions sur la suppression du clergé et la funeste dilapidation de ses biens, etc. Par S. B. Renoul, ancien avocat de Liége, auteur de la dernière réclamation pour les Bourbons. *Bruxelles, chez Lecharlier.*

In-8, de 34 pp, daté du 2 juin 1797. Cette brochure donne des détails curieux sur l'auteur et sur les émigrés liégeois. — T.

— Réponse à l'opinion du citoyen Dethier, député au conseil des 500, sur les élections du département de l'Ourthe. Par L. P. Poswick. *Paris, Hy, an VI.*

In-8, de 24 pp. — U.

— Danthine aîné à ses concitoyens. *amur, J. F. Stapleaux.*

In-8, de 20 pp., daté du 18 germinal an V. Il se défend contre la calomnie. — U.

— Recherches sur le légitime gouvernement des comtes de Looz, d'Horne et de Nyel. Par Frédéric Guillaume Hofman. Nouvelle édition. *S. l.*

In-8, de 3 ff., 222 pp., et 2 ff., 78 pp. de pièces justificatives. — S.

— Mémoire pour la maison ducale et princière de Looz et Corswarem concernant les comtés de Looz, Horne et Nyel, suivi d'une traduction latine. *S. l.*

In-8, de 15 pp. Cette brochure publiée en Allemagne n'est qu'un résumé des « Recherches » de Hoffmann. — S.

— Réflexions contre les observations de M. S. P. Ernst, curé d'Afden, sur la déclaration exigée des ministres des cultes, en vertu de la loi du 7 vendémiaire, an 4. Par P. R. Vonhoren, prêtre. *A St-Trond, de l'imprimerie de J. B. Smits.*

In-8, de 91 pp. — S.

— Avis touchant l'acceptation et l'usage des bons présentés aux ecclésiastiques supprimés. Par J. J. Havelange, professeur de la théologie et président du collége de Viglius, à Louvain. *Louvain, J. P. G. Michel.*

In-8, de 43 pp. Approbation de 1797. — U.

— Entretien d'un curé et d'un laïc sur la question : Est-il permis d'assister aux messes des prêtres assermentés, en vertu des lois du 7 vendémiaire an 4, et du 19 fructidor dernier, et quel est le sens de ces sermens. Par S. P. Ernst, curé d'Afden. *Maestricht, Th. Nypels.*

In-8, de 28 pp. Il y en a une édition allemande. *Aachen*, p. in-8, de 53 pp. — S.

1798

Explanatio formulae jurisjurandi de odio in regiam potestatem. Gallice Parisiis editam latinam fecit, adjuncta praefatione apologetica adversus epistolam pastoris anonymi, S. P. Ernst, pastor in Afden. *Trajecti ad Mosam, Th. Nypels, anno VI.*

In-8, de 20-24 pp. — S.

— Réflexions sur le décret de Rome et la décision de quelques évêques relativement au serment de haine exigé en vertu de la loi du 19 fructidor, an V. Par M***, ami de la vérité et de la paix. *Maestricht, Th. Nypels.*

In-8, de 24-99 pp. Par M. Ernst. — S.

— Pensées diverses d'un bon et franc catholique, à l'occasion du bref de N. S. P. le Pape à M. l'archevêque de Malines, sur le serment de haine à la royauté. (*Maestricht*), *Th. Nypels, an VII.*

In-8, de 78 pp. Il faut y ajouter : Supplément aux pensées diverses. *S. l. n. d.* In-8, de 6 pp. Ces deux brochures sont de M. Ernst. — S.

— Examen de la seconde lettre du jurisconsulte français au ci-devant notaire des Pays-Bas, sur la communication en fait de religion avec les prêtres qui ont prêté le serment de haine. Par S. P. Ernst, curé d'Afden, canton de Rolduc. *Maestricht, Th. Nypels.*

In-8, de ix-46 pp. L'abbé H. J. Duvivier publia successivement contre le système d'Ernst, quatre lettres du jurisconsulte français ci-devant notaire des Pays-Bas. Les trois dernières sont publiées à *Mons, N. J. Rocquet,* 1798 et 1801.
La quatrième lettre est intitulée M. Ernst, condamné par lui-même ou quatrième lettre du jurisconsulte français au ci-devant notaire des Pays-Bas, sur l'obligation d'éviter la communion des jureurs fructidoriens; obligation résultant des erreurs philosophiques qu'ils soutiennent et favorisent dans leurs ouvrages, leurs sermons et leurs discours particuliers. *S. l.,* 1801. . In-8, de 39 pp. Voy. ROUSSELLE, *Bibliog. montoise,* n°° 1022, 1023, 1033. — S.

— Epistola pastoris anonymi de jurejurando quod exigunt Galli adversus P. RR. SS. Gervasii et Protasii Joannem Emmericum Josepham Raab, Trevirum, et S. P. Ernst (nescio cujus sancti), in Afden, canonicum Rodensem, pastores. *Trajecti ad Mosam, Th. Nypels.*

In-8, de 124 pp. — S.

— Histoire de l'ordre de Notre-Dame du mont Carmel dans la Terre-Sainte, sous ses neuf premiers prieurs généraux. *Maestricht, P. L. Lekens.*

In-8, de 4 ff., 102 pp. L'auteur est le P. Jean Népomucène Stéphani, carme déchaussé.

1799

Recherches sur le légitime gouvernement des comtés de Looz, d'Horne et de Nyel, par Frédéric Guillaume de Hofman. Troisième édition. *S. l.*

In-4, de 2 ff., 140-cxvi pp. Les 116 dernières pages contiennent le *Diplomataire de la famille des comtes et ducs de Looz.* — T.

— Encore un mot sur le serment de haine à la royauté et la rétractation en ordonnée par les réponses de M. de Petro, évêque d'Isaure et délégué apostolique à M. l'évêque de Grasse. Par un homme de sang-froid. *A Anvers, de l'imprimerie typographique (Maestricht). An VIII.*

In-8, de 56 pp. D'après une note de mon exemplaire, l'auteur serait M. Ernst, et Corneille Lemaigre, nommé à la p. 35, serait M. Stevens.

— Réflexions pacifiques et catholiques sur l'instruction importante, par demandes et réponses relativement au serment de haine et à la promesse de fidélité. *Maestricht, Th. Nypels, an VIII.*

In-8, de 70 pp. Par M. Ernst.

— Règles à observer dans les rétractations du serment de haine. *S. l.*

Placard in-4, signé par l'ex-évêque de Liége, de Méan. — U.

— Lettre de Mgr l'évêque et prince de Liége à Monseigneur l'archevêque de Tyr, nonce apostolique. *S. l.*

In-8, de 4 pp., signé François Antoine, daté du 3 mai. — U.

— Corps législatif. Conseil des Cinq-Cents. Motion faite par Brixhe sur les mouvements qui résultent de la fixation des tribunaux d'appel au département de l'Ourthe. Séance du 25 fructidor, an 7. *Paris, imprimerie nationale,* 1er jour complém., an VII.

In-8. — U.

— Opinion de Lesoinne, député de l'Ourthe, au conseil des Anciens sur la résolution du 18 thermidor, an 7, relative à l'emprunt forcé. *Paris, Baudoin.*

In-8, de 22 pp. — T.

XIXᵉ SIÈCLE.

1800

La mauvaise foi dévoilée ou réponse aux brochures intitulées *Notice sur l'abbé Sicard*, et *Défense légitime*, etc., relatives au serment de haine et au schisme, avec quelques observations sur les lettres pastorales de M. l'évêque de Liége. Par S. P. Ernst, curé d'Afden. *Maestricht, Th. Nypels, frimaire an 9.*

In-8, de v-73 pp. La Notice sur l'abbé Sicard, publiée à Mons, en 1800, in-8, est de l'abbé H. J. Duvivier. M. Ernst, qui avait prêté le serment, publia de nombreuses brochures pour le défendre. Plusieurs sont anonymes, et cela se conçoit, car les évêques défendaient de prêter le serment. Le séminaire de Liége possède un recueil de 6 vol. de pièces sur cette question, formé par Ernst lui-même. — S.

— Trois lettres d'un homme à trois grands vicaires relativement au serment de haine. *Maestricht.*

In-8. Adressée aux grands vicaires de Namur, Malines et Liége. L'auteur est M. Ernst.

— Lettre de S. A. C. Mgr l'évêque et prince de Liége à Monsieur N. N., chanoine de Liége. *S. l.*

Un f. in-8. Sur le serment. Daté du 20 juillet. — U.

— Pièces et extraits concernant la promesse. Déclaration de l'évêque-prince de Liége au sujet de la promesse de fidélité à la constitution. *S. l.*

In-8, de 4 pp. Daté du 15 mars. — U.

— Lettre encyclique de notre très-Saint-Père le Pape Pie VII à tous les évêques catholiques, précédée d'une lettre pastorale de S. A. C. l'évêque et prince de Liége. *A Francfort.*

In-8, de 31 pp. — S.

— Souvenirs patriotiques, ou fragments d'essais analytiques sur la nature et le système du monde; les principes constitutifs des sociétés civiles, l'histoire politique de l'Europe en général, de la France en particulier, et surtout de quelques-uns de ses départements du nord-est. Par L. F. D*... député en l'an VI par le département de L*** au ci-devant Corps législatif. Premier cahier. *A Paris, an IX.*

In-8, de 28 pp. Par Dethier. — H.

1801

Pièces et extraits concernant la promesse. Déclaration de l'évêque-prince de Liége au sujet de la constitution. *S. l.*

In-8, de 2 ff. — S.

— Catéchisme anti-schismatique, ou sommaire des principes catholiques contre le schisme, mis à la portée du commun des lecteurs et appliqué à la séparation illégale qui a été suscitée dès 1797, dans le diocèse de Liége, au sujet de la déclaration, du serment et de la promesse exigée des ministres du culte par la république française. *Aix-la-Chapelle, J. G. Beaufort, imprimeur, et se trouve à Hervé, chez la veuve Deltrappe.*

In-8, de 65 pp. — S.

— A M. le comte de Rougrave, vicaire général de Liége. S. l.

Placard in-fol. Mandement de François de Méan, ex-évêque de Liége, daté d'Erfurth, 15 janvier, sur le serment. — T.

— Histoire ecclésiastique et politique de l'état de Liége, ou tableau des révolutions survenues depuis son origine jusqu'à nos jours, suivi de la chronologie des évêques. Par M. le comte de*** Publié sur la copie originale déposée, en 1775, entre les mains d'un ancien ministre de France. *Paris, Normand.*

In-8, de xiv-302 pp., avec une carte. Cet ouvrage fut attribué faussement au comte de Mirabeau, peut-être par une spéculation de librairie. Dans la suite, Barbier en fit honneur à Sérieys. Il reçut un nouveau titre avec le nom du comte de Mirabeau, *Paris*, 1806. Quoi qu'il en soit, l'auteur du livre est Germain Léonard, qui fut chargé d'affaires de France à Liége de 1773 à 1784, et mourut à Nantes en 1793. On trouve dans le *Bulletin du bibliophile belge*, t. IV, p. 241, une appréciation de M. F. Henaux sur ce livre, qui nous semble trop élogieuse. Cependant comme François, l'auteur a rendu aux Liégeois une justice à laquelle cette nation ne nous a pas habitués et dont il faut tenir compte. — U.

— Tableau politique du département de l'Ourthe. *Bruxelles, Lemaire, nivôse an IX.*

In-8, de 150 pp. La dédicace est signée Constant fils (de Paris). — U.

— Discours en vers sur l'athéisme. Par le citoyen Epprat (Trappé). *Rome, de l'imprimerie du Vatican, an X.*

In-8, de 8 pp. M. de Trappé a aussi publié : Portrait fait avant la révolution formant une réponse à une pieuse épître d'un Pierlot que je ne nomme nulle part, mais que je nommerai s'il veut. S. l. n. d. In-8, de 4 pp. En vers. — Lettre impartiale contre le serment à prêter à la constitution consulaire. S. l. n. d. — Suite à la lettre impartiale. S. l. n. d. In-8, de 7 pp. — Réponse aux doutes d'un philosophe, par M. T., de Namur. In-8. — Variantes de Léon le Grand et de quelques autres ouvrages. Par M. de Trappé. *Bruxelles*, 1808. In-8, de 13 pp.

1802

Mandement de Monseigneur l'évêque de Liége (François-Antoine de Méan) au clergé et au peuple de son diocèse. S. l.

In-8. Daté d'Erfurth, 23 mars. — U.

— Mémoire sur la collection des Grands et petits voyages et sur la collection des voyages de Melchisedech Thevenot. Par A. G. Camus. *Paris, Baudoin, frimaire an XI.*

In-4, de 3 ff., 403 pp. Mémoire sur la collection des voyages de De Bry, graveur liégeois. Nous n'avons cité dans ces Annexes aucun des nombreux ouvrages de De Bry et de ses successeurs. La nomenclature en eût été trop longue et de nombreuses monographies ont déjà été publiées sur cette matière. — T.

— Abrégé de la vie et miracles de saint Hubert, patron des Ardennes. *Namur.* In-8.

1803

Coup d'œil sur les anciens volcans éteints des environs de la Kill supérieure, avec une esquisse géologique d'une partie des pays d'Outre-Meuse, Moselle et Rhin. Par Dethier. *Paris, Marchant.*

In-8, de 2 ff., 72 pp. — U.

— Rapport à l'institut national, classe de littérature et beaux-arts, d'un voyage fait à la fin de l'an X, dans les départements du Bas-Rhin, de la rive gauche de ce fleuve, de la Belgique, du Nord, du Pas-de-Calais et de la Somme. Par A. G. Camus. *Paris, Baudoin, pluviôse an XI.*

In-4, de 122 pp. Contient quelques détails sur Liége, pp. 41-46. — T.

— Voyage philosophique et pittoresque sur les rives du Rhin, à Liége, dans la Flandre, etc., fait en 1790 par G. Forster, traduit par Ch. Pougens. *Paris, an III.*

2 vol. in-8.

— Essais historiques et critiques sur le département de la Meuse-Inférieure, en général, et la ville de Maestricht, chef-lieu, en particulier. *Maestricht, Fr. Cavelier, an XI.*

In-8, de xi-377 et un f. errata. L'auteur est Adrien Louis Pélerin, né à Maestricht en 1738, mort en 1804. Dans sa préface il parle du traité inédit sur Maestricht, par Herbenus, dont il considérait l'existence comme problématique et que M. de Ram a publié dans les *Bulletins de la commission d'histoire.*

— Consultation faite à Metz. *S. l.*

In-4, de 3 pp. Daté du 7 prairial an 11. Touchant le procès d'Argenteau et Rodoan. — T.

— Consultation pour Mesdames de Gavre et de Rodoan. *Paris, J. B. Imbert.*

In-4, de 16 pp. Daté du 15 thermidor an 11. — T.

1804

Mémoire pour les dames de Gavre et de Rodoan, appellantes, contre Monsieur d'Argenteau, intimé, devant la cour d'appel de Liége. *Bruxelles, chez Lemaire.*

In-4, de 44 pp.

— Mémoire à consulter pour les dames de Gavre et de Rodoan, nées de Rouvroy, appellantes d'un jugement rendu par le tribunal de première instance de Huy, le 25 ventôse an 11. Contre le citoyen Argenteau d'Ochain, intimé. *Bruxelles, chez Lemaire.*

In-4, de 32 pp. et un tableau.

— Suite du mémoire à consulter pour Mesdames de Gavre et de Rodoan, appellantes, contre Monsieur d'Argenteau, intimé. *S. l.*

In-4, de 8 pp. Citons aussi : Précis de la défense de Mesdames de Gavre et de Rodoan, contre Monsieur d'Argenteau, intimé. *Liége, Desoer.* In-4, de 4 pp. — T.

— Mémoire pour François Joseph Charles Marie d'Argenteau-Mercy, domicilié à Ochain, département de l'Ourthe, intimé, contre les dames Charlotte Gabrielle de Rouvroy, veuve de Rodoan et Marie Amour Désirée de Rouvroy, veuve de Gavre, domiciliées à Bruxelles, appellantes. *S. l.*

In-4, de 64 pp. Daté du 2 ventôse an XII. — T.

— Mémoire à consulter, suivi d'une consultation pour François Joseph Charles Marie d'Argenteau-Mercy, intimé, contre les dames veuves de Gavre et de Rodoan, appellantes. *Paris, 30 pluviôse, an XII.*

In-4, signé Méjan. — U.

— Réplique pour Monsieur d'Argenteau-Mercy, intimé, contre les dames de Gavre .. et de Rodoan, appellantes. *S. l.*

In-4, de 26 pp. Daté du 24 prairial an XII et signé par sept jurisconsultes.

— Discours prononcé en la ville de Huy, le dimanche 11 frimaire an XIII (2 décembre 1804), au sujet du couronnement de S. M. Napoléon, par M. J. G. Bodart, président du tribunal de première instance ... *Namur, Stapleaux.*

In-8, de 8 pp. — U.

1805

Teudimer ou la monarchie espagnole, suivi de Guillaume le Conquérant, d'Angénor et Zélie drame, d'un essai en trois chants sur la fronde et de plusieurs autres pièces tant en vers qu'en prose. Par de Grlozan, du département des Forêts. *Bruxelles, Stapleaux.*

In-8, de 264 pp. L'auteur est le baron de Trappé de Lozange.

1806

Lettre à M. Foliot. *Bruxelles, le 16 décembre.*

In-4, signé Léonard Libert. — U.

— Essais littéraires. Par de Trappé. *Bruxelles, Stapleaux.*

In-12. — U.

— Suite d'essais littéraires, par de Trappé. *Bruxelles, Stapleaux.*

In-12, de 3 ff., 263 pp. et un f. errata. — T.

— Fabelen uyt verscheyde auteurs, door S. M. Coninckx. *St-Truyden, J. B. Smits.* In-8.

— Kort begryp der levens van den H. Trudo, apostel van Haspengouwe ... en van den H. Eucherius, bisschop van Orléans. *Tot Sint-Truyden, by J. B. Smits.*

In-24, de 48 pp. — Bibliothèque des Bollandistes.

1807

Recherches sur l'ancienne constitution de l'ordre Teutonique et sur ses usages comparés avec ceux des Templiers, suivies de quelques éclaircissements sur l'histoire de l'ordre et de réflexions sur l'abolition de celui du Temple. Par l'auteur de l'Histoire de l'ordre Teutonique, *Mergentheim*, *J. G. Thomm.*

2 vol. in-8, le premier de xvi-515 pp., avec une planche de sceaux, le second de 418 pp. L'auteur est le baron G. E. J. de Wal. M. Polzer, archiviste de l'ordre, a aussi contribué à cet ouvrage. — S.

1808

Variétés en vers et en prose. Par M. de Trappé. *Bruxelles, Stapleaux.*

In-12, de 191 pp. — U.

— Fabelen uyt La Fontaine in 't vlaemsch gerymt, door S. M. Coninckx. *Sint-Truyden, J. B. Smits.*

P. in-12. Une nouvelle édition avec le français en regard parut à *Saint-Trond, chez Vanvest*, 1858, in-18, de xiv-499 pp.

1809

Prospectus. Petit annuaire de Spa, avec un calendrier pour l'an 1810. Manuel dédié aux curieux qui fréquentent les eaux minérales. Première année, 1 vol. in-18. *A Spa, chez J. L. Wolff.* (*Verviers.*)

Un f. in-fol. Il s'agit probablement ici de l'*Annuaire de Spa*, par L. F. Dethier, de Theux, cité dans le *Guide des curieux qui visitent les eaux de Spa*, Verviers, 1814, p. 88. On prétend que le même auteur aurait aussi publié un *Calendrier perpétuel wallon-français, ancien et moderne*, pour servir de suite à l'Annuaire de Spa. Néanmoins je doute fort que ces deux volumes aient jamais parus. — D.

— Tableau historique des malheurs de la substitution, par M. d'Aché. *A Voroux-Goreux, chez l'auteur* (1809-1812).

6 vol. in-8, de 434, 368, 390, 368, 416, 342 pp. Les deux premières feuilles du 7e vol. ont été aussi imprimées.

M. d'Aché, qui avait à Voroux-Goreux une imprimerie particulière, ne se prétendait rien moins que frère aîné de Louis XVI, et revendiquait par conséquent le trône de France. Entre autres folies qu'il nous raconte, on voit qu'il croyait ne pas avoir reçu le baptême, il le sollicitait et finit par l'obtenir d'un vicaire. Puis il raconte son mariage avec sa nièce, fille de Louis XVI, etc., etc.

La bibliothèque Impériale à Paris possède un exemplaire de ce livre auquel est joint un procès-verbal constatant que toute l'édition a été détruite par ordre de la censure impériale, sauf ledit exemplaire. Cependant il est certain qu'il en existe cinq exemplaires. Voy. sur ce livre un article de M. Beuchot, dans la *Bibliographie de la France*, n° 2577, le *Bulletin du Technicr*, 1842, p. 77 et Quérard, *Supercheries*, t. III, p. 121. — T.

1810

Examen d'une dissertation sur la mitigation de la peine des damnés, insérée à la fin du premier volume des Pensées de Leibnitz. Par M. l'abbé Jarry, ancien archidiacre et chanoine-trésorier de l'église princière de Liège. *A Leipzig, chez Hendrich Graff, libraire, et à Brunswick, chez Frédéric Vieweg, libraire.*

In 8, de 200 pp.

— Nouveau recueil de cantiques de Noël qui seront chantés aux trois grand'messes du jour avec ceux qui furent chantés l'année dernière. Composé par T. Angenot, maître d'école. *Se vend à Verviers, chez l'auteur.*

In-18, de 67 pp.

— Notice sur les eaux de Spa. Par A. Delrée, médecin aux eaux.

In-8. Cité par Dethier, dans son *Guide des curieux*, p. 99.

1811

La mine de Beaujonc ou le dévouement sublime, fait historique en deux actes. Par M. Franconi jeune. *Paris, Barba.*

In-8. — U.

— Le dévouement de Hubert Goffin et de son fils, pièce qui a concouru pour le prix proposé par l'Académie française, année 1812. Par Rich. de Rochelines. *Paris, Michaud.*

In-8, de 12 pp. En vers. — T.

1814

Le guide des curieux qui visitent les eaux de Spa ou indication des lieux où se trouvent les curiosités de la nature et de l'art à voir à l'entour de ce rendez-vous célèbre et en général parmi la contrée de Meuse, Moselle et Rhin, avec quelques notices analogues. Opuscule servant d'explication et de supplément à la *Carte géologique et synoptique de l'Ourte et des environs*. *Verviers, L. J. M. Loxhay.*

In-8, avec une carte et un tableau. Cet ouvrage dont l'auteur est M. L. F. Dethier, fut réimprimé à Liége, chez P. J. Collardin, 1818, in-8, de VIII-103 pp., avec une carte et quatre tableaux. Cette seconde édition renferme de nombreux changements.

— Du rétablissement de l'empire germanique, tel qu'il était avant 1792. Par un tréfoncier de Liége. *Paris, Ballard.*

In-8, de 32 pp. L'auteur est l'abbé Jarry, qui prenait sans aucun droit le titre de tréfoncier. — T.

— Notice historique sur la vie et les ouvrages d'A. E. Grétry. Par Joachim Lebreton. *Paris.* In-4.

1815

Amusements poétiques ou recueil de pièces de poésie amusantes sur divers sujets. Par T. J. Angenot, instituteur primaire, à Verviers. *Verviers, L. J. M. Loxhay.*

P. in-8, de IV-144. Recueil de poésies burlesques et parfois licencieuses.

— Statira, tragédie en cinq actes et en vers. Par F. R. Coppeneur. *Paris, chez les marchands de nouveautés.*

In-8, de IV-84 pp. — U.

1816

Voyage dans la Belgie (sic), les frontières de France, Liége, Luxemburg et le long du Rhin, en 1814 et 1815. *Amsterdam, Maaskamp.*

In-8, de VIII-226 pp., avec une carte et un plan de Bruxelles. La ville de Liége est décrite pp. 66-83. Une édition anglaise avait paru en 1815, in-8, à Amsterdam, chez le même. — T.

— Bertholde à la cour de Vérone ou le philosophe rustique, poëme en six chants, traduit de l'italien de Jules César Croce, surnommé la lyre de Bologne. 1re partie. Par Thomas J. Angenot. *Verviers, L. J. M. Loxhay.*

In-8, de VIII-152 pp. — C. T.

— Oraison funèbre de Mlle de Pellenera, morte à Quercia, le 5 avril 1804, imitée de l'italien de M. Nessuno. Par T. J. Angenot. *Verviers, Loxhay.*

In-8, de 20 pp. L'auteur y célèbre les hauts faits d'une célèbre Verviétoise, morte par suite d'ivrognerie.

— Mémoire sur les houillères des provinces de Hainaut, Namur, Liége et Limbourg, sur les charbons qu'on en extrait et sur leur circulation et consommation. *Mons, H. J. Hoyois, avril.*

In-8, de 30 pp.

1817

— Réclamations de Louis Joseph Xavier contre la spoliation de ses biens. *Paris. (Dentu.)*

In-8, de 58 pp., plus le faux-titre. Cette réclamation est de M. d'Aché, qui se prétendait frère aîné de Louis XVI, et revendiquait par conséquent le trône de France. « Si je suis bien informé, dit M. Beuchot, l'imprimeur ne voulut dans le temps se dessaisir d'aucun exemplaire. J'en possède un, c'est un des cinq du dépôt légal. L'auteur y dit, que lors de la saisie de son Tableau historique, le citoyen inspecteur lui a laissé deux exemplaires de son ouvrage. »

— Les commissaires à MM. les membres de la Société de Huy.

In-4, de 4 ff. Première impression de Huy. Pièce relative à un conflit entre la Société d'agrément et M. Warnant, sous-intendant de l'arrondissement.

1818

Annuaire de la province de Limbourg, rédigé par la Société des amis des sciences, lettres et arts, établie à Maestricht. *Maestricht, L. Th. Nypels, 1818 à 1851.*

In-12 avec planches. Cet annuaire renferme des documents historiques importants. La publication en fut interrompue pendant quatorze ans. En 1846, il reparut en hollandais, sous le titre de *Jaerboek voor het hertogdom Limburg...* *Maestricht, Bury-Lefebvre.* Voici le détail de cette seconde série : 1846, in-12 de 216 pp. Contient une notice monumentale et historique sur la ville de Maestricht. — 1847, 1848, 1849 n'ont pas paru. — 1850, in-12, de 303 pp. Suite de la notice sur Maestricht. Notice sur la commanderie de Vieux-Jones. On a tiré à part quelques exemplaires de ce dernier article, dû à M. Franquinet, archiviste de Maestricht, in-12, de 23 pp. M. Van

Heylerhoff est l'auteur de la plupart de ces notices. Il faut ajouter à cette collection : Almanach du département de la Meuse-Inférieure. Maestricht, Th. Nypels, 1806 à .... In-8, avec quelques articles historiques et statistiques.

— Tableau de la ville d'Aix-la-Chapelle, de Borcette et de Spa. Par Maaskamp. *Amsterdam.* In-4.

— Mélanges philosophiques. Par de T(rappé). *Paris, Blondel.*

In-8, de 66 pp.

— Catalogue d'une belle et nombreuse collection de livres de la bibliothèque de Nysten. *Paris.*

In-8. Nysten, médecin liégeois, s'était fixé à Paris.

— Journal de Verviers.

Journal quotidien, in-4, puis in-fol., à 3 col., imprimé à Verviers, depuis le 24 septembre 1818 jusqu'en 1840 (?). Il fut successivement rédigé par MM. C. Perrin, R. Beaulays, E. Coumont, G. Nautet, L. Coumont, etc.

— Klein Hemelsch Paradijs ook gulde kabinet voor roomsch catholijcke christenen met de boet-psalmen en den rozen-krans. *Maeseyck, J. J. Titeux.*

In-12, de 264 pp. J. J. Titeux, le premier imprimeur de Maeseyck, a publié beaucoup d'autres livres de piété et ouvrages classiques dont M. U. Capitaine donne la liste dans le *Bibliophile belge,* 1866, p. 402.

1819

La vie du grand saint Hubert, fondateur et patron de la ville de Liége et des Ardennes. *Bruxelles, Vanderborght.*

In-8, de 24 pp. Nous avons rencontré une foule d'éditions populaires de la vie de ce saint, entre autres les suivantes qui ont été publiées sans date : Vie de saint Hubert, augmentée du cantique. *Liége, D. de Boubers.* In-16, de 16 pp. — La vie du grand saint Hubert, fondateur et premier évêque de la noble cité de Liége. Quatre éditions, in-24 de 24 pp., avec fig. sur le titre, ont été éditées sous ce titre, à Liége, chez *D. de Boubers, Duvivier-Sterpin, Rongier-Duvivier* et *H. Dessain.* — Beschryving van het heilig leven en zalig sterven van den H. Hubertus.. *Maestricht, A. J. Koymans.* In-24, de 24 pp. — Bezondere devotie tot den heyligen Hubertus. Tot Ardenen, by Jean Fransz, drukker, in Sint Hubert. In-24, de 12 pp.

— Institution de l'enseignement mutuel dans l'arrondissement de Huy. *A Huy, chez N. Goffin, impr.*

In-8, de 23 pp. — U.

— Règlemens de la R.·. L.·. de St-Jean, sous le titre distinctif de l'Indivisible, à l'Or.·. de Spa. *Verviers, Charles.*

In-8, de 78 pp. — D.

1820

Assemblée générale des souscripteurs pour l'amélioration de l'enseignement élémentaire dans l'arrondissement de Huy, le 11 octobre 1820. Rapport du secrétaire. *Huy, N. Goffin.* In-8.

— Laure et Rose ou la destinée, suivies des deux Édouard ou la ressemblance. Par l'auteur des Erreurs de l'amour et autres ouvrages. *Verviers, Charles, imprimeur.*

4 vol., in-12.

— Les deux Édouard ou la ressemblance, suite de Laure et Rose ou la destinée. Par l'auteur des Erreurs de l'amour et autres ouvrages. *Verviers, chez Charles.*

4 vol., in-12.

— L'ermitage de J. J. Rousseau et de Grétry, poëme, par Flamand-Grétry. *Paris.* In-8.

1821

Voyage de Verviers à Liége, tant à pied qu'en diligence, par Ignorantin Simplinet, avec des notes critiques historiques et philosophiques, par Dominique Mirlifique. *Verviers, Charles.*

In-12, de 249 pp. Des exemplaires portent la date de 1827 d'autres sont sans date. L'auteur est J. M. Remacle, mort à Liége, en 1840.

1822

Histoire du pays de Liége, par M. Dewez.. *Bruxelles, imp. royale des frères Delemer.*

2 vol., in-8, le premier de xiii-346 pp.; le second de 356 pp. — U.

— Mémoire pour Monsieur le duc

Charles L. A. F. Emmanuel, duc de Looz-Corswarem, colonel au service de S. M. le roi des Pays-Bas, appelant, contre le duc Joseph Arnold de Looz-Corswarem, soi-disant prince de Rheina-Wolbeck, intimé. *S. l. n. d.*

In-fol., de 119 pp., texte allemand et français.

— Kort verhael van de geboorte, leven en dood van den heyligen Albertus, bisschop en martelaer, getrokken uyt verscheyde schryvers, en hier nedergesteld tot voldoening der geloovigen van Loven. *Te Loven, by Vanlinthout en Vandenzande.*

In-12, de 10 pp. — T.

1823

Le Spectateur européen, journal philosophique, politique, littéraire et commercial.

Journal quotidien, in-fol., imprimé à Verviers, chez L. Depouille, du 15 septembre 1823 au 7 février 1824. Il était rédigé par M. Lesueur-Destourets.

— Grammaire élémentaire de la langue française. Par T. J. Angenot. *Verviers, Charles.*

In-12, de 366 pp.

— Plaidoyer de M. Hennequin pour les bourgmestres de la ville de Liége, contre le sieur Flamand. (*Paris*) *Pillet aîné.*

In-4. Procès plaidé en mai 1823, au sujet de la remise du cœur de Grétry à la ville de Liége. — U.

1824

Mémoire pour les bourgmestres de la ville de Liége, royaume des Pays-Bas, contre le S. Flamand. *Paris, A. Eyron.*

In-4, signé : Hennequin. — U.

— Au Roi en son conseil d'État. Mémoire pour les bourgmestres de la ville de Liége, contre le sieur Flamand. (*Paris*) *A. Eyron.*

In-4, signé : Guéný, avocat aux conseils du roi. — U.

— Précis historique sur la vie et les ouvrages de l'abbé de Feller. *Louvain.*

In-8, de 22 pp. — T.

— Comédies, proverbes, parades. *S. l.* 1824-1826.

3 vol., in-8. Cet ouvrage, tiré à 108 exemplaires et qui n'a jamais été mis dans le commerce, a été imprimé à Dinant, chez Bricot. Des cinq pièces que renferme le troisième volume, quatre sont du comte P. L. Rœderer. Le reste de l'ouvrage est du baron Antoine Marie Rœderer, auditeur au conseil d'État. — T.

— Le testament poétique d'un Belge au pays de Liége ou ses adieux aux beaux-arts, à la liberté et à la patrie. *Huy, N. H. Delhaise.*

In-8, de 24 pp., en vers latins avec traduction en vers français, le tout plus que médiocre. L'auteur se nomme Coyon. — U.

— Pro Regis Belgarum Batavorumque natali subita inspiratio nostra matutina. Auctore Coyon Huensis. (*Huy, Delhaise.*)

Un f., in-plano. Élégie datée du 24 août 1824.

1825

Mes étrennes civiques, à Sa Majesté le roi des Pays-Bas. *Huy, Delhaise.*

In-8, de 24 pp. Voy. une notice sur l'auteur nommé Coyon, dans l'*Annuaire de la Société d'émulation*, 1859. — U.

— Mélange poétique, par T. J. Angenot. *Verviers, Loxhay.*

In-8, de 118 pp.

— Leçons hollandaises de littérature et de morale, ou recueil en prose et en vers des plus beaux morceaux de la langue hollandaise dans la littérature des trois derniers siècles. Par J. F. X. Würth. *Luxembourg, Schmit-Bruck.*

2 vol., in-8. — U.

— Cause célèbre relative à la conservation du cœur de Grétry. *Paris.* In-18.

1826

Procès du cœur de Grétry. Par Flamand-Grétry. *Paris.*

In-8, fig. et fac-simile.

— Éloge académique de Grétry. Par P. Lesueur-Destourets. *Bruxelles, de Mat.*

In-8, de 43 pp., portrait.

— Chansonnier verviétois ou recueil de chansons. Par T. J. Angenot. *Verviers, Loxhay.*

In-12, de VI-137 pp.

1827

Histoire des pays, château et ville de Bouillon, depuis l'origine du duché jusqu'à la révolution de 1789, précédée d'un coup d'œil préliminaire sur les comtés de Tongres, d'Ardenne et de Bouillon. Par N. J. F. Ozeray. *Luxembourg, J. Lamort.*

In-8. La seconde édition parut, en 1864, à *Bruxelles, chez Van Tright*, 2 vol., in-8, avec carte. — U.

— Relation de la courte campagne de 1815 en Brabant méridional, par L. J. de Prouvy, général major, pensionné honorablement au louable service de l'auguste maison d'Autriche. Evrehailles, près de Dinant sur Meuse, deuxième arrondissement de la province de Namur, au royaume des Pays-Bas, le 18 juin 1827, à douze ans de l'action. *Dinant, imprimerie de A. Rosoluni.*

P. in-8, de 67 pp. Ce livre, un des plus curieux que l'on puisse rencontrer, est l'œuvre d'un vieillard de 83 ans, dont, sans doute, la raison s'était quelque peu affaiblie. Dans son intrépide radotage, il entame trente-six histoires à la fois, sans observer ni l'orthographe, ni la ponctuation. Chaque chapitre (il y en a vingt-deux) se compose ordinairement d'une phrase. Napoléon y est appelé un « insatiable grand envahisseur, un originair (sic) grec mais régénéré en Corse, un vil fuyard, le plus grand poltron de son armée. » On y montre « le vénérable prince de Blucher portant une longue queue de ses propres cheveux blancs jusqu'à ses éperons et une belle grise moustache à la hussard, etc., etc. »
La famille de l'auteur fit détruire son ouvrage avec grand soin, aussi est-il devenu très-rare et très recherché. — T.

— Relation de la campagne de Russie, par N. J. Sauvage, chevalier de la légion d'honneur, lieutenant d'artillerie. *Dinant.*

In-8, de 276 pp et un f. errata.

— Les eaux de Chaudfontaine, comédie-vaudeville en un acte, représentée pour la première fois à Liége, sur le grand théâtre, le 15 mars 1827. *Verviers, Beaufays.*

P. in-8, de 32 pp. Cette comédie est l'œuvre de MM. L. Alvin, M. Polain et le comte de Lannoy, tous trois, à cette époque, étudiants à l'Université de Liége. — U.

— Notes grammaticales et exercices propres à faciliter l'analyse. Par T. J. Angenot. *Verviers, Loxhay.*

In-12, de 190 pp.

— Apologie et défense du chien contre l'arrêté qui l'assujettit à un impôt. *Verviers.*

Brochure in-12.

— Ville de Huy. Règlement sur les incendies. 19 avril 1827. *Huy, C. de Francquen.*

In-8. — U.

1828

Recherches sur la statistique physique, agricole et médicale de la province de Liége. Par Richard Courtois, docteur en médecine, sous-directeur du jardin botanique de l'Université de Liége. *Verviers, M. R. Beaufays.*

2 vol., in-8, le premier de 254 pp., avec 3 tableaux ; le second de 281 et 23 pp. et un f. de table, avec 14 tableaux.

— Le quiproquo ou le char-à-bancs, autrement voyage de Verviers à Liége. Par T. J. Angenot père. *Verviers, Loxhay.*

P. in-8, de 15 pp.

— Dissertatio inauguralis historico-juridica de celebri Leodiensium tribunali Viginti Duum quam ... in academia Lovaniensi ... publico ac solemni examini submittit Prosp. Alex. Car. de Latte, Aquisgranus, die XVI julii MDCCCXXVIII. *Lovanii, typis F. Michel.*

In-8, de 86 pp. — T.

— Discours sur l'utilité de l'instruction industrielle. *Huy, N. H. Delhaise.*

In-12, de 38 pp. Voy. sur l'auteur, D. Marlin, et ses ouvrages, le *Nécrologe liégeois*, 1851.

— Hommage aux mânes de Grétry au moment de la restitution du cœur de ce grand homme à sa patrie. Par J. Frémolle. *Bruxelles.*

In-8, de 16 pp., portrait.

1829

Essai sur le monopole de l'enseignement aux Pays-Bas. *Anvers, Janssens.*

In-8, de 174 pp. L'auteur est Mgr Richard Antoine Corneille Van Bommel, évêque de Liége.

— Trois chapitres sur les deux arrêtés du 20 juin 1829 relatifs au collége philosophique. Par un père de famille pétitionnaire. *Bruxelles, Vanderbergh.*

In-8, de VI-90 pp. L'auteur est Mgr Van Bommel, évêque de Liége.

— Notice sur saint Servais, premier évêque de Tongres, suivie de remarques sur le prétendu concile de Cologne et sur l'histoire de l'évêque Euphratas. Par P. F. X. de Ram. *Louvain.*

In-12. Réimprimé à *Bruxelles, Vandenborght*, 1847, in-12 de 36 pp.

— De origine et natura principatus urbis Trajecti ad Mosam, medio aevo, scripsit Car. Vict. Hennequin. *Lovanii.*

In-8. — U.

— Résumé de l'histoire des eaux minérales de Spa, de leur analyse chimique, de leurs propriétés, etc., avec un tableau chronologique des principaux étrangers qui sont venus aux eaux de Spa. Par J. L. Wolf, naturaliste. *Bruxelles, de Mat.*

In-18, de 84 pp. — T.

— Die Heilquellen von Aachen, Burscheid, Spa, Malmedy und Heilstein. Von Dr J. P. J. Monheim. *Aachen.* In-8.

— Productions diverses, morales, politiques et littéraires, par le baron de Trappé. Seconde édition, corrigée et augmentée. *Namur.*

2 vol. in-12, de 432 et 358 pp. Cet ouvrage n'a été imprimé qu'après 1832, malgré la date indiquée sur le titre. Voy. *Neyen, Biographie luxembourgeoise.*

— Les Germains, essai épique par Charles Marcellis. *Paris, Selligué.*

In-8. M. Marcellis, élu député de Liége, en 1832, fut un des collaborateurs du journal *le Politique,* et publia plusieurs brochures politiques. — U.

1830

Histoire numismatique de l'évêché et principauté de Liége, depuis les temps les plus reculés jusqu'à sa destruction arrivée par la réunion de ce pays à la république française. Composée sur les monumens originaux par le comte de Renesse-Breidbach, et accompagnée de gravures des principales médailles, monnaies, etc. Ouvrage qui peut faire suite à l'histoire du pays de Liége, par différens auteurs. *Bruxelles.*

In-8, titre gravé et 78 planches. Cet ouvrage est accompagné d'un volume de texte qui a pour titre : Histoire numismatique de l'évêché et principauté de Liége, depuis les temps les plus reculés jusqu'à la réunion de ce pays à la République française, enrichie des dessins des principales médailles, médaillons, jetons et monnaies. Par M. le comte de Renesse-Breidbach. *Bruxelles, H. Remy,* 1831. In-8, de XXXII-203 pp. et un f. errata. — U.

— Schayes. Réfutation de l'opinion de M. Raepsaet qui attribue au repeuplement du pays des Éburons, des Nerviens et des Atuattiques, par des Ambianois et des Vermandois l'origine de la langue wallonne.

Article publié dans les *Archives historiques et littéraires* de M. de Reiffenberg, t. V, pp. 276-287.

— La Révolution belge.

Journal quotidien, in-4, puis p. in-fol., imprimé à Huy, chez J. N. Delhaise, du 17 octobre 1830 au 31 mai 1831. Il était rédigé par MM. Bihet, Bron, P. Delchambre, H. Grégoire et Nihon.

— L'Abeille, journal de Huy et du district.

Feuille hebdomadaire imprimée, à Huy, chez J. N. Delhaise, du 3 janvier au 28 mars 1830. (13 n°ˢ in-8, de 8 pp.) Elle était rédigée par A. Hennequin. — B.

— Le Voleur hutois.

Journal bis-hebdomadaire imprimé à Huy, chez J. N. Delhaise, du 3 avril au 30 juin 1830, rédigé par MM. V. Fallize et Nihon. (26 n°ˢ in-4.) — C.

— Observations sur le pouvoir royal, par J. Lebeau. *Bruxelles, Hauman.*

In-8. — U.

— Règlement de la garde bourgeoise établie à Ensival. *Verviers, Loxhay.*

In-12, de 12 pp. Daté du 23 septembre. — U.

— Deduction der Rechte des Herrn Herzogs Karl Franz Wilhelm Ferdinand von Looz-Corswarem auf das standesherrliche Fürstenthum Rheina-Wolbeck zum Behufe der appellation gegen ein von ersten senat der konigl. preuss. Oberlandesgerichts zu Munster, aus 29 Marz 1829 bekannt, gemachtes Urtheil, ausgearbeitet, und als Beitrag zur Lehre des deutschen Staats und Fürstenrechts, mit Zugaben für die Geschichte und Beurtheilung der rechtlichen Verhältnisse der chemaligen Grafschaft und anderer niederlandischer chemals zum deutschen Reich gehöriger Herrschaften, herausgegeben von J. M. F. Birnbaum. *Aachen und Leipzig, J. A. Mayer.*

In-4, de 2 ff., 214 pp. Le même auteur a publié encore à ce sujet : *Nachtraegliche Bemerkungen. Bonn,* 1831, in-4. — U.

1531

Révolutions de Liége sous Louis de Bourbon. *Bruxelles, Hayez.*

In-8, de VIII-184 pp. Par M. de Gerlache. Reproduit dans les œuvres complètes de l'auteur, en 1859. — U.

— Dictionnaire géographique de la province de Liége. Par Ph. Vandermaelen et le docteur Meisser. *Bruxelles.*

In-8, de XXV-IX...XVII-VII-63-242-60-48 pp., avec 4 planches et un grand nombre de tableaux. — U.

— Les chants du réveil. Par Charles Donald. *Tongres, chez J. Billen.*

Brochure, de 32 pp. dont l'auteur est T. Weustenraad.

1532

Lettres de Léandre à Théophile sur la manière de remplir chrétiennement ses devoirs dans le monde. *Lille, Lefort.*

2 parties en 1 vol. in-18, de 214 pp. Ces lettres ont eu une seconde édition. *Lille, Lefort,* 1839, in-18, de 240 pp. Elles furent adressées par Mgr Van Bommel, évêque de Liége, à son frère Pierre Van Bommel. Le post-scriptum de la dixième lettre et les pensées sur le monde qui suivent ont été ajoutées par l'éditeur. On présume qu'il en est de même des deux dernières lettres.

— Description de la grotte de Remouchamps, située à deux lieues à l'ouest de Spa, par M. Schols, ancien capitaine d'état-major. *Bruxelles, Demanet.*

In-4, titre et 8 pp. de texte, avec 9 planches. — T.

1533

Der Lütticher. Historisch- romantisches Gemälde aus Belgiens neuester Geschichte. Von Friedrich Bartels. *Leipzig, Hartmann.*

In-8, de 246 pp. — T.

1534

Aix-la-Chapelle, Borcette et Spa, manuel à l'usage des baigneurs. *Aix-la-Chapelle et Leipzig.*

In-18, orné d'une carte.

1535

Journée du poëte chrétien, sanctifiée par la prière et la méditation. *Verviers, A. Remacle.*

In-12, de 2 ff., 264 pp., avec une fig. Cet ouvrage de Th. J. Angenot contient les psaumes, la messe et autres prières traduites en vers. Cette édition reparaît avec un nouveau titre, *Verviers,* 1850.

— Renseignemens pour le commerce de la Belgique avec la Turquie. Par Aristide Dethier. *Verviers, Coumont.* In-4.

— Entomologie agricole ou histoire naturelle des insectes nuisibles et utiles à l'agriculture. Par Gustave Beaufays, agronome.. *Verviers, G. Nautet-Hans.*

In-12, de 47 pp.

— Nouvelliste de Verviers.

Journal catholique quotidien, in-fol. à 3 col., qui s'imprime à Verviers, depuis le 1er avril 1835. A ses débuts, il était rédigé par M. L. J. Franck et imprimé chez A. Remacle. Aujourd'hui M. A. Denoel en est le rédacteur en chef.

— Examen de la méthode d'enseignement ordinaire et des améliorations dont elle est susceptible, ou compte-rendu de ce qui a été fait à l'athénée royal de Namur depuis la nomination d'un directeur. *Huy, N. H. Delhaise.*

In-8, de 68 pp. Par D. Martin.

— Bosquejo de un viaje historico e instructivo de un Español en Flandes, Por el coronel don Martin de los Heros, del consejo de S. M. y su secretario con ejercicio de decretos, etc. *Madrid, herederos de don J. Collado.*

In-12, de xxiv-170 pp. L'auteur, qui avoit résidé dix ans à Liége, donne la description des principales localités de notre pays.

— Voyages et aventures de M. Alfred Nicolas au royaume de Belgique, par Justin ***. *Bruxelles, Leroux.*

2 vol. in-18, de 280 et 288 pp. Ce livre, devenu très-rare, est de M. Joseph Grandgagnage, président de la cour d'appel de Liége. Il a été longuement analysé dans la *Revue belge*, t. I et II, par Th. Weustenraad. Voy. 1858.

— Schayes. Voyage de Marguerite de Valois, reine de Navarre, aux eaux de Spa, en 1577.

Article publié dans le *Polygraphe belge*, pp. 68-76. Cette revue éphémère parut à Bruxelles, en 1835. — B.

1836

Réponse à la lettre pastorale de Mgr Van Bommel, évêque de Liége, datée du 10 février 1856. Par un prêtre catholique. *Bruxelles, Th. Lejeune.*

In-8, de 24 pp. Par M. Beeckman, ex-directeur de l'athénée de Bruges.

— Étrennes spirituelles, ou cantiques au sacré cœur de Jésus et à Notre-Dame auxiliatrice. Par T. J. Angenot, ancien instituteur. *Verviers, Remacle.*

In-18, de 84 pp.

— La jolie Liégeoise, correspondance recueillie par le vicomte de V... Y. *Paris, Allardin.*

2 vol. in-8. Cet ouvrage, qui reparut en 1837, sous le titre de *Théroigne, la jolie Liégeoise*, n'est qu'un médiocre roman sur Théroigne de Méricourt, par le baron Lamothe Langon.

1837

Journal des travailleurs.

Journal hebdomadaire, in-fol., rédigé et imprimé par A. Coumont, publié à Verviers, du 2 juillet au 31 décembre 1837.

— Punt en kleine mengeldichten. Door S. M. Coninckx. *St-Truiden, van West Pluymers.*

In-16. — B.

— J. Gantrel. Rathère, évêque de Vérone et de Liége.

Article publié dans les *Nouvelles archives historiques, philosophiques et littéraires de Gand*, t. I, pp. 484-504.

1838

Description historique et topographique de Liége et de ses environs, avec une notice particulière sur Spa. Par A. Ferrier. *Bruxelles, Hauman.*

In-12. — U.

— Beitraege zur Geschichte und Quellenkunde der Lütticher Gewohnheitsrechts, von Dr. Leop. Aug. N. Warnkoenig. *Freiburg, Wagner.*

In-8, de xx-220 pp. Ce recueil est des plus intéressants pour l'histoire du droit coutumier liégeois, il serait à désirer qu'il fût traduit en français. — T.

— La ville de Maestricht et ses droits à diverses époques, en présence de la Diète germanique et des 24 articles en 1838. *Bruxelles.*

In-8. — U.

— L'Avis, journal des affiches de l'arrondissement de Verviers.

Journal hebdomadaire, in-fol., imprimé chez T. Angenot, du 19 août au 31 décembre 1838.

— Acrostiche à l'occasion de la consécration de l'église primaire de Verviers, par Mgr Van Bommel. *Verviers, Remacle.*

Un f. in-12.

— Mon cousin Gilles ou le secret des francs-maçons, par un des enfants de la veuve, V. C. *Verviers, E. Coumont.*

In-8, de 16 pp. Cette brochure, qui eut deux éditions, est dirigée contre le mandement de carême de 1838, de l'évêque de Liége. L'auteur est C. Verdot.

1839

Exercices sur les particularités géographiques et historiques de la province de Liége; ouvrage destiné aux écoles primaires. Par T. Derive, instituteur communal à Spa. *Verviers, imprimerie de A. Remacle.*

In-18, de 42 pp.

— Flore vénéneuse de la province de Liége, ou description des plantes nuisibles ou suspectes qui croissent spontanément dans cette partie du royaume. Par Théodore Derive. *Verviers, A. Remacle.*

In-18, avec planches. L'édition reparut avec la date de 1840.

— Le Franchimontois.

Journal in-fol., hebdomadaire puis quotidien, imprimé à Verviers, chez T. Angenot, du 1er janvier 1839 au 27 novembre 1842.

— Extraits du journal le Franchimontois; à la mémoire de M. Pierre David, bourgmestre de Verviers. *Verviers Angenot, fils.*

In-8, de 34 pp. Publié par T. J. Angenot, qui est l'auteur des pièces de vers que renferme cette brochure.

— Organisation des écoles communales gratuites de la ville de Verviers, 1854 à 1857. *Verviers. A Remacle.*

In-8, de 89 pp.

— Réglement adopté par la commission des écoles gardiennes de Verviers, en 1858. *Verviers. A. Remacle.*

In-8, de 15 pp.

— Histoire de la ville et du château de Huy, d'après Laurent Mélart, continuée jusqu'à nos jours, par F. Gorissen, docteur en philosophie et lettres, professeur d'histoire et de géographie, au collége communal de Huy. *Huy, N. H. Delhaise.*

In-8, de 500 pp. Les souscripteurs seuls ont reçu en outre une vue du château de Huy et une vue de l'église de Notre-Dame, lithographiées par A. G. Geedts. - U.

— Voyage aux bords de la Meuse, dessins de Paul Lauters, légendes, récits et traditions, par André Van Hasselt. *Bruxelles, publié par la Société des beaux-arts.*

Grand in-fol., de 65 pp., avec 36 planches sur Chine. — T.

— Les délices de Spa, et de ses environs, description nouvelle illustrée de douze vues dessinées d'après nature par Th. Fourmois. *Bruxelles, publié par la Société des beaux-arts.*

In-4, de 34 pp. et un f. de table, avec 12 planches. Il en existe des exemplaires avec les planches sur papier de Chine. Une édition parut la même année, in-12, de 88 pp., avec 12 fig. On a aussi publié ces 12 dernières vues en un tableau avec la description abrégée. — U. T.

— Poésies morales, en français, en flamand et en latin. Par S. M. Coninckx. *St.-Trond.*

In-12, de 68 pp.

— Levensschets van den H. Lambertus, bisschop van Maestricht, martelaer en beschermheiligen van Luik, apostel der Nederlanden, met geschiedkundige aenteekeningen. Door P. Visschers, priester. *Mechelen, Hanicq.*

In-12, de 144 pp. — C.

1840

Le conducteur aux environs de Spa. *Spa, Ve Derive.*

12 brochures in-18, avec cartes publiées par Th. Derive. — D.

— L'administration et les électeurs de la commune de Spa, à Messieurs les membres de la députation permanente du conseil provincial de Liége. *S. l.*

In-4, de 12 pp. Pétition pour la route de Verviers à Francorchamps, datée du 5 février.

— La Meuse. Études faites par ordre du gouvernement belge (par H. Guillery). *Bruxelles Remy, 1840-1845.*

5 parties en 1 vol. in-fol. — U.

— Histoire des bibliothèques publiques de la Belgique. Par P. Namur, docteur en philosophie et lettres et conservateur adjoint de la bibliothèque royale de Bruxelles. *Bruxelles, Parent.*

3 vol. in-8. Les deux premiers sont consacrés aux bibliothèques de Bruxelles et de Louvain. Le 3e vol. comprend la bibliothèque de Liége. M. Voisin, dans *Documents pour servir à l'histoire des bibliothèques en Belgique et de leurs principales curiosités littéraires*, Gand, 1840, in-8, pp. 182-195, traite aussi de la bibliothèque de Liége. — U.

— Sœur et Frère. Par Th. Gaucet, *Bruxelles, Périchon.*
In-12, de 220 pp.

— Nouvelle grammaire française sur un plan très-méthodique ... par MM. Noël et Chapsal ... Trente-sixième édition ... *Hannut, X. F. Hallet.*
In-12, de 8 ff., 175 pp. Première impression faite à Hannut.

— Brief van C. R. A. van Bommel, bisschop van Luik, aan den hoogleeraar M. Siegenbeeck. *'S Gravenhage.*
In-8, de 82 pp.

1841

De la fausseté des principes émis par M. van Bommel, évêque de Liége et les organes des partis rétrogrades, sur l'instruction, la mainmorte, l'amovibilité des curés, le flamand hollandisé, etc. Par l'abbé Peurette. *Bruxelles, De Mat.*
In-8, de 262 pp.

— Luik in 1830. Historisch romantisch tafereel, uit de dagen der belgische omwenteling, door G. L. H. Mispelblom van de Schelde. *Amsterdam, by J. C. van Kesteren.*
2 vol. In-8, de iv-268 et 298 pp., titres gravés. — T.

— Variétés historiques. Épisode du règne de Jean de Bavière, élu évêque de Liège, 1406. Par Aug. Lacroix. *Mons Piérart.*
In-8, de ii-50 pp. — T

— Notice sur deux monnaies des évêques de Liége, par M. Chalon.
In-8, de 5 pp., avec 4 empreintes. Tiré à 25 exemplaires. Extrait de la *Revue numismatique de Blois.*

— Ambiorix, dichtstuk, door J. Nolet de Brouwere van Steeland. *Te Leuven, Vanlinthout.*
In-8. Il en a paru une traduction française sous le titre de : Ambiorix, poëme, traduit du flamand par P. Lebrocquy. *Bruxelles, Delevingne*, 1846, in-8. — U.

— Pilgrimages to the Spas, in pursuit of health and recreation with an inquiry into the comparative merits of different mineral waters : the maladies to which they are applicable and those in which they are injurious. By James Johnson, M. D. *London, S. Highley.*
In-8, de viii-299 pp. Ce traité sur les eaux minérales contient quelques pages sur Spa. — D.

— Programme de la saison des eaux de Spa, pour l'année 1841. *S. l.*
2 ff. In-4. Ces programmes paraissaient annuellement. — D.

— Le chat volant de la ville de Verviers, histoire véritable, arrivée en 1641, par Monsieur Willem Crac suivi de la Queue du Chat, ou les cousins poëme inédit. *Verviers, Angenot, fils.*
In-8, de 31 pp. Réimpression faite par T. Angenot, de l'édition de 1730.

— Vous attendez, Messieurs, la Lyre Verviétoise ... C'est l'œuvre du loisir d'un vieil instituteur ... Thomas Angenot, père ... *Verviers, imp. de T. Angenot.*
P. in-12, de 131 pp. Il faut y ajouter un prospectus en vers wallons. — M.

— Calendrier verviétois pour l'an de Jésus-Christ ... *Imprimerie du Journal de Verviers.*
In-plano. Cet almanach se publie depuis 1841. — C.

1842

L'Industriel de Verviers, journal industriel, politique, commercial et littéraire.
Journal quotidien In-fol., rédigé par L. Masson, imprimé à Verviers, chez G. Nautet, puis chez P. M. J. Follet, à partir du 27 novembre 1842. Il fut remplacé par l'Union libérale. Voy. 1850.

— Notice historique sur les changements prodigieux et les faits miraculeux qui ont eu lieu depuis le 18 septembre de l'an 1692 dans la statue de la sainte Vierge, honorée dans l'église paroissiale de Notre-Dame, à Verviers. Publiée à l'occasion du troisième jubilé de cinquante ans qui a eu lieu en mémoire de ces changements en 1842. *Verviers, Remacle.*
In-18, de 88 pp., fig. Par B. C. E. Meunier, curé de N.-D., à Verviers. Cette brochure fut réimprimée dans l'édition publiée, en 1855, par le même auteur.

— Liége pittoresque ou description historique de cette ville et de ses principaux monuments. Par M. L. Polain, conservateur des archives de la province... *Bruxelles, Hauman et C°.*

In-8, de 4 ff., IV-279 pp. — U.

— Géographie de la province de Liége, par V. D. M. *Bruxelles, Seres.*

P. in-12, de 303 pp. Par P. A. J. Vandermaesen.

— Du duché de Bouillon, de son origine et de son importance première, et inventaire des manuscrits et de tous les documents conservés à l'hôtel de ville de Bouillon et qui servent de pièces justificatives de l'histoire de ce duché, par M. J. F. Ozeray. *S. l.*

In-8, de 32 pp. Brochure imprimée à 200 exemplaires aux frais de la ville de Bouillon. — U.

— Leven van sinte Amand, patroon der Nederlanden. *Gent.*

2 vol. in-8.

— Catalogue d'une belle collection de livres rares et manuscrits précieux d'Ed. Lavalleye. *Gand.* In-8.

1845

Histoire de Liége depuis César jusqu'à Maximilien de Bavière. Par E. C. de Gerlache. *Bruxelles, Hayez.*

In-8. M. A. Leroy a donné une critique très-étendue de cet ouvrage dans la *Revue de Liége*, tome IV. Cette histoire a été aussi analysée dans la *Revue nationale de Belgique*, tome X ; elle a été réimprimée avec augmentations dans les œuvres complètes de l'auteur, en 1859. — U.

— Geschiedenis van St Albertus van Leuven, bisschop van Luyck. Door J. David, phil. et litt. doct., kanonik. hon. der metrop. kerk van Mechelen, prof. by de cath. hoogeschool en pres. van het Paus-collegie. *Leuven, by Van Linthout en Vandenzande.*

In-8, de 154 pp. La seconde édition, augmentée, parut à *Anvers, chez J. P. Van Dieren*, 1845, in-12, de 230 pp.

— Notice historique sur feu F. C. E. Vottem. Par le Dr de Lavacherie. *Bruxelles, de Mortier.*

In-8. Extrait du *Bulletin de l'Académie royale de médecine*, tome II. — U.

— Itinéraire pittoresque du chemin de fer de Liége à Aix-la-Chapelle par la vallée de la Vesdre, dessiné d'après nature, par Ponsart de Malmédy. *Bruxelles, Berthot.*

In-8, oblong, de 11 planches et une carte.

— Notice sur les plans inclinés de Liége, par M. Garella, ingénieur des mines. *Paris, Carilian-Gœury.*

In-8, de 35 pp., avec 3 pl. Extrait des *Annales des ponts et chaussées. Paris*, mars et avril 1843.

— Inauguration du chemin de fer de Liége à Verviers. Ode au Roi, par Ed. Pollet. *Verviers (Remacle).*

In-8, de 7 pp.

— Chansons wallonnes. Complaitt d'onn amm a ki i n'mank rin. Fé l'troi dansé. Lu paultnosse. *Verviers, S. d.*

In-8, de 4 ff. Ces chansons sont de T. J. Angenot.

— Ode à Mgr l'évêque de Liége, à l'occasion de la dédicace de l'église de Saint-Trond. Par A. M., prêtre. *Saint-Trond.*

Un f. In-8.

— Ambiorix, roi des Éburons, roman historique, par G. de Cort. *Anvers, L. J. De Cort.*

In-8, fig. — U.

— Rapport à M. le ministre de l'intérieur sur les manuscrits de Charles Langius, déposés à la bibliothèque royale des ducs de Bourgogne. Par Ph. Bernard. *Bruxelles, imp. du Moniteur.*

In-8. Cette brochure, insérée dans le Moniteur belge, fut tirée à part. — U.

— Annales des universités de Belgique. Recueil contenant les lois, arrêtés et règlements relatifs à l'enseignement supérieur, les mémoires couronnés aux concours universitaires, et autres documents académiques. *Bruxelles, 1845-1864.*

Ce recueil, in-8, qui se continue encore aujourd'hui, comprend les années 1842-1863.

On y trouve les programmes, discours de réouverture, articles nécrologiques, etc., concernant l'Université de Liége.

1844

Johannis de Los, abbatis S. Laurentii prope Leodium chronicon rerum gestarum ab anno MCCCCLV ad annum MDXIV. Accedunt Henrici de Merica et Theodorici Pauli Historiae de cladibus Leodiensium an. MCCCCLXV-VII, cum collectione documentorum ad res Ludovici Borbonii et Johannis Hornaei temporibus gestas. Edidit P. F. X. de Ram, rector magn. Universitatis cath. in oppido Lovaniensi. *Bruxellis, Hayez.*

In-4, de XXVI-964 pp., avec trois grav. Après le titre latin vient un second titre en français : Documents relatifs aux troubles du pays de Liége, sous les princes-évêques Louis de Bourbon et Jean de Horne, 1455-1505, publiés sous la direction de la commission royale d'histoire, par P. F. X. de Ram. — U.

— Les châteaux, les ruines, les monuments et les sites pittoresques des provinces de Brabant, de Hainaut, de Namur et de Liége, et l'historique de toutes les localités de ces provinces. Par A. Vasse, homme de lettres, etc. *Bruxelles. 1844-1859.*

L'auteur se proposait de consacrer à chacune des quatre provinces un volume de texte et 100 à 120 planches, mais le manque de souscripteurs l'en empêcha. Le texte n'a jamais paru. 169 vues, in-fol., oblong, lithographiées à plusieurs teintes ont été publiées, dont 59 appartiennent à la province de Liége.

— Guide du voyageur sur la Meuse ou description du fleuve, des villages, châteaux et objets remarquables. *Bruxelles, J. B. Van Dooren.*

In-12, de 97 pp. L'auteur est H. Guillery, ingénieur des ponts et chaussées.

— Chaudfontaine et ses environs, illustré de vues dessinées d'après nature. *Bruxelles, Hauman.*

In-32, de 80 pp. — D.

— Ch. L. Carton. Le perron de Liége à Bruges. *Bruges.*

In-8, avec une fig. Extrait des *Annales de la Société d'émulation,* 2e série, tome II.

— Essai sur Grétry lu à la séance publique de la Société d'émulation de Liége, le 25 avril 1821. Par C. F. de Gerlache. 2e édition. *Bruxelles, Hayez.*

In-8, de 44 pp. Reproduit dans les œuvres complètes de l'auteur en 1859.

— Notice sur E. J. Henaux. Par le baron de Stassart. *Bruxelles.*

In-8. Extrait du *Trésor national.*

— Histoire numismatique de la révolution belge, ou description raisonnée des médailles, des jetons et des monnaies qui ont été frappés depuis le commencement de cette révolution jusqu'à ce jour. Par M. Guioth, ingénieur en chef des ponts et chaussées. Avec planches. *Hasselt, Milis.*

In-4, de VII-400 pp., avec un vol. in-4, de 62 planches, plus une planche pour le grand sceau de l'État.

— L'astrologue liégeois, almanach pour l'année 1845, par Mathieu Laensbergh. *Liége et Bruxelles, J. Jouvenel et Cie.*

In-18, de 156 pp.

— Le double astrologue liégeois, almanach supputé sur le méridien de Liége, pour l'année 1845, d'après les calculs de Mathieu Laensbergh, Michel Nostradamus, etc. *Liége et Bruxelles, chez J. Jouvenel et Cie.*

In-32.

— Almanach de Liége, pour l'année de N.-S. Jésus-Christ 1845, contenant des variétés, des calembours, chansons, anecdotes, le jardinage, etc., suivies de prédictions générales sur la variation du temps, par Thomas Moult, et de Ph. Lansberg, fils de feu Mathieu. *A Liége et à Bruxelles, chez J. Sacré.*

In-32.

1845

A tour through the valley of the Meuse with the legends of the walloon country and the Ardennes, by Dudley Castello. *London, Chapman and Hall.*

In-12, de XII-316 pp., fig. sur bois. Réimprimé à Londres, 1848, in-12.

— Vallée de la Meuse, voies de communication. Moyens de transport. Messageries, barques et bateaux à vapeur. *Bruxelles, Van Dooren.*

In-8. Par H. Guillery.

— Collection de tombes, épitaphes et blasons recueillis dans les églises et couvent de la Hesbaye, auxquels on a joint des notes généalogiques sur plusieurs anciennes familles qui ont habité ou habitent encore ce pays. Par le baron Léon de Herckenrode, de St-Trond. *Gand, Gyselynck.*

Grand in-8, de iv-803 pp., avec nombreuses gravures d'armoiries, monuments funéraires, etc., dans le texte.

— Essai historique et critique sur les journaux belges. Par A. Warzée. *Gand, Hebbelynck.*

In-8. La partie qui concerne les journaux liégeois a été traitée de nouveau par M. U. Capitaine dans ses *Recherches,* publiées en 1850.

— Ministère de l'intérieur, restauration et appropriation de l'ancien palais des princes-évêques de Liége. Devis descriptif et cahier des charges pour la démolition des anciens bâtiments, le déblai des terres et la construction des fondations de la partie nouvelle du palais, vers la rue Notger, où s'élèveront l'hôtel, les bureaux du gouverneur, et les salles du conseil provincial. *S. l. n. d.*

In-folio, de 19 pp.

— Rapport sur le défrichement des landes et bruyères, fait à la Société agricole et forestière de Jalhay en séance du 8 septembre 1845, par l'un de ses membres M. H. de L(antremange). *Verviers.*

In-8, de 48 pp.

— Le jésuitisme à Verviers, poëme. 1re partie. *Bruxelles.*

In-8. — U.

— Catalogue d'une belle collection de livres parmi lesquels se trouvent plusieurs beaux manuscrits, bon nombre d'ouvrages rares, de beaux elzévirs, des traités curieux concernant l'histoire de France et d'Angleterre, d'anciennes impressions belges, des livres à figures, des classiques, etc., dont la vente aura lieu le 5 mai 1845 et jours suivants, à Gand. *Gand.*

In-8, de 46 pp. Ce catalogue, d'une partie de la bibliothèque de M. Lavalleye, contient un bon nombre de manuscrits liégeois et d'impressions liégeoises du xvie siècle. Le *Bulletin du Bibliophile belge,* t. II, p. 348, énumère quelques-uns des principaux articles.

1845

Histoire de la ville de Saint-Trond, avec toutes les guerres, les statuts, les impôts, les lois et les incidents historiques qui y sont relatifs, traduite de la chronique même et d'autres anciens manuscrits de cette ville impériale. Par A. Courtejoie, prêtre du diocèse de Liége. *Saint-Trond, Van West-Pluymers.*

In-8, de 382 pp. — U.

— Légende de saint Hubert, précédée d'une préface bibliographique et d'une introduction historique, par Édouard Fétis, conservateur adjoint de la bibliothèque royale. *Bruxelles, A. Jamar.*

In-12, de xxi-183 pp. Cette légende, composée par Hubert le Prévost, avait été imprimée à Paris, chez Guillaume Eustache. La réimpression de M. Fétis est accompagnée d'une introduction qui renferme des détails intéressants sur l'histoire du saint et l'abbaye de Saint-Hubert. — U.

— Historieke aenmerkingen op het graefschap van Loon ende syne pretendenten, overgeset van 't hoogduyts in 't nederduyts, op gelyken gedrukt tot Weenen by Ignatius Alberti, 1791. *Brussel, Van Dale.*

In-8, de 62 pp. — T.

— Notice historique sur la commune de Rummen et sur les anciens fiefs de Grasen, Wilre, Bindervelt et Weyer en Hesbaye. *Gand, Hebbelynck.*

In-8, de vi-413 pp. Avec carte et 21 planches d'armoiries, monnaies, châteaux, etc. L'auteur est M. J. Wolters, né à Rummen.

— M. L. Polain. Notice historique sur le système d'impositions communales en usage à Liége, avant 1794. *Bruxelles.*

Grand in-8. Tiré à 50 exemplaires.

— Le serment de Wallace, drame par Ed. Wacken, représenté sur le théâtre royal de Bruxelles, le 12 décembre 1846. *Bruxelles, Lelong.*

In-8, de viii-68 pp.

— Notice sur sainte Julienne choisie du ciel pour établir la fête du St-Sacrement. Jubilé de Liége, année 1846. Prières à réciter pendant ce saint temps. *Paris.*

In-32, de 16 pp., avec 2 grav.

— Geschichte der Einsetzung der Frohnleichnams festes mit dem Leben der heiligen Julianne und Eve als der ersten Verkündigerinnen desselben. *Passau.*

In-12. Réimprimé dans la même ville, en 1853, in-12.

— De schoonste herinnering uit de geschiedenis van Luik. 1246-1846. Naer het fransch door V. Dechamps, priester de vergadering des allerheiligen verlossers. *Hasselt, Milis.* In-18.

— Levensschets van de heilige Juliana en de gelukzalige Eva of beschryving der instelling van H. Sacramentsdag. Verkort naer het fransch door den E. P. Bertholet, met schoone printen. Veermeerderd met de Bevel Brieven van Mgr den Bisschop van Luik, nopens den Jubile welke aldaer in 1846 in de Stift-Kerk, van St-Marten gevierd wordt. *Hasselt, Milis.* In-12.

— Die sechste hundert jahrige jubel-feier des Frohnleichnams festes vom 11 bis zum 25 junii 1846, nach dem franzoesischen des V. Dechamps. *Aachen, T. Hensen.*

In-12, de 96 pp.

— Jubilé anniversaire de la fête du Saint-Sacrement à Liége. *Paris.*

In-8, de 7 pp. Extrait du Correspondant.

— Jubilé de Liége, 1246-1846. Sainte Julienne et la Fête-Dieu, par M. Emile Chavin de Mallan. *Paris.*

In-4, de 8 pp., orné de gravures sur bois.

— Vers et chants. Proses liturgiques de Saint-Sacrement, publiées à l'occasion du sixième jubilé centenaire de l'institution de la Fête-Dieu, célébré à Liége, juin 1846. Belgique. *S. l.*

In-32, de 82 pp.

— Le jubilé monstre à Liége jugé au point de vue politique, moral et religieux. *Liége, 1846 (Bruxelles, Slingeneyer).*

In-8, de 24 pp. — U.

— La vérité à propos du jubilé de Liége. *Bruxelles, chez tous les libraires.*

In-8, de 16 pp.

— Humble supplique à leurs saintetés Messeigneurs les archevêques et évêques réunis en congrès à Liége, l'an de grâce et de liberté, 1846, par un Béotien. *Bruxelles, chez tous les libraires.*

In-8, de 16 pp. Extrait du *Modérateur*, journal de Mons. L'auteur est Charles Potvin.

1847

Chronique de l'abbaye de St-Hubert, dite Cantatorum, traduite par A. L. P. de Robaulx de Soumoy, ex-procureur du roi à Saint-Hubert, auditeur militaire des provinces de Namur et de Luxembourg, et membre du conseil provincial de Namur. Suivi du texte, corrigé sur les meilleures copies. Ouvrage formant l'histoire complète du monastère de Saint-Hubert et des seigneurs de Mirwart. *Bruxelles, Meline, Cans et Cie.*

In-8, de 352 pp.

— Les délices de Spa. *Paris, Albert.*

In-12, de 52 pp. avec 8 vignettes. Vers la même époque on a publié à Corbeil, impr. de Crété : Les Délices de la ville de Spa et de ses environs, s. d. Un f. in-4, oblong, avec 8 vignettes en tête — D. T.

— Notice sur Thomas de Rye, docteur en médecine, médecin et conseiller intime d'Ernest de Bavière, prince-évêque de Liége. Par P. J. d'Avoine, docteur en médecine. *Malines, Olbrechts.*

In-8, de 16 pp., portr. Extrait du tome VI des *Annales de la Société médicale de Malines*.

— Procès-verbaux des séances de la commission royale pour la publication des anciennes lois et ordonnances de la Belgique. *Bruxelles.* 1847-186..

Cette publication se continue, elle comprend aujourd'hui 5 vol. in-8, qui contiennent de nombreux renseignements sur le pays de Liége. Le tome IV contient un rapport sur les coutumes de Liége, de Stavelot et de Bouillon, par M. Polain.

— Réglement de police arrêté par le

conseil communal de Spa, dans sa séance du 14 mai 1847. *Verviers, imprim. de E. Nautrin.*

In-8, de 27 pp.

— Rapport sur le défrichement des landes et bruyères à la Société agricole et forestière de Jalhay, par M. le chevalier X. T. de Lantremange, un de ses membres. Séance du 15 décembre 1846. *Verviers, P. M. J. Follet.*

In-4, de 69 pp.

— L'Union constitutionnelle, journal de Verviers et de l'arrondissement.

Journal quotidien, in-fol., à 3 col., imprimé chez Ch. Reyer, à Verviers, du 19 mars 1847 au 31 décembre 1849. D'abord libéral, puis démocratique, il redevint libéral en 1849.

— L'enquête communale, revue de Spa.

Journal p. in-fol., à 2 col., qui paraissait le premier et le troisième dimanche de chaque mois, chez P. M. J. Follet, à Verviers. Il se publia du 5 août 1847 au 28 janvier 1849. Ses rédacteurs étaient A. et F. Delhasse et J. Servais.

— Almanach agricole contenant des notions utiles sur l'agriculture, les engrais, l'art d'améliorer le bétail, etc. *Herve, L. J. Bayaux.*

In-18. Se publie depuis l'année 1847. Le principal rédacteur de cet almanach est M. Moreau, représentant. — C.

— Catalogue d'une belle collection de livres et manuscrits précieux sur vélin, parmi lesquels on en remarque du IXᵉ et Xᵉ siècle, des ouvrages rares, relatifs à l'histoire de France et d'Angleterre, un grand nombre d'anciennes impressions belges, plusieurs curiosités bibliographiques, des elzévirs, dont la vente aura lieu le 25 janvier 1847.. *Gand, janvier 1847.*

In-8, de 36 pp.

— Catalogue d'une belle collection de livres et de manuscrits précieux sur vélin, du VIIIᵉ et du IXᵉ siècle, dont la vente aura lieu le 26 avril 1847.. *Gand, mars 1847.*

In-8, de 28 pp.

— Catalogue d'une belle collection de livres et de manuscrits, dont la vente aura lieu le 28 novembre 1847.. *Gand, octobre 1847.*

In-8, de 21 pp.

Ces trois catalogues comprennent la collection de l'ancienne abbaye de Stavelot. Cinq manuscrits précieux non indiqués dans le catalogue, furent aussi vendus après la deuxième vacation, c'étaient: 1° un Evangéliaire du VIIIᵉ ou IXᵉ siècle, vendu 2,750 francs ; 2° un Psalterium de la même époque, vendu 2,095 francs, 3° un volume de demandes et réponses, prescrit pour les écoles, par Charlemagne, du VIIIᵉ ou IXᵉ siècle, vendu 2,750 fr.; 4° un livre d'heures en flamand, XIVᵉ siècle, vendu 200 francs ; 5° une Bible, in-folio, avec miniatures, vendue 500 francs.

— Arnold van Rummen of Loon en Luik in de XIVᵉ eeuw, door C. H. Van Bockel. *Gent, Gysdaele.*

2 vol. in-8. L'auteur décrit, sous forme de roman historique, la chute du comté de Looz.

— Examen critique et littéraire de la Rodolphiade de S. E. Jean Ladislas Pyrker, par J. J. Nyssen, suivi d'un dithyrambe, par J. J. Meyers. *Saint-Trond.*

In-8. — V.

— Harmonies du cœur ou deux épreuves de l'amour. Par E. P(olet), de Verviers. *Paris, V. A. Waille.*

In-8. — U.

— Mémoire sur la condition des ouvriers et le travail des enfants dans les mines, manufactures et usines de la province de Liége, par la commission médicale de la province de Liége. Rapporteur C. Wasseige. *Bruxelles, imprim. de Th. Lesigne.*

In-8, de IV-128 pp.

1848

Histoire généalogique de la maison de Hornes, extraite du dictionnaire généalogique et héraldique des familles nobles du royaume de Belgique, par M. F. V. Goethals, bibliothécaire de l'ancienne bibliothèque communale de la ville de Bruxelles. *Bruxelles, Polack-Duvivier.*

In-4, de 356 pp., 14 tableaux généalogiques, 13 pp. de table et errata. Cet ouvrage, édité avec luxe, est orné de 55 cartes fac-simile, portraits, châteaux, monuments funéraires, vitraux, planches d'armoiries et de médailles. Il faut y ajouter :

1° Note sur quelques monnaies frappées par les seigneurs de Hornes, par un numismate, pour servir de complément à l'histoire généalogique de la maison de Hornes, par M. F. V. Goethals, 2 f. in-4 et une planche;

2° Une planche coloriée tirée sur papier grisâtre, reproduisant une estampe de Lyon, 1570, qui représentait l'Exécution et supplice faict par sentence judiciaire à l'encontre des nobles et illustres chevaliers de la Toison d'or, les comtes d'Aiguemont et de Hornes;

3° Quelques feuillets in-4, servant de cartons aux pages 311, 312, 313. Ces feuillets ont été publiés par le comte Jean de Hornes à quelques exemplaires seulement.

— Notice historique sur l'ancien comté impérial de Reckheim dans la province actuelle de Limbourg. *Gand, Gyselynck.*

In-8, de 236 pp. Avec une carte et 14 planches. L'auteur est M. J. Wolters.

— La dinanderie du XIIᵉ siècle, fonts baptismaux en cuivre de la ville de Liége.

Article de M. Fabry-Rossius, inséré dans les *Annales archéologiques de Didron. Paris, 1848*, tome VIII, p. 330. (Voy. aussi t. V, pp. 21, 30, 31).

— De l'imitation des sceaux des communes sur les monnaies des provinces méridionales des Pays-Bas et du pays de Liége. Par G. J. C. Piot. *Bruxelles.*

In-8, fig.

— Exposé du système de l'emprunt progressif sur le revenu adopté par le conseil communal de Verviers et approuvé par arrêté royal du 29 novembre 1847, précédé d'un examen des diverses bases de l'impôt actuel. *Bruxelles, Rues.*

In-8, de 100 pp. Par F. Mullendorf, filateur à Verviers.

— Impossible! ou M. Sainte-Beuve et l'Université de Liége. *Bruxelles, Rues.*

In-8, de 24 pp.

— Variations diurnes de la Meuse et de l'Ourte. Mouvement des voyageurs et des marchandises sur la Meuse (en 1845). *Bruxelles, Van Dooren.*

In-8, de 40 pp., avec pl. L'auteur, M. Guillery, a publié le même travail pour 1846 et 1847, dans les *Annales des travaux publics.*

Après sa mort, en 1849, la Société d'émulation de Liége fit insérer dans le *Procès-verbal* de 1850 le manuscrit des observations pour 1848.

— Catalogue d'une très-belle et nombreuse collection de livres, composant la bibliothèque de feu M. Massau, dont la vente publique aura lieu, le lundi 15 mars et jours suivants. *Bruxelles, Derroye.*

In-8, de vi-150 pp. Le catalogue est précédé d'une notice biographique. Il contient quelques articles très-rares relatifs au pays de Liége.

— Journal de l'instruction élémentaire, feuille hebdomadaire des instituteurs, des pères de famille et des amis de l'enseignement.

Ce recueil hebdomadaire grand in-4, à 2 col., rédigé par T. Derive, fut imprimé à Verviers, chez E. Nadrin, puis à Spa, chez la Vᵉ Derive, à partir du 12 novembre 1848, mais il n'eut pas une longue existence.

— Journal de Huy et de l'arrondissement.

Journal libéral, in-fol., à 3 col., qui s'imprime à Huy, depuis le 16 juillet 1848. D'abord hebdomadaire, il parut ensuite deux fois, puis trois fois par semaine.

— L'Organe de Huy et de l'arrondissement.

Journal libéral hebdomadaire, in-fol., qui s'imprime à Huy, depuis le 23 septembre 1848. Les premiers rédacteurs étaient MM. H. Grégoire, L. et C. de Thier.

— Les Étrennes de Huy, almanach de 1849. Chansonnettes de J. J. Dehin, anecdotes, parodies, bons mots, etc. *Huy, Max Ghilain.*

In-32. Cet almanach est le même que les Étrennes liégeoises de 1849, auxquelles on n'a changé que le titre. — C.

— Die Fliegende Taube. *Aubel, J. H. Willems.*

Journal hebdomadaire publié à partir de 1848. C'est la première impression d'Aubel.

— Geschiedenis en wonderdaden van Onze Lieve Vrouw tot Cortenbosch. *Sint-Truiden, Van West.*

P. in-12, grav. — T.

— Histoire de Notre-Dame de Cortenbosch. *Hasselt.*

In-18.

— Hélène de Tournon, drame par Ed. Wacken. Représenté à Bruxelles, sur le théâtre des Galeries, le 18 août 1848. *Bruxelles, Labroue.*

In-8, Réimprimé la même année chez le même éditeur, in-32, de 67 pp.

— Poésies lyriques, par Th. Weustenraad. *Bruxelles, A. Decq.*

In-12. — U.

LOOZ

Tongres et ses monuments. Par A. Perreau, 2ᵉ édition. *Tongres, Demarteau.*

In-8. — U.

— Codex diplomaticus Lossensis ou recueil et analyse de chartes servant de preuves à l'histoire de l'ancien comté de Looz. Par M. J. Wolters. *Gand, Gyselynck.*

In-8, de iv-452 pp., avec deux planches de sceaux. — U.

— Notice historique sur l'ancienne abbaye de Herckenrode, dans la province actuelle de Limbourg. *Gand, Gyselynck.*

In-8, de 96 pp., avec une planche. L'auteur est M. J. Wolters. — T.

— Notice historique sur l'ancien chapitre de chanoinesses nobles de Münsterbilsen, dans la province actuelle du Limbourg. *Gand, Gyselynck.*

In-8, de 126 pp., avec une planche. L'auteur est M. J. Wolters. — T.

— Notice sur l'ancienne commanderie des chevaliers de l'ordre Teutonique, dite des Vieux-Joncs, dans la province actuelle de Limbourg. *Gand, Gyselynck.*

In-8, de 60 pp., avec 3 planches. Par M. J. Wolters.

— Notice sur l'ancienne abbaye d'Averboden. *Gand, Gyselynck.*

In-8, de 175 pp., avec une planche. Par M. J. Wolters.

— Notice sur quelques débris de constructions romaines conservés dans la commune de Herten, près de Ruremonde, par M. J. W(olters). *Gand, Hebbelynck.*

In-8, de 23 pp., avec une planche.

— Notes sur Spa et ses sources ferrugineuses, avec quelques observations sur certaines ressources jusqu'à présent oubliées pour le soulagement des maladies dans cette célèbre ville d'eaux minérales, par Thomas Cutler. *Londres, chez Dulau, et Bruxelles, Muquardt.*

In-12, de 109 pp. Cet ouvrage a été souvent réimprimé sous le titre de : Spa et ses eaux, observations sur les propriétés chimiques et thérapeutiques des eaux minérales de Spa, sur l'aspect de la contrée, sa formation géologique, son histoire naturelle et son climat, ainsi que sur les nombreuses ressources qu'offre cette célèbre ville de bains pour la santé et pour l'amusement de ses visiteurs, par le docteur Cutler. *Bruxelles et Gand, Muquardt*, 1856, in-12, de viii-164 pp. — Idem. Sixième édition. *Bruxelles, Mertens*, 1865, in-12, de v-139 pp.

Cet opuscule a été aussi traduit en anglais : Notes on Spa and its chalybeate springs, by Thomas Cutler, M. D. *Brussels, Muquardt*, 1849, in-12, de 150 pp. — Ibid, 1854, in-12, de 123 pp. — Seventh édition. *Brussels, Mertens*, 1865, in-12, de 135 pp. — U. D. T.

— Société d'horticulture et d'agriculture de Spa. Règlement organique. *Verviers, P. M. J. Follet.*

In-8, de 16 pp. et un f. suppl. — D.

— Société d'horticulture et d'agriculture de Spa. Règlement de l'exposition du 7 juin 1849. *Verviers, Follet.*

In-4, de 2 ff. Il y a aussi une circulaire datée de juin 1849, publiée à cette occasion, un f. in-4. — D.

— Revue de Spa et du canton.

Feuille hebdomadaire, p. in-fol., à 2 col., imprimé, du 11 juillet 1849 au 17 mars 1850, chez P. M. J. Follet, à Verviers. Les rédacteurs étaient A. et F. Delhasse et J. Servais. Le dernier numéro, encadré de noir, est consacré à la mémoire d'A. Delhasse, décédé à Spa, le 10 février 1850. — D.

— Journal de Spa et du canton.

Feuille hebdomadaire p. in-fol., à 2 col., rédigé par T. Derive, et publié à Spa, chez la Vᵉ Derive, du 6 mai au 5 novembre 1849.

— Les vrais travailleurs. S. l.

Placard in-4, en vers, signé P. J. Lezaack, daté du 18 novembre 1849. Il en existe aussi une édition, p. in-4, de 8 pp. — D.

— Journal agricole de la section Verviétoise de la Société agricole et forestière de Liége et Feuille d'annonces de Verviers.

Journal bi-hebdomadaire, p. in-fol., imprimé chez G. Nautet, à Verviers, à partir du 1ᵉʳ janvier 1849.

— Notice sur Hypp. Guillery, ingénieur en chef des ponts et chaussées. *Bruxelles, Van Dooren.*

In-8, de 26 pp. Extrait des *Annales des travaux publics de Belgique.*

— Théodore Weustenraad, Hubert François Prume. Par Ed. W(acken). *Bruxelles, Raes.*

In-4, de 6 pp. Tiré à part de la Revue de Belgique.

— Das Kind Maria. Ein Andachts- und Gebetbuch gesammelt Vater und Gottesgelehrten für fromme verehrer der allerseligsten Jungfrau. *Aubel, J. H. Willems.*

In-32, de 250 pp. et une pl. La troisième et la cinquième édition parurent chez le même, in-32, en 1850 et 1856.

1850

Les vrayes chroniques jadis faites et rassemblées par vénérable homme et discret seigneur Monseigneur Jehan le Bel, chanoine de Saint-Lambert de Liége, retrouvées et publiées par M. L. Polain, conservateur des archives de l'État à Liége.

Grand In-8, imprimé à Mons, chez Emm. Hoyois, à 125 exemplaires, sur papier vergé. Le texte de la chronique est imprimé en caractère gothique. La découverte de l'œuvre complète de Jehan le Bel n'a laissé à cette édition que le mérite de la rareté et de l'exécution typographique. — T.

— Liége, fragment inédit d'un volume intitulé Échos de la patrie. Par M. Étienne Arago. *Bruxelles, Labroue.*

In-18, de 54 pp. — T.

— Fleurs d'Allemagne et poésies diverses, par Édouard Wacken. *Bruxelles, Labroue.*

Grand In-18, de 248 pp. — U.

— Lettres franco-wallonnes publiées pour la première fois en attendant la seconde, par Jérôme Picard, bachelier ès lettres et ès arts de l'ancienne Université de Louvain, présentement maitre clerc de l'église paroissiale de Saint-Éleuthère, lez-Liége. *Chez l'auteur, à St-Éleuthère, lez-Liége, et à Bruxelles, chez Greuze.*

In-12, de 24 pp. L'auteur est l'abbé Louis.

— L'union libérale, journal de Verviers et de l'arrondissement.

Journal quotidien, in-fol., qui se publie à Verviers depuis 1850.

— La Réforme, journal de Verviers et de l'arrondissement.

Journal imprimé et rédigé par M. J. Goffin, à Verviers. Il paraissait tous les jours, le dimanche excepté, dans le format in-fol., à 3 col., et vécut du 2 janvier 1850 ou 31 janvier 1854.

— Projet d'une caisse de secours et de retraite en faveur des ouvriers de la ville de Verviers. Par F. Mullendorf, vice-président de la chambre de commerce de Verviers. *Verviers, Nautet.*

In-8, de 83 pp.

— Programme des fêtes et divertissements qui auront lieu à Spa dans le courant du mois d'août 1850. *S. l.*

Un f. in-fol.

— Ville de Spa. Année 1852. Programme des fêtes et réjouissances qui auront lieu pendant la saison des eaux. *S. l.*

Un f. in-4.

— In vino veritas, mes frères. *A Paris, passage Véro-Dodat, chez Jean Levrai, à l'enseigne de la Vérité. S. d.*

In-18, de 3 pp. Pamphlet re[...] collége de Spa. — D.

— Prospectus d'un nou[...] x saint Roch, par fanfan la T[...] canule-major de la gar[...] de Saint-Valéry en Caux et une so[...] e gens de lettres. *De l'imprimer[...] e d'Yvetot, chez Véridique Dou[...] d.*

In-8, de 11 pp. Pamphlet c[...] nt des personalités locales. — D.

— Éloge de la can[...] s[...] d'un jeune apothicaire. *S. l. n. d.*

In-8, de 4 pp. — D.

— Assaut de prov[...] une commission. Première séan[...] proverbe en un acte, dramatico-hist[...] rico-comique, par Sancho Pança en tournée et une société de gens de lettres. *A St-Valéry en Caux, de l'imprimerie royale d'Yvetot, chez Véridique Doucet. S. d.*

In-8, de 12 pp. Pamphlet contenant des personalités locales. — D.

— L'habit ne fait pas le moine. Proverbe historique en deux tableaux. A Paris.

In-12, de 22 pp. Ce pamphlet, publié en mai 1850, est attribué à François Lezaack, pharmacien. — D.

— Rapport concernant la tannerie du S¹ Pirard et l'hospice Saint-Charles. A Spa, impr. V⁰ Maréchal.

In-4, de 4 pp. Daté du 20 juin 1850, signé Lezaack, avocat. — D.

— Administration de la Redoute. Propositions qui avaient été faites par l'administration des jeux en faveur de la commune de Spa et qui n'ont pas été acceptées. Spa, 5 mai.

Un f. in-fol. — D.

— Notice historique sur l'ancien chapitre impérial de chanoinesses à Thorn, dans la province actuelle de Limbourg. Gand, Gyselynck.

In-8, de 240 pp., avec une carte et 2 planches. L'auteur est M. J. Wolters. Le catalogue de Jonghe, t. II, n⁰ 3646, 7, 8, donne l'indication de trois ouvrages rares sur Thorn. — T.

— Notice historique sur l'ancien comté de Hornes et sur les anciennes seigneuries de Weert, Wessem, Ghoor et Kessenich. Gand, Gyselynck.

In-8, de 288 pp., avec une carte et 10 planches. Par M. J. Wolters. — T.

1851

Liste chronologique des édits et ordonnances de la principauté de Liége (1507-1794). Bruxelles, Devroye, 1851-1860.

2 vol. in-8, de XIII-184 et XXXII-470 pp. Ce recueil a été rédigé par M. L. Polain. Le texte complet de ces édits a été publié à Bruxelles, Devroye, 1855-1860, 2 vol. in-fol.

— Histoire numismatique de la Belgique, faisant suite à l'histoire numismatique de la révolution belge, ou description des médailles, jetons, etc., qui ont été frappés jusqu'à ce jour. Par J. L. Guioth. Hasselt.

Tome I, gr. in-4 (2 livraisons). Il y a des exemplaires avec planches tirées en or. Cet ouvrage n'a pas été continué.

— Recherches historiques sur Tongres et ses environs, par François Driesen, avec les plans topographiques de Tongres, par J. L. Guioth, ingénieur... Tongres, V⁰ J. P. Collée.

In-8, de 158 pp., avec 2 plans.

— Notices sur les eaux minérales de la Belgique et sur les maladies épidémiques qui ont régné dans le royaume de 1841 à 1850, par M. le docteur Sauveur.

Grand in-4, de 18 pp. Extrait du Rapport décennal de la situation administrative de la Belgique, 1841-1850. — D.

— La grotte de Remouchamps près de Spa, avec notes historiques, et ornée d'une vue et d'un plan de la grotte. Par Alex. Delhasse. Spa, V⁰ Ed. Dommartin (Bruxelles, imprimerie de Labroue).

In-12, de XIII-114 pp. — D.

— Discours prononcés par M. A. Borguet, pendant son rectorat, à l'Université de Liége, 1848-1852. Bruxelles, Lesigne.

In-8. Le discours de 1851 est une dissertation sur la paix de Fexhe.

— Notice sur Henri-Joseph Rutxhiel, sculpteur. Par P. J. Goetghebuer. Gand, De Busscher.

In-8, de 7 pp., portrait.

— Notice sur la vie et les travaux de Ferdinand Désiré Girod, pasteur à Liége. Par H. Cornet-Auquier. Bruxelles, librairie chrétienne évangélique.

In-8, de 40 pp. — D.

— OEuvres poétiques et choisies de T. Augenot père, traducteur juré. Verviers, Cronquet et Saguiez.

In-8, de 180 pp.

— Les deux habitations ou l'influence du logis, imité de l'anglais, par D. J. C(losset). Verviers, Nautet-Hans.

P. in-12, de 79 pp. — D.

— Le ministère et le clergé dans la question de l'enseignement moyen, observations et documents. Bruxelles, De Mortier.

In-8, de 140 pp. Par Mgr Van Bommel, évêque de Liége.

1852

Liste chronologique des édits et ordonnances de la principauté de Stavelot et de Malmédy, de 650 à 1795. *Bruxelles, Devroye.*

In-8, de VIII-134 pp. Le texte complet de ces ordonnances a été publié en 1854, à Bruxelles, chez Perrow, in-fol., de III-487 pp.

— Bulletin de la Société scientifique et littéraire du Limbourg. *Tongres, V.º P.J. Collée,* 1852-1867.

5 vol. in-8. Nous donnons dans les Annexes la liste des principaux articles de cette Revue qui se publie encore aujourd'hui.

— Histoire de la ville et du comté de Dalhem, depuis les temps les plus reculés jusqu'à nos jours. Par Charles Kohl. *Bruxelles, Labroue et Cº.*

In-8, de VI-48 pp., avec une planche. Monographie très puisée à de nombreuses sources que l'auteur M. Roblenbeek a eu soin d'indiquer. Ce volume n'a été tiré qu'à 100 exempl.

— Le miroir des nobles de la Hesbaye, suivi de l'histoire de la guerre des Awans et des Warous, par Jacques de Hemricourt. Nouvelle édition, comprenant 1º le précis de l'ouvrage; 2º le texte de l'auteur; 3º les tableaux généalogiques; 4º les armoiries. Avec l'indication des différences existant entre le texte imprimé et celui des manuscrits de la bibliothèque de Bourgogne. Par A. Vasse. *Bruxelles, M. Hayez.*

Première partie, in-4, de 4 ff., VIII-186 pp. et 11 ff. de table. Avec 3 planches. Les autres parties ne sont pas parues. — T.

— Jean le Bel, Chroniques et poésies, par K(ervyn) d(e) L(ettenhove). *Bruges, Vandecasteele.*

In-8, de 11 pp. Tiré à part des *Annales de la Société d'émulation de Bruges.*

— Spa, son origine, son histoire, ses eaux minérales, ses environs et ses jeux, poème en sept chants, avec des notes historiques, par Étienne Arago. Deuxième édition, précédée d'une préface, par Alphonse Esquiros. *Bruxelles, Lévêque.*

In-12, de 179 pp. — D.

— Les eaux de Spa, comédie-vaudeville en un acte, par M. Jules Lecomte. *Paris, Michel Lévy.*

In-12, de 31 pp. — D.

— École moyenne de Spa. Programme des exercices et cérémonies qui auront lieu à l'occasion de la distribution des prix, le 5 septembre 1852. *S. l.*

S. n. In-4. — D.

— École moyenne de Spa. Année scolaire 1851-1852. Programme de la distribution des prix du 5 septembre 1852. *Spa, F. Wollesse.*

In-8, de 16 pp. — D.

— Ville de Spa. École moyenne de l'État. Pensionnat tenu dans le local de l'école, par Th. Leemans, directeur. *Spa, J. Wollesse, S. d.*

In-4, de 2 ff. Ce prospectus fut aussi publié en un f. in-fol., lithographié Hobu, à Verviers.

— Réflexions à propos de la nomination d'un évêque de Liége. Par Ad. Stappaerts. *Anvers, Kornicker.*

In-8, de 44 pp.

— Recherches sur l'ancienne ammanie de Montfort, comprenant les communes de St-Odilienberg, Echt, Nieustadt, Linne, Vlodorp, Posterholt et Roosteren, dans la province actuelle de Limbourg. *Gand, Gyselynck.*

In-8, de 150 pp., avec 5 planches. L'auteur est M. J. Wolters. — T.

— Guide du voyageur sur les chemins de fer de Mons à Manage et de Namur à Liége, texte français, par M. Élien Wardy, avec la traduction anglaise en regard, plan et vignettes, par M. Louis Huard, etc. *Bruxelles, Delevingne et Callewaert.*

Un vol. oblong, de 126 pp. et un f.

— Poésies choisies de Jean Hubert Hubin. *Bruxelles, G. Stapleaux.*

In-12, de 104 pp., avec portrait. J. H. Hubin est un poète hutois sur lequel le *Bulletin du bibliophile belge* a donné, t. VIII, p. 77 et t. IX, p. 459, une notice due à M. J. F. N. Lounyer. Elle est reproduite dans cette édition publiée par les soins du même amateur.

— Coup d'œil sur le gisement et les principaux usages des minéraux et des roches en Belgique.

Article d'André Dumont, inséré dans l'*Exposé de la situation du royaume de Belgique, 1844-1850. Bruxelles,* 1852, in-4, pp. 50-58. Cet article fut réimprimé à *Bruxelles, s. d.,* in-4, de 12 pp.

— Formation successive du territoire de la principauté de Liége. Par Henry Remy. *Verviers, Crouquet et Saguiez.*

In-12, de 6 pp.

— Les deux conventions franco-belges, du 22 août 1852, jugées au point de vue du droit et des principes économiques, par un économiste belge. *Verviers, Nautet-Hans.*

In-8, de 29 pp. L'auteur est M. Georges Clermont.

— Traité élémentaire de mécanique industrielle, à l'usage de l'enseignement moyen. Par J. J. Lambinet, professeur à l'école industrielle et littéraire de Verviers. Première partie. *Verviers, G. Nautet-Hans.*

In-8, de 241 pp., avec 5 planches.

1853

Notices historiques sur le pays de Liége, recueillies par G. N. *Verviers, G. Nautet-Hans, 1853-1859.*

3 vol. in-8, de VIII-440, 467, 440 pp. L'auteur G. Nautet, imprimeur, avait d'abord publié ces notices dans la *Feuille dominicale*.

— Spa considéré dans son passé, son présent et son avenir, comme établissement d'eaux minérales et de bains. Par Thomas Cutler, doct. méd. *Bruxelles et Gand, Muquardt.*

In-8, de 56 pp. — D.

— Spa, son histoire, ses fontaines, ses monuments et ses environs. *Spa, impr. F. Wollesse.*

In-12, de 207-VI pp. Par Brutus Durant, contrôleur des contributions. — D.

— Le Nouvelliste de Spa.

Feuille p. in-fol., à 2 col., imprimée tous les dimanches, chez J. Goffin, à Verviers, du 23 janvier 1853 au 26 novembre 1854. A partir du 8 mai 1853, il prend le titre de *le Nouvelliste, Guide du touriste à Spa*, et agrandit son format. Il donnait en supplément la liste des étrangers. Ce journal, rédigé par J. Servais, P. Dommartin fils, F. Delhasse, J. Goffin, etc., a publié, entre autres articles : les Souvenirs d'un vieux bourgeois de Spa, par F. Delhasse.

— Recherches sur l'ancien comté de Kessel et sur l'ancienne seigneurie de Geysteren. Par M. J. Wolters. *Gand, Gyselynck.*

In-8, avec 2 planches et 32 chartes. — T.

— Notice historique sur l'ancienne abbaye noble de Milen, près de Saint-Trond. Par M. J. W(olters). *Gand, Gyselynck.*

In-8, de 210 pp. — T.

— Saint Hubert, apôtre des Ardennes, patron des chasseurs. Par Stanislas Prioux. *Paris, E. Belin.*

In-12. — U.

1854

Le Courrier de Verviers et de l'arrondissement.

Journal imprimé à Verviers, chez J. Goffin, à partir de février 1854 jusqu'au 31 décembre 1857, dans le format in-fol., à 3 colonnes. Il paraissait les mardi, jeudi et samedi. Le rédacteur en chef était M. J. Goffin.

— Le Pigeon, messager des sociétés colombiphiles belges. Journal non politique.

Journal hebdomadaire qui se publia pendant deux ans environs à partir de 1854 et qui s'imprimait à Verviers, chez J. M. Thoumsin. Les abonnés recevaient avec cette feuille le Pigeon, journal d'annonces de Verviers et de l'arrondissement, édité par le même imprimeur.

— Dictionnaire wallon-français contenant tous les termes d'art et métiers, de médecine, de chirurgie, d'histoire naturelle, de mécanique, etc.; les noms de saints, de bourgs, de villages, de rivières de la province, etc. Par J. Martin Lobet. *Verviers, G. Nautet.*

In-8 à 2 col., de 688 pp. — U.

— Tableaux de parité ou de comparaison des prix du froment, du seigle et de l'avoine sur les marchés d'Aix-la-Chapelle, Anvers, etc. Par J. B. J. Chansay. *Verviers, Nautet-Hans.*

In-12, de 98 pp. — D.

— Notice historique sur l'origine de la ville de Saint-Trond et sur celle du collége communal en particulier, accompagnée de notes explicatives. Discours prononcé par J. Demal, directeur du collége de Saint-Trond, le 11 août 1854. *St-Trond, Vanwest-Pluymers.*

In-8, de 85 pp.

— Dissertation sur la naissance de

Pierre l'Hermite, par Léon Paulet. *Namur, J. Rouvroy.*

In-8, de 26 pp. Voy. aussi à ce sujet : *Pierre l'Hermite et M. Grandgagnage*, article de la *Revue catholique*, juin 1854.

— Recherches sur l'ancien comté de Kessel et sur l'ancienne seigneurie de Geysteren, par M. J. W(olters), avec deux planches. *Gand, Gyselynck.*

In-8, de 128 pp. — T.

— Recherches sur l'ancien comté de Gronsveld et sur les anciennes seigneuries d'Elsloo et de Randenraedt, par M. J. W(olters), avec dix planches. *Gand, Hebbelynck.*

In-8, de 255 pp. — T.

— Notice sur les anciens seigneurs de Steyn et de Pietersheim, grand vassaux de l'ancien comté de Looz. Par M. J. W(olters). *Gand, Hebbelynck.*

In-8, de 182 pp., avec 7 planches. — T.

— Jeux de Spa. *S. l.*

2 f. in-4. Circulaire du bourgmestre J. Goffin, du 24 octobre, pour justifier l'administration contre les attaques du *Nouvelliste*. — D.

— A Messieurs les électeurs de la commune de Spa. *S. l.*

Un f. in-8. Circulaire électorale du même, datée du 20 octobre. — D.

— Notice sur l'école des arts et manufactures et des mines, annexée à l'université de Liége. *Bruxelles, Derroye.*

In-8, de 7 pp. Par F. J. D. Arnould, inspecteur de l'Université.

— Soirées bruxelloises. Histoire littéraire de l'année. Études critiques et biographiques sur Weustenraad, Walef, Lainez, M. Clesse. *Bruxelles, Decq.*

V. in-12, de 249 pp. Les auteurs sont H. Kuborn, E. Goffart, A. Gilman et N. Peetermans.

— Hagiographie belge. Le B. Albéron Ier, évêque de Liége. Par le chanoine de Ram. *Louvain.*

In-8, de 8 pp. Extrait de la *Revue catholique*, mars 1854.

— Petite théologie des sept glaives de douleur de la Mère de Dieu, précédée d'un exercice de la messe, d'une méthode pour la confession, l'assistance au saint sacrifice et à la communion. *Dison, B. Debois.*

In-12, de 96 pp.

— Histoire de N.-D. de la Salette. *Herve, Bayaux.*

In-18, grav.

— Le jubilé de Hasselt (1125-1854), Ode, par M**. *Hasselt, Milis.*

In-8, de 8 pp. L'auteur est M. Lagarde.

1855

Épisodes historiques, extraits des chroniques inédites de Jean d'Outremeuse, publiées par A. Vasse. *Bruxelles, imp. de Deltombe.*

Sous ce titre général se trouvent réunies six brochures in-8, formant la première partie, ce sont : Des œuvres de Jean d'Outremeuse, 82 pp. — Le sac de Liége par le duc de Brabant, 36 pp. — La bataille de la Warde de Steppes, 37 pp. — Henri de Dynant, 37 pp. — La bataille de Woeringen, 7 pp. — La guerre des Awans et des Waroux, 40 pp. Le reste de l'ouvrage n'a jamais paru. Il faut y joindre la brochure suivante : Au sujet de la publication par la commission d'histoire des chroniques inédites de Jean d'Outremeuse. *Bruxelles, impr. de J. Stiénon*, 31 pp.
Voy. sur Vasse et ses ouvrages le *Nécrologe liégeois*, 1859.

— Notice historique sur la ville de Maeseyck. Par M. J. W(olters). *Gand, Gyselynck.*

In-8, de 189 pp., avec un plan et 7 planches. — T.

— Recherches sur l'ancienne avouerie de la ville de Ruremonde et sur les familles de Vlodorp et de Cortenbach, qui jadis furent investies de cette charge héréditaire. Par M. J. W(olters). *Gand, Gyselynck.*

In-8, de 96 pp. — T.

— Notice historique sur l'ancien comté de Duras en Hesbaie. Par M. J. W(olters). *Gand, Gyselynck.*

In-8, de 111 pp., avec une planche. — T.

— Spa et ses environs. Itinéraire descriptif et historique, par Adolphe Joanne. *Paris, Hachette.*

P. in-12, de xii-168 pp., avec 4 plans. — U.

· Spa, ses fontaines, ses promenades, ses salons, ses fêtes et ses jeux, par

A. Vasse, avec des vues dessinées d'après nature, par le même, lithographiées par Gratry, Canelle, Gerlier, et imprimées par Lots. *Bruxelles, F. Bienez.*

In-4 oblong, contenant 20 lithogr. sans texte. — D.

— Spa et ses eaux minérales. Par F. M. Ph. Levrat. *Bruxelles, typographie de Detrie-Tomson.*

In-8, de 12 pp. — D.

— Une excursion à Spa. Par Flor O. Squarr.

Publié dans le *Journal des dames et des demoiselles. Bruxelles, Bruylant-Christophe et C°*, 1855-56. — D.

— Souvenirs de Spa. Histoire du prince Z. et de la princesse Floris. Par P. J. Stahl. *Bruxelles et Leipzig, Kiessling, Schnée et C°.*

In-32, de 210 pp. — D.

— Un rêve au bal de la Redoute. Souvenirs de Spa, par P. J. Stahl. *Bruxelles, Lebègue.*

In-32, de 110 pp. — D.

— Bulletin communal de Dison, paraissant le samedi.

Journal p. in-fol., à 2 col., qui a paru du 1er juillet 1855 au 1er juillet 1856 et s'imprimait à Dison, chez B. Debois.

— Rapport sur l'administration et la situation des affaires de la commune de Dison, fait en séance publique du conseil communal, par le collège des bourgmestres et échevins. *Dison, B. Debois.*

P. in-8. Ces rapports se publient annuellement, depuis 1855, et sont rédigés par M. Bleyfoesz, bourgmestre de Dison.

— Souvenirs des Ardennes. Par Jules Fréson, avocat. *Huy, N. Delhaise.*

In-12, de 98 pp. — D.

— Pèlerinage de Saint-Hubert en Ardennes, ou particularités sur la vie de saint Hubert, l'abbaye d'Andage, l'église de Saint-Hubert et l'usage de la sainte Étole, contre l'hydrophobie. Par l'abbé C. J. Bertrand. *Namur, F. J. Douxfils.*

In-12. — U.

— Vie de saint Lambert, évêque de Tongres et de Maestricht, patron de l'église paroissiale de Montroeul-sur-Haine. M…, L. F. Manet.

In-8, de 3. pp. et une gravure.

— Notice historique sur les changements prodigieux et les faits miraculeux qui ont eu lieu, le 18 septembre 1692, dans la statue de la sainte Vierge Marie, honorée dans l'église des PP. Récollets, maintenant église paroissiale de Notre Dame, à Verviers, contenant les documents authentiques sur ces changements et sur les guérisons obtenues de 1692 à 1696, d'après le manuscrit aux actes originaux qui se trouvent dans les archives de l'hôtel de ville de Verviers. *Verviers, G. Nautet-Hans.*

In-32, de xxiv-334 pp., avec 2 lithogr. Voy. 1740 et 1842. L'auteur est D. C. E. Meunier, curé de Notre-Dame, à Verviers. — M.

— Réponse d'un franc-maçon aux lettres d'un cagot. Par P. J. Dumoulin. *Verviers, Goffin.*

In-12, de 44 pp.

— De onbevlekte ontvangenis der allerheiligste Maegd en Moeder Gods Maria. *Sint-Truyden, B. Milis.*

In-18, de 47 pp.

— Catalogue d'une riche et précieuse collection de manuscrits sur vélin et sur papier, de chartes et d'autres documents originaux concernant l'histoire générale de la France et de la Belgique, et l'histoire particulière des diverses provinces de ces deux pays, ainsi qu'un recueil de plus de vingt mille placards, dont la vente aura lieu … 22 et 23 mai 1855, au domicile et sous la direction de F. Heussner à Bruxelles. *Bruxelles, F. Heussner, éditeur. (Liége, typ. J. G. Carmanne).*

In-8, de 92 pp., contenant 500 numéros, tous manuscrits provenant de M. Ed. Lavalleye. Voy. le compte rendu de cette vente dans le *Bulletin du bibliophile belge*, t. XI, p. 161.

— Marino, poème dramatique, par Ed. Wacken. *Bruxelles, Decq.*

In-18, de 40 pp. Publié dans la *Revue trimestrielle*.

— Le retour du prince, hommage poétique, adressé à S. A. R. Monseigneur le duc de Brabant, par Théodore Derive. *Bruxelles, J. Van Buggenhoudt.*

In-8. — U.

— Sur la maladie du docteur Lombard. Notice lue à la séance de l'Académie royale de médecine de Belgique, du 24 février 1855, par le Dr. Heuse. *Bruxelles, de Mortier.*

In-8. Extrait du t. XIV du Bulletin de l'Académie royale de médecine de Belgique. — U.

1856

Recherches sur Pierre l'Hermite et la Croisade. Par Léon Paulet. *Paris, Renouard et Bruxelles, Decq.*

In-8, de 287 pp. M. Paulet donne un catalogue de 62 publications imprimées de 1852 à 1856 et concernant Pierre l'Hermite. — T.

— Guide du voyageur en Ardenne ou excursions d'un touriste belge, en Belgique. Par Jérôme Pimpurniaux. Avec une carte comprenant le sud-est de la Belgique. *Bruxelles, Delevingne et Callewaert.*

In-12, de vIII-397 pp., avec une carte. Le second volume porte le titre suivant : Guide du voyageur en Ardenne ou excursion d'un touriste belge en Belgique. Par Jérôme Pimpurniaux. Avec une carte comprenant le sud-est de la Belgique. 2me partie. L'Our, la Sure, la Lomme, la Lesse, la Meuse, la Semois, la Vire, l'Alzette, les deux Erenz, le Mamer, l'Eischen, le Hoyoux et la Mehaigne. *Bruxelles, Aug. Decq (impr. Delevingne et Callewaert),* 1857. In-12, de vI-460 pp., avec une carte. En 1858, le même éditeur publia une seconde édition du premier volume. In-12, vIII-424 pp., avec une carte. En même temps il mit aux exemplaires non vendus du second volume un nouveau titre avec la date de 1858. L'auteur du livre est M. A. Borgnet, professeur à l'Université de Liége.

— En Ardenne. Par quatre Bohémiens. Namur, Dinant, Han, Saint-Hubert, Houffalize, la Roche, Durbuy, Nandrin, Comblain, Esneux, Tilff, Spa. *Bruxelles, Vanderauwera.*

2 vol. in-18, de 229 et 264 pp. Les auteurs sont MM. F. Delhasse, T. Thoré, P. Dommartin et B. Marcette.

— Le général Jardon, esquisse, poétique. Par Th. Derive. *Bruxelles, Briard.*

In-8. — U.

— Réponse à deux brochures anonymes, touchant la réformation de l'Église, la Bible et la tradition. Par D. Lenoir, pasteur de l'église chrétienne évangélique de Nessonvaux. *Bruxelles, librairie évangélique.*

In-18, de 62 pp.

— Rapport général de la chambre de commerce de Verviers sur l'état du commerce et de l'industrie, pendant l'année 1855, adressé à M. le ministre des affaires étrangères. *Verviers, Nautet-Hans.*

In-12, de 47 pp.

— Tableau de réduction des mesures en usage dans le Brabant en mesures métriques. *Verviers.*

In-8. Par J. B. Chansay.

— Tableau des réductions en francs et en mètres de l'aune de France et de l'aune de Brabant de 70 centimètres. Par J. B. Chansay. *Verviers, G. Nautet-Hans.*

In-8.

— Tableau des réductions en mètres de l'aune de Brabant, de 70 centimètres avec 3 p. % d'escompte et une aune de bonification, par pièce de 55 aunes. Par J. B. Chansay. *Verviers, Nautet-Hans.* In-8.

— Code administratif et Code constitutionel réunis, ou recueil complet des actes rentrant dans les attributions de MM. les bourgmestres, échevins, conseillers, etc. Par Henri Mansion, chef de bureau du commissariat de l'arrondissement de Huy. Troisième édition, revue, corrigée, considérablement augmentée. *Huy, Max. Ghilain.*

In-8, de 575 pp.

— Cours de thèmes latins, avec des exercices adaptés à la grammaire de J. Gantrel. Partie de la syntaxe. Par l'abbé V. J. Dupont, professeur de quatrième au petit séminaire de Saint-Trond. *Saint-Trond, Van West-Pluymers.*

In-12, de 208 pp.

1857

Mémoire historique sur les anciennes

limites et circonscriptions de la province du Limbourg. Par le chevalier Guil. Jos. de Corswarem, membre de la commission de statistique de cette province, ancien membre de la chambre des représentants. *Bruxelles, M. Hayez.*

In-4, de 396 pp. et une carte. Ce mémoire, extrait du t. VII du *Bulletin de la commission centrale de statistique*, offre des renseignements utiles sur un grand nombre de localités ayant fait partie de l'ancien pays de Liége.

— L'avouerie de Saint-Trond, épisode de l'histoire de cette ville. Par M. J. Demal, directeur du collège de Saint-Trond. *Saint-Trond, Van West.*

In-8, de 80 pp. — T.

— Spa, souvenir poétique. Par Théodore Derive. *Bruxelles, Office de Publicité.*

In-8, de 8 ff. encadrés, avec portrait de l'auteur. — D.

— Les eaux de Spa, leurs vertus et leur usage. Par le docteur Jules Lezaack. *Bruxelles, Méline, et Spa, Ve Dommartin.*

In-12, de 93 pp. et un f. de table. La seconde édition, totalement refondue, parut, en 1864, sous le titre de : Les eaux de Spa, leurs vertus et leur usage, Ostende, Blanckenberghe, Chaudfontaine. Par le docteur Jules Lezaack. *Paris, Betzel.* In-12, de 272 pp., avec 8 grav. — D.

— A Messieurs les électeurs de la commune de Spa. *S. l.*

Un f. in-4. Circulaire électorale du 6 janvier, signé : William Houma. — D.

— Annales de l'enseignement public. Revue pédagogique, scientifique et littéraire. *Verviers, G. Nautet, 1857-1858.*

2 vol. in-8. Les principaux collaborateurs étaient MM. Ph. Bède, A. Leroy, J. Stecher, Pâque, O. Duesberg, E. Bède. Nous y avons rencontré les articles suivants : *E. Bède.* Notice sur Antoine Meyer, professeur à l'Université de Liége. — *Id.* Notice sur André Dumont. — *J. Delbœuf.* Otto Duesberg.

— Une tempête dans un verre d'eau. Extrait des petites causes célèbres, dédié aux sociétés de chant de Belgique, par leur sœur, la société musicale de Dison. *Verviers, Nautet.*

In-8, de 46 pp. Par B. J. Clossel.

— Flore verviétoise, contenant la description de toutes les plantes qui croissent spontanément dans les environs de Verviers. Par Gustave Beaufays, agronome, membre de la Société centrale d'agriculture de Belgique. *Verviers, L. J. Crouquet.*

In-12, de VIII-145 et 5 pp.

— Plan de rectification de la grande voirie, entre Verviers et la Pisseroule, à Dison, présenté par M. le conseiller Fléchet, en séance du conseil communal, le 31 août 1855. *Verviers, J. Goffin.*

In-8. — U.

— Rapport de la chambre de commerce de Verviers, sur l'avant-projet de loi de révision du tarif des douanes et procès-verbal de la séance publique du 17 février 1857, adressés à M. le ministre des finances. *Verviers, Nautet-Hans.*

In-8, de 62 pp.

— Catalogue des livres composant la bibliothèque de feu M. J. H. Dewandre, de Herve, ancien curé d'Andrimont. *Herve, Bayaux.*

In-12, de 8 pp. Cette vente eut lieu en février 1857.

— Notice sur M. Émile Tandel, professeur de philosophie à l'université de Liége. Par M. l'abbé Kleyr.

In-4, de 10 pp. Extrait des *Publications historiques de la Société du Luxembourg*, t. XII, 1857.

1858

Le Courrier de Huy, correspondant de la Hesbaye et du Condroz.

Journal hebdomadaire, p. in-fol., qui se publie à Huy depuis la fin de l'année 1858. Il s'imprime aujourd'hui chez A. Dieudonné, et est rédigé par M. Maréchal, en faveur de l'opinion catholique.

— Catalogue des tableaux des écoles anciennes et modernes, des écoles flamande, hollandaise et italienne, provenant des succession de feu MM. le docteur Fraikin, de Liége, et L. de T., amateur distingué, et d'objets d'art, dont la vente aura lieu à Bruxelles, les 28 et 29 décembre 1858, sous la direction de M. E. Leroy. *Bruxelles, Delfosse.*

In-8, de 85 pp. 119 tableaux. La collection

Fraikin renfermait plusieurs toiles liégeoises, notamment de Bertholet Flémael, Carlier, Douffet, Lairesse et Lombard.

— Sinte Servatius. Legende van Heynryck van Veldeken, naer een Handschrift uit het midden der xv^{de} eeuw, voor de eerste mael uitgegeven door J. H. Bormans. *Maestricht, Leiter-Nypels.*

In-8. — U.

— Jeux de Spa. Exposé historique et considérations d'intérêt général adressés à Messieurs les ministres et à l'administration communale de Spa, par J. A. de Mot, demandeur en concession. Août 1858. *Bruxelles, Labroue.*

In-4, de 26 pp. L'auteur y fit ajouter un post-scriptum de 4 pp., au mois d'octobre 1858. — D.

— Mémoire sur la construction des laminoirs, ouvrage indispensable aux constructeurs d'usines, aux maîtres de forges, aux directeurs et employés d'usines, par M. D. Henvaux. *Verviers, A. Remacle.*

In-8, de 72 pp., avec planches. On trouve aussi ce volume avec la rubrique *Liége, Renard.*

— La Borguignaude, par J. F. X(hoffer). *Verviers, Remacle.*

In-8, de 4 pp.

— Réponse d'un démocrate verviétois à la brochure intitulée *Du parti libéral et de ses diverses nuances, par J. M. G. Funck, avocat. Verviers, Goffin.*

In-8, de 8 pp. L'auteur est J. Goffin, journaliste et imprimeur.

— Tarif synoptique pour le montant des salaires, ou méthode simple et très-expéditive, pour voir instantanément et sans calcul le produit de toutes les combinaisons des journées depuis 1/2 heure et 10 jours, 11 1/2 heures au taux de 0-50, 0-55, 0-60, 0-65 et ainsi de suite, jusqu'inclus 5 fr. la journée. Par N. M... *Verviers, Nautet.* In-4.

— Lu triof dell société musicale du Dison au côcour du chant kou lieu à Anvers, lu 22 de meu d'août 1858. Pot pourri chanté par ôk dé mouwai d'ciss société. *Dison, Bietran Debois.*

In-12, de 26 pp. Par D. J. Closset, notaire, à Dison.

— Praxis administrandi sacramentum poenitentiae principiis theologiae moralis accommodata. Auctore F. Pio Vandervelden. *Saint-Trond, Milis frères.*

In-8, de 440 pp.

1859

OEuvres complètes du baron de Gerlache. *Bruxelles, H. Goemaere.*

6 vol. in-8. L'histoire de Liége forme le t. IV. — U.

— Éloge funèbre de M. le chanoine Bellefroid, prononcé par l'abbé Van Heeswyck, docteur en philosophie, professeur de rhétorique au petit séminaire de Saint-Trond. *Saint-Trond, Vanwest.*

In-8, de 8 pp. M. Van Heeswyck publia une seconde notice reproduite par la Gazette de Liége du 20 septembre.

— La maîtrise de Saint-Trond. Première partie de l'Histoire de *Soupe et Parlement.* Par J. Demal, directeur du collége. *Saint-Trond, Vanwest.*

In-8, de 128 pp. — T.

— Règlement du Conservatoire royal de musique de Liége. *Bruxelles.*

In-8.

— Dinant et ses environs, par Siderius. Fragments historiques. *Dinant, Delplace-Hairs.*

In-12, de 199 pp., avec une pl. — U.

— Journal de Spa, feuille du dimanche.

Journal, p. in-fol., publié du 16 mai au 27 novembre 1859, à Spa, chez F. Wollesse. Il contenait la liste des étrangers, le compte rendu des fêtes, etc.

— Bilan présenté à l'assemblée générale de la Société civile des jeux de Spa. Année 1859. *S. l.*

2 ff. in-4. Le même bilan existe pour 1860, 2 ff. in-4.

— La Maison de Heu, manuscrit de la bibliothèque de l'arsenal à Paris, et le Miroir des nobles de Hesbaie de Jacques d'Hemricourt. Par le comte F. Van der Straten-Ponthoz. *Metz, Rousseau.*

In-8, de 85 pp. Extrait de la revue : *l'Austrasie.* — T.

— Encyclopédie des négociants, banquiers, manufacturiers, entrepreneurs et en général de toutes les personnes qui se livrent aux spéculations industrielles et commerciales. Cours complet de sciences commerciales, par J. Goffin, ancien professeur de commerce et d'économie politique à l'école industrielle et littéraire de Verviers. *Verviers, J. Goffin.*

2 vol. in-8.

— Les calculs d'intérêts réduits à l'addition. Par C. F. de Leau, notaire à Ensival. *Verviers, J. M. Thoumsin.*

In-12, de 21 ff.

1860

Louis de Bourbon, prince-évêque de Liège (1455-1482). Par Ed. Garnier. *Paris, J. B. Dumoulin.*

In-8. Ce travail a été justement et sévèrement apprécié dans la revue la *Belgique*, tome X. — U.

— Ancienne machine de Marly, ou de Ville et Rennequin. Par J. A. Le Roy, conservateur de la bibliothèque de Versailles. *Versailles, Montalant.*

In-8, de 70 pp. M. Le Roy, essaie de démontrer que la machine est due au baron de Ville, ingénieur.

— Notice sur feu le professeur Lombard, par le professeur A. Didot, directeur de l'école de médecine vétérinaire de l'État. *Bruxelles, de Mortier.*

In-4, de 36 pp. Extrait des Mémoires de l'Académie de médecine, t. IV. Cette notice a été aussi tirée in-8, de 64 pp. — U.

— Ville de Spa. Érection d'un établissement de bains et constructions monumentales à élever à la source minérale du Pouhon. Appel aux architectes. *S. l.*

P. in-fol., de 2 ff., du 25 mars 1860. — D.

— Jeux de Spa. *Spa, Bruch-Maréchal.*

In-4, de 11 pp. Arrêté ministériel sur les jeux de Spa. — D.

— Rapport sur l'agrandissement des locaux de la ferme des jeux, par M. Davelouis, directeur gérant. *Verviers, A. Remacle (novembre 1860).*

In-4, de 6 pp. — D.

— Exposition permanente des beaux-arts ouverte dans les salons du Wauxhall à Spa. Catalogue explicatif. *Spa, F. Wollesse.*

In-12, de 23 pp. Cette publication a continué les années suivantes.

— Écho des fontaines, journal de Spa et du canton.

Journal imprimé le dimanche chez F. Wollesse, à Spa, à partir du 29 janvier 1860, interrompu du 6 novembre 1864 au 25 juin 1865, il cessa de paraître le 8 octobre 1865. Son format, d'abord in-4, à 2 col., devint à la fin p. in-fol., à 4 col. Les rédacteurs étaient F. Delhasse, H. Kirsch, T. Derive, J. Lezaack, J. Demoulin, etc.

— Journal d'annonces de Spa.

Journal, p. in-fol., paraissant le dimanche, imprimé à Spa, chez Bruch-Maréchal, du 10 juin au 29 octobre 1860. Cette feuille, rédigée par Félix Jollivet, homme de lettres de Paris, ne contint d'abord que des nouvelles, poésies, etc., puis il se livra, en prose et en vers, à une polémique acharnée contre MM. de Cornelissen, Servais, Lezaack, etc., membres de l'administration communale dont il voulait empêcher la réélection.

— Le Courrier de l'Amblève, journal du canton de Stavelot paraissant le dimanche.

Ce journal, in-fol., à 3 col., imprimé chez Ch. Vinche, à Verviers, à partir de 1860, se continue encore aujourd'hui. Il a été fondé et est rédigé par M. Rigot, notaire et échevin de Stavelot.

— Souvenirs et impressions d'Italie en l'an 1842 jusqu'à 1847. Par P. J. Bodet. *Verviers, L. J. Crouquet.*

In-8, de 173 pp. Ce voyage, commencé à Malmédy, se termine à Naples. L'auteur ne s'occupe guère que de la description de Rome.

— Réponse d'un démocrate belge à la dernière brochure de Joseph Boniface, juillet 1860. *Verviers, J. M. Gonay.*

In-8, de 8 pp. L'auteur est J. Goffin, journaliste et imprimeur.

— Une journée de guignon, pas grand'chose en un acte, entrelardé de couplets par Maurice Robinmas, musique de M. Voldiri, représentée pour la dernière fois au théâtre du manège, par la Société de chant, le 21 février 1860 (mardi-gras). *Verviers Ch. Vinche.*

In-8, de 57 pp., entremêlé de couplets et scènes en wallon. Pièce par MM. A. Bosard,

H. Slappers et L. Olivier, musique de D. Goffin.

— Société de chant. Carnaval 1860. Recueil de chansons et pièces de poésie (wallonne) adressées au comité du carnaval. *Verviers, J. M. Thoumsin.*

In-8, de 68 pp.

— Observations sur le projet de loi portant abolition des octrois adressées à la Chambre des représentants par le conseil communal de Dison. *Dison, Debois.*

In-8, de 16 pp. Par F. Dleyfuesz, bourgmestre de Dison.

— Muse villageoise. Le petit poëte du Condroz, chansonnettes, par A. Borlée. *Huy.*

In-8.

— Heures d'or. Par Ed. Wacken. *Liége, Renard. (Bruxelles, Weissembruch.)*

Grand in-18, de 222 pp.

— Les écrivains belges contemporains. Ed. Wacken. *Gand, Vanderhaeghen.*

In-8, de 37 pp. Notice rédigée par M. H. Barella. M. U. Capitaine a publié dans le *Nécrologe liégeois* de 1864, une notice sur Wacken en indiquant les ouvrages de cet auteur.

1862

Chronique de Jean de Stavelot, publiée par Ad. Borgnet, membre de l'Académie et de la commission royale d'histoire. *Bruxelles, Hayez.*

In-4, de 4 ff., xii-664 pp. Cet ouvrage fait partie de la collection des chroniques belges publiée par le gouvernement.

— Histoire de la réformation dans l'ancien pays de Liége, par D. Lenoir. *Bruxelles, librairie chrétienne évangélique (imprimerie J. B. Schilders).*

In-12, de vii-405 pp. L'auteur est ministre protestant à Nessonvaux.

— Kempeneers. De oude vryheid Montenaken, of historisch en werkelyk afberdsel eener vrye gemeente in Haspengouw. *Leuven, Fonteyn,* 1861-1862.

2 vol. in-8, avec une carte et 7 planches.

— Saint Trudon, apôtre de la Hesbaie, au viie siècle. Discours prononcé à la distribution des prix de 1861, par J. Demal, directeur du collége de Saint-Trond. *Saint-Trond, Van West.*

In-8, de 46 pp. — T.

— Société anonyme du chemin de fer de Pepinster à Spa. Assemblée générale ordinaire du 6 juin 1861. Rapport du conseil d'administration. *Bruxelles, Guyot.*

In-4, de 10 pp. — D.

— Catalogue des livres anciens provenant de feu M. Ch. Léon Joseph Delrée, jurisconsulte ..., dont la vente aura lieu le 20 février et jours suivants ... *Bruxelles, Heussner.*

In-8, de 180 pp. Ce catalogue renfermait une grande quantité de livres liégeois.

— E. Wacken. Le siége de Calais, tragédie lyrique en quatre actes. Paroles de M. Edouard Wacken et ***, musique de M. Ch. Louis Hanssens. Représentée pour la première fois à Bruxelles sur le théâtre royal de la Monnaie, le 9 avril 1861. *Bruxelles, Lacroix.*

In-12, de 63 pp.

— Les chansons de Joseph Demoulin. *Seraing, typographie J. Goffin.*

In-8, de 104 pp.

— Société des fous élchous. Carnaval de 1861. Pasqueis et rimai offrou al bâne et dédiés a to lê ci qui donront aux poves lu m'aurdi del cavalcaute. *Verri, Crouquet.*

In-8, de 20 pp.

— J'han-Joseph et l'maule année. Drame historike ès cinq tauvlais, par J. F. Xhoffer. *Verviers, Thoumsin.*

In-8, de 104 pp.

— Lu poëte wallon. Par J. F. Xhoffer. *Verviers, Thoumsin.*

In-8, de 80 pp.

— Traité élémentaire d'arithmétique suivi d'exercices et de problèmes. Par J. Servais, régent à l'école moyenne de Huy. Seconde édition. *Huy, impr. L. Degrace.*

In-8, de 182 pp.

1882

Vazon, évêque de Liége, et son temps. Par M. le Dr Paul Alberdingk-Thijm. *Bruxelles.*

In-8, de 23 pp. Extrait de la *Revue Belge et étrangère*, tome XIII.

— L'église de Liége et la révolution, par Charles Rahlenbeck. *Bruxelles, F. Heussner (imp. de J. B. Schilders).*

In-12, de 308 pp., dont 62 de pièces justificatives. Cette histoire de la réforme au pays de Liége est écrite dans le sens du protestantisme. L'auteur, par zèle pour sa religion, s'est laissé entraîner à des exagérations regrettables. — U.

— Les fontaines, les promenades et les jeux de Spa, décrits par un touriste consciencieux. *Bruxelles, Guyot.*

In-32, de 40 pp. Par M. Coussement, capitaine de grenadiers. — D.

— Jonction belge-grand-ducale. Examen des projets de chemins de fer destinés à relier Liége, Verviers, Dison, etc., au grand-duché de Luxembourg. *Bruxelles, Delevingne et Callewaert.*

In-8, de 23 pp., avec un plan. — D.

— Chroniques verviétoises. Historique du couvent, du collége et de l'église des pères Récollets à Verviers, aujourd'hui paroisse de Notre-Dame. Par J. S. Renier. *Verviers, L. J. Crouquet.*

In-4, de 107 pp., avec 6 planches. — T.

— Notice biographique sur Mlle M. C. A. de Biolley, décédée à Borcette, le 8 août 1862. *Verviers, Nautet.*

In-12, de 12 pp. Par M. C. E. Meunier, curé de N.-D., à Verviers.

— Silhouettes des partis en Belgique, par un ancien diplomate, 1re partie, 1830-1850. *Verviers, Gonay.*

In-12, de 143 pp. Par J. Goffin.

— Catalogue d'une riche et nombreuse collection de monnaies, médailles et jetons formant le cabinet de feu M. le chanoine Bellefroid, dont la vente aura lieu à Bruxelles, le 8 mai 1862 .. *Bruxelles, Heussner.*

In-8, de 59 pp. (1,814 nos). Le conseil communal de Liége avait déjà acquis, en 1861, la partie de cette collection qui concernait le pays de Liége. Elle renfermait 622 monnaies et médailles dont plusieurs excessivement rares.

— Cours théorique de langue française, par J. G. Horsmans, premier régent à l'école moyenne de Tongres. Grammaire raisonnée complète. *Tongres, M. F. Collée.*

In-12, de 283 pp.

1883

Les trouvères brabançons, hainuyers, liégeois et namurois. Par M. Arthur Dinaux .. *Bruxelles, F. Heussner.*

In-8, de 717 pp., texte encadré. Ce volume forme le tome IV de l'ouvrage intitulé *Trouvères, jongleurs et ménestrels du nord de la France et du midi de la Belgique*, Paris, Techener, 1837-1843, 3 vol. in-8.

— Les vrayes chroniques de Messire Jean le Bel. Histoire vraye et notable des nouvelles guerres et choses avenues l'an mil CCCXXVI jusques à l'an LXI, en France, en Angleterre, en Escoce, en Bretaigne et ailleurs, et principalement des haults faitz du roy Edowart d'Angleterre et des deux roys Philippe et Jehan de France. Publiées par M. L. Polain. *Bruxelles, F. Heussner.*

2 vol. in-8, de XI-326 et 329 pp. Un compte rendu de cette chronique se trouve dans le *Messager des sciences*, 1863, pp. 363-381.

— De heilige Christine de wonderbare maegd van Sint-Truden ... Door den eerw. Pater J. Henckens, rédemptorist. *Sint-Truiden, Van-West.*

In-16, de 312 pp. Une traduction française, par A. Giron, parut à *Bruxelles, Devaux*, 1866, in-12, de VIII-160 pp.

— Histoire populaire de la franc-maçonnerie depuis les temps les plus reculés jusqu'à nos jours. Par J. Goffin. *Spa, chez l'auteur.*

In-12, de 560 pp.

— Annuaire des eaux et des jeux de Spa, pour 1865. *Spa, Bruch-Maréchal.*

In-16, de 191 pp. Bruch-Maréchal a traité dans cet annuaire la partie historique et descriptive et le baron Molroquier de Brusle, la partie relative aux jeux. Le même annuaire a paru pour 1864, in-16, de 200 pp.

— L'indicateur de Spa, pour la saison de 1863. *Spa, Goffin.*

In-8, de 8 pp. Par Jos. Goffin, journaliste.

— Exposition des beaux arts de Spa. *Spa, Goffin.*

In-8, de 7 pp. Article critique, par Em. Leclercq. — D.

— Élections de 1863. Les enfarinés, réponse à Joseph Boniface, par un démocrate belge. *Spa, J. Goffin.*

In-8, de 8 pp. L'auteur est J. Goffin, journaliste imprimeur.

— Aux électeurs de la commune de Spa. *S. l.*

2 ff. in-4. Circulaire, signée J. Servais, du 20 octobre.

— Messieurs. *S. l.*

Un f. in-8. Circulaire électorale, signée C. Lepaige, datée du 26 octobre.

— A Messieurs les électeurs de la commune de Spa. *S. l.*

Un f. in-8. Circulaire, signée Henrard-Richard, du 26 octobre.

— Monsieur Servais ... *S. l.*

Un f. in-4. Lettre très-acerbe, signé Schaltin et Pierry, du 26 octobre.

— Aux habitants de Spa. *S. l.*

Un f. in-4. Circulaire électorale, signée Lecocq-Maréchal, du 27 octobre.

— Aux électeurs de la commune de Spa. *S. l.*

1 f. in-fol. Lettre, signée J. Servais, 27 octobre 1863.

— Les touristes à Spa. De la Santé. Des jeux. Par A. L(aurent), auteur de l'Essai sur les jeux d'agrément. *Bruxelles, typ. de C. Marcaert.*

In-12, de 52 pp. — D.

1864

Publication de la Société d'archéologie dans le duché de Limbourg. *Maestricht, Hollman,* 1864-1865.

2 vol. in-8. Ces volumes, outre plusieurs notices sur la ville de Maestricht, contiennent les travaux suivants, relatifs au pays de Liége.

— Lettre de M. H. Schuermans sur des tumulus de la Hesbaye. — Notice sur la commune de Zepperen et son église monumentale, par N. Clens. — La maison des Bogards, à Zepperen, par M. A. Kempeneers. — Diepenbeck, par A. Schaepkens. — A. K. Etude sur les anciens séminaires du diocèse de Liége, avec quelques documents inédits.

— Spa. A. M. Charles Rogier, ancien ministre de l'intérieur. *Bruxelles.*

In-12, de 20 pp. Epître en vers, par M. Ad. Mathieu, demandant la suppression des maisons de jeu.

— Tablettes Spadoises. Indicateur. *Spa, impr. de P. Bourdoux.*

In-32, de 160 pp. Par Brutus Durand, contrôleur des contributions. — D.

— Le Mémorial de Spa; Revue hebdomadaire.

Journal p. in-fol., à 8 colonnes, imprimé à Spa, chez J. Goffin, à partir du 2 janvier 1864, et qui se publie encore aujourd'hui. Les rédacteurs sont F. Delhasse, J. Goffin, C. Lepaige, etc.

— Le Bilboquet.

Journal in-fol., à 3 col., publié le dimanche, du 1er mai au 30 octobre 1864, chez J. Goffin, à Spa. Il était rédigé par Léon Dommartin et Flor O'Squarr.

— La vérité sur le hasard ou explication de la loi sur la roulette offrant des moyens infaillibles de vaincre toutes les banques de jeux de hasard et de jouer à la roulette avec la certitude absolue de toujours gagner. Par un mathématicien. *Spa, Bourdoux.*

In-8, de 30 pp.

— Bulletin du cercle littéraire, Verviétois. *Verviers, juin* 1864.

In-8. Cette première livraison, qui contient des poésies françaises et wallonnes, n'a pas été continuée.

— Résumé des observations hydrologiques, faites sur la Gileppe, du 1er septembre au 31 décembre 1865, par ordre de l'administration communale de Verviers. Par Aug. Donckier. *Verviers, Ch. Vinche.*

In-8.

— Les hommes d'Engis et les hommes de Chauvaux. Par M. A. Spring. *Bruxelles.*

In-8. — U.

1865

Liste chronologique des édits et ordonnances de l'ancien duché de Bouillon, de 1240 à 1795. *Bruxelles.*

In-8. — U.

— Précis de la révolution saintronnaire et liégeoise de 1789. Seconde partie de l'histoire de *Soupe et Parlement*, par J. Demal, directeur du collège de Saint-Trond. *Saint-Trond, Vanwest-Pluymers.*

In-8, de 360 pp. — T.

— Historique de l'abbaye du Val-Dieu, de l'ordre de Citeaux, au diocèse de Liége, jadis au duché de Limbourg, aujourd'hui en la province de Liége, arrondissement de Verviers. Par J. S. Renier. *Verviers, L. J. Crouquet.*

In-4, avec planches. — U.

— Guide aux eaux et aux jeux de Spa, avec une carte de Spa et de ses environs. *Spa, Bruch-Maréchal.*

In-12, de 156 pp. et 8 pp. table, avec une carte. — D.

— Rapport comprenant l'histoire de la Société de chant de Verviers, depuis sa fondation, présenté par son administration. *Verviers, Remacle.*

In-8, de 16 pp. Par G. Henrotay.

— Étienne Dossin, botaniste liégeois. 1777-1852. *Gand, Annoot.*

In-8, de 8 pp., avec portr. Cette notice, de M. Ed. Morren, est extraite de la *Belgique horticole.*

— André Dumont et la philosophie de la nature. Par Charles Horion. *Paris.*

In-8, de 52 pp. Réimprimé en 1866. *Bruxelles, Decq*, in-8, de 87 pp. — U.

— Excursions géologiques faites en Belgique par la Société géologique de France, lors de sa réunion extraordinaire à Liége en 1865. *Paris.*

In-8, — U.

— L'avenir. Première étape : le congrès des étudiants (de Liége), par Pierre O'Tilkin de Rabosée, arquebusier en disponibilité. *Bruxelles.*

In-8. Par J. Clermont.

— A propos du congrès de Liége. La morale indépendante et les solidaires. *Bruxelles, Devaux.*

In-8, de 14 pp.

1866

Congrès international des étudiants. Compte rendu officiel et intégral de la première session, tenue à Liége, les 29, 30, 31 octobre et 1er novembre 1865. Publié par les soins de la commission permanente des étudiants de Liége. *Bruxelles, Dauvais.*

In-18, de 464 pp.

— Le pigeon voyageur belge. Par F. Chapuis, docteur en médecine. *Verviers, C. Vinche.*

In-16, de xu-479 pp.

— Vie de saint Lambert, évêque et martyr, patron du diocèse de Liége. *Namur, Lambert-Deroisin.*

In-1°, de 47 pp.

1867

Étude sur le mot Pasquée, nom générique de la chanson wallonne. *Cannes (Alpes maritimes), imprimerie L. Maccary.*

In-16, de 16 pp. Brochure imprimée à 85 exemplaires et dont l'auteur est M. U. Capitaine.

DEUXIÈME PARTIE.

LISTE DES PRINCIPAUX ARTICLES PUBLIÉS DANS LES REVUES BELGES LES PLUS IMPORTANTES CONCERNANT L'HISTOIRE DU PAYS DE LIÉGE.

ACADÉMIE DE BELGIQUE.

MÉMOIRES COURONNÉS PAR L'ANCIENNE ACADÉMIE. In-4.

1770. *Des Roches*. Mémoire sur la question : Quels étaient les endroits compris dans l'étendue des contrées qui composent aujourd'hui les 17 provinces des Pays-Bas et le pays de Liége, qui pouvaient passer pour villes avant le VII° siècle. (Ce mémoire est suivi de ceux de l'abbé Coussin et de M. de Hesdin, sur la même question.)

1771. *Des Roches*. Mémoire sur la question : Quels ont été, depuis le commencement du VII° siècle jusqu'au IX° siècle inclusivement, les limites des différentes contrées, cantons, pays, comtés et états renfermés dans l'étendue qui compose aujourd'hui les dix-sept provinces des Pays-Bas et de la principauté de Liége.

1772. *Des Roches*. Mémoire sur la question : Quel a été l'état civil et ecclésiastique des 17 provinces des Pays-Bas et de la principauté de Liége, pendant les V° et VI° siècles.

1783. *Ernst*. Mémoire sur la question : Vers quel temps les ecclésiastiques commencèrent-ils à faire partie des états de Brabant. Quels furent ces ecclésiastiques et quelles ont été les causes de leur admission. 177 pp. et un f. de table. *Voy. annexes*, 1786.

MÉMOIRES COURONNÉS In-4.

I. M*** et *Stals*. Mémoire sur la question : Quelles sont les places dans les dix-sept provinces des Pays-Bas et le pays de Liége, qui, depuis le VII° siècle jusqu'au XII° exclusivement, ont pu passer pour des villes.

VIII. *A. Dumont*. Recherches sur la constitution géologique de la province de Liége... Tiré à part. *Bruxelles, Hayez*, 1832, in-4, de VI-374 pp., avec 3 planches. *Voy.* sur l'auteur le *Nécrologe liégeois*, de 1857. La plupart des mémoires de Dumont, bien que tirés à part, se rencontrent difficilement, il serait à désirer qu'on les réunît, en y ajoutant les œuvres inédites de ce savant géologue.

IX. *Davreux*. Essai sur la constitution géognostique de la province de Liége... Tiré à part. *Bruxelles, Hayez*, 1833, in-4, de 205 pp., avec 9 planches.

XVII. *Nyst*. Description des coquilles et des polypiers fossiles des terrains tertiaires de la Belgique... Tiré à part. *Bruxelles, Hayez*, 1845, in-4, planches.

XXVI. *C. Grandgagnage*. Mémoire sur les anciens noms de lieux dans la Belgique orientale. Tiré à part. *Bruxelles, Hayez*, 1855, in-4.

MÉMOIRES COURONNÉS. In-8.

XI. *Hahn*, docteur en philosophie, à Berlin. Mémoire couronné en réponse à la question suivante : Charlemagne est-il né dans la province de Liége.

XII. *Kempeneers*. L'ancienne franchise et l'illustre famille des Vicomtes de Montenaken.

NOUVEAUX MÉMOIRES. In-4.

II. *De Villenfagne*. Recherches sur la découverte du charbon de terre dans la ci-devant principauté de Liége, vers quel temps et par qui elle fut faite.

III. *Dewez.* Mémoires pour servir à l'histoire d'Alpaïde, mère de Charles Martel.

V. *Dewez.* Mémoire sur le droit public du pays de Liége au moyen âge et sur l'histoire de ce droit dans les temps postérieurs.

XII. *Dumont.* Tableaux analytiques des minéraux et des roches. Tiré à part sous les rubriques *Bruxelles, Hayez,* 1839 et *Liége, F. Renard,* in-4, de 95 pp.

XV. *C. Morren, Ed. de Sélys.* Observations zoologiques faites à Liége. — *C. Morren, V. Deville.* Observations sur les phénomènes périodiques faites au Jardin botanique de Liége, pendant l'année 1841.

XVI. *De Sélys.* Observations zoologiques faites à Waremme et à Liége, en 1842. — *Morren et Deville.* Observations botaniques faites à Liége, en 1842.

XVII. *J. Plateau.* Analyse des eaux minérales de Spa, faite sur les lieux pendant l'été de l'année 1880.

XX et XXII. *Dumont.* Mémoire sur les terrains ardennais et rhénans de l'Ardenne, du Rhin, du Brabant et du Condroz.

Ce mémoire, in-4, de 613 pp., a été tiré à part sous les rubriques *Bruxelles, Hayez,* 1848 puis *Liége, F. Renard.*

XXI. *Gachard.* Notice historique et descriptive des archives de l'abbaye et principauté de Stavelot conservées à Dusseldorf.

XXVIII. *L. de Koninck et H. Lehon.* Recherches sur les crinoïdes du terrain carbonifère de la Belgique, suivies d'une notice sur le genre Woodocrinus... Avec 7 planches. Tiré à part à 60 exemplaires. *Bruxelles,* 1854.

BULLETIN DE L'ACADÉMIE. In-8.

PREMIÈRE SÉRIE. I. *De Reiffenberg.* Sur l'époque de la mort de l'évêque de Liége Notger. — *J. Grandgagnage.* Note sur Pierre l'Hermite.

III (IV et V). *Cudell.* Mémoire sur une pierre milliaire trouvée près de Tongres.

IV. *Roulez.* Quelques observations sur la colonne itinéraire de Tongres. — *Id.* Recherches paléographiques sur l'inscription itinéraire de Tongres. — *Id.* Notice sur un anneau antique en or trouvé dans les environs de Spa. — *De Reiffenberg.* Sur la patrie et les descendants de Pierre l'Hermite.

V. *Roulez.* Note sur la découverte de trois haches de pierre, à Sipernau, près Maeseyck. — *C. Morren.* Présentation du plan du nouveau Jardin botanique de Liége. — *J. Chandelon.* Notice sur la hatchettine de Baldez-Lalore, commune de Chockier, province de Liége.

VII. *J. Grandgagnage.* Rapport sur un mémoire de M. Henaux, relatif aux institutions du prince Maximilien Henri de Bavière. (*Voy.* aussi à ce sujet lo t. VI, vol. 1 et 2.)

VIII. Vol. 2. *De Reiffenberg.* Manuscrits de l'ancienne abbaye de Saint-Trond. — *Id.* Poésies en l'honneur d'Hartgaire (Hircaire) et de Francon, évêques de Liége, au IX° siècle.

IX. Vol. 1. *J. Grandgagnage et De Gerlache.* Examen de quelques questions relatives au statut coutumier des pays d'Outre-Meuse. Rapport sur un mémoire présenté au concours de 1842.

X. Vol. 2. *J. Grandgagnage.* Rapport sur une notice de M. Henaux, concernant l'étymologie de Verviers et sur l'origine de cette ville. — *J. Roulez.* Rapport sur les antiquités trouvées à Fouron-le-Comte.

XI. Vol. 2. *J. Roulez.* Rapport sur une communication de M. F. Henaux, touchant un monument funéraire attribué à un Éburon.

XII. Vol. 1. *De Reiffenberg.* Note sur la vie de saint Lambert, par Étienne et par Renier.

XIII. Vol. 1. *Guioth.* Note sur le tumulus de Brusthem. — *J. Roulez.* Rapport sur un mémoire de M. Guioth, concernant les diverses enceintes de la ville de Tongres sous la domination romaine.

XIII. Vol. 2. *Van Hasselt.* Notice sur les fonts baptismaux de l'église Saint-Barthélemy, à Liége. — *C. Morren.* L'église Saint-Jacques, à Liége.

XIV. Vol. 1. *Polain.* Découverte de la chronique de Jean le Bel.

XIV. Vol 2. *Roulez.* Rapport sur la découverte d'une médaille romaine à Fouron-le-Comte.

XV. Vol. 1. *Roulez.* Rapport sur un plan d'anciennes constructions romaines découvertes au Steenbosch (Fouron). — *Haus et De Gerlache.* Rapport sur la notice biographique de Sohet, par M. Britz. Observations sur l'ouvrage de Sohet. — *Britz.* Notice sur Sohet, jurisconsulte liégeois. — *De Stassart.* Notice sur G. E. J. baron de Wal, commandeur de l'ordre Teutonique.

XV. Vol. 2. *Polain.* Notice sur le baron de Wulef. — *Mme Libert.* Recherches faites, d'après des documents du XII° siècle, sur la patrie et la famille de Wibald, XLII° abbé des monastères de Stavelot et de Malmédy.

XVI. Vol. 1. *Roulez.* Rapport sur des découvertes d'antiquités à Juslenville. — *Schuyes.* Rapport sur des tombeaux trouvés dans la commune d'Omal.

XVI. Vol. 2. *Polain.* Note sur un fragment de manuscrit de la fin du VI° ou de la première moitié du VII° siècle. (Fragment d'Orose sur la guerre de César et des Éburons.)

XVII. Vol. 1. *De Stassart.* Sur la légende de Raes de Dammartin, telle qu'elle est rapportée dans le Miroir des nobles de Hesbaye. — *C. Morren.* Note sur Remacle Fuchs. — *Schuyes.* Fouilles archéologiques faites à Omal et à Momalle.

XVII. Vol. 2. *J. Grandgagnage.* Rapport sur les antiquités de Momalle. — *Gachet.* Sur l'époque de la mort de Notger, prince-évêque de Liége.

XVIII. Vol. 1. *J. Grandgagnage.* Rapport sur un mémoire (de M. F. Henaux) concernant la constitution de l'ancien pays de Liége.

XVIII. Vol. 2. *J. Grandgagnage*. Note sur quelques monuments druidiques dans la province de Liége. — *Polain*. Notice sur C. de Méan, jurisconsulte liégeois.

XIX. Vol. 1. *Polain*. Notice sur un diplôme de Louis le Débonnaire (Donation à l'évêché de Liége vers 831). — *Polain*. Nouveaux éclaircissements sur Jean le Bel.

XIX. Vol. 3. *Roelandt*. Rapport sur un mémoire de M. J. Petit concernant la restauration de l'église Notre-Dame de Tongres.

XX. Vol. 1. *Füss*. Dantis divinae comoediae poetica virtus.

XX. Vol. 2. *Fétis*. Notice sur Jean Warin, graveur liégeois.

XXI. Vol. 2. *Polain*. Pierre l'Hermite, Picard ou Liégeois. — *Marchal*. Notice sur Denis l'Hermite, le sauveur de la ville de Dunkerque et sur Pierre l'Hermite, l'auteur des Croisades.

XXII. Vol. 2. *Fétis*. Notice sur Gérard de Lairesse, peintre liégeois.

XXIII. Vol. 1. *A. Borgnet et M. Polain*. Charlemagne est-il né dans la province de Liége.

XXIII. Vol. 2. *Polain*. Quand est né Charlemagne. — *Arendt*. Sur le lieu de naissance de Charlemagne, quand est-il né.

DEUXIÈME SÉRIE. I. *De Noue*. Wibald (abbé de Stavelot) et sa famille.

II. *Kervyn*. Les chroniques inédites de Gilles le Bel.

IV. *De Ram, Kervyn, Schayes*. Rapport sur la question relative au lieu de naissance de Charlemagne. — *Fétis*. Notice sur Jean Duvivier, graveur liégeois.

VI. *Arendt, Borgnet, Polain*. Rapport sur les mémoires envoyés au concours relatif au lieu de naissance de Charlemagne et à l'origine des Carlovingiens.

VIII. *Polain, Arendt, de Ram*. Rapport sur une lettre de M. de Pouhon relative au lieu de naissance de Charlemagne.

IX. *Borgnet, Arendt, Polain*. Rapport sur un mémoire, envoyé au concours sur l'origine belge des Carlovingiens.

XII. *Arendt*. Des recherches faites dans la cathédrale d'Aix-la-Chapelle pour retrouver le tombeau de Charlemagne. — *Polain*. Sur la découverte du texte primitif de la chronique de Jean le Bel.

XIII. *Kervyn, de Gerlache*. Rapport sur le mémoire de M. Warnkoenig sur l'origine belge des Carlovingiens.

XIV. *Grandgagnage*. Notice sur Aduatuca.

XV. *A. Wauters*. Quelques observations en réponse à M. Grandgagnage, à propos de l'Aduatuca de César. — *A. Wauters*. Sur l'identité de Tongres et de l'Aduatuca de César. — *Grandgagnage*. Rapport sur une notice de M. F. Driesen. — *F. Driesen*. La position d'Aduatuca établie par des preuves topographiques.

XVI. *E. Morren*. Remacle Fusch. Sa vie et ses œuvres. — *F. Driesen*. La position d'Aduatuca. — *Grandgagnage* et *A. Wauters*. Rapport sur cette notice.

XVIII. *Gachard*. Le prince-évêque de Liége et Frédéric le Grand. — *Id*. Théroigne de Méricourt.

XIX. *Roulez, Chalon, Thonissen*. Rapport sur le projet de donner la forme de dolmen au piédestal de la statue d'Ambiorix.

XX. *E. Fétis*. Notice sur Bertholet Flémalle.

BULLETINS DE LA COMMISSION ROYALE D'HISTOIRE.

PREMIÈRE SÉRIE. IX. *Gachet*. Notice d'un manuscrit de la bibliothèque de l'Université de Liége (de H. Van den Berch).

X. *Bormans*. Notice sur un manuscrit de Thomas à Kempis appartenant au Séminaire de Liége.

XIII. Inventaire des titres concernant l'état et principauté de Liége, retrouvés dans les différentes archives du roi (de France), qui ont été remis au ministre du prince-évêque de Liége (en 1773). — *Bormans*. Notice concernant le second livre de la vie de saint Héribert, archevêque de Cologne, par Lambert de Liége, moine de Deutz.

XVI. *Bormans*. Vita S. Hereberti Coloniensis archi-episcopi, per Lambertum Leodiensem monachum Tuitensem, Liber secundus quo continentur miracula ejus post mortem, vulgo pro deperdito habitus.

DEUXIÈME SÉRIE. II. *De Ram*. Notice sur un fragment de la chronique rimée de Jean d'Outre-Meuse relatif à la mort de Henri I, duc de Brabant. — *A. Borgnet*. Note sur la *Loi muée*.

III. *Gachet*. Lettre sur l'assassinat du bourgmestre de Liége, Sébastien La Ruelle, en 1637. — *Gachard*. Notice sur deux collections de documents (cartulaires de Saint-Lambert et anciennes chartes de la cité), qui manquent dans les archives de la province de Liége, depuis 1704.

VIII. *A. Borgnet*. Rapport sur la publication d'un corps de chroniques liégeoises inédites.

IX. *S. P. Ernst*. Mémoire historique et critique sur les comtes de Hainaut de la première race.

X. *Ernst*. Dissertation historique et critique sur la maison royale des comtes d'Ardenne.

XII. *Ernst*. Notitia de rebus statuum provinciae Limburgensis. — *S. Bormans*. Notice sur les manuscrits (liégeois) du château de Betho.

TROISIÈME SÉRIE. I. *De Ram*. Note sur la sépulture de Jean de Hornes, prince-évêque de Liége, à Maestricht.

II. *S. Bormans*. Notice sur un manuscrit intitulé Cartulaire de Van den Berch, conservé aux archives de l'État, à Liége.

V. *Gachard*. Note sur un cartulaire de la collégiale de Sainte-Croix, à Liége.

81

VIII. Interrogatoires faits à Bruxelles, relativement au meurtre du bourgmestre de Liége, Sébastien la Ruelle.

IX. *C. de Borman.* Notice sur un cartulaire du chapitre de Saint-Servais à Maestricht.

ANNUAIRE DE L'ACADÉMIE. IN-18.

III. *Chênedollé.* Notice sur Hilarion-Noël, baron de Villenfagne.

IV. *De Reiffenberg.* Notice sur M. le professeur Bekker. — *Morren.* Notice sur la vie et les travaux de V. Fohmann. — *Morren.* Notice sur Richard Courtois. (Voyez aussi t. V.) — *Morren.* Notice sur P. C. Schmerling.

IX. *Lesbroussart.* Notice sur L. J. Dehaut.

XVI. *Quetelet.* Notice sur J. T. H. Weustenraad.

XXIV. *D'Omalius.* Notice sur André Dumont.

XXVI. *Kicks.* Notice sur A. L. S. Lejeune. — *E. Morren.* Notice sur C. Morren. (Une seconde édition parut à Gand, 1860, in-8.)

XXVIII. *Alvin.* Notice sur Léonard Jehotte.

ANALECTES POUR SERVIR A L'HISTOIRE ECCLÉSIASTIQUE DE LA BELGIQUE. In-8.

I, II, III. *De Ridder.* Notice sur la géographie ecclésiastique de la Belgique avant l'érection des nouveaux évêchés au xvi° siècle. (La partie publiée comprend le diocèse de Liége.)

II, III. *J. Daris.* Séminaires du diocèse de Liége.

Cette revue contient aussi beaucoup de documents épars concernant l'histoire ecclésiastique de Liége.

ANNALES DE LA SOCIÉTÉ ARCHÉOLOGIQUE DE NAMUR.

I. *J. Grandgagnage.* Le désert de Morlagne, wallonnade. Tiré à part. *Namur,* 1849, in-8, de XVII-227 pp., avec une grav.

II. *J. Borgnet.* Note sur l'assassinat de Guillaume d'Athin, 1438.

III. *A. Borgnet.* Sac de Dinant par Charles le Téméraire, 1466. — *C. Grandgagnage.* Étude sur quelques noms anciens de lieux situés en Belgique. — Document inédit sur la prise de Dinant par les Français, en 1554.

VI. *J. Borgnet.* Documents inédits sur les guerres entre Namur et Liége.

VII. Notice historique sur le pont de Dinant.

VIII. *Bauzeur.* Notice sur les arbalétriers de Ciney.

ANNUAIRE DE LA BIBLIOTHÈQUE ROYALE DE BRUXELLES.

1846. Catalogue des transcriptions faites au xv° siècle par Jean de Stavelot.

1847. Vie de saint Lambert, en vers latins du x° siècle.

1848. *De Reiffenberg.* Notice sur Henri Delloye, de Huy.

1850. *De Reiffenberg.* Frère Corneille de Saint-Laurent, poète belge inconnu.

BIBLIOPHILE BELGE (LE). *Bruxelles, Olivier,* 1866-1867.

On trouve dans cette revue les articles suivants, relatifs au pays de Liége :

I. *S. Bormans.* Généalogie des premiers imprimeurs liégeois. — *H. Helbig.* Une histoire de Liége, en vers (par J. Dardée). — *S. Bormans.* La librairie de la collégiale Saint-Paul, à Liége, au xv° siècle. — *U. Capitaine.* Recherches sur l'introduction de l'imprimerie dans les localités dépendant de l'ancienne principauté de Liége et de la province actuelle de ce nom. — *X. de Theux.* Le baron de Walef.

II. *S. Bormans.* Les calendriers de la cathédrale de Saint-Lambert, à Liége. — *H. Helbig.* La haute cuisine à Liége, au xvi° siècle.

BULLETIN DE L'ACADÉMIE D'ARCHÉOLOGIE DE BELGIQUE.

II et III. *Perreau.* Recherches sur l'église cathédrale de N.-D., à Tongres.

II et IV. *Jéntrot.* Essai sur l'église N.-D. de Huy.

III. Jacques de Hemricourt, historien de la noblesse hesbignonne, Othon de Warfusée et Raes de Dammartin. — *A. Schaepkens.* Notes sur les différentes figures de saint Servais.

III, IV et V. *Perreau.* Tongres et ses monuments. (Des *tumuli*, l'auteur fait des télégraphes et il appelle un fort des anciens Belges une oppida.) Tiré à part. *Anvers,* 1846, in-8, 192 pp., avec pl.

V. *Perreau.* Promenades archéologiques dans la province de Limbourg.

VI. *Perreau.* L'avouerie de Maestricht. — *Id.* Recherches historiques sur la seigneurie de Saint-Pierre, près de Maestricht. — *H. W.* Lettre au sujet de la légende de Raes de Dammartin. (Voy. aussi t. VI, p. 239 et t. VII, p. 42.)

VII. *J. Petit.* Notice sur l'église de Coninxheim.

VIII. *A. Schaepkens.* Fragment d'une statistique archéologique en Belgique. Bilsen et ses environs.

IX. *Perreau.* Fouille d'un tumulus à Coninxheim.

IX et X. *E. Gens.* Promenades d'un antiquaire dans les Ardennes. (Stavelot, La-roche, etc.)

XII. *A. Schaepkens.* Notice sur l'ancien comté libre et impérial de Gronsveld.

XIII. *A. Casterman.* Notice historique et chronologique sur la ville et l'ancien château fort de Huy.

XV. *A. Schaepkens.* Guillaume de La Marck, seigneur d'Arenberg. — *N. Vander Heyden.*

Notice historique sur la très-ancienne et noble maison de Bex.

XIX. *A. Schaepkens*. Les grands prévôts de (la cathédrale de) Liége.

XXI. *H. Schuermans*. Sur les tumulus de la Hesbaye. — *A. De Noue*. Les manuscrits de François Laurenty, prieur de l'abbaye de Malmédy. - *Le Grand*. Fonts baptismaux de la collégiale de Dinant. — *J. Schaepkens*, Pietersheim, ancienne terre libre de l'empire.

XXII. *C. Thys*. Monographie de l'église de Notre-Dame, à Tongres. Tiré à part, Liége, Grandmont, in-8, de 207 pp., avec 30 grav.

BULLETIN DE LA SOCIÉTÉ DU LIMBOURG.

I. *Driesen*. La joyeuse entrée de Gérard de Groesbeeck, à Tongres. — *Id*. Les chambres de rhétorique dans le Limbourg. - *Piot*. État de la population du duché de Limbourg et du pays d'Outre-Meuse, en 1784. — *Thonissen*. Notice sur la vie et les écrits de François Titelmans. — *V. Laminne*. Analyse d'une eau minérale ferrugineuse, à Tongres. — *Perreau*. Les Tungri ou Tongrois. — *Id*. Notice sur l'atelier monétaire de Saint-Trond. — *Id*. Les châtelains de Colmont. — *Id*. Jean de Weert. — *J. Petit*. Analectes limbourgeois. — *Id*. Fragments d'une description archéologique et historique de l'église Notre-Dame, à Tongres. — *Reinartz*. Notice sur le reliquaire de la Sainte-Croix, conservé à Tongres.

II. *Driesen*. Un manuscrit sur l'histoire de la ville de Tongres, 1072-1680. — *Id*. Notice historique sur la ville de Bilsen. — *Id*. Note sur deux figurines antiques trouvées dans le Limbourg. — *J. Petit*. Note sur une villa carlovingienne, à Goetheim. - *J. D. Fuss*. Tungrorum civitati (poésie). — *T. Fuss*. Théologne de Méricourt. — *Id*. Recherches sur la question de savoir si la ville de Tongres représente le camp d'Aduatuca. — *Jaminé*, U. T. Weustenraad. — *Dejardin*. Recherches sur la commune de Cheratte. — *Perreau*. Recherches sur l'organisation municipale de Tongres. — *Id*. Mathieu Kessels.

III. *Driesen*. La fontaine de Pline, à Tongres. — *Id* Mélanges (manuscrits liégeois). — *Thonissen*. Notice sur J. G. Crahay. — *B. Vieillevoye*. Ses mémoires. — *S. Dirks*. A propos d'un manuscrit (évangéliaire) de l'église de Tongres. — *Perreau*. Encore la question d'Aduatuca.

IV. *Perreau*. Notes sur Horn et ses seigneurs. — *Id*. Coriovallum (station romaine). — *Id*. Une croix byzantine trouvée à Mall. — *Id*. Notes sur le comté de Reckheim. — *C. De Borman*. Notice sur les fiefs et les seigneurs de Repen et de Mombeeck. — *Id*. Chronologie des seigneurs de Heers. — *Id*. Topographie ancienne du Limbourg. — *Daris*. Arnoul I, comte de Looz. — *Thonissen*. Notice sur M. J. H. Van Oyen. — *Id*. Campagne de 1831. Documents inédits. — *Driesen*. Anciennes armoiries tongroises. — *Id*. Ambiorix. — *Id*. La statue d'Ambiorix, à Tongres. — *Id*. Le maréchal de camp Pierre Daremberg. — *Utens*. Notice sur la cour féodale de l'abbé de St-Trond.

V. *Daris*. Histoire de la paroisse de Looz pendant la révolution française. — *Driesen*. Explorations archéologiques, Mall et Sluse. — *Id*. Notes pour servir à l'histoire du chapitre de Notre-Dame, à Tongres. — *Id*. Documents concernant la construction de l'église N.-D., à Tongres. — Notice historique sur la ville et l'église paroissiale de Hasselt. — *Weale*. Ivoires sculptés de l'église de N.-D., à Tongres. — *Weale* et *de Borman*. Notice de l'inscription de dédicace de l'église de Rixingen. — *Perreau*. Recherches historiques sur les grands prévôts du chapitre de Saint-Lambert, à Liége. — *Id*. Les sires de Pietersheim. — *Utens*. Notice sur l'église et le chapitre de N.-D., à Saint-Trond. — *Diegerick*. Documents concernant la bataille de Brusthem, et la reddition des villes de St-Trond, Tongres et Liége.

VI. *F. Capitaine*. Quelques mots sur la mission des commissaires de l'administration provisoire du pays de Liége dans le Limbourg, en 1793. — *Perreau*. Une fouille à Tongres. — *Petit*. Notice sur la seigneurie de Bilsen. — *A. Hardy*. Notice historique sur les évêques de Tongres. — *De Corswarem*. Mémoire historique et étymologique sur les noms des anciens habitants, territoires, communes et hameaux de la province de Limbourg.

VII. *C. Thys*. Liste contenant les noms, les titres et les années de réception des chanoines qui composèrent, durant les xiiie, xive, xve, xvie, xviie et xviiie siècles, le chapitre de Notre-Dame, à Tongres. — *F. Driesen*. L'église de St.-Nicolas, à Tongres. — *Id*. La position d'Aduatuca. — *C. Thys*. Notice historique sur la léproserie de Saint-Antoine. — *Id*. Manuscrit relatif aux batailles de Rocour et de Lafeld.

BULLETIN DE L'INSTITUT ARCHÉOLOGIQUE LIÉGEOIS.

I. *C. Grandgagnage*. De l'origine des Wallons. — *F. Renaux*. Les ruines de Chèvremont. (Voy. au sujet des fouilles pratiquées à Chèvremont, les tomes I, V, VI.) — *Id*. Notice sur l'hôtel de ville de Liége. — *Id*. Pétrarque, à Liége. — *Id*. Les templiers au pays de Liége. — *Id*. Histoire de la bonne ville de Visé. — *J. Petit*. Description d'un évangéliaire du trésor de N.-D. de Tongres. — *Id*. Numismatique liégeoise. Abbaye de Saint-Hubert. — *G. D. Franquinet*. Recherches historiques sur les seigneuries d'Agimont et de Nederemme, près de Maestricht. — L'évêque Notger. Lettre du R. P. dom Pitra à M. Polain. — *M. Polain*. Notice sur un livre d'évangiles, conservé dans l'église de Saint-Jean Évangéliste, à Liége. — *J. Grandgagnage*. Chaudfontaine, wallonnade.

— *U. Capitaine*. Aperçu historique sur la franc-maçonnerie, à Liége, avant 1830. — *Id*. Crassieriana (Documents sur G. J. de Crassier). — Paix d'Angleur, 1312.

II. *A. Borgnet*. Jean de Heinsberg. — Pugna porcorum, per P. Porcium, poetam... Tiré à part à 45 ex. *Leodii*, 1855, in-12, de 43 pp., avec la biographie de l'auteur et le catalogue de ses œuvres, par U. Capitaine. — *U. Capitaine*. Le dernier chroniqueur liégeois, J. B. Moulin. — *Id*. Correspondance de Bernard de Montfaucon, bénédictin, avec le baron G. J. de Crassier. — *Id*. Le chant national liégeois. — *C. Duvivier*. Lettre à M. U. Capitaine, à propos de la chanson patriotique: *Hège valeureux*. — *Id*. Quelques découvertes dans l'ancienne chapelle des bénéficiers de la collégiale de Saint-Jean, à Liége. — *J. Petit*. Quelques mots sur un florin d'or anonyme, attribué à Englebert de la Marck, évêque de Liége. — *L. de Coster*. Nouvelles observations sur le florin d'or d'Englebert de la Marck. — *A. de Nove*. Étude sur la littérature aux xie, ixe, xe, xie et xiie siècles. (Les chroniqueurs liégeois Godescald, Etienne, Anselme et Nicolas.) — *M. Polain*. Notice de l'imprimerie et de la librairie dans l'ancien pays de Liége. — *Id*. L'abbé Raynal et Bassenge. — Vita reverendissimi ac perillustrissimi domini Notgeri, episcopi quondam Leodiensis, viri peritissimi, ex catalogo et annalibus Leodiensibus desumpti. — Testamentum Johannis dicti Fabri, clerici de uno altari beate Virginis, beati Johannis-Baptiste et Sancti Nicolai, 1311. — *F. Henaux*. Une excursion archéologique... tiré à part sous le titre de Robermont lez-Liége, par J. B. Delhez. *Liége*, 1855, in-8. — *C. Grandgagnage*. Pierre l'Hermite. — *Id*. Notes étymologiques sur les noms de famille. — *Id*. Vocabulaire des noms wallons d'animaux, de plantes et de minéraux. — *J. H. Bormans*, Lettre à M. Charles Grandgagnage sur les éléments thiois de la langue wallonne. — *G. Hagemans*. Rapport sur la découverte d'un cimetière franc-mérovingien, à Seraing.

III. Diplôme de l'an MCLV, par lequel Frédéric, empereur des Romains, confirme à l'église de Liége la possession de ses biens. — *A. Hellin*. La chapelle de St-Nicolas en Glain lez-Liége. — *Id*. L'acte de naissance de Renkin Sualem. — *Diegerick*. Quelques lettres de Gérard de Groesbeek, 88e évêque de Liége, 1576 à 1578. — Commerce et industrie du pays de Liége, au xviiie siècle. — *F. Henaux*. Histoire de la bonne ville de Verviers. — *Id*. La Belgique et le pays de Liége en 1576. — *Id*. Les banquiers liégeois au xvie siècle. — *Id*. Note sur le pont des Arches de Liége. — *Id*. La compagnie des vieux arbalétriers de la cité de Liége. — *F. Capitaine*. Étude sur Lambert Lombard, peintre liégeois. — *C. Duvivier*. Quelques données antiques sur le quartier de l'Ile de la ville de Liége. — *M. Polain*. Travaux inédits sur l'histoire de Liége (G. de Wissocq, Berthollet, etc.). — *Id*. Population de l'ancien pays de Liége, au xviiie siècle. — *U. Capitaine*. Études biographiques sur les médecins liégeois. — *Id*. Rapport sur l'authenticité des restes mortels du bourgmestre Sébastien de Larnelle conservés au musée provincial de Liége. — (*Lavalleye*.) Documents inédits sur la création d'une école de musique, à Liége, en 1798. — Catalogue descriptif du musée provincial de Liége, fondé par l'Institut archéologique liégeois.

III. IV. *A. Cralle*. Souvenirs archéologiques ou esquisses de l'état de la ville et du pays de Liége, du moyen âge jusqu'aux temps modernes.

IV. *A. Leroy*. La philosophie au pays de Liége, xviie et xviiie siècles... Tiré à part, *Liége*, 1860, in-8, de 159 pp. — *F. Henaux*. Notice sur le quartier de la Sauvenière, à Liége. — *Id*. Le palais carolingien de Liége.

IV et V. *A. Dejardin*. Recherches sur les cartes de la principauté de Liége et sur les plans de cette ville.. Tiré à part, *Liége*, Carmanne, 1860-1862, in-8, de 87-22 pp.

IV, V et VI. *S. Bormans*. Table des manuscrits généalogiques de Le Fort conservés aux archives de l'État, à Liége, précédée d'une notice sur J. G. et J. H. Le Fort, hérauts d'armes du pays de Liége, au xviie et au xviiie siècle... Tiré à part, *Liége*, 1860-1864, 3 vol. in-8.

V. *J. Raikem*. Chèvremont. — *J. A. Henrotay*. Notice sur Modave. — *F. Henaux*. La compagnie des dix hommes de la cité de Liége. — *Id*. Le comte palatin Roland. — *S. Bormans*. Fragment d'une chronique liégeoise inédite du xiiie siècle. — *C. de Borman*. Histoire du château de Colmont. Recherches archéologiques. — *Id*. Lettre à M. S. Bormans sur l'existence d'un dixième livre des chartes de Saint-Lambert. — *O. Bocquet*. Note sur la position de l'oppidum Aduatucorum. — *F. Renier*. Découvertes archéologiques à Heusy. — *X. de Theux*. La chevalerie hesbignonne au xive siècle. — *Id*. Un manuscrit de Jean d'Outre-Meuse. — (*Daris*.) Le comté de Haspinga. — *Id*. Histoire de la bonne ville de Looz. — *A. de Nove*. De quelques anciens noms de lieux.

VI. *Caumartin*. Promenade archéologique sur les bords du Hoyoux. — *Id*. Coup d'œil sur les anciennes chaussées de Dalhem. — *S. Bormans*. Bulles du pape Innocent XI approuvant l'érection d'une confrérie de notaires et de procureurs dans la cité de Liége, en 1687. — *Id*. Lettres inédites de René Sluse. — *C. de Borman*. Le château de Curange. — *Thimister*. Notice sur Mgr Zaeppfel, évêque de Liége. — *J. Renier*. Tombes liégeoises, à Charleville (de deux abbés de Saint-Jacques, à Liége). — *A. Demaret*. Note sur l'église de Grivegnée. — *F. Henaux*. Le Liber cartarum ecclesie Leodiensis. — *E. Dognée*. Projet d'ornementation du pont des Arches. — *A. de Nove*. De quelques anciens noms de lieux. — *A. Dejardin*. Notice sur le collège des jésuites anglais, à Liége.

VI et VII. *J. Renier.* Les Waldor, graveurs liégeois.

VII. *S. Bormans.* Chambre des finances des princes de Liége. Table des registres aux octrois, rendages, engagères, conservés aux archives de l'État, à Liége. — *Id.* Extraits des comptes de la cité de Liége. — *Id.* Mélanges historiques. — *A. de Noue.* Ruckelingen (Rocleuge), Trois diplômes du xıı° siècle. — *P. Clerex.* Notices sur les monuments religieux et civils de la cité de Liége. — *Fabry-Rossius.* Résumé synoptique et étymologique des noms des communes de la province de Liége — *Daris.* Inventaire des archives de la ville de Maeseyck.

VIII. *Brusthem.* Vie d'Érard de la Marck, évêque de Liége.

BULLETIN DU BIBLIOPHILE BELGE.

II. *F. Henaux.* Les astrologues liégeois : Mathieu Laensberg. — *Id.* Mathieu Laensberg et le gouvernement liégeois. — *Id.* Astrologues liégeois : Nicolas Brulant. — *Id.* Marmontel et les contrefacteurs liégeois. — *Id.* Louis XIV et l'évêque Hoensbroech. — *H. Helbig.* Théâtre liégeois (tragédie du P. Louis de Saint-Pierre). — *De Reiffenberg.* Impression liégeoise. (Le debvoir des filles, par de Glen.)

III. *J. Borgnet.* Impression dinantaise. (Relation de la campagne de 1815, par de Prouvy.) — *F. Henaux.* Le premier imprimeur de Malmédy. Le premier imprimeur de Herve. — *Id.* Mathieu Laensberg. Trouvaille bibliographique. — *Id.* Bibliomanes. Une épigramme. — *Id.* De l'imprimerie spadoise. — *A. Warzée.* Notice sur Antoine Delva, curé à Olne. Sur l'établissement de l'imprimerie à Stembert, Verviers et Spa.

IV. *De Reiffenberg.* Époque de l'introduction de l'imprimerie à Liége.

IV et V. *F. Henaux.* Matériaux pour une bibliothèque historique du pays de Liége. (Notes sur H. Thomas, Hénoul, G. Léonard, Placentius, Rolandi, Loyens et Bassenge.)

V. *De Reiffenberg.* Bibliothèque de l'Université de Liége.

VI, VIII, IX, X et XVII. *J. Borgnet, U. Capitaine, Chénedollé.* Recherches sur les imprimeurs de Namur.

VII. *H. Helbig.* Introduction de l'imprimerie à Malmédy. — *Id.* Notice sur la bibliothèque grand-ducale de Darmstadt. (MS liégeois.)

VII, VIII et IX. *Villenfagne.* Nouveaux mélanges inédits. (Notices sur plusieurs écrivains liégeois.)

VIII *Loumyer.* Notice sur J. H. Hubin. — *H. Helbig.* Notice sur une bulle du pape Pie II, imprimée, en 1461, par Jean Gutenberg. — *Polain.* Un imprimeur liégeois inconnu (Pierre de Ileer). — *U. Capitaine.* Madame veuve Huet, bibliomane liégeoise. — *Chénedollé.* Coup d'œil sur la presse clandestine, à Liége, pendant la seconde moitié du xvıı° siècle.

VIII et IX. *Warzée.* Recherches bibliographiques sur les almanachs belges.

IX. *N. Loumyer.* Christine Goffin, religieuse, poète, à Huy.

IX et XI. *U. Capitaine.* Bibliographie liégeoise, xvı° siècle.

X. *H. Helbig.* Notice sur un livre fort rare. Pierre Bello, de Dinant, et Denis Coppée, de Huy, poètes dramatiques de la première moitié du xvıı° siècle.

XI. *H. Helbig.* Une découverte pour l'histoire de l'imprimerie. Les plus anciens caractères de Gutenberg et ce qui en est advenu. Albert Pfister, imprimeur, à Bamberg. La bible de 36 lignes. — *Id.* Examen rapide des prétentions que Strasbourg et Harlem ont à l'honneur d'avoir inventé l'imprimerie. — *Loumyer.* Deux capucins liégeois.

XII. *Loumyer.* Sauveur Legros. — *Id.* Analyse d'un manuscrit du xv° siècle. Le pseudo-Pindare. Vers léonins inédits. (*Voy.* aussi t. XIII, p. 286.) - *Scheler.* Rathier, évêque de Liége et de Vérone, ses biographies et ses écrits.

XIII. *H. Helbig.* Remacle Mohy du Rondchamp et son cabinet historial. — *U. Capitaine.* François Couplet et Henri Delloye, journalistes, à Reims.

XIII et XIV. *H. Helbig.* Les plus anciens calendriers et almanachs belges imprimés.

XIV. *Scheler.* Hubert Thomas, de Liége, conseiller secrétaire des électeurs palatins Louis VI et Frédéric II. — *H. Helbig.* Edmond Breuché de la Croix, sa vie et ses ouvrages.

XV. *H. Helbig.* Gilles Boileau, de Bouillon, sa vie et ses ouvrages.

XVI. *H. Helbig.* Un pamphlet belge, dirigé contre Louis XIII et contre le cardinal de Richelieu. — *Id.* Charles de Rouillon, poète belge du milieu du xvıı° siècle.

XVII. *S. Dormans.* Un opuscule d'Aubert le Mire. — *H. Helbig.* Notice sur l'édition originale du livre intitulé *Le fidèle et vaillant gouverneur.* — *Id.* Une vieille chanson sur la destruction de la citadelle de Liége, en 1676.

XVIII. *C. de Borman.* Le testament de Radulphe de Rivo. - *U. Capitaine.* Quelques mots sur Edmond Breuché de la Croix. — *H. Helbig.* Une rectification bibliographique. — *Id.* Notes et dissertations relatives à l'histoire de l'imprimerie.

XIX. *Thonissen.* Une bible manuscrite du xı° siècle (provenant de l'abbaye de Stavelot).

XX. *H. Helbig.* Jean Mohy du Rondchamp, poète du xvıı° siècle, sa vie et ses ouvrages. — *U. Capitaine.* Imprimerie de l'Institut royal des sourds muets de Liége.

XXI. *U. Capitaine.* Delvenne, auteur de la *Biographie du royaume des Pays-Bas.*

MESSAGER DES SCIENCES ET DES ARTS DE LA BELGIQUE.

1834. *F. Lavalleye*. Notice historique sur le pont des Arches, à Liége.

1835. *Kickx*. Réflexions sur un passage de Gilles d'Orval, relatif aux environs de Tongres.

1836. *Warnkoenig*. Deux chartes inédites, de 1171 et de 1204, sur les privilèges des habitants de Dinant dans la ville de Cologne. — *Roulez*. Notice sur un buste antique en bronze, découvert dans la province de Liége.

1837. *Lombin*. Notice biographique sur Jean Desprez, dit d'Outre-Meuse, Liégeois. — *J. Fiess* Alexandre, 61e évêque de Liége, 1164-1167.

1838. *F. Henaux*. Des titres des princes de Liége. — *Id.* Essai sur la vie et les ouvrages du baron de Villentagne.

1839. *F. Lavalleye*. Ruines de l'église Saint-Nicolas, en Glain. — *C. P. Serrure*. Sur les monnaies frappées à Rummen, par Jean II, sire de Wesemael, 1415-1462.

1840. *Ozeray*. Église de Bouillon. — *F. Henaux*. Esquisse d'une géographie du pays de Liége.

1841. *M. de Ring*. Rodolphe de Zaeringen, évêque de Liége. — *F. Henaux*. Notice biographique sur Jacques de Hemricourt.

1842. *F. Henaux*. Recherches historiques sur l'exploitation de la houille dans le pays de Liége. — *Id.* Recherches historiques sur l'introduction de l'imprimerie dans le pays de Liége.

1844. *F. Henaux*. Essai sur l'histoire monétaire du pays de Liége.

1845. *Wolters*. Notice sur l'abbaye d'Orienten, à Rummen, et sur l'abbaye de Ratershoven, près de St-Trond.

1846. *Wolters*. Notices historiques sur quelques anciens fiefs de la Hesbaye : Grasen, Witre, Bindervelt et Weyer.

1847. *H. Helbig*. Notice biographique sur le premier livre imprimé à Liége, par Morberius. — *F. Henaux*. Les Normands dans le pays de Liége. — *M. de Ring*. Saint Lambert, évêque de Tongres.

1849. *J. P(etit)*. Le troubadour liégeois Henri Delloye. — *Hye*. Un mot sur René François Sluse.

1851. *Piot*. Notice sur le baron Arnoul de Ville, ingénieur de la machine hydraulique de Marly. — *H. Helbig*. Campagne du corps d'exécution dans le pays de Liége, en 1790, extraite des mémoires du général Eickmeyer.

1853. *J. Petit*. Sur la restauration de l'église Notre-Dame de Tongres.

1854. *Arn. Schaepkens*. Le péron liégeois.

1855. *F. Capitaine*. Une lettre de Bassenge.

1856. *H. Helbig*. Une lettre d'indulgences émanée et datée de Liége, 1482.

1857. *H. Helbig*. Preces afflictae Flandriae.

1858-1864. *H. Helbig*. Notices sur quelques livres rares du XVIe siècle.

1858. *A. Schaepkens*. L'église de Saint-Martin, à Saint-Trond.

1859. *J. Weale*. Ivoires sculptés de Genoels-Elderen, près de Tongres.

1860. *A. Schaepkens*. L'église de Saint-Quentin, à Hasselt.

1861. *Weale et C. de Borman*. Notice sur l'inscription de dédicace de l'église de Rixingen (près Tongres). — *A. Schaepkens*. L'église de Saint-Pierre, à Saint-Trond.

REVUE BELGE.

Nous ne mentionnerons pas dans cette liste les nombreux articles de MM. Bovy, Colson, E. Henaux, Van Hulst, Polain, etc., que leurs auteurs ont réunis plus tard en volume.

I. *Guioth*. Description des médailles frappées depuis le commencement de la révolution belge de 1830, jusqu'aujourd'hui. — *A. Borgnet*. Guerre de la vache. — *De Reiffenberg*. Une légende de la Hesbaye. Rosse à la Barbe, 1185.

II. *A. Borgnet*. Oppidum Aduatucorum. — *L. de H. Ruthier*, évêque de Liége et de Vérone. — *J. Grandgagnage*. Franchimont, wallonnade. — *Id.* Alfred Nicolas ou la littérature monstre. Satire.

III. *H. Guillery*. Salon de Liége, en 1836. — *Perreau*. Recherches historiques sur les sires de Fauquemont.

IV. Pièces concernant la Société d'émulation de Liége. — *J. Grandgagnage*. Du duel et de sa répression.

V. *V. Godet*. Des sociétés anonymes et des sociétés en commandite dans leurs rapports avec les sociétés anonymes (Tiré à part. *Liége*, 1837, in-8).

VI. *J. Grandgagnage et T. Weustenraad*. La grotte de Tilff. — *Félix Rey*. Liége au lion.

VII. *F. Thys*. Les six cents Franchimontois, drame en quatre actes.

VIII. *J. Grandgagnage*. La Meuse, wallonnade. — *L. M(enar)d*. Notice nécrologique sur le docteur T. D. Sauveur.

IX. *C. Morren*. Notice sur la vie et les travaux de Vincent Fohmann.

X. *Cadrtl*. De la question territoriale entre la Hollande et la Belgique. Mémoire annexé à l'adresse du conseil provincial du Limbourg à Sa Majesté, contre le morcellement du territoire de la Belgique.

XI, XII, XIII, XIV, XV. *J. Altmeyer*. Marguerite d'Autriche, gouvernante des Pays-Bas, sa vie, sa politique et sa mort.

XIII. *Visschers*. Plan d'organisation d'une prison neuve, à Liége.

XIV. *C. Perin*. Le Conservatoire royal de Liége. — *P. Lesbroussart*. Traditions liégeoises. Le château de Montfort.

XV. *Visschers*. Prisons de Liége. Mémoire.

— 647 —

— *L. D(enar)d.* Quelques mots sur les expositions de tableaux en général et en particulier sur celle que la Société pour l'encouragement des beaux-arts vient de faire à Liége.

XVI. (*F. Henaux*). Promenade au cimetière de Robermont... Tiré à part, sous le titre de Robermont lez-Liège, par J. B. Delhez *Liège, Oudart*, 1840, in-8. — (*J. Fuss*). Funus Napoleonis Lutetiae emeritorum militum templo illatum.

XVIII. (*J. Fuss*) Parisiorum comitis baptisma. — *H. Delvaux.* Ancien palais royal de Tervois.

XXI. (*J. Fuss*). Leodii civibus Gretryo suo statuam consecrantibus.

XXIII. *F. Henaux.* Études historiques et littéraires sur le wallon. Tiré à part, *Liège, Oudart*, 1843, in-8, de 99 pp. — *C. de Chénedollé*, John Cockerill et le pont de Seraing, poème.

XXIII, XXIV. *E. Henaux.* Galerie des poètes Liégeois (Regnier, Drevehé de la Croix).

XXIV. Nécrologie. Le docteur Vottem.

XXV. *H. Colson.* Notice nécrologique sur E. Henaux.

REVUE DE BRUXELLES.

1837, novembre. *Van Hasselt.* Liége. (Poésie.)

1839, mars. *Villenfagne.* Remacle Mohy, du Rondchamp.

1841. *Levae.* Nouveaux détails sur le banquet de Warfusée. — *Schayes.* Voyage dans les Pays-Bas espagnols et l'évêché de Liége, par le colonel français Duplessis Lécuyer, vers l'année 1650.

REVUE DE BRUXELLES (NOUVELLE).

1843. *M****. Fragments inédits d'une histoire de Liége. (Nolger et ses successeurs.)

1844. Histoire de Liége. Assassinat du bourgmestre La Ruelle. — *Lepas.* Coup d'œil sur la situation de la classe ouvrière de Verviers.

1845. *A. Leroy.* Critique de l'histoire de Liége par M. de Gerlache. — Observations sur cette critique.

1846. *Charin de Malan.* Jubilé de Liége, 1246-1846. Sainte Julienne et la Fête-Dieu.

REVUE DE LA NUMISMATIQUE BELGE.

PREMIÈRE SÉRIE. 1. *Leodinus* (l'abbé Louis). Quelques mots sur le péron de Liége. — *Perreau.* Recherches sur les seigneurs de Herstal et sur leurs monnaies (voy. aussi II, p. 106). — Monnaies de Huy. — Quel sens doit-on attacher au mot *moneta* dont se sert Louis XIV dans le diplôme par lequel il ratifie les droits d'Étienne, évêque de Liége, sur la ville de Maestricht. — *Piot.* Classification de quelques monnaies liégeoises inédites.

II. *Perreau.* Recherches sur les comtes de Looz et sur leurs monnaies. — *F. Henaux.* Considérations sur l'histoire monétaire du pays de Liége. — *Perreau.* Recherches sur la ville de Maestricht et ses monnaies.

III. *Serrure.* Médaille de Françoise Christine, abbesse de Thorn (voy. aussi t. VI). — *Perreau.* Recherches sur l'atelier monétaire liégeois de Saint-Pierre. — *Petit.* Recherches sur l'histoire monétaire de l'ancien pays de Liége. — *Perreau.* Le péron liégeois. — *Piot.* Symboles de quelques ateliers monétaires du pays de Liége. — *Perreau.* Recherches sur les corporations des métiers de la ville de Maestricht et sur leurs méreaux. — *Piot.* Nouvelles observations sur le péron de Liége. — *Serrure.* Les seigneurs de Niel ont exercé le droit de battre monnaie.

IV. *Piot.* Imitation des sceaux des communes sur les monnaies des provinces méridionales des Pays-Bas et du pays de Liége. — *Perreau.* De l'individualité monétaire des municipalités liégeoises. Lettre à M. C. Piot. — *Perreau.* Une monnaie de Simon de Limbourg. — *Id.* Recherches sur les princes-abbés de Stavelot et sur leurs monnaies. (Voy. aussi 2ᵉ série, t. I.) — *Id.* Recherches historiques et numismatiques sur la grande commanderie de l'ordre teutonique de Vieux-Joncs. — *F. Henaux.* Les institutions monétaires du pays de Liége. Le gardien de la monnaie. — *Perreau.* Recherches sur les sires de Sichen de la famille de Schonvorst et sur leurs monnaies.

V. *Perreau.* Recherches sur les seigneuries de Vogelsanck et de Zolder, et sur leurs monnaies. — *De Coster.* Nouveaux triens de Huy.

VI. *Petit.* Catalogue des méreaux, des médailles et des jetons des chapitres, des corporations et des familles de l'ancien pays de Liége. — *Perreau.* Recherches sur l'atelier monétaire de Hasselt. (Voy. aussi 2ᵉ série, t. I.)

DEUXIÈME SÉRIE. I. *De Coster.* Notice sur deux monnaies inédites du pays de Liége. — *Serrure.* Jeton d'Edmond, baron de Bocholt, grand commandeur des Vieux-Joncs. — *Petit.* Catalogue des médailles et des jetons historiques de l'ancien pays de Liége. — *Piot.* Notice sur cinq monnaies inédites frappées à Bruges, Bruxelles, Dinant, Huy et Namur. — *Chalon.* Le dernier prétendant de Looz. Monnaie de Brée. — *Van Hulst.* Nécrologie. Léonard Jehotte. — *Chalon.* Recherches sur les seigneurs de Grousveld et leurs monnaies. (Voy. aussi t. VI.)

II. *A. Perreau.* Recherches sur les sires d'Elsloo et leurs monnaies. — *H. Chalon.* Monnaies de Reckheim.

III. *Meyers.* Notice sur un dépôt de monnaies (liégeoises) du XIᵉ siècle, trouvé à Maestricht. (Cette notice a été critiquée dans le tome VI). — *Chalon.* Monnaies de Reckheim. — *De Jonghe.* Monnaies de Thorn, monnaies d'Hannut. — Pièces néoliégeoises (des évêques de

Méan, Van Bommel, de Montpellier). Mystification de M. R. Chalon.

IV. *De Coster*. Essai de restitution d'une monnaie d'or à Englebert de la Marck, évêque de Liége.

V. *Chalon*. Un gros de Thibaut de Bar, évêque de Liége, frappé à Reims. Un denier inédit du même. — *Piot*. Notice sur des monnaies noires du pays de Liége et du comté de Hollande. — *Id*. Notice sur les monnaies de la seigneurie de Rummen. (Voy. aussi 3e série, t. III.)

VI. *Piot*. Notice concernant des monnaies de Kessenich, Hornes, Grave, Randerode, Stevensweerd et Reckheim. — *Chalon*. Monnaies belges trouvées en Irlande. Esterlins d'Agimont, de Weert, de Statte (Huy), d'Yves, etc. — *Piot*. Le denier de Charlemagne, frappé à Liége, et le berceau de ce prince. (Voy. aussi 3e série, t. III, pp. 210-239.) — Notice sur des monnaies noires et de billon de Reckheim et de Stein.

TROISIÈME SÉRIE. I. *Chalon*. Quelques monnaies seigneuriales inédites (de Russon, Rummen, etc.). — *Piot*. Un denier inédit de Robert de Langres, évêque de Liége. — *Id*. Notice sur les monnaies des sires de Runde, des seigneurs de Gruytrode et des sires de Richt, de Schonvorst et d'Elsloo.

V. *F. Henaux*. Histoire monétaire du pays de Liége. Un document inédit. — *Dumont*. Lettre à M. Chalon sur un jeton de Liége.

V (VI et 4e série, t. I). *Perreau*. Catalogue des monnaies de la principauté et évêché de Liége.

VI. *Chalon*. Un sceau du chapitre de Liége. — *Perreau*. Une trouvaille de monnaies à Tongres. — *Chalon*. La plus ancienne monnaie des abbesses de Thorn.

QUATRIÈME SÉRIE. III. *A. Perreau*. Trouvaille de monnaies à Nederheim. — *Id*. Médailles honorifiques de la principauté de Liége. — *R. Chalon*. Monnaies rares ou inédites (Reckheim, Liége, Brée).

IV. *S. Bormans*. Instruction et ordonnance suivant laquelle Jean Goffin, maître mennoyeur de S. A. S. (de Liége), se devra gouverner.

V. *A. Perreau*. Supplément au catalogue des monnaies de la principauté et évêché de Liége.

REVUE DE LIÉGE.

I. *J. Nypels*. Notice sur Emmanuel Victor Godet, professeur à l'Université. — *F. Van Hulst*, André Boussart. — *M. Polain*. L'empereur Henri IV et l'évêque de Liége Otbert. — *F. Henaux*. Les quatre fils Aymon. (Tiré à part. Liége, Oudart, 1844, in-8, 44 pp.)

I. II. *F. Henaux*. Tableau de la constitution liégeoise. (Liége, Oudart, 1844, in-8, 44 pp.) — *F. Van Hulst*. Charles de Langhe (Carolus Langius) et Hévin Vanderbeke (Laevinus Torrentius).

II. *R. et F. V. H.* Les eaux de Chaufontaine. — (*J. Grandgagnage*). Deux wallonnades nouvelles. . Tiré à part. Liége, Oudart, 1845, in-8, de 156 pp. — *Nand (F. Henaux)*. Vieux mensonges et erreurs nouvelles. Première lettre sur l'histoire de Liége. — *Id*. Numismatique liégeoise. Méreaux inédits. (Tiré à part sous le titre de Nawrèdez numismatographiquez so Lige rauchneviez, par D. T. Lige, F. Oudart, 1844, in-8, de 11 pp, avec une pl. (Voy. sur cette facétie prétenduement tirée à sept exemplaires, le *Bulletin du bibl. belge*, t. II, p. 43.)

III. *F. Henaux*. La croix de Verviers à propos du tonlieu de Liége. . Tiré à part. Liége, F. Oudart, 1845, in-8, de 30 pp. — *Id*. Dissertation sur le calendrier liégeois. . Tiré à part sous le titre de Dissertation. . Par N. A. N. D. Liége, F. Oudart, 1845, in-8, de 26 pp. — *F. Van Hulst*. Notice sur le P. Hennepin d'Ath. — (*Duvivier*). Li Roa e l'kwerba, faw.

IV. *F. Van Hulst*, Abraham Ortelius. — *Id*. Christophe Plantin. — *F. Henaux*, Laurent Nélart. — *J. Peit*. Paul Noël, peintre de genre.

V. *Ier de Stassart*. Notice sur Bassenge. — *L. M*. Notice nécrologique sur A. Gaussoin. — *F. Henaux*. L'étendard de Saint-Lambert. . Tiré à part sous le titre de Recherches historiques sur l'étendard national des Liégeois. . Liége, F. Oudart, 1846, in-8, de 28 pp. — *F. Van Hulst*. Hubert Goltzius.

VI. *F. Van Hulst*, Jean Gruytere. — *Id*. André Schott. — *Id*. Les neveux de Laevinus Torrentius ; Joannes Livineeus et A. Papius. — *A. Muret (F. Henaux)*. Souvenirs d'une excursion au manoir de Saive. . Tiré à part sous le titre de Voyage romantique dans le pays de Liége, par André Muret. Herve, Dumoulin, 1846, in-8, de 31 pp. — *F. Henaux*. Le miroir diabolique. — *Id*. Recherches historiques sur le péron de Liége. . Tiré à part. Liége, Oudart, 1845, in-8, de 24 pp.

VII. *C. Delsaux*. L'architecture et les monuments du moyen Age à Liége. . Tiré à part. Liége, Oudart, 1847, in-8, de 58 pp., avec une pl. — A la mémoire de Charles Simonon. Couplets liégeois. — *A. Muret (F. Henaux)*. Chasse aux souvenirs. Excursion aux ruines de Franchimont. . Tiré à part sous le titre de Chasse aux souvenirs dans le pays de Liége, par André Muret. Liége, F. Oudart, 1846, in-8, de 64 pp.

REVUE D'HISTOIRE ET D'ARCHÉOLOGIE, in-8.

1. *C. Berthels (l'abbé de Ridder)*. Notice sur les limites de l'ancien diocèse de Liége, depuis la Meuse (Hollande) jusqu'à la Dyle (Belgique). — *Id*. Etymologie du mot *Kempenland*, Campine. — *Ruhtenbeck*. Les comtes de Hostade et de Dalhem.

II. *Chalon*. Le dernier duc de Bouillon.

III. *Chalon*. Les seigneurs de Mune.

REVUE NATIONALE DE BELGIQUE.
In-8.

II. *Grandgagnage*. Un ancien manuscrit. Pierre l'Hermite.

V. De Liége à Aix-la-Chapelle. (Description du parcours de ce chemin de fer.)

XVII. *Comte de Renaul*. Louis de Geer, notice historique (1587-1652). — *A. Borgnet*. André Bourlette, épisode de la réforme à Liége.

REVUE TRIMESTRIELLE.

VII. *E. Wacken*. Marina, poëme dramatique. (*Voy.* d'autres poésies du même, t. VI, X, XII, XXI.)

VIII, IX, XI, XIII. *A. Leroy*. Lettres éburonnes. La controverse sur l'origine des Wallons.

XI. *Rahlenbeck*. Le protestantisme dans le Limbourg et les pays d'Outre-Meuse. — *X. Olin*. Une excursion dans les Ardennes, Chaudfontaine, Tilff, Comblain-au-Pont, Remouchamps, etc.

XII. *A. Leroy*. Les cramignons. — *Peetermans*. Philippe de Maldeghem.

XX. *Peetermans*. Henri de Wachtendonck.

XXII. *Kuborn*. Jean Polit.

XXIII. *V. Henaux*. Galerie des poëtes liégeois : Trappé.

XXIX. *V. Le Cocq*. Cascatelles du vallon des artistes à Spa (poésies).

XXX. *C. A. Desoer*. Denis Sotiau, Essai sur sa vie et ses ouvrages.

XXXIII. *V. Henaux*. Le cimetière de la ville de Liége. Excursion archéologique.

XXXIV. *Gatesloot*. Jacques de Bourgogne, seigneur de Fallais et sa famille.

XXXVIII. *Van Bemmel*. Notice sur Auguste Baron. — *L. Humblet*. Les meetings de Liége et de Mons en faveur de l'abolition de la peine de mort.

XXXIX. Exposition des beaux-arts et des arts industriels à Liége.

XL. *F. Daxhelet*. Souvenir du pays. Un coin de la Hesbaye.

XLI-XLII. *F. Daxhelet*. Excursion au roman-pays (Hesbaye).

XLIII. *D.* Lettre liégeoise (sur les conférences populaires).

XLVII. *F. Daxhelet*. En touriste, au pays d'Outre-Meuse. Cet article a été continué dans les volumes suivants.

SOCIÉTÉ D'ÉMULATION A LIÉGE.

PROCÈS-VERBAUX.

1810. *D. Sauveur*. Éloge historique de Henri de Beers, docteur en médecine.

1811. Notice sur l'établissement d'une fabrique de blanc de zinc dans le département de l'Ourte.

1820. *Ramoux*. Notice sur l'établissement de la Société maternelle.

1821. *Calès*. Mémoire sur l'établissement des mérinos dans la province de Liége et les pays circonvoisins. — *J. N. Comhaire*. Notice historique sur le docteur Nysten. — *De Gerlache*. Essai sur Grétry (réimprimé, *Bruxelles*, 1842, in-8).

1823. Observations sur le projet de deux nouvelles rues dans la ville de Liége, avec plan.

1842. *H. Guillery*. Notice nécrologique sur M. Deanin, président honoraire de la Société. — *Lesbroussart*. Notice sur L. J. Dehaut. — D' *Rabets*. Notice sur le D' N. G. A. J. Anslaux. — *E. Buschmann*. André Grétry, poëme. (Suivi d'autres poésies sur le même sujet, par J. G. Modave, J. Grangé, J. Lardin.)

1851. D' *Bosel*. Villas romaines et autres monuments anciens de la commune de Limerlé. — *C. Moulan*. Liége avant et après sa destruction par Charles le Téméraire. — *H. Guillery*. Mémoire sur la Meuse et la dérivation de ce fleuve.

1854. *D. Sotiau*. A la Société d'émulation, le jour de l'inauguration de sa nouvelle salle.

1858. *F. Capitaine*. Essai biographique sur H. J. Orban, membre du Congrès national.

MÉMOIRES.

I. *C. Malaise*. Mémoire sur les découvertes paléontologiques faites en Belgique jusqu'à ce jour. — *J. Franquoy*. Histoire des progrès de la fabrication du fer dans la province de Liége. — *A. Warzée*. Exposé historique de l'industrie du fer dans la province de Liége. II. *A. Stevart*. Mémoire sur les meilleures méthodes d'analyse des minerais qui, en Belgique, servent à l'extraction du fer, du cuivre, du zinc et du plomb. — *R. Malherbe*. Historique de l'exploitation de la houille, dans le pays de Liége, jusqu'à nos jours. — *J. Helbig*. Rapport sur l'exposition de 1802.

ANNUAIRE.

1856. *Polain*. L'abbé Raynal et Bassenge.

1856, 1857, 1858, 1859. *U. Capitaine*. Notice historique sur la Société libre d'émulation de Liége.

1857. *Stappers*. Notice sur Alexandre Lemarié. — *H. Kuborn*. Poésie pastorale : N. Comhaire. — *Polain*. Notice sur l'Académie royale de Belgique. — *N. Peetermans*. Philippe de Maldeghem. — *H. Helbig*. Remacle Mohy et son *Cabinet historial*.

1858. *H. Helbig*. Jean Baptiste de Glen et son *Oeconomie chrestienne*.

1859. *J. Stecher*. Flamands et Wallons. — *N. Peetermans*. La couronne margaritique ou l'urbanité en 1505. — *J. Helbig*. Rapport sur l'ornementation du pont des Arches. — *Id*. Une visite au musée communal, à propos d'un tableau de Lairesse. — *Id*. Rapport sur l'exposition des beaux-arts de 1858.

1860. Le centième anniversaire de la naissance de Schiller, célébré à la Société libre d'émulation, le 10 novembre 1859. — *H. Helbig*. Alexandre Sylvain de Flandre, notice biographique. — *D. Sottau*. l'humanité, poëme. — *Lavalleye*. Essais de biographies musicales liégeoises. Les Hamal. — *N. Peetermans*. Les visions de Mélinte, par Thomas des Noyons.

1860-1860. *U. Capitaine*. Documents et matériaux pour servir à l'histoire de la Société libre d'émulation.

1861. *H. Helbig*. Jean-Baptiste de Glen. Son tableau de la ville d'Anvers, etc. — *Id*. Henri de Valenciennes, précurseur de Froissart.

1862. *Kuborn, E. Goffart, A. Leroy*. Notices sur N. Peetermans et discours prononcé à ses funérailles.

1863. *H. Helbig*. Le baron Blaise Henri de Waleff. — *A. Leroy*. Notice sur H. Dewandre, président de la Société.

1865. *H. Helbig*. Raeun et Breuché de la Croix. — *J. Stecher*. Notice sur le professeur Jean Ackersdyck. — *A. Borgnet*. Mort du poète liégeois Regnier.

1866. *H. Helbig*. Herman de Bourgogne, comte de Fallais, poète du commencement du XVII siècle. — *U. Capitaine*. Spa en 1584.

SOCIÉTÉ LIÉGEOISE DE LITTÉRATURE WALLONNE.

BULLETINS.

Nous n'avons pas compris dans cette liste un grand nombre de poésies wallonnes, la plupart couronnées par la Société, et dont les auteurs sont MM. F. Bailleux, T. Bormans, O. Rosson, J. G. Delarge, N. Defrecheux, A. et T. Delchef, A. Hock, G. Magnée, E. Martial, G. Mussel, P. Philippe, N. Poulet, A. Remacle, T. S. Renier, M. Sautkin, M. Thiry, L. Vandervelden, J. F. Xhoffer.

I. *A. Delchef*. Li galant di l'sèrvante, comédeie è deux actes. . Tiré à part. Liége, Renard, 1858, in-8 et in-12. — Eximio domino ac magistro nostro D. Mathiae Navaeo Leodiensi in D. Petri Pauci pastori vigilantissimo, doctoralem in sacra theologia lauream musa patria gratulatur 1620 ... Réimpression de la plus ancienne pièce wallonne imprimée, avec date certaine. — Pasquée critique et calotenne . Réimpression avec traduction, préface et notes de l'édition de 1732. M. U. Capitaine en a fait tirer à part deux éditions. Liége, Carmanne, 1858, l'une in-8 de 50 pp., l'autre in-12, de 42 pp., à 45 exemplaires numérotés. Cette dernière ne contient pas la traduction.

II. *E. Remouchamps*. Li Savetî, comédeie è deux actes. — *A. J. Alexandre*. Li pèchon d'avril, comédeie ès cinq acques. — *J. F. Xhoffer*. Les blesses, comédeie en deux akes. — Moralité wallonne de la première moitié du XVII siècle. — Pasqueille plaisante entre Piron et Pentecosse, sur l'élection et bénédiction du nouveau abbé de Saint-Jacques, en Liége le 24 mars 1675. — *U. Capitaine*. Les premiers documents liégeois écrits en français.

III. *A. Delchef*. Les deux neveux, comédeie ès treux actes. — Les feummes, chanson (1750?). — *H. Chavée*. Une maladie chronique de la langue wallonne. — *H. Forir*. A Mêcieu lu manbor del grande kontraîrele walonte di Lîch. — *J. Stecher*. De la carte du pays wallon.

IV. Première response de Calotin... Réimpression avec préface et notes de l'édition de 1733, publiée chez J. G. Carmanne, 1862, in-8, de 23 pp. — *U. Capitaine*. Quelques mots sur les premières inscriptions liégeoises écrites en langue romane. — *H. Forir*. Notul su lè bazô skol dè vî tin. — *J. Dejardin*. Dictionnaire des spots ou proverbes wallons. Ouvrage couronné par la Société liégeoise de littérature wallonne, contenant intégralement, outre le mémoire qui a obtenu le prix extraordinaire, les travaux de MM. Defrecheux, Delarge et Alexandre. Revu, coordonné et considérablement augmenté par J. Dejardin, Alph. Leroy et Ad. Picard; précédé d'une étude sur les proverbes par J. Stecher. .. Tiré à part. Liége, F. Renard, 1863, in-8, de VIII-626 pp. Il faut y ajouter l'article suivant publié dans le t. V, par F. L. Hoffmann : Proverbes de la Basse-Allemagne en rapport avec les spots wallons.

V. *S. Bormans*. Le bon métier des tonneurs de l'ancienne cité de Liége... Tiré à part. Liége, Carmanne, 1863, in-8, de 357 pp. et 2 ff., avec trois planches. — *A. Hock*. Coutumes liégeoises. Les enterrements. — *F. Bailleux*. Note grammaticale. Du pluriel, des substantifs et des adjectifs en wallon.

V. VI. *S. Bormans*. Documents divers, extraits des archives de Liége.

VI. *A. Delchef*. Pus vis pus sots, comédeie-spot en in oke. — *N. Poulet*. Faures et fauvurons. — *S. Bormans*. Vocabulaire des houilleurs liégeois... Tiré à part. Liége, Carmanne, in-8, de 120 pp. — Extraits d'un dictionnaire wallon-français, composé en 1793, par M. Aug. Fr. Villers, de Malmédy. — Pasqueille di Qwareme et Charnele, 1700 (?). — *A. Hock*. Un vieux quartier de Liége. La rue Neuvice. Us et coutumes.

M. U. Capitaine a en outre publié, dans ces bulletins, des rapports sur la Bibliothèque de la Société liégeoise de littérature wallonne qui ont été tirés à part, Liége, Carmanne, in-8.

ANNUAIRE.

1863. *U. Capitaine*. Ce qu'on pourrait appeler une introduction. — *F. Bailleux*. Le patois à Liége il y a cent ans, 1763. — *C. A. Desoer*. Charles Nicolas Simonon, notice biographique. — *U. Capitaine et A. Leroy*. Henri Forir. Notice biographique et bibliographique.

1864. *U. Capitaine*. Les chansonniers forains Moreau et Simonis. — *U. Capitaine et A. Leroy*. Charles du Vivier, notice biographique et bibliographique. — *A. D. Henri Bovy*. Notice biographique.

TABLE DES AUTEURS.

A

Abbondanti (Antonio). Hercules, 45. — La Giuditta, 45.
Abry (Louis), 212.
Abry, 406.
Aché (d'). Tableau, 608. — Réclamation, 609.
Adam, 524.
Affre (abbé), 416.
Agostini (J.), 74.
Agricola (Franc.). De verbo Dei, 13. — De assidua lectione, 17.
Alberdingk-Thijm, 636.
Albert (N. A.), 522.
Alenus (Andreas), 550.
Aler (P.). Annus, 570. — Sol, 571.
Alexandre, 296.
Alexandre, 346.
Alexandre (A. J.), 650.
Alexius (Christianus), 229.
Alford (Michel), 100.
Alletz, 286.
Allignol, 458.
Alloza (Jean d'), 113.
Altmeyer (J.), 419, 646.
Alvarez (Emmanuel). Prosodia, 202. — Grammatica, 233, 397. — Sintaxis, 289.
Alvin (A. J.). Réponse, 515. — La bourse, 525.
Alvin (L.). Éléments, 386. — Annuaire, 411. — Revue de Liége, 440.—Morceaux, 516.— Chrestomathie, 524. — De viris, 524. — Phèdre, 532. — Les eaux, 612.
Amand (M.), 301.
Amatis (M. Ant. de), 38.
Amay (Léon d'), 523.
Amiable (F. A. J.). Le bon droit, 417. — Logique, 423. — Essai politique, 446.
Ancion (Pascal). Instruction historique, 268. — Exercices, 271. — Abrégé, 271. — Réflexions, 271. — Pratiques, 302.

Ancion (J. D.). Logographe, 483. — Trois lettres, 521.
Andries, 509.
Andriessens (J. D.), 221.
Andrimont (J. d'), 527.
Andrimont (L. d'). Coup d'œil, 532. — Le travailleur, 533.
Angenot (T. J.). Conseils, 416. — Nouveau recueil, 608. — Amusements, 609. — Bertholde, 609. — Oraison funèbre, 609. — Grammaire élémentaire, 611. — Mélange, 611.— Chansonnier, 612. — Notes, 612.—Le quiproquo, 612.— Journée, 614. — Étrennes, 615. — Extraits, 616. — Le chat, 617. — Lyre verviétoise, 617. — Chansons, 618. — Œuvres, 626.
Angenot (F.), 497.
Annat (François). Cavilli, 94.— Response, 99.
Annonciation (Gabriel de l'), 86.
Ans (François d'). Abrégé, 220. — Triomphe, 226.
Ans (Charles d'). Articles, 76. — L'Indifférent, 76. — Remonstrance, 76. — Censure, 87. — Continuatio, 87. — Justitia, 87. — Repertorium, 87. — A Messieurs, 145.
Ansiaux (E. A. J.). Articles publiés dans l'Esprit des journaux, 280. — L'heureuse délivrance, 296. — Mémoires, 308. — Aperçu, 341.
Ansiaux (N. A. J.). Bouquet, 814. — Couplets, 340.
Ansiaux (N. G.). Actes, 375. — Clinique, 384. — Systema, 392. - Question, 392. — Discours, 398. — L'observateur, 403.
Ansiaux (N. J. V.). Manuel, 403. — De l'influence, 469.
Ansiaux (N.). Les deux apprentis, 429. — L'étudiant, 431.— Un poulet, 472.
Ansiaux (Jules). Dispensaire, 445.— Blépharoplastie, 445.— Plato, 452. — Tumeurs, 474. — Bronchotomie, 485. — Faits, 480.
Ansiaux (Oscar), 523.
Ansiaux (Lucien), 523.

— 652 —

Ansillon (J.). De simonia, 133. — Entretiens, 150. — Responce à un discours, 151. — Responce au second discours, 153.
Antoine (P. G.), 282.
A...o (E.), Liége, 625. — Spa, 627.
Arc (L. G. d'), 257.
Ardeur (Nicolas de L'), 8.
Arendt, 641.
Argenson (d'). Considérations, 314. — Loisirs, 314.
Argenville (d'), 305.
Arias (François), 21.
Arnauld (Antoine). Les bibles, 139. — Apologie, 143. — Troisième plainte, 160. — Testament, 167. — Justification, 184.
Arnould (P. J. D.). Revue, 419. — Notice, 620.
Ash (John), 601.
Aspremont (d'), 333.
Asselyn (T.), 568.
Assumption (Charles de l'). Éclaircissement, 143. — Elucidatio, 143. — Vindiciarum postulatio, 149. — Complainte, 149.
Astroy (Barth (d'). Raisons, 74. — Bréviaire, 77. — Redenen, 78. — Traité des louanges, 78. — Responce apologétique, 83. — Remontrance, 89. — Directorium, 95. — Antidote, 95. — Les rapproches, 95. — Épître, 97. — Conférence de Mariebourg, 105. — Lettre, 106. — Le marteau rompu, 106. — Confutatio, 107. — La dispute, 107. — Catéchisme, 108. — Monitoire, 110. — Armamentarium, 111. — Traité du bien, 118. — Alphabet, 126. — Paraclesis, 127.
Aubremont (Joseph Ant. d'). Doctrina, 143. — Mantissa, 148.
Auerbach (B.), 495.
Augustin (Athanase de St). Voy. Maigret.
Aulnoy (Madame d'), 342.
Auvin (d'), 388.
Avila (Don Loys d'), 346.
Avoine (P. J. d'), 621.
Avroy (Douairière d'), 515.
Awaingne (Hilaire d'), 94, 128.
Azel (Carl), 448.

B

B... de Montjoy (de), 346.
Baccius (Andreas), 550.
Backer (A. de). Bibliothèque, 402. — Essai, 531.
Bahrdt, 277.
Baillet (Adrien), 204.
Bailleul (Ferd. de), 155.
Bailleux (F.). Disfinse, 443. — Choix, 451. — Au congrès 462. — Fåves, 463. — Deux fåves, 487. — Théâtre, 495. — Concours, 504. — Lette, 504. — Le patois, 507. — Annexes, 650.
Balbi (A. de), 594.
Balinghem (Antoine de), 39.

Ballard (L. P.), 204.
Baltus (J.), 529.
Banelt (Jean), 28, 110.
Barbaix (Nicolas), 213.
Barbanson (Constantin de), 54.
Barbier d'Aucour, 149.
Barbu (Christophe). Manipulus, 44. — Libellus, 44.
Barella (H.), 635.
Baret, 592.
Barillié (C.), 487.
Barlet (E.), 510.
Baron, dit Bazin (François), 205.
Baron (S.), 504.
Baron (A.). Revue, 419. — Vers, 504.
Barpain de Cattinabe, 404.
Bartault (A.), 489.
Barraut (François), 62.
Barrême, 184.
Barry (Paul de). Dévotion, 68. — Paradis ouvert, 70. — Trois journées, 74. — Solitude, 77. —
Bartels (F.), 614.
Barthélemy, 592.
Bartolt (Daniel), 89, 94.
Bartollet (Laurent), 71.
Bassenge (Lambert). Courrier, 349. — Discours, 352. — Quelques mots, 356. — Quelques observations, 357.
Bassenge (J. N.). Séance, 304. — Lettres à M. l'abbé de P., 315. — Remontrance, 318. — Pièces diverses, 319. — Note, 321. — Observations, 324. — Rapports, 332. — Citoyens, 343, 345. — Gazette, 342. — Rapport, 348. — Courrier, 349. — Les députés, 350. — Au citoyen Poswick, 357. — A Spa, 372. — Loisirs, 394. — L'avant-coureur, 592. — Adresse, 598. — Traduction, 599. — A P. Chaussard, 601. — Discours, 601.
Bassompierre (J. F.). Supplique, 209.
Bassompierre (J. F. de). Exposé, 441. — Les Boutes, 447. — Courte réponse, 454. — Chèvremont, 488.
Bastin (S.), 299.
Baudoin (Dominique), 369.
Baudran (de), 291.
Baumblatt, 500.
Bavière (S. M. le roi Louis de), 411.
Bayard (Jérôme), 265.
Boyet (F.), 419, 459.
Boyet (A.), 419, 459.
Beanin, 333.
Beaufays (G.). Entomologie, 614. — Flore, 632.
Beaujean (E.). De la révolution, 499. — Le déficit, 503. — La réforme, 503. — De la position, 503. — L'impôt, 506. — Revue, 510. — Le roi règne, 517. — La ville, 524.
Beauvoir (Robineau, dit de). L'ami des hommes, 337. — Les masques, 594.
Beauprez (J.), 533, 536.

Beauvais (de), 285.
Beauvoir (Mme de). Discours, 385. — Cours de morale, 407.
Beauzée, 346.
Becanus (M.). Analogia, 207.
Becdelièvre (de), 421.
Beck (C.). Éléments de géométrie, 489. — Traité, 489. — Éléments d'algèbre, 497.
Beckers (G.), 577.
Becq de Fouquières, 302.
Bède (E.). Programme, 505. — Revue, 509. — Résumé, 529. — De l'économie, 529. — Annales, 632.
Beeckman (N. E.). Les hermites, 187. — Réponse, 187.
Beeckman, 615.
Beghin (T.), 471.
Behr (J.), 412.
Behr (F.). Gazette, 342. — Réponse, 422. — De la question, 455.
Bellefroid, 355.
Bellefroid (C.). Mémoire pour le commerce, 396. — Dissertation, 398. — Mémoire pour la régence, 402. — Réponse, 423.
Bellefroid (L.). Manuel, 458. — Oraison, 488.
Bellegarde (de). Suite de l'imitation, 183. — Imitation, 189. — L'éducation, 202.
Bello (Pierre). Tragédie de saint Eustache, 47, 530. — Procès, 561. — Histoire, 563.
Belmon (D.), 575.
Belot (Jean), 186.
Bénard (A P.), 386.
Bender (baron de), 887.
Benedicti (M. J.), 11, 54.
Benoist (René), 5.
Béranger (P. J. de), 451.
Béraud (P.), 463.
Bergier (abbé), 822.
Berloz (André de), 80.
Bernard (François), 157.
Bernard (F.). Promenades, 479. — Les trois cousines, 495. — Mémoires, 500.
Bernard (P.). Lysiae oratio, 480. — Rapport, 618.
Bernard (J. Fréd.), 228.
Bernard (Jean), 197.
Bernard (Saint), 44.
Bernardin (Théophile), 28.
Bernimolin (E.), 532.
Bersot (J.). Méditations, 492, 515. — Nouveau combat, 506. — L'année, 520.
Bertaut (B.), 79.
Berthaud, 346.
Berthier (P.), 469.
Bertho (Bertrand). Le commerce, 275. — Méthode, 280. — Tarif, 280.
Bertholet. Lettre, 242, 243. — Histoire de la Fête-Dieu, 244, 298, 450, 460, 621.
Bertrand (P.), 151.

Bertrand (L.), 525.
Bertrand (J. L.), 587.
Bertrand (C. J.), 630.
Besançon (Phil.), 551.
Besnier, 128.
Beuil (de), 106, 108.
Bévy (de), 835.
Bex (Herman). Six panégyriques, 130. — Prières, 140.
Beys (Christ.), 556.
Bideloz (G.). Recueil, 255. — Pensées, 280.
Bielfeld (baron de), 374.
Bilkin (Léonard), 85, 190.
Billehé (Maxim. de), 40, 41, 48.
Billuart (Charles René). De monte, 205. — Apologie, 225. — Summa S. Thomae, 244, 253.
Binet (Étienne). Vie, 84. — Excellence, 88. — Response, 39.
Birnbaum (J. M. F.), 614.
Bistac (F.), 302.
Bivort, 496.
Bleyfuesz, 630, 635.
Blois (Louis de), 195.
Blouet (G. A.), 473.
Boch (P. J.), 391.
Bocholtz (Arnold de), 25.
Bocholtz (de), 562.
Bock (Jean). Réflexions, 167. — Jour évangélique, 179.
Bocquet (O.), 644.
Bodart (J. G.), 607.
Bodet (P. J.), 634.
Bodeus (J. N. L.), 314.
Bodson (M.), 406.
Boëns (H.). Almanach, 490. — Gazette, 495.
Boileau (Jacques), 187.
Boileau de Bouillon (G.). Commentaire, 546. — Petit traicté, 547. — Les exceptions, 547. — Pronostication, 548, 549.
Boissonnet, 485.
Bollaudus (Joh. Fabricius), 546.
Bolswert (Boëce de), 217.
Bon (L.), 443.
Bonaparte (Louis Napoléon), 469.
Bonhome (de), 217.
Bonjean (R.). Essai, 458. — Code, 465. — Jurisprudence, 488. — Revue, 496. — Mémorial, 509.
Bonnaud (abbé), 290.
Bonnefons (Amable), 79.
Bonours (Christophe de), 28.
Borelly, 451.
Borguet (A.). Revue belge, 410. — Revue de Liége, 449. — Sommaire, 458, 479. — Lettre, 463. — Le progrès, 481. — Histoire, 582. — Discours, 626. — Guide, 631. — Chronique, 635. — Annexes, 641, 642, 644, 646, 649, 650.

Borgnet (J.), 642, 645.
Borgnis (J. A.), 485.
Borguet (Eugène), 155.
Borguet (H.). Examen, 450. — Demande, 454. — A Messieurs, 454. — Des moyens, 482. — Réponse, 482.
Borlée (A.), 685.
Borlée, 468.
Borman (C. de), 642, 643, 644, 645, 646.
Bormans (J. H.). Sint Servatius, 633. — Annexes, 641, 644.
Bormans (Stanislas). Rapport, 461. — Société des bibliophiles, 530. — Précis, 530. — Annexes, 641, 642, 644, 645, 649, 650.
Bormans (T.), 519.
Bornem (J. A.), 158.
Borradius (Nicephorus), 174.
Borre (N. de). Apologia, 566. — Examen, 567.
Bory de Saint-Vincent, 384, 386.
Boset (C. J.). Le citoyen, 411. — Réforme, 440. — Plantation, 465. — Annexes, 649.
Bossuet (J. B.). Exposition, 167. — Histoire, 196. — Avertissement, 196. — Œuvres, 274. — Discours, 297. — Oraisons funèbres, 322. — Catéchisme, 588.
Bottin (A), 443.
Boucher (Gilles), 96.
Boudon (H. M.), 126.
Bougard (X.). L'an 1852, 483. — Almanach, 487, 500. — Revue, 491. — L'harmonie, 491. — Miscellanea, 495. — Le socialisme, 495. — La solidarité, 495. — Adresse, 505. — Citations, 508. — Des kondisyons, 515. — De la police, 518. — Rôle, 518. — Du domaine, 518. — Guerre, 523. — Le cataclysme, 523. — Essaie, 525. — Le partage, 535.
Bougeant. La femme, 224. — Le saint, 227. — Suite de la Femme, 227.
Bougnol, 414.
Bouhon, 523.
Bouhon (L.), 475.
Bouhours, 148.
Bouille (Théodose). L'écriture, 197. — Continuation, 197. — Confiance, 204. — Histoire, 218.
Bouille (Pierre), 31.
Boulaeze (Jehan), 15.
Bouquié, 635.
Bourbon (Isabelle Thérèse de), 287.
Bourdaille, 178
Bourdalone, 281.
Bourdon (J.), 262.
Bourdon, 296.
Bourgogne (J. P.), 519.
Bourgogne (Herman, de), 36.
Bourgoin de Villefore, 216.
Bourgoy (Benoît), 205.
Bourguignon (Simon), 164.
Bouteville, 602.

Bouvier (Sébastien). Miroir, 98. — Schola, 120.
Bouwens (Christian). Arcana, 43. — Romani imperii symmetria, 43.
Bouwens (André). Juris usus, 92. — Compendiosa methodus, 113. — Patrocinium, 115. — Sacer thesaurus, 124. — Cort begryp, 567.
Bovy (J.). Revue belge, 419. — Promenades, 427.
Brabant (Ignace de S. François dit). Réponse catholique, 95. — Synopsis, 150.
Bragarde (F. J.). Principes, 277, 300. — Recueil 587.
Brahy (E.). Les rencontres, 439. — Une larme, 447.
Braive, 853.
Brallon (E. N.), 478.
Brasseur (J. B.). Programme, 426. — Applications, 440.
Brasseur (H.), 452.
Braun (T.), 535.
Bressani (J. F.). Circulation, 174. — Description, 181. — Lettre sur les eaux, 181. — Description ou analyse, 182. — Hidroanalyse, 185. — Défense, 204. — Lettre à M. Delloye, 213. — Description des eaux, 213. — Parallèle, 214.
Bretonneau (G.), 118.
Breuché de la Croix. Vierge souffrante, 66. — Prières, 66. — De la tranquillité, 66. — Divertissement, 68. — Paraphrase, 70. — Académie, 88.
Briard, 374.
Briart (J. J.), 366.
Brias (Charles de). Voy. Assomption (Charles de l').
Bridoul (Toussaint), 140.
Brillon, 166.
Briol (M.), 531.
Brion (Erard de), 41.
Britton (J.), 500.
Britz, 640.
Brixhe (O.), 802.
Brixhe (J. G.). La tribune, 352. — Appel, 364. — Plaidoyer, 366. — Plan, 594. — Adresse, 595. — Motion, 604.
Brixhe (G. E.). Mémoire, 370. — Recueil, 374. — Code, 383. — Notice, 400. — Du conseil d'état, 412. — Essai, 417. — Documents, 436. — Manuel des fabriques, 489. — Manuel des bureaux, 489. — Quelques mots, 496. — Manuel des officiers, 496.
Broeckaert (J. J.). Guide, 489. — Modèles, 493. — Petit recueil, 497. — Narrationes, 501.
Broncart (Baudoin), 190.
Bronckart (E. de), 486.
Bronn (V.), 408.
Browne (L.), 503.
Brosius (H. I.). Journal, 326. — Catéchisme, 340.

— 655 —

Brouckère (C. de). Examen, 407. — Lettre, 458.
Brouckmeulen (Jean), 132.
Browerus (Christoph.), 119.
Brownrig, 585.
Bruhezius (P.), 547.
Bruiant (Nicolas), 63, 66.
Brumoy, 216.
Brun (A. F.), 520.
Brunet, 460.
Brusthem, 645.
Bruzen la Martinière, 253.
Bucherius. Voy. Boucher.
Buchler (Jean). Thesaurus, 128. — Elegantiarum regulae, 132.
Buffier, 292, 306.
Buisman (Léonard), 216.
Burat (A.), 523.
Burgers (abbé), 502.
Burggraff (P.), 528.
Burgi (P. B.), 62.
Burtin (F. X. de), 463.
Burton (abbé), 589.
Bury (Aug.), 519.
Bury (F.), 467, 479.
Buschmann (E.), 649.
Busenbaum (Herman), 90.
Bussi-Rabutin, 112.
Bustin (Jean), 192.

C

Calès (J. M.), 599, 649.
Camauer (G.), 505.
Cambrésier (R. H.), 314.
Camus (A. G.). Mémoire, 606. — Rapport, 606.
Candidus (Theodorus), 151.
Canisius (Petrus). Parvus catechismus, 4, 84. — Summa, 5. — Institutiones, 10. — Manuel, 37. — Catechismus, 137. — Catéchisme, 130, 143.
Capeau (L.), 533, 534, 536.
Capiaumont, 474.
Capitaine (F.). Gazette, 342. — Œuvres de W. Scott, 404. — Avis, 441. — Rapport, 450. — Notice, 461. — Observations, 471. — Avis, 475. — Statuts, 476. — Chemin de fer, 503. — Quelques mots, 517. — Annexes, 643, 644, 649.
Capitaine (U.). Notice, 476. — Recherches, 478. — Nécrologe, 481. — Théâtre, 495. — Chronique, 531. — Mémoire, 533. — Étude, 638. — Annexes, 642, 644, 645, 646, 649, 650.
Caraccioli (marquis de). Livre à la mode, 262. — Livre des quatre couleurs, 263. — Lettres, 287, 289.
Caraffa (Vincent), 140.
Caraffa (T.), 80.

Carier (Doctor), 27.
Caris (L. J.). Elegeia, 460. — In primitias, 488. — In favorem, 488.
Carlen (Mme E.). Le fidéicommis, 500. — La mansarde, 500. — Les frères, 512. — L'héroïne, 512. — Le tuteur, 518.
Carleton (Thomas Compton). Prometheus, 89. — Cursus, 101.
Carman (V.), 470, 477.
Carmanne (J.), 507.
Carmichael-Smyth (J.), 446.
Carpentier (N.). Le livre, 509. — Dictionnaire, 519.
Carrée (L. M.), 386.
Carront (A.). Prospectus, 247. — Art de bien bâtir, 248. — Calendrier, 248. — Description, 249. — Tarif, 250. — Abrégé, 251. — Science, 252. — Œuvres, 254. — Guide, 261 — Nouvelle architecture, 261. — Physique, 261. — Itinéraire, 334.
Carteret (Philippe), 220.
Cartier (de). Information, 166. — Information ultérieure, 166.
Cartier (de), 258.
Carton (C. L.), 610.
Cassal (Antoine de), 70.
Castelli (J.), 139.
Casterman (A.), 642.
Castermans (A.), 489.
Casti (J. B.), 388.
Castro (Jean Waltheri de), 51.
Catalan (E.), 536.
Cauchois-Lemaire, 384.
Cauchois (P.), 306.
Caumartin. La Belgique, 522. — Entre Liége et Maestricht, 524. — Annexes, 644.
Caussin (Nicolas). Apologie, 70. — Angelus pacis, 84.
Cellières (Laurent de), 200.
Cervantes, 274, 289.
Ceulleneer (de), 383.
Ceva (Thomas de), 216.
Chaix (Paul), 334.
Chalon (R.). Notice, 617. — Annexes, 644, 647, 648.
Chandelon. Revue militaire, 440. — Résumé, 457. — Revue des mines, 509. — Exposition, 529. — Académie, 640.
Chansay (J. B. J.). Traité de change, 444. — Tableaux de parité, 628. — Tableau des réductions, 631.
Chapeauville. Tractatus de necessitate, 9. — Petit traité, 11. — Abrégé de la somme des péchez, 11. — De casibus reservatis, 12. — Catechismi elucidatio, 17. — Tractatus de casibus, 19. — Summa catechismi, 20. — Epistola ad catechistas, 20, 22. — Gesta pontificum Tungrensium, etc., 24. — Thesaurus casuum, 54. — Tractatus historicus, 568.
Chapelle (abbé), 292.
Chapelle. Recueil, 374.

Chappe (G. L.), 342.
Chapuis (J. R.), 356.
Chapuis (F.), 638.
Charles (Ant.). Tractatus, 150. — Causa regalice, 152. — Du concile, 157.
Charlier (J. J.), 492.
Charlier (A.), 361.
Charneux (F. R. de). Voy. Henrart.
Charpentier (C. T. A.), 375.
Chateaubriand, 477.
Chaudron (L.), 519.
Chaumont (Lambert), 194.
Chaussard (P.), 601.
Chavée (H.), 656.
Chefneux (Mathias). Ecclesiae speculum, 114, 120. — Psalmorum exegesis, 140.
Chênedollé (de). Gazette, 347. — Notice sur l'Université, 390. — Discours, 398. — Notices nécrologiques, 401. — Dissertation, 401. — Le Globe, 402. — Œuvres de W. Scott, 404. — Notice historique, 406. — Revue belge, 419. — De la Belgique, 437. — Annexes, 642, 645, 647.
Chériot (A.), 550.
Chestret (L. de). L'article 10, 263. — A l'émulation, 293.
Chestret (J. R. de). Mémoire du bourgmestre, 317. — Copie, 319. — Règlement, 325. — Adresse, 330. — Considérations, 330. — Mémoire du citoyen, 356.
Chestret (H. de). Mémoire, 428. — Lettre, 481. — Sucreries, 517.
Chevrier, 260.
Chevron (J. N.). Moyen, 478. — Monsieur, 480.
Chokier (Jean de). Aureum Senecae opusculum, 21, 90. — Tractatus de permutationibus, 28. — Tractatus de re nummaria, 31. — Specimen candoris, 37. — Erotemata, 39. — Vindiciae, 44. — Constitutions, 46. — Syntagma, 47. — Apologeticus, 53. — Anchora, 68. — Thesaurus, 69. — Tractatus de senectute, 75. — Monetae, 79. — Facis historiarium centuriae, 82. — Jubilaeorum explanatio, 84. — Scholia, 100. — Onosander, 555. — Commentaria, 558. — Tractatus de legato, 559. — Paraenesis, 561.
Chokier (Érasme de). Tractatus de jurisdictione, 558. — De advocatis, 559.
Chokier (Jean Frédéric de), 56, 57.
Chokier (Gilles de), 70.
Chrétien (Annibal), 523.
Christofle (Martin), 23.
Christophe (H.), 344.
Christyn (J. B.). Les tombeaux, 125. — Délices, 275.
Chrouet (W.). Dissertatio, 156. — Lettre, 204. — Connaissance, 223. — Déclaration, 232. — Spadacrène, 582.
Chrouet (Henri). Sermon, 95 — Défense, 95.

Claesen (C.), 505.
Clairville, 296.
Clary (abbé), 299.
Claud (H.), 495.
Clavareau (A.). Françoise de Rimini, 479. — Le comte de Carmagnola, 483. — Le parjure, 487. — L'inconnu, 495. — Deux cœurs, 506.
Clavius (Christophe), 24.
Clémencet (dom), 252.
Clemens (C. H.), 407.
Clemens (Jacques), 274.
Clemens (Aug.), 813.
Clermont (A.), 441.
Clermont (G.). De la réforme, 462. — De l'organisation, 478. — Question, 478. — Contradictions, 525. — Les deux conventions, 628. — L'avenir, 638.
Clerx (P.), 645.
Clerx (Mathias), 188.
Clerx d'Aigremont. Mémoire, 278. — Information, 278.
Clesse (A.). Revue belge, 419. — Revue de Liége, 449.
Cloes (J. R.). Loi, 463. — Jurisprudence, 488. — Mémorial, 500. — Commentaire, 523. — Codes, 534.
Cloes (Ed.), 534.
Clocquet (Nicolas). Éruditions, 152. — Fleurs, 180. — La vraie arithmétique, 200.
Closset (D. J.). Les deux habitations, 626. — Une tempête, 632. — Lu trior, 633.
Closset (J. J.), 340.
Closson. Manifeste, 235. — Défense, 237.
Cocq (F. de), 151.
Cocus (R.), 559.
Coelmont (Léonard), 148.
Coeus (Pierre), 42.
Colbin (P.). Suppliques, 310. — Modèle, 310.
Colin (Henri), 191.
Colin (G.), 259.
Collet, 580.
Collette (T.), 536.
Colley (Gilles), 41.
Collignon (J. J.), 460.
Collin du Poulon, 455.
Collinet (E.), 482.
Collot (P.), 322.
Collot d'Herbois (J. M.), 344.
Colson (H.). Gazette, 342. — Traduction, 401. — Revue belge, 419. — Maubert, 483. — Mélanges, 505. — Annexes, 647.
Colson. Réplique, 325.
Colson (A.), 486.
Comhaire (J. N.). Constitution, 385. — Résumé, 403. — Quelques recherches, 410. — Annexes, 649.
Comhaire (N.). Idylles, 396. — Mon retour, 396. — Promenade, 396. — Loisirs, 396.
Condé (de), 452.

— 657 —

Coninckx (abbé). Les saisons, 306. — Fabelen, 607, 608. — Punt en meigeldichten, 615. — Poésies, 616.
Conrardi (J. F.), 54.
Conrardi (Mathias), 119.
Conscience (H.), 492.
Constant, 606.
Constant (C.), 303.
Contribution (Gilles), 514, 515.
Coppée (Denis). Vie de sainte Justine, 33. — Panégyrique, 33. — Chansons, 34. — Vie de sainte Aldegonde, 34. — Les muses françaises, 34. — L'exécrable assassinat, 35. — Sanglante tragédie, 36. — Chant triomphal, 36. — Pourtrait, 37. — Sanglante bataille, 37. — Tragédie, 37. — Pallas en deuil, 39. — Miracle, 564.
Coppeneur (F. R.), 609.
Coquelet, 206.
Coquilhat (J. P.). Lettre, 403. — Manuel, 405. Projet, 411.
Coquilhat. Revue militaire, 440. — Cours élémentaire, 445.
Coret (Jacques). Ange gardien, 110. — Joseph, 129. — L'année sainte, 129. — Étrenne de 1680, 140. — Le second Joseph, 141. — Le bonheur, 157. — Philédon, 161. — Le second Adam, 162. — Les merveilles, 164. — Occupations, 166. — Conduite de l'ange, 168. — Extrait du sermon, 186. — Extrait du second sermon, 186. — Maison de l'éternité, 187. — Les ardeurs, 190. — Ange conducteur, 193. — Étrenne de 1708, 193. — Étrenne de 1709, 195. — Étrenne de 1710, 196.
Corneille (Thomas), 471.
Cornelissen (D.), 583.
Cornesse, 206.
Cornet-Auquier (H.). Qui tord les écritures, 472. — Notice, 626.
Cornet (N. J.). Les beautés, 509. — Les saintes reliques, 520.
Corona (Mathias à). Tableau, 77. — Sanctitas ecclesiae, 109. — Potestas, 117. — De dignitate, 122. — De potestate, 126. — De missionibus, 130. — Tractatus de potestate, 132.
Corselius (Gisbertus Conventinus), 69.
Corswarem (de). Mémoire, 631. — Annexes, 643.
Cort (G. de), 618.
Coster (J. L.), 270.
Coster (J. B.), 279.
Coster (L. de), 644, 647, 648.
Costerus (Rumoldus), 128.
Cotentin (Ferréol), 350.
Coumont (E.), 610.
Coumont (L.), 610.
Coune (Bauduin). Reverendo D. de Miche, 54. — Vita S. Rochi, 59.
Counet (L. B.), 246.

Courbeville (de), 230.
Courtejoie (A). Les illustrations, 471. — Histoire de Saint-Trond, 620.
Courtney (Odoard), 54.
Courtois (Alexandre). Extrait, 344. — Précis, 384.
Courtois (R.). Conspectus, 398. — Étrennes, 405. — Mémoire, 405. — Compendium, 405. — Mémoire, 415. — Magasin, 417. — Recherches, 612.
Coussement, 636.
Coyon. Testament, 611. — Pro regis natali, 611. — Mes étrennes, 611.
Crahéa (André). Alphabet, 133. — Fleurs, 137.
Cralle (A.). Discours, 468. — Revue, 503. — Lettre, 514. — Un heureux chronogramme, 515. — Revue, 516. — Annexes, 644.
Crassier (G. M. J. de). Series illustrissimorum 205. — Series numismatum, 214. — Brevis elucidatio, 234. — Descriptio gemmarum, 237. — Additamentum, 238.
Crassier (L. M. G. J. de). Traité des urnes, 402. — Mémoire, 427. — Recherches, 453. — Commentaire, 453. — Cri, 478.
Crevier, 321.
Croissant. Litterarum studiosus, 59. — Puer, 60. — Sales, 78.
Cruce (Joannes à). D. Gerardo Sani, 40. — Accurrite, 49.
Cruts, 374.
Cudell, 640, 646.
Curia (Adrien). Pratique, 46. — Abrégé, 63.
Cusanus (Nicolaus), 41.
Custos (Johannes), 6.
Cutler (T.). Notes, 624. — Spa et ses eaux, 624. — Spa considéré dans son passé, 628.
Cuyckius (Henri). Panegyricae orationes, 12. — Precationes, 19. — De novi testamenti sacrificio, 20. — Parenetica epistola, 20.
Cuyper (de). Notice, 492. — Revue, 509.
Cuypers, 180.

D

Dabin (A.), 515.
Daça (Antoine), 36.
Daburon (René), 175.
Dahne (général), 412.
Daineff (Grégoire), 62.
Dalencé, 161.
Dally (N.), 401.
Damery (F. Charpentier dit de). Mémoire, 422. — Mémoire ou réplique, 422. — Simple correspondance, 422. — Mémoire pour les actionnaires, 425. — Requête, 425. — A. M. le rédacteur, 446. — Exposé des griefs, 446. — Mémoire adressé, 446. — Les meilleurs chapitres, 446. — Lettres, 446. — L'impartial, 449. — Premier examen, 449. — Gare la bombe, 450. — Les

85

loups, 450. — La vérité, 450. — De la législation, 450. — A MM. les membres, 454.
Damoiseaux (F.), 477.
Damvilliers (de). Voy. Nicole.
Dandelin (G. P.). Feuille villageoise, 400. — Leçons, 403. — Esquisse, 437. — Réflexions, 448.
Dandely (P. D.). Le whist, 485. — Le fidéicommis, 500. — Une femme, 500. — La mansarde, 500. — Frédéric le Grand, 508. Entre ciel et terre, 508. — Le manoir, 518. Un nabab, 518. — A la recherche, 518. — La république, 518. — Les deux femmes, 518. — Le fils, 518. — Le tuteur, 518. — Les rivaux, 521. — Une vie, 525. — Berthe, 525. — La fille, 529. — Le tremblement, 529.
Dandely (Mme). Le fidéicommis, 500. — Une femme, 500. — La mansarde, 500. — Frédéric le Grand, 508. — Entre ciel et terre, 508. — Les frères de lait, 512. — L'héroïne, 512. — Un cœur de femme, 515. — Le manoir, 516. — Un nabab, 518. — A la recherche, 518. — La république, 518. — Les deux femmes, 518. — Le fils, 518. — Le tuteur, 518. — Les courants, 518. — Un accident, 521. — Les rivaux, 521. — Une vie, 525. — Elvire Nonteuil, 525. — La fille, 529. — Le tremblement, 529. — Raymond d'Armentières, 534. — Un mariage, 534.
Dandrimont (J. G.), 363.
Dandrimont (H.), 499.
Danes (P. L.), 236.
Daniel (J.). Apologie, 184. — Lettre à une dame, 204. — Examen, 206.
Daniels, 229.
Daunet (L. M.), 297.
Danthine. Discours, 374. — A ses concitoyens, 603.
Dantoing (Emile), 214.
Danz (W. A. F.), 596.
Darcel (A.), 529.
Dardée (Jacques). Ecclesiastae encomia, 47. — De imitatione, 50. — Sancta Legia, 52.
Dardonville (H.), 499.
Daris (J.). Histoire, 530. — Praelectiones, 531. — L'église, 531. — La liberté, 534. — Annexes, 642, 643, 644, 645.
Darmont (Lambert). Voiage, 17. — Consolation, 21.
Dasoul (J.). Traité, 473. — La clef, 479. — Essai, 534.
Daussoigne-Méhul. Quelques mots, 470. — Cantate, 475.
Dauvrain (J. F.), 404.
Davelouis (A.), 634.
David (J.), 618.
Davreux (C.). Leçons, 405. — Annales, 452. — Académie, 639.
Daxhelet (F.), 649.

Debouny (W.). Une course, 525. — L'éclaireur, 533. — Paula, 535.
Dechamps, 362.
Dechamps (V.). Conférences, 453. — La sainte étole, 458. — Le plus beau souvenir, 460. 621. — La grande pensée, 465.
Dechesne (H. J.). Sur la culture, 424. — Instruction, 480. — Comité, 497.
Decker (L. C. de). Annotationes, 209. — Animadversiones, 577.
Decker (P. de), 419.
Dedoyar (P.). Éclaircissement, 300. — Nouveau triomphe, 313. — Lettres, 335. — Réponse, 354. — Développement, 591.
Defastré (L.), 462.
Defooz, 443.
Defrance (Léonard). Projet, 326. — Opinion, 332. — Au troubadour liégeois, 349. — Cris, 599.
Defrance (N.). Discours, 375.
Defrecheux (N.). Anniversaire, 504. — Li véritab' Ligeois, 507. — Chansons, 519.
Degeer (J.), 401.
Degreville, 340.
Deguerry, 504.
Dehaut (L. J.), 419.
Dehin (J.). Les étrennes, 443. — Li baraque, 461. — Les rawettes, 463. — Les p'tits moumints, 468. — Li tab, 472. — Châre et panâhe, 479. — Fâves, 483. — Apologeie, 487. — Chansons, 491. — Anniversaire, 504. — Li véritab' Ligeois, 507.
Dehos, 243.
Dejaer (J.). Considérations, 430. — Essai, 439. — Le franc parleur, 455. — Exposé sommaire, 466. — Examen raisonné, 466. — L'ouvrier, 470. — Le travailleur, 470. — Observations, 472. — Ma république, 472. — Exposé des faits, 472. — Legs à la société, 483. — Charles Rogier, 483. — Critique et réforme, 484. — Le dernier jugement, 488. — Éphémérides, 491. — Dernier chapitre, 500. — Contradictions, 506. — Mémoire, 511.
Dejaer (C. A.). La tribune, 436. — Notice, 506.
D. lardin (J.). Choix de chansons, 451. — Observations, 482. — Dictionnaire, 650.
Dejardin (A.), 643, 644.
Delavau, 530.
Delbecque (Norbert). De advertentia, 166. — Epistola, 166.
Delbœuf (J.). Prolégomènes, 520. — Essai, 534.
Delbouille (J.). Gazette, 342.
Delbouille (L.). Reconstruction, 503.
Delbrun (F.), 120.
Delchambre (P.), 613.
Delchef (André). Poésies, 500. — Anniversaire, 504. — Li galant, 511. — Sov'nîr, 519. — Annexes, 650.
Delchef (J.), 419.

Deleau, 325, 327.
De Leau (C. F.), 634.
Delebecque, 463.
Deleyre, 261.
Delfosse (A.), Gazette, 342. — Du tunnel, 462. — Discussion, 478.
Delhasse (A.). L'enquête, 622. — Revue, 624. — La grotte, 626.
Delhasse (F.). L'enquête, 622. — Revue, 624. — Nouvelliste, 628. — En Ardenne, 631. — Écho, 634. — Mémorial, 637.
Delheid, 191.
Delhougne (G. A.). Justitia, 196. — Epistola, 197.
Delile (D. C.). Réflexions, 225. — Le docteur Fagotin, 227. — Réponse, 227. — Supplément, 227. — Apologie, 229. — Emblesme, 230.
Dellecreyer, 332, 333.
Dellewalde (Pierre), 246.
Delloye (Naterne), 208.
Delloye (H.). Couplets, 331. — Journaux, publiés par lui, et pièces y relatives, 348. — L'élection, 352. — Almanach, 356. — Le Russe, 385. — Pot pourri, 376. — Recherches, 377. — Relation, 598.
Delloye (H.), 285.
Del Marmol (J.). Revue, 419. — Mémoire à S. M., 437. — Du conseil, 477. — Dictionnaire, 508. — Le peuple liégeois, 536.
Del Marmol (C.), 582.
Delmotte (H. F.), 419.
Delobel (L.). Types, 484. — Revue, 501.
Delorme (Jacques), 209.
Delrée (A.), 608.
Delrée, 423.
Delrez (J.), 408.
Delrio (Martin), 36.
Delsaux (J. C.). L'église Saint-Jacques, 453. — Les monuments, 510. — Annexes, 648.
Del Techo (Nicolas), 125.
Delumone (E.), 525, 531.
Delva (Antoine). Préservatif, 95. — Du purgatoire, 96. — Noviciat réformé, 98. — Postillon, 113. — Veterum et novorum haereticorum musculpuia, 126.
Delvaux de Fenffe (A.). De la situation, 452.
Delvaux de Fouron (H.). Vie, 319. — Épitome, 390. — Grammaire, 395. — Dictionnaire géographique, 419. — Courrier, 440. — Guide, 441. — Dictionnaire biographique, 453. — Découverte, 481. — Annexes, 647.
Delvenne, 404.
Demal (J.). Notice historique, 628. — L'avouerie, 632. — La maitrise, 633. — Saint Trudon, 635. — Précis, 638.
Demaret. Lettre, 319. — Adresse, 319.
Demarteau (J.). Revue belge, 419. — Gazette, 433. — Wallonnades, 456. — Souvenir, 488.
Demeste, 203.

Demeuse (Nicolas), 312.
Demkereke (de), 565.
Demonceau (J. H.), 398.
Demoulin (J.). Bouchard, 487. — La férule, 487. — Un drame, 491. — Publication, 496. — Lettre, 496. — Misère, 500. — Dji vou, 511. — Es fond Pirette, 512. — La queue, 515. — De l'amour, 515. — Doit-on, 515. — A la mémoire de N. Jamme, 517. — Le quart d'heure, 519. — La semaine, 527. — Le Foyer, 533. — Mme Mitaine, 534. — De l'amour, 534. — L'amour, 534. — Les petites misères, 534. — Les plébéiennes, 535. — La jeunesse, 535. — Écho, 634. — Chansons, 635.
Denis le Chartreux. Voy. Ryckel (Denis de).
Denis (capucin), 83.
Deniset (N. H.). Observations, 358. — Recueil des lois, arrêtés, 365. — Dictionnaire, 380. — Recueil des lois, décrets, 899.
Denoel (A.), 614.
Dens (P.), 298.
Denys (H.). Refutatio, 172.
Denzinger (Ign.). Prima lineamenta, 387. — De facultate, 388. — Compendium, 394. — Institutiones, 396. — De hermotimo, 398. — Prima elementa, 401.
Depaire (G.), 213.
Depouhon, 411.
Deprez (J. B.), 441.
Dercis, 351.
Derestin (F. J.), 584.
Dereux, 423.
Derichon (T. J.), 532.
Derive (T.). Spa, description, 430. — Cinq cent exercices, 444. — Tablettes, 455. — Chants, 456. — Li wallon, 456. — Mémorial, 464. — Histoire, 472. — Exercices, 615. — Flore, 616. — Le conducteur, 616. — Journal de l'instruction, 623. — Journal de Spa, 624. — Le retour, 630. — Le général Jardon, 631. — Spa, 632. — Écho, 634.
Derleyn, 314.
Dernoy (Bonaventure). Manuel du tiers-ordre, 116. — Enchiridion, 187. — Manuel de prières, 143.
Desaga (G. T.), 307.
Desaive (M.). Sentinelle, 440. — Les animaux, 445.
Des Bergeries, 150.
Desbillons. Histoire, 281. — Fables, 264.
Des Brusslnes (Lambert). Réponse, 121. — Réfutation, 121.
Des Carrières. Discours, 127. — Gesprek, 127. — Lettre d'un bourgeois, 127. — Responsc, 127. — Lettre, 128.
Deschamps (Michel), 308.
Des Champs (Barthélemy), 187.
Deseine (F.), 572.
Des Granges (Edmond). Tenue, 485. — Traité, 464.

— 660 —

Des Hayes (Jacques). Guide, 118. — Catechismus, 139. — Catéchisme, 139. — Lumière, 143.

Des Hayons (Thomas). Visions, 95. — Mystères, 105. — La belle manière, 112. — Princesse solitaire, 112. — Relation, 114. — Calendrier, 115. — Devoirs, 118. — Divertissement, 118. — Les Césars, 120. — Les larmes, 562.

Desirant (Bernard). Apologia, 195. — Concordantia, 195.

Desmabis, 196.

Desmarets (Samuel). Remontrance, 50. — L'esprit, 50. — Monachomachia, 561. — La chandelle, 561. — Salus, 561. — Vindiciae, 563.

Desmousseaux. Tableau, 361. — Pièce d'architecture, 371.

Desorr (E.). La veille, 525. — C'était écrit, 531. — Conférence, 531. — Annexes, 649, 650.

Despa (L. J.). Nomenclature, 420. — Loi provinciale, 422.

Desplaces, 286.

Desplas (J. B.), 353.

Des Roches, 639.

Dessessard, 442.

Destriveaux (P. J.). Honneurs funèbres, 375, 387, 398. — Le Mercure, 384. — Essai, 387. — Question, 392. — Loisirs, 394. — Discours, 398. — Bibliothèque, 400. — Recueil, 409.

Destutt de Tracy, 386.

Dethier (L. F.). Essai, 368. — Mémoire, 370. — Itinéraire, 384. — Souvenirs, 605. — Coup d'œil, 606. — Annuaire de Spa, 608. — Calendrier, 608. — Guide des curieux, 608.

Dethier (A.), 614.

Dethier (Guillaume), 247.

Detienne (C.), 477.

Detrooz (R.). Origine, 269. — Histoire, 375. — Dissertation, 381.

Deulin (P.), 287.

Devaux (P.), 395, 408.

Deverité, 301.

Deville-Thiry (H.). Essai, 414. — Cours, 478. — Propriétés, 501.

Devillez (A.). Mémoire, 509. — Théorie, 523. — Des travaux, 529. — Éléments, 536.

Devroye (T.), 433.

Dewalque (G.). Revue, 509. — Atlas, 520, 526.

Dewandre (F. J.), 379.

Dewez. Histoire, 610. — Académie, 640.

Dewildt (J. F. W.). Mémoire, 476. — De l'abolition, 482.

Dez (Jean). Lettre, 170. — Ad virum nobilem, 177.

Dezableaux (F. J.), 95.

Diaz de Luco (J. B.), 549.

Dicaeus (Lamb.). Exorcismus, 566. — Cataplasma, 566.

Diderot, 592.

Didot (A.), 634.

Diegerick, 643, 644.

Dietterlin (Wendel), 526.

Dieulin, 502.

Dignette (C.), 467.

Dignette (J. B.). Forme, 343. — Lettre, 599.

Dinaux (A.), 636.

Dionis, 214.

Dirks (S.), 643.

Dognée (E.). Histoire, 516. — Annexes, 644.

Dohm (de). Déclaratoire, 326. — Lettre, 326. Exposé de la révolution, 327. — Projet, 332. Note, 332. — Plan, 336. — Lettre, 337. — Die Lütticher Revolution, 597.

Dolembreux (Nicolas), 115.

Dolmans (P.). Observationes, 582. — Alterae observationes, 583.

Domergue, 175.

Dommartin (P.). Nouvelliste, 628. — En Ardenne, 631. — Le bilboquet, 637.

Donald (C.), 614.

Donato (Nicolas), 273.

Donceel (A. G. J.). Theses, 260. — Supplique, 310. — Avis, 310. — Réfutation, 310. Plainte, 317. — Réplique pour Redouté, 317. — Plan, 330. — Avis aux financiers, 331.

Donceel (L. J.). Adresse, 343. — Appel, 603.

Donckier (A.), 637.

Donckier (L.), 583.

Donnay (M.), 519.

Dony, 381.

Dorbeck (Théodore), 290.

Doreye. Discours, 374. — Recueil, 374.

Dossin (M. J.), 375.

Douxfils (L. J.), 204.

Dresse, 468.

Dreux, 293.

Driesen, 602.

Driesen (F.). Recherches, 626. — Annexes, 641, 643.

Droste-Vischering (de), 447.

Dubhullus (Joannes), 13.

Du Bocage (Mme), 261, 297.

Duboille (C.), 321.

Dubois (Nicolas). Ad illustrissimos, 143. — Ad reverendos, 147. — Pars prima refutationis, 147. — Tractatus brevis, 147. — Acta Parisiis, 148.

Dubois-Mottard (H.). Exposé, 441. — Courte réponse, 454.

Dubois (J.), 463.

Dubois (C.), 446.

Du Rose de Montandré, 98.

Duboys (Jacques), 274.

Du Buisson, 292.

Du Chasteau (N.), 125.

Du Chasteau (Louis). La religion, 30. — Chasteau du moine, 34. — Deffense, 41. — Monts-de-piété, 41.
Du Cortès (J. B.), 100.
Du Croc (Antoine), 220.
Du Cygne (Martin). Explanatio, 102. — Ars metrica, 111. — Ars poetica, 111. — Fons eloquentiae, 130, 215. — Comœdiae, 140. Ars rhetorica, 282.
Dudley Castello, 619.
Duesberg (O.). Œuvres, 512. — Annales, 682.
Dufau (J. B.). La Belgique, 466. — Opinion, 466. — Articles, 470. — Le mois de mai, 473.
Du Fossé (Thomas), 168.
Dufresne (Charles Antoine), 180.
Du Jardin (Th.). Remarques, 192. — De officio, 223.
Dumas, 469.
Du Mas (Hilaire), 182.
Du Monceaux (Jean). Vie de sainte Adèle, 27. — Antidote, 36.
Du Monin (Gilles), 30, 31.
Dumont (B. E.). Hymne, 363, 370. — Complainte, 380.
Dumont (P.), 363.
Dumont (André). Coup d'œil, 627. — Académie, 639, 640.
Dumont, 394.
Dumont, 268.
Dumoulin (P. J.), 630.
Dumouriez (A. F. D.), 277.
Dumouriez, 342.
Dupasius (Guilielmus), 6.
Duperche, 358.
Duperron (F. L.). Recherches, 326. — Projet, 330. — Adresse, 345. — Mémoire, 350. — Abrégé, 302.
Duperron (Louis), 473.
Dupont (V. J.), 681.
Dupont (J.), 468.
Dupont (J.), 572.
Dupont (A.), 504.
Duprat (P.), 487.
Du Pré (J. T.). Les prisons, 93. — L'œil clairvoyant, 104. — Le roi, 106.
Dupuis (André), 453.
Duquesne (abbé), 308.
Durand (J. L. N.). Précis, 440. — Recueil, 444.
Durand (J. P. G.), 415.
Durant (Brutus). Spa, 628. — Tablettes, 637.
Duras (Ant. Jérôme de), 183.
Du Resnel, 207.
Durieu (Jean), 54.
Dusart (J. L.), 279.
Dusillion. Revue, 440. — Jeanne, 443.
Dutreux (P.), 313.
Du Trieu (Philippe), 120.
Duts (François). L'anti-maquignonnage, 277. — L'anti-maréchal, 282.

Duval-Pyrau (abbé). Réponse, 389. — Agiatis, 588.
Duvenport (François), 77.
Du Verger, 171.
Duverne (T.), 431.
Duvivier (abbé). Nouveau recueil, 402. — Syllabaire, 407. — Tableaux du syllabaire, 407. — Mythologie, 407. — Recueil de cantiques, 408. — Abrégé de l'histoire sainte, 412. — Grammaire française, 418, 452. — Méthode, 419. — Théâtre, 421. — Nouveau choix, 428. — La géographie, 423. — Explication, 424. — Leçons d'analyse, 424. — L'art épistolaire, 424. — Arithmétique, 427. — Li pantalon, 431. — Leçons de lecture, 432. — Imitation, 434. — Quelques chansons, 448. Noss vî Pâlâ, 456. — Invitation, 456. — Li jubilé, 461. — La Ciuéide, 487. — Li roi Liopol, 504. — Annexes, 644, 648.
Duvivier (L.). Lettre, 413. — Un mot, 413. — L'union, 415.
Duvivier (H. J.), 319, 357, 604.
Dwelshauvers (V.), 536.

E

Eck (C.), 440.
Eckert (E.), 496.
Eenens (A.), 464.
Ehrmann (T. F.), 353.
Eisenberg (baron d'), 277.
Elderen (Jean d'), 118.
Elloenol-Vilanja (de), 515.
Eloy, 255.
Emy (A. R.), 440.
Enfant-Jésus (Albert de l'). *Voy.* Ans (François d').
Engel (Louis), 277.
Engentinus (P. E.), 543.
Enoch, 282.
Eotvos, 529.
Erasme, 2.
Erkens (N. A.), 32.
Ernst (S. P.). Le masque, 336. — Lettre pastorale, 345. — Observations, 354. — Apologie, 354. — Monsieur, 355. — Tableau, 371. — Supplément, 371. — Comtes de Durbuy, 421. — Histoire du Limbourg, 425. — Mémoire sur les comtes de Louvain, 425. — Observations, 500. — Histoire abrégée, 591. — Ordines apud Brabantos, 591. — Examen impartial, 597. — Entretien, 603. — Explanatio, 603. — Réflexions, 603. — Pensées, 603. — Examen de la lettre, 604. — Encore un mot, 604. — Réflexions pacifiques, 604. — La mauvaise foi, 605. — Trois lettres, 605. — Annexes, 639, 641.
Ernst (A. N. J.), 400.
Ernst (J. G.), 400.
Ertborn (baron van), 586.

Espagnac (d'), 247.
Esselens (P.), 470, 471.
Evangeliophorus (Hilarius), 166.
Everelme, 80.
Evrard (P. F.). Manuductio, 576. — Abrégé, 578.
Evrard. Physiologie, 411. — Mission, 428.
Eynatten (Renier d'), 65.
Eyre (H.), 580.

F

Fabre d'Eglantine. Triomphe, 296. — L'appalition, 296.
Fabri (V.), 441.
Fabri (Ursmar), 83.
Fabricius (Ant.). Religio, 549. — Samson, 549. — Evangelicus, 549. — Jephte, 550. — Catechismus, 550. — Harmoniae, 550. — Jeroboam, 552.
Fabritius (K. M.), 600.
Fabry (J. J.). Courtes réflexions, 252. — Lettre, 252. — Voëgge, 257. — Li Ligeoi, 258. — Mémoire, 278. — Information, 278. — Voyage, 304. — Adresse, 331. — Mes chers concitoyens, 337. — Citoyens, 343, 345. — Liégeois, 598. — A Messieurs, 601.
Fabry (H.). Lettre à MM. les bourgmestres, 326, 331, 598. — Citoyens, 343, 345. — Règlement, 348. — Réponse, 350. — Loisirs, 394. — Lettre au pape, 402. — Dernière lettre, 598. — Opinion, 603. — Nouvelles observations, 603.
Fabry-Rossius. La dinanderie, 623. - Annexes, 625.
Fabry (F. L.), 584.
Fafchamps, 289.
Falder (C.). Revue belge, 419.
Falla (Grégoire), 265.
Fallize, 260.
Fallize (V.). Gazette, 342. — Le voleur, 618.
Fallize (A.), 509.
Fallot (C.), 420.
Fangé (Aug.), 285.
Fardus (Guillelmus), 5.
Farvacques (François), 140.
Fassin (Christophe), 246.
Faujas de Saint-Fond, 306.
Faustinus Diesthoemius, 85.
Favé (L.), 480.
Favre Desabbesses, 386.
Faydit (N.). Conformité, 159. — Extrait, 159. — Histoire, 167.
Fayn (J.), 509.
Febronius, 298.
Feller (F. X. de). Vie de S. François Xavier, 148. — Jugement, 277. — Observations, 278. — Entretiens, 281. — Catéchisme, 281. — Journal, 282. — Lettres, 282. — Traité, 285. — Supplément, 285. — Examen de l'évidence, 291. — Dictionnaire historique, 298. — Tableau, 306. — Recueil, 312. — Réalité, 313. — Coup-d'œil, 322. — Dictionnaire géographique, 336. — Les malades, 345. — Observations, 346. Lettres (trois), 354. — Lettre, 357. — Réflexions, 364. — Souvenirs, 384. — Itinéraire, 394. — Examen impartial, 600.
Feltman (G.), 180.
Fénelon (Fr. de la Motte), 259.
Fenouillot de Falbaire, 276.
Fergel (Pierre), 21.
Ferra, 479.
Ferrand, 347.
Ferrier (A.), 615.
Festraerts (A.). Le scalpel, 471. — Le médecin, 505. — L'écho, 527.
Fétis, 410.
Fétis (Ad.), 489.
Fétis (Ed.), 620, 641.
Fichet (F.), 54.
Fiess (J.). Etrennes, 405. — Catalogue, 440, 441, 450. — Annexes, 646.
Filleze (Georges), 463.
Firmonts (Georgius de), 572.
Fisen (Barthélemi). Origo, 42, 71. — Paradoxum, 68. — Sancta Legia, 68, 165. — Catalogus, 564. — Flores, 564.
Fitz-Simons (Henri), 31.
Fizen (Gilles), 49.
Flachot (E.), 489.
Flamand-Grétry, 610, 611.
Fléchet (T.). Gazette, 342. — Un mot, 450. — Lettre, 467. — Dettes, 486. — Les contributions, 518.
Fléchier, 322.
Fléron (Adrien de), 45.
Flers (C.), 343.
Fleury (abbé), 157.
Fleussu, 480.
Flor d'Squarr. Une excursion, 630. — Le bilboquet, 637.
Fohmann (V.) Mémoire sur les communications, 415. — Mémoire sur les vaisseaux, 447. — Recherches, 420.
Foidart (A.), 480.
Fonseca (Pierre), 22.
Fontaine (J.). Lettre, 522. — La vérité, 535. — Au peuple, 536.
Fontaine (François de), 39.
Fontaine, 277.
Fontanev (de), 177.
Fontenelle, 204.
Forbonnois (de), 264.
Forgeur (J.). Mémoire, 413. — Réponse, 423. — Association, 471. — Mémoire, 472. — Chemin de fer, 503.
Forir (J. N. J.), 424.
Forir (H.). Arithmétique, 305. — Algèbre, 399. — Géométrie, 410. — Exercices d'al-

gèbre, 480. — Exercices d'arithmétique, 430. — Blouwett, 456. — Suplumin, 456. — Dictionnaire, 535. — Annexes, 650.
Forniei (J.), 485.
Forster (G.), 606.
Fortiguerri, 277.
Fossion (A.), 491.
Fossion, 452.
Foullon (Jean Érard). Remède, 67. — Causes des guerres, 77. — Vie de sainte Ode, 77. — Historiae Leod. compendium, 95. — Bona voluntas, 99. — La bonne volonté, 100. — Commentarii, 103, 112. — Vera ecclesia, 106. — Jonas fugitif, 112. — Lapis philosophicus, 115. — Historia Leodiensis, 230. — Bellorum causae, 664.
Foullon (Érasme). Analysis sive summarium. — Explanatio, 142.
Foullon (échevin de Liége). Vérité publiée, 131. — Lettre, 134.
Foullon (baron de), 383.
Fourdrin (J. J.). Un drapeau, 429. — Les Esséniens, 431. — L'industrie, 434. — Œuvres, 443. — Les dulcamaras, 443. — Mahomet, 468. — Robespierre, 468. — Les fantaisies, 477. — Résumé, 477.
Fournet (J.), 460.
Fournera St. Franc, 367.
Fourneyron, 436.
Fraipont (H. J.), 480.
Frambachs (P.), 584.
Francheux (P. N.), 403.
Franchimont (Mathias), 101.
Franck (L. J.), 614.
Franck (M.). A Messieurs, 433. — De la dérivation, 454. — Dérivation, 520.
Franckenstein (C. G.), 198.
Franckinet (C.), 403.
Franco (Jean), 48.
François, chartreux (frère), 264.
Franconi, 608.
Franquinet (G. D.), 643.
Franquoy (J.). De la fabrication, 523. — Annexes, 649.
Fraula (F. de), 295.
Frédéricx (C.), 440.
Frédéricx (G.). De l'amour, 512. — Menus propos, 515.
Fremder. Voy. Morel.
Frémolle (J), 612.
Frensdorff (E.), 454.
Frère (W.). Gazette, 342. — Trois jours, 413. — Rapport, 437. — Mémoire, 472. — Un ancien membre, 482. — Les jésuites, 464.
Frésart (Pierre). Emmenologia, 402. — Dissertation, 218.
Freschot (Casimir), 204.
Fréson (J.), 636.
Fréville (A. F. J.), 592.
Fromageot, 207.

Fronton (J.), 128.
Fuligattus (Jacobus), 89.
Fundanus (M.), 16.
Furnius (Christianus), 547.
Fuss (T.). Novell, 443. — Guillaume Tell, 598. — Annexes, 648.
Fuss. (J. D.). Praelectionibus, 387. — Ad. C. B. Hase epistola, 390. — Antiquitates Romanae, 800. — Réponse, 393. — Ad. J. B Lycocriticum, 394. — F. Schiller Carmen, 396. — Goethei elegiae, 396. — Dissertatio, 396, 405. — Aquisgrani regionis amoenitas, 407. — Réflexions, 407. — Carminorum pars nova, 410. — Carmina latina, 410. — Un mot, 410. — La cloche, 418. — Poemata, 425, 456. — Sancta Alenis, 448. — Revue de Liége, 449. — Memoriae, 506. — Quaestiones, 514. — Annexes, 641, 643, 647.

G

Gabianus (J. D.), 177.
Gachard. Académie, 640, 641.
Gachet. Académie, 640, 641.
Gaëde (H. N.). Dieu, 397. — Deux nouveaux discours, 403. — Index, 405. — Annales, 468.
Gaillard. Discours, 361. — Quelques souvenirs, 368.
Gailliard (Achille), 63.
Galardi (de), 120.
Galesloot, 649.
Galle (J.), 29.
Galliot, 321.
Galoppin, 482.
Gamba-Curta, 250.
Gambart (A.), 122.
Gamerius (Bernardus). Remedium, 3. — Satyra, 4. — Paraenesis, 5. — De actatibus, 6. — Orpheus, 6. — Satyra, 550.
Gantrel (J.), 615.
Garella, 618.
Garnier (E.), 634.
Garnier (Antoine), 302.
Garrigues de Froment, 257.
Gaston (de), 347.
Gatti de Gamond (Mme), 477.
Gaucet (J.). Nouvelles, 431. — Poésies, 442. — Cantate, 475. — Sérénade, 475. — Fables, 488. — Sœur et frère, 617.
Gauthey, 448.
Gauthier (Charles), 400.
Gauthy (Eugène), 477.
Gautruche. Histoire, 130. — Historia, 137.
Gayot, 235.
Gazet (Nicolas). De electione, 20. — Le grand palais, 554.
Geedts (A. G.), 477.
Gellert (C. F.), 470.

— 664 —

Gelozan (de), 607.
Gendebien. Mémoire, 370. — Précis, 370.
Gendebien (A. J.), 179.
Genebrandus (G.), 18.
Genlis (M⁰ de), 601
Genneté. Nouvelle construction, 262. — Connaissance, 284.
Gens (E.), 642.
Geofris, 340.
Géradon (J. F.). Mémoire, 370, 371, 379. — Précis, 370. — Défense, 393.
Géradon (J. R. de), 520.
Geraldin (Edmond), 67.
Gérard-Jamme (L.), 535.
Gérard (olne), 361.
Gérard, 593.
Gerberon (dom). Miroir de la piété, 132. — Catéchisme, 157.
Géréon, de Malmédy, 280.
Gérimont (E.). La tribune, 436. — Enseignement, 511. — Histoire populaire, 513.
Gerlache (de). Révolutions, 614. — Histoire, 618. — Essai, 619. — Œuvres, 633. — Annexes, 640, 641, 649.
Germain, 167.
Germain (A.), 633.
Germon. Lettre, 170. — Questions, 182. — Errata, 183.
Gernichamps (Christophe de), 38.
Gerson (J.), 542.
Ghaye. Note, 311.
Ghenart (Ant.). Pastorum instructiones, 45. — Enchoridion, 550.
Ghequier (Gilles Étienne de), 232.
Gherinex (Philippe). Description de la fontaine de Tongres, 6, 180. — Description des fontaines de Spa, 8, 10. — Fontium descriptio, 11.
Ghesquière (abbé). Lettres, 307. — La vraie notion, 307.
Gheur (J. J.). Cours, 509. — Exercices, 526.
Ghewiet (G. de), 581.
Ghuyset (Antoine), 154.
Gilkinet (J. F.), 345.
Gillembourg (Mme), 512.
Gillion (F.), 440.
Gilliodts (L.). Du régime, 486. — Études, 490.
Gillon (A.). Revue, 509. — Cours, 519.
Gillot (Jean), 165.
Gilman (A.), 620.
Gilot (G. J.). Précis, 370. — Mémoire, 377. — M. de Mercy-Argenteau, 379.
Gilsclius (Amandus). Panegyricon, 32. — Onomatopœia, 83.
Gilson (B.), 464.
Gimont (P. de), 124.
Girard, 97.
Giraud, 397.
Girod (F. D.). Avertissement, 443. — Sainte-Alénie, 447. — L'étole, 458. — Égarement, 461. — L'origine, 474.
Giry (François), 143.
Gisebertus (Theophilus), 174.
Gislain (F. G.), 423.
Glano (Johannes à). Voy. Glen (de).
Glen (Jean Baptiste de). Debvoir des filles, 13. — Vitae Romanorum pontificum, 14. — Histoire pontificale, 17. — Des habits, 18. — Oeconomie chrestienne, 21. — Merveilles, 45. — Saint Pierre, premier pape, 78. — Histoire orientale, 555. — La messe, 555.
Glen (Jean de). Voy. Glen (Jean Baptiste de).
Gloesener. Recherches, 445. — Revue, 509. — Traité, 523.
Gobart (Laurent). L'homme chrétien, 214. — Exercice, 220.
Gobbé, 578.
Godart (M. R.), 600.
Godeau (A.), 578.
Godernaux (de), 321.
Godet (V. E.). Gazette, 342. — Le Politique, 408. — Essai, 410. — Revue belge, 410. — Des sociétés, 646.
Godin (A.). La Tribune, 436. — Revenu, 467. — Législation, 469. — Avant projet, 471. — Réforme, 476.
Goerres (J.), 430.
Goetghebuer (P. J.), 626.
Goethals (F. V.), 622.
Goffart (E.). Le chemin, 522. — N. Peetermans, 525. — Soirées, 620. — Annexes, 650.
Goffart (Léon), 526.
Goffin (J. B.), 245.
Goffin (J.). Méthode, 457. — Almanach, 471. — La réforme, 625. — Nouvelliste, 628. — Courrier, 628. — Réponse, 633. — Encyclopédie, 633. — Réponse, 634. — Silhouettes, 636. — Histoire, 636. — Indicateur, 637. — Élections, 637. — Mémorial, 637.
Goldhagen (H.), 432.
Goldoni, 260, 261.
Goldsmith, 300.
Gonnelieu (de), 221.
Gooden (Jacques), 187.
Goodwin (Ignace). Pia exercitatio, 97. — Lapis Lydius, 97.
Gordine (Gérard), 254.
Gorissen (F.), 616.
Goronne (J. B.), 152.
Gossar (Antoine), 46.
Gosuin, 325.
Goupy de Quabeck (Ch.), 501.
Gourlard, 204.
Goussault, 203.
Gouw (Gilles), 232.
Govarts (Pierre), 171.
Govea (Antoine), 555.

— 665 —

Grâce (de), 275, 321.
Gramme (Philippe), 252.
Grandfils, 428.
Grandgagnage (C.). Revue de Liége, 449. — Dictionnaire, 456. — Vocabulaire, 513. — Annexes, 639, 642, 643, 644, 649.
Grandgagnage (J.). De la Belgique, 483. — Le congrès de Spa, 512. — Voyages, 615. — Annexes, 640, 641, 642, 643, 646, 648.
Grand-Gérard (abbé), 320.
Grandjean (J.), 514.
Grandry (Simon), 235.
Grangé (Emma), 458.
Grass (J.), 498.
Graff (Mathias de). Discours, 130. — Rapport, 185.
Gratii (Saluste), 23.
Grattarrola (M. A.), 46.
Gravez (P.). Considérations, 404. — Mélanges, 430. — Quelques mots, 471.
Gredy (J. J.), 534.
Grégoire (E.), 405.
Grégoire (H.), 613, 623.
Grétry (A.), 382.
Grétry (A. E.), 593.
Gretserus (Jacobus). Institutiones, 12. — Rudimenta, 15. — Abrégé, 19.
Grever (Aug.), 584.
Grez (Idelette de), 557.
Griffet (H.). Varia carmina, 271. — Histoire de Tancrède de Rohan, 273. — Mémoires de la Trémoille, 273. — Histoire des négociations, 273. — Traité, 275. — Délices, 275. — Insuffisance, 276.
Grisard (A.). Plan, 314. — L'exemption, 330.
Grisard (E.). Le fils, 429. — Épisode, 434.
Grognart (Herman), 139.
Groisbeeck (Paul Jean de), 118.
Grosez (Jean Étienne), 158.
Grosley, 242.
Groutars (J. de), 510.
Grumsel (Guillaume). Jucundi amores, 102. — Bellum occultum, 117. — Musis Leodiensibus, 140.
Guény, 611.
Guerchy (de), 320.
Gueurin de Rademont, 206.
Guillaume (J.), 519.
Guillaume (L.), 493.
Guilleaume (F.). Guide, 478. — Recueil, 518.
Guillemain, 604.
Guillery (H.). Gazette, 342. — L'ami des enfants, 413. — Cours de chimie, 417. — Cours de mathématiques, 426. — La Meuse, 616. — Guide, 619. — Vallée de la Meuse, 619. — Variations, 623. — Annexes, 640, 649.
Guillion (Gilles). Arithmétique, 19. — De l'invocation, 20. — Algèbre, 24.
Guilloré (François), 143.
Guioth. Revue belge, 410. — Histoire numismatique de la révolution, 619. — Histoire numismatique de la Belgique, 620. — Annexes, 640, 646.
Gustin (F. G. J.), 504.
Guyaux (J.), 547.
Gyr (abbé). La franc-maçonnerie, 496. — La science, 520. — Histoire, 520.

H

Haas (D. F.), 284.
Habets, 442.
Haccourt (Jacques). L'escrit, 158. — Reverendissimis perillustribus, 168.
Hachis (Léon), 407.
Heckin (E.). Le congrès, 533. — Réponse, 534. — Mémoires, 534. — A propos, 535. — l'Écho, 536.
Hagemans (G.). Origine, 512. — Un cabinet, 520. — Annexes, 644.
Hagen (D), 254.
Hagen (H. A.), 445.
Haghen (Fr. Hubert), 229.
Hagneux (D), 313.
Hahn, 639.
Hale (Olivier de), 129.
Hakin (J. L.), 294.
Haleng (A.), 393.
Halflants (C. T.), Histoire, 530. — Guide, 535.
Hall (François). Explicatio, 125. — An explication, 125.
Hallam (H.), 486.
Halloix (Pierre), 77.
Haluna (F.), 577.
Hamaide (Vincent de la), 147.
Hamal (J. N.). David, 243. — Jonas, 245. — Voegge di Chofontaine, 257. — Li fless, 258. — Li Ligeoi, 258. — Les ypocontes, 260. — Cantate, 266, 268.
Hamal (H.). Discours, 293. — Vers, 293. — Cantate, 305. — Bouquet, 305.
Hamal (C.). Coup d'œil, 477. — De l'aérage, 515.
Hamal (C⁰ de), 649.
Hamerstede (J. Van), 568.
Hamon (Jean), 151.
Hanens (C. E. d'), 456.
Hannetaire (d'). Exposition, 241. — Petit recueil, 242.
Hannot (J. B.). Justa defensio, 202. — Index, 202. — Discours, 220.
Hanquet (A.), 531.
Hansez (T. de), 428.
Hansotte. Observations, 315. — l'Éburonade, 338.
Harchies (J. de), 3.
Hardy (A.), 643.
Harlé (Jean), 190.
Harlez (S. de). Voegge, 257. — Les ypocontes, 260. — Cantates, 266, 268, 269.

84

Harroy (J.). Traité d'arithmétique, 237. — Traité de géométrie, 243.
Hartig (François d'), 322.
Harzé (L.). Lois et arrêtés, 351. — Mémoire, 370, 374, 384. — Monsieur de Rahier, 373, 377.
Harzé (Mathias), 166.
Harzé (An.). 512.
Hascariclanus (W), 556.
Hasserz (J.). Rappel, 442. — Pasqueye, 461. — Armanak, 471. — Chansons, 510.
Haus, 640.
Haus (C. J.), 405.
Hautefeuille (de), 569.
Hautin (Jacques). Vita, 94. — Patrocinium, 111.
Hauzeur (Mathias). Conferentia, 50. — Accusation, 50. — Exorcismes, 51. — Equuleus, 53. — Anatomia, 70. — Collatio, 73.
Hauzeur, 642.
Havelange (J. J.). Ecclesiae infallibilitas, 335. — Avis, 603.
Haye (Théodard de la), 210.
Hazé (J. H.). Manuel des sacristains, 501. — Manuel du maître de cérémonies, 527. — Caeremoniale, 527.
Heduus (Bertrandus), 95.
Heer (Henri de). Spadacrène, 26, 582. — Fontaines, 27. — Deplementum, 37. — Observationes, 45.
Heer (Lambert de), 576.
Heeren, 414.
Heerswyck (de). Dissertation, 237. — Controversiae, 238. — Coup d'œil, 298. — Tableau, 300. — Réduction, 584. — Précis, 585.
Helbig (H.). Fleurs, 513. — Œuvres d'A. Sylvain, 522. — Alexandre Sylvain, 522. — Le martyre, 530. — Annexes, 642, 645, 646, 649, 650.
Helbig (J.). Étude, 495. — Correspondance, 500. — Quelques mots, 504. — Société d'émulation, 511. — Compte rendu, 511. — Recueil, 514. — L'église de Notre-Dame, 530. — Annexes, 649.
Helin (Jean), 22, 25.
Heller (R.), 529.
Hellin (A.), 644.
Helmont (J. B. van). Propositiones, 37. — Paradoxa, 37. — Supplementum, 37.
Helvétius. Traité, 188. — Recueil, 200.
Hemert (Antoine), 4.
Hemricourt (J. de), 336, 568, 627.
Henaux (F.). Revue belge, 419. — Description, 425. — Revue de Liége, 440. — Souvenirs, 456. — Ribauds, 456. — Voyage industriel, 456. — De la liberté, 456. — Recherches sur les fourches patibulaires, 456. — Le libéral, 456. — Le berceau de Charlemagne, 467. — Sur la naissance de Charlemagne, 467. — Histoire de Liége, 484. — Les traditions, 504. — Constitution, 510. — Recherches historiques, 510. — Histoire de Spa, 516. — La houillerie, 520. — Annexes, 643 à 648.

Henaux (Étienne). Revue belge, 419. — L'Espoir, 419. — Statue de Grétry, 442. — Le Mal du pays, 442. — Annexes, 647.
Henaux (V.). Revue belge, 419. — Essais, 425. — Quelques fleurs, 431. — Printanières, 431. — La Tribune, 436. — Revue de Liége, 440. — Souvenirs, 451. — Le libéral, 459. — Pasqueye, 461. — Rapport, 461. — Note, 461. — Observations, 482. — Notice, 495. — Pétition, 496. — De l'amour, 512. — Union des artistes, 533. — Annexes, 649.
Hencena (J. A.), 587.
Henchenne (L. G. L.), 840.
Henckens (J.), 636.
Hendrickx, 463.
Henkart (P. J.). La liberté, 304. — Séance, 304. — Cantate, 305. — Le bois, 305. — Couplets, 320. — Rapports, 332. — Citoyens, 343, 345. — Discours, 352. — Hymne, 363, 379. — Loisirs, 394.
Henkens (P.), 477.
Hennau. Motion, 357. — Mémoire, 357. — Réflexions, 357.
Hennebel (J. L.), 182.
Hennebert (P. D.), 419.
Hennebert (O.). L'hiver, 516. — Cours, 519.
Hennequin (C. V.). Appel, 467. — De origine, 613.
Hennequin, 611.
Hennequin (N.). Les omnibus, 407.
Henout (J. B.). Gazette, 342. — Annales, 375. — De la justice, 603.
Henrart, 191.
Henrion (O.), 523.
Henrotte (J.), 424.
Henrotte (N.). Recueil, 439. — Méthode, 447. — Manuel, 475. — Mois de Marie, 492.
Henry (J. B.), 501.
Henry (P. J.). Explications, 251. — Dissertationes, 266. — Tractatus, 271. — Instructions, 276. — Discours, 312. — Manuel du chrétien, 401. — Breves observationes, 585.
Henschenius (G.), 565.
Henvaux (D.), 633.
Herbeto, 75.
Herbeto (Jean), 183, 188.
Herckenrode (Léon de). Collection, 620.
Herman. Voy. Trappé (de).
Herman d'Éprave (A. J. N.), 509.
Hermans (Jean), 325.
Heros (don M. de los), 615.
Herrengt, 191.
Herstal de la Tache (de), 175.
Hertsworms (Arnold), 150.
Hessale (de). Suppliequae, 192. — Répartie, 192.
Hesse (Ernest, landgrave de). Lettre, 106, 109. — Categoria, 110.

Heurpé (A.), 438.
Heuse, 631.
Heusy (de). Essai, 281. — Expressions, 281. — Supplément, 283.
Heyendael (Nicolas), 211.
Heyendael (Jacques), 320.
Heymbach (B.). Servatius Octavianus, 564. — Sylvae, 565.
Hicguet (D.), 526.
Hiérosme de Liége, 561.
Hildegard (Thomas), 218.
Hinnisdael (François de), 159.
Hocht (Nicolas), 89.
Hochkirch (F.), 346.
Hock (Aug.). Poésies, 507. — Fless, 519. — Sov'nir, 519. — Annexes, 650.
Hodin (Baudoin), 249.
Hodin. Etrennes, 190. — Lettre, 196.
Hodsley (J.), 493.
Hodson (J.), 503.
Hoffmann (G. F.). De ordinum jure, 591. — Droit des états, 591. — Recherches, 602, 603, 604.
Hoffreumont (Servais), 578.
Hogue (de la), 363.
Hollogne (Lambert de). Entrejeux, 53. — A Érasme Foullon, 97.
Holonius (Gregorius), 548.
Holtacker (R.), 566.
Holtius (A. C.). Analyse, 410. — Historia, 410.
Honin (Jacques), 385.
Honoré (Barthélemi), 551.
Honoré (Charles), 481.
Hontheim (de), 298.
Honvlez (de), 266.
Hoofstadl, 484.
Hordt (comte de), 323.
Horion (C.). Des rétentions, 530. — André Dumont, 638.
Horsmans (J. G.), 636.
Horst (Herman), 100.
Hoton (Godefroid), 50.
Houbotte (Jean), 147.
Houry (C. B.). Essai, 398. — Lettres, 398. — Feuille villageoise, 400. — La France au parlement, 401.
Houthem (Libert). Absoluta methodus, 5, 550. — Theatrum, 5. — Ethicae vitae ratio, 5. — Gedeo, 6. — In natalem, 550. — Démonstration, 551. — Κατάστρα, 551. — Salomonis judicium, 551. — Didactici generis oratio, 552. — Ficulneorum demonstratio, 552.
Hoy (Jean), 549.
Huart (...), 637.
Huber (...), 68.
Hubert (Joseph), 491.
Hubin (J. H.), 627.
Hubens (G. F. de), 125.

Hubens (J. F. de), 260.
Huet (Jean), 549.
Huguenin, 432.
Huissier des Essards, 102.
Huleu (J. G.), 357.
Humblet (L.). La Belgique, 522. — De la publicité, 524. — Quelques mots, 528. — Annexes, 649.
Humblet (J. J.). Le citoyen, 270. — Hymne, 346.
Humblot (F.), 34.
Hunolt (F.), 502.
Hurdeblse, 502.
Huvé (A.), 497.
Huygens (Gummarus). Breves observationes, 162, 164, 165, 166, 167, 170, 182, 186, 187, 189, 191, 195, 198. — Apologia, 167.
Huzard (J. B.), 353.
Hymans (L.), 507.

I

Inguelbergh (L. F. d'), 53, 565.
Irenaeul (Christianus ab), 574.
Isola (de l'). Lettre, 117. — Le dénouement, 122. — Sentimens, 127. — Responce, 127.
Isla (H. J.). Nouveau choix, 485. — Lectures, 530.
Ives, 128.
Iweins (C. L.), 509.

J

Jaclot, 432.
Jaemart (Noël), 142.
Jacob, 516.
Jacobi (Jean). Réponse, 148. — Discours, 150. — Quadruplique, 154. — Conviction, 162.
Jacobi (Martin), 576.
Jacobs. Table, 374.
Jacquemart (N. T.), 257.
Jacquemin (G. E.). Comment les ministres, 466. — L'autorité, 474.
Jacquemin (T.), 414.
Jacquemin, 512.
Jacquemin (Charles), 36.
Jacquemotte (H. J.). Courrier, 389. — Éloge, 488. — Le guide, 496.
Jacques (Léon). Menus propos, 515. — Hélas! Platon, 519. — Les amoureuses, 522. — Un bain, 522.
Jacquet (François), 139.
Jacquet (P. L.), 247.
Jadin (Gilles), 235.
Jalheau (C. F.), 386.
Jamar de Monfort, 188.
Jamez (Thomas), 206.
Jamin (Robert), 20.

Jaminé, G. B.
Jaminet, 116.
Jamme (Mme L.). Le christianisme, 475. — De la nécessité, 485. — Abrégé, 497.
Jamme (E.), 521.
Jamotte (Charles), 118.
Jansen (P.), 414.
Janson. Recueil, 353. — Code des lois, 358. — Lois, 358.
Janssens (J. H.). Hermeneutica, 387. — Histoire, 435.
Jarry (abbé). Dissertation, 372. — Examen, 608. — Du rétablissement, 609.
Jars, 587.
Jassogne (H.), 570.
Jegher (Lambert), 39.
Jehan le Bel, 625, 636.
Jehin (abbé). Relation, 317. — Suite et fin, 317. — Recueil, 318. — Discours, 326. — A Messeigneurs, 326. — Romanus ex Guemené, 352. — Assassinat, 352. — La clef du ciel, 369. — Histoire, 590. — Les franchises, 590. — Exposé, 593. — Manifeste, 595.
Jénicot, 642.
Jesu Maria (Johannes à), 122.
Joanne (Ad.), 629.
Joassart (L.), 425.
Johnson (James), 617.
Johnston (F. W.), 477, 480.
Jokaï, 518.
Jollivet (T.), 634.
Jones (Edwin Godden), 384.
Jonghe (T. de), 647.
Jonghen (Henr. de), 567.
Joubert, 217.
Joubaud (A.), 409.
Jouvency (J.). Candidatus, 219. — Appendix, 246.
Juglaris (Aloysius), 123.
Jullien (M. A.), 401.
Jullien (C. E.). Traité, 523.
Junius (Adrien), 90.
Junius (Joachim), 556.
Junius (Hadelin), 79.
Juste (T.), 419, 440.
Justinius (P.), 583.

K

Kaltner, 513.
Karchet (C.), 470.
Karsten (C. B.), 410.
Kauffman (J. B.), 409.
Keen (O.), 266.
Keene (W.), 480.
Kempeneers (A.). Journal, 413. — Somme, 513. — De oude vryheid, 635. — Publications, 637. — Académie, 639.

Kempis (Thomas à). Imitation de Jésus-Christ, 27, 35, 50, 106, 160, 189, 193, 221, 295, 302, 346, 415, 418, 434, 458. — Calendarium, 113, 115. — Suite de l'Imitation, 183.
Kerkhem (Ernest de), 58.
Kerkhem (Arnould de), 56.
Kersch (J. J.). Prosodie, 439. — Vie de Grétry, 442. — Essai, 442.
Kersten (P.). Courrier, 389. — Epitome, 392. — De rebus Belgicis, 404. — Choix, 411. — Journal historique, 417. — Entretiens, 418. — Novum testamentum, 432. — Ciceronis epistolæ, 453. — Notice, 473. — Essai, 484.
Kervyn de Lettenhove. Jean le Bel, 627. — Annexes, 641.
Kettenis (Jean), 118.
Keubll (baron de), 337.
Keynes, 152.
Kickx, 642, 646.
Kinker (J.), 401.
Kints (E.), 209.
Kirsch (J.), 479.
Kirsch (H.). Des fonctions, 485. — Résumé, 489.
Kirsch (H.). Les peintres, 511. — Funérailles, 511. — Echo, 634.
Klee (H.), 496.
Klefter (François), 219.
Kleyer (J. F. J.), 549.
Kleyr, 632.
Knapen (Jean), 113.
Koenders (J.). Grammaire, 395. — Recueil, 395. — Cornelius Tacitus, 401.
Koninck (L. de). Éléments, 436. — Description, 444. — Un mot, 444. — Annales, 452. — Recherches, 468. — Revue, 509. — Académie, 640.
Kool (J. A.), 510.
Krafft (J.), 516.
Krans (G.), 526.
Krans (P.), 439.
Kratepolins (Petrus). Voy. Mersseius.
Kuborn (H.). Rapport, 499. — Étude, 516. — Histoire, 520. — Guide, 524. — N. Peetermans, 525. — Soirées, 629. — Annexes, 649, 650.
Kupferschlaeger (L.). Exposé, 485. — Tableaux, 529.
Küster (J. E.), 599.

L

Labarre (L.), 436.
Laborie (J. de). Voy. Fourdrin.
Le Brone (Claude), 93.
Labye (C.). Législation, 484. — Du domaine, 505.
La Chaussée (J. B. de), 80.
L'Acier, 52.

Lacordaire (Th.), 445.
Lacordaire (H.), 466.
Lacoste (N. B.), 445.
Lacroix (Aug.), 617.
Laensbergh (Mathieu). Voy. Lansbert.
Laet (Gaspar), 543.
Lafiteau (P. F.), 233.
Lagarde (M.). L'espoir, 419. — La commère, 441. — Grains de sable, 443.
Lagrange (E.). Revue, 440. — Histoire, 446.
Lahiée (François), 71.
Lalaune (Léon), 435.
Lallemant, 224.
La Marck (P. L. de), 571.
Lamaye (J.). Petit responz', 429. — Seyance, 447. — Li creveute, 461. — Anniversaire, 504.
Lambert (G.). Traité, 493.
Lambert (Mathieu). Discours, 12. — Exposition, 12.
Lambert (H. F.), 282.
Lamberti (Robert), 97.
Lamblin, 646.
Lambinet (J. J.), 628.
Lambinet (L.), 632.
Lambinet, 299.
Lambinon (P.), 456.
Lambinon, 330.
Lambotte (H.), 436.
Lamennais (de), 418.
Laminne (V.), 643.
Laminne (de). Mémoire, 364, 483. — Examen, 423. — Vues, 423.
Lamoot, 262.
Lamothe-Langon, 615.
Lamotte, 464.
Lampson (Dominique). Selecta poemata, 39. — L. Lombardi vita, 540.
Lampson (Nicolas), 39.
Lanciclus (Nicolaus), 124.
Lange (F. de), 288.
Lanjuinais, 402.
Lannoy (Edgard de), 493.
Lannoy (N. de), 612.
Lansbert (Mathieu), 55, 160.
Lansperge (Jean de), 21, 158.
Lantremange (de), 620, 622.
Laoureux (Gilles), 166.
Lardinoy (Léonard), 133.
Larmoyer (H.), 511.
La Roque (de), 72.
Larrey (de), 216.
La Ruelle (Sébastien). Instrumentum, 57. — Répertie, 57.
La Ruelle (Maxim.), 184.
Lassence (de). Information, 531. — Précis, 317. — Élégies, 599.
Lastre (Pierre de), 38.

Latiniacus (Paulus), 110.
Latour (J. P. B.). L'apothéose, 390. — La prise de Chièvremont, 596. — Grammaire, 399. — L'élocution, 464.
Latte (de), 612.
Launai (de), 270.
Launay (chevalier de). L'abeille, 204. — Tableau de Spa, 301.
Launoy (Jean de), 184.
Laurent (A.), 637.
Laurentie, 424.
Laurentius (Aug.). Cursus, 155. — Syntagmeta, 159.
Lauwers (Aug.), 509.
Lavacherie (de). Annales, 468. — Observations, 468. — Notice, 618.
Lavalleye (Édouard). Comtes de Durbuy, 421. — Histoire du Limbourg, 425. — Comtes de Louvain, 425. — Quelques mots, 425. — Notice, 426. — Petite dissertation, 430. — L'église Saint-Jacques, 453. — La Fête-Dieu, 459. — Relation, 459. — Annuaire, 466. — Église Notre-Dame, 493. — Le duc de Brabant, 504. — Le vieux Liège, 506. — Une perle, 508. — Le sire de Soive, 512. — Le pont des Arches, 513. — Annexes, 644, 646, 650.
La Vallière (duchesse de), 179.
La Veaux (de), 306.
Layman (Paul), 54.
Léau-Geyr (de), 354.
Lebeau (J.). Mathieu Lansberg, 395. — La récompense, 402. — Recueil, 405. — Le Politique, 408. — Observations, 613.
Lebeau (H.), 405.
Leberger (Thomas), 155.
Lebidart (de). Des améliorations, 449. — Lettre, 452.
Leblan (A.), 473.
Leblanc, 457.
Le Blanc (Thomas), 89.
Lebreton (J.), 609.
Lebrun (P. H.). Adresse, 307. — Lettre, 307. — Réponse, 332.
Lecerf, 388.
Le Chapelain. Oraison funèbre de François I, 262. — Panégyrique de saint Jean, 272. — Panégyrique de sainte Thérèse, 274.
Leclerc (J. B.). Epoune, 386. — Abrégé, 388.
Leclere (H.), 412.
Le Clerc, 168.
Leclercq (O.). Discours, 374. — Le droit romain, 378.
Leclercq, 484.
Lecocq (V.), 649.
Lecocq (J. V. E.), 342.
Lecocq (A.), 460.
Le Comte (Louis). Ad virum nobilem, 177. — Des cérémonies, 177. — Lettre, 177.
Lecomte (J.), 627.

Le Conte (Michel). Naissance, 32. — Catéchisme, 32. — Apostrophes, 33, 34. — Oratoire, 40.
Lecoy, 431.
Ledocte (Max.). Essai, 448. — De l'agriculture, 452. — Nouveau système, 458. — Établissement, 469. — Moyens, 471.
Ledouble (A.), 431.
Ledrou (Th.). Démonstration de l'utilité, 233. — Principes, 252. — Démonstrations méchaniques, 584.
Leemans (T.), 452.
Leenaerts (J. L.), 193.
Leeuw (O. de). Mainfroy, 472. — Les débris, 476.
Lefebvre (François), 210.
Lefebvre, 344.
Lefebvre (J.), 426.
Lefebvre, 461.
Le Fort (Julien), 409.
Lefranc (Eustache), 429, 431.
Le Franc de Pompignan, 372.
Le Gay, 296.
Legipont, 300.
Le Givre (P.), 570.
Legrand, 643.
Lehardy de Beaulieu (C.), 523.
Lehon (H.), 610.
Leibnitz (G. G.), 573.
Lejeune (Quirin), 238.
Lejeune (A. L. S.). Flore, 379. — Revue, 379. Agrostologie, 394. — Compendium, 405.
Lejeune (J. N.), 232.
Lejeune (J. R. J.), 438.
Le Lorrain (J.), 179.
Leloup (P. J.), 394.
Lemaire, 336.
Lemaire (G.), 521.
Le Maistre de Sacy. De l'imitation, 106, 193. — Enluminures, 119. — Vie de dom Barthélemi, 166. — Histoire, 233.
Lemarié (A.). Nouvelle grammaire, 355. — Œuvres de W. Scott, 404. — Télémaque, 417.
Lemarié (F.), 321.
Lemborch. Voy. Lymberch.
Lemmens, 592.
Lemoine (P. J.), 480.
Lemonley, 369.
Lemos (Thomas de). Panoplia, 132. — Rescriptum, 132.
Lenarts (Guillaume), 37.
Lenoble. L'école, 266. — Le dégoût, 576.
Lenoir (D.). Réponse, 634. — Histoire, 635.
Le Noir (Jacques). Le plaisant verger, 33. — Glorieux trophée, 36.
Lens (André), 289.
Léonard, 291.
Léonard (P. J.), 430.
Léonard (G. L.). Éclectisme, 446.— Réflexions,

462. — Avant et après, 462. — Coup d'œil, 467. — Taxes, 476. — Fragments, 478.
Léonard (Germain), 666.
Léonard (F. J. D.), 506.
Le Pacifique (G.), 51.
Lepaige (C.). Spa, 534. — Discours, 535. — Messieurs, 637. — Mémorial, 637.
Lepas (Éverard), 340.
Lepas, 647.
Le Pippre de Neufville (S. L.), 230.
Le Plat (Josse), 202.
Le Poli (Jean). Voy. Polit.
Lepoureq (A. F.), 448.
Le Prévost (H.), 620.
Leratz, 296.
Lerchy (vicomtesse de). Voy. Dandely (M.lle).
Le Rond (Charles), 50.
Le Roy (J. A.), 634.
Leroy (C. F. A.). Traité de géométrie, 426, 484. — Cours, 435. — Traité de stéréotomie, 457.
Leroy (A.). Revue belge, 419. — Essais, 425. — Quelques fleurs, 431. — Printanières, 431. — Noveli, 443. — Quelques mots, 447. — Revue de Liége, 449. — Contes, 495. — La famille Walther, 500. — Antiquités, 500. — Motifs et détails, 513. — Mélanges, 514. — Boutades, 522. — L'église Sainte-Croix, 524. — Grammaire, 528. — Lettre, 529. — Quérard, 529. — M. Vandeweyer, 531. — Chansons, 534. — Souvenirs, 535. — Annales, 632. — Annexes, 644, 647, 649, 650.
Le Roy (François). Porticus, 117. — Excertationes, 140.
Le Roy (Alard). Liége catholique, 51. — Vie de saint Lambert, 51. — Sainceté, 66. — Pénitence, 66. — Le père de famille, 67. — Nostre Dame de Grâce, 84. — La vertu, 89. Instruction, 99.
Leruite (Lambert), 15.
Leruitte (U.), 350.
Lesage (Ch.), 429.
Lesbroussart (P.). Éloge, 312. — Gazette, 342. — Revue belge, 419. — Rapport, 430. — Notice, 437. — A Messieurs, 437. — Revue de Liége, 449. — Annexes, 642, 646, 649.
Lescaillier, 1.
Lesoinne (P. J. A.). Réflexions, 310. — Rémonstration, 310. — Rapports, 332. — Citoyens, 343, 345. — Opinion, 604.
Lesoinne (J. F.). — Mémoire, 380. — Résumé, 397. — Mémoire, 397, 399, 463. — Réponse, 468.
Lesoinne (N. F.). Mémoire, 423.
Lesoinne (Ad.), 519.
Lespine (Thimothée de), 24.
Lessius (Léonard), 23.
Lesueur (Jacques), 594.
Lesueur-Destouvets. Bastido, 388. — Le spectateur, 611. — Éloge, 611.
Letarouilly (P.), 449.

Lethus (Constantin). Le bonheur, 196. — Theologia, 198. — Consolatorium, 201.
L'Étoile (de), 201.
Leurentus, 564.
Levac (A.), 647.
Levage (Pierre), 210.
Le Vassor (Michel), 164.
Levenbach (S.), 383.
Levoz (N. J.). Note, 309. — Mémoire, 310. — Lettre, 310. — Avis, 316. — Information, 316. — Supplique, 316. — Recherches, 319. — Messeigneurs, 599.
Levrat (F.), 630.
Lewis (Mathias de), 530.
Leynen (L), 496.
Lezaack (de). Recueil, 374. — Mémoire, 374. 423.
Lezaack (Jules). Le touriste, 532. — Les eaux de Spa, 632.
Lezaack (Lambert Joseph). Dissertatio, 402. — Traité des eaux, 425. — Guide, 532.
Lezaack (P. J.). Aux anonymes, 463. — Les travailleurs, 624. — Rapport, 626.
Lhoest (M.), 194.
Lhoest (J. M.), 476.
Lhoir, 492.
Lhomond, 386, 391.
Liagno (A. de), 408.
Libert (J. J.), 309.
Libert (Lambert), 370.
Libert (Léonard). Courrier, 349. — Mémoire, 350. — A ses concitoyens, 350. — Réponse, 350. — Aux Liégeois, 350. — Pétition, 601. — Réponse à la lettre, 601. — Lettre, 607.
Libert (M. A.). Plantae, 410. — Académie, 640.
Libote (Chrysostome), 104.
Liedekercke (Alex. Jos. de), 206.
Liénard, 536.
Lienars (N. F.). A M. de Hennet, 80. — Eucharisticon, 101.
Lignac (H.), 395, 408.
Lignac (L. F.), 342.
Ligones-Duval (Jean), 248.
Lillen (baron de), 339.
Limbourg (L. de), 63.
Limbourg (Jean Philippe de). Dissertation, 248. — Traité des eaux, 253. — Abrégé des vertus, 254. — Dissertation sur les bains, 259. — Caractères, 262. — Dissertation sur les affinités, 264. — Nouveaux amusements, 267. — Réponse aux lettres, 267. — Dissertation sur les douleurs, 267 — Recueil, 270. — Tableau, 306.
Limbourg (G.), 524.
Limon (de), 346.
Linot (Arnould de), 131.
Lintermans (Jean), 62.
Lion (Émile). Journal, 417. — La charité, 506.
Lion (X.). Rapport, 438. — Dernier mot, 438.
Lipsin (Louis). Paraphrase ou réflexions, 207.

— Paraphrase .. du psaume 78, 207. — Réprobation des pécheurs, 210. — Prières très-dévotes, 211, 219. — Bonheur de l'homme, 222. — Les sept psaumes, 228. — Abrégé, 229.
Liverloz (W. de), 565.
Lixson (J. J.), 586.
Loarte (Gaspar), 7.
Lobbetius (Jacobus). Flagello, 62. — De fortitudine, 63. — Speculum, 63. — Templum Domini, 66. — Tractatus de passione, 66. — Quadragesima, 66. — Quaestiones, 89. — Gloria patriarcharum, 98. — Gloria Leodiensis, 101. — Gloria sanctorum, 102. — Tractatus ascetici, 109, 110. — Opera omnia, 115.
Lobet (J. M.), 628.
Lochet (Jérôme), 839.
Loeffs, 93.
Loevenich (de), 463.
Lohest (Pascal), 342.
Lohest (J. M.). Les élections, 514. — Vivent, 514. — Les puces, 515.
L'Olivier (colonel), 412.
Lombard (L. M.), 495.
Lombard, 352.
Loncoux (Eugène). Projet, 342. — Grammaire, 359. — De la prononciation, 359. — Introduction, 381.
Longrée (de), 423.
Lonhienne (L. G.). Précis, 370. — Question, 370. — Mémoire, 379.
Loomans, 486.
Looz (François de). Apologie, 145. — Justification, 145.
Lorain, 343.
Los (Johannes de), 619.
Louis (abbé). Courrier, 389. — Conférences, 420. — Lettres, 421. — Nouvelle notice, 421. — Manuel élémentaire, 424. — Livre de lecture, 427. — A... les, 427. — Manuel, 430. — Lettres fl. ... e-wallonnes, 625. — Annexes, 647.
Loumyer (J. F. N.). Poésies, 627. — Annexes, 645.
Louvrex (M. G. de). Reverendo J. G. de Fléron, 153. — Recueil des édits, 203, 249. — Epitome, 211. — Abrégé, 211. — Dissertatio, 218. — Dissertationes, 222. — Information à LL. HH. PP., 226. — Information de ce qui s'est passé, 226. — Protestation, 228. — Dissertatio juridica, 228.
Losinfosse (F.). Les deux bassompierre, 518. — Le travailleur, 533.
Lowette (Ambroise), 265.
Loyens, 212.
Lucas, 266, 270.
Lucion (P.). Paraphrase tirée de l'Écriture, 198. — Paraphrase sur le cantique, 201.
Lude (Arnoldus à), 268.
Ludolff (G. M. de), 234.

Ludovic (Édouard), 430.
Lŭdwig (Otto), 508.
Lummius (J. F.), 7.
Lupus (J.), 513.
Lupus (Guilielmus), 545.
Lupus (Christianus), 143.
Lymborch (Albert de), 34.
Lymborch (Gilbert), 6, 348.
Lymbourg (Aloys de), 41.
Lys (L. A. M.). Instruction, 361. — Dialogue, 363. — Discours, 397. — Conventio, 402. — Précis, 410.

M

Maaskamp, 610.
Mabillon (dom), 227.
Macors (J. G.). Au congrès, 462. — Le bulletin, 498. — Amélioration, 531.
Macors (F.), 517.
Madridius (Christ.), 7.
Magis (de), 233, 295.
Magnée (B. J.), 599.
Mahieu, 175.
Mahy (Bernard), 238.
Maigret (Georges). Brièves relations, 23. — Trésor, 24. — Rejetons sacrés, 24. — Les larmes, 26. — Le noviciat, 27. — Surculi sacri, 32. — Abrégé, 38. — Vie de sainte Élisabeth, 39. — Oraison funèbre, 40. — Tractatus, 44.
Maigret (Athanase), 66.
Maillard, 269.
Malaise (L. B.). Mémoire, 415.
Malaise (C.), 649.
Malan (C.), 475.
Malarme (Mme de), 314.
Malbec de Tréfel (Jean), 121.
Malcorps (Michel), 16.
Malcoté (Jean), 174.
Malebranche, 257.
Malherbe (D.). Délices, 363. — Hommage, 364. — Le berneur, 366. — Les infiniment petits, 366.
Malherbe, 308.
Malherbe (Denis). Secundus triumphus, 244. — Secundum auctarium, 245.
Malherbe (R.), 649.
Malmédie (J. B. de), 231.
Malpas (Petrus), 80.
Malte (Martin). Arithmétique, 188. — Traité, 207. — Recueil, 213.
Malte (H. F. de). Réponses, 141. — Les nobles, 141.
Manay (Denis). Sincera series, 222. — Réplique, 222.
Manigart (Henri). Flores, 97. — Diva Leodiensis, 98. — Manipulus, 103. — Providus pastor, 140. — Traduction, 372.

Mannshaca (James), 395.
Manoury, 343.
Mansion (H.), 634.
Mantelius (Jean). Hanthocesken, 41. — Series, 87. — D. Aur. Augustinus, 94. — Historia Lossensis, 207. — Hasseletum, 568.
Manuce (Alde), 21, 92, 154.
Manzoni, 483.
Marais (Louis), 184.
Marhaise, 294.
Marcellis (Jean). Le pourtraict, 32. — Pons, 35.
Marcellis (C.). Le politique, 408. — Aux Anversois, 435. — Notice, 436. — Grétry, 442. — Sur l'incendie, 513. — Mémoire, 520. — Les Germains, 613.
Marcotte (B.), 631.
Marchal, 644.
Marchant (J.), 84.
Marche (Lou s de), 93.
Marchin (L.), 392.
Marchot (P. C.), 344.
Marcquis (G.), 564.
Maréchal (R.), 525.
Marée (Valen in), 96.
Marguet (J.), 391.
Marian de Saint-Antoine. Regrets, 271. — Apologete, 361.
Marlin (D.). Revue belge, 419. — De l'enseignement, 418. — Discours, 613. — Examen, 614.
Marmontel, 297.
Marne (J. B. de), 253.
Marnette (J. E.), 492.
Marnette, 266.
Marolles (de), 302.
Marsille, 234.
Martel (N.), 208.
Martene (Edm.), 579.
Martin (Conrad), 520.
Martin (Fr.), 574.
Martiny (J. P.), 317.
Masenius (Jacobus), 119.
Masion (Lambert), 523.
Masqueret (Jean). La fontaine, 31. — Traité des indulgences, 33.
Massart (Hubert), 405.
Masset (G.), 519.
Massillon, 300.
Massillon (C.). Résolution, 75. — Genuina deductio, 92. — Ad sacram Caesaream, 114, 123, 125. — Manifeste, 129.
Massin (H.), 444, 445.
Massotte (Thomas), 49.
Massuet (René), 178.
Mathelot (A.). Nouvelle méthode, 448. — Arithmétique, 464. — Le vade mecum, 473. — Recueil, 477. — Recherches, 493.
Mathieu (A.). Revue, 449. — Spa, 637.
Mathieu (Jules), 470.

Mathysen (A.), 501.
Maxime, 512.
Maurage (J. B. de), 580.
Maus (H.), 431.
Mazzuconi (J.), 524.
Méan (Charles de). Observationes, 92, 236. — Jure sustineri non potest, 110. — Definitiones, 135.
Méan (Pierre de), 82.
Méan (Laurent de). Libellus, 80. — Beatissime Pater, 82. — Jura praepositi, 102. — Notae, 102.
Meefl (G. de), 420.
Meidinger (J. V.), 355.
Meisser, 614.
Mélart (Laurent), 65.
Melchiors (de), 267.
Mélotte (Laurent). Les deux apprentis, 429. — L'étudiant, 431. — Chacun de son côté, 439. — Bernard, 439.
Mélotte (A.). Loi provinciale, 422. — Loi communale, 422.
Mélotte (J.), 334.
Mélotte (J. G.), 392.
Mère de Dieu (Gaspard de la), 187.
Merian (M.), 563.
Merica (H. de), 619.
Merlin (P. A.), 601.
Mersseius (P.), 551.
Mertens (B. H.). La bible, 475. — Écoles, 479.
Merveilleux (de), 284.
Meunier (B. C. E.). Notice, 617, 630. — Notice biographique, 636.
Meyer (A.). Exposé, 445. — Ofzegt-Klang, 492. — Nouveaux éléments, 497. — Regelbüchelchen, 497. — Manuel, 501. — Démonstration, 505. — Essai, 509. — Examen, 509.
Meyer (Moritz), 452.
Meyers (J.). Les écrivains, 500. — Examen, 622.
Meynders (G. J. B.), 421.
Micha (F.). Bulletin, 424. — Code belge, 435.
Michaels (C.), 505.
Micheels (L.). Revue, 440. — Quéqu' wallonnades, 519. — Grammaire, 528.
Michel (P.), 394.
Michel (de), 221.
Nicoud (baron de). Discours, 379. — Relation, 380.
Midavaine (F. J. F.), 505.
Mignet (A.), 430.
Milon. Horoscope, 299. — Vers, 301. — Bouquet, 305.
Milst (J. F. de), 205.
Minard, 497.
Minet (J. B. J.), 303.
Minette (A.), 508.
Miraeus (Aubertus), 555.
Mirwort (Henri), 41.

Mispelblom (G. L. H.), 617.
Modave (J. G.). Nouvelles, 340. — Prologue, 390. — Ode, 411. — Strophes, 411. — Revue belge, 419. — Cantique, 432. — Éloge de Rubens, 434. — L'inauguration, 442. — Loisirs, 442. — Silius, 442. — Revue de Liége, 449.
Modeste (E.), 493.
Moens (G.). Exposition, 441, 416. — L'industrie, 413. — La légitimité, 414. — Revue du saint-simonisme, 414. — La morale, 416. — Le Rappel, 417. — Abrégé de l'exposition, 418. — Considérations, 422. — Réponse, 426. — Du mariage, 502.
Moers (François). Collyrium, 109. — Demonstratio, 110.
Mohy (Jean). Pleurs de Phylomèle, 39. — Bouquet, 40. — Paraphrases, 40.
Mohy (Remacle). Vie de saint Hubert, 20. — Epistolarum liber, 21. — L'encensoir, 22. — Usus scholaris, 22. — Grammaire grecque, 22. — Cabinet historial, 23. — Pleurs de Phylomèle, 39. — Paraphrases, 40. — Les grands jeunes, 45.
Molaeus, 49.
Molière, 185.
Moliny, 367.
Moll (W. N. de), 403.
Monens (M. J.), 320, 329.
Montfort (Alexandre de), 73.
Montfort, 165.
Monge (L. de), 509.
Mongelet (Demin. de). La science, 154. — Manuel, 155.
Monginot (François de), 143.
Monheim (J. P.), 613.
Montaignes (François des), 12.
Montalembert (de), 465.
Monte-Rocherii (Guido de), 550.
Montfoort (P. de), 545.
Montigny (M" de), 411.
Montis (Th.). Prognostication, 545. — Almanach, 546.
Montpellier (Mgr T. de). Lettre, 488. — Pieux souvenirs, 502. — Instruction, 515. — Défense, 533.
Moors (J. B.). Brevis instructio, 177. — Scriptum, 177. — Prosecutio, 177. — Breve compendium, 177. — Contentiosa ratiocinatio, 178. — Collectio, 178. — Ecclesia, 572. — Den By-een-rapinghe, 574. — In passionem, 577. — Lux, 577. — Sermoonen, 578.
Morand, 585.
Moreau (P. F.). Antidote, 191. — Essai, 207.
Moreau (H.). L'harmonie, 304. — Concert, 340.
Moreau (L. F.). Mémoire, 364. — Précis, 378.
Moreau (B.). De l'aumône, 126. — Considérations, 148. — Tableau, 151. — Les belles prisons, 155. — Traité, 158. — Recueil, 167.
Norel (A.). Plan, 493. — Esquisses, 496. — Le bulletin, 407. — La mort de Socrate, 508.

— 674 —

— La Meuse, 510. — Annuaire, 517. — Éloge de rien, 522. — Éloge de quelque chose, 522.
Moringus (G.), 545.
Morisseau (C. N.), 515, 522.
Morren (C.). Revue belge, 419. — Catalogue, 420. — Quelques mots, 424. — Essais sur l'hétérogénie, 429. — Notions, 448. — Journal d'agriculture, 473. — La Belgique, 480. — Palmes, 485. — Académie, 640, 642.
Morren (E.). Journal, 473. — La Belgique, 480. — Étienne Dossin, 638. — Académie, 640, 642.
Morren (Aug.), 448.
Morritt (R.), 455, 462.
Morsomme (J. H.), 416.
Moscus (Augustinus), 60.
Mot (J. A. de), 633.
Motmans (C. H.), 556, 559.
Motmans (Pierre), 554.
Mottet (V.), 570.
Mouillet (Simon), 34, 41.
Moulan (C.). Le Politique, 408. — Projet, 409. Fragment, 415. — Annexes, 649.
Moureau (W.), 240.
Mouttet (E.), 455.
Mouzon (abbé de), 65.
Mouzon (J.), 532, 534.
Mouzon (F. A.). Précis, 471. — Devoirs syntaxiques, 493. — Devoirs grammaticaux, 501, 516. — Franzenberg, 505. — Histoire, 506. — Éléments, 508. — Arithmétique, 526. — Petit cours, 532. — Cours, 534.
Moxhon (H. J. A.), 283.
Mühlbach (L.), 508, 518.
Mulkeman (Érasme). Planimètre, 164. — Nouvelle pratique, 171. — Abrégé d'arithmétique, 196. — Traité, 201. — Préparation, 201. — Démonstration de la quadrature, 201. — Démonstration du quarré, 201. — Nouveau et petit traité, 201.
Mulkeman (Henry), 121.
Mullendorf (F.). Exposé, 623. — Projet, 625.
Müller (W. X.), 507.
Muller (C.). Gazette, 342. — Revue belge, 419. — Réponse, 450. — Rapport, 454.
Muller (Jean de), 407.
Munch (E.). Jugenbilder, 407. — Aletheia, 408. — Courrier, 408.
Munford (Jacobus), 74.
Musonius (Domin.), 164.
Mynex (Alexis), 159.

N

Nagant, 536.
Nahon, 330.
Namur (P.). Bibliographie paléographique, 429. — Bibliographie académique, 429. — Histoire, 616.

Natalis (Daniel), 124.
Nantet (G.). Journal, 640. — Notices, 628.
Navaeus (J.). Mémoire, 175. — Motif de droit, 175. — Deux lettres, 175.
Navet, 524.
Navier, 448.
Neesen (Laurent). Theologia christiana, 194. — Theologia moralis, 571.
Neller, 272.
Nereint (de), 290.
Nessel (Edmond). Traité, 174. — Analyse, 208.
Nessel (Mathieu), 202.
Nessel (Nicolas). Thrésor, 42. — Tractatus, 56. — Theatrum, 56.
Nester (J. G.), 205.
Neuens. Description, 432. — Revue militaire, 440. — Traité, 452. — Histoire, 464.
Neuray (N. J.), 241.
Neuville (J.). Projet, 503. — Le dimanche, 527.
Nevers (duc de), 294.
Neyen (A.), 413.
Nicholson, 431.
Nicodème (Jacques), 494.
Nicolarts (Laurent), 566.
Nicolay (Eugène), 476.
Nicole (Pierre). Les imaginaires, 115. — De la foy, 157. — Traité, 162. — Lettres, 209.
Nihon (W.), 403.
Nihon (L. A.). Situation, 510. — Herr von Neustadt, 517. — La station, 524. — De l'expropriation, 535.
Nivar (Jean), 139.
Nizet, 331.
Noël (J. N.). Traité de géométrie analytique, 426. — Arithmétique, 432. — Traité d'algèbre, 435. — Éléments de mécanique, 436. — Traité d'arithmétique, 448. — Traité de géométrie, 452. — Mémoires, 452. — Considérations, 453. — Résumé, 457. — Exercices, 464. — Notions de calcul, 469. — Complément, 484. — Arithmétique, 526.
Noiret (Louis), 226, 576.
Noirlieu (de), 475.
Noie (de la), 411.
Nolet de Brauwere, 617.
Nonnius (Ludov.), 562.
Normand (Charles). Le Vignole des ouvriers, 403. — Le Vignole des architectes, 410. — Le guide, 469.
Northusius (Gasparus), 13.
Nothomb (J. B.). Mathieu Laensberg, 395. — Loggio, 427.
Noue (A. de). Vie de sainte Julienne, 459. — Études, 471. — Annexes, 644, 644, 645.
Nouet (Jacques), 99.
Nypels (J. G.). Revue de Liége, 449. — Notice, 480. — Publications, 528. — Annexes, 648.
Nyssen (J. J.). Essai, 444. — Examen 622.
Nyst, 639.

O

O'Gilvy, 522.
Oligenus (Conradus), 192.
Olin (X.), 649.
Olivet (d'), 286.
Olivier, 497.
Omalius (Max. d'). Mémoire, 382. — Requête, 383. — Correspondance, 385.
Omalius (d'), 642.
Oophe (J.), 563, 577.
Ophoven, 302.
Opstraet (Jean). Pastor bonus, 159. — Responsio, 164. — Doctrina, 166. — Responsio pro responsione, 170. — Disquisitio, 170. — Ad (hones, 189.
Oraison (François d'), 246.
Oranus (Nicolaus), 556.
Oranus (Joannes), 18.
Orval (Gilles d'), 555, 556.
Othée (G. W.). Exposition, 273. — Démission, 273.
O'Tilkin. Voy. Clermont.
Otreppe (A. d'), 187, 503.
Oultreman (P. d'), 560.
Outremeuse (Jean d'), 629.
Outrepont (d'). Essai, 294. — Défense, 306. — Considérations, 590.
Overberg (B.), 457.
Ovide. Epistolae, 20. — Tristium libri V, 127. — Métamorphoses, 171.
Ozanam (A. F.), 481.
Ozeray (J. F.). Histoire, 612. — Du duché, 618. — Annexes, 646.

P

Pacquay (Guillaume), 161.
Paganel, 388.
Paix (de). Éloge, 288. — De la souveraineté, 315.
Palafox (Jean de). Epistola, 118. — Œuvres, 229.
Palissot, 291.
Pallmart (G.), 313.
Paludanus (Arnoldus), 57.
Pambour (F. M. G. de), 474.
Pamphile. Voy. Bougard.
Panqueau le gardir, 50.
Pape (Abraham de), 182.
Papin, 202.
Pâque (A.). Essai, 505. — Calendrier, 521. — Annales, 632.
Pardevant (N.), 507.
Parent (Guillaume). Méthodus, 119. — Dialogus, 121.
Parfondry (A.), 387.
Pâris (dom), 203.
Parisis (P. L.), 461.
Partouns (H.), 598.
Parvilliers (A.), 166.
Pasquier (V.). Monographie, 440. — Annales, 452. — Lettre, 464. — De la préparation, 468. — Observations, 477.
Passione (Jacobus à). De stralen, 150. — Den schat, 155.
Paulot (Léon). Dissertation, 629. — Recherches, 631.
Pauli (Theodoricus), 619.
Pauli (Mathias). Leven, 54. — Handboek, 56. — Niev tractaet, 56. — Vie de saint Roch, 59. — Requeste, 59. — Dialogues, 59. — Cleyne ghetyden, 62. — Preuves, 63. — Jubilée, 72. — Officium, 74. — De Leere des Hemels, 83. — De Beclagingen, 559. — Bruyloffs-Hedt, 560.
Paullus (Guall.), 567.
Pauw (Antoine de), 260.
Pauwels (J.), 584.
Pawlowski (Daniel), 182.
Peclet (E.). Traité, 451. — Nouveaux documents, 497.
Peetermans (N.). Rapport, 503, 514. — Le prince de Ligne, 508. — Fleurs, 513. — Menus propos, 515. — Des livres, 522. — Soirées, 629. — Annexes, 640, 650.
Peeters, 319.
Pélérin (A. L.), 606.
Pellico (Silvio), 479.
Pellier (A.), 535.
Péquignot (E.), 518.
Pérard (L.), 532.
Percy (J.), 532.
Perès, 602.
Pergmayer (J.), 502.
Perin (C.). Exposition, 433, 442, 467. — Critique littéraire, 447. — Annexes, 646.
Perpinianus (P. J.), 15.
Perrault, 291.
Perreau. Journal, 443. — Tongres, 624. — Annexes, 642, 643, 647, 648.
Perrin (C.). L'espoir, 419. — La tribune, 436. — Le libéral, 459. — Journal, 610.
Perthus. Voy. Bougard.
Pestiaux (J.), 356.
Péters (J. J.). Grammaire latine, 424. — Grammaire française, 424. — Abrégé, 501. — Grammaire du premier âge, 501. — Cours, 508. — Lettre, 519.
Petiet (J.), 489.
Petihan (J. F.), 222.
Petit (A.), 585.
Petit (Jules). Recherches, 476. — Souvenirs, 476. — A propos de l'exposition, 490. — Annexes, 642, 643, 644, 646, 647, 648.
Petitgand (E.), 532.
Petitjean (J. F.), 287.
Petitpied, 201.
Petr-Adolphus (Ivarus), 114.

— 676 —

Petra-Sancta (Silvestre). Vita Bellarmini, 39.
— Racconto, 39. — Iter Fuldense, 40. —
Iter Moguntinum, 43. — Adieu, 52.
Petre (Robert), 220.
Pétry (A.) Considérations, 465. — Conseils,
501. — Pétition, 521. — Réflexions, 521.
Pety (J.). Voy. Petit.
Peuplus (Ambrosius). Breviarium, 89. —
Morientium jus, 94.
Peurette (abbé). Mélanges, 411. — De la
fausseté, 617.
Peuskens (Jacques), 179.
Pezzon (Paul), 164.
Pfahler, 526.
Pfeffer (C. A.), 367.
Phèdre, 132.
Philalèthe (Eusèbe), 252.
Philalèthe (Timothée), 130.
Philalèthes (Christopher), 128.
Philippart (H. J.), 463.
Philippi (Joseph), 206.
Philips (Morgan), 4.
Phillips (Charles). L'exaltation, 400. — Am-
putations, 429.
Philo-Romaeus (Alexius), 93.
Picard (J.). Quelques observations, 398. — De
la suppression, 416.
Picard (A.). La Tribune, 436. — Novell, 443.
— Mélanges, 514. — Boutades, 522. —
Chansons, 534.
Pichon (Jean), 246.
Pidoux (Jean), 552.
Piercot, 482.
Pierre, 413.
Pierrot (N.), 603.
Piette (E.), 412.
Pignewart (Jean), 63, 564.
Pimpurniaux. Voy. Borgnet (A.).
Pinelli (Lucas), 19.
Pinsard (J.), 443, 461.
Piot (G. J. C.) De l'imitation, 628. — Annexes,
643, 646, 647, 648.
Piret (J. J.) Supplique, 309. — Précis, 309.
— De la souveraineté, 315. — Lettre, 315.
— Exposé des actions, 317. — Mémoire,
377.
Piron (Alexis), 280.
Pirotte (A.). Un début, 434. — Laurence, 439.
— Brusthem, 483. — Amour et patrie, 492.
— Lydie de Ravel, 506. — Deux récits, 512.
Piroulle (François). Tribymnium, 102. —
Dissertatio, 105. — Hymnodica dissertatio,
106.
Pisart (H.). Kort verbael, 575. — Praxis, 576.
Placentius (J.). Catalogus, 544. — Pugna, 544,
644. — Susanna, 544. — Clericus eques,
544.
Plateau (J.), 650.
Plateus (H.), 340.
Platus, 74.

Plenevaux (J. B. de). Dialogue, 135. — Le
Hégeois plaintif, 135.
Plenevaux (Ernest de). Apologie, 145. —
Justification, 145.
Plenevaux (Nicolas Pierre). Démonstration,
144. — Racourcy, 144. — Continuation,
144. — Recueil, 144. — Continuation des
recueils, 144.
Plenevaux (Nicolas de). Je ne puis obmet-
tre, etc, 65. — Articles, 76. — A Messieurs
les 32 bons métiers, 145.
Pochet (Jacques), 121.
Polain (M.) Gazette, 342. — Le Politique, 408.
De la souveraineté, 412. — Revue belge,
419. — Collection, 420. — Esquisses, 424.
— Récits, 425. — Mélanges, 430. — His-
toire, 434. — La Tribune, 436. — Simple
avis, 441. — Catalogue, 442. — A toutes les
gloires, 442. — Henri de Dinant, 446. —
Revue de Liége, 449. — Histoire de Liége,
449. — Tableau, 453. — Les eaux, 612. —
Liége pittoresque, 618. — Notice, 620. —
Procès-verbaux, 621. — Chroniques de
Jehan le Bel, 625, 636. — Liste des édits de
Liége, 626. — Id. de Stavelot, 626. — Id.
de Bouillon, 637. — Annexes, 640, 641, 643,
644, 645, 648, 649.
Polain (A.). Revue belge, 419. — Catalogue,
442. — Recherches, 527.
Poinacus (Johannes). Methodus, 7. — Directo-
rium, 17.
Polit (Jean). Sonets, 10. — Prognosie, 15. —
Reverendissimi principis Ernesti Ngereves
552. — Panegyrici, 552.
Pollet (E.), 618, 622.
Pollet (C.), 516.
Polnitz (baron de), 230.
Polyander (Jean), 554.
Pomey (François). Indiculus, 123. — Collo-
ques, 137. — Particules, 180. — Novus
candidatus, 204.
Pomreux (Eustache de), 568.
Poncelet (J. V.). Mécanique, 431. — Traité,
457. — Mémoire, 457.
Poncin de Casaquy, 493.
Ponsart (N.), 407.
Ponsart, 618.
Ponsart (G. D.), 286.
Ponson (Jules), 518.
Ponson (A. T.). Traité, 489. — Revue, 509.
Ponthière (de), 309.
Pope, 297.
Porquin (Barbe de). Quatre semaines, 14. —
Petit pourmain, 553.
Portael, 525.
Portiez, 602.
Poswick (L. P.). Réplique, 357. — A ses
concitoyens, 357. — Recueil, 372. — Réper-
toire, 387. — Réponse, 605.
Poswick, 524.
Potenzia (N. M.), 264.

Potvin (C.), 621.
Pougens (C.), 606.
Po..et (N.), 650.
Pradel (E. de), 433.
Présentation (Charles de la), 122.
Presseux (P. L. de). Observations, 245. — Dissertation, 248. — Dissertatio, 581.
Preumont (Louis). Advertissement, 93. — Déroute, 95. — Tombeau, 95.
Prévost (Henry). Vie de quatre abbesses, 96. — Vie de neuf abbesses, 103.
Prioux (S.), 628.
Prosset (Oger). Remarque, 121. — Justification, 121.
Prouvy (de), 612.
Provin, 221.
Proyart, 597.
Pryor (Alcide), 522.
Puget de la Serre. Roman de la cour, 42. — Esprit de Sénèque, 116.
Pugin (A. W.), 484, 500, 513.
Puisieux (de), 305.
Putzeys. Recueil, 374. — Règlements, 385. — Statuts, 422.
Puydt (de), 451.

Q

Quatremère, 359.
Quercu (Philippus à), 25.
Quesnel. Trois consécrations, 162. — Défense, 167. — Histoire, 167. — Causa Arnaldina, 173. — Mémoire, 175. — Justification, 178.
Quetelet, 642.
Quinti (Giuseppe), 200.

R

Racine (J.), 175.
Raddoux (Louis), 42.
Radoux (Th.), 585.
Radoux (J. J.), 447.
Ragneff (Gilles), 184.
Rahlenbeck (C.). Histoire, 627. — L'église de Liége, 636. — Annexes, 646, 649.
Raikem (C. J.). Recueil, 374. — Discours, 374. — Code, 383. — Consultation, 404. — Considérations, 412. — Annexes, 644.
Raikem (A.). Annales du conseil, 452. — Annales de la société, 468. — Quelques considérations, 485.
Ram (P. F. X de). Notice, 613. — Documents, 619. — Le B. Albéron, 629. — Annexes, 641.
Rambler, 517.
Rambour (Abraham), 53.
Ramier de Raudière (J. D.), 277.
Rameux (P. M.), 649.
Rameux (J.). Séance, 304. — Aduaticae, 355.
Rameux (J.). Obéron, 414. — Le Vampire, 447.
Ransonnet (de), 333.
Ransonnet. L'innocence, 251. — Courte réponse, 252. — Anecdote, 257.
Ransonnet (J. J.), 384.
Rapin (G.), 259.
Rasquinet de Ramezée, 246.
Rastoul de Mongeot (A.), 443.
Rasyr (Gilles de). Paradis terrestre, 48. — Carmen, 48.
Raucourt, 157.
Rausin (Étienne). Delegatio, 43. — Actio gratiarum, 87. — Leodium, 562.
Raymond, 338.
Raymundt (Abacuc de), 16.
Raynal (abbé), 589.
Reade (C.), 518.
Résume (abbé), 458, 496.
Rebrevieltes (G. de), 556.
Rees-Lestienne (C. F.), 412, 432.
Regout (P.), 520.
Rehfues (de), 434.
Reichenbach, 512.
Reiffenberg (F. de). Revue, 449. — Annexes, 640, 642, 645, 646.
Reinartz, 643.
Remacle (L.). Traité, 390. — Dictionnaire, 394. — Chansons, 410. — Voyage, 610.
Remacle (A.), 519.
Remont (J. E.). Code, 435. — Rapport, 478.
Remont (D.), 342.
Remouchamps (Nicolas de). Synopsis, 84. — Remontrance, 119.
Remouchamps (E.), 650.
Remus (Gregorius), 174.
Remy (B.), 628.
Renard (H.), 483.
Renard (Lucien), 524.
Renard (Laurent). Réponse, 409. — Avis du comité, 412. — L'Industrie, 413. — Éclaircissement, 422. — Notice, 428. — La population, 428. — Lettre d'Eustache Lefranc, 428. — Fédération, 431. — Discours, 431. — De l'instruction, 434. — La Tribune, 436. — Chemin du paradis, 438. — Refus de sépulture, 438. — Appel, 441. — Fête solsticiale, 446. — Le nouveau collége, 446. — Essai sur l'union, 446 — De l'expression, 446. — La voix du peuple, 449. — Observations, 450. — Mémoire, 462. — Prospectus, 462. — Gratus de santé, 462. — Brève analyse, 462. — Distribution, 464. — Annexes, 646, 647.
Renard (J. M.). Les députés, 350. — Discours, 352, 355.
Renardi (G. F.), 131.
Renerus (monachus S. Laurentii), 30.
Renesse (de), 613.
Renier (J. S.) Chroniques, 636. — Historique, 638. — Annexes, 644, 645.

Renoz, 299.
Renoz (J. B.). Périls, 437. — Pétition, 437. — Nécessité, 450. — Des approbations, 454.
Restaut, 321.
Reul (de), 535.
Rey (T.), 646.
Reybell, 435.
Reynaud (L.), 497.
Reynier (A. B.). Séance, 304. — Éloge, 308. — Exposé, 327. — Couplets, 520. — Rapports, 332. — Poésies, 381. — Loisirs, 394.
Ribadeneira (Pierre). Vie du B. Ignace, 23. — Vies des dix principales vierges, 27.
Riccioli (J. B.), 139.
Richard (Nicolas). Jus pastorum, 206. — Pastor primitivus, 219.
Richard (C. L.). Voltaire, 287. — Histoire du couvent, 300.
Richeome (Louis), 12.
Ridder (de), 642, 648.
Rigo, 440.
Ring (de), 646.
Ripalda (J. M. de), 185.
Rippel (G.), 502.
Ritterstad, 500.
Rivarol, 320.
Robaulx (A. L. P. de), 621.
Roberti (Jean). Metamorphosis, 30. — Sanctorum jurisperitorum elogia, 47. — Responsae, 50. — Legia catholica, 51. — Considérations, 51. — Vita S. Lamberti, 51. — De l'idolâtrie, 53, 60. — Confession, 68. — Nathanael, 70. — Preuve, 71. — Ad sanctissimum Innocentium X, 79. — Recherche, 557. — Historia S. Huberti, 558. — Disquisitio, 558.
Roberts (Thomas), 188.
Robineau (J. B.). Voy. Beaunoit.
Robinmax (M.), 634.
Robyns (Laurent), 208.
Roche (de la), 304.
Rochelines (R. de), 608.
Roderique (J.). Disceptationes, 579. — De abbatibus, 579.
Rodolphus, Graviensis (Gerardus), 9.
Roederer (P. L. et A. M.), 644.
Roefs (T.), 174.
Roelandt, 644.
Roger, 467.
Rogier (V.). Mathieu Laensberg, 395. — La récompense, 402. — Le Politique, 408.
Rogier (C.). Mathieu Laensberg, 395. — Mémoire, 395. — La récompense, 402. — Manuel électoral, 406, 408. — Le Politique, 408.
Rohan (Ferdinand de), 337.
Rohrbacher, 447.
Rolandi (Ant.). A Messieurs les bourgeois, 131. — Vérité reconnue, 131. — Les Éburons, 136.
Rolans (N... ., 252.

Rolin (Nicolas), 244.
Rollin. Manière d'enseigner, 291. — Histoire romaine, 302.
Roly (H. L.). Mémoire, 377, 378, 381. — M. de Mercy-Argenteau, 379.
Römer (N. T.), 355.
Romsée (T. J.). Praxis, 265. — Opera, 292.
Rongé (Jean), 153.
Rongé (J. B.). Grétry, 518. — Catalogue, 521.
Rongé (L.), 475, 527, 533.
Rosecroix. Lettres, 304. — Le perroquet, 308. — L'homme sans façon, 590.
Rossius (de). Li caiss', 451. — La pile, 483.
Rotz (Zacharie), 14.
Rouchard (P. J.), 259.
Rouillé (L. P.), 456.
Roulez (J.). Tite Live, 529. — Annexes, 640, 641, 646.
Rouma (A.), 532.
Rouquette (G.), 531.
Rousseau (J.), 235.
Rousseau (P.). Li raskignou, 491. — Li véritab' Liégeois, 507. — Li plaisir, 515.
Rousselière (A. de la). Don Carlos, 495. — Méthode, 495. — Projet, 525. — Résumé, 532.
Roussenfeld (A.), 470.
Rouveroy (V.). Promenade, 376. — Voyage, 380. — Abrégé, 382. — Lettres adressées, 390. — Fables, 393, 399. — Emploi du tems, 399. — M. Valmore, 401. — Essai de physique, 405. — Le petit bossu, 405. — Revue de Liége, 449. — Scénologie, 450. — Maximes, 463. — Deux mille quatrains, 468. — Complément, 472.
Roux. Recueil, 469. — Nouveau recueil, 473.
Rouyer (E.), 529.
Roxas (Antonio de), 93.
Royaumont (de). Voy. Le Maistre.
Royen (Gilles). Vita S. Aegidii, 67. — Diminutiva, 105.
Royer (J. G.), 403.
Rozin (A.), 337.
Rubi, 548.
Rubus (Johannes), 11.
Rully (Mat.), 143.
Ruisseau (Guilaume), 222, 223.
Ruth d'Ans (Ernest), 168.
Ruyschembergh (Henri de), 25.
Ruysenius (Henricus), 104.
Ryckel (Denis de). Opusculum, 2. — De beneficiorum usurpatione, 197.
Ryckman (Lambert de), 181.
Ryder (Jean), 166.
Rye (Thomas de). Fontium acidorum, 11. — Description, 16.

S

Sabatier (abbé), 282.

Sabothius (August.). Kort begryp, 36. — B. Jordani de Saxonia, de vitis, 37.
Sabran (Louis de), 175.
Sacripante (J.), 571.
Saint-Esprit (Michel du), 104.
Saint-Foy (Flore de), 132.
Saint-Génois (J. de), 419.
Saint-Germain (Albert de), 120.
Saint-Hubert (Jean de), 26.
Saint-Ignace (Henri de). Theologia veterum, 132. — Theologia sanctorum, 179. Ethica, 195. — Molinismus, 205.
Saint-Jacques (Marius de), 117.
Saint-Joseph (Ernest de), 209.
Saint-Laurent (Léon de), 216.
Saint-Laurent (V... or de). Explication, 173. — La vie sainte, ... — La sainte mort, 206.
Saint-Mathieu (Maurice de), 130.
Saint-Nicolas (Hubert Joseph de), 185.
St-Paul de Sincay. Chemin de fer, 503. — Demande, 532.
Saint-Peravi (de). Discours, 293. — Vers, 293. — Ode prononcée, 293. — Ode sur la vie, 293. — Épître au roi, 296. — Mémorable combat, 296. — Épître à M. Léonard, 301. — Mémoire, 303. — Supplément, 303. — Le poète voyageur, 304. — Les trois sœurs, 304. — Le retour de Grétry, 304. — Vers sur la mort, 305. — Solemnité, 305. — Les amours d'Imma, 305.
Saint-Pierre (Ignace de), 170.
Saint-Pierre (Louis de). Sainte Euphrosyne, 83. — Peintures sacrées, 94. — Mélanges poétiques, 103. - Disciplina, 170.
Saint-Pierre et Saint-Paul (Arnold de), 170.
Saint-Roch (Laurent de), 149.
Sainte-Barbe (Herman de). Carmelo-Parnassus, 154. - Carmelus triumphans, 156. — Patrocinium, 160. — La véritable dévotion, 160. - Méditations, 187.
Sainte-Croix (Amand de), 388.
Sainte-Euphrosyne (Valère de), 128.
Sainte-Foi (Jean de), 139, 168.
Sainte-Hélène (Ch. de), 476.
Sainte-Marie (François de), 124.
Salve (de). Géographie, 306. — Notice, 364.
Salbray (de), 568.
Sales (S. François de), 24.
Sandberg, 297.
Santeur, 569.
Sartorius, 293.
Sarton. Observations, 299. — Manière de se servir, 323. — Houillères. Brevet, 351. — Hommage, 393.
Saulx (de la), 308.
Saumery (P. L.). Discours, 223. — Motifs, 223. — L'antichrétien, 224. — Mémoires, 225. — Délices du pays de Liége, 234. — Le censeur, 238. — Le diable hermite, 582.
Sauri, 287.

Sautel (P. J.), 144.
Sauvage (N. J.), 612.
Sauvage (E. de). Mémoire, 399. — Recueil, 400.
Sauvage (J. J. de), 293.
Sauté (H.), 520.
Sauveur (J.). Exposé, 520. — Notice, 626.
Sauveur (D.). Actes 375. — L'observateur, 403. — Annexes, 619.
Sauveur (H.), 403.
Scaccia (Sigismond), 38.
Scaramelli (J. B.), 502.
Schabol (Roger), 300.
Schaepkens (A.), 642, 643, 646.
Scharsmidt (Jodocus), 555.
Schayes. Réfutation, 613. — Voyage, 615. — Annexes, 640, 641, 647.
Schede (de), 598.
Scheler (A.), 645.
Schenkel (Lambert), 12.
Schepeley (de), 408.
Schiervel (de), 375.
Schmerling (P. C.). Quelques observations, 415. — Recherches, 417.
Schmidt, 306.
Schmit (J. P.). Extrait, 457. — Aux ouvriers, 471.
Schollaert (F.), 456.
Schols, 614.
Schoofs (L. H.). Sermons, 502. — Méditations, 513.
Schoonbrodt (J. G.). Tableau, 453. — Inventaire, 527.
Schouville (Philippe). Sancta sanctorum, 118. — Recueil, 137. — Pratiques, 137. — La semaine sainte, 164. — Vie de saint Lambert, 574. — Vie de saint Hubert, 574.
Schuermans (de), 643.
Schwonn, 509.
Schwartz (N. J.). Sur l'importance, 432. — Manuel de l'histoire, 444, 463. — Des universités, 457.
Schuin (H. J.). Observations, 355. — Représentation, 355. — Remarques, 366. — Observations, 380. — Du droit, 380. — Motifs d'appel, 397.
Scott (Walter), 404.
Serotae (Remigius), 38.
Sedaine (H. J. F.), 435.
Sedulius (Henricus), 554.
Seedorff, 247.
Sélys (baron de). Pétition, 387. — Observations, 390.
Sélys (baron Edm. de). Essai, 424. — Catalogue, 426. — Faune belge, 445. — Revue des odonates, 445. — Monographie, 445. — Académie, 610.
Seneschal (Michel), 120.
Senfft de Pilsach (baron), 337.
Serre (de la). Voy. Puget.

Serrure (C. P.), 646, 647.
Servlier (O.), 447.
Servais (J.). L'enquête, 622. — Revue, 624. — Nouvelliste, 628. — Aux électeurs, 637.
Servais (L. J.). Comptes, 411. — Traité, 635.
Servan (J. M. A. de), 389.
Servilius (Jean). Voy. Knapen.
Servilius (Cœlius). Voy. Petra-Sancta.
Servius (Philippe). Larmes, 57. — Reconfort, 59. — Conseil d'état, 59. — Traité de la charité, 59. — L'amy fidèle, 62. — Art de bien mourir, 63. — Amicus fidelis, 68. — Traité des vertus, 70. — Diva Tungrensis, 84. — Den getrouwen vrient, 84. — Diva Servia, 92.
Seulen (H.). Notamina, 260. — Epitome, 263. — Responsio, 265.
Severin (Ignace), 216.
Sganzin (M: J.), 435.
S'Hertogenbosch (Albertus van), 577.
Siderius, 633.
Simon (J.). Theoctistus, 89. — Tragoediae, 97.
Simon (L.). Cours de rhétorique, 294. — Heuwyck ridiculisé, 303. — Oraison funèbre, 305.
Simon (H.), 403.
Simoni (H. de), 425, 431.
Simonis (N. D.). Le citoyen, 411. — Guide des jurés, 448.
Simonon (C. N.). Essai, 429. — Poésies, 456.
Simonon (P.). Traité de la réduction, 251. — Traité historique, 260. — Introduction, 269. — Nouveau traité, 270.
Simplinet (L.), 610.
Siter (C.), 376.
Slaughter (Edward), 184.
Sluse (René François). Mesolabum, 147. — De tempore martyrii B. Lamberti, 139. — De S. Servatio, 150.
Smetius (Henricus), 113.
Smith (A.), 518.
Smithaeus, 46.
Smits (J. J.), 331.
Soame Jenyns, 291.
Soarez (Cyprien), 24.
Sohet, 586.
Soignie (J. de), 512.
Solazzi (J. A. de), 122.
Soleure. Lettre aux citoyens, 324. — Essai, 330. — Discours, 331, 342, 352, 355.
Somer (P. F. de), 242.
Sommerzet-Irvine (G.). Ponts suspendus, 444. — Tableau, 458. — Exercices, 458.
Sonnet (H.), 493.
Sotiau (D.). Entretien, 455. — Réveil, 455. — L'art typographique, 468. — Physiologie, 472. — Les excentriques, 476. — Poésies, 476. — César, 483. — Joie et douleurs, 492. — Aspirations, 508. — Les vieux époux, 508. — Les chercheurs d'or, 508. — Les belges, 512. — Le balcon, 514. — Le bon ménage, 514. — Le péron, 518. — Annexes, 649, 650.
Sote (André de), 550.
Solomayor (de), 493.
Soudain de Niederwerth (C.), 507.
Spineux (H. F.), 370.
Spirlet (F. B.), 269.
Sponde (Henri de), 23.
Spring (A.). Annales, 452. — La liberté, 496. — Les hommes d'Engis, 637.
Springsfeld (G. C.), 684.
Stacquez. Conférences, 526. — L'Égypte, 534.
Stael (M⁰⁰ de), 411.
Stahl (P. J.). Souvenirs, 630. — Un rêve, 630.
Stals, 639.
Stappaerts (A.), 627.
Stappaerts (Louisa), 456.
Stapper, 414.
Stappers (A.). Treize, 479. — Maestricht, 488. — Anniversaire, 504. — Femme attaquée, 508. — Le fou du roi, 512. — Après les débuts, 514. — Grétry, 518. — Au roi, 518. — Le troisième larron, 518. — Au rideau, 523. — Discours, 523. — Annexes, 649.
Stassart (de). Revue belge, 419. — Revue de Liège, 440. — Notice, 451, 619. — Annexes, 640, 648.
Stassin (J.), 256.
Stassin (A.), 510.
Statz (V.), 508.
Staudenmaier (A.), 457.
Stavelot (Nicolas Joseph de). Trésors, 292. — Preuve, 313.
Stecher (J.). Scènes, 492. — Annales, 632. — Annexes, 649, 650.
Stefné (Hugues), 281.
Steichen, 440.
Stempelius (Gerardus), 19.
Stenbier (de), 145.
Stengel (Corn.), 29.
Stéphani (H. R.). Defensio, 189. — Vera defensio, 194. — Author epistolae, 195. — Dissertatio, 197.
Stéphani (J. N.), 604.
Stephens (H.), 485.
Sterne, 812.
Stevart (Pierre). Apologia, 553. — Vita S. Walpurgae, 557. — D. Mauricius, 557.
Stevart (A.), 649.
Stevens (P.), 416.
Sthennon, 428.
Stockhem (Herman de), 118.
Stockmans (P.), 68.
Stolle (F.), 495.
Streithaghen (Pierre von), 46.
Stroeyß (G. A.). Panegyris, 84. — Poemata, 85.
Stuben (J.), 574.
Studens (P.). Voy. Henaux (V.).

Stundeck (A.), 375.
Suavis-vir (Theophilus). Voy. Zutman.
Sully (duc de), 322.
Surin (J. J.), 139, 168.
Surlet (baron de), 236.
Swertius (Jacobus), 88.
Sylvius (Franc.), 4.
Symons-Pirnea, 308.

T

Tailhié (abbé), 314.
Teinturier (C.), 350.
Tamburini (Thomas), 90.
Tandel (E.). Dictionnaire, 426. — Plan sommaire, 429. — Cours de logique, 440, 451. — Sommaire, 448. — Esquisse, 448, 457.
Tapon-Fougas (F.). Un Palmer, 504. — Lady Pandore, 505. — Le Liégeois, 505. — Lettres américaines, 505.
Tarrible, 389.
Tassin, 506.
Tecto (André de), 28.
Teisserenc, 262.
Tello (de), 214.
Terill (Antoine), 132.
Terry (L.). Sérénade, 475. — Les jeunes filles, 483.
Terwangne (J. P. J.), 381.
Teste (J. B.). Le Mercure, 364. — Résumé, 397. — Dissertation, 398. — Discours, 406, 409. — Courrier, 408. — L'industrie, 413.
Teste (C.). Situation, 406. — Courrier, 408. — Guide, 409. — L'industrie, 413. — Mémoire, 413.
Teylingen, 73.
Thenot (J. P.). Traité, 457. — Cours, 501.
Theux (X. de), 303, 522, 642, 644.
Thibout (J. R.), 464.
Thielen (J. G.), 592.
Thier (L. de). La Meuse, 503. — Chemin de fer, 510. — Le château, 515. — La chasse, 520. — Catalogue, 521. — L'Organe, 623.
Thier (A. de). La commune, 441. — Le maïs, 480. — Calendrier, 483. — La Meuse, 503. — La question, 525. — L'Organe, 623.
Thierry (Aug.), 433, 436.
Thiers (J. B.), 173.
Thiers (A.), 406.
Thil-Lorrain, 522.
Thiemister (O.). Sermons, 513. — Répertoire, 520. — Essai, 536. — Annexes, 644.
Thimus (F. G. J.). Manuel, 432. — Traité de droit, 451.
Thiollet, 474.
Thiriart (J. J.). On sermon, 491. — Novelles, 495.
Thiry (Louis), 523.
Thiry (M.), 515.

Thomas (J. H.), 466.
Thomas (Hubert). De Tungris, 545. — Annalium libri XIV, 559.
Thomassin. Instruction, 361. — Nomenclature, 387.
Thonissen, 445.
Thonissen. Publications, 528. — Annexes, 641, 643, 645.
Thonnar, 273.
Thoré. Les bords de l'Amblève, 492. — En Ardenne, 631.
Thourin (Georges). Petit formulaire, 7. — Choses diverses, 8. — Oraison funèbre, 9. — Institutio, 10. — De seminario, 10.
Thys (C.), 643.
Thys (F.), 646.
Tielemans (F.), 342, 413.
Tielens (J.). Table nouvelle, 63. — Tractatus, 82.
Tilkin (H.), 527.
Timmerhans (C.), 432, 464.
Timmermans (L.), 535.
Timon. Voy. Bougard.
Tirelli (D.). Laggio, 427. — La longue italienne, 441.
Tombeur (J.), 392.
Tombeur. Lettre, 228. — Lettre, 579.
Tombeur (Nicolas de), 197.
Tonneau (E.), 523.
Tontor (N.), 431.
Tourneel (F.), 128.
Tourneux (F.), 457.
Tranquille (Théodose), 53.
Trappé (baron de). Variétés littéraires, 362. — Supplément, 303. — Catalogue, 364. — Lettre, 364. — Notice, 366. — Œuvres diverses, 366. — Sartango, 388. — Productions, 388. — Opinions, 407. — Discours, 606. — Portrait, 606. — Lettre, 606. — Suite à la lettre, 606. — Réponse, 606. — Variantes, 606. — Teudimer, 607. — Essais, 607. — Suite d'essais, 607. — Variétés en vers, 608. — Mélanges, 610. — Productions, 613.
Trarbach (D'), 142.
Trasenster (L.). De la nationalité, 471. — Réforme, 473. — Rapport, 475. — Revue, 509. — Considérations, 511. — La Belgique, 518.
Trémoille (H. C. de la), 273.
Triquet, 38.
Troisfontaines (A.), 526.
Trombull (W.), 444.
Troupin, 474.
Turlot (Nicolas), 46.
Turner (Bernard), 43.
Turner (G.), 580.
Tursellinus (Horatius). Vita Francisci Xaverii, 13. — Historiae, 38. — De particulis, 43.
Turville (Henri), 178.

— 682 —

Tychon (abbé), 481.
Tychon (F.), 534.

U

Ueberweg (F.), 520.
Uens, 643.
Umé (G.). L'art décoratif, 526. — Ancien palais, 531.

V

Vadé (Guillaume), 358.
Valart (abbé), 295.
Valauri (J. A.), 170.
Valcke (P. F.), 592.
Valdor (J.), 564.
Valois (Marguerite de), 202.
Valter (M*me* A.), 534.
Van Bemmel, 649.
Van Berkel (B.), 586.
Van Berwaer. Le chrétien, 472. — Traité, 472. — Les modèles, 475.
Van Bockel, 622.
Van Bommel (Mgr.). Instruction, 411. — Petit code, 412. — Histoire sainte, 416. — Instructions, 421. — Visite des églises, 428. — Protestation, 428. — Réponse, 428. — Sermon, 428. — Courte réponse, 429. — Exposé, 434. — Analyse de l'Exposé, 437. — Réponse à un honorable membre, 437. — Examen des faits, 438. — Réponse aux insinuations, 438. — Mandements, 453. — Mandement, 458, 459. — Circulaire, 459. — Catéchisme, 465. — Instructions, 465. — Souvenirs, 465. — Mémoire, 465. — Méthode, 466. — Grand catéchisme, 472. — Lettre adressée, 472. — Lettre à M. Piercot, 482. — Exhortation, 485. — Essai, 613. — Trois chapitres, 613. — Lettres de Léandre, 614. Brief, 617. — Le ministère, 626.
Van Breugel (P.), 242.
Van den Berch (Hubert). Généalogie, 71, 73. — Acta autentica, 92.
Vandenbosch (J. M. J.), 502, 506.
Van den Broeck (J. B.), 417.
Van den Camp (A.), 496.
Van den Elsken, 594.
Van den Leene, 488.
Van den Steen (baron X.), 461.
Van den Werve, 571.
Van den Wyer (Christian), 49.
Van der Bank (A.), 398.
Van der Beeque (Jean), 554.
Vanderheyden (N.), 642.
Vanderhoop, 325, 331, 394.
Vanderlinden (P.), 597.
Vandermaelen (P.), 614.
Vandermaesen (H.), 448.

Vandermaesen (P. A. J.), 618.
Vandermeer (H.), 420.
Vandermeer (H.). Oratio panegyrica, 214. — De doodt, 224. — Oratio, 241.
Vanderaunelen (J. A.), 184.
Vanderryst, 485.
Vanderschueren (J. F.), 588.
Van der Straten (C*te* F.), 633.
Vandervelden (P.), 633.
Vandervelden (L.), 519.
Vandevelde (Félix), 492.
Van Elsrack (Libert), 128, 130.
Van Espen (Z. B.), 164.
Van Eupen (Michel). Réponse, 478. — Projet, 479.
Van Goidtsnoven, 527.
Van Hasselt (A.). Voyage, 616. — Annexes, 640, 647.
Van Heeswyck (G.). Discours, 534. — Éloge, 633.
Vanhoren (P. R.), 603.
Van Hove (Paul), 71.
Van Hulst (F.). Mathieu Laensberg, 395. — Pétition, 398. — Précis, 404. — Le politique, 408. — Au Roi. Mémoire, 412. — Revue belge, 419. — Vies, 439. — Grétry, 442. — René Sluse, 442. — Mélanges, 447. — Revue de Liége, 449. — Notice sur E. Libert, 455. — Notice sur Bovillé, 456. — Extrait, 469. — Introduction, 495. — Annexes, 647, 648.
Van Limburg (P.), 467.
Van Swieten, 270.
Van Torre (Antoine), 130.
Van Voshem (F.), 567.
Varenne (de), 237.
Vasse (A.). Un mot, 478. — Les châteaux, 619. — Miroir, 627. — Épisodes, 629. — Spa, 629.
Vassels (de), 165.
Vaubrières (de). Nouveaux éléments, 248. — Principes, 250, 255.
Vaudoyer (A. L. F.), 294.
Vaulx (Léonard de), 4.
Vaust (J. F.). Recherches, 392. — Petit manuel, 464.
Velart, 342.
Velez (J.), 369.
Veltrauus (Olliverus), 123.
Verborgh, 256.
Vereken, 412.
Verhoeos (L.). Mémoire, 366, 370, 371, 374, 379. — Consultation, 373. — Monsieur de Rahier, 373.
Verdin (Philippe), 186.
Verdot (C.), 615.
Verhoeven (G. F.), 334.
Veridicus (Didacus), 58.
Verlaye (Nicolas), 25.
Verneron, 542.

Vertepaeus (Sim.). Épitomes, 7. — Latinae progymnasta, 32. — Religionis rudimenta, 113. — Etymologia, 252. — Rudimenta, 260. — Syntaxis, 260.
Verschueren (F.), 189.
Verver (B.), 513.
Verville (Béroalde de), 171.
Vieillevoye (F. J.), 597.
Vieillevoye (B.), 643.
Vierge (Simon de la), 241.
Vierset (baron de), 128.
Vierset-Godin, 494.
Vignette (de la), 338.
Villars (C. de), 237.
Villemain, 433, 436.
Villenfagne (H. N. de). Articles publiés dans l'Esprit des journaux, 280. — Œuvres de Walef, 294. — Mémoires, 301. — Mémoires, 308. — Mélanges de littérature, 320. — Recherches, 341. — Gazette, 342. — Éclaircissements, 346. — Histoire de Spa, 366, 602. — Lettre au rédacteur, 369. — Essais, 374. — Mélanges, 377. — Recherches, 385. — Sur l'Université, 388. — Notice, 399. — Lettre à M. de Corswarem, 594. — Annexes, 639, 645, 647.
Villers (A. F. de), 650.
Villers (abbé), 492, 502.
Vincart (Jean), 126.
Vincent (J. C.), 286.
Vincquels (P.), 570.
Visitation (Philippe de la), 114.
Visschers (P.), 616.
Visschers (A.). Le Politique, 408. — Revue belge, 419. — Association, 531. — Annexes, 646.
Vitry (Urbain), 403.
Vivario (de). Voëgge, 257. — Li fiess, 258.
Vivarits (Olgerus à), 25.
Vivignis (de), 270.
Vlierden (Lambert de). Apotheosis, 25. — Ferdinandus secundus, 31. — Antia Daphne, 31. — Vota, 32. — Albertus Pius, 33. — Édits des monnaies, 35, 120. — Braeduinae, epistolae, 38. — Leodiensium scriptorum Index, 40. — Clericus, 42. — Fasti, 42.
Vlierden (Ferdinand de), 31.
Voets (Jean), 40.
Voltaire, 278, 307.
Vosgien, 262.
Vottem (V.), 403.
Vrierix, 229, 577.

W

Wacken (E.). Revue belge, 419. — L'abbé de Rancé, 439. — Revue de Liége, 440. — Pasqueye, 451. — André Chénier, 451. — Fantaisies, 455. — Un discours, 472. — Les jeunes filles, 483. — Correspondance, 508.
— Le serment, 620. — Hélène de Tournon, 624. — T. Weustenraad, 625. — Fleurs, 625. — Marina, 630. — Heures, 635. — Le siége de Calais, 635. — Annexes, 649.
Wading (Lucas), 47.
Wagener (F.), 529.
Waha (J. H. L. de). Lettre, 481. — La vérité, 482. — Conclusions, 482. — Petits essais, 486.
Waha (E. N. de), 378.
Waha (Guill. de). l'Idèle gouverneur, 99, 116. — Labores Herculis christiani, 156. — Explanatio, 162.
Wailly (de), 285, 314.
Wal (G. E. J. de). Histoire, 306. — Recherches, 607.
Walbodus, 563.
Walef (baron de). Catholicon, 217. — Les Titans, 218. — Mémoire, 223. — Les rues de Madrid, 224. — Œuvres, 225. — Triomphe, 225. — Supplément aux tableaux, 228. — Les augures, 228. — Electre, 230. — Œuvres choisies, 294. — Combat, 574.
Walef. Rapport, 342. — Oraison funèbre, 345.
Walloncappelle (Pierre de, dit de S. Omer), 8, 12, 51.
Wallop (Bernard), 438.
Waltrain, 386.
Wamesius (J.), 383.
Wardy (E.), 627.
Warem (Arnold de), 101.
Warfuzée (comte de), 48.
Warnkoenig (L. A.). Institutiones, 388. — Précis, 392. — Analyse, 396. — Commentarii, 398. — Bibliothèque, 400. — Précis, 530. — Beitraege, 615. — Annexes, 646.
Warzée, 311.
Warzée (C.). Précis, 370, 379. — Mémoire, 370, 374, 378, 381. — Réplique, 370, 373.
Warzée (A.). Essai sur les journaux, 620. — Annexes, 645.
Warzée (A.), 649.
Wasseige (de). Coup d'œil, 311. — Au nom de S. A. C., 337. — Note, 337.
Wasseige (C.), 443.
Waterkeyn (H. B.), 458.
Watin, 284.
Wauters (A.), 641.
Wedo (J.), 643, 646.
Werkensis (Dionysius), 162.
Werpen (Charles). In obitum, 74. — Magdalena, 115.
Wesmael (Erasme), 49.
Wespin (François de), 157.
Wester (A.). Collection, 407. — Essai, 526.
Westerholt (F. de), 215.
Weustenraad (T.). Le Politique, 406. — Maestricht, 418. — Revue belge, 419. — Laruelle, 422. — La Tribune, 436. — Le remorqueur, 442. — Revue de Liége, 449. — Le haut fourneau, 451. — La charité,

155. — Chants, 614. — Poésies, 624. — Annexes, 646.
Weyer de Streel (de), 487.
Wezeren (J. A. J. de), 275.
Wiertz (A.J. La commère, 441. — Quelques idées, 451. — Les préjugés, 456.
Wigny (C.). L'estafette, 470. — Nomenclature, 527.
Wilhem F. X.), 575.
Wilkenius-Remus (J.). Laurus victoriae, 382. — La quadrature, 390.
Willemaers (P.), 579.
Willot (Henri). Octavae duae, 10. — Athenae orthodoxorum, 14. — Enoch evangelicus, 15.
Willot (Baudoin), 36.
Wilmart, 468.
Wilsens (B.), 546.
Wilson (E. J.), 513.
Wiltheim (Alexandre), 101.
Winders (J. A. L.), 466.
Witten (Gérard), 41.
Wocquier (L.), Revue de Liège, 449. — Souvenirs, 456.
Wodon (E.), 475.
Wodon (L. J.). Commentaire, 426. — Des moyens, 448.
Woestenraedt (Herman de). De Imitatione Christi, 35. — Sydus lucidum, 40.
Wolff (J. L.). Essai, 368. — Itinéraire, 384. — Résumé, 613.
Wolters (M. J.). Ruremen, 620. — Reckheim, 623. — Codex, 624. — Herckenrode, 624. — Munsterbilsen, 624. — Vieux-Joncs, 624. — Averbode, 624. — Notice sur quelques débris, 624. — Thorn, 626. — Hornes, 626. — Montfort, 627. — Kessel, 628. — Milen, 628. — Gronsveld, 629. — Steyn, 629. — Ruremonde, 629. — Maeseyck, 629. — Duras, 629. — Annexes, 646.
Wouters (D.), 254.
Wurth (J. F. X.). De Hemericorum poematum origine, 392. — La méthode, 392. — Liste, 392. — Questions, 392. — Tablettes, 392. — Cours préparatoire, 395. — Kleine gedichten, 396. — Petit cours, 396. — Principes, 397. — Abrégé de l'Histoire sainte, 399. — Exercices, 400. — Traduction, 401. — Imitations, 403. — Introduction, 405. — Cours de langue, 407. — Les omnibus, 407.

— Leçons d'histoire, 407. — Histoire des Liégeois, 415. — Lettre respectueuse, 416. — S. Lambert, 417. — Leçons élémentaires, 418. — Lettre à l'abbé Louis, 420. — Chrestomathie, 420. — Programme, 426. — Précis de l'Histoire sainte, 432. — Psaumes, 439. — Courrier, 440. — Langue mère, 444. — Courrier, 445. — Le Notger, 445. — Moniteur des familles, 449. — Le bonhomme Richard, 470. — Le devoir, 472. — Cours universitaire, 473. — Le grade, 477. — Bibliothèque, 484. — Substance, 484. — L'art poétique, 484. — Le premier livre, 484. — Quatre-vingt chapitres, 484. — Epitome, 484. — Causeries, 484. — Leçons, 611.
Wynants (Guillaume), 150.
Wyns, 423.

X

Xhenemont (de). Table, 362. — Code, 422. — Législation, 525.
Xhoffer (J. F.). Les deux seroches, 525. — La Borguignaude, 633. — Jhan-Joseph, 635. — La poète, 635. — Annexes, 650.

Y

Yvon (abbé), 292.

Z

Zaft (Rodolphe), 245.
Zasse (Henri de), 303.
Zostrow, 464.
Zatharane (L.), 512.
Zboinski, 458.
Zelstius (Adrianus), 19.
Zichenius (Franc.), 547.
Zorn. Refutatio, 560. — Cassatio, 560.
Zoude. Recueil, 374. — Mémoire, 428. — La commune, 441. — Réponse, 468.
Zutman (François). Relation, 112. — Aparum suave, 114. — Princesse fugitive, 115. — Tractatus, 132.
Zutman (Théophile), 103.
Zwierlein, 593.
Zypaeus (Franciscus), 78.

TABLE DES ANONYMES (¹).

A

A la gloire du G.·. A.·., 418.
A l'instance des honorez S⁰, 146.
A l'invincible capitaine, 63.
A Mademoiselle Bassompierre, 297.
A Mademoiselle Schluter, 256.
A Messeigneurs du tiers état, 330.
A Messieurs de la cour féodale, 144.
A Messieurs de Vivario, 297.
A MM. les bourguemaistres et conseil, 81.
A Messieurs les bourguemaistres et jurez, 81.
A MM. les composants des seize chambres, 276.
A Messieurs les électeurs de Spa, 629, 632.
A Messieurs les membres de la chambre, 454.
A Messieurs les membres de la députation, 498.
A Messieurs les paroissiens, 146.
A Messieurs les président et membres, 447.
A Messieurs les représentants, 330.
A Mgr Tutélaire, 155.
A Monsieur champ Michel Taxillis, 84.
A Monsieur F. N. J. Devaulx, 297.
A Monsieur l'auteur, 146.
A M. le bourgmestre de Faby, 332.
A M. le comte de Roograve, 606.
A M. le rédacteur de la Tribune, 446.
A Monsieur Renardy, 299.
A M. A. Robert, 318.
A Nobles .. N. M. de Graillet, 200.
A propos du congrès, 638.
A propos du suffrage, 585.
A quoi doit-on s'attendre, 507.
A Sa Majesté Catholique, 88.
A Sa Sacrée Majesté Imp Les suburbains, 194, 198.
A S. A. C. Mgr François Charles de Velbrack, 279.
A S. A. Mgr d'Oultremont, 266, 268.

A Son Altèze Maximilien-Henry, 81.
A Son Exc. le gouverneur général, 382.
A Spa après l'incendie, 372.
Abeille (l'), journal de Huy, 613.
Abeille (l'), journal de l'industrie, 449.
Abeille littéraire (l'), 291.
Abeille politique (l'), 324.
Abrégé chronologique, 303.
Abrégé curieux, 124.
Abrégé de ce qu'il faut savoir, 211.
Abrégé de la dévotion, 148.
Abrégé de l'archiconfrérie, 598.
Abrégé de la vie de :
   la B. Ange de Dresse, 89. — S. Antoine, 162. S. Bertuin, 582. — S. Hadelin, 319. — S. Hubert, 167, 217, 560, 573, 580, 606. — S. Jean de la Croix, 220. — S. Jean de Sagon, 161. — Joseph de Cupertin, 252. — S. Marie Madeleine, 120. — S. Materne, 572. — S. Nicolas, 173. — S. Pierre d'Alcantara, 118. — S. Roch, 260. — Rose de Sainte-Marie, 117. — S. Servais, 25, 270.
Abrégé de la voie du salut, 561.
Abrégé de l'estat .. de Liége, 212.
Abrégé de l'histoire :
   de Belgique, 532. — de la révolution, 604. — de Liége, 276. — de Spa, 388. — sainte, 412, 497.
Abrégé :
   de tout ce qui s'est agité, 165. — de tout ce qui s'est passé, 133. — des apologies, 19. — des changements, 236. — des droits, 144, 211, 269. — des grâces, 191. — des indulgences, 52. — des injustices, 81. — des prétentions, 134. — des raisons, 50, 61. — des vies, 41. — des voyages, 165. — du différent, 155. — du fait, 114, 141. — généalogique, 25. — historique, 298. — véritable, 65, 87.
Abus et présomption, 112.
Academiae Lovaniensis adumbratio, 312.

(¹) Les ordonnances des princes-évêques de Liége, dont le titre commence soit par le nom de l'évêque, soit par les mots mandement, placard, édit, Son Altesse Sérénissime, etc., sont cataloguées sous la rubrique Ordonnances.

— 686 —

Acclamations (les), 318.
Accuratum facti et juris compendium, 111.
Achab, 27.
Acrostiche, 615.
Acta causae littuini, 186.
Acta et decreta, 576.
Acta perillustris ecclesiae, 236.
Acte de la constitution, 595.
Acte de protestation, 272.
Acte de réclamation, 310.
Acte van ontfangenisse, 109.
Actes de la Société libre des sciences, 375.
Action correctoire, 301, 317.
Action de la conversion, 23.
Actorum omnium synopsis, 164.
Ad augustissimum .. imperatorem, 199, 228.
Ad eminentissimum .. P. A. Caraflam, 52.
Ad illustrissimos .. Galliae episcopos, 143.
Ad illustrissimum praesulem, 443.
Ad sacram Caesaream Majestatem, 131, 193, 134, 208, 233, 264.
Ad sacratissimam Caesaream Majestatem delegatio, 43.
Ad tirones, 189, 197.
Ad virum nobilem, 177.
Additio ad statuta, 277.
Addition aux statuts, 29.
Adieu donné à la cité, 52.
Adieux d'un curé, 354.
Administration communale d'Ougrée (l'), 450.
Administration de la Redoute, 626.
Administration de Spa (l'), 616.
Admodum reverendo .. Henrico Nolron, 105.
Admodum reverendo .. Joanni ab Elderen, 67.
Adresse :
  à la Convention, 601. — à MM. les composants, 338. — à soi disant P. B., 227. — au Congrès, 409. — au peuple, 333. — aux Chambres, 482. — aux citoyens, 332, 337. — aux états, 330. — aux Liégeois, 593. — aux peuples Belge et Liégeois, 599.
Adresse de la Société des amis de la liberté, 333.
Adresse de Nosseigneurs les trois états, 330.
Adresse des patriotes, 347.
Adresse du comité militaire, 337.
Adresse d'un citoyen aux états, 307.
Adresses pour les religieuses de l'Annonciade, 67.
Aduaticae Tungrorum civitati, 355.
Advertence, 60.
Advertissement aux S" bourgeois, 65.
Advertissement de MM. les révérends pasteurs, 138.
Advertissement d'un Français, 48.
Advertissement gedaen, 564.
Advertissements pour M. de Brialmont, 559.
Advis à Messieurs les Liégeois, 58.
Advis aux états, 48.

Advis de S. Exc. le comte de Lewenstein, 60.
Advis secret, 147.
Aegrae animae soliloquia, 151.
Aenschouwing onderwys, 516.
Aeternitatis consideratio, 104.
Affaire de M. Thonnard, 446.
Affiches, annonces, 347.
Afin de prévenir, 316.
Agapitus martyr, 241.
Agréméns (les), 586.
Agronome (l'), 264.
Aix-la-Chapelle, 614.
Aiwes di Tonck (les), 181.
Ajournement, 249.
Ajoute aux conditions, 288.
Ajoute aux réflexions, 238.
Ajoute de droit, 370.
Ajoute secrète, 324.
Aktenmässige Darstellung, 596.
Album d'Aix-la-Chapelle, 463.
Alexandre PP. VII, 95.
Algemeyne jubile, 287.
Aliquot constitutiones, 179.
Alix de France, 153.
Allocution de grâce, 338.
Allocution de N. S. P., 364.
Almanach :
  agricole, 622. — commercial, 524. — contenant des pièces peu connues, 333. — de commerce, 449. — de la loterie, 369. — de la province, 317, 351. — de la Société d'Émulation, 304. — de Liége, 347, 358, 583, 619. — de Liége pour 1772, 279. — de poche, 358. — des citoyens, 343. — des lottos, 297. — des praticiens, 284. — du commerce, 400, 449. — du département, 347, 354. — du lotto, 284. — du progrès, 500. — ecclésiastique, 378. — Franklin, 536. — liégeois du Troubadour, 356. — pittoresque, 450. — populaire, 522. — présenté au public, 297. — universel, 286.
Alphabet des perfectionnements, 75, 79.
Alphabet des plus doctes, 79.
Altera quaestionis tertiae .. solutio, 108.
Altera quaestionum .. solutio, 108.
Amant libéral (l'), 190.
Ami des enfants (l'), 413.
Ami du peuple (l'), 596.
Amnistie, 149.
Amours de Cornélie (les), 190.
Amours de Fontamorose (les), 336.
Amours véritables, 567.
Ample description, 215.
Amplissime Domine, 165.
Amplissimo .. D. Franc. de Liverlo, 67.
Amusements des eaux de Schwalbach, 234.
Amusements des eaux de Spa, 586.
An 1582 (l'), 483.
An mil sept cent sept (l'), 192.

An standum vel recedendum sit, 239.
Analectes, 503.
Analogies (les), 357.
Analyse, 265.
Analysis, 136.
Analytica immunitatis defensio, 583.
Analytica responsio, 73.
Ancien droit belge, 499.
Anciens privilèges, 146.
Anecdote prophétique, 257.
Anecdotes intéressantes, 336.
Ange conducteur (l'), 193.
Ange des Belges (l'), 183.
Annales academiae, 388.
Annales de la Société de médecine, 468.
Annales de la Société l'Union des artistes, 528.
Annales des universités, 618.
Annales du conseil, 452.
Annales du règne, 297.
Annales littéraires, 427.
Anniversaria, 290.
Annobilis, 253.
Annonces de Liège, 510.
Annonces générales, 590.
Annuaire :
 de la littérature, 411. — de la Société d'émulation, 504. — de la Société wallonne, 529. — de l'Université, 517. — des eaux, 656. — du diocèse, 466. — du Limbourg, 609.
Anonymus anonymo, 86.
Anonymus nomine, 86.
Anonymus philologus, 86.
Anti-bon-sens (l'), 294.
Anti-maquignonnage (l'), 277.
Antiphonale, 312, 378, 408.
Antiquitas, 268.
Anti-vieillard (l'), 304.
Aperçus, 413.
Apologeie, 487.
Apologia analogica, 89.
Apologia causarum, 113.
Apologia, id est venerabilis capituli, 237.
Apologia sive analytica defensio, 68.
Apologiae patrum, 151.
Apologie :
 burlesque, 304. — chrestienne, 558. — de M. B. Rolans, 80. — des priess, 361. — du clergé, 169. — du comte de Bellejeuse, 136. — du décret, 503. — du fidel Liégeois, 69. — du gouvernement, 313. — du mariage, 319. — du thomisme, 225. — en faveur de la nation, 229. — en racourcy, 112. — et défense, 612. — pour la doctrine, 184. — pour les entrepreneurs, 231. — pour les religieux, 226.
Apotheosis, 33.
Apparatus, 40.
Appel à la constitution, 363.

Appel à l'opinion, 441.
Appel comme d'abus, 596.
Appellationes, 134.
Appendix ad missale Romanum, 102, 247, 273.
Applaudissement au..., comte d'Outremont, 199.
Applaudissement au P. Martial Bronckart, 199.
Applausus Eburonum, 225.
Application des principes, 899.
Approbation donnée par le nonce, 140.
Approbations des docteurs, 180.
Archiconfrérie de la Sainte Famille, 466.
Archiconfrérie de la T. S. Trinité, 209.
Ardeurs séraphiques (les), 190.
Armanak, 471.
Armée (l'), 521.
Arrêt de la cour de Bouillon, 580.
Arrêt de la cour de cassation, 372.
Arrêt entre Félix de Lannoy, 373.
Arrêt rendu par la cour d'appel, 378.
Arrêté du directoire, 352.
Arrêté relatif aux conscrits, 363.
Arrêts, décrets, 224.
Ars metrica, 206.
Art de conserver sa santé, 253.
Art de contracter, 147.
Art et science de bien vivre, 30.
Articles :
 d'ajoutes, 275. — d'arrangement, 264. — de la réformation, 65. — de l'Ère nouvelle, 470. — du traité, 8, 103. — et conditions, 138. — préliminaires, 108. — principaux, 285. — relatifs à l'instruction, 401. — ultérieurs, 284.
Artyckelen, 564.
Arx Parisiensis, 334.
Aspic (l'), 470.
Assassinat, 358.
Assaut de proverbes, 625.
Assemblée générale, 610.
Assertio sententiae, 134.
Assertio superioritatis, 256.
Assertion, 163.
Association à la confrérie, 391.
Association belge, 462.
Association de l'union, 475.
Association des bateliers, 450, 454.
Association générale, 501.
Association musicale, 476.
Astrologue (l'), 619.
Asyle des vivants (l'), 198.
Atra nox doloris, 565.
Atteintes (les), 111.
Attestations, 35.
Au congrès, 462.
Au lecteur. Déclaration, 242.
Au public. Sur les eaux, 355.
Au Roi. Réclamation, 391.

Au très-révérend... Conrad Van der Heyden, 299.
Auctores classis, 73, 102, 120.
Augures (les), 228.
Auguste archiconfrérie (l'), 335.
Auguste confrérie (l'), 241.
Aurora in leone orta, 563.
Authores classis, 77.
Autres observations, 242.
Aux paroissiens de Saint-Jean, 145.
Avant-coureur (l'), 502.
Avertissement à Messieurs du magistrat, 65.
Avertissement pour Bernard de Stier, 213.
Avertissement touchant les lettres, 152.
Avis (l'), 615.
Avis :
  à tous les fidèles, 191. — au peuple, 594. — au public, 198. — aux braves Liégeois, 333. — aux gens de lettres, 276. — aux Liégeois, 596. — aux sections, 332. — charitable, 248. — de la chambre de commerce, 441, 475, 517. — du comité, 412. — d'un vrai patriote, 594. — et aveu de l'hérésie, 236. — important, 347. — instructif, 282. — pour l'adoration, 272. — spirituels, 120. — sur la privation, 145.
Ayant couru par la commune, 82.

B

Balance des revenus et debtes, 69.
Banque populaire, 531.
Banques d'Ostende (les), 306.
Bastido et Jaussioni, 388.
Bastiment des receptes, 14.
Beatissime Pater, Solent, 57.
Beau et vaste cabinet, 347.
Beaux moments, 336.
Belgique contemporaine (la), 522.
Belgique en septembre (la), 411.
Belgique et l'Europe (la), 518.
Bellum sacrum, 152.
Benedictus servus servorum Dei, 217.
Benevole lector, 196.
Beschryvingen der steden, 542.
Biblia sacra, 2.
Bibliotheca Stuskana, 571.
Bibliothèque bleue (la), 313.
Bibliothèque raisonnée, 307.
Bien-être (le), 602.
Bilan, 633.
Bilboquet (le), 637.
Biographie de G. J. Chapuis, 467.
Biographie de Mgr Van Bommel, 465.
Biographie du P. Lacordaire, 466.
Bon an, 187.
Bonheur et l'amour (le), 196.
Bonhomme Richard (le), 470.

Bonjour et bon an, 52.
Bonne année (la), 424, 471, 480.
Bonne mort (la), 182.
Bouclier d'estat, 116.
Bouquet présenté à M. H. Dessain, 345.
Bouquet présenté à M. Latour, 341.
Boussole (la), 340.
Brasseurs de Liége (les), 393.
Bref de Benoît XIII, 219.
Bref discours de ce qui est requis, 87.
Bref discours pourquoi les jésuites, 22.
Brefve démonstration, 79.
Breve Clementis VIII, 10.
Breve Clementis IX, 118.
Breve compendium, 99.
Breve pontificium, 92.
Bréviaire des pénitens, 250.
Bréviaire ou office, 50.
Breviarium ecclesiae Leodiensis :
  (Imprimés à Liége), 1, 39, 57, 161, 244, 270, 340. — (Imprimés à l'étranger), 539, 540, 541, 542, 545, 548, 553.
Breviarium in usum ecclesiae S. Pauli, 1.
Breviarium Romanum, 273, 300.
Breviarium seu praxis, 49.
Breviculus controversiarum, 598.
Brevis animadversio, 211.
Brevis contutatio, 108.
Brevis elucidatio, 124, 164.
Brevis et sincera expositio litis, 90.
Brevis et succincta expositio, 142.
Brevis expositio controversiae, 67.
Brevis expositio et enarratio, 141, 144.
Brevis expositio per modum informationis, 133.
Brevis informatio facti, 231.
Brevis juris deductio, 122.
Briefe über Holland, 600.
Brève exposition, 263.
British register (the), 311.
Broederschap, 159.
Bulla :
  Clementis XII, 229. — Leonis X, 85. — Nicolai V, 85. — Pii IV, 85.
Bulla super forma juramenti, 7.
Bullae Gregorii XIV, 219.
Bulle d'or (la), 237.
Bulletin administratif, 461.
Bulletin communal (le), 498.
Bulletin communal de Dison, 630.
Bulletin de correspondance, 357.
Bulletin de la Société du Limbourg, 627.
Bulletin de la Société wallonne, 511.
Bulletin de l'Institut archéologique, 486.
Bulletin du cercle littéraire, 637.
Bulletin du département, 344.
Bulletin officiel, 333.
By-voegsel, 597.

C

Cabinet des modes, 307.
Caeremoniale, 425, 527.
Calendarium sive ordo annuus, 278.
Calendrier :
  de la république, 362. — du fermier, 320. — nouveau, 158. — perpétuel, 483. — pour l'année .., 351. — républicain, 347. — verviétois, 617.
Calendriers du chapitre de Liége, 557.
Calomniateur de soi-mesme, 156.
Calomnie du P. Louis de Sabran, 175.
Canal de Liége à Maestricht, 454.
Cancans (les), 440.
Canones concilii Tridentini, 3, 6, 9, 25.
Cantate à .. Mgr de Morayken, 277.
Cantate liegeoise, 266, 267.
Cantate présentée par la communauté, 272.
Cantates à .. dom Grégoire l'alla, 294.
Cantiques, 230, 535.
Capitulation de Bruxelles, 215.
Capitulation de Sa Majesté, 246.
Caprices wallons, 515.
Caractères des médecins, 262.
Cardinal pélerin (le), 84.
Carme heretisé (le), 223.
Carmina à selectis alumnis composita, 255.
Carmina .. de vita S. Lamberti, 36.
Carmina dicata, 439.
Carolus VI .. Imperator, 213.
Cas de conscience, 195.
Cassatio et annulatio, 560.
Casus conscientiae, 492.
Cataclysme (le), 523.
Catalogue :
  de la bibliothèque musicale, 521. — de musiques, 499. — des effets précieux de M. de Saroléa, 508. — des estampes de M. Harzé, 391. — des évesques de Tongres, 29. — des gravures, lithographies, etc., 499. — des manuscrits de la bibliothèque de Liége, 441. — des objets d'arts, 378, 379, 385. — des plantes de M. Vieillevoye, 499. — des tableaux et objets d'arts, 462. — des tableaux de M. Fialkin, 632. — des tableaux de B. Vieillevoye, 514. — descriptif du musée, 486. — d'une collection de monnaies de M. Bellefroid, 636. — d'une collection de tableaux, 455. — explicatif des ouvrages de peinture, 517.
Catalogue des livres de :
  Abbaye de St-Jacques, 320. — Abbaye de Stavelot, 622. - Abbaye du Val-St-Lambert, 368. — Aubrement (d'), 369. — Avanzo, 483. — Belues, 345. — Barnabé, 267. — Barquin, 367. — Bassompierre, 253. — Bekker, 426. — Berlemont, 504, 507. — Bibliotheca Leodiensis, 227. — Bibliothèque de Liége, 273, 381, 441, 450. — Bibliothèque populaire, 525. - Blavier (de), 336. — Bol-

len, 368. — Bormans (de), 286. — Broncart (J. Y.), 213. — Buissonnet, 499. — Chénedollé (de), 463. — Chestret (de), 291. — Clehon, 341. Cler et Trappé, 323. — Cler (de), 365. — Cluson, 384. — Collardin 384, 406, 429, 476. — Collette, 507. — Comhaire, 429. — Conservatoire royal, 525. — Coomans, 336, 341. — Cornélis-Cloes, 333. - Crassier (de), 254. — Crewe, 422. — Crombet, 521. — David, 363. — Davreux, 531. — Debois, 341. — Debrо, 364. — Duhaut, 440. — Deliége, 625. — Deilewalde, 304. — Delorme, 238. — Delpaire, 365. — Delrée, 528, 635. — Delvaux, 514. — Demazeaux, 365. — Denoyelle, 382. — Desoer, 254, 294, 375, 404, 426, 514. — Dessain, 289, 494. — Dethier, 320. — Devaulx, 294. — Dewandre, 632. — Dewar, 365. — Dossin, 490. — Dumoulin, 345. — Duvivier, 528. — Durlau, 290. — l'allize, 336, 341. — l'osseoul, 462. — Fuss, 521. — Gothier, 451. — Grady (de), 367. — Grégoire, 323. — Grisard, 521. — Groutars (de), 367. — Haenen, 494. — Hahn, 517. — Harzé, 391. — Hauzeur, 347. — Helbig, 487. — Henkart, 491. — Henry, 384. — Hinnisdael (de), 528. — Houet, 323. — Jacquet (de), 367. — Jamar, 323. — Jenicot, 463. — Labeye, 368. — Lardinois, 495. — Larmoyer, 323. — Laruelle, 369. — Laurenty, 323. — Lavalleye (E.), 439, 500, 535, 618, 620, 630. — Lejeune, 497. — Lesoinne, 434. — Limborgh (de), 269. — Limbourg (R.), 345. — Louvrex (de), 341. — Lovens, 507. — Lyon, 341. — Mariotte, 367. — Massau, 623. — Mossin, 365. — Mawet, 495. — Mivion, 333. — Modave, 486. — Musch, 514. — Neuray, 284. — Noblet, 491. — Nysten, 610. — Or (d'), 389. — Oranus, 171. — Paquot, 367. — Paradis (de), 301. — Peetermans, 525. — Piette, 536. — Polain (A.), 441. — Renard, 490, 494. — Robinson, 284. — Rutten, 483. — Saint-Martin (de), 372, 389. — Saren (de), 372. — Saroléa (de), 307. — Sartorius, 413. — Schуnmackers (de), 507. — Simon, 521. — Simonon, 467. — Slosse (de), 571. — Société d'émulation, 514. - Soleure, 418. — Stappers, 369. — Stoupi, 311 — Steel (G. H.), 205. — Terwagne, 367. — Thibaut, 455. — Thier (de), 369. — Thomard, 500. Van den Steen, 504. — Vanderreyken, 500. — Van flex, 491. — Vasse, 290. — Vermylen, 426. — Vervier, 499. — Vieillevoye, 499. — Villenfagne (de), 572. — Walteeck (de), 365. — Warzée (de), 486, 490. — Xhauflaire, 388.

Catalogues des livres (anonymes) :
  289, 323, 333, 336, 344, 345, 347, 365, 367, 368, 369, 440, 455, 467, 476, 483, 486, 487, 491, 494, 499, 500, 504, 507, 514, 521, 531, 535, 620, 622, 630.
Catéchisme :
  à l'usage des décathédés, 506 — antiscismatique, 605. — de la pénitence, 457. — de l'empire, 360. — des indulgences, 387. —

87

du concile de Trente, 262. — ou abrégé des controverses, 23, 162. — ou doctrine chrétienne, 168.
Catechismus ad ordinandos, 248.
Catechismus concilii Tridentini, 3.
Catechismus facultatis Lovaniensis, 70.
Catechismus oder Unterweisungen, 580, 585.
Catechista sive brevis tractatus, 22.
Catholicon, 217.
Causa Arnaldina, 173.
Causa regaliae, 152.
Causae restitutionis, 147.
Cause célèbre concernant l'assassinat, 293.
Cause célèbre relative à Grétry, 614.
Cause devant la chambre de Wetzlar, 318.
Causes de nullité, 76.
Cavillator veri, 128.
Celsissimo .. Constantino de Hoensbroeck, 305.
Celsissimum dominum F. A. de Méan, 340.
Censeur impartial (le), 238.
Ceremoniae, 232.
Cérémonial, 286.
Certa ad honorem semita, 43.
Chambre de commerce, 446, 454, 486.
Chanson à refrain, 597.
Chanson composée par un gentilhomme, 596.
Chanson nouvelle, 279.
Chanson spirituelle, 72, 75.
Chanson sur la destruction de la citadelle, 134.
Chanteur comique (le), 476.
Chants civiques, 412.
Chants d'un Belge, 492.
Chants patriotiques, 523.
Chapelle de N.-D., 481.
Charité des pauvres repenties, 160.
Charité romaine (la), 507.
Chartres et privilèges, 223.
Chasteté éclairée (la), 160.
Chat volant (le), 224, 617.
Château de Montfort (le), 515.
Chaudfontaine et ses environs, 619.
Chemin de fer :
    agricole, 510. — d'Ans à Tongres, 517. — de Liége à Givet, 524. — des plateaux de Herve, 527. — du Luxembourg, 510. — hollando-belge, 494. — liégeois-limbourgeois, 524.
Chemins de fer concédés (les), 532.
Chemin du paradis (le), 438.
Chemin propre au salut, 75.
Chèvrement, 448.
Choix de chansons, 454.
Choix de petites instructions, 411.
Chrestomathie, 420.
Chrétien charitable (le), 160.
Christianisme (le), 475.
Chronicon sextuplex, 202.
Chronique (la), 524.

Citatio ad instantiam, 175.
Citatio, exhibitio, 88, 99.
Citatio, inhibitio, 135, 239.
Citations propres à détourner, 508.
Cithara, 139.
Citoyen (le), 411.
Clarissimo senatui, 44.
Classification, 468.
Clef historique, 269.
Clementis PP. X breve, 129.
Clergé de Liége .. vengé (le), 303.
Clergé secondaire ayant appris (le), 161.
Cleri secundarii .. responsio, 86.
Clericus Belga, 189.
Cloche (la), 530.
Clypeus Stabulensis, 570.
Code civil de l'empereur Joseph II, 343.
Code de la garde civique, 411.
Code de la milice, 415.
Code des successions, 358.
Code du droit public, 602.
Code universitaire, 424.
Collecti . decretorum, 284.
Collectio variarum dissertationum, 292.
Collége municipal, 382.
Collége Saint-Servais, 478.
Colloque spirituel, 99.
Colloquia et dictionariolum, 9.
Combat des échasses, 571.
Comité central, 507.
Comité de boisement, 497.
Comme le Sr H. Belloye, 284.
Comment un jeune homme estropié, 44.
Commentaire pratique, 496.
Commentaire sur l'Esprit des lois, 386.
Commère (la), 444.
Commissaires (les), 609.
Commissio commissariorum, 92.
Commission de la ville de Waremme, 318.
Commission nommée (la), 433.
Commonitorium, 189.
Commune de Liége Invitation, 350.
Commune de Seraing. École, 524.
Commune de Spa. Rapport, 475.
Compagnie des chasseurs, 474.
Compendiosa expositio, 75.
Compendium actorum, 163.
Compendium causae, 223.
Compendium facti, 153.
Compendium historiae, 276.
Compendium vitae, 420.
Compilation des ordonnances, 227.
Complainte des houleux, 380.
Complainte des paysans, 47.
Complainte historique, 460.
Complexus sententiarum, 578.
Compliment d'ouverture, 273.
Compte de l'administration, 422.

Compte rendu de la société, 453.
Compte rendu par la commission, 376.
Compte rendu par les administrateurs, 301.
Conclusio vindiciarum, 108.
Conclusion pour M. Osy, 108.
Conclusiones theologicae, 183.
Conclusum, in causa S. Trudonis, 265, 290.
Concordance des calendriers, 353.
Concordat entre le Souverain Pontife, 502.
Concordat et recueil des bulles, 364.
Concordata nationis Germanicae, 23.
Concordia inter episcopum, 85, 226.
Condamnation de Messieurs de la religion, 157.
Conditions :
   de la collecte de l'impôt, 153. — de la ferme d'un florin, 288. — de l'entretien des pompes, 283. — de l'impôt de quatre florins, 169. — de l'impôt de vin, 162. — de l'impôt de vingt pattars, 161. — de l'impôt du brandevinage, 308. — de l'impôt du brasz, 288. — de l'impôt sur le sel, 173. — des quatre florins Brabant, 217. — du nettoyement (voy. Règlement). — d'un vingtième denier, 288. — du poids de ville, 153, 169, 251. — du rendage du 20ᵉ denier, 268. — et règlement du péage, 99. — générales pour tous les impôts, 173, 288, 323. — pour le rendage de la table, 242, 283. — pour le rendage des barrières, 273. — pour le rendage des pavés, 275. — pour le rendage des ouvrages, 226. — pour le soixantième, 153, 226, 252.

Conducteur aux environs de Spa, 616.
Conduite du Sʳ de Guen, 171.
Conférence de l'an MDCXV, 568.
Conférence de Mariebourg, 105.
Conférences du jeune barreau, 521.
Conférences d'un janséniste, 187.
Conférences horticoles, 486.
Conferentia inter Mathiam Hauzeur, 50.
Conferentiae theologicae, 159.
Confession de S. Desmarets, 51.
Confession .. faite par Thiry Tisson, 73.
Confession générale de S. A., 329.
Confidence, 535.
Confirmatio concordiae, 85.
Confirmatio declarationis, 86.
Confirmatio et approbatio, 541.
Confirmatio litterarum Ernesti, 85.
Confirmatio litterarum Georgii ab Austria, 85.
Confirmatio regulamentorum, 239.
Conformité des églises, 159.
Confraternité ou association, 185.
Confrérie :
   de la S. Trinité, 200. — de l'Immaculée conception, 418. — de N.-D. de Miséricorde, 586. — des prisonniers, 196. — des rois mages, 159. — du Sacré-Cœur, 418, 421. — du T. S. Sacrement, 106.
Confutatio cujusdam libelli haeretici, 107.

Congrégation .. de l'agonie de Jésus, 159.
Congregatione signaturae justitiae, 577.
Congrès de Spa (le), 512.
Congrès des étudiants (le), 533.
Congrès international, 638.
Conseil municipal (le), 343.
Conservateur belge (le), 394.
Conservatoire clerl, 62.
Considérations chrétiennes, 200.
Considérations sur le saint sacrifice, 216.
Considérations sur l'instruction, 511.
Consolation du pauvre peuple, 92.
Constitution de la Belgique, 411.
Constitution de la république , 45, 352, 359.
Constitution pour les Provinces-Unies, 382.
Constitutiones et exercitia, 151.
Constitutiones observandae, 179, 209.
Constitutions .. de l'Annonciade, 68.
Constitutions de chanoinesses, 97.
Consultatio rhetorica, 68.
Consultation faite à Metz, 607.
Consultation pour Mesdames de Gavre, 607.
Consultations et pièces à l'appui, 389.
Contes nouveaux, 200.
Contraire-enquête, 511.
Contrat d'amour, 195.
Contrat de l'éclairage, 420.
Contre-information, 329.
Contre-information pour le magistrat, 195.
Contre-mémoire pour H. Lem, 284.
Contredit ou mémoire, 319.
Contribution foncière, 362.
Contributions épiscopales (les), 518.
Conventie tusschen Haere Majesteyt, 583.
Convention conclut à La Haye, 215.
Convention entre le roi, 275.
Convention entre les hauts et puissants seigneurs, 240.
Convention entre S. M. l'Impératrice, 272.
Convention faite entre S. M. T. Chrétienne, 319.
Convention nationale ou peuple (la), 348.
Convention nationale. Rapport, 600.
Conversion, 74.
Copia bullae, 85.
Copia speciminum, 12.
Copia supplicae, 90.
Copie authentique de lettres .. d'Ernest, évêque de Liége, 9.
Copie de la conclusion, 56.
Copie :
   de la proposition, 61. — de l'exposition, 236. — de patentes, 184. — de plusieurs nouvelles, 558. — de quelques observations, 595. — des lettres de S. A., 61. — des lettres du chanoine Hustin, 61. — du rescrit impérial, 135.
Copie de la lettre :
   de S. M. très-chrétienne, 64. — de Son

Altesse, 325. — du comte de Lewenstein, 61. — du roy de France, 64. — envoyée à MM. les bourguestres, 61. — envoyée par S. A., 58. — escrite à S. A., 91. — escrite à MM. les bourguestres, 76. — escrite au baron de Jehain, 61. — escrite par Jean de Spiumont, 86.

Copie d'une lettre :
adressée à l'ex-prince, 329. — adressée à M. Dufour, 313. — de M. Libon, 332. — de S. A. de Lorraine, 86. — du roy très-chrétien, 90. — interceptée, 80. — que S. A. l'évêque, 329. — remise sous enveloppe, 312.

Copie van den Brief, 560.
Copie van het placcaet, 552.
Coquin d'amour, 531.
Corps spécial des chasseurs, 474.
Corrections intéressantes, 297.
Correspondance de Rome, 485.
Correspondant (le), 459.
Coup d'essai, 326.
Coup d'œil sur le Congrès, 322.
Coup d'œil sur le traité, 294.
Coup d'œil sur les partis, 416.
Coup d'œil sur l'histoire de Liége, 311.
Couplets :
adressés à Mgr de Rohan, 332. — adressés au général de Beaulieu, 345. — à J. M. Chokier, 320. — à M. de Fabry, 331. — à S. A. C., 338. — Chantés à la fête, 347. — chantés au repas, 340. — dédiés à S. A., 338. — et chœur analogue, 329. — présentés à M. de Boubers, 297.

Cour d'appel. Discours de rentrée, 374.
Cour de cassation. Nullité de mariage, 397.
Courrier :
de Huy, 632. — de l'Amblève, 634. — de la Meuse, 342, 389. — de Verviers, 628. — des campagnes, 440, 445. — du département, 349. — du Limbourg, 433. — universel, 408.

Cours de rhétorique, 294.
Cours de tenue des livres, 480.
Courtes réflexions d'un citoyen, 252.
Courtes réflexions sur le serment, 355.
Coutumes .. du ban de Munau, 169.
Coutumes du duché de Limbourg, 573.
Coutumes .. du pays de Namur, 227.
Coustumes et règlement du pays de Limbourg, 589.
Cri de l'honneur (le), 363.
Cri d'un citoyen, 593.
Cri d'un franc Liégeois, 478.
Cris de l'indignation, 355.
Cris générale du peuple, 590.
Critique du procès-verbal, 378.
Cronicque Martiniane (la), 549.
Cruauté inouïe, 581.
Curé de Spa (le), 311.
Curioso simplice soldato (il), 73.

D

Daphnis, pastorale, 315.
De antiquis episcoporum causis, 137.
De casibus, 275.
De collectis, 298.
De la Belgique, 433, 437.
De la décadence, 335.
De la foy, 157.
De la guérison des fièvres, 143.
De l'amour, 512.
De l'ancienne coutume, 179.
De la nécessité, 485.
De la position, 503.
De la publicité, 524.
De la révision, 531.
De la récusation, 503.
De l'aumône, 126.
De l'état des beaux-arts, 511.
De l'expression dans les arts, 446.
De l'expropriation, 512.
De l'impôt des 40 patars, 319.
De l'influence des passions, 376.
De l'organisation, 478.
De mente ecclesiae, 205.
De rebus Leodiensium, 593.
De ritibus Sinensium, 177.
De S. Servatio, 150.
De tempore et causa, 290.
De tempore et causa martyrii, 139.
De utraque copia verborum, XV.
Débouché annuel, 486.
Decanus et capitulum, 86.
Decessit è vivis L...chius, 49.
Decisio sacrae rotae, 586.
Déclaration :
De Jean de Hornes, 85. — de Baes Wesmael, 61. — de S. A., 76, 180. — des assermentés, 363. — des ministres, 135. — du conseil, 61. — et protestation, 144. — interprétation, 263.

Déclaratoire de l'excommunication, 171.
Déclaration des trois états, 330.
Declinationes, 2, 4.
Découvertes, 512.
Décret de la convention, 343.
Décret du 30 décembre, 377.
Décret en cause, 315.
Décret fait dans la visite, 26, 146.
Decreta synodi Leodiensis : 1581, 8. — 1618, 29.
Decreta Universitatis, 216.
Décrets des papes, 143.
Décrets du commissaire impérial, 185.
Decretum Alexandri VII, 177.
Decretum Innocentii X, 93.
Decretum ser. principis. Voy. Ordonnances.
Deductie, 577.

Deductio controversiae, 152.
Deductio facti cum rationibus, 231.
Deductio facti in causa Deprez, 218.
Deductio pro J. P. de Calwart, 164.
Deductio .. pro W. Counotte, 164.
Deductio .. pro domicella Gal, 119.
Déduction de la conduite, 171.
Déduction des droits, 584.
Déduction par forme de manifeste, 72.
Défence préparatoire, 135.
Défences de Mrs les députez, 145.
Défense :
   contre la juridiction, 138. — de Bassenge, 826. — de C. F. de Borchgrave, 389. — de la contre-information, 249. — de l'*Histoire*, 182. — des enfans Desoer, 434. — des privilèges, 507. — du comté de Chiny, 147. — du manifeste, 237. — en droit pour M. de Lannoy, 373.
Defensio concilii, 108.
Defensio ecclesiasticae libertatis, 108.
Defensio epistolae, 189.
Defensio libertatis, 108.
Defensio ulterior libertatis, 108.
Deffence de la vérité, 134.
Deffense du conseil, 57.
Deffense de la jurisdiction, 163.
Délibérations de l'assemblée des cardinaux, 203.
Délibérations de l'assemblée du clergé, 105.
Délices de la langue latine, 249.
Délices de Spa (les), 616, 621.
Délices des Pays-Bas (les), 275.
Délices du pays de Liége, 234.
Délivrance, 52.
Demande d'Antoine Michel, 329.
Demandes et responces, 23.
Demandes et réponses, 277.
Demissima facti expositio, 233, 249.
Démission, 331.
Demonstratio competentiae, 131.
Demonstratio pro Michaele de Meldert, 111.
Demonstratio .. pro de Renesse, 117.
Démonstration apologétique, 229.
Démonstration de la nullité, 121.
Démonstration de la rectitude, 134.
Démonstration des droits, 221.
Démonstration des erreurs, 135.
Den wegh naar Spa, 565.
Dénouement, 112.
Denuntiatio doctrinae, 176, 178, 181.
Deo optimo, 263.
Département de l'Ourthe, 352, 353, 362, 363, 365, 368, 372, 379, 380.
Députation, 138.
Dérivation, 520.
Dernier mot, 506.
Derniers honneurs, 535.

Des approbations, 454.
Des échelles, 548.
Des engrais, 480.
Des fontaines de Pougues, 552.
Description du grand miroir, 296.
Description du magnifique présent, 210.
Description du rapport, 86.
Désirs inconnus, 346.
Dessein concerté, 569.
Dessein d'un hôpital, 195.
Détail de tout ce qui s'est passé, 161.
Dettes des communes, 486.
Deux avis (les), 593.
Deux Édouard (les), 610.
Deux fèves, 487.
Deux lettres, 175.
Deux mots, 354.
Deuxième avis, 332.
Deuxième lettre, 312.
Développement du catéchisme, 594.
Devis et conditions, 208.
Devoir (le), 533.
Devoirs des confesseurs, 75.
Dévotion ancienne de la ville de Huy, 194.
Diable hermite (le), 582.
Dialogue entre l'avocat Deleau, 505.
Dialogue : la ville de Liége, 185.
Dialogues des morts, 590.
Diarium, 165.
Dictionnaire :
   de législation, 508. — des définitions, 426. — du jardinage, 305. — facile, 363. — français-latin, 227. — géographique des Pays-Bas, 572. — géographique et historique, 602. — historique, 298. — roman-wallon, 588.
Dictionnarium triglotton, 113.
Dies albus honoris, 665.
Différents états (les), 188.
Dilucida jurium expositio, 124.
Dimanche (le), 527.
Diogenes, 7.
Diplôme de Charles V, 71.
Diplôme de l'empereur, 584.
Diploma praeeminentiae, 163.
Directorium ad legendas horas, 71.
Directorium benedictinum, 271.
Disceptatiuncula, 44.
Disciples de Laverne (les), 270.
Discours :
   adressé, 258. — apologétique, 247. — aux Liégeois, 326. — de la course des Hollandois, 34. — d'un curé, 339. — en forme de lettre, 158. — pour les pères carmes, 223. — prononcé à la barre, 590. — prononcé à la maison commune, 356. — prononcé par le commissaire, 355. — prononcé publiquement, 213. — prononcés à la Haye, 400. — qui avait été destiné, 333. — sur les esprits

forts, 335. — sur l'inauguration, 285. — sur l'utilité, 269. — véritable, 74.
Discursus juridicus, 232.
Discursus pro veritate, 211.
Discussio et refutatio, 108.
Distinse de Mgr Van Bommel, 443.
Dispensaire, 445.
Dispositions, 126.
Dispute de Maestricht (la), 107.
Disquisitio theologica, 134.
Disquisitiones biblicae, 257.
Disquisitionum magicarum libri, 36.
Dissertatio de jurisdictione, 578.
Dissertatio historico-juridica, 228.
Dissertation politique, 353.
Dissertation sur le pouvoir des rois, 179.
Dissertation sur les prolégomènes, 173.
Dissertation touchant l'antiquité de Spa, 381.
Dit is den calengier, 542.
Diurnale, 246.
Diverses instructions, 126.
Divertissement d'Auguste, 68.
D. Servatii electio, 560.
Divi tutelares, 72.
Divini amoris triumphus, 60.
Dix faussetés, 176.
Dix millions, 498.
Doctrina quam de primatu, 143.
Document de la sentence de Wetzlaer, 317.
Document de sentence, en cause, 295.
Document du décret, 319.
Document du refus, 319.
Document sur le conclusum, 301.
Documenta et actus, 114.
Documenta septem, 68.
Documents judiciaires, 436.
Documentum in imperialis camerae judicio, 830.
Documentum sententiae in causa :
    Audi, 218. — Bonham, 218. — cleri, 263, 264. — consilii, 579. — consultum, 278. — decani, 211. — de Herve, 208. — fiscalis, 218. — Fossoul, 207. — principis, 324. — scabinorum, 134.
Doléances, 338.
Domaines nationaux, 317.
Don Philippe, 91.
Donatio Annae Veronicae Doumael, 88.
Double astrologue, 619.
Drama syncharisticum, 122.
Du concile général, 157.
Du conseil des mines, 477.
Du flamand, 507.
Du gouvernement du pays, 593.
Du régime parlementaire, 486.
Du résultat des élections, 467.
Duc de Montmouth (le), 153.
Duc et la duchesse de Brabant (le), 504.
Duplicatum litterarum, 144.

E

Eaux de Chaudfontaine (les), 612.
Eburonade (l'), 338.
Eburons liégeois (les), 436.
Eburonum Huensium sacrarium, 101.
Ecclesia Leodiensis, 176, 181.
Ecclesiae catholicae speculum, 114, 120.
Ecclesiae Leodiensis breviarium. Voy. Breviarium.
Écho :
    de Herstal, 470. — de l'est, 536. — de Liége, 527. — de Spa, 470. — des chansons, 535. — des fontaines, 634. — Journal de musique, 280. — Journal industriel, 413.
Éclair (l'), 536.
Éclaircissement :
    de la confrérie, 244. — de l'exposition, 273. — des privilèges, 203. — sur la tolérance, 306. — sur le serment, 357. — sur les thèses, 112. — sur l'organisation, 422.
Éclaireur (l'), 533.
École des arts, 514.
École moyenne de Spa, 627.
Écoles primaires, 479.
Écriture sainte éclaircie, 197.
Écrivains belges (les), 500.
Édit du roi, 591.
Édits et publications des monnoies, 35, 129.
Édit fondamental, 339.
Égalité, liberté, 600.
Égarements et bévues, 180.
Eigentliche Abbildung, 562.
Élection d'un membre, 433.
Élections communales, 441.
Elementary reading lessons, 479.
Elenchus sententiarum, 585.
Élite des nouvelles, 209.
Éloge de Georges Louis de Berghes, 241.
Éloge de .. Fontenelle, 305.
Éloge de la canule, 625.
Éloge de quelque chose, 522.
Éloge de rien, 522.
Éloge du Journal encyclopédique, 257.
Elogium D. Lamberti de Bouillon, 199.
Eminentissime .. princeps, 134.
En avant la riposte, 475.
En cause des bourgmestres, 272.
En cause M. C. A. J. de Grady, 370.
En cause N. J. Levoz, 309.
En conseil de la cité de Liége. Voy. Recès du conseil.
En conseil .. de la ville de Looz, 316.
En l'assemblée :
    de la ville de Tongres, 316. — de l'état de la noblesse, 240, 324, 425, 328. — de l'état primaire, 234, 325, 328. — de l'état tiers, 315, 327. — des bourgmestres et conseil de Liége. Voy. Recès. — des bourgmestres de

Spa, 595. — des députés du clergé, 246, 247, 263. — des maistres et commissaires, 131, 138, 316. — des nouveaux maîtres, 146. — des trois états, 327. — du conseil de Liége. Voy. Recès.
l'narratio apologetica, 102.
Enchiridion, 137.
Enchiridium precationum, 56.
Encore Mgr Van Bommel, 438.
Encyclopédie méthodique, 302.
Encyclopédie pratique, 280.
Enluminures, 149.
Ennemis déclarés (les), 213.
Enquête communale (l'), 622.
Enseignement mutuel, 300.
Entr'acte (l'), 533.
Entre actes du procès, 309.
Entrejeux de paysans, 53.
Entretien des pompes, 246.
Entretiens de collége, 477.
Entretiens de Voltaire, 278.
Entretiens divers sur les paradoxes, 150.
Entretiens salutaires, 191.
Entreprise de la chaussée, 255.
Entreprises du chapitre, 171.
Éphémérides de l'humanité, 392.
Épilogueur politique (l'), 211.
Epistola :
  ad P. Billuart, 251. — apologetica, 173. — archiepiscopi, 193. — B. Aloysii, 47. — informatoria, 117, 157. — Leodiensium, 553, pastoralis, 215, 270, 279, 578. — pastoris, 604. — patrum, 183. — presbyteri, 353. — theologi, 167.
Épitaphe anagrammatique, 83.
Epitaphium hominis, 49.
Epitome jurium, 211.
Épître :
  à M. Van der Noot, 400. — aux mânes, 588. — belgiques, 551. — de M. le baron de Genay, 97. — de S. Hiérosme, 17. — dédicatoire, 318. — des Liégeois, 553. — du diable, 397. — en vers polonais, 586. — sur les eaux, 279.
Equuleus ecclesiasticus, 53.
Errata, 183.
Erreur de droit (l'), 434.
Erreur du péché, 169.
Erreurs du P. Saladin, 183.
Eschevins de la souveraine justice (les), 114, 190.
Escusson angélique, 50.
Espagnolle anglaise (l'), 190.
Espoir (l'), 419.
Esprit des journaux (l'), 280.
Esprits, ou le mary fourbé (les), 153.
Esquisse des principaux événements, 409.
Esquisses d'un projet, 437.
Essai :
  critique, 286. — de grammaire, 470. — de paraphrase, 257. — d'une dissertation, 390. — historique, 291. — sur la nécessité, 415. — sur le bien-être, 279. — sur l'église de S. Paul, 536. — sur le monopole, 613. — sur l'envie, 362. — sur l'enseignement, 434. — sur le projet, 281. — sur l'Union douanière, 146.
Essais historiques, 606.
Essais littéraires, 484.
Essais poétiques, 425.
Estafette de Liége (l'), 470.
Établissement de la maison, 240.
État du suprême tribunal (l'), 580.
États députés (les), 380.
Ethica ad usum seminarii, 385.
Étrenne où il est traité, 191.
Étrennes :
  à la vérité, 600. — de Huy, 628. — de la bienfaisance, 350. — de la liberté, 344. — de mon cousin, 314. — Liégeoises, 443. — mignonnes, 220, 358. — pieuses, 191.
Études de numismatique, 408.
Etymologia, 125.
Eucharistie (l'), 202.
Eugène de Pradel, 441.
Evaluacion des deniers, 1.
Evangelia et epistolae, 540.
Evangiles des dimanches, 67.
Évêque prince de Liége (l'), 595.
Exacta facti species, 156.
Exaltation (l'), 400.
Examen cujusdam difficultatis, 184.
Examen de la loi, 450.
Examen de quelques points, 423.
Examen du livre, 206.
Examen du IVᵉ article, 363.
Examen d'un livret, 64.
Examen et réfutation (l'), 119.
Examen litis, 295.
Exceptions ultérieures, 75.
Excommunication, 172.
Excursions géologiques, 638.
Executoriale, 59.
Exercice moral, 567.
Exercice spirituel, 586.
Exercices d'écriture, 526.
Exercices de piété, 272.
Exercices du chrétien, 191.
Exercices, maniement des armes, 245.
Exercitatio scholastica, 311.
Exhortation en faveur des prisonniers, 191.
Exhortation du magistrat, 205.
Exhortations morales, 216.
Exhulatio .. Gerardo Sani, 49.
Explanatio uberior, 142.
Explication de l'indulgence, 191.
Explication des cérémonies, 216.
Explication des morceaux de peinture, 209.
Explication des premières vérités, 421.

Explication sur la vie, 183.
Exposé :
des faits, 507. — de la situation, 475. — des actions, 317. — des griefs, 327. — ou réponse, 544. — fidèle, 596. — pour les maisons, 309. — succinct, 295.
Expositio praetensi processus, 99.
Exposition :
avec adjoints, 318. — contre celle impulsée, 236. — de fait, 587. — des beaux-arts, 637. — des droits, 234. — des indulgences, 443. — des principes, 598. — du droit, 571. — fidèle, 582. — permanente, 634. — pour W. de Liverlo, 190. — pour Paul Redouté, 310. — sincère, 245, 249. — succincte, 291. — très humble, 276. — véridique, 283.
Expressions patriotiques (les), 281.
Extensio universalis jubilaei, 250.
Extract verhalende het wreedt, 564.
Extractum desumtum, 113.
Extractum è rituali, 376, 527.
Extractum ex actis, 250, 253.
Extractum ex libro, 133.
Extractum terminorum, 146.
Extraict et recueil, 546.
Extrait :
de la réponse, 343. — de la sentence, 85. — des délibérations, 601. — des principaux passages, 373. — des registres, 263, 591, 599. — du procès fiscal, 308. — du procès-verbal, 343, 344. — du rituel, 312, 399. — d'un manuel, 469. — d'un sermon, 159. — d'une lettre, 334, 356. — d'une supplique, 316. — hors des conclusions, 239, 240, 260.

F

Fabrication du sucre, 359.
Fabricisme (le), 339.
Facti et juris in causa Charneux, 135.
Facti et juris scriptum, 102.
Facti et juris series, 200.
Facti series, 202, 210.
Facti species, 119.
Factum pour les représentants Renson, 311.
Factum pour M. J. Pluymers, 156.
Factum pour prouver, 578.
Faits inédits, 471.
Fanal (le), 357.
Fantaisies, 508.
Fatum montis pietatis, 262.
Fausses apparences (les), 172.
Fausseté découverte, 145.
Fèves de Lafontaine, 483.
Fédération maçonnique, 431.
Femme (la), 529.
Femme docteur (la), 224.
Feria quarta secunda, 251.
Festa propria canonicorum, 128.

Festa propria .. ecclesiae S. Bartholomaei, 267, 277.
Festes .. de l'ordre du T. S. Sépulchre, 130.
Fête Dieu (la), 459.
Fête du Sacré Coeur, 449.
Fête solsticiale, 446.
Feu (le), 412.
Feuille :
d'annonces, 347. — du cultivateur, 473. — du jour, 306. — nationale, 324, 342. — sans titre, 290. — universelle, 303. — utile, 588. — villageoise, 400.
Fidèle et vaillant gouverneur (le), 99, 116.
Fiess di Boute si plou (li), 258.
Filiation de la famille, 580.
Fin et conclusion, 123.
Fliegende Taube (die), 623.
Flores poetarum, 587.
Florus Anglo-Bavaricus, 152.
Foi du charbonnier (la), 335.
Fondation de l'hôpital, 106.
Fondements de la vie, 139.
Fontaines (les), 636.
Formalitates, 199.
Formularium, 275, 302.
Foyer (le), 459.
Franc Liégeois, 413.
Français républicains, 600.
France au parlement (la), 401.
Franchimontois (le), 616.
Francisco Carolo de Velbruck, 279.
Franc. Car. comitem de Velbruck, 279.
Frontière du Rhin (la), 433.
Fundamentum totius theologiae, 117.
Funérailles de M. Ch. Duvivier, 528.
Funérailles de M. Nagelmackers, 513.
Furet (le), 590.

G

Gallinae accurata descriptio, 566.
Garde civique (la), 528.
Garde civique. École du chasseur, 400.
Gardes communales, 405.
Gazette de Hollande, 233.
Gazette de Liège, 156, 342, 347, 433.
Gazette médicale, 495.
Gazette nationale de Liège, 342.
Gazette révolutionnaire, 347.
Gedenkwaerdig proces, 588.
Genealogia comitum, 67.
Géographie du royaume, 403.
Geschichte der Einsetzung, 621.
Geschiedenis, 623.
Gloire de l'église, 308.
Glorieuse vierge Marie (la), 70.
Glorieux jubilé (le), 465.
Gloriosissimo principi, 102.

Godvruchtig Broederschap, 572.
Gouvernement de Messieurs les bourguemaistres, 80.
Gouvernement général, 383.
Grâces chrétiennes (les), 513.
Graduale Romanum, 278, 322, 375.
Gradus ad Parnassum, 141.
Grammatica, 125.
Grand calendrier, 600.
Grand manuel, 11.
Grand Mauris (le), 286.
Grand record, 119.
Grand tarif, 400, 413.
Grand thrésor (le), 577.
Grandes affiches (les), 421.
Gratis (le), 440.
Gravamina in causa, 189.
Gravamina orthodoxorum, 26.
Gregorius episcopus, 8.
Griefs proposez, 180, 184.
Grooten Hasselschen Almanach, 600.
Guérison miraculeuse, 52.
Guide aux eaux, 638.
Guide dans Liége, 510.
Guide des curieux, 608.
Guide des voiageurs, 261.
Guide du voyageur, 619.
Guilielmus Natalis, 133.
Guillaume le Têtu, 409.

H

Habit ne fait pas le moine (l'), 626.
Habitants de Wandre (les), 467.
Harmonie (l'), 491.
Heeswyck ridiculisé, 303.
Henricus Bavarus Imperator, 25.
Héros de l'industrie (le), 581.
Herr von Neustadt, 517.
Heures à l'usage de Liége, 541.
Heures en françois, xii.
Heureuse délivrance (l'), 296.
Histoire :
 amoureuse des Gaules, 112. — amoureuse du congrès, 204. — de la B. Jeanne de la Croix, 36. — de la vie de M. Arnauld, 167. de la vie de Mme Rador, 220. — de la vie de S. Hubert, 283, 570. — de la translation de sainte Odile, 269. — de l'ordre de N.-D., 604. — de l'ordre teutonique, 306. — de Moïse, 173. — de N.-D. de Cortenbosch, 623. — de N.-D. de la Salette, 629. — de N.-D. de miséricorde, 67. — de S. M. Léopold I, 472. — de Spa, 366, 602. — de Tancrède de Rohan, 273. — des cinq propositions, 173. — des différents, 167. — des guérisons, 18. — des principales révolutions, 323. — des quatre fils Aymon, 434. — des temps fabuleux, 292. — du nouveau fanatisme, 217. — d'une hydrophobie, 246. — ecclésiastique, 606. — fidèle, 335. — généalogique, 262. — philosophique, 292. — tragique, 57, 358. — véridique, 463.
Historia admirandorum curationum, 18.
Historie en mirakelen, 593.
Historie van Barlaam, 32.
Historie van den H. Hubertus, 562.
Historieke aenmerkingen, 620.
Historische anmerkungen, 508.
Hollandais (le), 405.
Hollandoise servitude, 559.
Homme (l'), 529.
Homme charitable (l'), 491.
Homme sans façon (l'), 596.
Hommage à la Société d'émulation, 364.
Hommage général, 597.
Hommage offert, 423.
Honneur de la croix, 54.
Honneur de l'Ange gardien, 49.
Honneur de S. Lambert, 67.
Honneur du T. S. Sacrement, 57.
Honneurs funèbres rendus :
 à M. de Goër, 372. — à M. Dumont, 506. — à M. Jamar, 511. — au F∴ Saint-Martin, 387. — aux F∴ Debols, de Chestret, 381.
Horae beatae Mariae, 152.
Horae diurnae, 231, 256, 203.
Horariae preces, 9.
Hore beate Marie, 541.
Horticulture, 97.
Hospices civils, 528, 535.
Hospices de Liége. Rapports, 530.
Hubert Lem bourgeois, 284.
Huict questions, 204.
Humble remontrance, 318.
Humble supplique, 624.
Humillima :
 ac constantissima inhaesio, 298. — ad seriem facti additio, 265. — brevis series, 264. — deductio, 213, 218. — duplica, 168. — explanatio, 218. — expositio, 216, 263. — informatio, 211. — species, 208, 224.
Humillimae causae, 231.
Humillimum memoriale, 240.
Hypocrisie démasquée (l'), 260.

I

Idée sommaire, 335.
Idée véridique, 265.
Idées générales, 259.
Ignis fatuus, 439.
Illustrissimo Joanni Ludovico d'Elderen, 158.
Illustrissimo Paulo Joanni a Groesbeeck, 105.
Imitation de Jésus-Christ. Voy. Kempis (Thomas à).
Imitation de la Sainte Vierge, 230.

Imperialis territorii .. de Fléron .. contestatio, 136.
Impossible ou M. Sainte-Beuve, 623.
Impromptu liégeois (l'), 305.
In nomine Domini, 58, 72.
In obitum Joannis Ludovici, 163.
In obitum .. Joannis de Merode, 74.
In pago dicto Reympst ..., 21.
In vino veritas, 625.
Inauguration de l'Institut, 486.
Incipiunt hore beate Marie, 7.
Incipit de S. Servatio legenda, 539.
Incunabula ecclesiae, 152.
Index librorum, 3, 21, 202.
Indicateur (l'), 282.
Indicateur de Spa (l'), 637.
Indicateur liégeois (l'), 445.
Indicateur national (l'), 419.
Indices opinationum, 573.
Indictio universalis jubilaei, 248.
Indiculus universalis, 183.
Indifférent et véritable Liégeois (l'), 76.
Indulgences concédées, 22.
Indulgences .. confrérie de S. Hubert, 72.
Industrie (l'), 413.
Industrie des chemins de fer, 432.
Industriel de Verviers (l'), 617.
Infamie des ivrognes, 151.
Informatio historica, 45.
Informatio in causis, 192.
Informatio juris et facti, 125.
Informatio .. Léonard contra Massillon, 141.
Information :
330. — à LL. Hautes Puissances, 226, — à Mgrs les états, 317. — au peuple, 333 — au public, 256. — au sujet des 14 commis, 281. — de ce qui s'est passé, 226. — des seigneurs échevins, 281. — du conseil, 331. — du fait, 145, 169. — du libelle, 198. — du magistrat, 329. — ou abrégé, 205. — ou précis, 315. — plaintes, 136. — pour la noble cité, 138. — pour le chapitre, 195. — pour le clergé, 169. — pour les ecclésiastiques, 212. — pour les XXXII métiers, 138. — pour Mgr l'évêque, 228. — Si entre ceux, 245. — touchant le jugement, 169. — très humble, 256, 264, 318. — ultérieure, 249.
Informations prises, 107.
Infortunes (des), 593.
Injuste locataire (l'), 188.
Injustice évidente, 136.
Innocence, il est vrai (l'), 251.
Innocentius PP. X, 90.
Inquisition à Rome (l'), 458.
Inscription en faux, 160.
Instantia in congregatione, 212.
Institut des hermites, 201.
Institut royal des sourds-muets, 390.
Institutio seminarii, 10.

Institution de la confrérie, 132.
Institution de l'enseignement, 610.
Institution, .. des confrères, 75.
Institution d'une société de dames, 376.
Instructio et decreta, 26.
Instructio pro confessariis, 46.
Instruction :
aux catholiques, 600. — aux petits enfans, 9. — des petits enfants, 77. — du commerce, 221. — du général Kléber, 348. — familière, 211, 339. — pastorale, 585. — pour administrer, 179. — pour le premier grade, 376. — pour l'exécution, 377 — pour les jeunes filles, 266. — pour les receveurs, 339. — prières, 402. — sur la mort, 461. — sur le cadastre, 376. — sur le nouveau mode, 353. — sur le service, 530.
Instructions chrétiennes, 123.
Instructions et prières, 271.
Instructions familières, 488.
Instrument de la paix, 137.
Instrumentum appellationis, 102.
Instrumentum et secula, 57.
Instrumentum .. pro parte decani, 239.
Integra et sincera recapitulatio, 254.
Interdiction du tribunal, 811.
Interest que S. A. S. (l'), 107.
Intermède (l'), 533.
Intitulé des actes, 352.
Introduction à la géographie, 266.
Introduction à la langue grecque, 266.
Introduction aux exercices, 180.
Invitation, 456.
Invocation de S. Roch, 63.
Invocation de S⁰ Barbe, 70.
Istoc sanctae reliquiae, 21.
Iterata humillima petitio, 563.

J

Jaloux d'Estramadure (le), 190.
Jardinet des délices, 39.
Jardinier portatif (le), 275.
Jardinier prévoyant (le), 278.
Je Charles François Rossius, 232.
Je me suis trompé, 598.
Jésuite à tout faire (le), 180.
Jésuites condamnés (les), 434.
Jésuites, l'enseignement (les), 494.
Jésuitisme à Verviers (le), 620.
Jésus-Christ languissant, 191.
Jeunesse huytoise (la), 63.
Jeux de Spa, 629, 634.
Jolie Liégeoise (la), 615.
Jonction belge, 524, 636.
Jour évangélique (le), 179.
Journal :
agricole, 624. — belge des conseils de fabrique, 443. — d'annonces, 634. — de ce qui

c'est passé, 590. — de Huy, 643. — de la maladie, 203. — de la province, 343 — de la Société agricole, 480. — de l'assemblée, 324. — de Liége, 342, 344. — de l'instruction, 623. — de littérature, 339. — de Seraing, 470. — de Spa, 624, 633. — de Stavelot, 408. — de Verviers, 610. — des campagnes du roi, 247. — des étudiants, 536. — des résolutions, 324. — des séances, 324. — des travailleurs, 615. — du département, 342. — du siége, 90, 569. — encyclopédique, 257. — fidèle, 569. — Franklin, 536. — général, 307. — grammatical, 402. — hebdomadaire, 314. — historique, 280, 282. — patriotique, 324. — politique, 342.
Journey, 580.
Joyeux calendrier (le), 474.
Jubilé :
   anniversaire, 644. — de cent ans, 243. — de Hasselt, 629. — de mil ans, 166. — de 1855, 502. — monstre, 624. — de six cent ans, 459. — universel, 250, 276.
Jubileum solemnissimum, 186.
Jubileum universale, 56, 84.
Judicia S. facultatis, 172.
Judicium latum, 110.
Jugement arbitral, 482.
Jugement d'un grand nombre, 182.
Jugement d'un protestant, 277.
Jugement .. entre la dame Boos-Waldeck, 374.
Jugement inquisitorial, 354.
Jugement rendu par le tribunal, 364, 378.
Jura praepositi, 102.
Jura sacri Romanii imperii, 42.
Juris et facti scriptum, 146.
Jurisconsultatio, 174.
Jurisprudence de la cour d'appel, 420.
Jurium .. principis Leodiensis assertio, 578.
Jus Belgarum, 68.
Jus ecclesiae, 532.
Justa funeralia, 47.
Justice des armes, 69.
Justificatio beneficiatorum, 272.
Justification :
   de la conduite, 169. — de la doctrine, 178. — de la sentence, 182. — de la rétorsion, 71. — de MM. les députés, 146. — de MM. les mayeurs, 149. — du chapitre, 252. — du contenu, 48. — et information, 203 — pour les bourguemaîtres, 236.

K

Kind Maria (das), 625.
Kinderlyke Liefde, 530.
Klein hemelsch Paradys, 610.
Kort begryp des levens, 607.
Kort begryp van het vonnis, 590.
Kort begryp van 't leven, 604.
Kort verhael der processen, 194.

Kort verhael van de leven, 611.
Kurze Uebersicht, 593.

L

Luctus introitus, 554.
Lamberti Lombardi vita, 549.
Lambertiade, 560.
Lamberto Vondenbrouck, 402.
Lampel, 384, 386.
Lapis Lydius, 97.
Lapsus primi parentis, 214.
Laure et Rose, 610.
Laus Deo, 99, 104.
Leben des heiligen Hubertus, 576.
Lectures choisies, 479, 497.
Lectures graduées, 497.
Leges et statuta, 229.
Leges studiosorum, 88.
Legia Romanae ecclesiae filia, 119.
Leo Verospius juris doctor, 94.
Leodiensis clausurae, 169.
Leodiensis facti series, 211.
Leodien. immunitatis, 583.
Leodiensis residentiae, 103.
Léopold Guillaume, archiduc, 91.
Les voilà. Décret oral, 317.
Lettre :
   à l'ex-Jésuite Feller, 593. — à MM. les curés, 595. — à Monsieur ***, 175. — à M. l'abbé ***, 170. — à M. l'abbé de F., 307. — à M. G. W. d'Othée, 276. — à S. A. de Cologne, 193. — à S. A. le prince-évêque, 315. — à un ami, 267. — à un père, 355. — à une dame, 204. — adressée à Étienne Tatueur, 214. — adressée par quelques notables, 326. — au pape Jules III, 402. — au pape Pie VI, 354. — au père Cyprien, 168. — au R. P. Bonaventure, 244. — au sujet d'une brochure, 293. — aux électeurs, 535. — critique, 223. — d'Alcibiade, 269. — de Barlin, 325. — de l'abbé Le Blanc, 173. — de l'abbé S***, 579. — de l'archevêque de Rheims, 241. — de la Société des amis, 338. — de l'église de Liége, 553. — de l'évêque de Liége, 604, 605. — de l'évêque de Marseille, 212. — de l'évêque de Méaux, 171. — de Mgr. le nonce, 359. — de Monsieur B***, 267. — de M. de R., 594. — de M. l'avocat D., 169. — de M. le cardinal de Rissy, 214. — de Monsieur T., 228, 579. — de MM. les docteurs, 257. — de réprimande, 574. — de S. A. C., 598. — de S. M. le roi, 329. — des bourguemaîtres, 64. — des trois états, 337. — du cardinal d'Alsace, 222. — du citoyen, 252. — du commissaire, 354. — du haut-directoire, 326. — d'un avocat, 242, 572, 584. — d'un bourgeois, 64, 127. — d'un citoyen, 509. — d'un curé, 184, 354. — d'un ecclésiastique, 170, 178, 191. — d'un électeur, 467. — d'un gentilhomme,

117, 123. — d'un habitant, 315. — d'un homme mourant, 113. — d'un impartial, 357. — d'un Liégeois, 339. — d'un notable, 383. — d'un patriote, 311. — d'un père, 506. — d'un prêtre, 353, 428. — d'un Rémois, 286. — d'un vicaire, 335. — d'un voyageur, 314. — d'une personne, 218. — échappée, 312. — écrite, 150, 237. — encyclique, 414, 605. — escrite, 93, 114. — et remontrance, 149. — informatoire, 266. — K. à M. de Feller, 598. — pastorale, 211, 218, 271, 339, 345, 364. — qui contient, 153. — relative, 363. — sur l'ancienne discipline, 205.

Lettres :
à l'auteur, 317. — adressées, 390. — contre les immunités, 319. — d'attestations, 114. — de diverses personnes, 596. — de Léandre, 614. — de N. S. P., 301. — d'indulgences, 1. — du pape Clément XIV, 287. — d'un chanoine, 335. — d'un gentilhomme, 164. — d'un solitaire, 304. — exécutoires, 129. — maçonniques, 285. — théologiques, 135. — sur divers points, 247.

Leven van de heilighe Christina, 29.
Leven van den H. Amandus, 578.
Leven van den H. Hubertus, 568, 570.
Leven van Jacobus Pierlot, 311.
Leven van sint Amand, 618.
Levita Dei Laurentius, 49.
Libellus supplex pro capitulo, 116.
Libellus supplex pro parte cleri, 86.
Libellus supplex serenissimo principi, 61.
Liber ordinarius, 540.
Liber sanctæ ecclesiæ, 547.
Libéral (le), 533.
Libéral liégeois (le), 459, 533.
Liberloquium, 87.
Liberté de l'enseignement (la), 496.
Liberté juge de l'aristocratie (la), 343.
Lied op het zesde eeuw-fest, 460.
Liégeois (le), 527.
Liégeois plaintif (le), 135.
Liégeois reveillé (le), 60.
Liégeois vengez (lees), 229.
Ligeol égagy (li), 258.
Limbourg illustré (le), 597.
Lis spirituel, 47.
Liste :
chronologique des édits, 626, 637. — des biens, 561. — des dons, 331. — des électeurs, 428. — des étrangers, 266. — des membres, 478. — des seigneurs, 266. — des tableaux, 269. — générale, 27, 334. — ou tableau, 334.

Litaniæ B. Rochi, 59.
Litanies de la révolution, 342.
Litanies tirées de l'Ecriture, 239.
Littera ab episcopo Leodiensi, 209.
Litteræ apostolicæ, 245.
Litteræ ecclesiasticæ, 185.
Litteræ executoriales, 136.
Litteræ serenissimi episcopi, 86.
Litteræ scriptæ à cardinale, 163.
Litterarum studiosus, 59.

Livre :
à la mode, 262. — de la confrérie, 584. — de lecture, 427, 505. — de piété, 191. — de Tobie, 258. — des quatre couleurs, 263. — pour apprendre à lire, 259. — pour les amis de Dieu, 393.

Livret de la confrérie, 241.
Livret du chrestien, 78.
Livret nouveau, 228.
Locus concilii, 165.
Loge de l'Indivisible, 369.
Logion, 391.
Logique et morale, 345.
Logogriphe, 483.
Loi communale, 422.
Loi électorale, 411.
Loi provinciale, 422.
Loi sur la garde civique, 474.
Loi sur le droit de succession, 386.
Loi sur l'enseignement, 420.
Loi sur les mines, 377.
Lots et pièces, 354.
Loix, statuts de Stavelot, 31.
Loix, statuts et ordonnances, 10.
Louis, par la grâce de Dieu, 91.
Ludus melothedicus, 288.
Luik en het feest, 460.
Lunette astronomique (la), 219, 241.
Luttich und der frohn Leichnams-fest, 460.

M

Ma Révérende Mère, 247.
Machines d'épuisement, 534.
Machine locomobile, 534.
Mademoiselle de Benonville, 153.
Magasin des modes, 307.
Magistrat, juré et conseil (le), 81.
Maintien des paix, 35.
Maire, président et les membres (le), 349.
Malades du tems (les), 345.
Mandatum :
ad scabinatum, 163. — apostolicum, 285. — attentatæ translationis, 76. — cæsareum, 59, 285. — cassatorium, 134, 284, 290. — de amovendo, 216. — de exequendo, 125. — de lite, 150. — executoriale, 150. — Georgii episcopi, 4. — immissorium, 119. — in causa, 256. — respective cassatorium, 293. — sacræ Rotæ, 190. — sine clausula, 172, 270. — ulterius, 172.

Mandement :
badin, 200. — cassatoire, 258, 267, 285, 295, 299. — de foule, 254. — de Joseph II, 309. — de l'évêque de Marseille, 212. — de ne point

troubler, 195. — de ne point susciter, 205. — de S. E. le cardinal, 363. — des seigneurs XXII, 57. — du cardinal de Noailles, 213, 221. — et règlement, 240. premier, 309. — sine clausula, 318.

Mond'min d'karemme, 443.

Mandements (des princes-évêques). Voy. Ordonnances.

Mandements, lettres pastorales, 483.

Manière très-dévote, 122.

Manifest der vereenigde Nederlanden, 509.

Manifeste :
de quelques princes, 569. — des avocats, 172. — des droits, 50. — du duché, 594. — en faveur de L. Zutman, 80. — et raisons, 198. — Le Seigneur de Pays, 204. — où l'on expose, 235. — pour G. Dublen, 229. — pour le ministère, 200. — visitation, 229.

Manteau (le), 582.

Mantissa celebrium scriptorum, 148.

Manuale cantorum, 378, 498.

Manuale ecclesiasticum, 569.

Manuale pastorum, 140.

Manuale sodalitatis, 43, 241.

Manuel :
de dévotion, 502. — de la confrairie, 35. — de l'agent de police, 35. — de l'archisodalité, 36. — de la Sainte-Enfance, 492. — de la sodalité, 36. — de l'histoire, 435. — de piété, 524. — de quelques circonstances, 430. — des adorateurs, 461. — des assemblées, 353. — des comptables, 394. — d'escrime, 474. — des négociants, 392. — des religieuses, 475. — d'histoire, 512. — du chasseur, 465. — du contrôleur, 386. — du fermier, 532. — du républicain, 344. — du sous-officier, 367. — du tiers-ordre, 116. — électoral, 406, 408. — élémentaire, 513. — pratique, 415.

Manufacture liégeoise, 531.

Maréchal de Boufflers (le), 166.

Mariae Virgini conceptae, 105.

Mars à la mode (le), 123.

Martirologe (le), 341.

Martyr de la neutralité, 76.

Martyre de Marie Antoinette (le), 347.

Martyre glorieux, 126.

Martyrologe romain, 56.

Mathieu Laensberg, gazette, 395.

Mathieu Lansberg journaliste, 395.

Matinées liégeoises (les), 291.

Médisance (la), 107.

Méditations, 167.

Mélanges, 514.

Mélanges politiques, 411.

Mémoire :
à consulter, 447. — à MM. les membres, 498. — à MM. les présidents, 494. — à S. M. Léopold, 437. — adressé à la chambre, 422. — adressé à la régence, 418. — adressé à Sa Majesté, 396, 597. — adressé aux seize chambres, 278. — adressé par les habitants, 446. — aux États-Unis, 384. — contenant les motifs, 316. — contre les magistrats, 256. — de la communauté, 326. — démonstratif, 581. — des habitants, 326. — des intrigues, 198. — des maîtres, 315, 318. — des raisons, 175. — en cause, 306. — et protestation, 142. — historique, 562. — important, 259. — informatoire, 250, 254. — instructif, 593. — ou réplique, 422.

Mémoire pour :
Argenteau (d'), 366, 607. — Baré (de), 413. — Beaufin, 373. — bourgmestres de Saint-Trond, 285. — bureau de bienfaisance, 373. — Clercx (de), 382. — Commerce (le), 396. — Coster (le sieur), 303. — Dellecroyer, 380. — Delloye, 284. — Desandrouin, 389. — Domaine belge, 437. — Douccet (de), 381. — État de la noblesse (l'), 295. — Faverceu (de), 490. — Fréron (de), 309. — Gavre (de), 607. — Geyr (de), 377. — Goeswin (de), 378. — B. Halliot, 370, 371. — Hauzeur, 372. — Heusy (de), 290. — houillière du Gosson (la), 373. — Jacquemart, 257. — Lannoy (de), 372, 373. — La Marck (de), 377. — Libert, 363. — Limborgh (de), 256. — Lombard, 364. — Looz (de), 586, 587, 603, 614. — Méan (de), 371. — Mercy (de), 373. — Michel, 320. — Monens, 315. — Montrichard (de), 371. — Nagan (de), 336. — Planchar, 373. — Potesta (de), 466. — prieurés du Béguinage (les), 362. — Prion, 434. — religieux bénédictins (les), 279. — Rinlio (de), 253. — Rolly, 413. — Rossius (de), 364. — Stockhem (de), 377, 435. — Sociétés privilégiées (les), 309. — Université de Louvain, 175. — Ursel (d'), 499. — Vanderheyden, 354. — Zoluski (de), 377.

Mémoire :
présenté à Mgrs les états, 303. — présenté à S. A., 234. — présenté au conseil, 425. — présenté au gouvernement, 462. — présenté par J. Renard, 321. — relatif à deux prix, 293. — sur la fécondation, 490. — sur la question, 592. — sur la requête, 212. — sur la révélation, 404, — sur la station, 482. — sur le choléra, 415, — sur le despotisme, 586. — sur le projet, 384. — sur les houillères, 609. — touchant le nouveau différent, 235.

Mémoires :
de l'académie de Troyes, 212. — de la senora Pepita, 500. — de la Société d'émulation, 517. — de la Société des sciences, 445. — de Mme de Pompadour, 272. — de nos jours, 243. — du chevalier de Ravanne, 537. — lus à la séance, 301. — pour servir à l'histoire de la barbe, 285. — pour servir à l'histoire de Liége, 308.

Mémorable combat (le), 296.

Mémorial administratif, 362.

Mémorial d'artillerie, 432.

Mémorial de Spa, 637.

— 702 —

Mémorial belge, 509.
Mémorial des instituteurs, 464.
Memoriale humillimum, 228.
Memoriale statuum, 180.
Mensis eucharisticus, 280.
Mera recapitulatio, 235.
Mercure du Parnasse (le), 178.
Mercure du royaume des Pays-Bas, 383.
Mercure historique, 270.
Mercure postillon, 116.
Mercure surveillant (le), 384.
Mère de Jésus (la), 78.
Merveilles de la glorieuse Vierge Marie, 142.
Merveilles de Rome, 46.
Messager français (le), 344.
Messeigneurs les abbez, 91.
Messeigneurs les états, 236.
Messeigneurs les prévôt, 288.
Messieurs,
   A suivre les idées, 240. – Ce n'est pas, 240. – de la souveraine cour, 203. – du chapitre, 76. – Entre toutes les difficultés, 239. – La lettre, 240 – La triste situation, 215. – les bourguemaistres, 73, 186, 200, 257, 310. – les composans, 192. – les représentants, 318. – Nous avons vu, 239. – Nous aurions tort, 240. – Quelque nous osions, 240. – S. A. a receu, 147.
Metaphysica, 384.
Méthode élémentaire, 465.
Méthode pacifique, 222.
Méthode pour apprendre à lire, 392.
Méthode pour servir la messe, 416.
Meuse (la), 503.
Microscope (le), 257.
Militaire (le), 294.
Mines, Caisse, 431.
Ministère de l'intérieur. Restauration, 620.
Ministère et le clergé (le), 626.
Ministre des finances (le), 352.
Miracle fait par le R. P. Ignace, 555.
Miracle très notable, 52.
Miroir des abbés, 324.
Miroir des dames, 129.
Miroir des vertus, 63.
Miroir d'une âme, 173.
Miroir pour les personnes colères, 154.
Missa pro defunctis, 586.
Missale novae, 191.
Missale itinerantium, 544.
Missale Leodiense, 539, 540, 541, 542, 543, 544, 545, 546, 548.
Missale Romanum, 5, 272.
Missel romain, 277.
Mitraille (la), 530.
Modèle de mandement, 317.
Modèle et patron, 84.
Modèles d'une vie (les), 475.
Modération des articles, 102.

Modi sine modo, satyra, 88.
Mois de novembre (le), 480.
Molinismus profligatus, 205.
Mon cousin Gilles, 615.
Monita de excellentia, 275.
Moniteur des familles, 449.
Monitorium super manutentione, 176.
Monseigneur. Les états primaire et noble, 221.
M. Ernst condamné, 604.
Monsieur. Je ne puis obmettre, 65.
M. le duc de Looz réfuté, 598.
Monsieur le rhingrave, 321.
Mont de piété, 34.
Monuments du patriotisme, 324.
Morale relâchée, 178.
Morceaux choisis, 516.
Morceaux échappés, 596.
Motif de droit, 175, 203, 243.
Motif de la sentence, 264.
Motifs :
   à l'appui, 437. – d'assister, 191. – d'attention, 247. – de la sentence, 252, 270, 283. – détaillés, 599. – en cause, 311. – pour croire, 212. – pour la paix, 136. – pour les religieuses, 247. – qui ont porté, 199, 254. – tirés du fait, 225. – très-puissants, 191.
Motiva et rationes, 88.
Motiva quorumdam pastorum, 602.
Motivum juris, 198, 199, 207, 256.
Mouvement flamand (le), 307.
Moyen de se sanctifier, 191.
Moyens de soulager, 281.
Moyens et conditions, 94, 107, 108.
Musae Leodienses, 259.

N

Narrativa practicatorum, 146.
Ne jugez de l'avis, 310.
Nécessité de la dérivation, 450.
Nécessité d'une station, 447.
Négociant du Pays-Bas (le), 306.
Négocié de la cité, 64.
Négocié d'entre S. Exc. le comte de Lewenstein, 64.
Nemesis Karulina, 174.
Neue Zeitung, 557.
Neutralité de la principauté, 69.
Neuvaine en l'honneur de la T. S. Vierge, 267.
Nieuw treurspel ende vertoogh, 100.
Noble chevalerie (la), 94.
Nobili.. G. A. Metmanno, 99.
Nobiliaire du duché de Lorraine, 264.
Nobilibus . J. R. de Lantremange, 283.
Nomenclator idiotismi, 122.
Nomenclature, 421.
Nomina, cognomina canonicorum, 557.

— 703 —

Ness et Pató, 456.
Notae aliquot pro universitate, 583.
Notae in vindicias, 102.
Note aux citoyens, 324.
Note des seigneurs bourgmestres, 315.
Note sur le traitement, 477.
Notes et remarques, 232.
Notes historiques, 504.
Notger (le), 445.
Notice :
  historique, 406, 446, 617, 630. — pour servir à l'histoire, 304. — sur H. Delloye, 476. — sur J. C. Delvaux, 531. — sur H. Guillery, 625. — sur l'abbé de Feller, 364. — sur la R. M. Joseph de Jésus, 473. — sur la société ouvrière, 517. — sur la ville de Limbourg, 524. — sur l'école des arts, 629. — sur le docteur Sauveur, 428. — sur le R. P. Lacordaire, 466. — sur J. F. Lemaitre, 492. — sur le revolver, 509. — sur l'Université, 390, 437. — sur H. J. P. Neef, 522. — sur A. Pirquet, 504. — sur P. Pirquet, 504. — sur sainte Julienne, 624.
Notions de chimie, 480.
Nous doyen et chapitre, 77, 91, 133.
Nous Guillaume Natalis, 133.
Nous Joseph Second, 326.
Nous les eschevins ..., 185.
Nous vice-doyen et chapitre, 81.
Nouveau :
  almanach, 583. — battoir, 269. — calendrier, 588. — choix, 485. — collège, 446. —épitome, 29. — journal, 314. — projet, 524. — récit, 41. — recueil, 193, 402. — règlement, 206, 279, 364, 444. — tableau, 589. — tarif, 387, 414, 427. — testament, 43. — trésor, 280. — triomphe, 313.
Nouveaux tarifs, 386.
Nouvel avis, 355.
Nouvelle (la), 536.
Nouvelle correspondance ou choix, 593.
Nouvelle correspondance littéraire, 323.
Nouvelle déduction, 175.
Nouvelle division, 361.
Nouvelle marche, 497.
Nouvelle rédaction, 406.
Nouvelles du jour, 470.
Nouvelles facéties, 438.
Nouvelles observations, 354, 596.
Nouvelles pièces, 340.
Nouvelliste de Spa, 628.
Nouvelliste de Verviers, 614.
Nouvelliste impartial (le), 320.
Nova collectio synodorum, 302.
Novell collection, 443.
Novelle chanson di danse, 83.
Nullites et injustitia, 53.
Nullitez et injustices, 71.
Numismatique (la), 479.

O

O face de mon Sauveur, 60.
Obligations des parens, 74.
Obligations réciproques, 60.
Observateur hollandois (l'), 259.
Observateur médical (l'), 403.
Observateur sévère (l'), 355.
Observation sur un plan, 301.
Observationes in epistolam, 150.
Observations :
  à présenter, 324. — amicales, 596. — concernant le projet, 474. — d'un habitant, 596. — d'un laïc, 357. — faites, 337, 354. — finales, 366. — philosophiques, 278. — préliminaires, 508. — présentées, 462. — rapides, 596. — sommaires, 211. — sur l'arrêt, 470. — sur l'article, 589. — sur le mémoire, 295. — sur le projet, 359. — sur le rapport, 412. — sur les jeux, 315. — sur les maladies, 242. — sur les Notes, 299. — sur les timbres, 494.
Octava perpetua S. Trudonis, 510.
Ode à LL. AA. RR., 597.
Ode à Mgr l'évêque, 618.
Ode à .. Rosalie de Moyen, 275.
Ode à S. A. Mgr d'Oultremont, 266, 268.
Ode in laudem comitis d'Oultremont, 266.
Œuvre de la Sainte Enfance, 466.
Œuvres diverses de T., 366.
Office commercial (l'), 530.
Office de l'adoration, 271.
Officia divina, 197.
Officia festorum, 35, 70.
Officia nova, 124.
Officia propria ecclesiae, 122.
Officia propria sanctorum, 70, 128, 369, 412.
Officium defunctorum, 35.
Officium parvum, 179.
Ombre de M. Thiers (l'), 200.
Omnibus (l'), 533.
On sermon, 491.
Onbevlekte ontvangenis (de), 630.
Ongehoorde wreetheyt, 584.
Onverwinnelycke kloekmoedigheyt (de), 580.
Oorspronck van de ruine (den), 153.
Opinion de quelques journaux, 407.
Opinion du diable, 466.
Opkomste der Nederlantsche beroerten, 73.
Opus morale, 80.
Opusculum de vita sacerdotum, 2.
Oraison funèbre :
  de G. de Liverlo, 115. — de Marie-Antoinette, 346. — de Maximilien de Bavière 156. — du duc de Lorraine, 207. — prononcée, 235.
Orateur français, 126.
Oratio ad finem synodi, 8.
Orationes libro extractae, 263.
Oratoire des Annonciades (l'), 154.

Ordinarius ecclesie Leodiensis, 543.
Ordinationes per patriam, 152.
Ords divina officii, 319.
Ordonnance :
  de la monnoye, 38. — de l'empereur, 590.
  — de S. M. I., 195. — des échevins, 339. —
  des seigneurs Vingt-Deux, 317. — du conseil, 198. — et confirmation, 164.
Ordonnances (des évêques de Liége), 1, 11,
  19, 21, 28, 42, 46, 50, 63, 68, 72, 76, 81, 82,
  86, 90, 91, 92, 93, 94, 99, 107, 131, 136,
  153, 173, 186, 187, 211, 214, 216, 226, 231,
  232, 245, 243, 245, 247, 250, 252, 254, 256,
  258, 260, 261, 262, 265, 270, 276, 279, 281,
  283, 303, 316, 320, 330, 359, 368, 372, 606.
Ordonnances :
  du mestier, 60, 136. — et conditions, 152.
  — et statuts, 653. — sur le règlement, 138.
Ordre (l'), 175.
Ordre de la marche, 286.
Orfanella (l'), 515.
Organe d'Huy (l'), 623.
Organisation des écoles, 616.
Organisation générale, 366.
Orientis soll. S. Francisco Xaverio, 33.
Originaire approbation, 36.
Original multiplié (l'), 201.
Origine de la famille Bonaparte, 512.
Origine de la maçonnerie, 313.
Origine et antiquité, 368.
Origine et progrès, 263.
Origine et règle, 232.
Orphée (l'), 282.
Orphée et Grétry, 404.
Otto derden Kayser, 180.
Oude caerte der stadt Maestricht (de), 570.
Ouvrier (l'), 470.

P

Pain quotidien (le), 100.
Paix (la), 515.
Paix de l'exhe (la), 313.
Paix de Tongre (la), 76.
Paix publiée au péron, 64, 149, 563.
Palâ Gotale (li), 512.
Pandore liégeoise (la), 421.
Panegyricus, 48.
Panegyris, 81.
Par devant messeigneurs, 46.
Par privilége du Roi, 278.
Par une lettre, 389.
Parabole, 187.
Paracletus misericordiae, 56.
Parallèle abrégé, 217.
Parallèle de l'acte, 211.
Parallèle de l'heureuse révolution, 596.
Parallèle des expressions, 212.
Parallèle entre le capucin et l'avocat, 305.

Paranymphe eucharistique, 149.
Paraphrase sur le second psaume, 191.
Paraphrase tirée de l'Écriture, 198.
Pardons de l'emplexe S. Martin, 1.
Parfait cocher (le), 291.
Parochiale, 10, 65, 161, 182.
Parodie de l'oriette, 338.
Partoire de l'âme (le), 557.
Particulae, 573.
Particulardez (les), 569.
Partie seconde de la débauche, 47.
Paskaye mémoriale, 203.
Paskaye récitée, 210.
Paskeie so Mayence, 274.
Paskeye so nouvelle komette, 447.
Pasquée critique et colotomne, 227, 650.
Passé récent, 508.
Passe-temps (le), 536.
Patentes ratione, 198.
Paulus furiens, 579.
Peintres de Liége (les), 511.
Pèlerinage à N.-D., 439.
Pensées diverses, 603.
Pensées d'un abbé, 488.
Pensées et affections, 207.
Perillustri.. Michaeli Clerex, 229.
Perillustri D. Paulo Joanni de Groisbeeck, 52.
Perillustri.. D. Benedicto Loschio, 92.
Perillustri.. Ferdinando de Merode, 78.
Périls et lenteurs, 437.
Perroquet de Spa (le), 308.
Perspectives des fontaines, 580.
Petit :
  almanach, 173, 351. — bouqué, 5. — calen-
  drier, 320. — catéchisme, 416, 434. — code,
  412. — exercice, 38. — livre, 326. — ma-
  nuel, 411. — miroir, 49. — secrétaire, 312.
  — vocabulaire, 389, 392.
Petite arithmétique, 38, 161.
Petite response, 439.
Petite théologie, 629.
Petites actualités, 441.
Petites affiches, 355, 470.
Pétition :
  à la chambre, 462. — à la Représentation,
  454. — adressée, 524. — contre l'augmen-
  tation, 498.   de MM. les bateliers, 437. —
  de plusieurs jacobins, 601. — des habitants,
  437, 441, 454. — présentée, 412.
Petits exercices, 35.
Petits maîtres (les), 227.
Petits sermons, 466.
Peuple (le), 475.
Peuple liégeois (le), 536.
Pharmacopoea, 288.
Philippi II edictum, 4.
Phrases elegantiae poeticae, 13.
Piarum Institutionum libri tres, 8.
Pie IX, 520.

Pièces curieuses, 127.
Pièces et extraits, 605.
Pièces justificatives, 349.
Pièces pour servir au procés, 134.
Piété du peuple, 75.
Pieux souvenirs, 502.
Pigeon (le), 628.
Pile du pont (la), 483.
Placards (des princes évêques). Voy. Ordonnances.
Plaidoyers du ch(..), 180.
Plainte de Liége, 126.
Plainte présentée à Mgrs, 311.
Plainte présentée .. par P. Redouté, 317.
Plaintes et doléances, 596.
Plan de la Société d'émulation, 293.
Plan de municipalité, 330.
Plan de souscription, 323.
Plan d'un cours d'études, 493.
Plan sommaire, 420.
Planimètre, 164.
Playe sanglante (la), 43.
Pleni processus .. Liverlo, 190.
Poema reverendissimo F. A. de Méan, 340.
Poemata domino Mayence, 588.
Poème au sujet du votum, 266.
Poème en quatre chants, 327.
Poèmes enfantins, 525.
Poèmes sur des sujets, 260.
Poésies françaises, 576.
Poëte voyageur (le), 304.
Point de nouveauté, 262.
Points d'office, 315.
Points requis, 199.
Pont des arches (le), 513.
Population et le clergé (la), 428.
Portefeuille de John Cockerill, 514.
Portefeuille de M.. Gourdan (le), 580.
Portrait raccourcy des factions, 72.
Portraits et caractères, 334.
Portraits sérieux, 166.
Postillon (le), 594.
Pour la statue de S. Joseph, 130.
Practique pour honorer, 46.
Praejudicia augustissimo D. Augustini, 51.
Pratique de dévotion, 137.
Pratiques pour devement honorer, 79.
Prayer an devout instructions, 287.
Précepte de l'aumône, 191.
Précis :
    de la cause, 305. — de la constitution, 339, 599. — de la défense, 607. — de la fête, 350. — de la révolution, 347. — de la vie, 265. — de l'heureuse révolution, 325. — de l'origine, 307. — des droits, 585. — des faits, 394. — des plaintes, 309. — du procès, 384. — du procès-verbal, 345. — historique, 599, 611. — pour le dome Lys, 384. — pour le bourgmestre, 320. — pour M. Gotale, 420.

— pour M. Lemarié, 400. — sur l'indulgence, 410.
Prédictions et véritez (les), 571.
Préfecture de l'Ourte, 364.
Préjugez légitimes, 196.
Premier et petit catéchisme, 160.
Premier rapport, 331.
Première lettre, 383.
Premiers desseins (les), 507.
Premiers fondements, 26.
Présentiment de l'apostille, 111.
Presse communale (la), 580.
Prétendue religion réformée (la), 131.
Preuve du droit, 136.
Prière d'un mourant, 272.
Prières :
    à l'usage de la confrérie, 229. — en l'honneur, 140. — et cérémonies, 406, 474, 488. — et pratiques, 157, — prescrites, 322.
Primus pulsus campanae, 567.
Princesse fugitive (la), 115.
Principatus sublimitas, 124.
Printanières, 431.
Prise de Maestricht (la), 560.
Prises d'eau (les), 520.
Prisonnier soulagé (le), 191.
Privilèges de S. Jean l'évangéliste, 157.
Privilèges .. du mestier des massons, 169.
Privilèges et édits, 224.
Privilegia nominationum, 112.
Privilegien .. der stad Hasselt, 577.
Privilegiorum imperialium series, 107.
Pro libertate. Contre-information, 249.
Pro R. D. abbate, 196.
Pro veritate. Traité, 249.
Problème de législation, 343.
Problèmes de géométrie, 464.
Procès de calomnie, 162.
Procès-verbal de la discussion, 359.
Procès-verbal de la séance, 378.
Procès-verbal d'installation, 379.
Procès-verbaux des séances, 624.
Procès-verbaux du Congrès, 522.
Procession (la), 513.
Procession générale, 502.
Procession solennelle, 222.
Processionnale, 106, 115, 234, 264, 385.
Proclamation, 382.
Proclamation au nom du peuple, 599.
Proclamation des commissaires, 344.
Proclamation du conseil, 345.
Profession de la foy, 49.
Prognostic de l'estat de Liége, 15.
Programme :
    de la saison, 617. — de l'école centrale, 356. — des encouragements, 356. — des fêtes, 625. — du grand concert, 369. — du jubilé, 459. — d'un cours, 426. — et projet, 480.
Progymnasia quaedam, 2.

Projet :
    d'association, 382. — de chemin de fer, 408.
    — de constitution, 409. — de construction,
    307. — de la municipalité, 326. — de loi,
    383, 406. — de manifeste, 394. — de recès,
    330. — de règlement, 521. — de vente, 388.
    — des moyens, 320. — d'une lettre, 595. —
    nouveau, 517.
Prologue par Avisé, 266.
Promenades d'un flâneur, 479.
Promenades historiques, 427.
Propagateur (le), 383, 533.
Prophéties et prédictions, 304.
Proposition faite par MM. les bourguemaistres,
    73.
Proposition faite par S. A., 324.
Proposition préliminaire, 163, 237.
Propositions d'arrangement, 332.
Propositions de MM. les bourguemaistres, 64.
Propositions de LL. AA. SS., 332.
Propositions de S. A. C., 660.
Propositions faites aux états, 315.
Prosagoresis, 205.
Prospectus de la vente, 590.
Prospectus d'un miraculeux Saint-Roch, 625.
Prospectus d'un ouvrage, 343.
Prospectus pour l'association, 462.
Protestatio cleri, 86.
Protestatio nenine .. Benedicti XIV, 247.
Protestation :
    contre le règlement, 145. — d'Emmanuel de
    la Tour d'Auvergne, 163. — de Paul de
    Groisbeeck, 91. — de S. A., 190. — des
    insignes églises, 240. — des seigneurs com-
    missaires, 142. — du tribunal, 349. — et
    déclaration, 111. — en conseil, 316. — faite
    pour l'état, 82. — par M. Redouté, 347. —
    passée par le magistrat, 316. — raisonnée,
    163. — ultérieure, 228.
Protestationes perillustris capituli, 79.
Protocolle de la conférence, 64.
Prumire responce de Calottin, 227.
Psalmorum Davidicorum exegesis, 140.
Psalterium, 105.
Psautier, 143.
Publicatio indulgentiarum, 271.
Publication des reliques, 82.
Publication nécessaire, 77.
Publications de la Société d'archéologie, 637.
Publiciste émeu (le), 326.
Puer male moratus, 60.
Pugna inter jus, 261.
Pugna Michaelis, 322.

Q

Quadruplique très-humble, 254.
Quaestiones juris Romani, 307.
Quaestionum concilii solutio, 108.

Quatre fils Aymon (les), 313.
Quelques chansons, 443.
Quelques fleurs, 431.
Quelques motifs, 76.
Quelques mots :
    à M. le rédacteur, 390. — aux rédacteurs,
    347. — en réponse, 454. — sur la brochure,
    547. — sur la charité, 462. — sur la décou-
    verte, 425. — sur l'exposition, 504. — sur
    l'instruction, 438.
Quelques observations de M. Gotale, 423.
Quelques observations sur les souhaits, 395.
Quelques souvenirs, 366.
Question curieuse, 572.
Question des octrois, 478.
Question : les ecclésiastiques, 353.
Questions d'un vicaire, 335.
Questions importantes, 182.
Questions quolibétiques, 54.

R

Racconto dell' elezione, 39.
Raisons :
    de nullité, 155, 169. — des marchands, 214.
    — d'incompétence, 217. — et preuves, 59.
    — représentées, 240. — servies, 48. —
    très-fortes, 73.
Rappel (le), 417.
Rappel des protestants, 154.
Rapport :
    aux états, 332. — comprenant l'histoire, 638.
    — de la chambre, 632. — de MM. les dépu-
    tés, 273. — du comité, 342, 467. — du
    procès, 58. — fait à la Société, 344. — fini
    et conclu, 232. — général, 631. — présenté,
    430. — sur l'administration, 424, 494, 630.
Rationes decisivae, 107, 253.
Ratification, 185.
Réalité du projet, 313.
Récapitulation et élucidation, 115.
Récapitulation résolutive, 257.
Réception mystérieuse, 235.
Recès :
    de la ville de Florennes, 325. — de l'état.
    Voy. En l'assemblée. — de MM. les bourg-
    mestres. Voy. Recès du conseil. — des deux
    clergés, 111. — des sections, 331. — du
    très-illustre chapitre, 308. — passé en
    l'assemblée, 318. — protestatoire, 316. —
    réquisitoire, 311.
Recès du conseil de la cité, 45, 55, 57, 58, 60,
    61, 64, 65, 73, 77, 135, 138, 141, 142, 144,
    145, 147, 152, 184, 192, 196, 243, 258, 283,
    328, 337, 338.
Recessus in S. R. I. comitiis, 580.
Recez fait à Spa, 131.
Recherche des choses, 557.
Recherches et considérations, 261.
Recherches ou essai, 285.

— 707 —

Recherches sur la constitution, 319.
Recherches sur l'ancienne constitution, 507.
Recherches sur l'origine .. des registres, 502.
Récit abrégé, 186.
Récit de deux mois, 385.
Récit de la négociation, 57.
Récit des prétendues preuves, 80.
Récit sincère, 111.
Récit des procédures, 87.
Récit véritable, 123.
Réclamation au *Troubadour*, 349.
Réclamation à la chambre de commerce, 391.
Réclamations de quelques propriétaires, 389.
Réclamations des citoyennes, 327.
Récompense (la), 402.
Récompense de l'homme, 191.
Reconstruction du pont des Arches, 594.
Récréations harmoniques, 257.
Rectification, 536.
Recueil :
  alphabétique, 237. — d'actes, 402. — d'anciennes ordonnances, 404. — de diverses pièces, 569. — de lettres, 322. — de motets, 488. — de noëls, 193, 195, 213, 587. — de pièces, 170, 201. — de prières, 246, 276. — de problèmes, 414. — de quelques barbarismes, 372. — de quelques guérisons, 137. — de *Tantum ergo*, 473. — der recessen, 570. — des actes, 302. — des arrêtés, 350, 430. — des arrêts, 374. — des bulletins, 376. — des charges, 209. — des édits, 589. — des grâces, 114. — des indulgences, 52, 160, 576. — des lois, 354, 356, 405. — des mandements, 284. — des meilleurs contes, 291. — des mesures, 213. — des nouvelles, 173. — des pièces, 364, 462. — des puissantes intercessions, 139. — des recès, 328, 568, 571. — des représentations, 312. — des vers, 398. — en abrégé, 136. — héraldique, 212. — ou récapitulation, 245. — politique, 406. — précieux, 189. — van reglementen, 584.
Redenen seer sterk, 78.
Réflection d'un ignorant, 594.
Réflexion d'un citoyen, 318.
Réflexion d'un liégeois, 595.
Réflexion salutaire, 176.
Réflexions :
  d'un bon Liégeois, 596. — d'un laïc, 334. — d'un Luxembourgeois, 334. — d'un théologien, 170. — d'un vicaire, 346. — et conséquences, 203. — justificatives, 215. — morales, 167, 228. — pour chaque jour, 274. — salutaires, 136. — sur la miséricorde, 179. — sur la réfutation, 254. — sur le décret, 603. — sur l'éducation, 314. — sur le rachat, 418. — sur les affaires, 197. — sur les différents caractères, 203. — sur les testaments, 368. — sur un écrit, 589. — sur un livre, 237. — touchant la querelle, 198. — ultérieures, 354, 596.
Réformations .. du duché de Bouillon, 211.

Réforme (la), 449, 625.
Refrein liégeois (le), 325.
Refus de sépulture, 438.
Refutatio calumniarum, 133.
Refutatio eorum quae contra petitum, 108.
Refutatio per modum, 500.
Réfutation :
  de la remontrance, 222. — de la réplique, 325. — de l'écrit, 163. — de l'information, 256. — des erreurs, 105. — des motifs, 141, 310. — du libelle, 198. — du manifeste, 236. — du mémoire, 235. — d'un avis, 186. — d'un libelle, 133. — d'un livret, 187, 206. — d'une brochure, 250. — par les députés, 263. — pour l'état noble, 295. — très-humble, 249.
Régénération, 325.
Registre pour la répartition, 258.
Réglemens de la R.·. L.·., 376, 610.
Réglemens généraux, 387.
Réglemens .. touchant l'élection, 46.
Règlement :
  additionnel, 394, 579. — adopté, 616. — arrêté, 318. — concernant les chirurgiens, 155. — d'administration, 394, 395. — de la baronnie de Herstal, 210. — de la chambre, 441. — de la confrérie, 191. — de la garde bourgeoise, 614. — de l'an 1682, 145. — de la principauté, 152. — de la R.·. L.·., 385. — de la Société, 184. — de la Société de droit, 413. — de la Société d'émulation, 376. — de la Société des amis de la liberté, 333. — de la Société des volontaires, 481. — de la Société des vrais Liégeois, 511. — de la Société Grétry, 396. — de la Société d'horticulture, 517. — de la Société littéraire, 416. — de la Société musicale, 441. — de la souveraine justice, 142. — de l'association, 473. — de l'école de musique, 406. — de l'institut, 486. — de police, 624. — de vie, 453. — des droits, 223. — des hommes de feu, 271. — des monts de piété, 86. — du collège des médecins, 174. — du conservatoire, 633. — du métier, 962. — du mont de piété, 71. — du nettoyement, 188, 194, 228, 256. — et concordat, 230, 251. — général de houillerie, 592. — général des oblations, 372. — général pour le collège, 582. — militaire, 236. — organique, 385. — portant établissement, 276. — pour la chancellerie, 274. — pour la communauté, 238. — pour la confrérie, 404. — pour la garde nationale, 334. — pour la maison des pauvres, 250. — pour la maison des repenties, 207. — pour la perception, 362, 387, 394. — pour la police, 374. — pour la province de Limbourg, 577. — pour la salle de Carenge, 116. — pour la ville de Huy, 575. — pour la ville de Verviers, 276. — pour le béguinage, 155. — pour le bourg de Spa, 285. — pour le conseil, 249. — pour le corps équestre, 385. — pour le corps militaire, 329. — pour le métier, 215, 229, 251, 283. — pour le service, 409, 431. — pour le transit,

256, — pour les cavaliers, 220. — pour les orfèvres, 163. — pour l'hôpital, 200, 371. — pour l'hospice, 471. — pour l'organisation, 348. — préliminaire, 325. — public, 149. — sur le service, 409. — sur les bâtisses, 437. — sur l'organisation, 386. — touchant la magistrature, 153, 265. — touchant les gardes, 165. — touchant les judicatures, 238. — touchant les juges, 271. — touchant les moulins, 291. — touchant les nettoiemens, 262. — van reformatie, 116.

Règlements de S. M. Catherine II, 290.
Règle de .. S. Augustin, 190.
Règles à observer, 604
Règles de la compagnie, 38.
Règles de la confrérie, 72, 74, 209, 253.
Règles de la congrégation, 578.
Règles de la maison de miséricorde, 193.
Règles des chanoinesses .., 154.
Règles et sommaires, 246.
Règles et statuts, 159.
Règles et usages, 180.
Règles, indulgences, 187.
Règles pour les associés, 239.
Reigle de S. Augustin, 34.
Regulae observandae, 416.
Regulen, privilegien, 573.
Reliques, 588.
Relation :
  authentique, 331. — de ce qui s'est passé, 92, 177, 329, 575. — de la campagne, 243. — de la captivité, 595. — fidelle, 313. — de la vie, 207. — de l'entrée, 205. — des cérémonies, 245. — des événements, 380. — des formalités, 285. — des réjouissances, 241. — du jubilé, 244. — du sixième jubilé, 459. — et circonstance, 311. — véritable, 161, 598.
Religieuse anglaise (la), 74.
Remarque des rencontres, 91.
Remarque préliminaire, 149.
Remarques d'un avocat, 190.
Remarques sur la pacification, 232.
Remarques sur le mandement, 185.
Remarques sur les articles, 365.
Remède pour les Liégeois, 569.
Remise solennelle, 406.
Remoustrance à messieurs du magistrat, 61.
Remonstrance à Messieurs les Liégeois, 144.
Remonstrance des abus, 138.
Remonstrance plaintive, 142.
Remonstrantie by den grave van Warfusée, 560.
Remonstratio et refutatio, 117.
Remonstrance :
  à S. A., 124. — adressée, 199. — des prestres, 160. — du magistrat, 305. — pour L. de Charneux, 141. — pour R. Smith, 258. — sur le mandement, 50. — très-humble, 216, 217, 222, 256, 257, 267, 305, 316.

Remonstrances très-humbles aux seigneurs réviseurs, 310.
Renouvellement de l'alliance, 325.
Renouvellement du règlement, 62.
Rénovation des alliances, 215.
Rénovation magistrale, 274.
Repartie de M. l'abbé de S. Gilles, 225
Repartie du corps de la cité, 57.
Répertoire de l'orateur, 520.
Répertoire méthodique, 521.
Repertorium, 87.
Replica contra responsum, 105.
Réplique :
  à la réponse, 169, 302. — à un imprimé, 146. — au libelle, 250. — de l'auteur, 296. — des amateurs, 573. — des religieux, 227. — en cause, 373. — finale, 208. — justificative, 256. — pour MM. de Rors, 251. — pour M. d'Argenteau, 607. — très humble, 140.
Réponce à la déclaration, 72.
Réponce de M. l'official, 163.
Réponce de quelques bons bourgeois, 145.
Réponse :
  à l'adresse, 595. — à la lettre de M. Bazin, 206. — à la lettre de M. Fabry, 595. — à la lettre pastorale, 409, 615. — à la note, 381. — à la question, 300. — à la réponse, 257. — à l'auteur, 512. — à un bulletin, 266. — au libelle, 160, 208, 222. — au mémoire, 345. — au motif, 171. — aux criailleries, 343. — aux lettres, 267. — aux observations, 455. — de deux docteurs, 157. — de la commission, 467. — de la Société, 498, 499. — de MM. Ancion, 422. — de Mgr. de Furstemberg, 156. — de Mgr. le nonce, 363. — des auteurs, 257. — des chanoines, 227. — des concessionnaires, 504. — des habitants, 408. — du charbonnage, 510. — d'un bon Liégeois, 296. — d'un théologien, 575. — d'un vrai Liégeois, 595. — et déclaration, 180. — informatoire, 259. — pour MM. de Tornaco, 507.
Représentation de la ville, 597.
République française .., 356, 358, 361.
Requeste à Messeigneurs, 199.
Requeste présentée, 164.
Requeste oft versoeck-brief, 59.
Requête à S. A., 323.
Requête présentée, 425.
Réquisitoire du commissaire, 357
Rerum Leodiensium status, 82.
Res judicata, 105, 107.
Res per cardinalem Groisbeeck judicatae, 119.
Rescripta caesarea, 232.
Rescrit de S. M. I, 220.
Résolution de droit, 75.
Résolution de Messieurs les députez, 146.
Résolution décisive, 185.
Résolution des S⁰ assumez, 53.
Résolution du chanoine Gouverneur, 146

Résolution et vœu, 332.
Résolution instructive, 279.
Responce :
à la déclaration, 111. — à la lettre, 80. —
à la protestation, 111. — des ministres, 136.
— du clergé, 87. — du franc Liégeois, 127.
— d'un Liégeois, 127. — pour G. N. d'Othée,
204.
Response :
à la remonstrance, 81. — à la requeste
— à un escrit, 65. — au manifeste, 64 —
aux Lettres, 69. — confutatoire, 56. — de
Paul de Groisbeeck, 91. — du conseil privé,
127. — justificatoire, 56.
Responsio ad dissertationem, 194.
Résumé analytique, 489.
Résumé des faits, 426, 503.
Résumé des plaidoiries, 499.
Résumé pour le comte de Lannoy, 480.
Resveil liégeois, 80.
Rétablissement (le), 347.
Retour au château (le), 322.
Retour de campagne (le), 192.
Retour de la colombe, 44.
Retour des Champs-Élysées, 242.
Retour des Nassau (le), 426.
Réveille matin des alliez (le), 572.
Revenus et charges, 135.
R. P. Aegidii Gabrielis doctrinae examen, 118.
Reverendissimis .. Van der Heyden, 281.
Reverendissimo :
Benedicto de Sinis, 186. — Carolo d'Oultremont, 273. — F. A. de Méan, 346. — Gerardo Sany, 99. — Innocentio à Calata Ietone, 75. — J. A. Philippino, 87. — Remigio Mottuer, 297. — Sigismundo à Ferraria, 251.
Reverendo :
Aemilio d'Oultremont, 84. — Gér. Sani, 49. — Guilielmo Roeventch, 568. — Huberto à Sutendael, 62. — J. A. de Leeroft, 79. — Josepho Navea, 569. — D. Noizet, 89. — Petro Bellamico, 57.
Reverendus .. Joannes à Petraponte, 113.
Révolution belge (la), 613.
Révolution fameuse, 593.
Révolutionnaires de Franchimont (les), 599.
Revue :
belge, 419. — catholique, 445. — de l'administration, 496. — de morale, 404. — de Spa, 624. — de technologie, 501. — médicale, 468. — militaire, 540. — universelle, 509.
Richardet poëme, 277.
Riposte du capitaine Liégeois, 65.
Rituale Leodiense, 162, 300.
Rituale monasticum, 45.
Rituel des capucins, 194.
Ritus sacri, 263.
Ritus servandus, 235.
Roi règne (le), 517.
Roitelet (le), 266

Roman de la cour, 12.
Ronde au triomphe de S. A., 338.
Ronde des gards d'oneur, 338.
Rondeau dedié à Mgrs les bourguemestres, 288.
Rossignol (le), 270.
Roy mal conseillé (le), 55.
Rubricae generales, 275.
Ruche (la), 409.
Rudimenta linguae graecae, 233.
Rues de Madrid (les), 224.
Ruine des maisons de jeux, 532.
Rythmus vitae, miraculorum, 104.

S

Sacra congregatione, 268, 575, 584.
S. fac 'tatis theologicae, 172.
Sacrae litaniae, 27.
Sacrae Rotae Romanae decisiones, 44.
Sacrarium comitatus Namurcensis, 31.
Sacrarium Deiparae V. Mariae, 30.
Sacrarium ecclesiae cathedralis Leod., 29.
Sacrosancti concilii Tridentini canones, 6, 9, 25.
Saint Augustin preschant l'aumône, 191.
Saint déniché (le), 227.
S. Evergiste, évêque, 158.
Saint-Nicolas (la), 593.
Saint Roch, 474.
Sainte Agnès, 126.
Sainte Bible (la), 181.
Sainte communion (la), 576.
Sainte contrérie (la), 389.
Sainte étole (la), 458.
Sainte Euphrosyne, 83.
Salazar liégeois (le), 47.
Salmigondis (le), 471.
Salvus conductus, 319.
Sanctae apostolicae sedis responsa, 416.
Sancti Ignatii .. vitae anacephalaeosis, 40.
Sanctissimi D. N. :
Alexandri IX jubileum, 109. — Benedicti XIII constitutio, 217, 229. — Clementis IX breve, 127. — Clementis XII confirmatio, 188. — Gregorii XVI epistola, 414. — Innocentii XI bulla, 574. — Pii Sexti, 335.
Sanctissimo D. N. .enedicto XIV, 583.
S. D. N. Urbano VIII, 71.
Sanctorale estivi temporis, 541.
S. Maximilianus episcopus, 81.
Sartonière (la), 518.
Scalpel (le), 470.
Scénologie de Liége, 450.
Schauplatz der Welt, 592.
Scriptum juris, 104.
Séance publique, 304.
Sebastianus de la Ruelle, consul, 37.
Seconde lettre, 245.

— 710 —

Seconde réponse, 257.
Secrets de la vie religieuse, 106.
Secundus S. Remacli triumphus, 244.
Selecta heroum spectacula, 179.
Semaine (la), 527.
Semaine sainte (la), 161.
Semonce aux Liégeois, 60.
Send-brief van de Serenissime Infante, 561.
Sentence :
   déclaratoire, 169. — des échevins, 321. — en cause, 303, 309, 310, 311, 321. — prononcée, 338. — publiée, 338, 341. — révisionnelle, 215, 320.
Sententia cameralis, 587.
Sententia in causa, 88.
Sententia rotalis, 276.
Sentimens de l'Écriture, 179.
Sentimens d'un bon patriot, 126.
Sentimens d'un bon voisin, 156.
Sentimens d'un franc Liégeois, 127.
Sentiment du vicariat, 353.
Sentimens d'une âme, 586.
Sentinelle des campagnes, 440.
Sept paroles de Jésus-Christ, 62.
Septem fluviorum certamina, 565.
Septendialis devotio, 164.
Serenissimi .. Benedicti XIV epistola, 248.
Serenissimo .. Joanni Theodoro, 242.
Serenissimo .. Josepho Clementi, 163.
Serenissimo .. Ludovico Antonio, 163.
Serenissimo .. Maximiliano Boiariae duci, 54.
Serenissimo principi Maximiliano, 81.
Series de genealogia, 87.
Series facti, 131, 215.
Series illustrissimorum dominorum, 205.
Serment de haine (le), 363.
Serment de l'évêque, 6.
Serment des gouverneurs, 61.
Sermons, discours, 513.
Séyance de Synode, 447.
Short introduction (a), 287.
Signalement de quelques erreurs, 392.
Signatura gratiae, 583.
Signes effroyables, 559.
Simple avis, 441.
Simple correspondance, 422.
Simples observations, 381.
Simples réflexions, 455.
Sincera facti et seriei, 188.
St-Truydenschen waatzegger (dem), 592.
Sire de Saive (le), 512.
Situation actuelle, 408.
Situation des catholiques, 428.
Six panégyriques, 139.
Société :
   anonyme, 635. — d'agrément, 375. — de chant, 635. — de la renaissance, 490. — d'encouragement, 403. — de St-Vincent de Paul, 473. — des bibliophiles, 530. — des conférences horticoles, 490. — d'horticulture, 410, 624. — d'Orphée, 447, 468, 471, 481. — l'abriotique, 339. - libre d'émulation, 479. — ouvrière, 533. — pour l'encouragement, 431. — Pradellenne, 411. — royale d'horticulture, 448, 528. — Sainte Cécile, 447.
Sociétés d'horticulture, 504.
Sodalis Marianus, 223.
Soirées bruxelloises, 629.
Soirées liégeoises, 291.
Sol in meridie, 565.
Solidarité (la), 495.
Solidarius loquens, 170.
Solution à l'exposé, 317.
Sommaire de la doctrine, 9.
Sommaire de la vie, 38.
Sommaire des indulgences, 72, 79, 196, 265.
S. A. ayant vu le projet, 220.
Son Altesse ayant vu les mémoires, 232.
Son Exc. le chancelier, 194, 199, 202.
Sosipater, 283.
Souffrances des prisonniers, 191.
Soupirs d'Alexis (les), 191.
Souscription, 308.
Souvenir de Mgr l'évêque, 488.
Souvenir du mois de Marie, 439.
Souvenir pieux, 483.
Souvenirs patriotiques, 605.
Souverain tribunal (le), 585.
Species et juris et facti, 122.
Species facti, 153.
Specimen doctrinae, 182.
Spectateur européen (le), 611.
Spectatrice liégeoise (la), 387.
Speculum causae, 218.
Staatschriften, 596.
Stances à Son Altesse, 266, 279.
Stances présentées à M. Desoer, 368.
Statua B. Mariae, 46.
Statue de Beeckman (la), 65.
Status rerum Leodiensium, 51.
Statuta :
   archidiaconalia, 25, 203. - archidiaconatus, 25, 118, 183. - Barcilnonensia, 54. — canonicorum, 248. — consistorialia, 7. — dioecesis, 474, 485. — et ordinationes, 94. — generalia, 96, 221. — ordinis Benedictorum, 559. — synodalia, 539, 540, 541, 543, 546, 547, 552.
Statuts :
   de la banque, 420. — de la Société agricole, 462, 480. — de la Société de la papeterie, 498. — de la Société du Casino, 431, 435. — de la Société du lion belge, 506. — de la Société du passage, 425. — de la Société du pont, 426. — de l'association, 471. — du cercle, 471. — et ordonnances, 4. — et réformations, 29. — et règlements de la R. L., 369, 422. — et règlements militaires, 588.

Statuyten ende ordinantien, 553.
Stile et manière de procéder, 251.
Style et manière de procéder, 588.
Succincta facti species, 138, 168, 265.
Sucreries indigènes, 317.
Suite :
    de la *Femme docteur*, 227. — de la *Vérité*, 233. — des *Éburons*, 136. — des pièces curieuses, 127. — du protocole, 221. — du véritable esprit, 195. — et abrégé, 76. — ultérieure, 138.
Sujet de la prétendue excommunication, 171.
Summaria expositio, 590.
Summarium scripti, 213.
Summarium pro D. J. P. Robert, 587.
Supplément :
    à la vie de S. Hubert, 233. — à l'essai, 283. — à l'exposition, 288. — au catéchisme, 597. — au mémoire, 303. — au recueil, 488. — au règlement, 329. — aux entr'actes, 309. — aux mémoires, 269. — aux tableaux, 228. — des mémoires, 198.
Supplementa novorum officiorum, 130, 152.
Supplica cleri, 152.
Supplica D. Fabio Ghisio, 85.
Supplique :
    pour l'avocat Vanderhoop, 325. — pour la communauté, 264. — pour le bourgmestre, 210. — pour l'épouse de Lincé, 325. — jointe remontrance, 217. — très-humble, 199, 254, 267, 316, 317.
    Sur la non-décision, 363.
    Sur la prise de Maestricht, 569.
    Sur la réunion de la Belgique, 354.
    Sur les élections, 357.
Synchoristica symbola, 67.
Synopsis vitae S. Thomae, 104.

T

Table alphabétique, 365.
Tableau :
    chronologique, 248. — de la dévastation, 245. — de la gestion, 339. — de l'archiconfrérie, 380. — de répartement, 382. — de Saint-Gilles, 417. — de Spa, 301. — des autorités, 347. — des différentes collections, 453. — des FF∴ de la L∴, 371. — des membres actifs, 361. — ecclésiastique, 284. — examiné, 303. — général, 330, 381, 385. — du vrai et du faux ecclésiastique, 100. — raccourci, 173.
Tablettes spadoises, 637.
Tafreel van de staatsche, 593.
Tarif d'après lequel, 397.
Tarif des droits, 110.
Tarif des monnoyes, 248.
Tarif des taxes, 406, 416.
Tarif ensuite duquel, 200.
Tarif synoptique, 633.

Tarifs de réduction, 380.
Tartuffe épistolaire (le), 289.
Télégraphe (le), 355.
Templum honoris, 42.
Teneur du décret, 319.
Testamentum Caroli Franç. Rossius, 232.
Testamentum Joannis Savenier, 562.
Testateur dupé (le), 283.
Théâtre de la noblesse, 188.
Théâtre de la guerre, 247.
Théâtre liégeoi, 304, 377, 402, 409, 468, 495.
Theologia ad mentem, 185.
Théologie familière, 287.
Thèses démonstratives, 111.
Theses theologicae, 163.
Thesaurus purioris latinitatis, 73.
Thesaurus solidae pietatis, 97.
Titans (les), 218.
Tombeaux des hommes illustres, 125.
Totius orbis... descriptio, 69.
Tour to Spa (a), 588.
Touristes à Spa (les), 637.
Tout est au mieux, 325, 327.
Tractaet van peyse, 6.
Tractatus :
    brevis, 312. — de libertatibus, 150. — de opinione, 577. — inter delegatos, 91. — Petri Bertrandi episcopi, 20. — quaestionis, 303. — rhituleus, 543. — tres de justitia, 151.
Traduction de la sentence, 339.
Traduction de quelques pièces, 372.
Tragédie du... martyre, 28.
Tragedische historie, 562.
Tragi-comédie; 30, 31.
Traité :
    contre le luxe, 165. — de commerce, 129. — de la culture, 322. — de la force, 404. — de la paix, 137. — de la parole, 161. — de l'aumône, 191. — de paix, 103, 168, 175, 204. — de physique, 452. — de plain-chant, 433. — des baromètres, 161. — des conformités, 96. — entre le roi et le prince, 279, 587. — entre les plénipotentiaires, 91. — entre S. M., 200. — métrique, 519. — ou règlement, 205. — physique, 286. — sur la mendicité, 285.
Trajectum sanctum, 42.
Tranquillité du ministre d'estat, 66.
Transaction, 215.
Translat du récès, 90.
Translatio cathedralis capitali, 76.
Translation de Sainte-Alénie, 447.
Travailleur (le), 470, 533.
Treutise, 587.
XXXII bons mestiers (les), 131.
Très-humble requête, 390.
Très-humble supplique, 111.
Très-humbles répliques, 316.

— 712 —

Tria posteriora brevia, 111.
Tribune (la), 436.
Triomphe de Mgr le Cte de Monterey, 129.
Triomphe de S. A., 205.
Triomphe du sacré Rosaire, 226.
Triplique très-humble, 252.
Trois chapitres, 613.
Trois codes militaires (les), 415.
Trois consécrations (les), 162.
Trois lettres d'un homme, 605.
Trois lettres sur la guerre, 521.
Twee genuechelycke T'samensprekingen, 69.

U

Ulterius et respective simplex mandatum, 150.
Ultimatum, 354.
Un bon Liégeois, 343.
Un heureux chronogramme, 515.
Un mot à la législature, 450.
Un mot à M. Polain, 478.
Un mot adressé aux révolutionnaires, 590.
Un mot du comte d'Ostin, 397.
Un mot sur l'infanticide, 502.
Une belle ovation, 517.
Une perle, 508.
Unio majoris et aliorum ecclesiarum, 91.
Union des artistes liégeois, 531, 533.
Union des charbonnages, 450, 498.
Union constitutionnelle (l'), 622.
Union fraternelle (l'), 536.
Union libérale, 454, 625.
Université de Liége, 435, 478, 504.
Université impériale. Lycée de Liége, 376.
Uranomachia, 78.

V

Valise décousue (la), 594.
Vallée de la Meuse, 619.
Vane Jane, strenia, 52.
Vanité du titre, 110.
Varia summorum pontificum decreta, 107.
Variations diurnes, 623.
Variétés littéraires, 362.
Venin de 101 propositions, 203.
Vera actisque cameralibus conformis, 215.
Verbal de la fête, 376.
Vergadering (ter), 330.
Verhael van den borgerlyken oproer, 313.
Verhandeling, 520.
Véritable almanach, 524.
Véritable complainte (la), 461.
Véritable esprit, 280.
Véritable et espouventable récit, 64.
Véritables intérêts du prince, 572.

Veritatis et ecclesiae Tungrensis vindiciae, 89.
Vérité (la) :
  à propos du jubilé, 621. — attirée, 138. — découverte, 80. — journal de tous, 413. — publiée, 131. — reconnue, 131, 163. — sous déguisement, 133. — sur le hasard, 637.
Vermakelyke tydkortingen, 561.
Vers à la gloire du prince, 266.
Vers aux habitans, 278.
Vers et chants, 621.
Vers mis en musique, 231.
Vers sur la Paix, 309.
Vers sur le mariage, 301.
Versamelinge der brieven, 591.
Vertooch van ses Japonische martelaers, 28.
Vertu couronnée (la), 370.
Vertus chrestiennes (les), 130.
Vesperale Romanum, 443, 502.
Via pacis, 182.
Vicaires généraux du diocèse (les), 375.
Vices de la loi, 423.
Vicomte de Blinzée (le), 344.
Vie :
  de dom Barthélemi des martyrs, 168. — d'Élisabeth Strouwen, 211. — de Jacques Pierlot, 311. — de la bienheureuse saincte Adelle, 27. — de la sœur M. Bourgeois, 234. — de l'impératrice, 216. — de Monsieur sainct Servais, 22. — de Pierre Regalate, 245. — de S. Alexis, 418. — de S. Donat, 260. — de S. François-Xavier, 148. — de S. Hadelin, 319. — de S. Hubert, 542, 574, 575. — de S. Lambert, 574, 630, 638. — du dévot frère Rodriguez, 97. — du glorieux S. Roch, 50, 277. — du grand S. Hubert, 584, 610. — du soldat français, 369. — et miracles de S. Servais, 554. — pure et sainte, 580.
Vies de sainte Julienne et de la bienheureuse Ève, 460.
Vieille-Montagne (la), 494, 498.
Vies des SS. Pères, 216.
Vieux Liége (le), 506.
Village de Jupille (le), 510.
Ville de Liége. Élections, 305.
Ville de Maestricht (la), 615.
Ville de Spa. Érection, 634.
Vindiciae :
  decani, 102. — jurisdictionis, 116. — libertatis, 116. — magistratus, 104. — reformationis, 108. — rei judicatae, 108. — tribunalis, 567. — veritatis, 69, 88. — vindiciarum, 180.
Vindiciarum postulatio, 149.
Vingt-deux considérés (les), 318.
Vingt-deux élus (les), 61, 64, 256.
Vingt prophéties, 334.
Vita divi Hupperti, 543.
Vita S. Bertuini, 63.
Vita S. Servatii, 564.

— 713 —

Voeyge di Chofontaine, 257.
Vœux de la patrie (les), 277, 278.
Voix du peuple liégeoy, 58.
Voleur hutois (le), 618.
Volonté de l'homme (la), 191.
Voltaire de retour des ombres, 287.
Voltaire parmi les ombres, 287.
Voyage dans la Belgie, 609.
Voyage de M. le cardinal de Baden, 120.
Voyage de Spa, 680.
Voyage du diable, 845.
Voyage d'un amateur, 304.
Voyage en vers, 257.
Voyage et aventures, 615.
Voyages du R. P. François-Xavier, 31.
Voyageur bienfaisant (le), 209.
Vox sanguinis Johannis Mercantii, 58.
Vrai Liégeois, almanach, 65.
Vrai S. Reliquaire, 47.

Vraie et solide piété (la), 322.
Vues et perspectives, 586.

W

Wallon n'est né mehr (li), 456.
Wallonnades, 456.
Waerachtich verhael, 11.
Whist rendu facile (le), 485.
Whyte dyed black, 27.

Y

Yeux désillés (les), 595.

Z

Zede-leer der oproerige, 418.

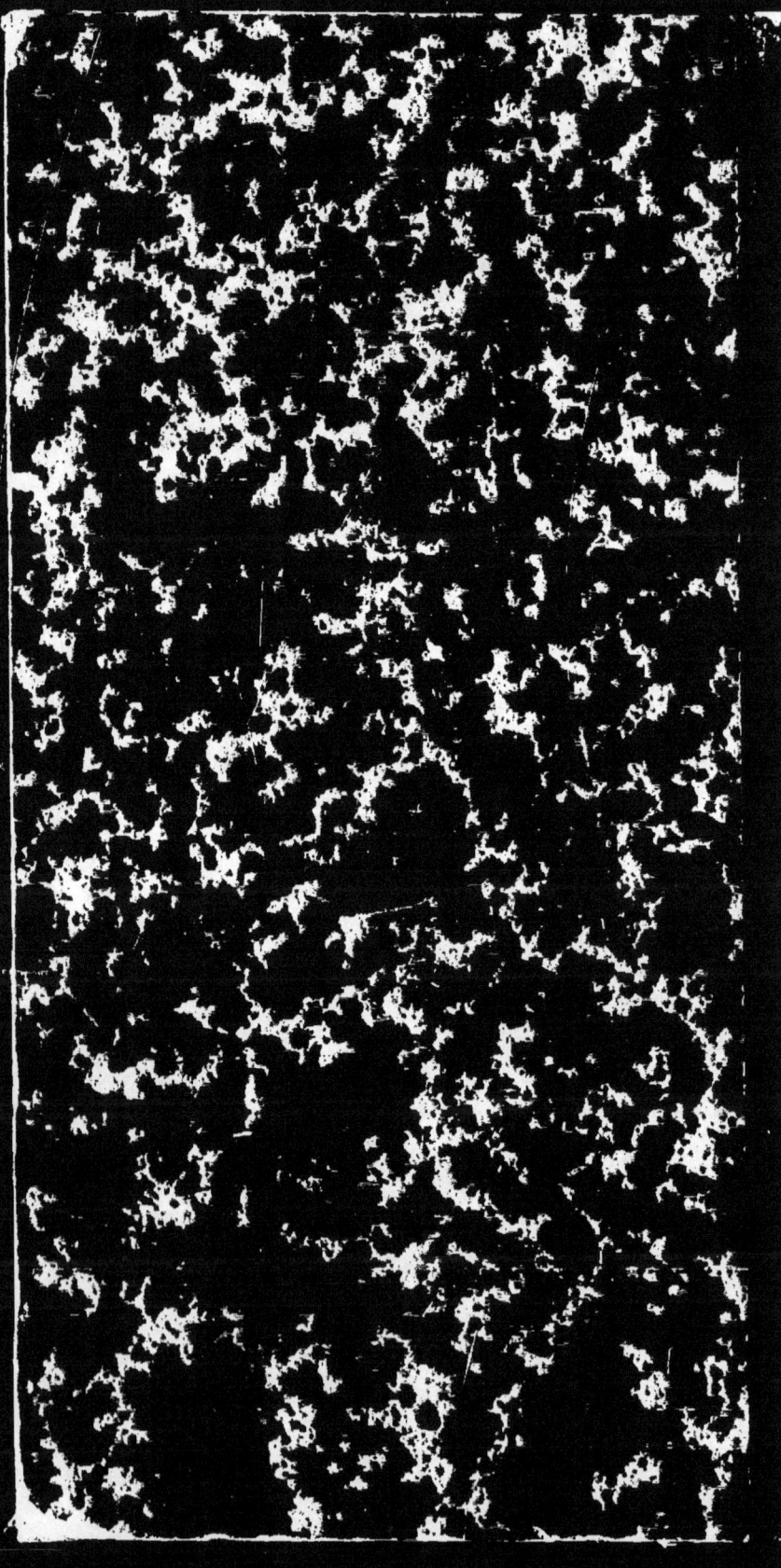

www.ingramcontent.com/pod-product-compliance
Lightning Source LLC
Chambersburg PA
CBHW050302170426
43202CB00011B/1791